Würth, Joseph von

Die neuesten Fortschritte des Gefängniswesens

In Frankreich, England, Schottland, Belgien und Schweiz

Würth, Joseph von

Die neuesten Fortschritte des Gefängniswesens

In Frankreich, England, Schottland, Belgien und Schweiz

Inktank publishing, 2018

www.inktank-publishing.com

ISBN/EAN: 9783747767818

Die

neuesten Fortschritte

des

Gefängnißwesens

in

Frankreich, England, Schottland, Belgien
und der Schweiz.

Dargestellt

von

Dr. Joseph von Würth.

Mit drei Zink-Tafeln.

Wien.

Fr. Beck's Universitäts-Buchhandlung.

1844.

Seiner Excellenz

dem

Hochgebornen Herrn

Franz Anton

Grafen von Kolowrat-Liebsteinsky,

Herrn der Herrschaften Reichenau, Czernikowicz, Wamberg, Maierhöfen, Pfraumberg und Koschatek, dann der Güter Borohradek, Horaticz und Schießelicz in Böhmen und der Herrschaft Ebreichsdorf in Niederösterreich, Ritter des goldenen Vließes, Großkreuz des österr. kaiserlichen Leopoldordens, Inhaber des goldenen Civil-Ehrenkreuzes, Ehren-Bailli und Großkreuz des souverainen Ordens des heil. Johann von Jerusalem, Ritter der russisch-kaiserlichen Orden des heil. Andreas, des heil. Alexander-Newsky, des weißen Adlers, des heil. Wladimir und der heil. Anna 1. Classe, dann Großkreuz des königl. sächsischen Ordens der Rautenkrone, k. k. wirkl. geh. Rathe, Kämmerer, Staats- und Conferenzminister, Protector des böhm. allgem. Witwen- und damit verbundenen Taubstummen-Institutes, Präsidenten der königl. böhmischen Gesellschaft der Wissenschaften, Protector der allgem. wechselseitigen Capitalien- und Rentenversicherungs-Anstalt und der k. k. Gesellschaft der Aerzte in Wien, Curator des niederösterr. Gewerbvereines, wirkl. Mitgliede der k. k. Landwirthschafts-Gesellschaft in Wien, wirkendem Mitgliede der Gesellschaft des vaterländischen Museums in Böhmen, Mitgliede der kaiserl. Akademie der bildenden Künste in Wien, Ehrenmitgliede der k. k. Akademie der schönen Künste zu Mailand, der k. k. Landwirthschafts-Gesellschaft in Krain, des landwirthschaftlichen Vereines in Baiern, der großherzogl. weimar. Societät für die gesammte Mineralogie zu Jena, der päpstl. Akademie der schönen Künste zu Bologna, der isländischen Literatur-Gesellschaft, des Industrie- und Gewerbvereines in Innerösterreich, der k. k. Gartenbau-Gesellschaft in Wien und mehrerer anderer in- und ausländischen gelehrten Gesellschaften, Ehrenbürger der k. k. Haupt- und Residenzstadt Wien,

u. s. w. u. s. w.

in tiefster Ehrfurcht

5

Vorrede.

Es gibt kaum irgend eine Frage auf dem weiten Gebiete der Staatsverwaltung, welche in der neueren Zeit eine so lebhafte und so allgemeine Aufmerksamkeit auf sich gezogen hätte, als die Frage über die zweckmäßigste Einrichtung der Gefängnisse. In der letzten Hälfte des vorigen Jahrhundertes durch den edlen Howard angeregt, ist sie in den harten Kämpfen zu Anfange des gegenwärtigen Jahrhundertes wohl etwas in den Hintergrund getreten, allein sie wurde nicht verdrängt oder vergessen. Kaum war der Kriegslärm verhallt, und man sah schon in manchen Ländern Europa's Männer auftreten, welche das Werk des unvergeßlichen Britten wieder aufnahmen und ihre Zeitgenossen mahnten, bei ihrem mannigfaltigen Streben nach Erwerb und materiellem Fortschritte ihrer gefangenen Mitbrüder nicht zu vergessen. Der Friede begünstigte solche Bemühungen und in vielen Ländern wurde für die Erleichterung des Loses dieser Unglücklichen Bedeutendes geleistet. Meistens beschränkte sich diese Verbesserung auf die Sorgfalt für die physischen Bedürfnisse der Gefangenen. Da erscholl der Ruf von den großen Fortschritten, welche man in Amerika in Beziehung auf das Gefängnißwesen gemacht hatte. Mehrere Regierungen schickten Abgeordnete in die Vereinigten Staaten, um sich von dem Umfange und der Bedeutung dieser Verbesserungen zu überzeugen, und die Berichte der aus Amerika Zurückgekehrten verbreiteten die Kenntniß davon in weiteren Kreisen. Zwei Gefängnißsysteme stritten sich um den Vorzug, beide von derselben Grundansicht ausgehend, daß die Verhinderung aller Mittheilungen unter den Gefangenen eine unabweisliche Nothwendigkeit sei, und nur in der

Wahl der Mittel zur Verwirklichung dieser Ansicht verschieden. Auch in Europa theilten sich die Meinungen der Männer, welche sich mit den Fortschritten des Gefängnißwesens beschäftigten. Lebhaft ergriffen die Einen Partei für das System des Stillschweigens, eben so kräftig vertheidigten die Anderen das Vereinzelungssystem. Der Streit wurde nicht selten mit übermäßiger Heftigkeit geführt und die Frage, welche nur durch ruhige Betrachtung der Thatsachen entschieden werden kann, wurde zu einer gehässigen Parteisache gemacht. Die Thatsachen selbst wurden oft entstellt und man kann mit Recht sagen, daß durch die Hitze, womit die Vertheidiger der entgegengesetzten Ansichten ihre Sache verfochten, dem unbefangenen Forscher große Schwierigkeiten in den Weg gelegt wurden.

Die Ueberzeugung, daß nur die Erfahrung über den Werth der verschiedenen Gefängnißsysteme zu entscheiden vermöge; die Schwierigkeit, aus den widersprechenden Berichten die Wahrheit herauszufinden, und die Vorliebe, mit welcher ich in meiner Stellung als Justizbeamter mich schon seit mehreren Jahren der Strafrechtswissenschaft und den damit verwandten Zweigen hingegeben hatte, bewogen mich um so mehr, die durch die Gnade Sr. Majestät mir gestattete neunmonatliche Reise nach Frankreich, England, Schottland, Belgien und der Schweiz zu einem genauen Studium der neuesten Erfahrungen über das Gefängnißwesen anzuwenden, als mir bekannt war, daß der nothwendige Umbau mehrerer Strafanstalten in den österreichischen Staaten, insbesondere des niederösterr. Provinzial-Strafhauses, die Frage über das beste Gefängnißsystem auch bei uns praktisch machen würde. Ich habe hauptsächlich den Unterschied, die Vorzüge und Nachtheile der neueren Gefängnißsysteme kennen zu lernen gesucht und habe deshalb nicht nur viele Strafanstalten genau untersucht, sondern auch die Ansichten der ausgezeichnetesten Männer in die-

sem Fache vernommen. Die Ergebnisse meiner Forschungen
habe ich in möglichster Kürze zusammengestellt und dabei nebst
meinen eigenen Beobachtungen vorzüglich alle officiellen Ur=
kunden, Ausweise und Berichte, welche mir über die einzelnen
Länder und Anstalten zugänglich waren, benützt. Ich halte
es für eine heilige Pflicht, den Männern, welche mich in der
Erreichung meiner Reisezwecke auf die bereitwilligste und
freundschaftlichste Weise förderten, insbesondere den meisten
französischen, englischen und belgischen Gefängnißinspectoren
und den Vorstehern der von mir besuchten Anstalten, so wie
auch den berühmten Männern, welche mir ihre Ansichten über
das Gefängnißwesen schriftlich mitzutheilen die Güte hatten,
meinen wärmsten Dank öffentlich auszusprechen. Nur die thä=
tige Unterstützung, welche ich an allen Orten, sobald ich nur
den Zweck meiner Reise eröffnet hatte, von Seite der mit
der Verwaltung des Gefängnißwesens betrauten Beamten so=
wohl, als der Gelehrten, welche ihre Kräfte diesem Fache
weihen, gefunden habe, konnte mich in den Stand setzen, so
zahlreiche und zuverlässige Materialien zusammenzubringen,
als ich zu einer getreuen Schilderung des Gefängnißwesens
in den von mir besuchten Ländern benöthigte.

Was den zweiten Theil dieser Schrift, die Kritik der
neueren Gefängnißsysteme, betrifft, so glaube ich hier nur ver=
sichern zu dürfen, daß ich trotz meiner aufrichtigsten Wünsche
für jeden Fortschritt wahrer Humanität doch ein entschiedener
Gegner jener mißverstandenen Philanthropie bin, welche der
Strafe ihren eigentlichen Charakter benehmen würde. Ich be=
trachte eine solche falsche Menschlichkeit als eine Schwäche
und zugleich als eine wahre Ungerechtigkeit gegen die bür=
gerliche Gesellschaft und ich glaube, daß bei jedem Gefäng=
nißsysteme die Rücksicht nie außer Acht gesetzt werden solle,
daß die Strafe nicht nur die Bestimmung hat, den Sträfling
zu bessern, sondern auch durch die heilsame Scheu, welche sie

einflößt, Andere von der Begehung von Verbrechen abzu=
halten. Ein gutes Gefängnißsystem ist meiner Meinung nach
auch besonders deshalb nothwendig, damit die Richter in der
schlechten Einrichtung der Strafanstalten keinen Vorwand fin=
den können, um damit ihre nicht selten übertriebene und un=
zeitige Milde, vorzüglich gegen die das erste Mal der Strafe
Verfallenen, zu entschuldigen.

Möchte es mir gelungen sein, durch die Schilderung
der bedeutenden Fortschritte, welche das Gefängnißwesen
außerhalb Deutschland, besonders in England, bereits ge=
macht, und der zahlreichen Erfahrungen, welche man über
die Wirkungen der verschiedenen Strafsysteme gesammelt hat,
ein kleines Schärflein zur Beleuchtung dieser wichtigen Frage
beigetragen zu haben!

Ich schließe diese Zeilen mit dem innigen Wunsche, daß
sich auch mein Vaterland die großen Vortheile, welche aus
einer zweckmäßigen, vorzüglich auf die moralische Reform der
Gefangenen berechneten Einrichtung der Strafanstalten her=
vorgehen, recht bald aneignen möge. Der Segen künftiger
Geschlechter wird auf jenen Staatsmännern ruhen, welche,
das Bedürfniß der Zeit erkennend, der Verbesserung der Ge=
fängnisse ihre Sorgfalt zuwenden.

Wien am 20. April 1844.

Der Verfasser.

Inhalt.

Erstes Buch.

Darstellender Theil.

Erstes Buch.

Darstellender Theil.

Erster Abschnitt.

Das

Gefängnißwesen in Frankreich.

Das französische Strafsystem im Allgemeinen.

Das französische Strafgesetzbuch (Code pénal) theilt alle Gesetzübertre-
tungen in drei Classen ein: 1. in Verbrechen (crimes), welche vor die
Assisenhöfe gehören und jederzeit entehrende Strafen nach sich ziehen;
2. in Vergehen (délits), welche vor die Zuchtpolizeigerichte gehören
und mit correctionellen Strafen geahndet werden, und 3. in Polizeiübertretungen (contraventions), welche vor die einfachen Polizei-
gerichte gehören und nur polizeiliche Strafen zur Folge haben. Dieser
Eintheilung aller strafbaren Handlungen entspricht auch die Anordnung der
Gefängnißstrafen, welche das Gesetz für jede Uebertretung verhängt. Die
Gefängnißstrafen entehrender Art, welche für Verbrechen verhängt
werden, sind: 1. die Zwangsarbeitsstrafe (les travaux forcés),
welche entweder auf lebenslang oder zeitlich, und zwar in der Regel nicht
auf weniger als fünf und nicht auf mehr als zwanzig Jahre zuerkannt
werden kann. Eine Ausnahme findet nur rücksichtlich jener Uebelthäter
Statt, welche, nachdem sie schon einmal eines Verbrechens wegen verurtheilt worden, neuerlich ein Verbrechen begehen, worauf das Gesetz zeitliche Zwangsarbeitsstrafe verhängt; sie werden zum Maximum der für
dieses zweite Verbrechen vom Gesetze bestimmten Strafe verurtheilt und

1

2

biefes Marimum kann fogar verboppelt werben. Doch find folche Fälle
fehr felten; bie Zahl ber zu 25= bis 40jähriger Zwangsarbeitsftrafe Ver=
urtheilten betrug in Frankreich in bem Zeitraume von 1837 bis 1841
jährlich nur 9. Dagegen kamen in ben zehn Jahren 1832 bis 1841 im
Durchfchnitte jährlich 174 Verurtheilungen zu lebenslänglicher unb 852
zu zeitlicher Zwangsarbeitsftrafe vor *). 2. Die Detention, b. i. bie
Anhaltung in einer Feftung auf fünf bis zwanzig Jahre, welches Mari=
mum für Solche, welche fchon einmal eines Verbrechens wegen verur=
theilt worben waren, verboppelt werben kann. Gegenwärtig werben auch
bie zur Deportation Verurtheilten nicht wirklich beportirt, fonbern in Ge=
mäßheit bes Gefetzes vom 9. September 1835, woburch ber Artikel 17
bes code pénal abgeänbert wurbe, auf lebenslang biefer Feftungsftrafe
unterzogen. Uebrigens kamen währenb ber zehn Jahre 1832 bis 1841
nur 17 Verurtheilungen zur Detention unb zwei zur Deportation vor.
3. Die Reclufion, welche nach bem Ausbrucke bes Gefetzes in ber
Einfperrung in eine maison de force auf fünf bis zehn Jahre befteht. Für
jene Verbrecher, welche zur Zeit ihrer Verurtheilung bas fiebzigfte Lebens=
jahr vollenbet haben unb zur Zwangsarbeitsftrafe verurtheilt werben foll=
ten, muß biefe Strafe ihres Alters wegen in bie Reclufion umgeänbert
werben; fie kann jeboch in biefem Falle auf zwanzig Jahre unb felbft auf
lebenslang ausgebehnt werben. (Code pénal Art. 70 unb 71.) In bem
Zeitraume von 1832 bis 1841 fanben im Durchfchnitte jährlich 838
Verurtheilungen zur Reclufion Statt.

Alle biefe Verbrechensftrafen ziehen bie Civilbegrabation, b. i. bie
Ausfchließung von allen öffentlichen Aemtern unb vom Wahlrechte in bürger=
lichen ober politifchen Fällen, bie Entziehung bes Rechtes, eine Auszeich=
nung ober Waffen zu tragen, in ber Armee ober Nationalgarbe zu bienen,
eine Schule zu halten, ober Unterricht zu ertheilen, ober auch nur in einer
Unterrichtsanftalt als Lehrer ober Auffeher verwenbet zu werben, unb bie
Unfähigkeit zur Zeugenfchaft, fo wie zum Amte eines Vormunbes ober

---

*) Comptes généraux de l'administration de la juatice criminelle en France
pendant les années 1832-1841, présentés au roi par le garde des sceaux.
Paris, de l'imprimerie royale. 1834-1843. 10 Vol.

Curators nach sich. Auch darf der Verurtheilte während der Strafzeit sein Vermögen nicht selbst verwalten, sondern es wird ihm ein Curator bestellt.

Für Vergehen besteht nur Eine Gefängnißstrafe, die Einsperrung in ein Correctionshaus, in der Regel auf eine Dauer von mindestens sechs Tagen und höchstens fünf Jahren. Bei besonders mildernden Umständen kann auch unter das Minimum von sechs Tagen herabgegangen werden. Eben so kann das Maximum bei denjenigen Beschuldigten, welche schon früher einmal wegen eines Verbrechens oder Vergehens, jedoch im letzteren Falle zur Einsperrung auf länger als ein Jahr, verurtheilt worden waren, auf 10 Jahre ausgedehnt werden. Uebrigens kann und muß selbst bei Verurtheilungen wegen Verbrechen, wenn mildernde Umstände vorhanden sind, was nach dem Gesetze vom 28. April 1832 die Geschwornen auszusprechen haben, statt der Reclusions- oder Detentionsstrafe die Einsperrung in ein Correctionshaus verhängt werden. In den fünf Jahren 1837 bis 1841 fanden vor den Assisenhöfen jährlich 3079 Verurtheilungen zu einer blos correctionellen Einsperrung, und zwar 668 bis zu Einem Jahre, 2391 auf mehr als ein Jahr bis zu fünf Jahren und 20 auf länger als fünf Jahre Statt. In demselben Zeitraume erfolgten vor den Zuchtpolizeigerichten jährlich 45,800 Verurtheilungen zur Einsperrung in ein Correctionshaus wegen Vergehen, und zwar 5902 auf weniger als sechs Tage, 13,126 von sechs Tagen bis zu einem Monate, 15,214 von einem bis zu sechs Monaten, 5658 von sechs Monaten bis zu einem Jahre, 4925 über ein Jahr bis zu fünf Jahren und 969 auf fünf und mehr Jahre. — Die Gefängnißstrafe für Polizeiübertretungen endlich besteht in der polizeilichen Anhaltung auf mindestens einen und höchstens fünf Tage.

Nicht ganz so regelmäßig ist die Einrichtung der bestehenden Strafanstalten in Frankreich. Man unterscheidet in administrativer Beziehung:

1. Die Galeerenhöfe (les bagnes), wo die zur Zwangsarbeitsstrafe verurtheilten Männer unter 70 Jahren angehalten werden; es gibt deren drei, zu Brest, Rochefort und Toulon.

1*

2. Die Festungen, wo die zur Detention oder Deportation Verurtheilten angehalten werden sollen. Gegenwärtig ist die Citadelle zu Doullens im Departement der Somme durch die königl. Verordnung vom 22. Jänner 1835 als die einzige Festung für Gefangene dieser Art bestimmt; in administrativer Beziehung ist sie den Centralgefängnissen gleichgestellt.

3. Die Centralgefängnisse (maisons centrales de force et de correction), worin die zu mehr als einjähriger correctioneller Einsperrung und die zur Reclusion Verurtheilten beider Geschlechter, die zur Zwangsarbeitsstrafe verurtheilten Weiber und die 70 Jahre oder darüber alten, zur Zwangsarbeitsstrafe verurtheilten Männer angehalten werden. Es gibt gegenwärtig in Frankreich 20 solche Centralgefängnisse, und zwar zu Beaulieu im Departement Calvados, zu Cadillac im Departement der Gironde, zu Clairvaux im Departement der Aube, zu Clermont im Departement der Oise, zu Embrun im Departement der Hochalpen, zu Ensisheim im Departement des Oberrheines, zu Eysses im Departement Lot und Garonne, zu Fontevrault bei 'Saumur im Departement Maine und Loire, zu Gaillon im Departement der Eure, zu Hagenau im Departement des Niederrheines, zu Limoges im Departement der Obervienne, zu Loos im Nordbepartement, zu Melun im Departement Seine und Marne, zu Montpellier, zu Mont St. Michel im Departement de la Manche, zu Nismes, zu Poissy im Departement Seine und Oise, zu Rennes im Departement Ille und Bilaine, zu Riom im Departement Puy-de-Dôme, und zu Vannes im Departement Morbihan.

4. Die Departementsgefängnisse (prisons départementales), deren es in jedem Departement eines, in ganz Frankreich also 86 gibt. Diese Gefängnisse sind nebst dem, daß sie zugleich als Untersuchungsgefängnisse dienen, die Strafanstalten für die zu einer correctionellen Einsperrung bis einschließlich zu Einem Jahre Verurtheilten. Ausnahmsweise werden aber auch Sträflinge, welche auf länger als Ein Jahr correctionell verurtheilt sind, in diesen Gefängnissen angehalten, wenn es in den für solche Sträflinge bestimmten Centralgefängnissen an Platz für neu aufzunehmende Sträflinge fehlt, oder wenn sie auf Ansuchen ihrer Familie und

mit Zustimmung des Staatsanwaltes die Bewilligung erhalten, ihre Strafe auf ihre Kosten in einem Departementsgefängnisse auszustehen, oder, wenn der Minister des Innern einem wegen Preß= oder politischer Vergehen Verurtheilten diese Gunst gewährt*).

5. Die Bezirksgefängnisse (prisons cantonales), welche theils für die wegen einfacher Polizeiübertretungen oder wegen Uebertretungen der Vorschriften für die Nationalgarde Verurtheilten, theils für die vorläufige Haft aller wegen was immer für eines Vergehens Angehaltenen bis zu ihrer Ablieferung in das zuständige Gefängniß bestimmt sind. Man zählt 2800 solche Bezirksgefängnisse in Frankreich.

Eine ganz eigenthümliche Classe bilden die Straf= und Besserungsanstalten für jugendliche Sträflinge. Das französische Strafgesetz (Art. 66 bis 69) verordnet, daß bei jedem Beschuldigten unter 16 Jahren zuerst entschieden werden muß, ob er mit oder ohne Ueberlegung (discernement) gehandelt habe. Hat er die That ohne Ueberlegung begangen, so muß er nach Art. 66 des Code pénal losgesprochen werden; allein er ist nach Umständen entweder seinen Aeltern zu überlassen oder in ein Correctionshaus abzugeben, „um daselbst erzo-„gen und während einer im Urtheile festgesetzten Anzahl von Jahren, „welche jedoch die Zeit des von ihm erreichten zwanzigsten Lebensjahres „nicht überschreiten darf, angehalten zu werden." Diese Anhaltung ist also, da sie auf ein Schuldlosigkeitserkenntniß folgt, keine Strafe, sondern eine bloße Polizei= und Disciplinar=Maßregel, um die Erziehung solcher jugendlicher Uebertreter zu leiten. Wird aber entschieden, daß der noch nicht 16 Jahre alte Beschuldigte mit Ueberlegung gehandelt hat, so kann er doch immer nur zur Einsperrung in ein Correctionshaus verurtheilt, die Strafdauer aber, wenn das Gesetz die Todes=, Deportations= oder lebenslängliche Zwangsarbeitsstrafe auf die That verhängt, selbst bis auf zwanzig Jahre ausgedehnt werden. Was nun diese jugendlichen Uebertreter anbelangt, so sind sie gleich anderen correctionell Verurtheilten, wenn

---

*) Königl. Verordnungen vom 2. April 1817 und 6. Juni 1830; Circularien des Ministers des Innern vom 15. April 1833 und 7. August 1834.

die Strafdauer ein Jahr übersteigt, in die Centralgefängniffe, und, wenn fie weniger als ein Jahr beträgt, in die Departementsgefängniffe abzugeben, müffen aber in diefen Gefängniffen von den erwachfenen Sträflingen vollkommen abgefondert werden. Es find daher für fie in den Departements- und Centralgefängniffen eigene Abtheilungen (quartiers des jeunes détenus) gebildet.

Bei der großen Anzahl folcher jugendlicher Uebertreter hat man fogar in mehreren Städten Frankreichs, in Paris *), Lyon, Straßburg, Marfeille, Bordeaur, Rouen, Bellevaur, Touloufe und Amiens eigene Erziehungshäufer für diefelben gegründet, welche jetzt Centralhäufer für correctionelle Erziehung genannt werden. Der Unterfchied zwifchen diefen maisons centrales d'éducation correctionelle und den befonderen Abtheilungen für jugendliche Gefangene in den Centralgefängniffen ift von dem Minifter des Innern Duchatel in der Inftruction vom 7. December 1840 über die Verwaltung der für jugendliche Sträflinge beftimmten Anftalten dahin angegeben, daß die erften vorzüglich für die nach Art. 66 des Code pénal Losgefprochenen beftimmt feien, ohne jedoch die nach Art. 67 Verurtheilten geradezu auszufchließen, während die letzteren zwar vorzüglich für jugendliche Verurtheilte gehören, aber auch zur Anhaltung von Solchen, die in Gemäßheit des Art. 66 losgefprochen worden, dienen können.

Endlich beftehen noch landwirthfchaftliche Colonien zum Behufe der correctionellen Erziehung nur folcher Kinder, welche von den ihnen zur Laft gelegten Vergehen nach Art. 66 wegen Mangels der Zurechnungsfähigkeit losgefprochen worden. Die zwei ausgezeichnetften Anftalten diefer Art find die von dem Vicomte Bretignères und dem Rathe an dem königl. Gerichtshofe in Paris de Metz gegründete Colonie in Mettray bei Tours und die von dem Abbé Fifiaur gegründete Anftalt zu St. Pierre bei Marfeille **).

---

*) Das Gefängniß la Roquette.

**) Die angefchloffene Tabelle gibt eine allgemeine Ueberficht über die Bevölkerung aller franzöfifchen Gefängniffe am 1. Jänner jedes Jahres von 1820 bis 1839.

---

ner jedes Jahres von 1820 bis 1839.
in 1840. Seite 78 und 79.)

He ge. Näh. hen.	Gesammtbevölkerung			
	der Departementsgefängnisse [3].	der Centralgefängnisse [4].	der Galerenhöfe.	aller französischen Gefängnisse zusammen.
71	22,794	8650	11,181	42,625
73	22,324	9860	10,779	42,963
75	20,035	11,714	10,256	42,005
108	18,250	12,651	9540	40,441
101	17,039	14,110	9111	40,260
96	16,205	14,920	9268	40,393
93	15,375	16,236	9215	41,326
91	16,073	17,308	9241	42,622
88	16,561	17,224	9157	42,941
102	17,325	17,712	8563	43,604
145	17,920	17,413	7842	43,175
113	17,044	16,899	7406	41,349
135	19,227	16,215	7184	42,626
125	18,569	16,144	6824	41,537
99	17,319	15,832	6743	39,894
109	18,465	14,537	6425	39,427
120	16,981	15,706	6386	39,073
116	18,565	16,288	6150	41,003
154	20,423	16,847	6274	43,549
166	20,278	17,685	6309	44,272

denselben erwartende Sträflinge und dergl. ; sie

mentsgefängnisse erklären sich gegenseitig bis zum

bevölkerung von beiläufig 45,000 Gefangenen,
gnete, 20,000 zur Aufnahme in die Centralge-
getroffen werden muß. Es geht daraus zugleich
den über ihre Bestimmung bestehenden Vorschrif-
mentsgefängnissen zur Last fallen. Die bedeutende
Sträflinge und der zu correctionellen Strafen
hin.

Oberste Verwaltung des Gefängnißwesens.

Die oberste Leitung des Gefängnißwesens in Frankreich steht dem Minister des Innern zu, welchem auch die von ihm ernannten Generalinspectoren der Gefängnisse unmittelbar unterstehen. Diese Generalinspectoren (6 wirkliche und 6 Adjuncten) machen jährlich Visitationsreisen nach einem von dem Minister ihnen vorgezeichneten Plane und berichten an denselben unmittelbar über den Zustand der von ihnen untersuchten Gefängnisse. Sie bilden auch das conseil des inspecteurs généraux des prisons, welches von dem Minister des Innern oder in dessen Abwesenheit von dem Staats-Untersecretär und Director der Departementsverwaltung präsibirt wird, und welchem außer den 6 Generalinspectoren und den nur mit einer berathenden Stimme versehenen 6 Generalinspectors-Adjuncten noch der Chef der Gefängnißsection im Ministerium des Innern und der Generalinspector der Gefängnißgebäude beiwohnen. Diesem Rathe werden von dem Minister des Innern alle die Gefängnisse betreffenden Verordnungen, alle Gefängnißentwürfe, kurz alle wichtigeren, auf die Verwaltung dieses Zweiges sich beziehenden Maßregeln zur Prüfung und Begutachtung vorgelegt. Der Minister des Innern ernennt auch die Directoren, Inspectoren, Greffiers, Rechnungsführer, Kanzellisten und Oberaufseher der Centralgefängnisse und die Directoren der Departementsgefängnisse.

- Unter dieser obersten Leitung des Ministeriums des Inneren sind die Präfecten der Departements mit der unmittelbaren Aufsicht über die in ihren Verwaltungsbezirken befindlichen Gefängnisse beauftragt. An diese müssen die Directoren der Central- und Departementsgefängnisse ihre Vierteljahrs- und Jahresberichte erstatten; sie ernennen alle Aufseher in den Centralgefängnissen und das ganze Personale mit Ausnahme des Directors bei den Departementsgefängnissen. Die nächste Aufsicht über die Bezirksgefängnisse steht unter der Oberleitung des Präfecten den Gemeindevorstehern (maires) zu.

Die Galeerenhöfe stehen ganz unter der Aufsicht und Leitung des Marineministeriums und der demselben untergeordneten Hafenbehörden.

Was die Kosten der Gefängnisse in Frankreich betrifft, so werden nur die Auslagen für die Galeerenhöfe und Centralgefängnisse vom Staate bestritten; die Bezirks- und Departementsgefängnisse müssen auf Kosten der Gemeinden oder Departements, welchen sie angehören, erhalten werden. Die Erziehungshäuser für jugendliche Uebertreter sind bisher sämmtlich nicht auf Kosten des Staates, sondern entweder, wie die Anstalten in Paris, Lyon, Straßburg u. s. w. von den Generalconseils der Departements auf eigene Kosten, oder aber, wie die Colonien zu Mettray und St. Pierre bei Marseille, nur durch freiwillig von Privaten zusammengebrachte Gelder errichtet worden.

Hier muß noch einer Einrichtung gedacht werden, welche von großer Wichtigkeit zu sein scheint. Es besteht nämlich in Gemäßheit der königl. Verordnungen vom 9. April 1819 und 25. Juni 1823 in jedem Departement eine Gefängniß-Aufsichtscommission (commission de surveillance des prisons), in welcher der Präfect den Vorsitz führt, und die außer den Mitgliedern von Amtswegen, nämlich dem Präsidenten und Generalprocurator des königl. Gerichtshofes, wo sich ein solcher befindet, an anderen Orten aber dem Präsidenten des Gerichtes erster Instanz und dem königlichen Procurator, noch aus drei bis sieben auf den Vorschlag des Präfecten vom Minister des Innern ernannten Mitgliedern besteht. Diese Commissionen sind durch die angeführten zwei königl. Verordnungen mit der Ueberwachung aller Gefängnisse des Departements, selbst die Centralgefängnisse inbegriffen, beauftragt, und zwar in Beziehung auf Alles, was die Disciplin, die Beobachtung der Reglements, die ordentliche Führung der vorgeschriebenen Register, den Religionsunterricht, den Gesundheitszustand der Anstalten u. dergl. betrifft. Sie sollen wünschenswerthe Verbesserungen in Vorschlag bringen und die Gefangenen bezeichnen, welche der königlichen Gnade würdig wären. In der Wirklichkeit sind aber diese Gefängnißcommissionen nur in Betreff der Departementsgefängnisse in das Leben getreten und in manchen Departements sind sie gar nicht zu Stande gekommen. Erst in der neuesten Zeit hat das französische Ministerium die Wichtigkeit dieser Commissionen zur Beaufsichtigung der Gefängnisse und Hintanhaltung von Mißbräuchen, so wie die große Nützlichkeit des thätigen

Einschreitens derselben in Beziehung auf die Sorge für entlassene Sträflinge erkannt und seine Absicht einer Reorganisation derselben entschieden ausgesprochen*). Auch die Commissionen der Deputirtenkammer zur Prüfung der in den Jahren 1840 und 1843 vorgelegten Gesetzentwürfe über die Gefängnißreform haben die Einführung solcher Aufsichtscommissionen für alle Gefängnisse und die Wahl der Mitglieder derselben zum Theile aus dem Generalconseil des Departements und dem Verwaltungsrathe des Bezirkes kräftigst anempfohlen.

Einrichtung der französischen Strafanstalten.

I. Die Galeerenhöfe.

Die drei Bagnos in Brest, Rochefort und Toulon sind zur Aufnahme aller zur zeitlichen oder lebenslänglichen Zwangsarbeitsstrafe verurtheilten, noch nicht 70 Jahre alten Verbrecher männlichen Geschlechtes bestimmt. Ihre Einrichtung und Verwaltung ist durch die vom Marineministerium ergangenen Reglements vom 21. November 1835 und vom 16. September 1839, so wie durch die Instruction vom 11. December 1837 geregelt. Da aber die Galeerenhöfe als kein Muster der Nachahmung zu betrachten sind, vielmehr in Frankreich selbst ihre Aufhebung als ein Gegenstand von der höchsten Dringlichkeit angesehen wird, so scheint eine möglichst gedrängte Darstellung der auf die Einrichtung derselben bezüglichen Bestimmungen dem Zwecke dieser Schrift zu genügen.

Transport der Sträflinge. Der Transport der Sträflinge in die Galeerenhöfe geschieht gegenwärtig in den Zellenwagen, welche durch die königl. Verordnung vom 9. December 1836 an die Stelle der früher üblichen Transportweise**) getreten sind, und deren Einführung

---

*) Eine solche aus drei Pairs, zwei Deputirten und vier Mitgliedern der Obergerichte in Paris zusammengesetzte Commission besteht auch für das correctionelle Erziehungshaus la Roquette in Paris.

**) Diese ehemalige Transportweise wird von dem Minister Gasparin in seinem Berichte an den König, womit er ihre Abschaffung beantragte, auf folgende Weise geschildert: „Das zur Abführung der Galeerensträflinge in die Seehäfen angenommene „System (le service des chaines) ist längst bekannt. Die Operation des Anschmie-

als ein im Interesse der öffentlichen Moral geschehener, außerordentlich
großer Fortschritt zu betrachten ist. Jetzt geschieht der Transport von Paris
nach Toulon in 4—5 Tagen, während früher mehr als 30 Tage dazu
nöthig waren, und durch die auf 12 Sträflinge berechneten Zellenwagen *)

"bens geht ihrer Abreise voraus. Um den Hals jedes Sträflings wird ein eiser=
"nes Halsband festgeschmiedet; eine Kette, welche daran befestigt ist, verknüpft
"ihn mit einer viel längeren und schwereren Kette, welche ungefähr 30 Mann in
"zwei Reihen abtheilt. Eine solche Abtheilung von Sträflingen heißt eine Schnur
"(un cordon); 4, 5 oder 6 Schnüre bilden eine Kette (une chaîne). Die Sträf=
"linge werden auf lange Karren gesetzt, wo sie, Rücken gegen Rücken sitzend, den
"Blicken der Menge ausgesetzt sind. Ein Unternehmer ist mit ihrem Geleite beauf=
"tragt; er ist für sie verantwortlich und bezahlt 3000 Franken für jeden Sträf=
"ling, der entwischt und binnen sechs Monaten nicht wieder ergriffen wird. Er
"bildet daher für jede Reise eine Compagnie von 20—30 Aufsehern, die er besol=
"det, und welche unter den Augen des Regierungscommissärs die Gefangenen
"Tag und Nacht überwachen. Der Regierungscommissär gestattet zuweilen dem
"Unternehmer, abwechselnd je ein Drittheil der Sträflinge zu Fuß reisen zu las=
"sen, und jene Sträflinge, welche sich zum Gehen herbeilassen, erhalten täglich
"25 Centimen. Des Nachts werden sie in eine Scheuer oder ein anderes großes
"Locale eingesperrt, wo sie auf Stroh schlafen, ohne sich ihrer Kleider oder Ket=
"ten entledigen zu dürfen. Auf diese Art legen sie Strecken von 140 und 220 Mei=
"len (lieues) in 23 und 33 Tagen zurück. Dieser traurige Zug bietet ohne Zwei=
"fel den Bevölkerungen, deren Gebiet er durchschneidet, ein schlechtes Schauspiel
"dar, und man kann behaupten, daß dieses anhaltende zur Schau Stellen Men=
"schen, die man vom Momente ihrer Verurtheilung an zu bessern streben sollte,
"nur verhärten kann." Diese Schilderung des Ministers des Innern wird von
allen Schriftstellern, von Charles Lucas, Moreau=Christophe u. A. bestätiget;
ja sie fügen sogar noch viele Züge von der Entartung der Sträflinge, von ihrem
rohen, jedes Sittlichkeitsgefühl verletzenden und das Ansehen des Gesetzes höhnen=
den Gesange und der oft grausamen Behandlung derselben durch die Aufseher
hinzu. "Die Strafen," sagt der Minister Gasparin sehr richtig in eben jenem
Berichte, "sollen einen strengen und manchmal selbst einen schrecklichen Charakter
"an sich tragen, aber sie dürfen nie einen abscheulichen Anblick, nie eine
"Ermuthigung des Cynismus werden, nie in von solchen Umständen begleitet
"sein, welche im Volke entweder eine verderbliche, zur Gefühllosigkeit führende
"Neugier oder ein unverständiges, zur Weichlichkeit hinleitendes Mitleid mit den
"Bestraften erregen."

*) Der Zellenwagen hat die Gestalt eines Omnibus und ist 14 Schuh lang und
5 Schuh breit. Das Innere besteht aus zwei Reihen von je 6 Zellen, welche
durch einen 5 Schuh hohen und 16 Zoll breiten Gang getrennt sind, damit die
Aufseher leicht von einer Zelle zur anderen gehen können. Die Zellen, in welche

ist es ohne alle Verletzung des öffentlichen Sittlichkeitsgefühles, ohne die Gefangenen den Blicken der Menge preiszugeben, bei der größten Sicherheit gegen das Entkommen und selbst mit der größten Schonung der Sträflinge möglich, die zur Zwangsarbeitsstrafe Verurtheilten in sehr kurzen Zwischenräumen aus den provisorischen Depots in die Galeerenhöfe abzuführen, während vorher nach jedem Bagno höchstens zwei- bis dreimal jährlich ein Transport abging.

Classification der Galeerensträflinge. In den Bagnos selbst werden die Sträflinge in die Incurablen und Gesunden eingetheilt. Die Incurablen d. i. gänzlich Arbeitsunfähigen werden in einem besonderen Saale angehalten, oder man verwahrt sie, an bestimmte Posten angekettet, auch in den gewöhnlichen Sälen. Die Gesunden sind in drei Classen abgetheilt: 1. Den Saal der Geprüften (salle d'épreuve), in welchen diejenigen Sträflinge versetzt werden, welche bereits fünf Jahre oder doch das Viertheil ihrer Strafzeit im Bagno überstanden haben und durch ihren Fleiß und ihre gute Aufführung diese Belohnung verdienen, oder welche sich durch eine muthige That ausgezeichnet haben. Die Sträflinge dieser ersten Classe werden zu den leichteren Arbeiten angehalten, als Krankenwärter oder Diener in den Seespitälern und als Diener bei den Hafenämtern und dem inneren Dienste der Galeerenhöfe verwendet. (Reglement vom 16. September 1839, Art. 10.) 2. Die gewöhnlichen Säle (salles ordinaires), in welche alle gesunden

---

man von diesem Gange aus eintritt, sind 38 Zoll lang und 22 Zoll breit. Im Plafond des Wagens ist in jeder Zelle eine kleine, wohlvergitterte Oeffnung angebracht, um dem Gefangenen frische Luft zuzuführen. Die Zellenthüren, welche von Eichenholz und ganz mit Eisenblech gefüttert sind, haben eine Oeffnung mit zwei Abtheilungen, deren eine dazu bestimmt ist, den Gefangenen die Speisen in ihre Zellen zu reichen, die andere aber, welche vergittert ist, dazu dient, daß die im Gange befindlichen Aufseher beständig beobachten und das leiseste Wort derselben hören können. Während der Fahrt ist den Gefangenen das Stillschweigen auferlegt; ihre Sitze sind etwas erhöht, damit sie ihre Beine ausstrecken können, zu welchem Zwecke auch eine Art Höhlung dient, welche von jeder Zelle aus in den Sitz der Nachbarzelle gemacht ist. Das Gewicht der Eisen, welche die Gefangenen an den Füßen tragen müssen, ist auf 5¼ Pfund vermindert worden, während es bei der ehemaligen Transportweise 15 Pfund betrug.

Sträflinge, die weder zur erften, noch zur dritten Claffe gehören, eingereiht, und worin fie nach der Art und den Motiven ihrer Verbrechen und nach der Dauer ihrer Strafen vertheilt werden. Die zu einer zeitlichen Zwangs= arbeitsftrafe Verurtheilten follen von den auf Lebenslang Verurtheilten fo viel als möglich abgefondert werden. (Eben da Art. 2, 21 und 22.) Uebrigens ift diefe ganze Claffification der Galeerenfträflinge nur in Bezie= hung auf ihre Vertheilung in die Schlaffäle von praktifchem Einfluffe, denn den Tag über find fie ohne Unterfchied des Alters, der Verbrechen und Moralitäten in den Werkftätten und Krankenftuben, fo wie auf den Hafenarbeitsplätzen vermifcht. 3. Die Säle der Rückfälligen und Unverbefferlichen (salles des récidives et indociles). Als Rück= fällige werden jene Galeerenfträflinge betrachtet, welche fchon vor ihrer letzten Verurtheilung eine zeitliche Zwangsarbeits= oder Reclufionsftrafe ausgeftanden haben, oder, welche wegen im Bagno begangener Vergehen oder Verbrechen von dem Seegerichte, dem über alle folche Uebertretungen das Straferkenntniß zufteht, zur Doppelkette *) (double chaîne), zu einer Strafverlängerung oder zu lebenslänglicher Zwangsarbeit verurtheilt worden find. Als unverbefferlich werden diejenigen Sträflinge claffificirt, deren fchlechte Aufführung und ungehorfames Betragen erwiefen ift; fie werden, wenn es die Raumverhältniffe geftatten, in einem abgefonderten Saale verwahrt. (Ebenda Art. 24 und 25.) Die Rückfälligen und Unver= befferlichen können in die zweite Claffe übergehen, wenn fie durch zwei Jahre hinlängliche Beweife einer aufrichtigen Reue gegeben haben und zuverläffig eine Rückkehr zum Guten hoffen laffen, die zur Doppelkette ver= urtheilten Sträflinge aber erft nach Ausftehung diefer befonderen Strafe. (Ebenda Art. 28.)

Verbrechen oder Vergehen, welche fich die Sträflinge im Bagno zu Schulden kommen laffen, ja felbft bloße Vergehen gegen die Polizei des Bagno oder gegen die vorfchriftmäßige Subordination ziehen die Aus=

---

*) Die Doppelkette befteht darin, daß der dazu Verurtheilte während der Zeit, auf welche diefe Strafe wider ihn verhängt ift, Tag und Nacht an feine Pritfche angekettet bleibt und fich davon nur fo weit entfernen kann, als es ihm die Länge feiner Kette geftattet.

schließung der Sträflinge aus dem Saale der Geprüften und deren Ver=
setzung in die zweite oder gar in die dritte Classe, und bei Sträflingen der
zweiten Classe ihre Versetzung in die dritte nach sich. Ein aus der ersten
Classe Ausgeschlossener kann nur dann wieder in dieselbe aufgenommen
werden, wenn er sich seit seiner Ausschließung länger als ein Jahr in
der zweiten Abtheilung befunden und anhaltende Beweise von Reue, guter
Aufführung und Fleiß bei der Arbeit gegeben hat. (Ebenda Art. 20.) Zur
Begnadigung oder Strafumwandlung können mit Ausnahme der Fälle
von außerordentlichen Proben von Muth oder Aufopferung nur solche
Galeerensträflinge in Vorschlag gebracht werden, welche entweder der ersten
Classe der Gesunden angehören, oder unheilbar und arbeitsunfähig sind,
doch müssen auch diese die vorgeschriebenen moralischen Bedingungen erfül=
len. (Ebenda Art. 11.)

Arbeit und Arbeitslohn der Galeerensträflinge. Die
unverbesserlichen Sträflinge und, wenn diese nicht ausreichen, auch die
Rückfälligen werden hauptsächlich zu den schwersten Arbeiten (den soge=
nannten travaux de fatigue) verwendet, z. B. zum Ausgraben der Bas=
sins für Schiffsbauten, zum Wegschaffen der ausgegrabenen Erde, zum
Ziehen der ungeheuren Schiffsbauhölzer u. s. w. Die Sträflinge der ersten
Classe dürfen zu so schweren Arbeiten gar nicht, und die der zweiten nur,
wenn es die Bedürfnisse des Dienstes nothwendig machen, verwendet wer=
den. Die nicht zur Arbeit bestimmten Rückfälligen und Unverbesserlichen
bleiben beständig an ihre Pritsche angekettet. (Ebenda Art. 26 und 27.)
Die zu den schwersten Arbeiten verwendeten Sträflinge erhalten keinen
Arbeitslohn, die Uebrigen aber, welche in den Werkstätten oder Schiffs=
werften beschäftigt sind, erhalten einen Lohn entweder nach Maß der
Arbeit, welche sie liefern, oder als Taglohn. Letzterer wechselt nach der
Beschäftigungsart der Sträflinge von 5—25 Centimen. Am wenigsten
einträglich ist das Seildrehen, am meisten die Arbeit als Steinmetz,
Schlosser, Schmied und Schiffbauer. Ein Viertheil des Arbeitslohnes
wird unter dem Namen eines Peculium in der Galeerencasse hinterlegt,
um den nur zur zeitlichen Zwangsarbeitsstrafe Verurtheilten bei ihrem Aus=
tritte aus dem Bagno eingehändigt zu werden; drei Viertheile werden

ihnen wochenweise ausbezahlt. Die auf Lebenszeit Verurtheilten haben keinen Reservefond und erhalten nur drei Viertheile des Arbeitslohnes. Diese drei Viertheile werden den Sträflingen als ihr Taschengeld zur freien Verfügung überlassen und können von ihnen zur Erleichterung ihres Loses zu kleinen Ankäufen oder in der Galeerenschenke verwendet werden.

Die Kleidung, Wäsche, Bettung, Beleuchtung und Heizung für die Galeerensträflinge werden auf Kosten des Staates bestritten. Der Rock, der Schnitt der Haare und die Fußeisen sind für jede der drei Classen sowohl, als auch für die Arbeitsunfähigen verschieden. Die rothe Mütze ist das Zeichen der blos zeitlich, die grüne Mütze aber der auf Lebenszeit verurtheilten Galeerensträflinge. Sie erhalten von der Marine-Administration die durch die Reglements vorgeschriebenen Rationen von Lebensmitteln, als: Brot oder Zwieback, Hülsenfrüchte, etwas Butter, Olivenöl und Salz. An Sonn- und Feiertagen erhalten sie statt der Hülsenfrüchte Fleisch. Die Gesunden, welche arbeiten, bekommen überdies ein halbes Seitel Wein. Die Arbeitsunfähigen erhalten ein Viertel Seitel Wein und viermal in der Woche Fleisch mit Gemüse.

Die Disciplin in den Galeerenhöfen ist außerordentlich streng. Die gewöhnlichen Disciplinarstrafen, welche der dem Bagno vorstehende Commissär für sich allein verhängen kann, bestehen in der Ankettung der Sträflinge an ihre Pritschen bei Wasser und Brot, in der Einsperrung in den Dunkelarrest, in der Anlegung schwerer Eisen durch mehrere Tage u. dergl. Die körperliche Züchtigung wird ziemlich häufig, jedoch immer nur in Folge eines Erkenntnisses der vorgesetzten Hafenbehörde angewendet; sie wird durch einen eigens dazu bestellten Galeerensträfling mittelst eines betheerten Seiles (le rotin) auf den entblößten Rücken des zu Züchtigenden vollzogen, und soll nach der Beschreibung, welche davon gemacht wird *), wegen der einschneidenden Gewalt der betheerten Seile sehr grausam sein.

---

*) 3. B. von Dr. Payen in seiner Schrift über das Bagno zu Brest und in dem Artikel: Galériens von Alex. de Laborde in der Encyclopédie moderne.

Anerkannte Nothwendigkeit der Aufhebung der Galeerenstrafe. Was die Wirksamkeit und den Werth der Galeerenstrafe betrifft, so herrscht darüber unter allen Gefängnißkundigen in Frankreich nur Eine Stimme: daß die Bagnos der Schauplatz der größten und zugleich der frechsten menschlichen Entartung, wahre Schulen der abscheulichsten Laster und der Ursprung der gefährlichsten Verbrecherverbindungen sind; ja, daß die Galeerenstrafe von Verbrechern, die einmal das Ehrgefühl verloren haben, gar nicht mehr gefürchtet, sondern sogar der Anhaltung in den Centralgefängnissen, in welchen durch die viel genauere Handhabung der Disciplin der Verkehr zwischen den Sträflingen und die Anschaffung von Nahrungsmitteln aus ihrem Taschengelde sehr eingeschränkt ist, vorgezogen wird, daß also die Abschaffung der Galeerenstrafe ein dringendes Bedürfniß ist. Der Director der Seehäfen, Baron Tupinier, spricht sich hierüber in seinen Berichten an den Minister der Marine in den Jahren 1837 und 1838 ganz unumwunden aus, schildert die ungeheure Entsittlichung, welche unter den Galeerensträflingen herrscht, und behauptet sogar, daß die Marine dieser Sträflinge nicht nur nicht bedürfe, sondern vielmehr durch die gezwungene Verwendung derselben zu den Hafenarbeiten eine bedeutende jährliche Einbuße für den Staatsschatz erleide. In seinem Berichte vom Jahre 1838 schlägt er die Ersparung, welche für den Staat aus der Verwendung freier Arbeiter statt der Galeerensträflinge entspringen würde, auf eine jährliche Summe von 900,000 Franken an, welcher Schätzung der Minister der Marine Rosamel in seinem Schreiben an den Minister des Innern vom 22. August 1838 vollkommen beistimmt*). Auch die beiden Generalinspectoren der französischen Gefängnisse Charles Lucas und Moreau-Christophe**) bestätigen die verderblichen Wirkungen der Galeerenstrafe, und insbesondere den Umstand, daß

---

*) Diese Actenstücke sind in den Commissionsberichten der Deputirtenkammer über die Gefängniß-Gesetzentwürfe von den Jahren 1840 und 1843 abgedruckt.

**) Ersterer in seiner théorie de l'emprisonnement, Paris 1836 I. Band Seite 88 und in seiner Schrift: des moyens et des conditions d'une réforme pénitentiaire en France. Paris 1840 Seite 44; Letzterer in seinem Werke: de l'état actuel des prisons en France, Paris 1837. Seite 314.

sie nicht nur nicht abschrecke, sondern sogar wegen der damit verbundenen Arbeit in freier Luft und in unbeschränkter Gemeinschaft mit Anderen der Einsperrung in den Centralgefängnissen vorgezogen werde. Es sind auch schon zu wiederholten Malen von Sträflingen in Centralgefängnissen neue Verbrechen in der Strafanstalt selbst einzig aus dem Grunde begangen worden, um sich dadurch der Disciplin des Centralgefängnisses zu entziehen und auf die Galeeren zu kommen. Aus allen diesen Gründen legte schon im Jahre 1840 der damalige Minister des Innern Rémusat den Kammern einen Gesetzentwurf vor, in welchem die Aufhebung der Bagnos und die Einführung eigener Zwangsarbeitshäuser für die Galeerensträflinge vorgeschlagen war. Die Wichtigkeit dieser Maßregel wurde auch von der Commission der Deputirtenkammer über diesen Gesetzentwurf anerkannt, der ganze Gesetzentwurf aber ging durch die später erfolgte Auflösung der Kammer verloren. Der gegenwärtige Minister des Innern Graf Duchatel legte am 17. April 1843 der Deputirtenkammer einen neuen Gesetzentwurf über die Gefängnisse vor, worin die Aufhebung der Galeerenhöfe abermals beantragt ist. In den Motiven zu diesem Entwurfe sprach sich der Minister über die Bagnos auf folgende Weise aus: „Die Frage der Bagnos ist schon entschieden; seit langer Zeit fordert man ihre Reform oder vielmehr ihre Aufhebung. Die Galeerensträflinge bilden den verderbtesten Theil der Verbrecher. In den Bagnos finden sich jene harten und heftigen Naturen, welche die schrecklichste Zucht nicht beugen kann, jene verdorbenen Gemüther, jene verworfenen Wesen, welche einen Zweikampf der List und Kühnheit gegen die gesellige Ordnung angenommen haben, welche der Gefahr trotzen, ja selbst das Mitleid, das man ihnen zollt, verhöhnen, und welche, da sie nur mehr für eine verworfene und verbrecherische Welt zu leben haben, den einzigen Gedanken hegen, sich darin vor Allen durch einen wilden Cynismus, durch geniale Schlauheit oder durch eine fürchterliche Ueberlegenheit im Bösen auszuzeichnen. In den Galeerenhöfen entstehen und enden jene gefährlichen Verbindungen, welche trotz der Wachsamkeit der Polizei und der Gerichte im Schooße der Gesellschaft, die siebe drohen, leben und sich bewegen. Heutzutage ist derjenige, welcher das Bagno nach ausgestandener Strafe verläßt, in gewisser Bezie-

hung nicht mehr Herr seiner Zukunft. Er nimmt nur zu oft Diebstahls-
und Mordpläne mit sich, die er mit den Genossen seiner Schande verab-
redet und vorbereitet hat; er steht unter dem Einflusse einer lang verspro-
chenen Mithülfe; er ist von einer großen Zahl jener gebrandmarkten Wesen
gekannt; er kennt sie und findet sie später auf seinem Wege wieder; irgend
einer aus ihnen wird immer da sein, ihm die Rückkehr zur Reue zu verschließen. Niedergedrückt durch die Erinnerungen seiner Schande, verhär-
tet gegen Strafen, dem Bösen durch Verführung von Seite Anderer, wie
durch eigene Verderbtheit geweiht, entgeht er nur selten dem unseligen
Geschicke eines verabscheuungswürdigen, oft blutigen Rückfalles. Und doch
ist die Gefangenschaft in den Bagnos eben in Folge der Gebrechen ihrer
gegenwärtigen Einrichtung eine von den Strafen, welche die Verbrecher
am wenigsten fürchten. Diesen verhärteten Menschen ist es schon angenehm,
während ihrer Arbeit wenigstens den freien Himmel und das Sonnenlicht
zu genießen; es ist ihnen eine Wohlthat, mit freien Menschen, mit den
Hafenarbeitern, die sie einzuschüchtern oder zu verführen trachten, in
Berührung zu stehen. Dieses Zusammenleben so vieler Bösewichter hat für
sie einen mächtigen Reiz; hier finden sie nachsichtige Beurtheilung des
Bösen, Gleichheit der Schande und eine Art Beruhigung für ihr abge-
stumpftes Gewissen." — Man könnte die Schlechtigkeit des Systemes
der Galeerenhöfe nicht schärfer bezeichnen, als es in dieser Schilderung des
französischen Ministers geschieht. Wie der Minister Rémusat schon 1840
in den Motiven des Gesetzentwurfes angedeutet hatte, daß die Regierung
die Bagnos nur durch die Einzelhaft ersetzen wolle, so ist auch in dem
Entwurfe von 1843 beantragt, statt der Bagnos Zwangsarbeitshäuser
nach dem Systeme der Einzelhaft zu errichten, indem man nur dadurch
dem immer mehr um sich greifenden Gifte der gegenseitigen Verschlimmerung der Sträflinge vorbeugen zu können glaubt. Die von der Deputirtenkammer zur Begutachtung dieses Gesetzentwurfes niedergesetzte Commission hat ihre volle Beistimmung zu diesen Regierungsvorschlägen ausgesprochen.

    Anzahl der Galeerensträflinge. Wie aus der zur Seite 6 mit-
getheilten Tabelle erhellt, belief sich die Zahl der Galeerensträflinge in Frank-

reich am 1. Jänner 1837 auf 4289 zeitlich und 1861 auf lebenslang zur Zwangsarbeitsstrafe verurtheilte Männer, zusammen also auf 6150 Köpfe. Eben so betrug sie am 1. Jänner 1838 4418 zeitlich und 1856 auf Lebenszeit Verurtheilte, zusammen 6274 Köpfe, und am 1. Jänner 1839 4509 zeitlich und 1800 auf lebenslang Verurtheilte, im Ganzen 6309 Köpfe. Die Zahl der auf Lebenszeit verurtheilten Galeerensträflinge betrug also etwa 30 % der Gesammtbevölkerung der Bagnos. Im Anfange des Jahres 1840 belief sich die Gesammtzahl aller Galeerensträflinge auf 6192 und im Anfange des Jahres 1841 auf 6552 Köpfe. Zwischen den drei Galeerenhöfen zu Toulon, Brest und Rochefort waren diese Sträflinge im Beginne des Jahres 1841 so vertheilt, daß sich 3015 in Brest, 1095 in Rochefort und 2442 in Toulon befanden. Diese Vertheilung richtet sich gegenwärtig (seit 1837) nur nach der geographischen Lage des Ortes, wo die Verurtheilung erfolgte, ohne Rücksicht auf die Dauer der verhängten Strafe.

Rückfälle unter den entlassenen Galeerensträflingen. Nach den Rechenschaftsberichten des Justizministers von den Jahren 1836 bis 1841 habe ich hierüber folgende Tabelle zusammengestellt:

Anzahl der entlassenen Galeerensträflinge in den Jahren		Davon wurden binnen fünf Jahren wieder vor Gericht gestellt		Darunter wurden seit ihrer Entlassung verfolgt				Wegen							Darunter wurden verurtheilt		
				einmal	zweimal	dreimal	viermal und öfter	qualificirten Diebstahls	anderer Verbrechen	einfachen Diebstahls	Landstreichen und Betteln	Überschreitung des ihnen angewiesenen Bezirks	anderer Vergehen	losgesprochen	zu minderen Strafen	zu correct. Einsperrung über ein Jahr	zu correct. Einsperrung von u. unter einem Jahre
1832	780	bis Ende 1836	159	86	32	16	25	58	5	50	6	27	18	5	49	68	37
1833	726	» » 1837	220	146	40	13	21	89	9	65	3	34	22	9	81	75	55
1834	664	» » 1838	167	91	32	19	24	57	10	54	7	34	5	7	51	63	43
1835	691	» » 1839	202	121	39	17	25	78	7	51	4	47	15	5	66	68	63
1836	585	» » 1840	172	98	44	16	14	71	11	53	2	32	8	9	70	57	36
1837	664	» » 1841	224	123	49	18	29	74	11	72	5	49	13	5	72	92	55

Aus dieser Tabelle ergibt sich, daß im Durchschnitte der sechs Jahre 1832 bis 1837 von den während dieser Zeit entlassenen Galeerensträflingen vor Ablauf des vierten Jahres nach dem ihrer Entlassung 28%, somit mehr als ein Viertheil rückfällig wurden und neuerlich in die Hände der Strafbehörden geriethen. Unter diesen Rückfälligen wurden während des erwähnten vierjährigen Zeitraumes zwei Fünftheile (41%) sogar mehr als Einmal, und zwar 20. 5% zweimal, 8. 5% dreimal und 12% vier- und mehrmal einer gerichtlichen Verfolgung unterzogen. Aus den Jahresberichten des Justizministers ergibt sich, daß von den während des Zeitraumes von 1832 bis 1837 entlassenen Galeerensträflingen im Durchschnitte 9. 5%, also fast der zehnte Theil der in einem Jahre Entlassenen, noch vor Ablauf des Kalenderjahres ihrer Entlassung, 22% noch vor dem Ende des nächstfolgenden Jahres, 25% vor dem Schlusse des zweiten; 27% vor Ablauf des dritten und 28% vor dem Ende des vierten Jahres nach dem Jahre ihrer Entlassung rückfällig wurden. Das häufigste Verbrechen, welches den entlassenen Galeerensträflingen zur Last fiel, war Diebstahl; zwei Drittheile (67%) aller Rückfälligen wurden deshalb, und zwar über ein Drittheil (37%) wegen qualificirten, die übrigen 30% wegen einfachen Diebstahles verfolgt. Das zunächst häufige Vergehen der entlassenen Galeerensträflinge war der Bruch des Bannes, die Ueberschreitung der Gränzen des ihnen nach ihrer Entlassung aus dem Bagno zum Aufenthalte angewiesenen Bezirkes. Ein Fünftheil (20%) aller Rückfälligen wurde dieses Vergehens halber vor Gericht gestellt. Nur 4. 6% aller Rückfälligen wurden wegen anderer Verbrechen, 2. 4% wegen Landstreicherei und Bettelei und 6% wegen anderer Vergehen verfolgt. Was den Erfolg der gerichtlichen Schritte gegen die entlassenen Galeerensträflinge betrifft, so ist die geringe Zahl der Lossprechungen sehr bemerkenswerth. Während in den Jahren 1832 bis 1841 im Durchschnitte 37 von hundert eines Verbrechens Angeklagten und 21 von hundert eines Vergehens Beschuldigten losgesprochen wurden, zeigt die vorstehende Tabelle, daß unter den in den Jahren 1832 bis 1837 entlassenen und vor Ablauf des vierten Jahres nach dem ihrer Entlassung neuerlich vor Gericht gestellten Galeerensträflingen nur 3. 6% losge-

2*

sprochen wurden. Ein Drittheil (34%) aller Rückfälligen wurde zu entehrenden Strafen (Reclusion, Zwangsarbeits- oder Todesstrafe), über ein Drittheil (37%) zu correctioneller Einsperrung auf länger als ein Jahr und ein Viertheil (25.4%) auf ein Jahr oder darunter verurtheilt.

Besonders traurig ist der Umstand, daß die Zahl der Rückfälle von Jahr zu Jahr in einer beständig steigenden Progression zunimmt. Von den in den Jahren 1832 und 1833 entlassenen Galeerensträflingen wurden 26%, von den in den Jahren 1834 und 1835 entlassenen 27% und von den in den Jahren 1836 und 1837 Entlassenen 31% binnen fünf Jahren rückfällig.

Noch deutlicher ergibt sich dieses betrübende Verhältniß aus der folgenden, ebenfalls nach den Jahresberichten des Justizministers entworfenen Tabelle.

In dem fünfjährigen Zeitraume von	wurden aus den Bagnos entlassen	Davon wurden rückfällig		
1831—1835	3702 Sträflinge	bis 31. December 1835	621 Sträflinge b. i. 17	%
1832—1836	3398 »	» » » 1836	646 » » 19	»
1833—1837	3382 »	» » » 1837	699 » » 21	»
1834—1838	3124 »	» » » 1838	682 » » 22	»
1835—1839	2921 »	» » » 1839	722 » » 26	»
1836—1840	2670 »	» » » 1840	709 » » 26.5	»
1837—1841	2498 »	» » » 1841	672 » » 27	»

Aus dieser Tabelle geht klar hervor, wie sehr die Anzahl der Rückfälle unter den entlassenen Galeerensträflingen zunimmt. Von den in den fünf Jahren 1837 bis 1841 Entlassenen wurden in dem hier betrachteten fünfjährigen Zeitraume verhältnißmäßig um 60% mehr rückfällig, als von den in den Jahren 1831 bis 1835 entlassenen Sträflingen; — ein deutlicher Beweis von der verderblichen Wirksamkeit des Strafsystemes.

Sehr auffallend ist der Unterschied zwischen der Anzahl der rückfälligen Galeerensträflinge je nach dem Bagno, wo sie vor ihrer Entlassung angehalten wurden. Unter 100 im Jahre 1837 aus dem Bagno zu Tou-

lon entlaffenen Sträflingen wurden vor Ende 1841 36 rückfällig, während die Zahl der Rückfälligen unter den aus den Galeerenhöfen zu Breſt
und Rochefort Entlaſſenen für denſelben Zeitraum nur 28 und 25 von
hundert betrug. Der Grund dieſer großen Verſchiedenheit liegt darin, daß
bis 1837 alle zu einer Zwangsarbeitsſtrafe unter zehn Jahren Verurtheilten in das Bagno von Toulon, alle auf längere Zeit Verurtheilten
aber in die Bagnos zu Breſt und Rochefort gebracht wurden. Dies hatte
zur Folge, daß ſich in den zwei letzteren größtentheils Verbrecher gegen
die Perſon, in dem Bagno von Toulon aber faſt nur Verbrecher gegen das
Eigenthum befanden, welche bekanntlich viel leichter rückfällig werden, als
die erſtere Claſſe. Seit 1837 iſt dieſe Vertheilungsart der Galeerenſträf-
linge aufgehoben und es iſt daher zu erwarten, daß ſich die übergroße
Verſchiedenheit der Anzahl der Rückfälle unter den aus den drei Bagnos
entlaſſenen Sträflingen nach und nach ausgleichen wird.

Koſten der Bagnos. Die Koſten der Galeerenhöfe ſind ſehr
bedeutend; ſie betrugen im Jahre 1837: 2,176,500 Franken auf eine
mittlere Bevölkerung von 7100 Köpfen, ſo daß die jährliche Ausgabe für den
Kopf ſich auf 302 Franken 29 Centimen (d. i. beiläufig 120 fl. C. M.)
belief. Unter dieſer Summe ſind auch die Adminiſtrations- und Bewa-
chungskoſten begriffen, welche zuſammen 453,900 Franken, d. i. 63 Franken 4 Centimen auf den Kopf, ausmachten.

II. Die Centralgefängniſſe.

Bevölkerung. Die Centralgefängniſſe ſind, wie ſchon oben erwähnt wurde, zur Aufnahme der zur correctionellen Einsperrung auf länger als ein Jahr und zur Recluſion Verurtheilten beider Geſchlechter, aller
zur Zwangsarbeitsſtrafe verurtheilten Weiber und der ſchon 70 Jahre oder
darüber alten, zur Zwangsarbeitsſtrafe verurtheilten Männer beſtimmt.
Die durchſchnittliche tägliche Bevölkerung der 20 Centralgefängniſſe betrug
im Jahre 1840 14,080 Männer und 3,940 Weiber, im Jahre 1841
14,570 Männer und 3,910 Weiber, im Jahre 1842 14,689 Männer und 3,927 Weiber, im Ganzen alſo beſtändig 18,000 bis 18,500
Köpfe.

Am 1. Juli 1843 war der Stand der Centralgefängnisse folgender:

I. Erwachsene Sträflinge:

a) Männer
- zur Zwangsarbeitsstrafe Verurtheilte . 50
- zur Reclusion Verurtheilte 4,092
- zu correctioneller Einsperrung auf mehr als ein Jahr Verurtheilte 10,194

14,336

b) Weiber
- zur Zwangsarbeitsstrafe Verurtheilte . 915
- zur Reclusion Verurtheilte 580
- zur correctionellen Haft Verurtheilte . . 2,516

4,011

Summe der Erwachsenen: 18,347

II. Jugendliche Sträflinge:

a) Knaben 742
b) Mädchen 123

Summe der jugendlichen Sträflinge: 865

Gesammtbevölkerung: 19,212

Diese große Anzahl von Sträflingen ist unter den einzelnen Central=gefängnissen sehr ungleichförmig vertheilt. Während die maison centrale zu Montpellier im Jahre 1842 nur eine mittlere Bevölkerung von 500 Köpfen hatte, belief sich dieselbe in den Centralgefängnissen zu Beaulieu auf 1080, zu Melun auf 1118, zu Fontevrault auf 1709 und zu Clairvaux auf 2098 Köpfe, so daß es kaum begreiflich ist, wie so unge=heure Strafanstalten in Ordnung erhalten werden können*). Die Schwie=rigkeit ist um so größer, da fünf Centralgefängnisse (zu Beaulieu, Clair=vaur, Fontevrault, Loos und Limoges), worunter drei zu den größten in ganz Frankreich gehören, Sträflinge beider Geschlechter enthalten, ein Umstand, der bekanntlich die Disciplin bedeutend erschwert. Die fünf Cen=

---

*) Am 1. Mai 1843 betrug die Bevölkerung der Centralgefängnisse zu Ensisheim 1084, zu Melun 1092, zu Loos 1092, zu Lyon 1186, zu Nimes 1255, zu Gail=lon 1268, zu Fontevrault 1418 und zu Clairvaux 1799 Köpfe.

tralgefängniffe zu Cabillac, Clermont, Hagenau, Montpellier und Vannes
find nur für Weiber, die übrigen nur für männliche Sträflinge bestimmt.
Allgemeine Verwaltung. Die Verwaltung, Einrichtung
und Hausordnung der Centralgefängniffe ist durch die Reglements vom
30. April 1822, vom 5. October 1831 und vom 10. Mai 1839, welche
für alle Centralgefängniffe giltig find, festgesetzt. Diese Anstalten werden
unter der Oberaufsicht des Präfecten des Departements, in welchem fie
liegen, von einem Director (nach Umständen auch von einem Vicedirector) verwaltet. Außer diesem find bei jedem Centralgefängniffe ein Inspector, dem vorzüglich die Prüfung der Nahrungsmittel und die Leitung der
Disciplin in den Schlaf- und Arbeitssälen obliegt, ein Rechnungsführer,
ein Kanzellist, ein Geistlicher, ein Arzt oder Wundarzt und ein Apotheker
angestellt. Alle diese Beamten, so wie den Oberaufseher (gardien-chef)
ernennt der Minister des Innern. Die Unteraufseher, welche in Betreff
der Disciplin und Dienstordnung den Linientruppen ähnlich gehalten werden und eine Uniform und Waffen tragen, ernennt der Präfect auf den
Vorschlag des Directors. Die Werkführer, Arbeitsaufseher, das Küchen-,
Bäcker-, Wasch- und Krankenwärterpersonale, so wie alle Hausknechte
und Diener, deren Verrichtungen fich nicht auf die bloße Ueberwachung
der Gefangenen beschränken, werden hingegen von dem Generalunternehmer bestellt, der fie mit Genehmigung des Directors unter freien Leuten
oder unter den Sträflingen selbst wählen kann.

Es wird nämlich der ganze Hausdienst der Centralgefängniffe im
Wege der Unternehmung, welche durch öffentliche Versteigerung an den
Mindestfordernden vergeben wird, besorgt. Für jedes Gefängniß gibt es
nur Einen Generalunternehmer, doch darf derselbe Unternehmer die Besorgung mehrerer Anstalten dieser Art erhalten. Der Generalunternehmer muß
die Herbeischaffung der Nahrungsmittel für alle Sträflinge, die Kleidung
der Sträflinge sowohl, als auch der Aufseher, die Bettung, die Heizung
und Beleuchtung aller Gefängniß- und Amtslocalitäten, die Reinigung der
Wäsche, ja selbst die Herbeischaffung aller Erforderniffe für die Schreibge-
schäfte der Direction, die Erhaltung der zum Gottesdienste nothwendigen
Geräthschaften und die Leichenbegängniffe verstorbener Sträflinge besorgen,

Nur die Erhaltung und Ausbesserung der Gefängnißgebäude und die
Besoldungen der Beamten und Aufseher werden von dem Staate unmittelbar bestritten. Der Generalunternehmer erhält dafür vom Staate den im
Versteigerungswege bestimmten Preis, welcher jederzeit auf einen gewissen Betrag für jeden Tag der Anwesenheit eines Sträflinges festgesetzt
wird; er hat das Recht und die Pflicht, alle gesunden Sträflinge für seine
Rechnung zu beschäftigen, und er allein hat das Recht, die Lebensmittel,
welche sich die Sträflinge um ihren Arbeitsverdienst-Antheil anschaffen dürfen, nach einem von dem Director festgesetzten und von dem Präfecten
genehmigten Tarife zu verschleißen. Er darf keinen Gewerbszweig einführen
oder aufgeben, ohne dazu die Bewilligung des Präfecten erhalten zu haben.
Der Präfect setzt auch mit dem Beirathe von Sachverständigen oder über
das Gutachten der Handelskammern den Taglohn für die Arbeiter in den
verschiedenen, im Gefängnisse betriebenen Gewerbszweigen fest, nach welchem der den Sträflingen von dem Generalunternehmer zu bezahlende Verdienstantheil bestimmt wird. Der dem Staate zufallende Verdienstantheil
wird dem Generalunternehmer überlassen.

Diese Verpachtung des ganzen ökonomischen Theiles der Gefängnißverwaltung hat wohl den Vortheil gebracht, daß die Erhaltung der
Centralgefängnisse dem Staate weit wohlfeiler zu stehen kommt; allein sie
hat andererseits sehr große Nachtheile, besonders in moralischer Hinsicht.
Durch die Verpachtung der Arbeitskräfte der Sträflinge wird vorzüglich
der Uebelstand erzeugt, daß das Gefängniß mehr einer Fabrik, als einer
Strafanstalt gleichsieht. Die Direction kann nur entweder mit dem Unternehmer zu dessen Vortheile zusammenwirken und somit selbst zugeben, daß
die Sträflinge zu den für den Unternehmer einträglichsten Arbeiten verwendet werden, ohne Rücksicht, ob diese der Individualität des Sträflinges angemessen sind, ob sie ihn nicht mit Sträflingen, von denen man
ihn gerade entfernt halten sollte, in Berührung bringen, und ob sie ihm
auch nach seiner Entlassung ein genügendes Fortkommen versprechen; oder
sie ist mit dem Unternehmer in Zwiespalt, wodurch eine für jede erfolgreiche Wirksamkeit selbst des besten Directors höchst verderbliche Hemmung
eintritt. Nach den gewöhnlichen Verhältnissen wird das Erstere in der

Regel der Fall sein und die Sorgfalt für die moralische Besserung der Gefangenen wird dem Gewinne, welchen der Unternehmer aus seinem Pachte
zu ziehen sucht, nachgesetzt werden. Dazu kommt der Umstand, daß der
Unternehmer alle nicht zur unmittelbaren Bewachung der Sträflinge bestimmten Diener und Aufseher auszuwählen berechtigt ist, wobei sehr zu
besorgen steht, daß durch solche Individuen Verbindungen zwischen Sträflingen und in der Freiheit befindlichen Personen angeknüpft werden können, welche der Aufrechthaltung der Ordnung und dem Zwecke der
Strafanstalten zuwiderlaufen. Die Erlaubniß, Sträflinge als Werkführer,
Arbeitsaufseher, Krankenwärter, in der Küche und zu anderen Haus-
diensten zu verwenden, ist eine jedem guten Gefängnißsysteme geradezu
widersprechende Einrichtung, weil sie eine große Ungleichheit in der Behandlung der Sträflinge herbeiführt, welche nicht nur zu sehr vielen Reibungen, zu Neid und Mißgunst unter den Gefangenen Anlaß gibt, sondern
auch in der Regel auf einem ganz anderen Maßstabe, als dem der Moralität der verschiedenen Sträflinge, beruht. Es wird bei der Vertheilung
dieser Geschäfte vor Allem auf die Geschicklichkeit Rücksicht genommen und
daher sehr oft gerade der Verderbteste vor dem minder Strafbaren begün-
stigt. Eine solche Maßregel wirkt immer höchst verderblich, weil sie eine
offenbare Ungerechtigkeit in sich schließt. Man kann daher mit Bestimmtheit
behaupten, daß diese Einrichtung der französischen Centralgefängnisse keine
Nachahmung verdient, so lockend sie auch in pecuniärer Hinsicht sein dürfte.

Auch der in den französischen Centralgefängnissen bestehende, durch
die Reglements gebilligte Gebrauch, aus den Sträflingen selbst Unteraufseher zu wählen, ist eine von allen Gefängnißkundigen ohne Unterschied mit Recht verworfene Maßregel, weil auch diese Wahl nur zu
oft eine ungerechte Begünstigung verderbterer, aber gewandterer Sträflinge
mit sich führt, zu beständigen Reibungen und Mißhelligkeiten und zu einer
Menge grundloser Beschwerden Veranlassung gibt, die Heuchelei befördert
und doch nur sehr unzuverlässige Aufseher zu liefern vermag.

Dagegen verdient eine andere, bereits in mehreren französischen Centralgefängnissen bestehende Einrichtung unbedingtes Lob. Schon am 6. April
1839 hatte ein Ministerialbeschluß angeordnet, daß die Ueberwachung

der weiblichen Sträflinge in den Centralgefängnissen ausschließend Personen weiblichen Geschlechtes anvertraut werden solle, eine Maßregel von
der höchsten Wichtigkeit in moralischer und diätetischer Beziehung. Zur
Ausführung derselben wurde eines der wirksamsten Mittel angewendet, die
Einführung von Nonnenorden, welche die Aufsicht und Pflege
der weiblichen Sträflinge nicht nur in den fünf, ausschließend für Weiber
bestimmten Centralgefängnissen, sondern auch in den Weiberabtheilungen
einiger zur Aufnahme von Sträflingen beider Geschlechter bestimmten Centralgefängnisse (z. B. zu Fontevrault) übernahmen. Der Generalinspector
der Gefängnisse, Charles Lucas, und der gegenwärtige Director des Centralgefängnisses zu Fontevrault, Hello, haben sich um diese wohlthätige
und nachahmungswürdige Verbesserung der Gefängnißdisciplin die größten Verdienste erworben. Die Anstalt zu Hagenau war im Jahre 1839
zu welcher Zeit sie noch unter Hello's Leitung stand, eine der ersten,
worin, wie Charles Lucas sich ausdrückt, das Kreuz an die Stelle des
Säbels trat. Nach dem Reglement vom 22. Mai 1841 für den Dienst
der Nonnen in den Centralgefängnissen haben die Nonnen unter der Leitung
ihrer Oberin die ganze Aufsicht über die weiblichen Sträflinge zu führen;
sie besorgen unter der Oberaufsicht des Directors und Inspectors die Aufrechthaltung der Ordnung in den Arbeits-, Schlaf- und Speisesälen, wie
in den Strafarresten; sie haben die Schlüssel zu den Schlafsälen und
Strafzellen; sie besorgen die Nachtwache, die Krankenpflege, den Elementarunterricht, die moralische und religiöse Belehrung der Sträflinge; sie
überwachen den Dienst der Küche und Wäsche; sie können endlich die
weiblichen Sträflinge, sobald diese eine Uebertretung begehen, sogleich in die
Einzelzelle schicken, doch müssen sie davon Tags darauf durch ihre Oberin
den Director in Kenntniß setzen, dem das Enderkenntniß zusteht. Die Vertheilung der Geschäfte steht mit Vorbehalt der Genehmigung des Directors der Oberin zu; durch diese allein ertheilt der Director den Nonnen
Anordnungen oder Verweise. Nur in dringenden Fällen darf der Director
oder Inspector einer Nonne unmittelbar einen Auftrag ertheilen, oder sie
von ihrem Posten entfernen. — Die Erfahrung hat dieser Einrichtung ein
glänzendes Zeugniß gegeben. Die Gefängnisse haben dadurch den Anblick

eines großen Klosters, worin allenthalben nur Ordnung und Ergebung herrscht, erhalten, und über die vortrefflichen moralischen Wirkungen, welche die für ihren Beruf begeisterten Nonnen bereits erzielt haben, ist in ganz Frankreich nur Eine Stimme. Man kann in Wahrheit sagen, daß es für eine thätige Aeußerung der christlichen Liebe nicht leicht ein geeigneteres Feld geben kann, als diese schöne, hingebende und mühevolle Wirksamkeit, welche ihrer heilsamen Erfolge wegen besonders in allen katholischen Ländern nachgeahmt zu werden verdient.

Gefängnißdisciplin. Bis zum Jahre 1839 wurden die Sträflinge in den Centralgefängnissen zwar zu gemeinschaftlicher Arbeit angehalten; allein es war ihnen fast ohne Beschränkung gestattet, während der Mahlzeiten, in den Mußestunden und mitunter selbst während der Arbeit mit einander zu reden. Die Folge davon war, einerseits, daß die Sträflinge sich gegenseitig in Verbrechen und Lastern aller Art unterrichteten, daß Einer den Anderen verschlechterte, andererseits aber, daß die Strafe selbst gar nicht mehr gefürchtet wurde*). Die steigende Zahl der ersten Verbrechen und Vergehen sowohl, als auch der Rückfälle und die verderbte Gesinnung, welche aus den von den entlassenen Sträflingen neuerlich verübten Verbrechen hervorleuchtete, die Kühnheit und Frechheit, welche sie oft bei der Ausführung ihrer Uebelthaten an den Tag legten, gaben davon den unwiderleglichsten Beweis. Um diesem Uebel einigermaßen zu begegnen, um die gegenseitige Verschlimmerung der Sträflinge wenigstens zu erschweren und die Strafe als solche fühlbarer zu machen, führte der Minister des Innern Gasparin für alle Centralgefängnisse das Reglement vom 10. Mai 1839 ein, durch welches den Sträflingen das Stillschweigen auferlegt wurde. Das gegenwärtig in diesen Gefängnissen herrschende Straf-

---

*) Man kann die üblen moralischen Wirkungen des Systemes der unbeschränkten Gemeinschaft der Sträflinge, wodurch das Gefängniß zu einer Schule des Lasters wird und für den verderbten Bösewicht jeden Schrecken verliert, nirgends wahrer und eben deshalb überzeugender geschildert finden, als es in der von der französischen Regierung veröffentlichten Analyse des réponses des directeurs des maisons centrales à une circulaire ministérielle du 10 Mars 1834 sur les effets du régime de ces maisons (Paris 1836) geschieht.

ſyſtem beſteht hiernach darin, daß die Sträflinge (und zwar ohne Abſon=
derung der zu entehrenden Strafen Verurtheilten von den Correctionellen)
zur Nachtzeit in gemeinſchaftlichen Schlafſälen und den Tag hindurch in
g e m e i n ſ ch a f t l i ch e n A r b e i t s ſ ä l e n, j e d o ch u n t e r d e r H e r r=
ſ ch a f t d e s S t i l l ſ ch w e i g e n s angehalten werden. Die Sträflinge
ſollen ſich nie, ſelbſt nicht mit leiſer Stimme oder durch Zeichen, mit einander
unterreden. Nur die nothwendigen Mittheilungen zwiſchen den arbeitenden
Sträflingen und den aus den Gefangenen ſelbſt gewählten Werkführern
oder Auſſehern, welche auf die Arbeit Beziehung haben, ſind von dieſer
Vorſchrift ausgenommen; doch ſollen dieſelben eben ſo, wie die unent=
behrlichen Geſpräche zwiſchen den Gefangenen und den freien Auſſehern,
Werkmeiſtern u. dergl., immer nur mit leiſer Stimme Statt finden. (Art. 1
und 2 des Regl. v. 1839.) Da die meiſten Centralgefängniſſe in ehemali=
gen Kloſtergebäuden oder Abteien eingerichtet wurden, ſo geſchah es auch,
daß die Schlafſäle gewöhnlich eine große Anzahl von Sträflingen faſſen,
welche darin, jeder in einem eigenen Bette, ſchlafen, während in dem erleuch=
teten Saale beſtändig ein Auſſeher herumgeht. Säle auf hundert Köpfe ſind
ſehr häufig zu finden; in Fontevrault beſuchte ich ſelbſt einen Schlafſaal
auf 500 Sträflinge. Dieſe Anhäufung von Gefangenen in den Schlaf=
ſälen iſt eine allerdings nur durch den Mangel an Raum veranlaßte,
für die Geſundheit der Sträflinge aber ſehr gefährliche Maßregel.

Was das Stillſchweigen anbelangt, ſo kann nicht geläugnet werden,
daß die Einführung dieſer Vorſchrift in den Centralgefängniſſen gegen den
Zuſtand derſelben vor 1839 als ein bedeutender Fortſchritt zu betrachten
iſt. Alle lauten Geſpräche, alle lärmenden, Zucht und Sittlichkeit verhöh=
nenden Reden und Scherze, alle langen Mittheilungen der Sträflinge wer=
den dadurch hintangehalten, und bei der Strenge, mit welcher dieſe An=
ordnung durchgeführt wurde, iſt wenigſtens das erreicht worden, daß die
Gefangenſchaft als eine wahre Strafe empfunden wird. Allein die, wie
es ſcheint, mit dem Syſteme des Stillſchweigens unzertrennlich verbundenen
Uebelſtände zeigten ſich in allen franzöſiſchen Centralgefängniſſen. Erſtlich
lehrte die Erfahrung bald, daß ohne eine ſehr große Strenge, ohne unge=
mein häufige und ſelbſt harte Disciplinarſtrafen für jeden Bruch des Still-

schweigens das Verbot von Unterredungen der Sträflinge untereinander gar nicht aufrecht erhalten werden konnte. In einem Centralgefängnisse fanden im Jahre 1842 auf eine Bevölkerung von durchschnittlich 1200 Sträflingen mehr als 10,000 Disciplinarstrafen wegen Bruch des Still= schweigens Statt, so daß täglich 2. 5% der Gesammtbevölkerung eine solche Strafe erlitten. In einem anderen Centralgefängnisse kamen auf eine Bevölkerung von beiläufig 300 Köpfen im Laufe des Jahres 1842 beinahe 6000 Strafen wegen eben dieser Uebertretung vor, so daß mehr als fünf von hundert Sträflingen täglich einer solchen Strafe verfielen*). Laut der ämtlichen Vierteljahrsberichte, welche die Directoren der Central= gefängnisse an den ihnen vorgesetzten Departementspräfecten erstatten müs= sen, belief sich in den beiden Weibergefängnissen zu Clermont und Mont= pellier, wovon ersteres eine durchschnittliche tägliche Bevölkerung von 806, letzteres von 504 Weibern hatte, die Zahl der Strafen wegen einfacher Uebertretung des Stillschweigens in den drei Monaten Juli bis September 1842 in dem ersten auf 1386 und in dem letzten auf 1148, so daß in Clermont täglich zwei von hundert und in Montpellier sogar mehr als zwei von hundert Weibern wegen Bruches des Stillschweigens bestraft wurden**). In einem Centralgefängnisse fand der Generalinspector den fünften Theil der gesunden Bevölkerung in Strafe. Zu der großen Menge von Disciplinarstrafen, welche die Vorschrift des Stillschweigens nothwen= dig macht, kommt noch die Härte derselben. Die Beschränkung der Nah= rung auf Wasser und Brod und die Anwendung der Einzelhaft wurden für

---

*) Sieh den Bericht der Commission der Deputirtenkammer über den Gesetzentwurf in Betreff der Gefängnißreform vom 17. April 1843, verfaßt von dem berühmten Tocqueville und erstattet in der Sitzung vom 5. Juli 1843, im Moniteur vom 6. Juli 1843 Nr. 187.

**) Eben so belief sich die Zahl der Strafen wegen dieses Vergehens in den letzten drei Monaten des Jahres 1842 in den Centralgefängnissen

zu Poissy	mit einer Bevölkerung von 985 Köpfen auf 1038
» Melun	» »	»	» 1080	»	» 1101
» Ensisheim	» »	»	» 933	»	» 562
» Fontevrault	» »	»	» 1550	»	» 607
» Beaulieu	» »	»	» 911	»	» 874

unzureichend befunden, um die Beobachtung dieser Vorschrift einzuschärfen. Obschon das französische Gesetz die körperliche Züchtigung ausdrücklich verbietet, haben doch einige Gefängnißdirectoren zur Aufrechthaltung des Stillschweigens in manchen Fällen zu derselben ihre Zuflucht genommen. Eine andere Disciplinarstrafe, welche grausam genannt zu werden verdient, ist sogar mit Genehmigung des Ministers des Innern in den Centralgefäng= nissen eingeführt worden. Sie heißt mise au piton und besteht darin, daß der Sträfling stehend oder auf der Erde sitzend an den Händen und Füßen mittelst fester Riemen an eiserne, in der Wand der Strafzelle angebrachte Ringe dergestalt gebunden wird, daß er kein Glied rühren kann. In diesem Zustande wird der Sträfling mehrere Stunden lang in seiner ein= samen Strafzelle gelassen. Diese Strafe habe ich selbst an den Sträflingen in dem Centralgefängnisse zu Fontevrault vollziehen gesehen, und sie scheint von den Gefangenen als eine der härtesten betrachtet zu werden. Auffallend ist es, daß seit der Einführung des Stillschweigens die Sterblichkeit in den Centralgefängnissen sehr bedeutend*), und zwar in demjenigen am meisten zugenommen hat, in welchem das Stillschweigen auf das kräftigste aufrecht erhalten wurde**), ein Umstand, der fast nothwendig zu der Meinung hinleitet, daß die strengen Maßregeln, welche die Aufrechthaltung des Stillschweigens erforderte, auf die Gesundheit der Sträflinge sehr nach= theilig einwirkten.

Allein troß dieser außerordentlichen Strenge ist es nicht gelungen, ein vollständiges Stillschweigen unter den Sträflingen herzustellen. „Die Berichte der Directoren," sagt Tocqueville in dem Commissionsberichte vom 5. Juli 1843, „behaupten es nicht und die Berichte fast aller Ge= „neralinspectoren stellen es geradezu in Abrede. Die lärmenden Reden „haben aufgehört, die langen Gespräche sind aufgehoben. Aber das voll=

---

*) Die mittlere Sterblichkeit aller Centralgefängnisse betrug vor 1839 jährlich 6.6%, seit 1839 aber stieg sie auf 8.3%.
**) In Fontevrault; die Sterblichkeit hat sich daselbst seit der Einführung des Still= schweigens verdoppelt. Im Jahre 1839 starb 1 von 18, im Jahre 1840 1 von 8 1841 1 von 7, und 1842 und 1843 1 von 6! (Compte rendu des séances et tra- vaux de l'académie des sciences morales et politiques. Février 1844 pag. 158.)

„ſtändige Stillſchweigen, das Stillſchweigen als Buße (le silence péniten-
„cier)¸ wie es ein Inſpector treffend benennt, jenes Stillſchweigen, welches
„jede unmoraliſche Vertraulichkeit und alle gefährlichen Einverſtändniſſe
„gänzlich verhindert, beſteht nirgends.“ So berichten die franzöſiſchen
Generalinſpectoren über die Centralgefängniſſe zu Clairvaur, Enſiѕheim,
Rismes u. ſ. w., daß das Stillſchweigen in denſelben entweder gar nicht,
oder ſehr ſchlecht beobachtet werde. Unter allen franzöſiſchen Centralge=
fängniſſen iſt nach dem einſtimmigen Urtheile aller Gefängnißkundigen
das zu Fontevrault dasjenige, wo die Vorſchrift des Stillſchweigens am
allerbeſten beobachtet wird. Die Geſchicklichkeit, die unermüdliche Thätig=
keit und die rückſichtsloſe, oft ſogar harte Energie des Directors dieſer
Anſtalt, Hello, wird allgemein anerkannt und als die Haupturſache der
genauen Aufrechthaltung des Stillſchweigens betrachtet. Ueber dieſes Ge=
fängniß nun berichtete der Generalinſpector Moreau=Chriſtophe in Folge
der von ihm in dieſer Anſtalt am Ende des Jahres 1842 vorgenommenen
Viſitation mit folgenden Worten: „Ueberall herrſcht phyſiſche Ordnung;
„man hört kein Geräuſch, keinen Lärm, keine lauten Geſpräche. Die Be=
„wegungen erfolgen ſo regelmäßig, ſo ruhig, ſo vollendet, daß man ſagen
„könnte: Es iſt eine Maſchine, die ohne Reibung ihres Räderwerkes
„ihre mechaniſchen Functionen verrichtet. Man ſieht, daß ein feſter und
„einziger Wille allen Geſchäften des Tages ſein Siegel aufdrückt, und
„daß alle dieſe Geſchäfte eine Idee der Abſchreckung und Beſſerung
„durchzieht. In dieſer Hinſicht betrachte ich dieſe Anſtalt als die beſt-
„eingerichtete vielleicht von ganz Europa. Was aber das Stillſchweigen
„betrifft, ſo iſt es mir leicht zu beweiſen, daß es trotz der ſtrengen Vor-
„ſchriften der Hausordnung und der harten Strafen, welche die leichteſten
„Uebertretungen derſelben ſogleich nach ſich ziehen, nicht beſteht.“ Mo-
reau=Chriſtophe bezieht ſich auf eine von ihm vorgenommene protocolla-
riſche Vernehmung mehrerer Sträflinge, woraus hervorgeht, daß ſie nicht
nur den Namen ihrer Arbeitsgenoſſen, ſondern auch ihren Geburtsort,
ihren bisherigen Lebenswandel, die Urſache ihrer Verurtheilung, die Zeit
ihrer Strafentlaſſung, ihre weiteren Plane, kurz Alles, was eben die
Vorſchrift des Stillſchweigens ihnen zu verheimlichen bezweckt, wußten und

kannten. Er schließt mit den Worten: „Wenn das Stillschweigen hier „nicht beobachtet wird, so ist dies anderwärts noch viel weniger der Fall!" So viel kann man dadurch als erwiesen ansehen, daß selbst die außerordentliche Strenge, womit das Stillschweigen zu Fontevrault aufrecht erhalten wird, nicht hinreicht, um alle Mittheilungen unter den Sträflingen zu verhindern. Der Minister des Inneren Graf Duchatel nahm daher auch keinen Anstand, in den Motiven zu dem Gesetzentwurfe von 1843 vor den Kammern zu erklären, daß die Erfahrung der Centralgefängnisse trotz des Eifers der Directoren und Aufseher bewiesen habe, daß unter einer beträchtlichen Anzahl von Sträflingen das Stillschweigen nicht streng beobachtet werden könne.

Arbeit und Verdienstantheil der Sträflinge. Wie schon oben erwähnt wurde, müssen alle gesunden Sträflinge für Rechnung des Generalunternehmers täglich eine gewisse Arbeit verrichten, welche ihnen von der Direction im Einverständnisse mit dem Unternehmer auferlegt wird. Der von dem Präfecten festgesetzte Arbeitslohn jedes Sträflinges wurde seit der königlichen Verordnung vom 2. April 1817 in drei Theile getheilt. Ein Drittheil gehörte der Anstalt und wurde dem Unternehmer überlassen; zwei Drittheile hingegen fielen dem Sträflinge zu; das eine wurde den Gefangenen wochenweise ausbezahlt und ihnen gestattet, sich davon im Gefängnisse einige Erleichterungen zu verschaffen, das zweite Drittheil aber wurde für sie hinterlegt, um ihnen bei ihrer Entlassung aus der Strafe behändigt zu werden. Diese Bestimmung war offenbar zu mild, und man könnte fast sagen, ein Unrecht an der freien Gesellschaft. Der Sträfling, welcher in der Strafanstalt alle seine Lebensbedürfnisse bestritten fand und noch überdies zwei Drittheile des Ertrages seiner Arbeit für sich erhielt, war besser gestellt, als der freie Arbeiter, der wohl nie seine Lebensbedürfnisse mit einem Drittheile seines täglichen Verdienstes zu bestreiten vermag. Der Sträfling hat gar kein Recht auf einen Arbeitslohn; nur die Betrachtung, daß ein Arbeitslohn eine Neigung zur Arbeit in ihm erzeugen kann, indem er ihn den Werth und Nutzen der Arbeit kennen lehrt, und daß er ihn bei seiner Entlassung vor Noth und somit vor einem schnellen Rückfalle zu bewahren vermag, rechtfertigt die freiwillige Ueberlassung eines Theiles des Arbeitslohnes an den Sträfling. Durch die Bestimmung des Verdienstantheiles der Sträflinge auf zwei Drittheile ihres Arbeits- verdienstes litt der Staat sehr beträchtliche Einbußen, indem er in den Jahren 1842 und 1843 von dem Gesammtertrage der Arbeit aller Sträf- linge in den Centralgefängnissen mit 2,200,000 und 2,300,000 Fran- ken nur 730,000 und 760,000 Franken erhielt. Dagegen befanden sich unter den im Jahre 1841 aus allen Centralgefängnissen entlassenen 6078 Sträflingen nur 85, welche bei ihrem Austritte aus dem Gefängnisse nichts erhielten, 1635, welche weniger als 20 Franken, 1537, welche 20 bis 50 Franken, 1130, welche 50 bis 100 Franken, 984, die 100 bis 200 Franken, 400, die 200 bis 300 Franken, 241, die 300 bis 500 Franken, und 66, welche 500 und mehr Franken erhielten. Abgesehen von diesen finanziellen Gründen, hat auch die Erfah- rung gelehrt, daß die Größe des Betrages (masse de réserve), welchen der Sträfling bei seinem Austritte aus der Strafanstalt erhält, keinen bedeutenden Einfluß auf die Bewahrung desselben vor einem Rückfalle äußert. Vielmehr hat eine mehrjährige Erfahrung bewiesen, daß die An- zahl der Rückfälle unter jenen Sträflingen, welche bei ihrer Entlassung aus dem Centralgefängnisse eine Reservemasse von mehr als 100 Fran- ken erhielten, von der Anzahl der Rückfälle derjenigen, welche mit weni- ger aus der Strafanstalt austraten, nur um ein Hundertstel abwich[*]. Diese Gründe bewogen die französische Regierung, das durch die Verord- nung vom 2. April 1817 eingeführte System in Betreff des Arbeitsloh- nes aufzugeben. Durch die königliche Verordnung vom 27. December 1843, welche die von der Commission der Deputirtenkammer über den Gesetzent- wurf vom Jahre 1843 in dieser Hinsicht gemachten Anträge zur Norm erhob, und welche am 1. April 1844 in allen französischen Centralgefäng- nissen in Wirksamkeit tritt, wurde der Antheil der in den Centralgefäng-

---

[*] Compte rendu de l'administration de la justice criminelle en France pendant l'année 1841. Paris 1843. Seite XXV. Die folgende Tabelle zeigt die Anzahl der in den Jahren 1836 bis 1841 aus den Centralgefängnissen Entlassenen, welche in demselben Jahre, in welchem sie entlassen worden, neuerlich gerichtlich ver- folgt wurden, und den Betrag, welchen sie bei ihrer Entlassung erhalten hatten:

3

niſſen befindlichen Sträflinge am Ertrage ihrer Arbeit folgendermaßen feſt-
geſetzt. Die zum erſten Male Verurtheilten erhalten, wenn ſie zur Zwangsarbeitsſtrafe verurtheilt ſind, $^2/_{10}$, wenn zur Recluſion, $^4/_{10}$, und wenn
zu correctioneller Einſperrung, $^5/_{10}$ des Ertrages ihrer Arbeit. Die Rückfälligen werden ſtrenger behandelt. Die zur Zwangsarbeitsſtrafe Verurtheilten erhalten nur $^1/_{10}$, wenn ſie ſchon früher eine Zwangsarbeitsſtrafe erlitten haben, und $^2/_{10}$, wenn ihre erſte Strafe Recluſion oder
eine mehr als einjährige correctionelle Einſperrung war. Die zur Recluſion
Verurtheilten erhalten $^2/_{10}$, wenn ſie ſchon eine Zwangsarbeitsſtrafe, und
$^3/_{10}$, wenn ſie eine Recluſions- oder correctionelle Strafe ausgeſtanden
haben. Die zur correctionellen Einſperrung auf länger als ein Jahr Verurtheilten erhalten $^3/_{10}$, wenn ihre frühere Strafe eine entehrende, und
$^4/_{10}$, wenn ſie nur eine correctionelle war. Dieſer Verdienſtantheil (péculo)
wird in zwei gleiche Theile getheilt, wovon einer von der Gefängnißverwaltung während der Strafzeit zum Beſten des Sträflinges verwendet werden darf, der zweite aber für denſelben bis zu ſeiner Entlaſſung aufbewahrt
wird. Ein gänzlicher oder theilweiſer Vorbehalt dieſes Arbeitsantheiles kann
von dem Präfecten entweder als Disciplinarſtrafe oder zur Sicherſtellung
des Erſatzes des verurſachten Schadens verfügt werden. Bei der großen
Anzahl von rückfälligen Sträflingen kann der in Folge dieſer Verordnung

Jahre	Geſammtzahl der in dem Jahre der Entlaſſung rückfällig Gewordenen	Bei ihrer Entlaſſung aus der Strafe hatten erhalten:						
		nichts	unter 20 Franken	20 bis 50 Franken	50 bis 100 Franken	100 bis 200 Franken	200 bis 300 Franken	300 bis 400 Franken	400 Franken und darüber
1836	543	9	110	158	125	97	30	9	5
1837	685	7	129	209	155	107	48	18	12
1838	737	10	180	205	149	127	40	15	11
1839	665	11	160	195	137	87	37	20	18
1840	723	6	179	228	135	101	41	21	12
1841	689	10	176	171	132	122	52	13	13
Zuſam-men:	4042	53	934	1166	833	641	248	96	71

Während alſo unter 4042 Rückfälligen nur 53 waren, die bei ihrem Austritte aus
der Strafe nichts erhalten hatten, befanden ſich darunter 167, welche 300 Franken und darüber, 248, die 200—300 Franken, und 641, welche 100—200 Franken erhalten hatten.

dem Staate zufallende Antheil an dem Ertrage der Arbeit der Gefangenen im Durchschnitte auf $^6/_{10}$ veranschlagt werden, während er nach den bisherigen Vorschriften nur $^1/_3$ betrug. Hiedurch wird für den Staatsschatz ein jährliches Ersparniß von 6 bis 700,000 Franken bewirkt.

Was die Organisation der Arbeit in den Centralgefängnissen betrifft, so ist sie in den einzelnen Anstalten sehr verschieden, je nachdem dieselben mehr eine städtische oder ländliche Bevölkerung enthalten, leichte oder schwierige Absatzwege haben, und dergl. In manchen Centralgefängnissen, besonders in jenen zu Melun und Poissy wegen der Nähe von Paris, ist die Zahl der Gewerbe, welche darin betrieben werden, sehr beträchtlich. Besonders häufig sind die Tuchfabrikation, die Baumwoll- und Leinenweberei und die Erzeugung von Quincaillerie-Waaren *). Als ein Fortschritt muß in finanzieller, wie in moralischer Hinsicht die durch den Ministerialbeschluß vom 29. Mai 1842 erfolgte Einführung der Arbeit bei Licht in den Abendstunden im Winter betrachtet werden, denn dadurch wurden die Sträflinge den freien Arbeitern, die gewöhnlich nicht weniger als zwölf bis dreizehn Stunden des Tages arbeiten müssen, gleichgestellt, und es ist dadurch dem für die Gesundheit und Sittlichkeit der Sträflinge gleich gefährlichen Uebelstande, daß dieselben fünf Monate des Jahres hindurch 12 bis 13 Stunden lang in ihren gemeinschaftlichen Schlafsälen eingesperrt bleiben mußten, abgeholfen worden.

Der Verdienstantheil, welcher den Sträflingen zu ihrer freien Verwendung während der Strafzeit überlassen ist, wurde bis 1839 den Sträflingen wochenweise baar ausbezahlt und durfte von ihnen zum Ankaufe von Nahrungsmitteln, Getränken und dergl. verwendet werden, zu welchem

---

*) Der Ertrag der Arbeit in allen Centralgefängnissen betrug in den Jahren
1838 bei einer mittleren Bevölkerung von 17,313 Sträflingen 1,796,164 Franken
1839 » » » » » 17,864 » 1,821,667 »
1840 » » » » » 18,020 » 1,840,338 »
1841 » » » » » 18,420 » 1,976,095 »
1842 » » » .» » 18,616 » 2,192,403 »
was per Kopf für einen Arbeitstag (das Jahr zu 300 gerechnet) in den Jahren 1838 bis 1840 im Durchschnitte 84 Centimen, im Jahre 1841 86 und im Jahre 1842 39. 5 Centimen gibt.

8 *

Ende in jedem Gefängnisse eine Schenke bestand, welche von dem Generalunternehmer ausgebeutet wurde. Diese Erlaubniß hatte die schlechtesten
Folgen. Die Sträflinge brachten ihren Verdienstantheil auf die liederlichste
Weise im Spiele und Trunke durch; ihr ganzes Streben ging nur dahin,
sich am Sonntage einen guten Tag zu bereiten, und nach dem Zeugnisse
aller Leute vom Fache war sogar Trunkenheit unter den Sträflingen nicht
selten. Daß eine solche Zügellosigkeit in moralischer Hinsicht höchst verderblich wirken mußte, ist von selbst klar. Durch das schon oben erwähnte Reglement vom 10. Mai 1839 wurde auch diesen Mißbräuchen gesteuert.
Es wurde dadurch angeordnet, daß die Sträflinge gar kein baares Geld
erhalten uud selbst ihren Verdienstantheil nur in Zahlungsanweisungen
des Directors empfangen sollten. Der Genuß von Wein, Bier, Aepfelwein
oder anderen berauschenden Getränken, so wie auch des Tabakes und der
Verkauf von Fleisch in der Gefängnißschenke wurden gänzlich untersagt.
Die Sträflinge dürfen den zu ihrer freien Verwendung bestimmten Verdienstantheil nur zum Ankaufe solcher Kleidungsstücke, welche ihnen die
Direction gestattet, zum Ankaufe von Brod, Erdäpfeln, Butter und Käse,
von Papier, Tinte und Federn, zur Bezahlung von Postportos, zur
Uebersendung von Unterstützungen an ihre Familie und zur Leistung von
Schadenersätzen verwenden. Die in den Centralgefängnissen eingeführte
Nahrung ist sehr einfach; Fleisch erhalten die Sträflinge bloß zweimal in
der Woche (an Sonntagen und Donnerstagen). Durch alle diese Anordnungen, so sehr sie auch im Interesse der öffentlichen Sittlichkeit gelegen
waren, wurde doch auch der gewiß höchst bedauerliche Umstand herbeigeführt, daß die Anhaltung im Centralgefängnisse für härter als die
Galeerenstrafe gehalten wird, und daß manche Sträflinge nur deshalb,
um aus dem Centralgefängnisse in das freiere Leben des Bagno zu gelangen, im Gefängnisse selbst neue Verbrechen begingen. Eine solche Verkeh-
rung der von dem Gesetze bestimmten Ordnung der Strafarten kann aber
dem Ansehen des Gesetzes nur nachtheilig sein.

Religions- und Elementarunterricht. Nebst dem gewerb-
lichen Unterrichte, welchen jeder Sträfling im Centralgefängnisse erhält,
ist auch für den Religions- und Elementarunterricht Sorge getragen.

Bei jeder solchen Strafanstalt sind ein Geistlicher und ein Lehrer angestellt, welche diesen wichtigen Zweig der Gefängnißdisciplin gemeinschaftlich
zu besorgen haben. Der Lehrer muß förmlich Schule halten, und zwar
müssen alle minderjährigen Sträflinge diesem Unterrichte beiwohnen, die
Erwachsenen hingegen werden nur zur Belohnung einer guten Aufführung
und ihres Fleißes bei der Arbeit zu demselben zugelassen.

Disciplinarstrafen. Die durch das Reglement vom 10. Mai
1839 für zulässig erklärten Strafen für Uebertretungen der Hausordnung
sind: Die Untersagung des Spazierganges im Gefängnißhofe, das Verbot
jeder Ausgabe für Nahrungsmittel, das Verbot, Besuche oder Briefe
zu empfangen und Briefe zu schreiben, die Beschränkung der Kost auf
Wasser und Brod, die einsame Haft mit oder ohne Arbeit und die Anlegung von Eisen. Unter dieser letzten Kategorie wird auch die oben geschilderte mise au piton begriffen. Alle Disciplinarstrafen werden von dem
Director des Gefängnisses verhängt. Die Aufseher haben durchaus kein
Strafrecht, sondern sie müssen alle zu ihrer Kenntniß gelangenden Uebertretungen der Hausordnung dem Director anzeigen, welcher über diese
Anzeigeberichte jeden Tag zu einer bestimmten Stunde eine Art Gerichtssitzung abhält. Durch den Ministerialbeschluß vom 8. Juni 1842 ist nämlich angeordnet, daß der Director jeden Tag wenigstens einmal mit Zuzie-
hung des Vicedirectors, Inspectors, Lehrers und Generalunternehmers
über alle ihm angezeigten Disciplinarübertretungen Gericht zu halten, die
beschuldigten Sträflinge vorzurufen, ihre Vertheidigung zu hören und
sogleich darüber, und zwar selbst und allein zu erkennen hat. Ueber diese
Aussprüche muß der Oberaufseher ein Protocoll führen. Der Geistliche,
Arzt, Wundarzt und Apotheker können dieser Sitzung beiwohnen, sind aber
dazu nicht verpflichtet. Diese Einrichtung wird prétoire de justice disci-
plinaire genannt und hat den Zweck, einerseits den Disciplinarerkennt-
nissen des Directors eine gewisse Feierlichkeit zu geben, und andererseits die
Sträflinge durch ihre Vernehmung über jede Anschuldigung, durch die
Anwesenheit der Beisitzer und selbst anderer Sträflinge Schutz vor Willkür-
lichkeiten zu gewähren. Nach der Gerichtssitzung hat daher der Director
auch alle Bitten und Klagen der Sträflinge zu vernehmen und darüber vor

den Beifitern zu entscheiden. In den Weibergefängniffen oder Weiber=
abtheilungen ist die Oberin des geistlichen Ordens, welchem die Aufsicht
über das Gefängniß überlaffen ist, oder die Oberauffeherin zum Beifitze
bei diesem Disciplinargerichte berufen. Eine Nonne oder Auffeherin hat
dabei das Protocoll zu führen. Die Anzahl der Disciplinarstrafen ist, wie
oben bereits erwähnt wurde, sehr groß und, was als ein bedeutender Uebel=
stand betrachtet werden muß, in den einzelnen Centralgefängniffen sehr
verschieden.

Gesundheitsstand und Sterblichkeit. Die Gesundheits=
und Sterblichkeitsverhältniffe in den französischen Centralgefängniffen sind
sehr betrübend. Während der Jahre 1817 bis 1835 betrug die Sterb=
lichkeit in den Centralgefängniffen im Durchschnitte jährlich einen
Sterbfall auf 14 bis 15 Sträflinge (d. i. 7%). Von 1836 an hat fie
sich etwas vermindert, so daß fie unter den männlichen Sträflingen einen
Todesfall auf 16 Sträflinge (6%), unter den Weibern nur einen auf
26 (4%), im Ganzen auf 19 bis 20 Gefangene (5%) betrug *). In
den drei Jahren 1840 bis 1842 (feit der Einführung des Stillschweigens)
hat fie bedeutend zugenommen, indem fie in diesem Zeitraume einen Sterbe=
fall auf 12 bis 13 Sträflinge (8%) betrug **). Die intereffanteften
Mittheilungen hierüber enthält der von Tocqueville verfaßte Commif=
fionsbericht der Deputirtenkammer über den Gefetzentwurf von 1843.
„Der Minister des Innern,“ heißt es darin, „hat einen Arzt, Dr.
Chaffinat, beauftragt, eine besondere Unterfuchung über die Sterblich=
keit in den Gefängniffen und die Urfachen derfelben anzustellen. Zu diesem
Ende hat Dr. Chaffinat ein Verzeichniß aller in den zehn Jahren 1822

---

*) Die Sterblichkeit in den Bagnos beträgt einen Todesfall auf 19 Sträflinge.

**) Rapport fait au nom de la commission de la chambre des députés sur le
projet de loi concernant les prisons par M. de Tocqueville. Séance du 20
Juin 1840; und Moreau-Christophe, de l'état actuel des prisons en France.
Paris 1837 Seite 250. Das Syftem des Stillschweigens scheint wegen der Strenge,
wodurch allein die Durchführung desselben möglich wurde, als eine Haupturfache
der großen Zunahme der Sterblichkeit in den letzten Jahren betrachtet werden zu
müffen.

bis 1831 in die Bagnos des Königreiches eingetretenen Sträflinge gemacht und sie so classificirt, daß er. entnehmen konnte, welchen Einfluß verschiedene Umstände, wie ein früherer Aufenthalt in Gefängnissen, die Art des Verbrechens, die Nationalität, die in der Freiheit ausgeübte Beschäftigung u. dergl. auf die Sterblichkeit haben konnten. Eine minder ausgedehnte, aber ähnliche und denselben Zeitraum umfassende Arbeit wurde für die Centralgefängnisse unternommen. Hierauf verglich Chassinat die Sterblichkeit der Gefängnisse mit jener, welche nach den Tafeln von Duvilard in der freien Gesellschaft Statt findet. Es ergab sich daraus, daß in derselben Zeit und unter Leuten von gleichem Alter zwei Personen in der freien Gesellschaft und fünf Galeerensträflinge sterben. Unter denselben Umständen sterben zwei Personen in der freien Gesellschaft und sechs bis sieben Sträflinge in den Centralgefängnissen. Ein Mensch von 30 Jahren im Bagno hat dieselbe wahrscheinliche Lebensdauer, wie ein Mensch von 58 Jahren in der Freiheit. Ein 33jähriger Mensch im Centralgefängnisse hat dieselbe wahrscheinliche Lebensdauer, wie ein 64 jähriger in der freien Gesellschaft. In den Centralgefängnissen sterben 17 Männer auf 13 Weiber. Das Alter, in welchem die Sterblichkeit in den Centralgefängnissen am meisten wüthet, ist das von 16 bis 20 Jahren. In diesem Alter ist die Sterblichkeit um Eins größer, als die allgemeine Durchschnittszahl ausweiset. Es ist traurig zu bemerken, daß, während in der freien Gesellschaft zwei junge Leute von 16 bis 18 Jahren sterben, im Gefängnisse ihrer 12 sterben." Diese statistischen Nachweisungen sprechen.die ungeheure Dringlichkeit einer Reform des französischen Gefängnißwesens deutlich und laut aus.

Rückfälle. Aus den Rechenschaftsberichten des Justizministers für die Jahre 1836 bis 1841 ergibt sich folgende Tabelle:

Anzahl der in den Jahren	aus den Centralgefängnissen Entlassenen	Davon wurden in 5 Jahren wieder vor Gericht gestellt:		Seit ihrer Entlassung wurden verfolgt:				Wegen						Darunter wurden verurtheilt			
				1 mal	2 mal	3 mal	4 mal und öfter	qualificirten Diebstahls	anderer Verbrechen	einfachen Diebstahls	Landstreicherei und Bettelei	Ueberschreitung des angewiesenen Bezirkes	anderer Vergehen	losgesprochen	zu entehrenden Strafen	zu correctioneller Einsperrung über 1 Jahr	zu correctioneller Haft von und unter 1 Jahr
1832	5129	bis Ende 1836	1259	827	223	110	98	291	38	605	80	127	109	51	228	677	297
1833	5240	» » 1837	1894	907	235	128	104	382	41	690	103	116	113	55	235	766	339
1834	5032	» » 1838	1528	954	310	126	193	355	50	741	82	181	114	89	259	861	364
1835	5085	» » 1839	1734	1081	368	149	202	404	43	809	130	233	118	76	308	992	388
1836	5321	» » 1840	1808	1139	368	135	173	393	18	876	182	230	129	46	326	1015	421
1837	5707	» » 1841	2083	1181	400	196	246	380	65	979	164	288	147	65	394	1147	487

Es wurden also im Durchschnitte jährlich 5260 Sträflinge aus den französischen Centralgefängnissen entlassen*) und von diesen wurde beinahe der dritte Theil (31%) vor Ablauf des vierten Jahres nach dem ihrer Entlassung rückfällig und fiel abermals der Thätigkeit der Strafbehörden anheim. Unter diesen Rückfälligen wurden während des erwähnten Zeitraumes fast zwei Fünftheile (38%) sogar öfter als einmal, und zwar 20% zweimal, 8.4% dreimal und 9.6% vier- und mehrmal gerichtlich verfolgt. Aus den Berichten des Justizministers ergibt sich, daß von den aus den Centralgefängnissen entlassenen Sträflingen mehr als der zehnte Theil (11.5%) schon vor Ablauf des Kalenderjahres ihrer Entlassung, der vierte Theil (24.5%) vor dem Ende des nächstfolgenden, 29% vor dem Schlusse des zweiten, 30.5% vor dem Ablaufe des dritten und 31% vor dem Ende des vierten Jahres rückfällig wurden. Es geht hieraus hervor, daß die Rückfälle unter den aus den Centralgefängnissen Entlassenen häufiger, als unter den ausgetretenen Galeerensträflingen sind. Dagegen sind die Verbrechen, welcher sich die Letzteren schuldig machen, meistens größer und kühner, als jene der Ersteren. Das häufigste Verbrechen der aus den Centralgefängnissen Entlassenen war Diebstahl; mehr als zwei Drittheile (70%) aller Rückfälligen wurden deßhalb, und zwar 22% wegen qualificirten und 48% wegen einfachen Diebstahls vor Gericht gestellt**). Die zunächst häufigen Uebertretungen der rückfälligen Sträflinge waren der Bruch des Ueberwachungsbannes, welcher 12.5% aller Rückfälligen zur Last fiel, und Landstreicherei und Bettelei, wegen welcher 7% vor Gericht gestellt wurden. Nur 3% aller Rückfälligen wurden wegen anderer Verbrechen und nur 7.5% wegen anderer Vergehen verfolgt. Das Ergebniß dieser gerichtlichen Schritte war fast in allen Fällen eine Verurtheilung der Beschuldigten; nur 3% aller vor Gericht gestellten Rückfäl-

---

*) In den späteren Jahren nahm diese Zahl noch zu. Im Jahre 1840 wurden 6142 und im Jahre 1841 6078 Sträflinge aus den Centralgefängnissen entlassen.

**) Unter den rückfälligen Galeerensträflingen wurden 67% wegen Diebstahles und zwar nur 30% wegen einfachen und 37% wegen qualificirten Diebstahles verfolgt.

ligen wurden losgesprochen. Beinahe ein Fünftheil (18%)*) wurde zu entehrenden Strafen, über die Hälfte (56%) wurden zu correctioneller Einsperrung auf länger als ein Jahr und 23% auf ein Jahr oder darunter verurtheilt. So groß die Anzahl der Rückfälligen nach dem Vorstehenden sich darstellt, so zeigt sie doch noch nicht die volle Größe des vorhandenen Uebels an, denn viele Sträflinge werden vor ihrer Verurtheilung noch nicht als Rückfällige erkannt und daher in den Strafjustiztabellen nicht als solche aufgeführt, während sie in der Straf-anstalt als ehemalige Bewohner derselben erkannt werden. Die Zahl der in den Centralgefängnissen als rückfällig erkannten Sträflinge betrug im Durchschnitte der Jahre 1837 bis 1843 42 unter hundert männ-lichen und 33 unter hundert weiblichen, im Ganzen 40 von hundert Sträflingen. Am 1. Juli 1843 befanden sich in den französischen Central-gefängnissen 7830 Rückfällige (41% der Gesammtbevölkerung), und zwar 6486 Männer (45% aller männlichen Sträflinge) und 1344 Weiber (33.5% aller weiblichen Sträflinge.) Es sind also zwei Fünftheile aller Sträflinge Rückfällige, und zwar über zwei Fünftheile unter den Männern und ein Drittheil unter den Weibern.

Besonders betrübend ist die Beobachtung der beständigen Zu-nahme der Rückfälle unter den entlassenen Sträflingen. Von den in den Jahren 1832 und 1833 aus den Centralgefängnissen Entlassenen wurden 26%, von den in den Jahren 1834 und 1835 Entlassenen 32.5% und von den in den Jahren 1836 und 1837 Ausgetretenen 34.8% vor Ablauf des vierten Jahres nach dem ihrer Entlassung neuer-lich vor Gericht gestellt. Aus den Jahresberichten des Justizministers ergibt sich folgende Tabelle:

In den fünf Jahren	wurden aus den Centralgefängnis-sen entlassen:	Davon wurden rückfällig:			
1831—35	26,018 Sträflinge	bis 31. Decemb. 1835	4841 Sträfl. b. i.	19	%
1832—36	25,807 "	" " " 1836	5488 "	21	%
1833—37	26,885 "	" " " 1837	6132 "	23	%
1834—38	26,912 "	" " " 1838	6862 "	25.5	%
1835—39	27,691 "	" " " 1839	7258 "	26	%
1836—40	28,748 "	" " " 1840	7607 "	26.5	%
1837—41	29,505 "	" " " 1841	7845 "	26.6	%

*) Unter den rückfälligen Galeerensträflingen wurden 84% zu entehrenden Strafen verurtheilt.

Es zeigt sich hieraus, daß die Anzahl der Rückfälle unter den aus den Centralgefängnissen Entlassenen in einer stätigen Zunahme begriffen ist. Vergleicht man den Zeitraum von 1837 bis 1841 mit dem von 1831 bis 1835, so sieht man, daß von den in den ersten fünf Jahren Entlassenen in derselben Zeit um 40% mehr, als von den in den letzten fünf Jahren Entlassenen rückfällig wurden.

Sehr bedeutend ist der Unterschied in der Anzahl der Rückfälle für die einzelnen Strafanstalten. Das Maximum gehört den zwei, blos für Männer bestimmten Centralgefängnissen zu Melun und Poissy an, indem unter den in den Jahren 1835 bis 1837 entlassenen Sträflingen von Melun 46 und von Poissy sogar 60 von hundert vor Ablauf des vierten Jahres nach dem ihrer Entlassung rückfällig wurden. Der Grund davon liegt darin, daß diese beiden Anstalten hauptsächlich zur Aufnahme der berüchtigten und unverbesserlichen Pariser Diebe bestimmt sind. Die geringste Anzahl von Rückfällen unter den männlichen Sträflingen zeigt sich bei den aus dem Gefängnisse zu Nimes Entlassenen, indem sie in demselben Zeitraume nur 26% betrug. In Hinsicht auf die Anzahl der Rückfälle unter den entlassenen weiblichen Sträflingen steht die Weiberabtheilung im Centralgefängnisse zu Loos obenan, indem sich diese Zahl für den eben erwähnten Zeitraum auf 33 von hundert Entlassenen belief. Das Minimum hingegen gehört ebenfalls einem südfranzösischen Gefängnisse, der nur für Weiber bestimmten Anstalt zu Montpellier an, wo sich die Zahl der Rückfälle nur auf 17 von hundert erhob.

Kosten der Centralgefängnisse. Die Kosten sämmtlicher französischen Centralgefängnisse betrugen im Jahre 1841 im Ganzen, selbst die Besoldungen der Beamten und die Erhaltungs- und Reparaturkosten der Gefängnißgebäude mit eingerechnet, 4,138,805 Franken, was bei einer mittleren Bevölkerung von 18,480 Köpfen auf einen Kopf für den Tag 61. 36 Centimen (d. i. bei 14. 6 kr. E. M.) und für das Jahr 223 Franken 90 Centimen (d. i. bei 88 fl. E. M.) ausmacht. Hiezu kommt noch dasjenige Drittheil des Arbeitsertrages zu rechnen, welches nach der Ordonnanz vom 2. April 1817 dem Staate gehörte und von diesem den Generalunternehmern überlassen wurde. Dieses betrug im Jahre 1841 im

Durchschnitte für jeden Sträfling 35 Franken 50 Centimen, so daß der Gesammtbetrag der jährlichen Erhaltungskosten für einen Sträfling sich auf 259 Franken 40 Centimen (d. i. 102 fl. C. M.) belief, wovon jedoch 35 Franken 50 Centimen durch die Arbeit des Sträflinges gedeckt wurden. Wäre die durch die königl. Verordnung vom 27. December 1843 eingeführte Vertheilung des Arbeitsertrages schon im Jahre 1841 angewendet worden, so hätten sich die reinen Kosten des Staates für einen Sträfling im Jahre höchstens auf 200 Franken belaufen.

III. Die Departementsgefängnisse.

Die Departementsgefängnisse sind für eine sehr mannigfaltige Bevölkerung bestimmt, für Angeklagte und Beschuldigte, für zu einer correctionellen Haft bis zu einem Jahre Verurtheilte, für auf längere Zeit Verurtheilte bis zu ihrer Abführung in das Centralgefängniß oder Bagno, für auf dem Transport befindliche Sträflinge, für Schuldgefangene, Wahnsinnige, Soldaten, Nationalgardisten, endlich für jugendliche Züchtlinge. Bis in die neueste Zeit herrschte über den schlechten Zustand der Departementsgefängnisse unter allen Gefängnißkundigen in ganz Frankreich nur Eine Stimme. Allgemein wurden die Beschränktheit des Raumes derselben, die aus der Benützung alter Schlösser zu solchen Gefängnissen häufig hervorgehende ungesunde Beschaffenheit derselben, die Vermischung aller Classen von Gefangenen und die daraus entspringende Gefahr für die Sittlichkeit sowohl, als für die öffentliche Sicherheit, endlich selbst die ungenügende Fürsorge für die Nahrung und Kleidung, für das Lager und die übrigen physischen Bedürfnisse der Gefangenen auf das Lebhafteste getadelt. In den letzten Jahren wurden in Beziehung auf die Verbesserung der Departementsgefängnisse viele und bedeutende Fortschritte gemacht. In mehreren Departements sind ganz neue Gefängnisse (und zwar meistens nach dem pennsylvanischen Systeme, z. B. in Tours und Bordeaux) gebaut oder die bestehenden erweitert und verbessert worden; der Minister des Innern Graf Duchatel erließ am 30. October 1841 ein ausgezeichnetes Reglement für alle Departementsgefängnisse; es ent-

standen neue Schutzvereine zum Besten entlassener Sträflinge u. s. f.
Allein dessenungeachtet sind die Departementsgefängnisse im Ganzen noch
in einem mangelhaften und unbefriedigenden Zustande. Besonders ist es
sehr traurig, daß noch immer in Frankreich in Bezug auf die Annehm-
lichkeit der Lage in dem Gefängnisse eine ganz verkehrte Ordnung besteht, so daß sich der Galeerensträfling besser als der Sträfling im Centralgefängnisse, dieser besser als der Sträfling im Departementsgefängnisse
und der Verurtheilte in letzterem besser als der Angeklagte oder Beschuldigte befindet. In dieser Hinsicht ist in Frankreich noch sehr viel zu thun,
um den Forderungen der Gerechtigkeit nur einigermaßen zu entsprechen.
Leider ist dies ein Uebel, das man fast in allen Ländern Europa's
antrifft!

Für den Zweck dieser Schrift dürfte es genügen, die wesentlichsten
Bestimmungen des vortrefflichen Reglements vom 30. October 1841,
dem man nur eine möglichst allgemeine und genaue Beobachtung wünschen kann, zusammenzustellen.

Der Hauptzweck desselben war, eine gleiche Behandlung der Ge-
fangenen in allen Departementsgefängnissen herzustellen, die Fürsorge für
eine hinreichende und gesunde Nahrung, für zweckmäßige Kleidung und
Bettung und für eine der Gesundheit nicht nachtheilige Localität für eine
unbedingte Pflicht der Departements zu erklären, die Anstellung tüchtiger
Beamten und Aufseher zu bewirken und eine der verschiedenen gesetzlichen
Lage der Gefangenen entsprechende Behandlungsweise für sie einzuführen.
Zu diesem Ende soll bei Gefängnissen auf 200 oder mehr Köpfe ein Di-
rector angestellt werden und selbst für die Aufseher und Oberaufseher ist
ein Gehaltsminimum, worauf sie Anspruch haben, festgesetzt, (Art. 13
und 25) und ihnen nach fünf Dienstjahren das Recht, eine bestimmte
Gehaltvermehrung zu fordern, eingeräumt. Die weiblichen Gefangenen
müssen immer ausschließend unter weiblicher Aufsicht stehen. (Art. 27.)
In Ansehung der Nahrung ist ein genauer Tarif festgesetzt, wornach die
Angeklagten und Beschuldigten wenigstens nie minder gut als die schon
Verurtheilten behandelt werden dürfen. Sie müssen wenigstens einmal
in der Woche Fleisch erhalten. (Art. 57.) Die Beschuldigten und Ange-

flagten dürfen zwar nie Branntwein, aber Wein oder Bier genießen, wenn sie dieselben auf ihre eigenen Kosten anschaffen. Die Sträflinge hingegen dürfen niemals Wein oder Bier genießen; auch der Gebrauch des Tabaks ist ihnen untersagt. (Art. 59 und 63.) Wenn die Gefangenen schon in gemeinschaftlichen Schlafsälen übernachten müssen, so sollen diese zur Nachtzeit beständig beleuchtet sein, und jeder Gefangene muß ein abgesondertes Bett haben. (Art. 90.) Die Beschuldigten und Angeklagten können, wenn sie wollen, eine mit der Hausordnung des Gefängnisses vereinbare Arbeit verrichten; die Sträflinge hingegen müssen immer zur Arbeit angehalten werden. (Art. 85.) Ersteren gebührt der ganze Ertrag ihrer Arbeit; den Sträflingen hingegen kommen nur zwei Drittheile des Ertrages ihrer Arbeit (und zwar $^1/_3$ zur sogleichen Verwendung im Gefängnisse und $^1/_3$ zur Anlegung bis zu ihrer Entlassung aus demselben) zu Gute. (Art. 87 und 88.) — Die Angeklagten und Beschuldigten müssen von den bereits Verurtheilten gänzlich abgesondert werden. (Art. 89.) Die gemeinschaftlich angehaltenen Gefangenen der einen oder anderen Classe müssen während ihrer Mahlzeiten, während der Arbeit und in den Schlafsälen das Stillschweigen beobachten. (Art. 100.) — Wenn man die Schilderungen, welche alle französischen Schriftsteller von dem elenden Zustande der Departementsgefängnisse vor 1841 machten, mit den Vorschriften des hier in seinen Hauptgrundzügen geschilderten Reglements vergleicht, so muß man diesem das Verdienst eines großen Fortschrittes zuerkennen. Es ist nur zu bedauern, daß dasselbe bisher in der Mehrzahl der Departements noch gar nicht oder nur sehr unvollkommen beobachtet wird.

IV. Anstalten für jugendliche Gefangene.

Die jugendlichen Gefangenen sind, wie schon früher erwähnt wurde, theils Solche, welche wegen Mangels der Zurechnungsfähigkeit nach Art. 66 des Code pénal losgesprochen, aber zum Behufe einer correctionellen Erziehung der Gefangenschaft unterworfen wurden, theils Solche, welche trotz ihres jugendlichen Alters für zurechnungsfähig erklärt und nach Art. 67 oder 69 des Code pénal zu einer correctionellen Anhaltung verurtheilt wurden, theils Solche, welche auf Ansuchen ihrer Väter nach Art. 376 und 377 des bürgerlichen Gesetzbuches der Franzosen in ein Besserungshaus eingesperrt werden sollen. Diese jugendlichen Sträflinge gehören entweder in die für sie insbesondere bestimmten Besserungsanstalten, oder in die Abtheilungen für Jugendliche in den Departementsgefängnissen, oder, jedoch nur Gefangene der zwei ersten Kategorien, wenn die Zeit ihrer Anhaltung auf länger als ein Jahr festgesetzt ist, in die eigens für sie bestimmten Abtheilungen der Centralgefängnisse. Die in Folge des Begehrens ihrer Väter (par voie de correction paternelle) angehaltenen Kinder müssen jederzeit der beständigen Vereinzelung bei Tag und Nacht unterworfen und auf Kosten ihrer Aeltern erhalten werden. In den Gefängnißregistern darf weder ihr Name, noch der Grund ihrer Anhaltung erwähnt werden. (Art. 112 und 113 des Reglements für die Departementsgefängnisse vom 30. October 1841.) Die in Gemäßheit der Art. 66, 67 und 69 des Code pénal angehaltenen jugendlichen Uebertreter müssen in den Departements- oder Centralgefängnissen, in welchen sie sich befinden, beständig von den erwachsenen Sträflingen gänzlich abgesondert und in eigenen Abtheilungen verwahrt werden. Die Bestimmung, ob ein jugendlicher Uebertreter in eine solche Abtheilung eines Departements- oder Centralgefängnisses, oder in eine nur für jugendliche Sträflinge bestimmte Besserungsanstalt gebracht werden soll, hat sich der Minister des Innern vorbehalten, (Instruction vom 7. December 1840), jedoch als Grundsatz ausgesprochen, daß in der Regel die Verderbtesten in die Correctionsabtheilungen der Centralgefängnisse und nur die Besseren in die besonderen correctionellen Erziehungsanstalten abgegeben werden sollen.

Die in den Abtheilungen der Departements- oder Centralgefängnisse angehaltenen jugendlichen Sträflinge werden bisher durchgängig nach dem Systeme der Gemeinschaft, selbst ohne die strenge Vorschrift des Stillschweigens, behandelt, welches auch bisher noch in den meisten Besserungshäusern für jugendliche Uebertreter besteht. Eine ganz eigenthümliche und, wie die Erfahrung bewiesen hat, überaus zweckmäßige Einrichtung ist die durch die Instruction vom 3. December 1832 eingeführte und durch die Instruction vom 7. December 1840 näher bestimmte Versetzung der nach

Art. 66 des Code pénal angehaltenen jugendlichen Sträflinge in die provisorische Freiheit. Sie dürfen nämlich, wenn sie eine gewisse Zeit (in der Regel wenigstens ein Jahr) im Gefängnisse oder Besserungshause zugebracht haben, nach vorläufig eingeholter Zustimmung des Staatsanwaltes und nur mit Erlaubniß des Ministers des Innern provisorisch in Freiheit gesetzt, und entweder bei Privaten in die Lehre gegeben, oder in landwirthschaftliche Colonien für jugendliche Uebertreter untergebracht werden. Eine schlechte Aufführung zieht die unmittelbare Zurückführung in das Gefängniß oder die Besserungsanstalt nach sich. Auf diese Art wird der jugendliche Sträfling am besten für sein künftiges Leben in der Gesellschaft vorbereitet und befähigt, sich seinen Lebensunterhalt auf eine ehrbare Weise zu erwerben.

Die Zahl der jugendlichen Uebertreter in Frankreich ist schon sehr bedeutend; sie beträgt gegenwärtig über 2000 Köpfe, wovon drei Viertheile in den besonderen Besserungsanstalten zu Paris, Bordeaux, Straßburg, Rouen, Lyon, Marseille u. s. f. untergebracht sind. Die Ausdehnung dieser besonderen Anstalten für jugendliche Sträflinge ist theils deshalb sehr wünschenswerth, weil die Directoren der Centralgefängnisse bei der Größe dieser Anstalten in der Regel nicht im Stande sind, den jugendlichen Sträflingen jene Sorgfalt, welche ihre Besserung erfordert, angedeihen zu lassen, theils auch aus dem Grunde, daß die Leitung einer Anstalt für jugendliche Uebertreter von der eines Gefängnisses für Erwachsene wesentlich verschieden ist und bei dem Director jener ganz andere Eigenschaften, als bei einem gewöhnlichen Gefängnißvorsteher, erforderlich sind.

Die Wichtigkeit des Gegenstandes sowohl, als auch die Eigenthümlichkeit der in dem Besserungshause für jugendliche Uebertreter in Paris und in der landwirthschaftlichen Colonie zu Mettray eingeführten Systeme wird eine genauere Schilderung dieser beiden Anstalten rechtfertigen.

1. Das correctionelle Erziehungshaus la Roquette in Paris.

Diese Anstalt wurde in den Jahren 1827 bis 1836 mit einem Kostenaufwande von 2½ Millionen Franken erbaut und enthält gegenwärtig nur Knaben, welche entweder auf dem Wege der väterlichen Zucht verhaftet oder nach Art. 66, 67 und 69 des französischen Strafgesetzes zur correctionellen Anhaltung bestimmt sind*). Sie wurde ursprünglich für das Auburn'sche System, Vereinzelung der Gefangenen zur Nachtzeit und gemeinschaftliche Arbeit derselben unter Stillschweigen bei Tage, erbaut, welches System auch in den ersten Jahren nach der Eröffnung dieser Anstalt darin eingeführt ward. So groß auch der Fortschritt war, welchen dieses System im Vergleiche mit der früheren unbeschränkten Gemeinschaft der Sträflinge darbot, so zeigten sich doch bald gar manche Uebelstände. Man konnte trotz aller Strenge, trotz sehr zahlreicher Strafen die Aufrechthaltung des Stillschweigens nicht erwirken, die gegenseitige Verschlimmerung der Gefangenen war nicht vermieden und der Gesundheitszustand der Sträflinge litt besonders durch die unter ihnen wuchernden geheimen Laster. Diese Nachtheile des Auburn'schen Systemes forderten vorzüglich in der Abtheilung der von ihren Aeltern zur Besserung in diese Anstalt abgegebenen Knaben dringende Abhülfe. Man überzeugte sich, daß man ohne Verhinderung jedes Verkehres dieser Gefangenen dem Vertrauen der Aeltern auf die bessernde Kraft der Anstalt nicht entsprechen könnte, und faßte daher im Jahre 1838 den Entschluß, in dieser Abtheilung einen Versuch mit der beständigen Vereinzelung der Gefangenen zu machen. Die heilsamen Folgen dieser Maßregel übertrafen alle Erwartungen**). Man dehnte dieses System daher bald auch auf diejenigen Sträflinge aus, deren Bosheit besonders auffallend war; einige Gefangene verlangten sogar selbst ihre Vereinzelung, um den zahlreichen Versuchungen zum Bösen und den schlechten Beispielen

---

*) Sieh hierüber die Rapports du préfet de police à Mr. le ministre de l'intérieur au sujet des modifications introduites dans le régime du pénitencier des jeunes détenus de la Seine pendant les années 1838—1842, Paris 1843, und die comptes rendus des travaux de la société pour le patronage des jeunes libérés du département de la Seine par Mr. Bérenger, son président. Paris 1838—1842.

**) Insbesondere war die bedeutende Abnahme der Selbstbefleckung unter den der Vereinigung unterworfenen Kindern sehr bemerkenswerth. (Rapport du préfet de police à Mr. le ministre de l'intérieur. Paris 29. Juin 1839.)

4

zu entgehen. Der glückliche Erfolg dieser Versuche ermuthigte den Polizeipräfecten von Paris, Gabriel Delessert, in den ersten Tagen des
Monates Jänner 1840 das System der beständigen Einzelhaft auf alle
Gefangenen dieser Anstalt auszudehnen, und seit diesem Zeitpuncte sind
alle jugendlichen Sträflinge ohne Ausnahme der Vereinzelung bei Tag
und Nacht unterworfen.

Ich gehe jetzt zur Beschreibung dieser Besserungsanstalt über,
wie ich sie im März 1843, also über drei Jahre nach der gänzlichen,
und fünf Jahre nach der theilweisen Einführung des pennsylvanischen
Systemes, vorfand. Das Gefängniß la Roquette bildet ein von einer
Umfassungsmauer, in welche auch das Directionsgebäude eingefügt ist,
umschlossenes Sechseck, in dessen Centrum sich ein Thurm befindet, gegen
welchen von der Mitte jeder Seite des Sechseckes ein mit dieser Seite
einen rechten Winkel bildender Flügel convergirt*). Dadurch werden um
den Centralthurm herum sechs abgesonderte Höfe gebildet. Der Centralthurm, in dessen Erdgeschoße sich die Küche, in dem ersten Stockwerke
das Sprachzimmer, und in dessen zweitem Stockwerke sich die Kapelle befindet, ist mit den erwähnten sechs Flügeln durch Brücken verbunden und
ein gemauerter, breiter, von den Höfen abgesonderter Gang läuft um
denselben herum. Jede Seite des Sechseckes sammt dem von ihr ausge-
henden Flügel bildet eine Gefängnißabtheilung, so daß deren im Ganzen
sechs bestehen, welche durch die an den Ecken angebrachten Thürme, worin sich die Stiegen befinden, von einander abgesondert werden. In den
Erdgeschoßen dieser Abtheilungen sind lauter geräumige Säle, welche unter dem Systeme der Gemeinschaft der Sträflinge als Speise- und Schlafsäle benutzt wurden, gegenwärtig aber nur zu Magazinen verwendet
werden. In den übrigen Stockwerken, deren jede Seite des Sechseckes
drei, die gegen den Centralthurm convergirenden Gefängnißflügel aber nur
zwei enthalten, sind die Zellen angebracht, welche längs den durch das
Gebäude gehenden Corridoren hinlaufen, und deren Fenster sämmtlich nach

---

*) Die von Professor David in den Jahrbüchern der Gefängnißkunde (III. Band Seite
   201) gelieferte Beschreibung des Gebäudes dieser Anstalt ist nicht ganz richtig,
   im Uebrigen aber verdient dieser Aufsatz die größte Beachtung.

ben schon erwähnten Höfen hinausgehen. Im ersten und zweiten Stock=
werke gibt es in jeder Abtheilung 34, im britten Stockwerke aber nur
16 Zellen, im ganzen Gebäude also 504 Zellen. Jede Zelle ist 7³/₄ Fuß
lang, 7¹/₂ Fuß breit und 9 Fuß hoch, enthält somit 523 Kubikfuß
Luft. Die Scheidewände zwischen den Zellen sind ¹/₂ Schuh dick, blos
von Ständerwerk mit Latten und darüber die Verschalung. Ueber der
Thüre jeder Zelle befindet sich eine ungefähr einen Quadratschuh große
Oeffnung, welche dazu dient, die Wärme von dem Corridor, in welchem
große Öfen angebracht sind, in die Zellen zu leiten. In den Zellen ist
kein Abtritt angebracht, sondern dieser befindet sich am Ende des Corri=
dors. Will der Gefangene dorthin geführt werden oder sonst mit einem
Aufseher sprechen, so klopft er an seine Thür und steckt ein Signalholz
durch eine darin angebrachte Oeffnung. Das Gebäude ist also, wie es
bei einem nicht ursprünglich für ein bestimmtes System erfolgten Baue
unvermeidlich ist, mit sehr wesentlichen Mängeln behaftet, welche die ge=
naue Ausführung des Systemes der Vereinzelung sehr erschweren. Die
Hauptmängel sind: 1. die Unmöglichkeit einer leichten Uebersicht der ein=
zelnen Theile der Anstalt; jedes Geschoß in jeder Abtheilung muß beson=
ders überwacht werden, was allein schon die beständige Thätigkeit von
18 Aufsehern in Anspruch nimmt; 2. die Zellen sind zu klein, sie sollten
wenigstens 800 Kubikfuß enthalten; 3. die Absonderung der Zellen von
einander ist höchst unvollkommen und daher die Verhinderung aller Mit=
theilungen von Zelle zu Zelle sehr erschwert; 4. die Heizung und Venti=
lation der Zellen ist überaus unvollkommen und genügt nicht den in Hin=
sicht auf die Gesundheit der Sträflinge zu stellenden Anforderungen.

Die mittlere Bevölkerung der Anstalt betrug im Jahre 1841 451
und im Jahre 1842 488 Knaben. Am 1. Jänner 1843 belief sie
sich auf 412 Köpfe, worunter 40 Gefangene im Wege der väterlichen
Züchtigung, 368 zur Anhaltung auf länger als ein Jahr, 2 zur An=
haltung auf ein Jahr und darunter Bestimmte, 1 Beschuldigter*) und
1 aus Barmherzigkeit Angehaltener sich befanden.

---

*) In der Regel enthält la Roquette keine Beschuldigten, denn für diese ist das Ge=
fängniß Mabelonettes bestimmt.

Die Leitung der Anstalt ist unter der Oberaufsicht des Polizeipräfecten einem Director anvertraut, welchem nebst dem erforderlichen Kanzleipersonale ein Brigadier, ein Unterbrigadier und 30 Aufseher untergeordnet sind. Den religiösen Unterricht und die Haltung des Gottesdienstes besorgt ein Geistlicher, welchen drei Brüder der christlichen Lehre (frères de la doctrine chrétienne) unterstützen. Für den Elementarunterricht ist ein weltlicher Lehrer, für die Gesundheitspflege sind ein Arzt und ein Apotheker angestellt. Außerdem besteht unter dem Vorsitze des Polizeipräfecten eine aus neun vom Minister des Innern ernannten Mitgliedern zusammengesetzte Aufsichtscommission*), und es ist durch den Ministerialbeschluß vom 8. Juni 1841 sechs Mitgliedern des Pariser Schutzvereines für jugendliche Entlassene das Recht und die Pflicht eingeräumt, die Gefangenen von Zeit zu Zeit in ihren Zellen zu besuchen. Die ganze Tageszeit ist zwischen der Handwerksarbeit der Gefangenen und dem Elementar- und Religionsunterrichte vertheilt, jedoch so, daß zum Speisen, zur Erholung und zum Spazierengehen Zeit genug erübriget.

Die Handwerke, welche in diesem Gefängnisse betrieben werden, sind von sehr mannigfaltiger Art. Bei der Auswahl derselben wird hauptsächlich darauf gesehen, solche Arbeitszweige, deren Erlernung lang und schwierig ist, deren Erzeugnisse kein Gegenstand des allgemeinen Verbrauches sind, oder welche nur in großen Städten, und zwar in wenig Werkstätten betrieben werden, wobei also der Arbeiter nur schwer ein Unterkommen findet, auszuschließen und vorzüglich solche Gewerbe einzuführen, die sehr verbreitet sind, bei welchen fast alle Arbeit von Menschenhand verrichtet wird, und wozu nur einfache und wohlfeile Werkzeuge erforderlich sind. Alle Gefangenen, welche dasselbe Handwerk betreiben, bewohnen Zellen, welche längs Einem Gange liegen, damit

---

*) Diese Commission bestand im Jahre 1843 aus dem Rathe am Cassationsgerichtshofe Bérenger, den Pairs de Cambacérès und Herzog von Elsissac, dem Deputirten Gustav von Beaumont, dem Cassationsgerichtsrathe Jacquinot-Godard, dem ehemaligen Rathe an dem königlichen Gerichtshofe zu Paris de Metz, den Staatsanwälten Godon de Frileuse und de Géraudo und dem Deputirten und Maître des requêtes im Staatsrathe, Mortimer Ternaux.

sie unter der Leitung und Aufsicht desselben Werkmeisters stehen können. Jeder Gang ist daher gleichsam nur eine Werkstätte, worin die Arbeiter von einander abgesondert sind. Die Arbeit der Gefangenen ist verpachtet. Die Direction schließt über jedes von ihr in der Anstalt eingeführte Hand= werk mit dem Unternehmer einen besonderen Vertrag ab, wodurch sie den= selben erstlich verpflichtet, jeden Gefangenen in allen Theilen seines Hand= werkes zu unterweisen, damit er nach seiner Entlassung ein förmliches Zeugniß als Geselle erhalten und als solcher einen Dienst suchen könne, ihn ferner anhält, sich in dieser Hinsicht von Zeit zu Zeit der Prüfung mehrerer, vom Präsidenten des Handelsgerichtes bestimmten Sachverständi= gen zu unterwerfen, und endlich den Arbeitslohn so festsetzt, daß der Unternehmer in der ersten Zeit der Verwendung eines Gefangenen zu einer Arbeit nur einen geringen Arbeitslohn zu bezahlen hat, daß dieser aber mit der Länge der Zeit, während welcher der Gefangene in demselben Fache arbeitet, verhältnißmäßig steigt, daß also der Unternehmer kein Inte= resse hat, von Anfang an darauf auszugehen, augenblicklich den größten mög= lichen Nutzen aus der Arbeitskraft des Gefangenen zu ziehen. Die Arbeiten, welche zur Zeit meines Besuches in der Anstalt betrieben wurden, waren: Schusterei, Strumpf= und Wollschuhmacherei, Schlosser=, Drechsler=, Knopf= macher=, Tischler= und Vergolderarbeit, Glas= und Porzellanmalerei, Eise= liren in Bronze und Messing, Holzschnitzwerk und Verfertigung falschen Schmuckes. Trotz der erwähnten, den Unternehmern auferlegten Bedingun= gen, der kurzen Arbeitszeit (8 bis 9 Stunden des Tages) und des Umstandes, daß die geschickteren Arbeiter sehr oft in die provisorische Freiheit versetzt wur= den, betrug der von den Unternehmern der Anstalt bezahlte Taglohn für den Gefangenen im Jahre 1842 im Durchschnitte 82. 3 Centimen. Von diesem Arbeitslohne kommen zwei Drittel der Anstalt zu Gute, ein Drit= theil aber wird als Reservmasse für den Gefangenen bis zu dessen Ent= lassung aufbewahrt. Die Schnelligkeit der Fortschritte, welche die jugend= lichen Gefangenen in den Handwerken, die sie erlernen, zu machen pflegen, so wie die Vollkommenheit ihrer Arbeiten sind bewundernswerth und liefern die beste praktische Widerlegung der Ansicht, daß die Einzelhaft der Productivität der Arbeit der Gefangenen Nachtheil bringe. Im Gegen=

theile kann sich jeder Besucher dieser Anstalt überzeugen, mit was für einem Fleiße, ja, man darf es ohne Uebertreibung sagen, mit welcher Neigung zur Arbeit diese Jungen in der Einzelzelle, wo sie durch nichts gestört werden, ihr Handwerk betreiben*), wie schnell sie sich die erforderliche mechanische Fertigkeit erwerben, und mit welcher Genauigkeit und Zierlichkeit sie ihre Arbeit ausführen.

Sehr sinnreich ist die Art und Weise, wie der Elementarunterricht ertheilt wird, denn hierin lag eine große Schwierigkeit. Es sollten 450 von einander abgesonderte und ohne Rücksicht auf ihre bereits erworbenen Kenntnisse, sondern nur im Hinblicke auf ihr Handwerk in 18 Gänge, und zwar in 3 Stockwerke vertheilte Kinder gleichzeitig und ohne bedeutende Vermehrung des Personales unterrichtet werden. Die von dem ehemaligen Greffier dieser Anstalt, Poutignac de Villars, erfundene Methode erfüllt diese Bedingungen vollkommen**). Er hat nämlich den ganzen Elementarunterricht in Vorschriften zusammengebrangt, welche die Gefangenen in ihren Zellen vor Augen haben, und deren Inhalt dictirt wird. Die Vorschriften sind in fünf Classen eingetheilt, welche Villars nach dem Maße der bereits erzielten Fortschritte der Schüler anordnete. Das Dictiren geschieht bis zur dritten Classe einschließlich vermittelst Buchstabirens; in der vierten Classe werden blos die in den Vorschriften enthaltenen Sätze dictirt; in der fünften hört das Dictiren ganz auf und die Schüler schreiben nur noch die Vorschriften ab. Zur ersten Classe gehören 18 Vorschriften, welche die Bildung der Buchstaben und Zahlen, den Unterschied der Selbst- und Mitlaute, die Gestalt und den Gebrauch der Abtheilungszeichen, Accente, Unterscheidungszeichen und dergleichen lehren. Für die zweite Classe sind ebenfalls 18 Vorschriften bestimmt, welche den Zögling ein- und mehrsylbige Wörter kennen lehren. Neben jedem Worte ist ein Satz, worin es gebraucht oder dessen Bedeu-

---

*) Professor David hat in seiner Schilderung dieser Anstalt in den Jahrbüchern der Gefängnißkunde (Band III. Seite 221) die Gründe dieser Erscheinung sehr richtig entwickelt.

**) Sieh: Guide de la méthode Villars. La lecture et l'ortographie par l'écriture. Paris 1842.

tung erklärt wird, beigerückt. Es wird aber nur das einzelne Wort dictirt, buchstabirt und von dem Zöglinge geschrieben. Der Satz, welcher die Erklärung des Wortes enthält, ist nur beigesetzt, um dem Schüler den Sinn des Wortes, das er schreibt, begreiflich zu machen. Die dritte Abtheilung hat 22 Vorschriften, welche die Abwandlung der Zeitwörter und ihren Régime kennen lehren. Aus den ersten Vorschriften lernt der Schüler das Hülfszeitwort „sein" in Verbindung mit Beiwörtern abwandeln, so daß er in der dritten Person zugleich die weibliche Form derselben kennen lernt, (z. B. il est bon, elle est bonne; il est beau, elle est belle). Die folgenden Vorschriften enthalten das Zeitwort „haben", die Conjugationen der regelmäßigen und unregelmäßigen Zeitwörter und die fragende Form. Jedes Zeitwort ist in jeder Person und Zeit mit einem davon regierten Hauptworte (régimo) verbunden, so daß die Schüler dadurch eine Menge Worte von den verschiedensten Tönen kennen lernen, und daß sie, wie dieses der Grundsatz dieser ganzen Lehrweise ist, nie blos abgerissene Sylben ohne Sinn, sondern stets ganze Sätze oder Begriffe erhalten. Für die vierte Classe sind 24 Vorschriften bestimmt, welche ganze Sätze enthalten. Auf dieser Stufe kann der Schüler schon lesen; es wird daher nicht mehr buchstabirt, sondern der Lehrer liest einen Satz vor, welchen die Schüler sogleich, wie er ausgesprochen ist, niederschreiben und dann so lang abschreiben, bis ihnen ein neuer vorgesagt wird, wodurch sie sich im Lesen vervollkommnen. Die fünfte Classe hat 20 Vorschriften, von welchen die ersten eilf die Grundsätze der Sprachlehre und Rechtschreibung, die neun übrigen aber die wesentlichsten Grundsätze der Religion und Moral enthalten, die also den Schüler nicht blos im Lesen und Schreiben üben, sondern ihm zugleich Gegenstände des ernsteren Nachdenkens darbieten. Auf diese Art besteht der ganze Unterricht aus 102 Vorschriften und es ist noch zu bemerken, daß die Vorschriften der ersten Abtheilung neben den geschriebenen Buchstaben auch die gedruckten und die der zweiten Classe neben dem geschriebenen Worte dasselbe in Druckschrift enthalten, so daß der Zögling hirdurch die gedruckten Buchstaben ebenfalls kennen lernt und in den Stand gesetzt wird, in den folgenden Classen auch blos gedruckte Sätze abzuschreiben. Der Unterricht im Rechnen beginnt erst bei den Zöglingen der vierten Classe, welche schon lesen und schreiben können, und nun Vorschriften zum Abschreiben erhalten, welche einen Unterricht in den wesentlichsten Theilen des Zahlenrechnens ertheilen. Zugleich werden ihnen immer Rechnungsübungen aufgegeben.

Mit diesen Mitteln wird der Unterricht in der Anstalt auf folgende Weise ertheilt. Beim Beginne der Unterrichtsstunde stellt sich jeder Aufseher einer Abtheilung in die Mitte seines Corridors; die in den Zellenthüren angebrachten Klappen werden geöffnet, so daß die Stimme des Aufsehers durch diese und durch die über den Zellenthüren befindlichen Ventilationsöffnungen leicht in die Zellen eindringen kann; jedes Kind hat die Vorschrift der Classe, zu der es gehört, vor sich und hält sich bereit zu schreiben. Der Aufseher ruft nun zuerst der fünften Classe zu: "Fünfte Classe, schreibt!" denn die zu dieser Classe gehörigen Schüler schreiben während der ganzen zwei Lehrstunden nur die Vorschrift ab, welche sie für diesen Tag erhalten haben. Hierauf wendet sich der Aufseher an die erste Classe und ruft: "Erste Classe, gebt Acht! schreibt den Buchstaben i, e, t u. s. f." Auf diese Art wird drei Minuten lang fortgefahren; dann wendet sich der Aufseher an die zweite Classe, welcher er die Worte vorbuchstabirt, so daß der Zögling, welcher die Vorschrift vor sich liegen hat und nachschreibt, zu gleicher Zeit buchstabiren und schreiben lernt. Auf gleiche Weise geschieht es mit der dritten und vierten Classe. Wenn der Aufseher, nachdem er einer Classe drei Minuten hindurch dictirt hat, zur folgenden Classe übergeht, so müssen die Zöglinge der ersteren Classe die ihnen dictirten Buchstaben oder Worte so lang wiederholt zu schreiben fortfahren, bis ihnen etwas Neues dictirt wird, was für jede Classe viermal geschieht. Dieser Vorgang dauert ungefähr 80 Minuten, nach deren Ablaufe noch 40 Minuten dazu verwendet werden, daß die Zöglinge mit dem Abschreiben ihrer Vorschrift fortfahren, während die Aufseher von einer Zelle zur anderen gehen, um nachzusehen, ob Alle fleißig mitgeschrieben, und um die Fehler zu verbessern. Der Lehrer dieser Anstalt geht während dieser zwei Stunden in den verschiedenen Abtheilungen herum, um die Aufseher zu überwachen und den Kindern in den Zellen nachzusehen. Die Aufseher bedienen sich oft zum Dictiren einzelner Knaben, welche sie neben sich stellen und die Aufgaben dictiren laffen, wodurch die Knaben im richtigen Lesen geübt werden. Die Dauer, auf welche das Verweilen in jeder Claffe im Allgemeinen berechnet ist, beträgt fünf Monate. Im Anfange werden 8 bis 10 Tage auf jede Vorschrift verwendet. Die Erfolge diefer Unterrichtsart find höchst erfreulich. Kinder, welche bei ihrem Eintritte in die Anstalt weder lesen noch schreiben konnten, lernten in sechs bis zehn Monaten recht gut lesen und schreiben. Die Ungestörtheit in der Zelle, die Abwesenheit jeder Zerstreuung trägt dazu auf das Wirksamste bei, und ich kann versichern, daß ich mich bei dem Besuche vieler Zellen von den überraschenden Fortschritten der Gefangenen in einer verhältnißmäßig nur kurzen Zeit vollkommen überzeugt habe.

Der Religionsunterricht wird von dem Hausgeistlichen und drei Brüdern der chriftlichen Lehre besorgt. Jeden Tag wird diefer Unterricht 36 Kindern, welche in Abtheilungen von je zwölf, ohne sich gegenseitig zu sehen, daran Theil nehmen, ertheilt. Der Gottesdienst kann wegen des Abganges einer nach dem Zellensysteme gebauten Kapelle nicht so gefeiert werden, daß alle Kinder der Messe beiwohnen könnten, sondern es muß diefer Mangel durch eine geistige Theilnahme am Meßopfer erfetzt werden. Jeden Sonntag verkündet eine Glocke den Augenblick, wo der Priester zum Altare tritt; jeder Gefangene kniet in feiner Zelle nieder und folgt den Gebeten, welche von einem in die Mitte des Corridors jeder Abtheilung gestellten Knaben laut vorgelesen werden. Die wesentlichen Theile des Gottesdienstes werden durch Glockenschläge bezeichnet. Auf eben diese Weise wird das tägliche Morgen- und Abendgebet gehalten; jeder Gefangene betet im Stillen das Gebet mit, welches ein Knabe in der Mitte des Zellenganges laut vorspricht. An den Sonntagen darf keine gewerbliche Arbeit betrieben werden und der Gefangene darf sich an diesen Tagen in der nicht vom Gottesdienste, Religions- oder Zeichenunterrichte in Anspruch genommenen Zeit nur mit der Lectüre religiöser oder moralifcher Bücher oder mit freiwilligen Schreib- oder Zeichnungsübungen beschäftigen. Auch wenden der Geistliche und feine Gehülfen diesen ganzen Tag zu Besuchen in den Zellen der Gefangenen an. Dessenungeachtet erklärte mir der Hausgeistliche, daß der Sonntag für viele Kinder wegen des Mangels an hinreichender Beschäftigung und der daraus entspringenden Langweile ein wahrer Straftag sei, und daß es viel zweckmäßiger wäre, wenn man ihnen selbst gewerbliche Arbeit gestatten wollte, ohne sie jedoch dazu zu zwingen.

Die Disciplinarstrafen bestehen in Beschränkung der Nahrung der Gefangenen, Untersagung des Spazierganges, Verweigerung des Besuches von Aeltern oder Verwandten und in der Dunkelzelle ohne Arbeit, allenfalls in Verbindung mit der Beschränkung der Kost auf Wasser und Brod. In der Regel befinden sich zu gleicher Zeit höchstens 3 bis 4 Knaben in der Dunkelzelle, was bei einer Anzahl von 450 Kindern gewiß wenig genannt werden kann. Als Belohnungen einer guten Aufführung dienen außerordentliche Spaziergänge, die Erlaubniß des Besuches von Aeltern oder Angehörigen, die table d'honneur, d. i. eine Speise mehr am Sonntage*), und Geschenke. Wenn nämlich ein Knabe die vorgeschriebene Zahl von 40 guten Zeichen (für seine Fortschritte in den Elementarkenntnissen und seinen Fleiß bei der Arbeit) erreicht hat, erhält er eine Belohnung von 8 Franken, die er zum Ankaufe von Büchern, Werkzeugen, Farben und Pinseln u. dergl. verwenden darf. Die Belohnungen werden, um Nacheiferung zu erwecken, jeden Sonntag in der ganzen Anstalt bekannt gemacht.

Was den Gesundheitszustand der Gefangenen betrifft, so hat sich derselbe sowohl nach den officiellen Berichten, als auch nach den mündlichen Mittheilungen, welche mir darüber gemacht wurden, im Vergleiche zu dem Zustande, so lang das Auburn'sche System eingeführt war, sehr bedeutend verbessert. Gegenwärtig beträgt die Zahl der Kranken, welche in einer eigenen Abtheilung von Einzelzellen gepflegt werden, im Durchschnitte nur 7 bis 8 vom Hundert, während sie vor der Einführung der Vereinzelung immer 10 bis 11% betragen hatte. Der mittlere tägliche

---

*) Die Anwendung dieser nur auf die Sinnlichkeit der Knaben wirkenden Belohnung wird von Professor David in seiner schon erwähnten trefflichen Schilderung der Disciplin dieser Anstalt mit Recht scharf getadelt.

Krankenstand belief sich im Jahre 1841 auf 7. 89% und im Jahre 1842
auf 8. 75%. Die vorherrschenden Krankheiten sind Skröpheln und Diar-
rhöen. Was die Sterblichkeit anbelangt, so belief sich die Anzahl der Todesfälle im Jahre 1840 auf 40 unter einer mittleren Bevölkerung von
455 Knaben, also auf 8. 79%, im Jahre 1841 auf 48 bei einer Bevölkerung von 451 Knaben, somit auf 10. 64%, und im Jahre 1842
auf 37 unter einer Bevölkerung von 433 Köpfen d. i. auf 8. 54%.
So groß auch diese Sterblichkeit auf den ersten Anblick erscheint, so darf
sie doch keineswegs als eine Folge des in dieser Anstalt eingeführten
Systemes betrachtet werden; denn erstlich muß man wohl berücksichtigen,
was für eine physisch verderbte Bevölkerung in diese Anstalt kommt, wie
dieses besonders aus der in dem Jahresberichte des Pariser Schutzvereines
von 1842 mitgetheilten Schilderung derselben hervorgeht. Fast ein Drittheil dieser jugendlichen Bevölkerung tritt schon skrophulös, in einem höchst
ungesunden Zustande, mit Ausschlägen und Wunden bedeckt in die Anstalt
ein. Aus einer von der Direction dieser Anstalt entworfenen Uebersicht
über den Gesundheitsstand von 444 Gefangenen bei ihrem Eintritte in
die Anstalt und während ihres Aufenthaltes in derselben ergibt sich, daß
nach Ausscheidung von 23 im Wege der väterlichen Züchtigung Verhafteten, welche gesund in das Gefängniß kamen und es eben so wieder verließen, und von 11, hinsichtlich welcher die Aufzeichnungen ungenau
waren, von den übrigen 410 nur 271 zu den Gesunden und 139 zu
den Kranken gerechnet werden mußten. Unter den 271 Gesunden
waren nur 74 bei ihrem Eintritte in die Anstalt vollkommen gesund und
ihr Zustand hat sich nicht verändert, vielmehr haben alle ihre Kräfte sich
entwickelt. 122 waren bei ihrem Eintritte schwach und leidend; durch die
sorgfältige Aufmerksamkeit, die man ihnen widmete, wurde ihre Gesundheit
vollkommen befestigt. Die 75 Uebrigen waren wohl mitunter krank, aber
ohne daß ihr Gesundheitszustand dadurch eine wesentliche Aenderung erlitten hätte. Die 139 Kranken befanden sich bei ihrem Eintritte in die
Anstalt in einem bedauernswerthen Zustande und gehörten größtentheils
Familien an, die mit erblichen Uebeln behaftet waren. Unter diesen wüthete
die Sterblichkeit natürlich am meisten. Aus dieser Zusammenstellung

erhellt, daß die Ursache der großen Sterblichkeit vorzüglich in dem traurigen Zustande, in welchem die Knaben die Anstalt betreten, zu suchen ist.
Dazu kommen noch mehrere bedeutende Constructionsmängel, insbesondere
der kleine Kubikinhalt und die schlechte Heizung und Ventilation der Zellen,
vor Allem aber das Ungenügende der bisherigen Spazierhöfe. Gegenwärtig
sind durch Benützung der sechs inneren Höfe und des Raumes zwischen
dem Gefängnisse und der Umfassungsmauer fünfzehn Höfe eingerichtet,
worin die Gefangenen einzeln Bewegung machen können. Dadurch ist es
jedem Gefangenen möglich geworden, täglich ungefähr 20 Minuten in
freier Luft zuzubringen. Diese Zeit ist offenbar viel zu kurz und die Gefahr,
welche dadurch für die Gesundheit der Sträflinge entsteht, ist deshalb um
so größer, weil diese Anstalt lauter Knaben zwischen 7 und 20 Jahren,
die also gerade in ihrer Entwickelungsperiode stehen, enthält. Trotz aller
dieser Mängel, welche nicht dem Systeme an sich, sondern nur der Anstalt
la Roquette ankleben, bestätigen die in dem Jahresberichte des Polizeipräfecten vom 6. Februar 1843 erwähnten Sachverständigen, - daß der
Gesundheitszustand gegenwärtig ohne Vergleich besser sei, als er zur Zeit
der gemeinschaftlichen Anhaltung der Sträflinge war, welchen Umstand
auch der ehrwürdige Präsident des Pariser Schutzvereines, der Cassations-
gerichtsrath Bérenger, der Akademie der moralischen und politischen Wissenschaften in der Sitzung vom 24. Februar 1844 als über jeden Zweifel
erhaben darstellte. Ich selbst habe viele Gefangene, und zwar ganz nach
meiner Auswahl, in ihren Zellen besucht und das Aussehen der Meisten
gut gefunden*). Viele sahen sogar sehr gut aus, und zwar selbst Solche,
die schon seit drei Jahren und darüber der Einzelhaft unterworfen waren.
Ich richtete meine Aufmerksamkeit sogar vorzüglich auf die schon seit längerer Zeit in der Zelle befindlichen Gefangenen und glaube, daß die Ergebnisse dieser Anstalt in Beziehung auf den Gesundheitszustand der Sträflinge
bei gehöriger Berücksichtigung der Verhältnisse jener Volksclassen, denen

---

*) Ich kann der von Professor David gelieferten Schilderung des Eindruckes, welchen
der Anblick der jugendlichen Gefangenen in la Roquette auf ihn machte, nur beistimmen.

sie vorzüglich angehören, als sehr zufriedenstellend betrachtet werden können. Zur Zeit, als ich la Roquette besuchte (im März 1843), befanden
sich darin 88 Knaben, welche wenigstens seit 1. Jänner 1841, also über
zwei Jahre sich in der Einzelhaft befanden, ohne daß sie auf ihre Gesundheit
einen üblen Einfluß gehabt hätte. Mehrere unter ihnen hatten ein so frisches, fast blühendes Aussehen, daß man ihnen ihre Gefangenschaft durchaus nicht anmerkte. Ueberdies waren seit 1. Jänner 1843 bereits 26,
und im Laufe des Jahres 1842 sogar 116 Kinder in Freiheit gesetzt
worden, welche sämmtlich seit dem Jahre 1840 in der Zelle gewesen
waren, so daß man sehr Unrecht thun würde, die Erfahrungen dieser
Anstalt wegen Kürze der Zeit der vereinzelten Anhaltung der Gefangenen
für unentscheidend zu halten, wie dies Charles Lucas behauptet. Insbesondere glaube ich mich auch auf das Zeugniß des Hausgeistlichen dieser Anstalt berufen zu können, der mich bestimmt versicherte, daß das Laster
der Selbstbefleckung seit der vollständigen Durchführung der Absonderung
der Gefangenen von einander außerordentlich abgenommen habe, während es bei dem Systeme der gemeinschaftlichen Anhaltung in einem wahrhaft schrecklichen Umfange wüthete. Auch diesen Umstand hat Bérenger
am 24. Februar 1844 vor der Akademie der moralischen und politischen
Wissenschaften bestätiget.

Was die Wirkung der Vereinzelung auf den Geistes- und Gemüthszustand der Gefangenen betrifft, so haben sich seit der Einführung des pennsylvanischen Systemes nur zwei Fälle von Sinnestäuschungen (Hallucinationen) ergeben, bei welchen jedoch nach dem Jahresberichte
des Pariser Schutzvereines für 1842 nachgewiesen wurde, daß beide
Knaben schon vor ihrer Verurtheilung und ihrem Eintritte in die Strafanstalt die nämlichen Zeichen der Geistesverwirrung und eines sonderbaren,
auffallenden Benehmens, welche in dem Gefängnisse an ihnen beobachtet
wurden, gezeigt hatten, daß also ihre Geisteskrankheit durchaus nicht dem
Strafsysteme, dem sie unterworfen wurden, zur Last gelegt werden könne.
Außerdem ereignete sich ein Selbstmord; ein Knabe erhängte sich. Allein
die amtliche Untersuchung wies nach, daß diese That keine vorbedachte und
überlegte war, und daß dieser Knabe nie Zeichen von Geisteszerrüttung

an ben Tag gelegt hatte, fonbern, baß er in plöglicher Aufwallung über eine ihm vermeintlich angethane Unbill ben Entfchluß zu biefer That faßte unb fogleich ausführte, woraus alfo wieder burchaus kein gegründeter Vorwurf gegen bas in biefer Anftalt eingeführte Syftem gebilbet werben kann. Nach ber Aeußerung bes Hausgeiftlichen hat bie Vereinzelung ber Gefangenen nicht nur keine üble Einwirkung auf ihren Gemüthszuftanb ausgeübt, fonbern er glaubt fogar, baß fie felbft fich jegt wohler, als früher in ber Gemeinfchaft, befinben, weil alle Aufreizungen, alle gegenfeitigen Feinbfeligkeiten, bie Herrfchaft bes Einen über ben Anbern wegfallen unb bie Jungen in ihrer einfamen Befchäftigung jene Ruhe bes Gemüthes finben, bie bei einem Zufammenleben mit anberen Knaben unerreichbar ift. „Durch bie Arbeit in ber Einzelhaft," fagte er zu mir, „gewöh"nen fich bie Kinder an Orbnung, Fleiß, an ein ftilles unb höfliches "Benehmen, an bie Abwefenheit von Affecten, unb bies bleibt ihnen bann . "zum Theile auch nach ihrem Austritte aus bem Gefängniffe. Das Ein"zige, was ihre Gemüthsftimmung manchmal verbittert unb gerabe in ber "Einfamkeit eine größere Nahrung unb Ausbilbung finbet, ift bie Auf"reizung, welche manchmal burch ein, leiber nicht immer zu verhinbernbes, "rauhes ober ungerechtes Benehmen ber Auffeher gegen bie Kinber erzeugt "wirb. Werben fie aber mit Milbe unb Güte behanbelt, (unb barauf wirb "von Seite bes Directors ber Anftalt fehr gefehen), fo ift nichts leichter, als "bie Orbnung aufrecht zu erhalten, inbem Störungen berfelben nur fel"ten vorfallen können, unb bie Gefangenen fich nicht Einer vor bem An"beren fchämen unb beshalb ftarr unb unbeugfam bleiben, fonbern in ber "Regel fehr biegfam werben. Nichts ift leichter, als biefen ifolirten Kin"bern eine Freube zu machen. Jebe Kleinigkeit ergöst fie, jebes gute "Wort, bas fie erhalten, erfreut unb erhebt fie. Es ift alfo auch bie "Möglichkeit, auf fie einzuwirken, fehr erleichtert."

Eine ungemein wohlthätige unb nach bem einftimmigen Urtheile aller Sachkunbigen zu bem guten Erfolge einer Befferungsanftalt unentbehrliche Einrichtung ift ber S ch u g v e r e i n f ü r b i e E n t l a f f e n e n, bie société pour le patronage des jeunes libérés. Diefe Gefellfchaft nimmt biefenigen aus ber Anftalt austretenben Knaben, welche ihre Hülfe felbft anneh-

men, unter ihren Schutz, übernimmt für sie ihren zurückgelegten Arbeits-
verdienstantheil, verwendet ihn für sie und sucht sie durch Unterbringung
bei Arbeitsherren, durch die Aufstellung eines Patrons, welcher sich um
seinen Schützling mit Rath und That anzunehmen hat, durch Unterricht
u. s. f. auf der Bahn eines ehrbaren Lebensweges zu erhalten. Diese Gesellschaft erleichtert besonders die häufigere Anwendung der provisorischen Entlassung von Sträflingen, welche bei dem Umstande, daß der provisorisch
Entlassene bei schlechter Aufführung die Wiedereinsperrung besorgen muß,
als eine sehr gute Vorbereitung für die definitive Befreiung der Gefangenen anzusehen ist, und in der Regel nur solchen Sträflingen, welche die
Hülfe und Unterstützung des Schutzvereines annehmen, bewilligt wird.
Leider ist die Zahl derjenigen Knaben, welche bei ihrer Entlassung den
Schutz dieses Vereins von sich weisen, noch immer nicht unbedeutend*),
doch spricht der Umstand, daß die Anzahl dieser Kinder in beständigem
Abnehmen begriffen ist, für die bessernde Einwirkung des pennsylvanischen
Systemes. Noch im Jahre 1840 wiesen 43 von 100 den Schutz der
Gesellschaft zurück, im Jahre 1841 dagegen nur 39 von 100 und in
den ersten Monaten des Jahres 1842 27 von 100.

Noch deutlicher spricht sich der günstige Einfluß des Vereinzelungssystemes in der Anzahl der Rückfälle unter den entlassenen Gefangenen
aus. Nach den Berichten des Pariser Schutzvereines belief sich die Zahl
der Rückfälligen unter den seit 1833 bis 1839, also während des Systemes der gemeinschaftlichen Anhaltung aus den Gefängnissen la Roquette
und Madelonettes Entlassenen, welche den Schutz des Vereines genossen,
auf 18 von 100, während die Zahl der Rückfälligen unter den im Jahre
1840 unter dem Schutze des Vereines gewesenen Gefangenen nur
13.25%, unter den im Jahre 1841 Beschützten nur 11.66% betrug,
und im Jahre 1843 auf 9% herabsank. Eben so bestätigen die Berichte
des Polizeipräfecten die Abnahme der Anzahl der Rückfälle seit der Einführung der Vereinzelung. Nach dem Berichte desselben vom 9. Februar 1843

---

*) Diese Weigerung erfolgt meistens auf Antrieb der Aeltern dieser Kinder, weil jene
dadurch leichter in den Besitz des aufgesparten Arbeitsverdienstes gelangen.

hatte die Zahl der Rückfälligen unter den in den Jahren 1841 und 1842 Entlassenen nicht volle 12% betragen.

Was die Kosten dieser Anstalt anbelangt, so beliefen sich dieselben mit Einschluß der Besoldungen der Beamten und Aufseher, so wie der Gebäude-Erhaltungskosten im Jahre 1840 für jedes Kind auf 449 Franken 42 Centimen (d. i. bei 180 fl. C. M.), im Jahre 1842 aber nur auf 401 Franken 50 Centimen (d. i. bei 160 fl. C. M.), wobei die unzweckmäßige Bauart dieser Anstalt noch sehr in Betracht zu ziehen ist.

2. Die landwirthschaftliche Colonie zu Mettray bei Tours.

Die Gründung dieser schönen Anstalt verdankt Frankreich zwei Männern, deren edlen Sinn und aufopfernde Menschenliebe man nicht genug anerkennen kann, dem Vicomte Bretignères de Courteilles, einem ehemaligen Officier in der Napoleon'schen Armee, und dem durch seinen Bericht über die Gefängnisse Amerika's [*]) rühmlich bekannten Rathe an dem königlichen Gerichtshofe in Paris, Demetz. Diese beiden Männer vereinten sich zur Errichtung dieser Anstalt; Bretignères, welcher in der Nähe von Tours sein Schloß hat, trat freiwillig ein Grundstück für dieselbe ab und Demetz legte seine Stelle im Staatsdienste nieder, um sich ganz diesem Werke, der schönen Aufgabe, gefallene Mitmenschen zu bessern, widmen zu können. Und jetzt steht diese Anstalt festbegründet da, eine wahre Musteranstalt und ein lebendiger Beweis, was für außerordentliche Erfolge eine echte christliche Liebe, ein mit Ernst und Festigkeit gepaartes Benehmen voll Milde und Sanftmuth in der Einwirkung auf jugendliche Gemüther sich versprechen darf. Ich habe fünf Tage in der Colonie verlebt und ich kann sagen, daß der fromme Geist der Liebe, der sie durchweht, das Beseeltsein aller Mitwirkenden von einem heiligen Eifer für den hohen Zweck der Anstalt einen Eindruck auf mich machte, den ich nie vergessen werde. Es war mir, als sähe ich mich in die Zeit jener Väter der Kirche zurückversetzt, die zur Bekehrung der Heiden ausgezogen und alle

---

[*]) Rapports à M. le comte de Montalivet sur les pénitenciers des Etats-Unis par M. Demetz et par M. Abel Blouet. Paris 1837.

irdischen Zwecke ihrem heiligen Berufe aufopferten. In unseren Tagen des vorherrschenden materiellen Strebens ist es unendlich wohlthuend, eine so reine, von jeder Gewinn= und Ehrsucht entfernte Thätigkeit für die höchsten Interessen der Menschheit, für sittliche Besserung entarteter Gemü= ther zu erblicken.

Die Colonie von Mettray ist zur Aufnahme solcher jugendlicher Ueber= treter bestimmt, welche nach Art= 66 des französischen Strafgesetzes wegen Mangel der Zurechnungsfähigkeit losgesprochen, aber von dem Gerichte zur Anhaltung in einer correctionellen Erziehungsanstalt geeignet befunden werden*). Die Idee, von welcher Demetz und Bretignères aus= gingen, beruhet auf einer richtigen Betrachtung der Natur dieser Classe von Uebertretern und der Ursachen, welche sie meistens zum Laster hinfüh= ren. Die Anstalt sollte eine Erziehungsanstalt werden, sie sollte die Vernachlässigung, welche die Kinder ohne Bildung gelassen hatte, wieder gut machen und an die Stelle der häuslichen Erziehung, die ihnen fehlte, eine andere, familienähnliche setzen. Zugleich sollten die Kinder dadurch den großen Städten, diesen Mittelpuncten aller Verderbtheit, entrissen und in den Stand gesetzt werden, auch in Zukunft durch ihr Gewerbe nicht zur Rückkehr in das städtische Leben gezwungen zu sein, sondern sich durch landwirthschaftliche Arbeit oder durch so einfache Handwerke, welche überall auf dem Lande betrieben werden können, ihren Lebenserwerb zu sichern. Um den Kindern Liebe zur landwirthschaftlichen Arbeit einzuflößen, wählten die Gründer der Colonie das fruchtbare Thal der Loire als die passendste Oertlichkeit für ihre Ansiedlung.

Vor Allem erkannten sie aber die Nothwendigkeit, für geeignete Hülfs= arbeiter zu dem großen und schwierigen Werke, das sie unternehmen woll=

---

*) Die genaueste Auskunft über diese Anstalt ertheilen die vier comptes rendus des travaux de la société paternelle pour la fondation de la colonie agricole de Mettray. Tours et Paris 1840—1848. Sehr gut ist auch die Notice sur la colonie de Mettray près de Tours par M. Edouard Ducpétiaux, inspecteur général des prisons et des établissements de bienfaisance en Belgique, (Bruxelles 1848), welche auch im III. Bande der Jahrbücher der Gefängnißkunde und Besserungsanstalten in der Uebersetzung mitgetheilt ist.

5

ten, zu sorgen. An dieser Klippe waren schon viele, mit den besten Absichten gegründete Anstalten gescheitert; es zeugt daher von dem richtigen Blicke der Stifter dieser Colonie, daß sie, noch ehe sie an die Eröffnung der Ansiedelung für Sträflinge gingen, ein Schule für Aufseher (école des contre-maitres) begründeten, um sich dadurch geschickte und hingebende Mitarbeiter heranzubilden und sie mit ihrem Geiste zu durchdringen. Im Juli 1839 wurde diese Schule mit 23 meistens noch jungen Zöglingen eröffnet und gleichzeitig wurden die zur Aufnahme der jugendlichen Missethäter bestimmten Gebäude in Angriff genommen. Am 22. Jänner 1840 konnten schon die ersten neun Sträflinge aus dem Centralgefängnisse zu Fontevrault in die Anstalt aufgenommen werden. Seit dieser Zeit hat sich die Colonie immer mehr erweitert; ihre Bevölkerung betrug zur Zeit meines Besuches (in den ersten Tagen des Monates April 1843) bereits 178 Köpfe, und sie soll bis auf 300 ausgedehnt werden.

Die Colonie liegt eine halbe Stunde von Tours entfernt, in einer sehr freundlichen Gegend. Um die schöne Kapelle mit ihrem zierlichen Thurme reihen sich mehrere in schweizerischem Style gebaute Häuser. Die Ansiedlung sieht wie ein kleines Dorf aus. Wenn man von der Kapelle heraustritt, so liegt rechts das als gemeinschaftliche Schule benutzte Gebäude und dann folgen fünf ganz gleiche Häuser, deren eines der Director Demez und der Rechnungsführer Giraud, die vier anderen aber die Zöglinge bewohnen. Links von der Kapelle stehen bisher nur drei Häuser, deren eines als Stall- und Wirthschaftsgebäude, eines zu Werkstätten für Bürstenmacher, Strohflechter u. s. w. und das dritte als Wohnung des Geistlichen der Anstalt benutzt wird.

Die Häuser der Zöglinge sind ganz gleich gebaut. Jedes derselben besteht aus einem Erdgeschoße und zwei darüber gebauten Stockwerken. Im Erdgeschoße befindet sich ein Arbeitssaal, der durch hölzerne, dritthalb Schuh hohe Wände in vier Abtheilungen, welche von Einem Aufseher überwacht werden können, getheilt werden kann. Im ersten sowohl, als im zweiten Stockwerke befindet sich ein Schlafsaal für zwanzig Kinder, so daß ein Haus vierzig Kinder fassen kann. Die Kinder schlafen in Hängmatten, welche den Tag über zusammengerollt werden, so daß das Zimmer ganz frei bleibt. Die Kinder liegen in den Hängmatten so, daß je zwei neben einander Ruhende in verkehrter Richtung liegen, wodurch die leisen Unterredungen derselben verhindert werden. Die Schlafsäle sind die ganze Nacht hindurch erleuchtet und in jedem derselben schläft ein Aufseher in einem mit Jalousien versehenen Verschlage, so daß die Kinder stets befürchten müssen, beobachtet zu werden. Unter Tages dienen die Schlafsäle zugleich als Speise- und Schulzimmer. Es werden die Hängmatten aufgerollt und hölzerne Tafeln, welche mittelst Charnieren an Pfosten befestigt sind, niedergelassen, so daß sie längs des ganzen Saales Tische bilden.

Jedes Haus bewohnen 40 Kinder, welche zusammen eine Familie bilden und unter der Aufsicht eines Familienvaters stehen, welchen zwei Zöglinge der Aufseherschule unterstützen. Diese Bezeichnung wurde von Demetz nach dem Vorgange des Rettungshauses in Horn bei Hamburg absichtlich gewählt, um den Kindern mehr eine familien- als gefängnißartige Anordnung zu geben, ihnen dadurch eine größere Anhänglichkeit an die Anstalt sowohl, als auch an ihre Aufseher einzupflanzen und ein innigeres Verhältniß zwischen ihnen und ihren Vorgesetzten herzustellen. Jede Familie zerfällt in zwei Abtheilungen, deren jede zur Unterstützung des Familienvaters und der zwei ihm beigegebenen jungen Werkmeister aus ihrer Mitte einen Zögling wählt, welcher den Namen eines ältesten Bruders (frère aîné) führt und die Vorgesetzten in der Beaufsichtigung seiner Mitzöglinge zu unterstützen berufen ist. Das Amt desselben dauert einen Monat und dann erfolgt eine neue Wahl. Diese Einrichtung hat sich in der Erfahrung vortrefflich bewährt; die Kinder wählen immer die wahrhaft Ausgezeichnetsten zu diesem Posten des Vertrauens und fügen sich den Ermahnungen und Rathschlägen der von ihnen selbst gewählten Aufseher leichter und lieber, als den Anweisungen der über sie bestellten Vorgesetzten.

Die Anstalt ist von keinen Mauern umschlossen, sondern nur von einfachen Hecken umgeben; alle Wege sind offen, nichts erinnert an das Gefängniß. Die moralische Zucht der Anstalt allein ist bestimmt, die Kinder darin festzuhalten. Es wird das Ehr- und Pflichtgefühl in ihnen

5 *

geweckt, so daß sie es als eine Feigheit und Niederträchtigkeit betrachten lernen, aus der Anstalt zu entweichen. Obschon die Anstalt bereits 250 Kinder aufgenommen hat, haben doch bisher nur zweimal Versuche der Entweichung Statt gefunden, welche beide erfolglos blieben. Man würde sich irren, wenn man diesen Erfolg einer zu großen Nachsicht gegen die Zöglinge zuschreiben wollte. Man sucht sie allerdings vorzüglich mit Milde und Sanftmuth auf den Pfad der Ordnung und Rechtlichkeit zurückzuführen, aber die Zucht ist dabei ernst und streng, in manchen Beziehungen selbst strenger, als in vielen Gefängnissen. Jedes kleine Vergehen wird unnachsichtlich bestraft, denn es ist ein Grundsatz der Stifter dieser Colonie, daß die Bestrafung aller kleinen Uebertretungen das sicherste Mittel ist, größeren vorzubeugen. Die Kleidung der Zöglinge ist sehr einfach; sie besteht aus einem Rocke in Form eines Staubhembes, aus kurzen Beinkleidern und langen Kamaschen, sämmtlich von grauer Leinwand. Im Winter und bei schlechtem Wetter erhalten sie nur noch einen Mantelüberwurf. An den Arbeitstagen tragen sie, wie alle Bauern jener Gegend, Holzschuhe. Große Strohhüte bilden ihre Kopfbedeckung. Auch ihre Kost ist zwar reichlich, aber grob und einfach. Nur aus Rücksicht auf ihre meistens zu scrophulösen Krankheiten geneigte Constitution, mit der sie in die Anstalt treten, auf ihre thätige und anstrengende Lebensweise und auf den Umstand, daß sie sich gerade in den Jahren des Wachsthumes und der Entwicklung befinden, erhalten sie dreimal in der Woche Fleisch.

Im Sommer stehen die Zöglinge um fünf Uhr, im Winter um sechs Uhr auf. Beim Schall der Trompete erheben sie sich aus ihren Hängmatten, kleiden sich an, rollen ihre Hängmatten zusammen, und begeben sich in Reihe und Glied hinab in's Freie, um sich bei den Brunnen zu waschen und ihren Anzug in Ordnung zu bringen. Dann kehren sie wieder in ihre Schlafsäle zurück und verrichten das Morgengebet mit lauter Stimme. Auf ein neues Zeichen der Trompete begeben sie sich wieder hinunter und stellen sich in Reihe und Glied, um sich unter der Anführung ihrer Werkmeister zu ihrer Arbeit zu begeben. Um 8 Uhr wird zum Frühstücke geblasen, nach welchem ihnen eine Viertelstunde Erholungszeit gegönnt ist. Um halb 9 Uhr werden die Arbeiten wieder aufgenommen und bis zwei Uhr fortgesetzt, worauf zu Mittag gespeiset wird. Nach dem Speisen folgt wieder eine Erholungszeit. Um drei Uhr beginnt die Arbeit von Neuem und dauert bis sechs Uhr Abends. Hierauf wird zum Unterrichte geblasen, zu welchem sich die Zöglinge in ihre Wohnungen begeben. Jede Familie erhält besonderen Unterricht im Saale des ersten Stockwerkes ihres Hauses während zwei Stunden. Um acht Uhr wird das Abendbrod eingenommen und dann, nachdem der Speisesaal in einen Schlafsaal umgewandelt und das gemeinschaftliche Gebet mit lauter Stimme verrichtet worden, wird zu Bette gegangen.

Ueberaus erfreulich ist das heitere, offene Aussehen der Kinder, ein deutliches Zeichen ihrer Zufriedenheit, das gegen das finstere Aussehen und den tückischen Blick, wie er in den gewöhnlichen Strafanstalten so oft gefunden wird, bedeutend absticht. Die Gesichtszüge der Meisten tragen den Stämpel der Gesundheit, wozu die thätige und anstrengende Lebensweise der Knaben in freier Luft am meisten beiträgt. In den wenigen und kurzen Erholungszeiten sind sie sehr munter, frisch und lustig. Es ist ihnen dabei streng verboten, grobe Reden auszustoßen, zu fluchen, sich zu zanken oder zu prügeln, sich Spottnamen zu geben oder Spiele zu treiben, welche ihrer Gesundheit nachtheilig sein könnten. Bemerkenswerth ist als Folge der strengen Zucht der Umstand, daß seit der Gründung der Anstalt nie ein ernstlicher Streit unter ihnen vorgefallen ist. Dagegen werden die Nachmittagsstunden des Sonntags zu Turnübungen unter der Leitung eines eigenen Turnmeisters verwendet, weil dieselben nicht nur für die Entwicklung aller Körperkräfte der jugendlichen Zöglinge sehr nützlich sind, sondern auch eine sehr zweckmäßige Ausfüllung der Sonntagsstunden, die sonst ohne Arbeit leicht Langweile bei den Kindern erzeugen könnten, darbieten.

Der Elementarunterricht wird, wie schon erwähnt wurde, täglich Abends für jede Familie abgesondert ertheilt. Um aber den Wetteifer im Lernen zu beleben, werden von Zeit zu Zeit Prüfungen mit den vereinigten Familien vorgenommen, wodurch der Ehrgeiz Aller geweckt wird. Die Erfolge sind sehr günstig. Den Religionsunterricht ertheilt der Geistliche der Anstalt, und zwar theils an gewissen Tagen an die einzelnen Familien, theils auch an alle zusammen. Die Gründer und Leiter der Colonie suchen den religiösen Sinn der Zöglinge so viel als möglich zu beleben und bemühen sich vorzüglich, die moralischen Wirkungen des religiösen Gefühles zu entwickeln. Zu diesem Ende verwenden Demetz und Bretignères abwechselnd an jedem Sonntage wenigstens eine Stunde dazu, ihren Zöglingen einen Vortrag zu halten, welcher irgend eine Lehre der Moral in leicht faßlichem Gewande darstellt und einschärft, sie durch Erzählungen, Schilderungen von Charakterzügen u. dergl. erläutert. Sie suchen auch vorzüglich das Ehr- und Nationalgefühl ihrer Zöglinge zu beleben und anzuregen und ihnen darin, besonders an ersterem, eine neue Schutzwehr gegen Uebelthaten zu geben. Es ist ihnen auch in der That gelungen, schon sehr Bedeutendes zu erzielen. Sie haben unter den Zöglingen ihrer Anstalt einen Gemeingeist hervorgerufen, der es jeden als eine Schmach betrachten läßt, durch sein übles Benehmen seiner Familie oder gar der ganzen Colonie Unehre zu machen. Sie haben einen Wetteifer unter den einzelnen Familien erzeugt, der in jeder Hinsicht günstig wirken muß. Es ist in der Anstalt eingeführt, daß die Namen derjenigen, welche drei Monate lang keine Strafe erhalten haben, auf die Ehrentafel (tableau d'honneur) gesetzt werden, und daß jede Bestrafung, welche sich ein darauf befindlicher Zögling zuzieht, die Löschung seines Namens von dieser Tafel zur Folge hat. Trotz der strengen Disciplin, welche in der Anstalt herrscht, befanden sich am 1. April 1843 unter 178 Zöglingen*) 100, welche diese Ehre verdienten. Es waren darunter 3, deren Namen schon das zwölfte Mal auf der Ehrentafel standen, zwei standen zum eilften, 4 zum zehnten, 6 zum neunten und 5 zum achten Male auf dieser Liste, so daß die Zahl derjenigen, welche sich seit mehr als zwei Jahren keine Strafe zugezogen hatten, 20 betrug. Gewiß ein Ergebniß, wie man es nur selten unter wohlerzogenen Kindern findet!

Was die Beschäftigung der Zöglinge betrifft, so werden die meisten zur Landwirthschaft und Gartenarbeit verwendet, doch bestehen

---

*) Eigentlich unter 167 Zöglingen, denn die 11 übrigen waren erst am 31. März in die Colonie eingetreten.

auch Werkstätten für Grob- und Hufschmiede, Holzschuhmacher, Tischler, Maurer, Pflugmacher, Schneider, Schuster, Bürstenmacher, Strohflechter u. dergl., kurz für lauter solche Handwerke, welche überall auf dem Lande nothwendig sind und betrieben werden können. Am 27. März 1843 waren wegen der noch nicht sehr vorgerückten Jahreszeit nur 62 Kinder mit Ackerbau und Gartenarbeit, 14 als Schneider, 11 als Schuster, 26 als Nagelmacher, 6 als Schmiede, 9 als Bürstenmacher, 7 als Tischler, 9 als Holzschuhmacher, 5 als Strohflechter, 5 als Pflugmacher und 4 als Maurer, die Uebrigen für den Hausdienst der Anstalt verwendet.

Die Disciplinarstrafen sind das Streichen von der Ehrentafel, die Beschränkung der Kost auf Wasser und Brod, Stubenarrest am Sonntage, die helle und dunkle Zelle und für die schwersten Vergehen die Zurücksendung in das Gefängniß. Für die Anwendung der Einzelhaft besteht eine eigene, nach dem Vereinzelungssysteme sehr zweckmäßig gebaute Strafabtheilung hinter der Kapelle mit 20 Zellen. Die Vorsteher dieser Anstalt versichern, daß die Zellenhaft unter allen Strafen, welche sie verhängen mußten, sich allein als heilsam für die sittliche Besserung der Sträflinge erwiesen habe, und Demetz insbesondere sprach gegen mich die Ansicht aus, daß er die Anhaltung der jugendlichen Sträflinge durch eine gewisse Zeit in der Einzelhaft, bevor man sie in das Zusammenleben mit den Anderen eintreten läßt, für das zweckmäßigste Mittel halte, sie für dieses Zusammenleben gehörig vorzubereiten. Uebrigens ist noch bemerkenswerth, daß die Vorsteher der Anstalt für alle kleinen Vergehen den Strafausspruch einem von den Familien aus ihrer Mitte gewählten Gerichte, einer Art Jury, anvertrauen und sich nur das Milderungsrecht vorbehalten. Diese Einrichtung hat sich als sehr zweckmäßig bewährt; die Aussprüche der Zöglinge über die wider ihre Mitzöglinge zu verhängenden Strafen sind meistens eher zu streng, als zu nachsichtig.

Die Belohnungen der Zöglinge bestehen in öffentlichem Lobe, in der Versetzung auf die Ehrentafel oder in kleinen Geschenken, welche letztere besonders für fleißige Arbeit gegeben werden und in der Regel in kleinen Geldbeträgen, die für die Kinder in der Sparcasse angelegt werden, bestehen.

Die Küche, Wäsche und Krankenpflege in der Anstalt werden von Nonnen besorgt.

Die moralischen Erfolge der Anstalt in Beziehung auf das Leben der Sträflinge nach ihrer Entlassung können noch nicht als erwiesen angesehen werden, weil die Zahl der bis zum Anfange des Jahres 1843 aus der Anstalt Entlassenen erst 45 betrug. Von diesen führten sich 37 vollkommen gut, 5 ziemlich gut und nur 3 schlecht auf. Doch sind diese Zahlen zu klein, als daß man darauf irgend ein Gewicht legen oder Folgerungen daraus ableiten könnte.

Die Kosten dieser Anstalt, welche ihr Entstehen fast nur der Privatwohlthätigkeit verdankt, sind allerdings bedeutend zu nennen. Wenn man die bereits verausgabten Summen sowohl, als auch die Kosten der Gebäude, welche noch zu errichten sind, um die Anstalt für 300 Zöglinge zu vollenden, zusammennimmt, so beläuft sich der Gesammtbetrag der Errichtungskosten auf etwa 250,000 Franken (d. i. bei 100,000 fl. E. M.), so daß auf jeden Zögling 41. 6 Franken (16 fl. 30 kr. E. M.) jährliche Miethe kommen. Die fortlaufenden Regieauslagen betrugen im Jahre 1842 für jeden Zögling 525 Franken (bei 210 fl. E. M.), d. i. 1 Franken 45 Centimen (35 kr. E. M.) für den Tag, wovon 12 Centimen durch den reinen Ertrag der Werkstätten der Anstalt, 85 Centimen durch den Beitrag, welchen der Staat für jeden aus den Gefängnissen übernommenen Zögling entrichtet, und 48 Centimen durch Privatwohlthätigkeit gedeckt wurden.

Aussichten für die Zukunft. Legislative Arbeiten in Beziehung auf das Gefängnißwesen.

In dem Vorstehenden ist ein Abriß des gegenwärtigen Zustandes der französischen Strafanstalten enthalten, wie er sich allmälig bis auf die neueste Zeit gestaltet hat. Die französische Regierung hat sich aber nicht blos darauf beschränkt, die bestehenden Strafanstalten zu verbessern, sondern sie hat auch umfassende Untersuchungen über die zweckmäßigsten

Mittel der Gefängnißreform und über den Werth der neueren Gefängnißsysteme anstellen lassen. Zu diesem Ende legte der Minister des Innern
den Directoren der Centralgefängnisse, den Präfecten und den Generalconseils der Departements eine Reihe von Fragen vor, um ihre Ansichten
über das beste Gefängnißsystem zu erfahren. Die Regierung ordnete im
Jahre 1831 die jetzigen Deputirten Beaumont und Tocqueville und
im Jahre 1836 Demetz und den Architekten Blouet zur genauen Untersuchung der amerikanischen Gefängnisse, im Jahre 1838 den Generalinspector der Gefängnisse Moreau-Christophe zur Untersuchung der Strafanstalten in England, Schottland, Holland, Belgien und der Schweiz,
und den Gefängnißinspector Cerfbeer zur Besichtigung der Anstalten
Italiens, endlich im Jahre 1842 den Gefängnißinspectors-Adjuncten
Hallèz-Claparède zur Untersuchung der preußischen Strafhäuser
ab und veröffentlichte ihre Berichte. In Folge aller dieser Aufklärungen
legte der Minister des Innern Rémusat am 9. Mai 1840 der Deputirtenkammer einen Gesetzentwurf vor, welcher die unbedingte Absonderung
der Angeklagten und Beschuldigten von den Sträflingen, die Einführung
des Vereinzelungssystemes für die Angeklagten und Beschuldigten und die
Aufhebung der Galeerenhöfe und deren Ersetzung durch maisons de force
anordnete, das für die Sträflinge zu wählende Gefängnißsystem aber
der Entscheidung der Staatsverwaltung vorbehielt, obschon auch in dieser
Hinsicht die Motive des Gesetzentwurfes die Vorzüge des Vereinzelungssystemes und die Nothwendigkeit, nur Zellengefängnisse an die Stelle
der Galeerenhöfe zu setzen, anerkannten. Die von der Deputirtenkammer
zur Prüfung dieses Gesetzentwurfes niedergesetzte Commission ernannte
Tocqueville zu ihrem Berichterstatter und sprach sich in ihrem Berichte
vom 20. Juni 1840 entschieden für die Anwendung des Vereinzelungssystemes auf alle Sträflinge aus, wobei sie 12 Jahre als die längste Dauer,
auf welche die Einzelhaft angewendet werden dürfe, festsetzte. Dieser Gesetzentwurf kam aber gar nicht zur öffentlichen Berathung und ging durch
die im Jahre 1842 erfolgte Auflösung der Deputirtenkammer ganz verloren. Der gegenwärtige Minister des Innern Graf Duchatel legte
daher am 17. April 1843 der Deputirtenkammer einen neuen Gesetzent-

wurf vor, in welchen fast alle von der Commiſſion des Jahres 1840
ausgesprochenen Ansichten aufgenommen wurden. Die wesentlichsten
Bestimmungen dieses Gesetzentwurfes sind folgende: Die Untersuchungs=
gefangenen sollen bei Tag und Nacht von einander abgesondert und in
Einzelzellen verwahrt werden; nur, wenn solche Beschuldigte mit einander
verwandt oder in derselben Untersuchung begriffen wären, darf ein Ver=
kehr derselben gestattet werden. Die Untersuchungsgefangenen dürfen nicht
nur die Besuche ihrer Anwälte, sondern auch, wenn der Untersuchungs=
richter nicht das Gegentheil verordnet, die Besuche ihrer Verwandten und
Freunde annehmen. Sie können in ihrer Zelle alle mit der Sicherheit des
Hauses vereinbaren Beschäftigungen treiben und der Ertrag der Arbeit ge=
hört ihnen. Die unmittelbare Ueberwachung der den Weibern angewiesenen
Gefängnisse oder Gefängnißabtheilungen soll von Personen ihres Geschlech=
tes ausgeübt werden. (Art. 5 bis 12.) Die Bagnos sollen abgeschafft und
durch eigene Zwangsarbeitshäuser (maisons de travaux forcés) ersetzt
werden. (Art. 13.) Die zur Reclusion und die zur correctionellen Einsperrung
Verurtheilten sollen in besonderen Häusern oder doch in getrennten Abthei=
lungen verwahrt werden. Für die weiblichen Sträflinge sollen jederzeit beson=
dere Häuser bestimmt sein. (Art. 14 bis 17.) Für die jugendlichen Sträf=
linge sollen besondere Anstalten oder doch eigene Abtheilungen gebildet wer=
den; sie können bei Landbauern, Handwerkern oder Gewerbtreibenden in die
Lehre gegeben werden, doch wird der Verwaltung das Recht, ihre Zurück=
versetzung in das Gefängniß anzuordnen, eingeräumt. (Art. 18 und 21.)
Alle Sträflinge sollen der beständigen Absonderung bei Tag und Nacht
unterworfen werden; nur die zu mehr als zwölfjähriger oder zu lebens=
länglicher Zwangsarbeit Verurtheilten, welche schon zwölf Jahre Einzel=
haft erlitten oder ihr siebzigstes Jahr erreicht haben, so wie alle siebzig=
jährigen Reclusions= und Correctionsgefangenen werden nur bei Nacht
von einander abgesondert, bei Tage aber zu gemeinschaftlicher Arbeit unter
der Herrschaft des Stillschweigens angehalten. (Art. 22, 28 und 29.)
Die von den Sträflingen in der Einzelhaft zugebrachte Zeit wird in der
Dauer der Strafe für um ein Viertheil länger als die wirklich überstan=
dene Strafzeit gerechnet, d. h. die nach dem Strafgesetze zuerkannte Straf=

zeit wird, wenn sie in der Einzelhaft zugebracht worden, um ein Fünftheil abgekürzt. (Art. 27.) Jeder Gefangene wird in einem hinlänglich geräumigen, gesunden und luftigen Raume angehalten und wenigstens einmal in der Woche vom Arzte und Lehrer besucht. Er erhält auch Besuche von dem Geistlichen und den Mitgliedern der Ueberwachungscommission. (Art. 21 und 25.) Alle Sträflinge sind zur Arbeit verpflichtet. Der Ertrag dieser Arbeit gehört dem Staate; doch kann ihnen ein bestimmter Theil desselben zugestanden werden. (Art. 23.) Die Einzelhaft darf nur auf jene Sträflinge, hinsichtlich welcher das Strafverfahren erst nach der Kundmachung dieses Gesetzes angefangen, angewendet werden. (Art. 26.)

Die französische Regierung hat sich also zu Gunsten des Vereinzelungssystemes entschieden. Die Commission der Deputirtenkammer, welche abermals Tocqueville zu ihrem Berichterstatter erwählte, hat sich mit wenigen sehr unbedeutenden Modificationen für den Regierungsentwurf ausgesprochen*), und es ist zu hoffen, daß er noch im Laufe der diesjährigen Sitzung von der Deputirtenkammer angenommen werden wird. Die Bestimmungen desselben sind als ein sehr großer Fortschritt**) in legislativer Hinsicht zu betrachten und verdienen im Wesentlichen allgemeine Nachahmung.

---

*) Sieh den interessanten Bericht im Moniteur vom 6. Juli 1843 Nr. 187.

**) Als Mängel dieses Entwurfes erscheinen 1. die ungenügende Sorge für häufige Besuche der Sträflinge; 2. die zu geringe Abkürzung der Strafdauer für die der Einzelhaft Unterworfenen; 3. die allzu große Ausdehnung der Einzelhaft (bis auf 12 Jahre!) und die Härte, den bereits 12 Jahre lang isolirten Sträfling nach Ablauf dieser Zeit fortan dem Systeme des Stillschweigens zu unterwerfen.

Zweiter Abschnitt.

Das
Gefängnißwesen in England.

Das englische Strafsystem überhaupt.

Das jetzt geltende englische Recht theilt alle strafbaren Handlungen (crimes, wrongs, offences) in zwei Hauptclassen ein, in felonies und misdemeanors. Felony ist ein solches Vergehen, welches, abgesehen von anderen Strafen, nach dem ungeschriebenen oder Gewohnheitsrechte (common law) gänzliche Verwirkung des unbeweglichen oder beweglichen Eigenthumes des Verbrechers nach sich zieht. Vormals war damit auch immer der Begriff eines mit der Todesstrafe bedrohten Verbrechens verbunden. Gegenwärtig aber versteht man darunter überhaupt alle schwereren Vergehen, ohne daß die Gränze genau bestimmt wäre. Misdemeanor ist ein Vergehen, welches zwar Gegenstand einer förmlichen Anklage (indictment) ist, aber noch keine Felonie ausmacht, in der Regel ein geringeres Vergehen. Wie wenig scharf die Gränze zwischen felony nud misdemeanor ist, geht daraus hervor, daß mehrere misdemeanors mit härteren Strafen, als einige felonies bedroht sind. In der Regel aber zieht ein misdemeanor nur Geld- und Gefängnißstrafe nach sich, während die felonies mit der Todes- oder Transportationsstrafe und nur ausnahmsweise mit einfacher Gefängnißstrafe bedroht sind*).

---

*) H. J. Stephen, Summary of the criminal law. London 1834 Chapter I.
Seite 1, die Uebersetzung dieses Werkes von Ernst Mühry (Göttingen 1843)
Seite 2 Anmerkung 2, und Blackstone's Commentaries by James Stewart.
London 1841. 4. Band Seite 102.

Die englischen Strafgesetze zeichneten sich bekanntlich seit mehreren Jahrhunderten vorzüglich durch ihre Härte und Grausamkeit und durch die wahrhaft verschwenderische Häufigkeit der Drohung der Todesstrafe aus. Erst in dem dritten Jahrzehend dieses Jahrhundertes und hauptsächlich in den letztverflossenen 15 Jahren gelang es, eine Milderung der englischen Strafgesetzgebung und insbesondere eine große Beschränkung der Todesstrafe zu erwirken. Während noch im Jahre 1820 31 Verbrechen mit der Todesstrafe bedroht waren, besteht sie gegenwärtig nur mehr 1. bei Hochverrath, 2. bei Mord und Mordversuch mit gefährlicher Körperverletzung, 3. bei unnatürlicher Unzucht, 4. bei nächtlichem Einbruchsdiebstahl mit Gewalt gegen Menschen, 5. bei Raub auf öffentlicher Straße in Verbindung mit Verwundung, 6. bei Brandstiftung in bewohnten Häusern oder Schiffen, wenn ein Menschenleben dabei in Gefahr gesetzt wird, 7. bei Seeräuberei, 8. bei Anzündung eines königlichen Schiffes oder Vorrathshauses, 9. bei Ausstellung falscher Leuchten, um Schiffe in Gefahr zu bringen. Die Zahl der in England und Wales gefällten Todesurtheile belief sich in dem Zeitraume von 1827 bis 1832 noch jährlich auf 1421, in den Jahren 1839 bis 1841 dagegen nur mehr jährlich auf 71. Im Jahre 1841 wurden 80, im Jahre 1842 nur 57 Todesurtheile gefällt. Vollzogen wurde die Todesstrafe noch viel seltener, im Jahre 1841 an 10 und im Jahre 1842 an 9 Missethätern*). Es ergab sich hiebei das erfreuliche Resultat, daß trotz dieser Milderung der Strafdrohungen eben bei jenen Verbrechen, bei welchen die Gesetze von 1834 bis 1837 die früher gedrohte Todesstrafe aufhoben, (z. B. bei Raub, Einbruch, Brandstiftung, Kirchenraub), eine Verminderung ihrer Anzahl und zugleich eine bedeutend geringere Zahl von Lossprechungen sich zeigte.

Der Todesstrafe zunächst steht die Transportation. Schon im siebzehnten Jahrhunderte wurden die Verbrecher Englands großen-

---

*) Tables showing te number of criminal offenders committed for trial or bailed for appearance at the assizes and sessions in each county in the year 1841 and the result of the proceedings. London 1842. Jährlich erscheint eine solche Criminal-Statistik.

theils in die brittischen Ansiedlungen in Amerika gesendet und dort als Sclaven zur Zwangsarbeit verwendet. Die Losreißung der vereinigten Staaten Nordamerika's von ihrem Mutterlande zwang England, sich nach neuen Strafcolonien umzusehen, und im Jahre 1786 wurde die kurz vorher entdeckte Ostküste von Neu=Holland zur Aufnahme der Verurtheilten bestimmt. Die Transportation wird noch gegenwärtig als eine Hauptstrafart angewendet. Sie wird in der Regel nicht auf weniger als 7 Jahre verhängt, kann aber auch auf Lebenszeit ausgedehnt werden. In dem vierjährigen Zeitraume von 1838 bis 1841 kamen in England und Wales im Durchschnitte jährlich 1828 Verurtheilungen zu 7jähriger, 1064 zu 7= bis 10jähriger, 698 zu 10= bis 15jähriger, 17 zu mehr als 15jähriger Transportation und 216 zur Transportation auf Lebenszeit vor. Die gegenwärtig zur Aufnahme von Deportirten bestimmten Orte sind Neu=Süd=Wallis, Van Diemensland und die vulkanische Insel Norfolk. Diese Strafart wurde lange Zeit als das Ideal einer zweckmäßigen Strafe gepriesen; in neuerer Zeit aber haben sich in England sehr zahlreiche und gewichtige Stimmen gegen dieselbe erhoben. Die ungeheure Sittenlosigkeit, welche sich unter der aus den Verbrechern erwachsenen Bevölkerung der Strafcolonien zeigte, die außerordentlich große Anzahl und die Gewaltsamkeit der von den Deportirten verübten Verbrechen, insbesondere die großentheils durch das Mißverhältniß der Geschlechter und die im Verhältnisse zur männlichen Bevölkerung nur geringe Anzahl der Weiber unter diesen herrschende Verworfenheit und Schamlosigkeit, endlich die geringe Furcht, welche die Transportationsstrafe den Bewohnern des Mutterlandes einflößt, und die großen Kosten, welche die Verschiffung der Verbrecher und die Beaufsichtigung und Erhaltung derselben in der Colonie verursachen, riefen in England bedeutende Widersacher dieser Strafart hervor, unter denen sich besonders der Erzbischof von Dublin, Dr. Richard Whately, auszeichnete*). Die großen

---

*) Die von dem Unterhause zur Untersuchung dieser Frage niedergesetzte Commission (select committee on transportation) hat sich in ihrem Berichte (London 1838) geradezu dahin ausgesprochen, daß die Deportation völlig unwirksam sei, von Verbrechen abzuhalten, daß sie statt der Besserung der Sträflinge deren gänzliche

Schwierigkeiten aber, welche die Aufhebung der Deportationsstrafe und die Einführung des auf dem europäischen Festlande eingeführten Systemes der Freiheitstrafen in England nach sich ziehen müßte, haben bisher die englische Regierung von diesem durch die bisherige Erfahrung fast für unvermeidlich erklärten Schritte zurückgehalten und sie bewogen, noch einige Versuche einer zweckmäßigeren Einrichtung der Strafcolonien zu machen.

Es soll nämlich durch die neuesten im November 1842 ergangenen Anordnungen der englischen Regierung über die Einrichtung der Transportation *) die Strafe strenger und eben dadurch für die Verbrecher selbst mehr bessernd, für die Bewohner des Mutterlandes aber abschreckender werden. Jeder Sträfling soll die ihm zuerkannte Strafe wirklich erleiden, ohne schon im Vorhinein nach einem im Verhältnisse zur Länge der Straf-

moralische Verschlimmerung zur Folge habe, und daß diese Gebrechen vom Deportationssysteme unzertrennlich, dasselbe daher keiner genügenden Verbesserung fähig sei. Aus diesem Berichte ergibt sich, daß in dem fünfjährigen Zeitraume von 1831 bis 1835 in Neusübwallis auf eine Bevölkerung von 61,000 Einwohnern (worunter 24,000 Deportirte, deren Strafzeit noch nicht verstrichen war,) bloß wegen der schwersten Verbrechen (wegen Felonies) jährlich 484 Verurtheilungen und zwar 75 Todesurtheile vorkamen, von welchen 32 wirklich vollzogen wurden. Es kam also eine Verurtheilung wegen Felony auf 126 Einwohner und ein vollzogenes Todesurtheil auf nicht einmal volle 2000 Einwohner, während in England wegen Felony und misdemeanor zusammengenommen erst auf 800 Einwohner eine Verurtheilung und erst auf 30,000 Einwohner ein vollzogenes Todesurtheil kam. Eben so war der Zustand in Vandiemensland. Besonders zahlreich waren in diesen Colonien die mit Gewalt gegen die Person verübten Verbrechen. Während sie in England nur den zehnten Theil aller strafbaren Handlungen ausmachten, betrugen sie in Neusübwallis und Vandiemsland den dritten bis vierten Theil aller Verbrechen. Auch die Zahl der Verbrechen gegen die Natur und der an Kindern verübten Unzucht ist dort in Folge des Mißverhältnisses der Geschlechter unter den Deportirten und der Schwierigkeit sich zu verehelichen sehr bedeutend. Zudem ist es erwiesen, daß in diesen Colonien eine sehr beträchtliche Anzahl von Verbrechern nie entdeckt wird.

*) Sieh hierüber die unter dem Titel: Convict discipline. Copies of extracts of the correspondence between the secretary of state for the colonial department and the governor of Vandiemensland, gedruckten Actenstücke. Dieselben sind auch in dem report of the commissioners for the government of the Pentonville prison, London 1843, als Beilagen abgedruckt und Dr. Julius,

zeit bestimmten Zeitraume auf eine Begnadigung rechnen zu können. Die bisher von der Gunst des Gouverneurs abhängig gewesene Erleichterung des Schicksales einzelner Sträflinge soll also aufhören und nur die königliche Gnade zu einer Ausnahme von dieser Regel berechtigt sein. Jeder Sträfling soll wissen, daß eine Milderung seines Geschickes nur durch ein tabelloses Benehmen erreicht werden kann, und daß eine schlechte Aufführung seine Lage nothwendig verschlimmert, damit einerseits eine stärkende Hoffnung ihn zum Guten ermuthige und andererseits eine heilsame Furcht ihn vom Bösen zurückhalte. Zu diesem Ende sollen alle zur Transportation Verurtheilten in mehrere Classen eingetheilt werden, dergestalt, daß jeder Sträfling verschiedenen Strafgraden unterworfen wird, die an Strenge abnehmen, bis er zuletzt jene Stufe erreicht, die ihn für eine vollständige oder bedingte Begnadigung eignet, ohne daß sie ihm jedoch ein Recht, sie zu begehren, ertheilt. Der Uebergang von einer härteren zu einer milderen Strafclasse soll nur durch ein tabelloses Benehmen erreicht, durch schlechte Aufführung aber verwirkt werden. Für gewisse Classen von Sträflingen, insbesondere für solche, die auf kürzere Zeit zur Transportation verurtheilt sind und noch Hoffnung zur Besserung geben, soll endlich das erste Stadium der Strafe nicht in der Colonie, sondern in einer Besserungsanstalt in England selbst durchlaufen werden, so daß diese Sträflinge erst nach Ablauf einer gewissen Zeit in die Colonie gesendet werden, um daselbst in die mit Rücksicht auf ihr Benehmen in der Besserungsanstalt vom Minister des Innern bestimmte Strafclasse einzutreten. Das erste Beispiel dieser Combination liefert das Mustergefängniß zu Pentonville bei London, in welches erwachsene, zur Deportation verurtheilte Sträflinge auf 18 Monate gebracht werden, um darin für ihren Aufenthalt in der Colonie moralisch und intellectuell vorbereitet zu werden, wie dies in der nachfolgenden Schilderung dieser Anstalt auseinandergesetzt werden wird.

---

welchem ich dieselben mittheilte, hat im 3. Bande seiner Jahrbücher der Gefängnißkunde und Besserungsanstalten (Seite 260) eine ausführliche Anzeige davon geliefert. Sieh auch Mittermaier's Werk: die Strafgesetzgebung in ihrer Fortbildung. II. Beitrag Seite 280.

Die erwähnten, an Strenge nachlaſſenden Claſſen der deportirten Sträflinge ſind für die männlichen Verbrecher folgende fünf: 1. Anhaltung auf der Inſel Norfolk. In dieſe Claſſe gehören alle auf Lebenszeit und die ſchwereren Fälle unter den auf mindeſtens fünfzehn Jahre zur Transportation Verurtheilten. Der Aufenthalt auf dieſer Inſel ſoll wenigſtens 2 und höchſtens 4 Jahre währen, innerhalb welcher Gränzen die Zeit in jedem einzelnen Falle vom Miniſter des Innern beſtimmt wird. Die Sträflinge auf dieſer Inſel müſſen die härteſten Arbeiten verrichten. Gute Aufführung derſelben zieht nach Ablauf der beſtimmten Zeit, welche nur die Königin abzukürzen die Macht hat, Verſetzung in die milderen Strafclaſſen, ſchlechtes Betragen aber eine unbeſtimmte Verlängerung des Aufenthaltes auf dieſer Inſel nach ſich. Die zweite Claſſe bilden die Prüfungsrotten (probation gangs) auf Vandiemensland, in welche diejenigen Sträflinge gehören, die wegen guter Aufführung aus der erſten Claſſe in dieſelben befördert werden, ſo wie diejenigen, welche nicht auf Lebenszeit verurtheilt ſind und vom Miniſter des Innern als zum Eintritte in dieſe Abtheilung geeignet bezeichnet werden. Sie müſſen ein bis zwei Jahre in dieſer Claſſe verweilen und für Rechnung des Staates arbeiten. Sie werden in Rotten von 250 bis 300 Köpfen abgetheilt und haben eigene Aufſeher, Lehrer und Geiſtliche. Jede Rotte ſoll je nach der Schwere der Arbeit in zwei bis drei mehr oder minder ſtrenge Abtheilungen gebracht werden, welche zu Belohnungen oder Strafen durch Verſetzung aus einer in die andere Gelegenheit geben. Von der Aufführung jedes Sträflinges hängt es ab, ob er nach Ablauf der beſtimmten Zeit in eine höhere Claſſe vorrücken darf oder nicht. Die dritte Claſſe bilden diejenigen, welche ſich in der zweiten Abtheilung gut aufführten und ein Zeugniß darüber erhielten. Es wird ihnen ein Prüfungspaß (Prüfungs-Urlaubsſchein, probationary pass) ausgefertigt, der ſie berechtigt, ſich mit Einwilligung des Gouverneurs von Vandiemensland in Privatdienſte zu verdingen, wofür ihnen jedoch nach dem Ermeſſen des Gouverneurs nur die Hälfte, zwei Drittheile oder der ganze Betrag des Lohnes unmittelbar ausbezahlt werden. Gute Aufführung bewirkt ihr Aufwärtsſteigen in den mit Rückſicht auf dieſen Lohnantheil beſtehenden drei Ab-

6

theilungen, schlechtes Benehmen hingegen ihre Herabverſetzung in dieſen oder gar ihre Zurückverſetzung in die zweite Claſſe. Die vierte Claſſe, welche der Begnadigung vorausgehen muß, iſt die der „verſuchsweiſe und wider= ruflich Begnadigten,“ welche einen Freiſchein (Urlaubsſchein, ticket of leave) erhalten, der aber nur in der Colonie von Wirkung iſt. Ein ſol= cher Freiſchein darf nur dann ertheilt werden, wenn die Hälfte der Straf= zeit des Bewerbers bereits verfloſſen iſt, oder bei auf Lebenszeit Verurtheil= ten wenigſtens zwölf Jahre verſtrichen ſind. Auch muß der Sträfling eine gewiſſe Zeit in der dritten Claſſe zugebracht und ſich darin gut benommen haben. Die fünfte Claſſe endlich bilden die bedingt oder unbedingt Begna= digten, welche ſich in der Colonie als Anſiedler niederlaſſen können. Dieſe Begnadigung kann in der Regel nur von der Königin, ausnahmsweiſe aber auch vom Gouverneur von Vandiemensland, jedoch von dieſem nur für die auſtraliſchen Colonien und unter genauer Beobachtung der vorge= ſchriebenen Zeit, welche der Sträfling in den vier erſten Claſſen zugebracht haben muß, ertheilt werden.

Für die weiblichen Sträflinge ſoll eine Beſſerungsanſtalt auf 400 Köpfe in der Nähe der Hauptſtadt Hobart-Town erbaut werden, in welche alle aus England ankommenden weiblichen Sträflinge aufgenommen wer= den, und in der ſie wenigſtens ſechs Monate zubringen müſſen. Haben ſie ſich auf der Ueberfahrt und während dieſer ſechs Monate gut betragen, ſo erhalten ſie einen Prüfungspaß, der ſie zu ihrer Verdingung in Privat= dienſte berechtigt. Fortgeſetztes gutes Benehmen kann ihnen einen Frei= ſchein und zuletzt die Begnadigung erwerben.

Die jugendlichen (d. i. noch nicht 18 Jahre alten) Verbrecher, welche zur Transportation verurtheilt werden, kommen vorerſt in die Beſſerungs= anſtalt Parkhurſt auf der Inſel Wight, und werden erſt nach einem in der Regel drei= bis vierjährigen Aufenthalte daſelbſt in die Colonien geſendet.

Die dritte Hauptſtrafart iſt die Gefängnißſtrafe, welche in der Regel nur bis auf drei Jahre verhängt wird *). Dieſe Strafe wird am

---

*) Ausnahmsweiſe wird eine längere Gefängnißſtrafe verhängt, wenn die Trans= portationsſtrafe durch königliche Gnade in Gefängnißſtrafe umgewandelt wird.

häufigsten angewendet. In den vier Jahren 1838 bis 1841 kamen vor den Assisen und den Vierteljahrssitzungen der Friedensrichter im Durchschnitte jährlich 11,824 Verurtheilungen auf ein halbes Jahr und darunter, 1896 auf sechs Monate bis ein Jahr, 455 auf ein bis zwei Jahre und 22 auf zwei bis drei Jahre vor. Verurtheilungen zur Haft auf mehr als drei Jahre sind außerordentlich selten; in den Jahren 1839 und 1841 kam gar keine, in jedem der Jahre 1838 und 1840 nur Eine Verurtheilung zu längerer als dreijähriger Gefängnißstrafe vor.

Außer den erwähnten Strafarten bestehen noch als selbstständige Strafmittel die körperliche Züchtigung, von der aber gegenwärtig nur sehr selten mehr Gebrauch gemacht wird, und Geldstrafen.

Die felonies und misdemeanors erschöpfen die criminellen Uebertretungen nach englischem Rechte; es sind aber außer diesen noch die einfachen Vergehen zu erwähnen, welche nur zur Gerichtsbarkeit der Friedensrichter oder Polizeibehörden gehören, und über welche ein sehr summarisches Verfahren Statt findet. Die Verurtheilungen wegen solcher Vergehen heißen daher auch summary convictions und es sind darunter alle Militärvergehen, die Uebertretungen der Jagd- und mancher Finanzgesetze, der Gesetze gegen die außereheliche Erzeugung von Kindern, der Vorschriften gegen Landstreicherei und Bettelei, gegen muthwillige Beschädigungen fremden Eigenthumes und gegen kleine Diebstähle, der Polizeivorschriften in den Städten u. dergl. begriffen. Die Strafen sind auch hier Gefängniß- und Geldstrafe und körperliche Züchtigung. Die Zahl der wegen solcher Vergehen zur Gefängnißstrafe Verurtheilten ist sehr bedeutend; sie betrug im Jahre 1840 65,670 und im Jahre 1841 64,804 Köpfe *).

Nach dem Parlamentsstatute 2 et 3 Victor. cap, 56 Art. 18 wird Gefängnißstrafe auf 3½ Jahre an die Stelle der Transportation auf 7 bis 10 Jahre und vierjähriges Gefängniß an die Stelle der Transportation auf 10 bis 15 Jahre gesetzt.

*) Sixth and seventh report of the inspectors of prisons. I. Home district. London 1841 und 1842, welche in ihrer zweiten Abtheilung unter dem Titel: Digest of gaol returns eine vollständige Statistik der englischen Gefängnisse enthalten.

6 *

Verwaltung und Einrichtung der englischen Gefängnisse überhaupt.

Die englischen Gefängnisse theilen sich 1. in Polizeistationen (police stations, lockups), worin alle verhafteten Individuen vor ihrem Erscheinen vor dem Richter angehalten werden. Solche Arreste gibt es fast in jedem kleinen Orte; sie enthalten immer nur wenige Gefangene und auf sehr kurze Zeit, sind aber meistens in einem höchst elenden Zustande. 2. Die eigentlichen Gefängnisse, welche, wenn sie nur zur Aufnahme von Beschuldigten oder Angeklagten bestimmt sind, den Titel: gaol, wenn sie nur zur Aufnahme von Verurtheilten dienen, den Namen: bridewell oder house of correction (Zuchthaus), und wenn sie für beide Classen von Gefangenen gehören, den Titel: gaol and house of correction führen. Letzteres ist in den meisten englischen Gefängnissen der Fall. Diese Gefängnisse werden in Grafschafts- und Fleckengefängnisse (county- and borough-gaols) eingetheilt, je nachdem sie auf Kosten der ganzen Grafschaft oder der Municipalität einer Stadt oder eines Fleckens erhalten werden und der Autorität der Grafschaftsbeamten oder der Stadtobrigkeit unterstehen. Endlich müssen hier noch die abgetakelten Kriegsschiffe (hulks) erwähnt werden, auf welchen viele zur Transportation verurtheilte Sträflinge entweder bis zu ihrer Transportation oder auch statt derselben auf 3 bis 8 Jahre angehalten und zu schweren Arbeiten in den Schiffswerften, in deren Nähe sie sich in der Regel befinden, (z. B. in Woolwich, Portsmouth, Chatham,) verwendet werden.

Bei der Eifersucht der städtischen Behörden in Wahrung ihrer Rechte und dem Mangel aller Centralisation in England würde man vergebens nach jener Gleichförmigkeit dieser Anstalten suchen, welche in Frankreich, Belgien, Oesterreich u. s. w. Statt findet. Die Corporationen der Städte und Flecken suchen jede allgemeine Maßregel als einen Eingriff in ihre Selbstständigkeit zurückzuweisen und selbst die geringe Gleichförmigkeit, welche man gegenwärtig in den Grafschafts- und Fleckengefängnissen Englands findet, verdankt ihren Ursprung erst der neuesten Zeit. Im Jahre 1823 erfloß zuerst durch die Bemühungen Sir Robert Peel's ein Gesetz (4 Geo. IV. cap. 64) über die Einrichtung der Grafschaftsgefängnisse, welches aber bei dem Widerstreben der städtischen Behörden noch keine allgemeine Wirksamkeit zu erlangen vermochte. Erst dem Lord John Russell und dessen Nachfolger im Ministerium des Innern, dem Marquis von Normanby, gelang es, kräftigere Maßregeln zur Erzielung der allgemein als unerläßlich anerkannten Gefängnißverbesserung durchzusetzen. Durch das im Jahre 1835 ergangene Gesetz (5 et 6 Will. IV. cap. 38) wurde der erste und wichtigste Schritt gethan, indem gegen alle bisherigen Gewohnheiten der Centralregierung ein entschiedener Einfluß auf die Einrichtung aller Gefängnisse des ganzen Landes eingeräumt wurde. Es wurde nämlich dadurch festgesetzt, daß die Vorschriften über die Hausordnung jedes Gefängnisses zur Erzielung größerer Gleichförmigkeit dem Minister des Innern zur Genehmigung vorgelegt werden müssen und erst nach erlangter Genehmigung desselben in Wirksamkeit gesetzt werden dürfen. Außerdem wurden, wie schon im Jahre 1810 für Irland, so durch dieses Gesetz auch für England und Schottland Gefängnißinspectoren angestellt, deren Gewalt auf alle Gefängnisse beider Königreiche ausgedehnt wurde, und welche jährlich über die von ihnen untersuchten Gefängnisse einen Bericht unmittelbar an den Minister des Innern zu erstatten haben, der sohin dem Parlamente vorgelegt und durch den Druck veröffentlicht wird. Die Zahl dieser Gefängnißinspectoren wurde für England auf vier, für Schottland auf einen, für Irland auf zwei festgesetzt*). Nachdem durch die Jahresberichte der Gefängnißinspecto-

---

*) Gegenwärtig sind der durch seinen Bericht über die amerikanischen Gefängnisse berühmte Wilhelm Crawford und der ehemalige Director des Gefängnisses Milbank in London, Whittworth Russell, als Gefängnißinspectoren für Mittelengland (for the home district), jeder mit einem Jahresgehalte von 800 Pfund Sterling und den erforderlichen Reisediäten bestellt. Außerdem besteht ein Gefängnißinspector (Herr Perry) für den westlichen und südlichen und ein zweiter (Capitän Williams) für den nördlichen und östlichen Bezirk. Für Schottland ist Friedrich Hill als Gefängnißinspector bestellt. Ihre Jahresberichte, welche unter dem Titel: Reports of the inspectors appointed under the provisions of the act 5 et 6 Will. IV. c. 38 to visit the different prisons of Great Britain, in London veröffentlicht werden, und deren sie bereits acht erstattet haben, enthalten eine reiche Fundgrube der Belehrung für Jeden, der sich über das Gefängniß-

ten eine genaue Kenntniß von dem Zustande aller englischen Gefängnisse gewonnen worden war und Lord John Russell auf den Rath der Inspec= toren durch ein Circular vom 15. August 1837 allen englischen Magi= straten für die neu zu erbauenden Gefängnisse die Annahme des Syste= mes der Vereinzelung empfohlen hatte, ging das im Jahre 1839 über die bessere Einrichtung der Gefängnisse ergangene Gesetz (2 et 8 Victor. cap. 56) noch weiter. Durch dieses am 1. Jänner 1840 in allen Gefäng= nissen Englands in Kraft getretene Gesetz wurde die Einzelhaft für alle Gefangenen für gesetzlich erlaubt erklärt und es wurde die Art der Ein= richtung derselben genau bestimmt. Es wurden mehrere Classen von Gefan= genen, welche unvermischt gehalten werden müssen, festgesetzt, mehrere allgemeine Vorschriften über die Hausordnung ertheilt, die Form der Berichte, welche die Gefängnißvorsteher jährlich an den Minister des Innern zu erstatten haben, bestimmt, und endlich die wichtige Anordnung gemacht, daß kein Gefängniß erweitert, gebaut oder verändert werden darf, ohne daß der Plan dazu vorläufig von dem Minister des Innern genehmi= get worden, und daß keine Zelle zur Einzelhaft benützt werden darf, wenn sie nicht vorläufig von dem Gefängnißinspector, in dessen Bezirke sie liegt, für geeignet erklärt ist. Zugleich wurde die Erbauung einer Anstalt für jugend= liche Verbrecher zu Parkhurst auf der Insel Wight und eines Muster= gefängnisses für erwachsene Sträflinge nach dem Vereinzelungssysteme zu Pentonville bei London angeordnet. Im Jahre 1842 endlich ergingen zwei Gesetze (5 et 6 Victor. cap. 35 und cap. 98) zur Erleichterung der Errichtung von Bezirksgefängnissen, indem die Erfahrung gelehrt hatte, daß die kleinen Gefängnisse in der Regel am schlechtesten verwaltet wurden.

Im Jahre 1843 wurde unter dem Titel: Regulations for pri= sons in England and Wales von der Regierung eine vollständige Samm= lung der von ihr für alle Gefängnisse Englands anempfohlenen Discipli=

---

wesen unterrichten will. Besonders interessant sind der zweite und dritte Jahres= bericht der Inspectoren für Mittelengland, indem dieselben nebst einer sehr aus= führlichen Schilderung der englischen Gefängnisse auch eine vortreffliche Darstel= lung der leitenden Grundsätze für jede Gefängnißreform und eine Kritik der neue= ren Gefängnißsysteme enthalten.

narvorschriften veröffentlicht, welche als der Inbegriff der jetzt in England bestehenden allgemeinen Gefängnißregeln zu betrachten ist und daher eine genauere Auseinandersetzung verdient.

Verwaltung und Beamte. Zur Oberleitung der Gefängnisse müssen bei jeder Vierteljahrssitzung der Friedensrichter zwei oder mehrere Magistratspersonen bestimmt werden, welche das Gefängniß des Bezirkes in dem folgenden Vierteljahre zu besuchen haben und den Titel: visiting justices führen. Sie sollen wenigstens Einmal in jedem Monate eine Sitzung halten und das Gefängniß genau untersuchen; auch sollen sie jeden in der Einzelhaft befindlichen Gefangenen wenigstens einmal im Monate besuchen. Sie können jeden Gefängnißbeamten suspendiren, in allen wichtigeren, nicht zur regelmäßigen Gefängnißverwaltung gehörigen Angelegenheiten Beschlüsse fassen, Sträflinge, welche sich gut benehmen, zur Begnadigung in Vorschlag bringen, die Classification der Sträflinge leiten, widerspänstige Gefangene, hinsichtlich welcher die Gewalt des Gefängnißvorstehers nicht ausreicht, bestrafen lassen u. dergl. Sie müssen bei der nächsten Vierteljahrssitzung der Friedensrichter über den Zustand des Gefängnisses Bericht erstatten. (Art. 1 bis 20.) — Unter ihnen steht die unmittelbare Leitung des Gefängnisses dem Vorsteher desselben, der nach Verschiedenheit der Umstände governor, keeper oder gaoler genannt wird, zu.

Hausordnung und Behandlungsgrundsätze. In den englischen Gefängnissen besteht keine allgemein vorgeschriebene Behandlungsart der Gefangenen, wie dies z. B. in den französischen Central-gefängnissen der Fall ist. Die im Jahre 1843 erschienenen Regulations schreiben nirgends ein bestimmtes Gefängnißsystem vor, auch ist in keiner Parlamentsacte eine solche Bestimmung enthalten. Man findet daher in den englischen Gefängnissen eine sehr große Mannigfaltigkeit in der Behandlung der Gefangenen. In den meisten Gefängnissen besteht noch das alte System des unbeschränkten Zusammenlebens der Gefangenen; in einigen ist das System des Stillschweigens bei gemeinschaftlicher Arbeit, seit der neuesten Zeit in mehreren auch das Vereinzelungssystem eingeführt. Das Gesetz begnügte sich damit, einerseits, die Einzelhaft für erlaubt zu erklären

und die Bedingungen derselben festzusetzen, andererseits aber, eine Classification zu bestimmen, welche in allen Gefängnissen, in welchen nicht
eine genauere Classification oder die Vereinzelung besteht, beobachtet werden muß. Was das Erstere anbelangt, so schreibt die Parlamentsacte
2 et 3 Victor. cap. 56 vom 17. August 1839 im Art. IV. vor, daß
die Zellen, welche für die Einzelhaft dienen sollen, eine solche Größe haben
und so beleuchtet, geheizt und gelüftet sein müssen, wie es die Rücksicht
auf die Gesundheit der Gefangenen erfordert, und daß sie so eingerichtet
sein sollen, daß der Gefangene jederzeit einen Gefängnißaufseher herbeirufen kann, in welchen Hinsichten sie von dem Gefängnißinspector des
Bezirkes, worin sie liegen, für geeignet erklärt sein müssen. Jeder in der
Einzelhaft befindliche Gefangene soll die vom Arzte für nothwendig erklärte
Zeit hindurch Bewegung machen und frische Luft schöpfen können; er soll
Unterricht in der Religion und Moral erhalten und mit passenden Büchern
sowohl, als auch mit Arbeit versehen werden. Die Arbeit darf ihm höchstens einen Monat lang aus Disciplinarrücksichten entzogen werden. Sobald die Bedingungen einer zweckmäßigen Anwendung der Einzelhaft nicht
mehr als vorhanden erscheinen, soll der Minister des Innern berechtigt
sein, die Verwendung eines solchen Gebäudes zur vereinzelten Anhaltung
der Gefangenen zu untersagen. Wenn das Gefängniß nicht für die vereinzelte Haft aller zu gleicher Zeit in demselben befindlichen Gefangenen
geeignet ist, so soll das Gefängnißreglement festsetzen, welche Classen von
Gefangenen der Einzelhaft unterworfen werden sollen. Das Reglement
vom Jahre 1843 bestimmt überdies (im §. 179) daß jeder in der Einzelhaft befindliche Gefangene von dem Gefängnißvorsteher, dem Geistlichen und Arzte täglich, von dem Schullehrer, so oft es der Geistliche der
Anstalt vorschreibt, und von einem untergeordneten Aufseher täglich zur
Verabreichung der Speisen und, so oft es die Ueberwachung der Arbeit
des Gefangenen fordert, besucht werden muß.

Was die Classification der Gefangenen betrifft, so müssen die
Gefangenen jedes Geschlechtes laut Art. V. der oben erwähnten Parlamentsacte vom Jahre 1839 und nach Art. II. des Gesetzes 3 et 4 Victor.
cap. 25 vom 8. Juli 1840 in jedem Gefängnisse wenigstens in fol-

gende Claſſen eingetheilt werden: 1. Schuldgefangene in jenen Gefängniſſen, in welchen ſie nach dem Geſetze angehalten werden dürfen; 2. noch
nicht verurtheilte Gefangene; 3. Sträflinge, welche zu ſchwerer Arbeit
verurtheilt ſind; 4. Sträflinge, welche nicht zu ſchwerer Arbeit verurtheilt
ſind; 5. Perſonen, welche wegen eines Vergehens (misdemeanor) verurtheilt und durch den richterlichen Spruch ausdrücklich in dieſe Claſſe
(Misdemeanants of the first division) verſetzt ſind; 6. alle übrigen
Gefangenen, z. B. Landſtreicher. Die Gefangenen einer jeden unter dieſen
Claſſen ſollen von allen übrigen Claſſen auf das genaueſte abgeſondert
werden. Die Behandlung jeder Claſſe ſoll durch ein eigenes Reglement
beſtimmt werden. Insbeſondere ſetzen die Gefängnißvorſchriften von 1843
in Betreff der Gefangenen der oben aufgeführten fünften Claſſe feſt, daß
dieſelben ihre eigenen Kleider tragen, ihr Geld bei ſich behalten, ſich auf
eigene Koſten erhalten, ihr eigenes Bett haben, mit Büchern und Zeitun-
gen verſehen werden, Beſuche annehmen, und Briefe empfangen und
ſchreiben dürfen, und daß ſie weder zu arbeiten, noch ihr Zimmer zuſammen-
zuräumen brauchen. (Art. 159 — 171.)

Die weiblichen Gefangenen ſollen von den Gefangenen männlichen Geſchlechtes auf das ſtrengſte abgeſondert werden. Ihre Ueberwachung iſt ſchon ſeit dem unter Georg IV. im Jahre 1823 über das
Gefängnißweſen ergangenen Geſetze (4. Geo. IV. c. 64 Art. X) nur
Perſonen ihres Geſchlechtes anzuvertrauen. In größeren Gefängniſſen
ſtehen alle Aufſeherinnen unter einer Oberaufſeherin (matron). Der Gefängnißvorſteher ſelbſt muß, wenn er die weiblichen Gefangenen beſucht,
von der Oberaufſeherin oder einer anderen Aufſeherin begleitet werden.
Dieſe nun ſchon ſeit zwanzig Jahren in England beſtehende und, wie ich
mich ſelbſt überzeugte, in faſt allen Gefängniſſen durchgeführte Maßregel
verdient überall, wo ſie noch nicht eingeführt iſt, nachgeahmt zu werden,
indem dadurch unzählige Uebelſtände vermieden werden und für die Moralität der weiblichen Gefangenen am beſten geſorgt wird.

Sehr lobenswerth iſt auch die in dem Geſetze von 1839 (2 et 3
Victor. c. 56 Art. VI.) enthaltene Anordnung, daß kein Gefangener als Aufſeher oder Schullehrer oder ſonſt in der Disciplin der Anſtalt oder im

Dienste eines Gefängnißbeamten ober zu was immer für einer Unterwei=
sung eines anderen Gefangenen verwendet werden darf. Nur zu Haus=
diensten des Gefängnisses dürfen die Gefangenen mit Bewilligung der
besuchenden Magistratspersonen (visiting justices) verwendet werden.
Diese Bestimmung ist als ein sehr großer Fortschritt gegen die meisten auf
dem europäischen Festlande bestehenden Gefängnißordnungen zu betrach=
ten. Dasselbe Gesetz verbietet auch allen Sträflingen den Genuß von
Wein, Bier oder anderen geistigen Getränken, so wie auch des Tabakes;
eine Anordnung, welche schon in dem Gefängnißgesetze von 1823 enthal=
ten war und im Interesse der Aufrechthaltung der Ordnung unter den
Sträflingen die vollste Billigung verdient.

    Arbeit. Alle Sträflinge, mit Ausnahme der zu der oben
erwähnten fünften Classe gehörigen, sollen zur Arbeit angehalten werden,
sie mögen zu schwerer Arbeit verurtheilt sein oder nicht. Die noch nicht
verurtheilten Gefangenen, die Schuldgefangenen und die zu der erwähn=
ten fünften Classe gehörigen Sträflinge dürfen nur, wenn sie selbst es
wünschen, beschäftiget werden. (Reglement von 1843 Art. 59.) In dieser
Hinsicht lassen die englischen Gefängnisse noch sehr viel zu wünschen übrig
und stehen im Ganzen den Strafanstalten des europäischen Festlandes
bedeutend nach. Nur in wenigen Gefängnissen Englands ist die Arbeit der
Gefangenen auf eine zweckmäßige Weise organisirt. Eine sehr große Anzahl
von Gefangenen wird ohne alle Beschäftigung gelassen und selbst unter
den Beschäftigten wird der größte Theil zu einer sehr unproductiven Arbeit,
in der Tretmühle (treadmill) nämlich, angehalten. Das Tretrad wurde
bisher gewöhnlich als Beschäftigungsmittel für die zu schwerer Arbeit
Verurtheilten angewendet. Die Tretmühle besteht in einer langen, hori=
zontal liegenden Welle, welche ihrer ganzen Länge nach mit Stufen ver=
sehen ist. Die Arbeit der Sträflinge besteht darin, daß so viele, als der
Raum gestattet, gleichzeitig neben einander an diesen Stufen hinaufsteigen,
indem sie sich mit beiden Händen an einen hölzernen Balken festhalten,
und daß sie durch das Gewicht ihrer Körper das Wellrad in eine drehende
Bewegung versetzen. Obschon also der Sträfling beständig steigt, bleibt
er doch immer an der nämlichen Stelle, indem er nur die einzelnen Stu=

fen des Rades unter sich fortschickt. Jeder Sträfling macht ungefähr 50 Schritte in einer Minute. Die Gefangenen werden aber nicht ununterbrochen zur Arbeit auf dem Tretrade angehalten, sondern sie arbeiten immer nur eine Viertelstunde; nach Ablauf dieser Zeit ruhen sie eine Viertelstunde aus, während welcher andere Sträflinge das Rad besteigen. Die nächste Viertelstunde gehen sie wieder an die Arbeit, so daß jede Viertelstunde ein Wechsel der Arbeitenden und Ruhenden Statt hat, wozu die vor der Tretmühle aufgestellten Aufseher nach der an dem Wetterdache über derselben angebrachten Uhr viertelstündig das Zeichen geben. Die Arbeit wird auf diese Weise den ganzen Tag hindurch mit Ausnahme der für das Essen bestimmten Zeit fortgesetzt. Der Arbeitstag begreift im Durchschnitte mit Einrechnung der Ruhezeiten 8 bis 9 Stunden, so daß jeder Sträfling den Tag über auf dem Tretrade ungefähr 10 bis 12,000 Fuß Steigung zurücklegt. Zur Erzielung einer gleichförmigen Bewegung des Tretrades dienen Regulatoren, welche in der Drehung einer verticalen eisernen Achse, an deren oberem Ende zwei schwere eiserne Schwungarme befestigt sind, bestehen. Nur in sehr wenigen Anstalten wird die Tretmühle zu einem nützlichen Zwecke (z. B. zum Mahlen von Korn, zum Wasserpumpen u. dergl.) verwendet; in den meisten dient sie einzig dazu, die Luft zu peitschen und den Sträflingen eine harte Arbeit aufzuerlegen. Es ist dies eine, man kann sagen, unverantwortliche Verschwendung von Menschenkräften, welche zu nützlichen Zwecken verwendet werden könnten, und eben deshalb schon als eine in den Augen der Sträflinge nur als zwecklose Qual erscheinende Strafe verwerflich. Dazu kommt noch, daß diese Arbeit außerordentlich anstrengend und für die Gesundheit sehr nachtheilig ist, und daß sie bei ihrer gränzenlosen Einförmigkeit dem Geiste des Sträflinges gar keine Beschäftigung gibt. Aus diesen Gründen haben sich in neuerer Zeit sehr viele Stimmen gegen diese Beschäftigungsart erhoben; allein die Schwierigkeit, die Gefangenen in England zu beschäftigen, ohne der freien Industrie dadurch Eintrag zu thun, so wie auch die oft nur auf wenige Tage Verurtheilten, welche sehr häufig ohne alle Kenntniß eines Gewerbes in das Gefängniß kommen, zu einer Handwerksarbeit zu verwenden, hat bisher die Abschaffung der Tretmühle verhindert. Doch ist durch das Reglement

von 1843 wenigstens festgesetzt worden, daß kein Weib und kein Knabe
unter vierzehn Jahren auf dem Tretrade beschäftigt werden darf; daß nur
die zu schwerer Arbeit Verurtheilten, und selbst diese nur, nachdem sie
vom Arzte für hinlänglich stark erklärt worden, auf der Tretmühle verwendet werden dürfen, und daß 12,000 Fuß Steigung an Einem Tage
als das Maximum der einem Sträflinge aufzuerlegenden Strafarbeit
betrachtet werden solle. (Art. 61.) *)

Eine andere in den englischen Gefängnissen sehr häufig eingeführte
und ebenfalls nur wenig productive, jedoch sehr harte Arbeit besteht darin,
daß die Gefangenen altes Tauwerk, alte Seile u. dergl. zu einer werg-
artigen Masse (oakum) zerzupfen, welches Material zum Kalfatern der
Schiffe, zur Anfertigung von Matten u. dergl. verwendet wird.

Von 128,190 Gefangenen, welche im Jahre 1841 als Angeschuldigte oder Verurtheilte in die Gefängnisse von England und Wales
kamen, wurden 63,484, worunter 14,903 Weiber, zu schwerer Arbeit
(hard labour), 24,596, worunter 5947 Weiber, zu anderen Beschäftigungen verwendet, 38,659 blieben ganz unbeschäftigt und in Betreff
von 1451 konnte die Art ihrer Beschäftigung nicht erhoben werden. Der
Arbeitsertrag aller Gefangenen belief sich in demselben Jahre nur auf
12,596 Pfund Sterling und 16 Schillinge, wornach auf jeden wirklich
beschäftigten Gefangenen nur ein Arbeitsertrag von nicht einmal vollen
3 Schillingen (d. i. 1 fl. 30 kr. C. M.) entfiel.

An dem Arbeitsertrage erhalten die Sträflinge in England gar
keinen Antheil; der durch ihre Arbeit erzielte Gewinn ist ein Eigenthum
des Staates oder der Corporation, welche die Kosten der Strafanstalt
bestreitet. Eben dies ist der Fall mit dem Arbeitsertrage jener im Zustande
der Anklage befindlichen Gefangenen, welche in der Folge verurtheilt werden. Nur, wenn ein Gefangener für schuldlos erklärt oder von der großen Jury von der Anklage losgezählt worden ist, soll ihm bei seiner Ent-

---

*) Bisher betrug die Steigung an Einem Tage in vielen Gefängnissen 16,000 bis
20,000 Fuß, in manchen sogar 40,000 Fuß. S. den siebenten Jahresbericht der
Gefängnißinspectoren für Mittelengland (for the home district) Seite 160 a
und folgg.

laffung aus dem Gefängniffe für die von ihm etwa verrichtete Arbeit ein Betrag, welchen die befuchenden Magiftratsperfonen nach ihrem Ermeffen feftzufetzen haben, ausbezahlt werden. (2 et 3 Victor. c. 56 Art. VIII. und Reglement von 1843 Art. 60.)

In jedem Gefängniffe foll allen Gefangenen Unterricht im Lefen und Schreiben ertheilt werden; bei jedem größeren Gefängniffe follen daher wenigftens ein Schullehrer und eine Lehrerin angeftellt werden. (4 Geo. IV. c. 64 Art. X. und Reglement von 1843 Art. 63 und 134.)

Für den Religionsunterricht und die Abhaltung des Gottes= dienftes follen bei jedem Gefängniffe ein oder zwei Geiftliche angeftellt werden, deren Pflicht nebft dem regelmäßigen Gottesdienfte und Religions= unterrichte es vorzüglich ift, auf die Gefangenen beffernd einzuwirken und deshalb fo viel als möglich perfönlich mit ihnen zu verkehren, um ihre Charaktere kennen zu lernen und ihr Vertrauen zu gewinnen. Der Geift= liche foll die Kranken und in der Einzelhaft Befindlichen täglich befuchen, den jugendlichen Verbrechern eine vorzügliche Aufmerkfamkeit widmen, den Schulunterricht überwachen, die Vertheilung von Büchern unter den Gefangenen leiten und über den moralifchen und intellectuellen Zuftand derfelben jährlich einen Bericht an die zu Michaelis Statt findende Vier= teljahrsfitzung der Friedensrichter erftatten. (Reglement von 1843 Art. 117 bis 132.)

Die Disciplinarftrafen für Uebertretung der Gefängnißvor= fchriften beftehen in Befchränkung der Nahrung, einfamer Einfperrung in eine lichte oder dunkle Zelle, Anlegung von Handfchellen oder anderen Eifen oder in körperlicher Züchtigung; doch darf letztere nur gegen Sträflinge, die wegen einer Felony oder zu fchwerer Arbeit verurtheilt find, angewen= det werden. Der Gefängnißvorfteher darf die einfame Haft bei Waffer und Brod höchftens auf drei Tage und die Anlegung von Eifen höchftens auf 24 Stunden für fich allein verhängen. Reichen diefe Strafen nicht zu, fo müffen die fchärferen Strafen von einer befuchenden Magiftrats= perfon verhängt werden, doch darf felbft diefe die Einzelhaft bei Waffer und Brod nicht auf länger als einen Monat anordnen. (Art. 15, 16, 72 bis 74.)

Die noch nicht verurtheilten Gefangenen dürfen nicht nur zu jeder Zeit von ihrem Vertheidiger besucht werden, sondern auch in der Regel zu jeder Zeit Besuche von ihren Verwandten und Freunden erhalten, und Briefe schreiben und empfangen. Die gefangenen Sträflinge hingegen dürfen nur alle drei Monate einmal von ihren Verwandten und Freunden besucht werden, und auch nur jedes Vierteljahr Einen Brief absenden oder erhalten. (Art. 79 bis 87.)

Was die physischen Bedürfnisse der Gefangenen betrifft, so ist im Allgemeinen in den englischen Gefängnissen für dieselben, für Nahrung, Kleidung und Bettung, sehr gut gesorgt, ja fast überall dergestalt, daß mancher Landbauer in dieser Hinsicht minder günstig gestellt ist, als die Sträflinge dieser Anstalten. Die meisten Gefangenen erhalten zwei- bis viermal in der Woche Fleisch, was großentheils daher rührt, daß das englische Volk überhaupt an eine bessere und kräftigere Nahrung, als die Bewohner des europäischen Festlandes gewohnt ist. Für die Kranken der Anstalt besteht ein eigener Arzt, welcher wenigstens zweimal in jeder Woche jeden Gefangenen besuchen muß. Die Kranken sowohl, als die in der Einzelhaft Befindlichen soll er täglich besuchen. Ihm liegt es insbesondere ob, sein Augenmerk auf den Einfluß, den das Gefängnißsystem auf die körperliche und geistige Gesundheit der Gefangenen äußert, zu richten und, sobald er eine schädliche Einwirkung desselben bemerkt, dem Gefängnißvorsteher und dem Geistlichen der Anstalt davon Nachricht zu geben. (Art. 136 bis 158.)

Dies ist der wesentlichste Inhalt der gegenwärtig bestehenden gesetzlichen Vorschriften über die Verwaltung und Einrichtung der englischen Gefängnisse. Leider werden in der Praxis gar manche dieser Anordnungen nur unvollkommen oder gar nicht befolgt. Die für den Bedarf der jetzigen Zeit sehr oft unzureichenden Raumverhältnisse vieler Flecken- und Grafschaftsgefängnisse bringen es mit sich, daß selbst die in dem Gesetze von 1839 vorgeschriebene, ohnehin nur höchst allgemeine Classification keineswegs überall ausgeführt wird. In vielen Gefängnissen sind die Angeklagten von den Sträflingen nicht abgesondert; noch weniger ist für eine Absonderung der jugendlichen Gefangenen von den Erwachsenen gesorgt; eine Vermischung, welche nothwendig die verderblichsten Folgen nach sich zieht. In manchen Gefängnissen findet nicht einmal eine vollständige Absonderung der weiblichen Gefangenen von den männlichen Statt, was zu großen Nachtheilen in Beziehung auf die Sittlichkeit derselben Veranlassung gibt. In einigen Gefängnissen sind auch trotz der ausdrücklichen Anordnung des Gesetzes die weiblichen Gefangenen nicht unter der Obsorge von Personen ihres Geschlechtes, sondern von männlichen Aufsehern. Die Ueberfüllung, welche besonders vor den vierteljährigen Sitzungen der Friedensrichter in vielen Gefängnissen Statt findet, macht es bei den oft sehr beschränkten Räumen und dem schlechten Bauzustande vieler solcher Anstalten unmöglich, die für die öffentliche Sicherheit eben so, wie für die Sittlichkeit der Einzelnen unentbehrliche Verhinderung des Verkehres unter den Gefangenen zu bewerkstelligen. Der Umstand, daß sehr viele Gefängnisse nur auf 20 bis 30 Gefangene berechnet und daher auch nicht hinlänglich geschickten und verläßlichen Aufsehern anvertraut sind, trägt hiezu sehr viel bei und die Gefängnißinspectoren lassen deshalb nicht nach, in ihren Berichten die Verderblichkeit und den schlechten Zustand der kleinen Gefängnisse zu schildern und darauf zu bringen, daß an deren Stelle größere Bezirksgefängnisse gesetzt werden. Sehr viele Gefängnisse stammen aus alten Zeiten her und sind somit sehr unzweckmäßig gebaut, feucht, kalt, ohne hinlängliche Fürsorge für Heizung, meistens ohne alle Anstalt für eine hinreichende Lüftung der Zellen. Es ist daher natürlich, daß in mehreren solchen Anstalten der Gesundheitszustand der Gefangenen höchst betrübend ist. So erklären z. B. die Gefängnißinspectoren in ihrem siebenten Jahresberichte für Mittelengland (Seite 71), daß in dem Gefängnisse zu Springfield in der Grafschaft Essex, dessen mittlere Bevölkerung sich auf 170 bis 180 Köpfe beläuft, kaum Ein Sträfling, welcher über drei Monate darin zubringen mußte, vom Scorbut verschont blieb, wovon die Ursache hauptsächlich in der kalten und verpesteten Luft der engen, schlecht geheizten und gelüfteten Gefängnißräume und in der schlechten Kost der Gefangenen, verbunden mit der anstrengenden Arbeit auf der Tretmühle, zu suchen ist. Nicht viel besser lauten die Berichte der Gefängnißinspectoren über die Grafschaftsgefängnisse zu Bedford, Aylesbury (in der Grafschaft Buckingham) u. a. Ein Umstand, welcher in moralischer Hinsicht als besonders verderblich betrachtet werden muß, liegt in dem gänzlichen Mangel an Beschäftigung selbst der Sträflinge in mehreren kleinen Gefängnissen Englands, wozu die Kürze der Zeit, auf welche die Gefangenen verurtheilt sind, allerdings wesentlich beiträgt. Es ist klar, daß das unbeschränkte Zusammenleben von gänzlich unbeschäftigten Sträflingen die traurigsten Folgen für ihre Sittlichkeit nach sich ziehen muß, und man begreift es, daß die Gefängnißinspectoren gegen diesen leider in England ziemlich häufigen Uebelstand auf das Lebhafteste eifern, indem dadurch der Strafe ihr eigentlicher Charakter benommen wird.

Unter den 220 Gefängnissen von England und Wales befinden sich nur 21 mit einer mittleren Bevölkerung von mehr als 200 Köpfen und darunter nur 6 Gefängnisse, welche beständig 500 Gefangene oder darüber enthalten*). In den kleinen Gefängnissen beträgt die jährliche Besoldung des Gefängnißvorstehers oft nur 20 bis 25 Pfund Sterling, während sie in den größeren Gefängnissen sich in der Regel auf 400 bis 600 Pfund, ja in dem Zuchthause Coldbathfields in London sogar auf 800 Pfund Sterling beläuft. Es ist daher hieraus schon begreiflich, wie groß die Verschiedenheit der Behandlung der Gefangenen in den verschiedenen Gefängnissen Englands sein muß. Noch viel deutlicher zeigt sich dies bei Betrachtung der großen Verschiedenheit in den Kosten der Erhaltung der Gefangenen. In manchen Gefängnissen wird die Nahrung, Kleidung und Bettung eines jeden Gefangenen für ein Jahr mit 4 Pfund Sterling, in anderen mit 12 bis 14 Pfund bestritten. In den Gefängnissen London's sogar finden in dieser Hinsicht so bedeutende Abweichungen Statt, daß die jährlichen Auslagen für Nahrung, Kleidung und Bettung eines Gefangenen in einigen Anstalten (z. B. Clerkenwell County-gaol, Westminster Bridewell und Coldbathfields house of correction) nur 5 1/2 bis 7 Pfund Sterling, in anderen hingegen (z. B.

---

*) Diese 6 Gefängnisse sind das zu Coldbathfields (1000 bis 1100 Köpfe), Milbank (850) und Pentonville (500) in London, zu Wakefield (600 bis 800 Köpfe) in Yorkshire, zu Liverpool (500 bis 600) und zu Salford (600 bis 700 Köpfe) in Lancaster.

in dem Milbankgefängnisse und in dem Correctionshause der City in Giltspurstraße) 10 Pfund betragen.

Es wurde schon oben erwähnt, daß auch in Betreff der Behandlungsart der Gefangenen durchaus keine Gleichförmigkeit in England zu finden ist. Erst in der neuesten Zeit ist auch in dieser Hinsicht ein großer Fortschritt geschehen. Seit dem Gesetze von 1839, nach welchem jeder Plan eines neu zu erbauenden Gefängnisses oder einer bedeutenderen Veränderung in einem schon bestehenden Gefängnisse vor seiner Ausführung dem Minister des Innern zur Genehmigung vorgelegt werden muß, hat die Regierung diese ihr eingeräumte Gewalt vorzüglich dazu angewendet, um dem von ihr für das beste erkannten Gefängnißsysteme, der Einzelhaft, Eingang und Verbreitung zu verschaffen. Seit fünf Jahren ist in England kein Gefängniß nach einem anderen Plane als dem der Vereinzelung gebaut und es sind nach keinem anderen Plane Aenderungen in den schon bestehenden Gefängnissen vorgenommen worden. Es wurden mehrere bedeutende neue Gefängnisse für die Anwendung dieses Systemes erbaut, nämlich das Mustergefängniß zu Pentonville mit 520 Zellen, das Grafschaftsgefängniß zu Bath mit 120 Zellen, das Gefängniß zu Usk in Wales mit 250 Zellen und die Gefängnisse zu Peterborough und Scarborough auf 50 und 20 Zellen. Außerdem sind einige Gefängnisse nach diesem Plane im Baue begriffen und der Vollendung nahe, nämlich das Gefängniß zu Wakefield bei York auf 700 Zellen, welches an die Stelle der jetzigen, nach dem Systeme des Stillschweigens bei gemeinschaftlicher Arbeit eingerichteten Anstalt tritt, und die Gefängnisse zu Reading, Stafford und Northampton, jedes auf 300 Zellen, und zu Hereford auf 100 Zellen. Mehrere andere Gefängnisse sind nach diesem Plane zu bauen projectirt und sollen demnächst in Angriff genommen werden, darunter insbesondere ein großes Gefängniß zu Liverpool auf 1100 Zellen, wovon ich die nach dem Muster des Pentonville-Gefängnisses entworfenen und vom Minister des Innern bereits genehmigten Pläne bei dem Major Jebb einzusehen Gelegenheit hatte, ein Gefängniß zu Leeds auf 300 und eines zu Leicester auf 200 Zellen. Ueberdies sind mehrere bereits bestehende Gefängnisse für die Durchführung der Einzelhaft um-

7

geändert worden, nämlich die Gefängnisse zu Bristol (auf 180 Köpfe), zu Durham (mit 200 Zellen), zu Knutsford (auf 350 Köpfe), zu Preston (auf 300 Gefangene) und zu Worcester (auf 250 Köpfe), dann die kleineren Gefängnisse zu Falmouth, Morpeth, Shepton-Mallet, Shrewsbury, Swansea, Taunton und Walsingham. Bei der großen Thätigkeit, welche fast alle Grafschaften Englands in Beziehung auf das Gefängniß- wesen entfalten, ist zu erwarten, daß binnen wenig Jahren schon das System der Einzelhaft in England als das herrschende zu betrachten sein wird, um so mehr, da durch die kurzen Strafzeiten, welche in den englischen Gefängnissen die Regel bilden, die gewichtigsten Einwen- dungen, welche man gegen dieses System erheben kann, gänzlich besei- tiget werden.

Statistisches über die englischen Gefängnisse überhaupt.

Die Zahl der am 30. September 1840 in allen englischen Ge- fängnissen befindlich gewesenen Gefangenen belief sich auf 9645 Männer und 2568 Weiber in einem Alter von 17 Jahren und darüber, und auf 1469 Knaben und 236 Mädchen unter 17 Jahren, zusammen also auf 11,114 Gefangene männlichen und 2804 weiblichen Geschlechtes, somit im Ganzen auf 13,918 Köpfe. Darunter waren 2309, nämlich 1843 Männer, (wovon 188 unter 17 Jahren,) und 466 Weiber, (und zwar 40 unter 17 Jahren,) im Zustande der Anklage, um vor die nächsten Assisen oder Vierteljahrssitzungen der Friedensrichter (Quarter sessions) gestellt zu werden. Die Gesammtsumme der in dem Jahre vom 30. Sep- tember 1840 bis 30. September 1841 in allen Gefängnissen von Eng- land und Wales wegen Verbrechen, Vergehen oder Polizeiübertretungen verhaftet Gewesenen belief sich auf 99,383 Männer, (darunter 12,726 in einem Alter unter 17 Jahren,) und 28,807 Weiber, (wovon 2277 weniger als 17 Jahre alt waren,) zusammen also auf 128,190 Köpfe. Außerdem befanden sich im Laufe dieses Jahres 14,736 Schulden halber Gefangene in diesen Anstalten. Die Zahl der Rückfälle ist in den Be- richten der englischen Gefängnißinspectoren immer viel geringer angegeben, als sie in Wahrheit ist, weil in jedem Gefängnisse nur diejenigen, welche

ihre Rückfälligkeit selbst gestehen oder als ehemalige Bewohner dieser Anstalt erkannt werden, als Rückfällige gezählt werden und jedes genauere
Eingehen in eine Untersuchung des früheren Lebenswandels der Gefangenen vermieden wird. Dessenungeachtet ist die Zahl der Rückfälligen,
welche in den Berichten der Gefängnißinspectoren erscheint, sehr bedeutend;
sie beträgt für das Jahr vom 30. September 1840 bis dahin 1841
32,827 Köpfe, d. i. 25.6% aller in diesem Jahre wegen Verbrechen
oder Vergehen oder Polizeiübertretungen in den Gefängnissen Angehaltenen.
Bemerkenswerth ist es, daß sich diese Verhältnißzahl für die erwachsenen
Männer auf 23.7%, für die erwachsenen Weiber hingegen auf 33%,
für die Knaben unter 17 Jahren auf 25% und für die Mädchen unter
17 Jahren auf 20% stellt, daß also die Rückfälle unter den Weibern,
wenn sie einmal eine verbrecherische Laufbahn eingeschlagen haben, häufiger als unter den Männern sind.

Sehr wohlthätig ist die Kürze des englischen Strafverfahrens. Unter
24,793 Gefangenen, welche im Jahre 1841 in England und Wales
vor die Assisen oder Quartalsitzungen gestellt wurden, waren 8600 (34.7%,
also mehr als ein Drittheil) weniger als 14 Tage, 6175 (25%) weniger als einen Monat, 6286 (25.3%) weniger als 2 Monate, 2821
(11.4%) weniger als 3 Monate, 791 (3.1%) weniger als 6 Monate und nur 120 (d. i. $^1/_2$%) 6 Monate und darüber, jedoch weniger als ein Jahr, kein Einziger aber ein Jahr lang verhaftet.

Die Gefängnißstrafe wird auch in der Regel nur auf kurze Zeit
verhängt; dies aber ist ein wahrer Uebelstand, weil die allzu kurzen Gefängnißstrafen auf die Sträflinge zu wenig Eindruck machen und es dabei fast unmöglich ist, bessernd, und zwar mit Erfolg, auf sie einzuwirken.
Unter den im Jahre 1841 in den englischen Gefängnissen befindlich gewesenen 15,350 wegen Verbrechen oder Vergehen (felony and misdemeanor) Verurtheilten waren 1841 auf weniger als 1 Monat, 4265
auf weniger als 3 Monate, 4262 auf weniger als 6 Monate, 3365
auf weniger als ein Jahr, 1388 auf weniger als 2 Jahre, nur
219 auf 2 Jahre oder darüber, jedoch unter 3 Jahren, und nur 9
auf 3 Jahre oder darüber und Einer auf unbestimmte Zeit verur-

7*

theilt. Eben so befanden sich unter den in Folge summarischer Verur=
theilung in den Gefängnissen angehaltenen 64,732 Personen 29,499
auf weniger als 1 Monat, 21,111 auf weniger als 2 Monate, 6953
auf weniger als 3 Monate, 6103 auf weniger als 6 Monate, 713
auf weniger als 1 Jahr, 128 auf 1 Jahr und darüber, aber weniger als
2 Jahre, 1 auf 2 Jahre und 224 auf unbestimmte Zeit Verurtheilte.·

Was den Bildungszustand dieser Gefangenen betrifft, so zeigen die
Tabellen des Jahres 1841, daß von 27,618 theils im Laufe dieses Jahres
vor die Assisen oder Vierteljahrssitzungen gestellten, theils am Schlusse
des Jahres noch in der Untersuchungshaft verbliebenen Gefangenen 9517
(d. i. 34.4%) weder lesen, noch schreiben, 6346 (d. i. 23%) nur
lesen, 9169 (d. i. 33.3%) nur unvollkommen lesen oder schreiben, oder
lesen und schreiben, und nur 2578 (d. i. 9.3%) gut lesen und schrei=
ben konnten. Besonders gering war der Bildungszustand unter den Wei=
bern und unter den jugendlichen Verbrechern; bei ersteren stellten sich die
vorstehenden Verhältnißzahlen auf 37.5, 32.5, 25 und 5%, bei den
letzteren aber auf 41, 26, 26 und 5%. Noch betrübender ist das Bild,
welches eben diese Tabellen von dem Bildungszustande der summarisch
Verurtheilten entwerfen. Unter 64,804 solchen Gefangenen konnten
26,374 (d. i. 40.7%) weder lesen, noch schreiben, 13,377 (d. i. 20.5)
bloß lesen, 21,344 (d. i. 33%) nur unvollkommen lesen oder schrei=
ben, oder beides, 2617 (d. i. nur 4%) lesen und schreiben, und bei
1092 (d. i. 1.8%) waren keine verläßlichen Ausweise hierüber vor=
handen. Auch hier stellt sich der Mangel an Bildung unter den weiblichen
und jugendlichen Sträflingen besonders auffallend dar, indem die eben
angeführten Verhältnißzahlen sich für die Weiber auf 47, 26.7, 24.5,
1.3 und 0.5%, für die jugendlichen Gefangenen aber auf 51.5, 23.2,
23, 1.8 und 0.5% berechnen.

Die Ausgaben für sämmtliche Gefängnisse Englands beliefen sich im
Jahre 1841 auf 385,245 Pfund Sterling, wovon 96,765 Pfund
auf die Kost, 17,316 Pfund auf die Kleidung der Gefangenen, 14,453
Pfund auf die Heizung, 138,954 Pfund auf die Besoldungen der
Beamten und Diener und 50,770 Pfund auf Reparaturen, Aenderungen

und Erweiterungen der Gefängnißgebäude kamen. Werden davon die Ein=
nahmen der Gefängnisse mit 41,431 Pfund, worunter 12,597 Pfund
als Arbeitsertrag, abgezogen, so ergibt sich als reiner Kostenbetrag für
alle englischen Gefängnisse die Summe von 343,813 Pfund (d. i. bei=
läufig 3,400,000 fl. C. M.), wornach sich bei Annahme einer mittleren
Bevölkerung von 15,000 Köpfen ein Kostenbetrag von etwa 23 Pfund
(230 fl. C. M.) für Einen Gefangenen während Eines Jahres darstellt,
ein Betrag, welcher selbst mit Rücksicht auf das theuere Leben in England
überhaupt sehr hoch genannt werden muß.

Schilderung einzelner englischer Gefängnisse.

I. Das Mustergefängniß zu Pentonville bei London.

Dieses Gefängniß ist etwa eine halbe englische Meile nördlich von
London auf einer kleinen Anhöhe gelegen, von keinen Häusern umgeben,
an einer gesunden Stelle, ziemlich fern von dem Rauche und den üblen
Gerüchen der verschiedenen Gewerbe und Fabriken der großen Stadt. Es
ist nach dem Strahlenplane gebaut, so daß die verschiedenen Theile, aus
welchen es besteht, von einem gemeinschaftlichen Mittelpuncte strahlen=
förmig auslaufen, wodurch natürlich der Vortheil erzielt wird, daß man
von diesem Centrum aus eine allgemeine Ueberficht des Gebäudes und
einen leichten Zugang zu allen Theilen der Anstalt nach jeder Richtung
hin erlangen kann. Diesen Mittelpunct bildet die Centralhalle (s. Tafel I.),
um welche herum die vier gleichen Flügel A, B, C und D und das Ein=
gangsgebäude angeordnet sind. Die Centralhalle sowohl, als auch die
Gänge, welche von ihr strahlenförmig auslaufen und die vier Flügel A,
B, C und D der Länge nach in der Mitte durchschneiden, sind vom Fuß=
boden des Erdgeschosses bis zum Dache durch drei Geschosse offen und wer=
den sowohl durch die am Ende jedes Ganges befindlichen hohen Fenster, als
auch durch das von oben in der Deckenwölbung einfallende Licht beleuchtet.
Da zu beiden Seiten jedes dieser Gänge die Zellen der Gefangenen ange=
bracht sind, so daß sich ihre Thüren auf diesen Gang und zwar im ersten
und zweiten Stockwerke auf offene, der ganzen Länge jedes Ganges nach

hinlaufende, eiserne Gallerien öffnen, so kann man von Einem Puncte der Centralhalle aus sämmtliche Zellenthüren des ganzen Gefängnisses übersehen. Die ganze Anstalt ist von einer Mauer umschlossen, in welche an den Ecken die Häuschen, die den Gefängnißaufsehern zur Wohnung dienen, eingefügt sind. Die zwischen den Flügeln freibleibenden Räume innerhalb dieser Mauer sind zur Anlage der Einzelspazierhöfe bestimmt. Auch befinden sich in diesem Hofraume der 370 Schuh tiefe artesische Brunnen, welcher durch den Londoner Lehm in die Kalklage gebohrt wurde und vortreffliches Wasser liefert, und das Pumpwerk, welches dazu dient, das Wasser dieses Brunnens in alle Theile des Gebäudes zu vertheilen. Außerhalb der allgemeinen Umfassungsmauer befinden sich zwei Gebäude, deren eines das Wohnhaus des Vorstehers, das andere das Wohnhaus des Kaplanes der Anstalt ist, und welche mit dem Eingangsgebäude und dem äußeren Thore des Gefängnisses einen abgeschlossenen Hof bilden.

Die Umfassungsmauer ist 18 Schuh hoch, auf beiden Seiten ganz glatt und an allen Stellen, wo Ecken sein sollten, abgerundet, um das Hinaufklimmen zu verhindern. Sie hat nach Außen ein einziges Thor, welches dem Haupteingange des eigentlichen Gefängnißgebäudes gerade gegenüber liegt und von der Straße (Holloway-road) in den abgeschlossenen Hofraum zwischen dem Gefängnisse und den Gebäuden für den Vorsteher und Kaplan der Anstalt führt. Diese beiden Wohnhäuser haben ihre besonderen Ausgänge nach Außen, damit die häuslichen Verrichtungen ihrer Bewohner mit der Gefängnißdisciplin nicht zu collidiren brauchen. Nach Innen haben sie keinen Ausgang in das eigentliche Gefängniß, sondern nur in den verschlossenen Hofraum vor demselben. An den sechs Ecken der Umfassungsmauer befinden sich die einstöckigen Häuschen mit den Wohnungen für die Aufseher der Anstalt, welche gar keinen Ausgang nach Außen haben. Aus der Tafel I. ist ersichtlich, daß das Thor des Eingangsgebäudes in den geschlossenen Hofraum zwischen den Wohnhäusern des Vorstehers und Kaplanes geht, wodurch der Vortheil erzielt wird, daß die Aufnahme und Entfernung von Gefangenen geheimer erfolgen und daher größere Sicherheit erreicht werden kann. In diesem Hofe befinden sich zwei Gitterthore, durch welche Speise- oder Arbeitsvorräthe, Kohlen und dergl. in die Küche oder in die Magazine gebracht werden können, ohne daß die eigentlichen Gefängnißlocalitäten dadurch beunruhigt werden.

Das Eingangsgebäude. Wenn man bei dem Hauptthore in das Eingangsgebäude eintritt, so gelangt man in einen breiten Gang, der bis zur Centralhalle fortläuft, und zu deffen beiden Seiten sich die Aemter des Verwaltungsrathes, des Vorstehers, Untervorstehers, Secretärs, Kaplanes und Arztes und die zur Kapelle, zum Kellergeschoffe und zur Krankenabtheilung führenden Stiegen befinden. Das Zimmer des Vorstehers sowohl, als jenes des Verwaltungsrathes hat ein Fenster, welches in die Centralhalle vorspringt und somit eine Ueberficht des ganzen Inneren des Gefängniffes gewährt. Das Kellergeschoß diefes Gebäudes enthält das Aufnahmszimmer, zwei Badekammern, zehn Aufnahmszellen, das Zimmer, worin die Aufgenommenen ärztlich unterfucht werden, eine Räucherungskammer zur gänzlichen Reinigung der Kleider der neu angekommenen Sträflinge, das Speifezimmer der Oberaufseher und das Zimmer des Hausverwefers. Ein Theil des erften und zweiten Stockwerkes diefes Gebäudes dient als Kapelle, der andere Theil aber ift zu Kranken- und Reconvalescenten-Zimmern verwendet und von dem übrigen Gefängniffe durch eine Mauer gänzlich getrennt, weshalb eine eigene Stiege von diefer Abtheilung in den unteren Gang führt.

Die Centralhalle ift, wie schon erwähnt wurde, vom Fußboden des Erdgeschoffes bis zum Dache offen und bildet den Mittelpunct des ganzen Gefängniffes. Eiserne Gallerien, Fortfetzungen derjenigen, auf welche alle Zellen fich öffnen, laufen in der Höhe des erften und zweiten Stockwerkes rund um die Centralhalle herum und gewähren den Zugang zur Kapelle und zu allen Flügeln, so wie fie auch durch eine eiferne Wendeltreppe mit dem Erdgeschoffe in unmittelbarer Verbindung ftehen. Im Kellergeschoffe unter der Centralhalle befinden fich nur eine Halle, von welcher aus die Speifen durch zwei im Fußboden der Centralhalle angebrachte Fallthüren in das eigentliche Gefängniß geschafft werden, und ein Gang, von dem aus man zu den einzelnen Flügeln gelangt, und welcher durch Thüren mit dem eingeschloffenen Hofraume zu beiden Seiten des Eingangsgebäudes in Verbindung fteht, so, daß alle Vorräthe, ohne das eigentliche Gefängniß zu beunruhigen, auf diesem Wege zur Küche und in die Vorrathskammern geschafft werden können.

Die Gefängnißflügel gehen strahlenförmig von der Central-halle aus; ein vom Fußboden des Erdgeschosses bis zum Dache offener, 16 Schuh breiter Gang läuft der Länge nach mitten durch jeden Flügel und die Zellen der Gefangenen, welche (das Erdgeschoß mitgerechnet) in drei Stockwerken vertheilt sind, öffnen sich auf diesen Gang. Die unterste Zellenreihe ist in Einem Niveau mit dem Fußboden dieses Ganges und der Centralhalle; die Zellen des ersten und zweiten Stockwerkes aber öff-nen sich auf gußeiserne, 2 Fuß 8 Zoll breite Gallerien, welche in die Wand eingefügt sind und in der Centralhalle fortlaufen, so daß man in jedem Stockwerke auf der Gallerie im ganzen Gefängnisse ringsherum gehen kann. Ungefähr in der Mitte jedes Flügels sind die beiden Galle-rien in jedem Stockwerke durch eine Brücke mit einander und durch eine gleichfalls eiserne Stiege mit den übrigen Stockwerken verbunden. Die Zahl der Zellen in den vier Flügeln beläuft sich auf 502, wozu noch die 10 Aufnahmszellen im Eingangsgebäude und die 12 Strafzellen im Kel-lergeschosse des Gefängnißflügels D kommen. Im Kellergeschosse befindet sich in der Mitte jedes Flügels der für denselben bestimmte Heiz- und Ventilationsapparat mit der zugehörigen Kohlenkammer. Außerdem enthal-ten zwei Flügel blos einige Localitäten für Vorräthe und ein Paar Zim-mer für Aufseher. Nur in zwei Flügeln ist das Kellergeschoß vollständig ausgebaut. Der eine enthält darin nebst dem Heiz- und Ventilations-apparate die Küche und Scheuerkammer, das Kohlenmagazin und Vor-rathskammern für verschiedene, im Gefängnisse betriebene Gewerbszweige, 8 Badekammern und einige Einzelzellen für gewisse besonders lärmende Beschäftigungen (z. B. Schlosserei). Der andere Flügel enthält im Keller-geschosse nebst dem Heizapparate Vorrathskammern sowohl für die Mate-rialien zum Behufe der im Gefängnisse betriebenen Gewerbe, als auch für die in der Anstalt erzeugten Gegenstände, und an seinem äußersten Ende 12 Strafzellen, welche durch eine Stiege mit dem Erdgeschosse des Gefängnisses in Verbindung gesetzt sind. Das Kellergeschoß ist zur Erzie-lung größerer Trockenheit mit einem versenkten Hofe umgeben, welcher zugleich mittelst Thüren aus dem unter der Centralhalle befindlichen Gange des Kellergeschosses eine Communication rund um die Centralhalle und das Eingangsgebäude herstellt.

Zellen. Jede Zelle ist 13 Schuh lang, 7 Schuh breit und in der Mitte der gewölbten Decke 9 Schuh hoch, enthält somit bei 815 Kubikfuß. Die Mauern zwischen je zwei Zellen sind 18 Zoll dick, von möglichst gut an einander gefügten Ziegeln gebaut. Eben dies ist die Dicke der Zellenmauern gegen den inneren Gang zu; die äußeren Mauern dagegen sind 1 Fuß 10½ Zoll dick. Sowohl in diese äußere Mauer, als auch in die innere gegen den Corridor zu sind Ventilationskanäle eingefügt, welche im horizontalen Durchschnitte 12 Zoll lang und 5 Zoll breit sind. Das Deckengewölbe von Ziegeln ist 4½ Zoll dick; darüber befindet sich eine Schichte Schutt, deren Dicke in der Mitte des Deckengewölbes 7½ Zoll beträgt, und welche oben mit einer Lage Asphalt bedeckt ist, die den Fußboden der im oberen Stockwerke befindlichen Zelle bildet. Die am Fußboden in der Fensterwand und an der Decke in der Thürwand angebrachten Ventilationsöffnungen, welche mit einem Drahtgitter verschlossen sind, haben 6 Zoll Höhe auf eine Breite von 3 Fuß. Das Fenster befindet sich in einer Höhe von 6½ Fuß über dem Fußboden und ist 3½ Schuh breit und 18 Zoll hoch. Die gußeisernen Fensterrahmen sind in den Fensterstein eingelassen und gar nicht zu öffnen. Das Fensterglas ist gerieft, so daß man durch dasselbe keinen Gegenstand deutlich erkennen kann. Von Außen sind zur Sicherheit zwei starke Eisenstangen nach der Breite des Fensters angebracht, welche also die Fensteröffnung in drei Theile, jeden ungefähr 5 Zoll hoch, theilen.

Die Zellen sind nur mit Einer Thür verschlossen, welche von 2½ Zoll dickem Tannenholz, auf beiden Seiten gut eingefugt und von Innen mit starken Eisenplatten bedeckt ist. Der Thürrahmen ist von Eichenholz. Die Thür ist mit einem kleinen, aber starken Federschlosse versehen, woran sich eine Hemmung befindet, die das Zuklappen während des Aufenthaltes eines Aufsehers in der Zelle verhindert. Im Innern der Zelle hat die Thür gar kein Schlüsselloch. Wenn also ein Aufseher in eine Zelle geht, so kann die Thür nicht geschlossen, sondern nur zugelehnt werden,

weil die am Schloffe angebrachte Hemmung das Einfallen deßselben verhindert. Es kann daher kein Sträfling einen Aufseher zu sich einsperren.
Erst durch einen Druck an der Schnalle nach aufwärts wird die Schnal-
lenzunge von der Hemmung frei und der Aufseher braucht, wenn er die
Zelle verläßt, nur die Schnalle etwas in die Höhe zu drücken und dann
die Thür hinter sich zuzuwerfen, um sie vollkommen zu schließen. Zur Nachtzeit wird der Schlüssel noch einmal mehr umgedreht, wodurch die Schnal-
lenzunge verlängert in das Schloß einpaßt. In jeder Thür befinden sich
zwei Oeffnungen. Die eine ist schief gebohrt, so, daß sie sich von der
Außenseite der Thür gegen das Innere der Zelle zu erweitert. Diese Oeffnung dient zur unbemerkbaren Beaufsichtigung der Sträflinge. Sie ist
von Innen mit einem starken Eisendrahtgitter besetzt, nach Außen aber
mit einem Glase bedeckt, das zur Reinigung auch herausgenommen werden kann, und vor welchem sich ein runder Metallschieber befindet, der sich
ohne Geräusch hin und her bewegen läßt. Unter dieser Aufsichtsöffnung
befindet sich eine kleine, 6 Zoll hohe und 9 Zoll breite Fallthür, welche
dazu dient, daß durch dieselbe die Speisen dem Gefangenen gereicht werden können, ohne daß man die Zellenthür zu öffnen braucht. Diese Fallthür ist so eingerichtet, daß sie beim Herabfallen ein Standbret bildet, und
sie ist mit einem Federschloße, welches beim Zuwerfen von selbst einklappt,
und mit Federn versehen, welche bewirken, daß dieses Thürchen, sobald
das Federschloß geöffnet ist, von selbst herabfällt.

Jede Zelle ist mit einem geruchlosen Abtritte und mit einem Wasserbecken versehen. Es wird nämlich mittelst einer Pumpe, die den ganzen
Tag über von je 16 Sträflingen in Bewegung gesetzt wird, das Wasser
aus dem artesischen Brunnen der Anstalt in Wasserbecken, welche sich im
Dachraume der einzelnen Gefängnißflügel befinden, hinaufgetrieben, von
wo es durch Röhren in die unter den eisernen Gallerien angebrachten
und der ganzen Länge derselben nach fortlaufenden Wassertröge fließt.
Von diesen aus wird jede einzelne Zelle mit Wasser versehen; jedoch sind
in diesen Wassertrögen Abtheilungen angebracht, so daß kein Sträfling
mehr als 8 Gallonen oder 32 Seitel Wasser zu seiner Disposition hat,
die er mittelst eines Hahnes nach Belieben herauslassen kann. Eben dieses

Waffer dient auch zur Reinigung der in jeder Zelle befindlichen geruchlofen Abtritte, indem diefelben durch einen Hahn mit dem Wafferbecken in unmittelbare Verbindung gefetzt werden können. Von jedem Abtritte geht eine Röhre nach Außen und für je zwei neben einander liegende Zellen eines Gefchoffes dient Eine abfteigende Röhre, durch welche der Unrath in die im Hofe befindliche Senfgrube gelangt, fo daß Eine Senfgrube immer für fechs Zellen dient.

Die Einrichtung jeder Zelle befteht in einer Hängmatte, welche nur des Abends in einer Diftanz von 4 Schuh von der Thür an feften, in der Zellenwand eingemauerten eifernen Ringen quer über die Zelle aufgehängt und den Tag über zufammengerollt auf einen in einer Zellenecke befindlichen Wandfchrank geftellt wird, fo daß fie des Tages faft gar keinen Raum einnimmt; ferner in einem hölzernen Sitze, einem Tifche und in den gewöhnlich in dem eben erwähnten Eckfchranke befindlichen Geräthfchaften, als: Kamm und Haarbürfte, einem Löffel und Meffer, einem hölzernen Teller und Becher u. dergl. Auf diefem Schranke befinden fich auch gewöhnlich die Bücher der Sträflinge. Außerdem geht in jede Zelle eine Gasröhre, über deren Oeffnung ein zinnerner Lichtfchirm angebracht ift, fo daß die Zellen beleuchtet werden können. Die Gasröhren find nur vom Gange aus zu öffnen. Endlich enthält jede Zelle einen Glockenzug, womit der Sträfling, wenn er etwas wünfcht oder braucht, einen Auffeher herbeirufen kann. Es befindet fich nämlich in der Mitte jeder Zellenreihe eine Glocke, welche von jedem zu diefer Zellenreihe gehörigen Sträflinge mittelft feines Glockenzuges angefchlagen werden kann. Damit nun der Auffeher zuerft wiffe, ob die Zelle, in welche er gerufen wird, rechts oder links von der Glocke liege, find rechts und links der Glockentrommel Hämmer angebracht, deren jeder mit allen Zellen rechts oder mit allen Zellen links in Verbindung fteht und zugleich ein Pendel trägt, das durch die Bewegung des Hammers in Schwingungen verfetzt wird. Um die einzelne Zelle anzuzeigen, dient ein kleiner Hebel, der durch den Draht, welchen der Sträfling in Bewegung fetzt, gleichfalls bewegt wird und mittelft eines Kettchens ein um eine verticale Achfe bewegliches, im gewöhnlichen Zuftande knapp an der Gangwand anliegendes eifernes

Täfelchen, worauf die Zahl der Zelle steht, senkrecht auf die Mauer stellt.

Die Strafzellen enthalten nur eine hölzerne Pritsche, und einen Abtritt, aber keinen Tisch und Sessel, kein Wasserbecken und kein Gas= licht. Sie haben unter dem großen Corridor des Gefängnißflügels, worin sie liegen, kleine Vorzimmerchen, die auch zum Versperren geeignet sind, damit, wenn die in der Strafzelle befindlichen Sträflinge etwa Lärm machen, dieser ziemlich abgesperrt werden könne. Die Strafzellen haben gar kein Fenster, die Vorzimmerchen derselben aber sind durch kleine, mit Milch= glas bedeckte Oeffnungen im Fußboden des großen Corridors erleuchtet.

Spazierhöfe. Um den Gefangenen Bewegung in freier Luft zu gestatten, ohne doch die Absonderung derselben unter einander zu gefährden, sind Einzelspazierhöfe angelegt worden. Sie sind von den Gefängnißflügeln ganz abgelöset und durch einen freien Raum von denselben getrennt. Je nachdem es der Raum gestattete, sind sie entweder, wie die Speichen eines Rades um die Nabe, um das Inspectionshäuschen angeordnet oder in zwei durch einen Mittelgang für den Aufseher getrennten, parallelen Reihen an beiden Seiten dieses Ganges angelegt. Die erste Art Spazierhöfe ist in den zwischen den vier Gefängnißflügeln frei gebliebenen drei Räumen angewendet. Um das Inspectionshäuschen, welches in einem Zimmerchen mit einem um dasselbe herumlaufenden dunklen Gange besteht, sind 20 Höfe strahlenförmig angebracht. Jedes dieser Höfchen ist von dem benach= barten durch eine 8 Fuß hohe Mauer getrennt und gegen das Inspections= häuschen zu durch eine mit einem Fenster zum Behufe der Beaufsichtigung versehene Thür, gegen Außen zu aber durch ein rund herumlaufendes Gitter von eisernen Stäben verschlossen. Diese Höfe sind demnach so eingerichtet, daß die Luft ungehindert durchstreichen kann, daß aber kein Gefangener den anderen zu sehen vermag, und daß sämmtliche in den Spazierhöfen befindlichen Sträflinge von dem im Inspectionszimmer befindlichen und daher für die Gefangenen unsichtbaren Aufseher beobachtet werden können. Ein schmales Dach ist an den Scheidewänden angebracht, um gegen Regen oder Sonne Schutz zu gewähren. Jeder Einzelhof hat einen Flächeninhalt von 450 Quadratschuh und sie sind so angelegt, daß sie von Außen gegen das Inspectionshäuschen etwas ansteigen, damit das Regenwasser immer sogleich in den freien Hofraum ablaufe und die Einzelhöfe trocken bleiben. Von jedem Inspectionshäuschen geht eine Glockenschnur in die Centralhalle des Gefängnisses, in welcher für jeden Hof ein eigenes Pendel angebracht ist, das dem dort befindlichen Aufseher sogleich anzeigt, in welchem Hofe der Aufseher eine Unterstützung nöthig hat. Außer diesen 60 Einzelhöfen sind noch in den zwei Räumen zwischen dem Eingangsgebäude, dem anstoßenden Gefängnißflügel und der Umfassungsmauer Spazierhöfe der zweiten Art, nämlich um einen Beobachtungsgang in zwei parallelen Reihen angelegte Höfe angebracht, welche jedoch nach den von den Gefängnißinspectoren Crawford und Russell gegen mich gemachten Aeußerungen weit minder empfehlenswerth sind, als die kreisförmig angeordneten Spazierhöfe, weil bei diesen die unbemerkte Ueberwachung der Sträflinge, und somit die Verhinderung von Communicationen unter denselben bedeutend leichter ist, als bei den Spazierhöfen der zweiten Art.

Die Kapelle. Eine der merkwürdigsten Einrichtungen dieses Gefängnisses ist die Kapelle zum gemeinschaftlichen Gottesdienste, ohne doch dem Systeme der Vereinzelung der Gefangenen Abbruch zu thun. Zu diesem Ende enthält die Kapelle abgesonderte Sitze, welche über einander amphitheatralisch aufsteigen. Die Seiten jedes Betstuhles oder Sitzes und die Thüren, welche die Fortsetzung dieser Seitenwände bilden, convergiren gegen die Kanzel zu, so daß jeder Gefangene den Geistlichen sehen und von ihm gesehen werden kann, ohne daß er im Stande wäre, seinen Nebenmann rechts oder links zu sehen. (S. Tafel II.) Damit kein Sträfling die vor oder hinter ihm sitzenden Gefangenen sehen könne, selbst wenn er steht, ist die Rückwand jeder Sitzreihe von einer genügenden Höhe und trägt zugleich das Lesepult der unmittelbar hinter ihr aufsteigenden Sitzreihe, welches durch sein Vorspringen jede Communication von einer Reihe zur anderen verhindert. Die Sitze steigen regelmäßig um 15 Zoll über einander. Die Zahl der in der Kapelle angebrachten, abgesonderten Sitze beträgt 250, so daß der Gottesdienst für die in der Anstalt anzuhaltenden 500 Sträflinge an jedem Sonn- und Feiertage zweimal abgehalten werden muß. Die Kapelle ist der Länge nach in der Mitte durch

110

eine Holzwand in zwei Theile getheilt, wodurch zwischen den Sitzen und
dieser Holzwand ein doppelter Gang entsteht. Es können daher durch die
von der Centralhalle im ersten und zweiten Stockwerke zur Kapelle führenden Thüren immer je vier Sträflinge auf einmal in die Kapelle eintreten,
ohne mit einander zusammenzutreffen. Hiedurch geschieht es, daß in London zur Füllung aller 250 Sitze nicht mehr als 10 bis 15 Minuten
benöthiget werden. Zur Verhinderung von Communicationen sind auch
den Sitzen der Sträflinge gegenüber unter der Kanzel und auf der Gallerie Aufseher vertheilt, welche die Sträflinge beständig zu beobachten haben.
Damit sie jene Gefangenen, welche sich gegen die Disciplinarvorschriften
vergehen, sogleich anmerken können, muß jeder Sträfling bei dem Eintritte
in seinen Sitz an einem in dem Lesepulte über seinem Haupte befindlichen
Haken ein messingenes Täfelchen, worauf seine Zelle nach Zahl, Stockwerk und Abtheilung bezeichnet ist, aufhängen *).

Wenn die Thüren aller Betstühle geschlossen sind, so fallen sie ganz
in die Verlängerung der Zellenwände und dienen somit zugleich dazu,
einen Sitz von dem anderen abzusondern. Wenn daher der erste Gefangene in eine Sitzreihe eingetreten ist und sich in die letzte Zelle dieser Reihe
verfügt hat, so lehnt er die Thür dieses Sitzes hinter sich zu, so daß sie
in die Verlängerung der Seitenwand desselben fällt. Dann tritt der
nächstfolgende Sträfling in den anstoßenden Sitz, dessen Thür er gleichfalls hinter sich anlehnt, u. s. f., bis alle in Eine Sitzreihe gehörigen
Sträflinge in diese Sitzreihe eingetreten sind. Sobald dies geschehen ist,
zieht ein Aufseher eine in die vordere Wand der Sitzreihe eingelassene Eisenstange etwa 3 bis 4 Zoll weit heraus, wodurch eben so viele Riegel, als

---

*) Es kann allerdings nicht in Abrede gestellt werden, daß die Einrichtung der Spa-
zierhöfe sowohl, als der Kapelle von den Gefangenen benützt werden kann, um Mittheilungen an andere Gefangene zu versuchen; allein dieselben werden bei einiger Wachsamkeit immer nur sehr beschränkt und unbedeutend sein und die wichtigen Vortheile, welche die Einzelspazierhöfe für die Gesundheit, die Kapelle aber
für die religiöse Bildung und den Elementarunterricht der Sträflinge und mittelbar selbst für ihre geistige Gesundheit darbieten, wiegen die Gefahr, welche daraus
für die vollständige Aufrechthaltung der Absonderung entspringt, weit auf.

Thüren sind, aus dieser Wand vorspringen und sämmtliche Thüren auf einmal schließen. Um die Riegel selbst festzuhalten, wird der herausgezogene Theil der Eisenstange im Knie gebogen und ihr Griff durch ein kleines Drehholz festgehalten. Bemerkenswerth ist es auch, daß nicht nur an der Decke der Kapelle und am Fußboden derselben Ventilations- und Heizöffnungen angebracht sind, sondern, daß sogar unter jedem einzelnen Sitze sich eine Ventilationsöffnung befindet, durch welche im Sommer frische, im Winter aber warme Luft einströmt. Die Decke der Kapelle ist gewölbt. Der Dachstuhl und die Stützen, welche die Sitze der Sträflinge tragen, sind von Eisen.

Heizung und Ventilation der Zellen. Einer der wichtigsten und schwierigsten Gegenstände in allen Gefängnißbauten ist die gehörige Heizung und Lüftung aller Gefängnißräume, und sie wird um so wichtiger, wenn es sich um ein Zellengefängniß handelt, in welchem die Fenster nicht geöffnet werden sollen, wo also die Lüftung nur auf künstliche Art bewerkstelligt werden kann, und wo die Heizung für eine große Anzahl von Räumen auf eine durchaus gleichförmige Art Statt finden soll. Im Londoner Mustergefängnisse ist diese schwierige Aufgabe nach zahlreichen Versuchen, nach Einholung des Rathes der berühmten Naturforscher Farabay in London und Dr. Reib in Edinbrg und nach jahrelangem Studium durch das Zusammenwirken des Majors Jebb, welcher den Bau dieser Anstalt leitete, und der Mechaniker Haden und Sylvester auf eine ganz eigenthümliche und, wie es scheint, vollkommen befriedigende Weise gelöset worden.

In dem Mittelpuncte eines jeden Gefängnißflügels ist im Kellergeschosse ein Heizapparat angebracht, der aus einem Systeme großer eiserner Röhren besteht, welche in einem für die Heißwasserheizung eingerichteten großen Kessel circuliren. (S. Tafel III. Fig. 1 und 2.) Dieser Apparat steht mit einem großen Kanale kalter Luft in Verbindung, durch welchen diese kalte Luft aus einem im Hofraume befindlichen Schafte in den Apparat einströmt und durch die Röhren desselben hindurchgeht, so daß sie nach Wunsch in diesen Röhren erhitzt oder in ihrer natürlichen Temperatur gelassen werden kann. Die so von Außen in den Apparat gebrachte Luft

ſtrömt bann zur Rechten ober zur Linken in ben Kanal, welcher horizontal
lángs beſ ganzen Corribors unter bem Fußboben beſ Erbgeſchoſſeſ fort-
láuft, unb in welchem ſie, wenn man ſie erwármen will, noch mit ben von
bem Heizapparate auſgehenben, mit heißem Waſſer gefüllten Circulationſ-
röhren in Verbinbung ſteht. Von bieſem in ber Mitte jebeſ Gefängnißflü-
gelſ unter bem Fußboben beſ großen Corriborſ befinblichen Hauptkanale
gehen kleinere Seitenkanále auſ, welche bie friſche ober erwärmte Luft,
bie auf bem eben beſchriebenen Wege burch ben Heizapparat in ben Hauptkanal gelangt iſt, in bie einzelnen Zellen leiten. (S. Tafel III. Fig. 3, 4,
5 unb 7.) Dieſe kleinen Seitenkanále, welche vom Hauptkanale auſ zur
Corriborwanb gehen, münben ſich in bieſer in vertical aufſteigenbe Luftzugſröhren, welche in ber Mauer ſelbſt angebracht ſinb. Für jebe Zelle beſteht
ein ganz eigener Luftzugſkanal, ber mit keinem für eine anbere Zelle (z. B.
in einem anberen Stockwerke) beſtimmten zuſammentrifft. Für bie Zellenreihe beſ Erbgeſchoſſeſ ſteigen bie für jebe einzelne Zelle beſtimmten Luftzugſröhren im Innern ber zwiſchen ber Zelle unb bem Corribor befinblichen
Mauer vertical in bie Höhe unb enben ſich in einen unmittelbar unter bem
Deckengewölbe ber Zelle ſich auſmünbenben horizontalen Kanal, beſſen
Oeffnung gegen baſ Innere ber Zelle zu mit einem Gitter von Eiſenbraht
verwahrt iſt, burch welcheſ bie friſche ober erwärmte Luft in bie Zelle eintritt*). Ganz auf gleiche Weiſe befinben ſich im Innern ber Corribormauer
eigene Luftzugſkanále für jebe einzelne Zelle beſ erſten unb eben ſo eigene
Kanále für jebe einzelne Zelle beſ zweiten Stockwerkeſ, unb auch bieſe münben ſich unmittelbar unter bem Deckengewölbe jeber Zelle auſ. Auf bieſe
Art kann friſche Luft von Außen in jebe Zelle ber brei Stockwerke gebracht
unb bei bem Durchgange burch ben Heizapparat auch erwärmt werben,
ohne baß bie Luftzugſröhren zu irgenb einer Communication von Zelle zu
Zelle benüßt werben können.

    Allein zu einer vollſtänbigen Ventilation iſt eſ nicht genug, ber
friſchen Luft ben Zutritt in bie Zellen möglich zu machen, ſonbern eſ iſt

---

*) Dieſe Oeffnung iſt ein länglicheſ Viereck, 3 Fuß lang unb 6 Zoll hoch, unb baſ
    Gitter hat ſehr viele kleine Oeffnungen, um ben Luftzug für bie Geſunbheit min-
    ber ſchäblich zu machen.

dazu auch nothwendig, eine gleiche Menge der in den Zellen vorhandenen und durch das Athmen und die Ausdünstung verdorbenen Luft gleichzeitig aus den Zellen hinwegzuschaffen und dadurch den zu einem vollständigen Luftwechsel erforderlichen Zug zu bewerkstelligen. Um dies zu bewirken, befindet sich am Fußboden jeder Zelle an der Fensterseite und diagonal gegenüber der Oeffnung, durch welche die frische oder erwärmte Luft einströmt, eine gleichfalls vergitterte Oeffnung, welche sich in einen Luftabzugskanal mündet, der im Inneren der äußeren Mauer des Gebäudes aufsteigt und zuletzt in einen unter der Dachung jedes Gefängnißflügels befindlichen Hauptkanal für den Abzug der verdorbenen Luft sich ausmündet. (Siehe Tafel III. Fig. 1 und 6.) Wie für jede Zelle ein eigener Kanal zur Zuführung der frischen oder erwärmten Luft aus dem Hauptkanale besteht, eben so hat auch jede Zelle ihren eigenen, mit keinem für eine andere Zelle bestimmten in unmittelbarer Verbindung stehenden Luftabzugskanal. Der horizontale Hauptkanal für den Abzug der verdorbenen Luft mündet sich in den großen Rauchfang, der sich über das Gebäude erhebt.

Durch diese Anordnung der Luftzugsröhren ist somit folgende Verbindung hergestellt: Von der äußeren Luft durch den Heizapparat und den Hauptkanal für frische oder warme Luft zur Decke jeder Zelle und dann vom Fußboden jeder Zelle durch die Abzugsröhren in den Hauptabzugskanal für die verdorbene Luft und aus diesem durch den Rauchfang wieder in die äußere Luft. Wenn der Heizapparat wirklich geheizt wird, so bringt die aus demselben durch den Rauchfang des Apparates in den großen Schlot aufsteigende Hitze eine solche Verdünnung der Luft in diesem letzteren hervor, daß dadurch die in den Zellen befindliche Luft genügend herausgezogen und ein für das Eindringen der erwärmten Luft in die Zellen und für eine vollständige Lufterneuerung in denselben hinreichender Zug bewirkt wird. Im Winter ist also zum Behufe der Hinwegschaffung der verdorbenen Luft aus den Zellen gar keine besondere Einrichtung nöthig; das Feuer, welches die äußere Luft erwärmt, dient zugleich dazu, die schlechte Luft aus den Zellen herauszuziehen. In den Sommermonaten aber ist zur Bewirkung des zur Erneuerung der Luft in

8

ben Zellen erforberlichen Zuges eine eigene Vorrichtung nothwenbig, unb biefe befteht barin, baß in einem im Dachraume angebrachten Ofen ein gelinbes Feuer unterhalten wirb, welches nur baju bient, bie Luft im Rauchfange ju verbünnen unb baburch bie fchlechte Luft aus ben Zellen herauszuziehen unb ber frifchen äußeren Luft bas Einbringen in biefelben ju erleichtern.

Ein befonberes Augenmerf mußte barauf gerichtet werben, baß bie Heizung unb Lufterneuerung in allen Stockwerken auf ganz gleiche Weife Statt finbe, benn gerabe hierin hat fich bie Luftheizung fehr oft als man= gelhaft erwiefen. Um biefen Zweck zu erreichen, ift bie Conftruction ber Luftkanäle fo eingerichtet, baß ber Weg, welchen bie Luft von bem Heiz= apparate aus bis in ben Hauptabzugsfanal zurückzulegen hat (f. Tafel III. Figur 1.), für alle brei Gefchoffe gleich lang ift, inbem bie Summe ber Längen bes Luftzuführungs= unb Luftabzugsfanales für eine Zelle von was immer für einem Stockwerke ftets biefelbe bleibt.

Ein anberer Punct, burch welchen fich bie im Lonboner Mufter= gefängniffe eingeführte Heizungs= unb Lufterneuerungsart von anberen Einrichtungen zu gleichem Zwecke wefentlich unterfcheibet, ift bie Anorb= nung, baß bie frifche ober erwärmte Luft an ber Decke ber Zellen eintritt unb bie burch ben Athmungsproceß verborbene Luft am Fußboben ber Zelle austritt. Diefe Einrichtung wurbe auf ben Rath bes berühmten Chemifers Farabay gewählt, weil bie verborbene Luft als bie fpecififch fchwerere zu Boben finkt.

Diefe Heizungs= unb Ventilationsart hat fich im Winter von 1842 auf 1843, in welchem fie bereits vollftänbig in Anwenbung fam, auf bas befte bewährt. Ich felbft habe mich von ber Güte ber in ben Zellen vorhanbenen Luft burch häufigen Befuch biefer Zellen überzeugt, unb man kann mit vollfter Wahrheit fagen, baß bie Luft in ben Einzelzellen biefes Gefängniffes beffer als in ben meiften Wohnhäufern unb Werk= ftätten ift*). Selbft bie Koften biefer Heizmethobe finb nicht übertrieben.

----

*) Die Temperatur ber Zellen betrug am 3. Mai 1843 58 Grabe Fahrenheit b. i. nahe 12° Réaumur.

Die Errichtungskosten sind wohl bedeutend, aber die Leistungen derselben lohnen sie reichlich. Nach den Mittheilungen, welche ich von dem Major Jebb erhielt, belief sich der Bedarf an Steinkohlen im Winter 1843 auf $2\frac{1}{2}$ Zentner für 66 Zellen binnen 24 Stunden, in den Sommermonaten höchstens auf einen Zentner für 60 Zellen und 24 Stunden. Da nun die Tonne (= 20 Zentner) Steinkohlen in London 25 Schillinge (d. i. nahe 12 fl. 30 kr. C. M.) kostet, so kam im Winter die Heizung einer Zelle während 24 Stunden auf beiläufig $\frac{1}{2}$ Pfennig (d. i. $1\frac{1}{4}$ kr. C. M.) zu stehen.

Es kommt übrigens ungemein viel auf eine geschickte Berechnung des Verhältnisses aller Dimensionen der Luftkanäle an und der Major Jebb räth vorzüglich an, den Heizapparat auf einen nicht allzu hohen Grad zu erwärmen, die höhere Temperatur aber durch eine größere Oberfläche der Leitungsröhren zu ersetzen.

Die Kosten der Erbauung dieses Gefängnisses beliefen sich auf 80,000 Pfund Sterling (d. i. beiläufig 800,000 fl. C. M.), so daß eine Zelle auf etwa 160 Pfund Sterling (d. i. 1600 fl. C. M.) zu stehen kam.

Bevölkerung. Das Gefängniß zu Pentonville ist ausschließend für männliche Sträflinge zwischen 18 und 35 Jahren, welche zur Deportation auf eine kürzere Zeit als 15 Jahre verurtheilt sind, und zwar vorzüglich für solche, die das erste Mal eines Verbrechens wegen in Strafe verfielen, bestimmt. Verbrecher, welche nicht zur Transportation, sondern nur zur Gefängnißstrafe verurtheilt sind, sollen in diese Anstalt nicht aufgenommen werden. Nach einem von dem Minister des Innern Sir James Graham am 16. December 1842 an den Verwaltungsrath dieses Gefängnisses (the commissioners for the government of the Pentonville prison) erlassenen Schreiben*) soll dasselbe

---

*) Report of the commissioners for the government of the Pentonville prison, made in pursuance of the Act 5 and 6 Vict. Sess. 2 c. 29 sec. 13. London 1843, und diese Parlamentsacte vom 18. Juni 1843.

8 *

mehr eine Anstalt des Unterrichtes und der Besserung, als eine bloße Strafanstalt sein und als Vorbereitung für das Leben in der Colonie, in welche die Sträflinge deportirt werden, dienen. Die Gefangenen sollen nämlich 18 Monate im Pentonville-Gefängnisse angehalten und nach Ablauf dieser Zeit nach Vandiemensland transportirt werden. Jedem Gefangenen wird gleich bei seinem Eintritte in die Anstalt eröffnet, daß dieselbe nur der Durchgang zur Strafcolonie sei, und daß er mit dem Eintritte in dieselbe eine neue Laufbahn beginne. Es wird ihm die in den Colonien eingeführte Classification erklärt und ihm gesagt, daß seine Anhaltung im Pentonville-Gefängnisse nur eine Prüfungszeit sei und durchaus nicht länger als 18 Monate dauern werde, und daß er in der Anstalt Gelegenheit habe, sich durch den ihm darin zu ertheilenden Religionsunterricht sowohl, als auch durch die Erlernung eines Handwerkes für sein künftiges Leben vorzubereiten. Nach 18 Monaten wird er nach Vandiemensland geschickt und, wenn er sich in der Anstalt gut beträgt, mit einem Freischeine (ticket of leave) versehen, der ihm fast alle Vortheile der Freiheit und hinreichenden Erwerb sichert. Beträgt er sich nur mittelmäßig, so erhält er nur einen Prüfungspaß (probationary pass), der ihm blos einen Theil seines Verdienstes sichert und mehrere Beschränkungen seiner persönlichen Freiheit auferlegt. Bei schlechtem Benehmen endlich wird er auf die Halbinsel Tasman transportirt, um dort ohne Lohn, jeder Freiheit beraubt, als ein gemeiner Sträfling in einer Prüfungsrotte (probationary gang) zu arbeiten. Schlechte Aufführung eines Sträflinges in der Anstalt kann ihm dieses Schicksal selbst vor Ablauf von 18 Monaten bereiten, wenn er als unverbesserlich erkannt und zur Entfernung aus dem Pentonville-Gefängniß bestimmt wird. In jeder Zelle ist eine Kundmachung aufgehängt, worin alle diese das künftige Schicksal der Sträflinge betreffenden Anordnungen kurz zusammengefaßt sind, um den Gefangenen stets als Sporn und Warnung vorzuschweben. Die Entscheidung über die Classe, in welche ein Sträfling nach Verlauf der 18 Monate, die er im Pentonville-Gefängnisse zugebracht hat, zu versetzen ist, oder über die frühere Entfernung eines Sträflinges aus dieser Anstalt, steht dem Minister des Innern zu, welcher sich vorläufig vom

Verwaltungsrathe des Pentonville-Gefängnisses über die Aufführung des Sträflinges Bericht erstatten läßt. Es ist zu hoffen, daß die Verbindung der Deportationsstrafe mit einer vorbereitenden Anhaltung der Sträflinge in der Einzelhaft sehr gute moralische Folgen nach sich ziehen werde. Bisher ist es unmöglich, aus der Erfahrung darüber zu urtheilen, denn das Gefängniß ist erst am 21. December 1842 von Gefangenen bezogen worden und war daher selbst zur Zeit meines Aufenthaltes in London in den Monaten Mai und Juni 1843 noch nicht gefüllt. Die Bevölkerung desselben betrug am 3. Mai 1843 285 und am 26. Juni 1843 bereits 367 Sträflinge.

Verwaltung*). Die Oberleitung dieser Anstalt steht den von der Königin ernannten Mitgliedern des Verwaltungsrathes zu, deren es gegenwärtig eilf unter dem Vorsitze des Lord Wharncliffe gibt. Unter ihnen befinden sich mehrere Pairs, Lord John Russell, der Sprecher des Unterhauses, die zwei berühmten Aerzte Sir Benjamin Brodie und Dr. Ferguson, der Major Jebb und die zwei Gefängnißinspectoren Crawford und Russell. Dieser Verwaltungsrath steht unmittelbar unter dem Ministerium, welchem er seine wichtigeren Beschlüsse (z. B. über Aenderungen in der Hausordnung) zur Genehmigung vorlegen muß. Er hält mindestens alle 14 Tage eine Sitzung, beschließt über das Reglement der Anstalt, besetzt die Stellen des Gefängnißdirectors, Kaplanes, Arztes und der übrigen Beamten und Aufseher, schließt die auf die Verwaltung bezüglichen Verträge ab, prüft die Rechnungen, weiset alle Zahlungen an u. s. w. Er ernennt abwechselnd aus seiner Mitte jene Mitglieder, welche in den Zeiträumen zwischen je zwei Sitzungen des Verwaltungsrathes das Gefängniß zu besuchen und, wenn Gefahr am Verzuge ist, provisorische Maßregeln anzuordnen haben. Ein oder mehrere Mitglieder desselben müssen jeden Gefangenen wenigstens Einmal in jedem Monate in seiner Zelle besuchen und allfällige Be-

---

*) Alle auf die Verwaltung und Leitung dieser Anstalt sich beziehenden Vorschriften sind gesammelt unter dem Titel: Rules for the government of the Pentonville prison. London 1842.

schwerden deßselben aufnehmen. Der Verwaltungsrath muß jährlich einen
Bericht über den Zustand des Gefängnisses und alle sich auf die Disciplin
und Verwaltung deßselben beziehenden Verhältnisse an den Minister des
Innern erstatten, welcher Bericht dem Parlamente vorgelegt werden
muß. Die Beamten der Anstalt sind der Director, ein Directorsstellver-
treter, zwei Kapläne, ein Secretär, der zugleich Rechnungsführer ist, ein
Arzt und ein Wundarzt, ein Arbeitsleiter, welchem die Oberaufsicht über
den Betrieb der im Gefängnisse eingeführten Gewerbszweige zusteht, ein
Hausverwalter, welcher über alle Vorräthe für die Küche, an Kleidern,
Kohlen und dgl. die Oberaufsicht führt, zwei Elementarschullehrer, mehrere
Gewerblehrer und mehrere Schreiber. Außer diesen eigentlichen Beamten
der Anstalt stehen noch viele Aufseher und Diener in Verwendung, weil
die Sträflinge selbst zu keiner die Aufsicht, Besorgung oder Reinigung des
Gefängnisses betreffenden Thätigkeit angehalten werden. Als ich diese
Anstalt besuchte, waren 24 Aufseher (6 für jede der vier Abtheilungen)
angestellt. Sie haben sämmtlich eine Uniform, tragen aber keine Waffen.
Die Gehalte sind sehr bedeutend; der Director bezieht nebst freier Woh-
nung, Heizung und Beleuchtung einen Jahresgehalt von 500 Pfund
Sterling; die Aufseher erhalten nach dem Grade ihrer Verwendbarkeit
Jahresgehalte von 55 bis 72 Pfund Sterling. Auch sie haben ihre
Wohnung innerhalb der Anstalt, von welcher auch Licht und Heizung
für sie bestritten wird.

Hausordnung und Behandlungsgrundsätze. Das in
dieser Anstalt eingeführte System ist das der Vereinzelung der Sträflinge
bei Tag und Nacht, das pennsylvanische System. Jeder neue Gefangene
wird zuerst in die Aufnahmszellen gebracht, dort ganz entkleidet, ge-
badet, vom Gefängnißarzte genau untersucht und eine ausführliche Schilderung seiner physischen Constitution in ein besonders dazu bestimmtes Register eingetragen. Wenn er vom Arzte als zur Aufnahme geeignet befunden worden, wird ihm der Gefängnißanzug angelegt; der Gefängnißdirector setzt ihn sodann von dem Zwecke seiner Einsperrung in dieser
Anstalt und von dem Einflusse seiner Aufführung in derselben auf sein
künftiges Schicksal in Kenntniß. Es wird ihm ein auf das Betragen

und die Behandlung der Gefangenen sich beziehender Auszug aus dem
Gefängnißreglement vorgelesen und eingehändigt und er dann in eine Zelle
geführt. Zugleich wird der Kaplan von der Ankunft des neu Aufgenommenen verständigt, um ihn sobald als möglich in seiner Zelle besuchen zu
können. In der Zelle wird der Sträfling nach dem Ermessen des Directors
entweder sogleich zu einer Arbeit angehalten, oder einige Tage hindurch
ohne Beschäftigung gelassen, um durch Nachdenken über sich selbst zu guten
Vorsätzen für die Zukunft und durch die Entbehrung der Arbeit zu dem
Wunsche nach einer solchen als einer wohlthätigen Zerstreuung in der Einsamkeit gebracht zu werden. Die Bestimmung der Beschäftigung, welche
jedem Sträflinge anzuweisen ist, steht dem Director der Anstalt zu, welcher jedoch dabei natürlich auf die frühere Lebensweise und auf die eigenthümlichen Geschicklichkeiten des Gefangenen Rücksicht nimmt. Da der
Hauptzweck der Einsperrung der zur Transportation Verurtheilten in diesem Gefängnisse darin besteht, dieselben durch religiösen und moralischen
Unterricht, durch Unterweisung in den ihnen etwa noch fehlenden Elementarkenntnissen und durch Erlernung eines Gewerbes oder Handwerkes in
einen solchen Zustand zu versetzen, daß sie bei ihrer Ankunft in der Colonie befähigt sind, sich ihren Lebensunterhalt auf eine rechtschaffene Weise
zu erwerben, so ist Alles darauf hingerichtet, sie in Erreichung dieses
Zweckes zu fördern.

Um 6 Uhr früh im Winter und um 5 Uhr früh im Sommer wird
mit einer Glocke das Zeichen zum Aufstehen gegeben; jeder Sträfling muß
die Hängmatte, worin er die Nacht über schlief, verlassen, seine Zelle in
Ordnung bringen, sich waschen und ankleiden, die Hängmatte zusammen-
rollen und auf den in einer Ecke der Zelle angebrachten Schrank stellen.
Dann wird die Hälfte der Sträflinge zum Morgengottesdienste in die
Kapelle geführt, aus welcher sie wieder in ihre Zellen zurückkehren, um an
ihre Handwerksarbeit zu gehen. Um 8 Uhr erhalten sie das Frühstück, nach
welchem sie ihre Arbeit wieder aufnehmen, bis dieselbe um 2 Uhr Nachmittags durch das Mittagsmahl unterbrochen wird. Nach dem Speisen arbeiten sie bis um 8 Uhr Abends, und zwar, sobald es dunkel wird, bei
Gaslicht, und nachdem sie hierauf das Abendessen erhalten haben, müssen

fie fich um 9 Uhr schlafen legen, worauf die Gaslichter in allen Zellen ausgelöscht werden. Dieser Tageslauf wird jedoch außer den Eßstunden durch die Unterrichtsstunden und durch die für jeden Gefangenen vorgeschriebene Uebungszeit unterbrochen. Zum Religions- und Elementarunterrichte werden die Sträflinge nach ihrem Bedürfnisse zwei- bis viermal in der Woche in Abtheilungen von 20 bis 30 in die Kapelle gebracht und dort vom Kaplane oder Schullehrer unterrichtet. Zum Spazierengehen werden die Sträflinge zweimal des Tages, jedesmal auf eine Stunde, in die im Hofraume des Gefängnisses errichteten Einzelspazierhöfe gebracht, um dort in freier Luft Bewegung zu machen. Auch werden immer je 16 Sträflinge auf die Dauer einer halben Stunde dazu verwendet, die im Hofe befindliche Pumpe in Bewegung zu setzen und dadurch alle Theile der Anstalt mit Wasser zu versehen. Sie sind zu diesem Ende in einzelne, durch Holzwände von einander geschiebene kleine Zellen vertheilt, vor welchen beständig ein Aufseher auf- und abgeht, um jede Mittheilung zwischen den Sträflingen zu verhindern. Damit aber selbst das bloße Erkennen der Gefangenen unter einander unmöglich gemacht werde, müssen sie, so oft sie ihre Zellen verlassen, eine Tuchmütze aufsetzen, welche vorn einen bis an das Kinn herabgehenden und somit das ganze Gesicht bedeckenden Schirm hat, in welchem nur Oeffnungen für die Augen ausgeschnitten sind.

An Sonn- und Feiertagen wohnen die Sträflinge dem Gottesdienste in der Kapelle bei, welcher nach dem Ritus der englischen Hochkirche Vormittags zwei Stunden und Nachmittags eine Stunde dauert, und bringen die übrige Tageszeit mit Ausnahme der Spazierstunden in ihrer Zelle mit Lesen oder Schreiben zu. Die Handwerksarbeit ist ihnen an diesen Tagen streng verboten und wird daher immer aus den Zellen herausgenommen.

Besuche in den Zellen. Jeder Sträfling muß täglich einmal von dem Director der Anstalt oder dessen Stellvertreter und von einem Oberaufseher in seiner Zelle besucht werden, und es ist insbesondere den Oberaufsehern zur Pflicht gemacht, sich auch die moralische Einwirkung auf die Sträflinge möglichst angelegen sein zu lassen. Außerdem hat der Gefängnißgeistliche die Verpflichtung, jeden kranken Gefangenen täglich, die übrigen Gefangenen aber so oft als möglich, und zwar mindestens zweimal in jeder Woche in ihren Zellen zu besuchen und sich dadurch ihr Vertrauen und eine genaue Kenntniß ihrer Gemüthsbeschaffenheit zu erwerben. Der Arzt muß jeden Gefangenen wenigstens zweimal in der Woche, die Kranken aber täglich in ihren Zellen besuchen, und ihm ist eine besondere Aufmerksamkeit auf die geistige Gesundheit der Sträflinge auferlegt. Ueberdies erhalten die Sträflinge im Laufe des Tages Besuche von dem Schullehrer, der ihren Uebungen im Schreiben und Rechnen wenigstens zweimal in jeder Woche nachsehen soll, von dem Arbeitsleiter und dem Gewerblehrer, welche sich täglich davon, daß die Sträflinge die vorgeschriebene Arbeit leisten, und wie sie dieselbe liefern, zu überzeugen haben, und von den Aufsehern des Gefängnisses, welche sie selbst, so oft sie ihnen etwas mitzutheilen oder etwas von ihnen zu begehren haben, durch eine Glocke herbeirufen können. Endlich muß jeder Gefangene wenigstens Einmal in jedem Monate von einem oder mehreren Mitgliedern des Verwaltungsrathes in seiner Zelle besucht werden. Im Durchschnitte kann man gewiß sagen, daß täglich zwölf- bis fünfzehnmal Jemand zu jedem Sträflinge in seine Zelle kommt, und dies, verbunden mit der Arbeit, welche jedem Gefangenen in der Zelle auferlegt ist, mit der Zerstreuung, welche der Unterricht und die körperliche Uebung im Spazierhofe darbieten, endlich mit der den Gefangenen gestatteten Lectüre nicht nur religiöser Schriften, sondern auch solcher Bücher, welche durch ihren geschichtlichen oder naturwissenschaftlichen Inhalt Belehrung und Unterhaltung mit einander verbinden,[*) scheint allerdings genügend zu sein, um den Sträflingen die Einsamkeit der Zelle zu erleichtern.

Der gegenwärtige Director dieses Gefängnisses, Robert Hosking, ein geborner Schotte, scheint die wichtige Aufgabe, die Anstalt mehr im Sinne einer Besserungsanstalt als eines Strafhauses zu leiten und durch eine mit Milde gepaarte Festigkeit selbst hartnäckige Charaktere zu bezwingen und an Ordnung und Fleiß zu gewöhnen, vollkommen zu verstehen,

---

*) Ich fand bei den Gefangenen nebst der Bibel und dem Gebetbuche, welche Jeder in seiner Zelle hat, sehr häufig auch das Pfennigmagazin, die populären Schriften, welche die Gesellschaft zur Verbreitung nützlicher Kenntnisse über Mechanik, Technologie und andere Naturwissenschaften herausgegeben hat, u. dergl.

wobei ihm freilich der Rath und die Unterstützung der vielerfahrenen Gefängnißinspectoren Crawford und Ruffell, welche mehrere Male in jeder Woche das Gefängniß besuchen, sehr zu Statten kommen. Es herrschen in der großen Anstalt eine Ordnung, Stille und Reinlichkeit, welche wahrlich musterhaft genannt zu werden verdienen. Man hört in den Gängen nicht das geringste Geräusch, als aus den Zellen heraus das Sausen des Webstuhles oder den Schlag des Hammers. Die Sträflinge, welche gleichartige Beschäftigungen treiben, sind auch gewöhnlich in Einer Zellenreihe vertheilt, weil dieses die Arbeitsaufsicht bedeutend erleichtert.

Arbeit. Die Beschäftigungen, welche von den Sträflingen betrieben werden, sind die Schneiderei, Tuchmacherei, Tischlerei, Drechslerei, Baumwollen-, Leinen- und Teppichweberei, das Zimmermannshandwerk, die Schlofferei, das Flechten von Stricken, die Verfertigung von Matten und Koßen und das Zerzupfen alter Seile (Oakum-picking). Die Arbeitszeit beträgt in der Regel 10 bis 12 Stunden des Tages.

. Der Ertrag der Arbeit der Sträflinge gehört ganz der Anstalt, den Gefangenen gebührt gar kein Antheil daran. Die Verwendung der Arbeitskräfte der Sträflinge steht der Direction der Anstalt zu und nur der Verkauf der erzeugten Waaren wird durch Contracte zwischen der Direction der Anstalt und den Uebernehmern der erzeugten Waaren besorgt, so daß sich diese Unternehmer vertragsmäßig anheischig machen, für jedes Stück einer Waare von gewisser Gattung eine bestimmte Summe zu bezahlen, und somit nicht im Geringsten mit den Sträflingen in Berührung kommen.

Besuche von Verwandten und Correspondenz der Sträflinge. Kein Gefangener darf während seiner Strafzeit Besuche von seinen Verwandten oder Freunden erhalten, außer gegen eine schriftliche Bewilligung des eben zur Inspection bestimmten Mitgliedes des Verwaltungsrathes oder des Directors im Einverständnisse mit dem Gefängnißgeistlichen. Jede Unterredung des Sträflinges mit seinen Verwandten oder Freunden muß in einem besonders dazu bestimmten Zimmer, worin der Gefangene von dem Besucher durch einen Zwischenraum getrennt ist, und in Gegenwart eines Gefängnißaufsehers Statt finden. Alle Briefe von Sträflingen oder an Sträflinge müssen dem Director und Kaplane zur Einsicht vorgelegt werden, welche berechtigt sind, solche Briefe, wenn ihr Inhalt dazu Veranlassung gibt, zurückzuhalten, dieselben aber immer dem Verwaltungsrathe mittheilen müssen. Jeder Gefangene darf unmittelbar nach seiner Aufnahme an seine Verwandten schreiben, um ihnen seine Abführung in das Pentonville-Gefängniß anzuzeigen und ihnen die auf die Correspondenz der Sträflinge bezüglichen Vorschriften mitzutheilen. In der Folge darf jeder Gefangene nur alle drei Monate einmal einen Brief schreiben oder einen Besuch empfangen. Bei schlechter Aufführung der Sträflinge soll die Erlaubniß, einen Brief zu schreiben oder einen Besuch zu erhalten, um einen Monat verschoben werden oder für das laufende Vierteljahr ganz verloren gehen, worüber der Director im Einverständnisse mit dem Gefängnißgeistlichen unter Vorbehalt der Genehmigung von Seite des zur Inspection bestellten Mitgliedes des Verwaltungsrathes zu entscheiden hat. Eben so darf auch jeder Sträfling nur Einmal in drei Monaten einen Brief empfangen. Wird ihnen öfter geschrieben, so werden diese Briefe zurückgesendet, jedoch können zu jeder Zeit wichtige Ereignisse dem Director durch ein an ihn gerichtetes Schreiben mitgetheilt werden, welcher dann mit dem Kaplane zu berathen hat, ob der Gefangene davon in Kenntniß zu setzen sei.

Belohnungen und Strafen. Eigentliche Belohnungen gibt es in dem Mustergefängnisse gar nicht; jedoch ist die Aussicht auf den günstigen Einfluß, welchen ein ordentliches, von Fleiß und Rückkehr zu einem guten Lebenswandel zeugendes Betragen auf die Lage des Sträflinges in der Colonie äußert, ungemein aufmunternd und ermuthigend für Alle, in denen der Sinn für Rechtlichkeit und die Hoffnung auf Besserung noch nicht völlig erloschen ist. Die Disciplinarstrafen für Uebertretungen der Gefängnißordnung bestehen in Entziehung der Arbeit oder der Bücher, des Spazierganges oder der Gasbeleuchtung in den Abendstunden, in Entziehung des Rechtes einen Brief zu schreiben oder einen Besuch zu empfangen, in Beschränkung der Kost auf Wasser und Brod und in Einsperrung in die dunklen Strafzellen. Alle diese Strafen kann der Director der Anstalt nach vorläufiger Vernehmung der Personen, welche über das Disciplinarvergehen Zeugniß ablegen können, verhängen; doch darf er die Entziehung der Arbeit oder der Bücher, die Beschränkung des Sträflinges auf seine Zelle, die Einsperrung in die Dunkelzelle, die Beschränkung der Nahrung auf Wasser und Brod oder die Vereinigung mehrerer dieser Strafen nur auf drei Tage anordnen. Würde ein Sträfling eine Uebertretung wichtigerer Art, welche zu bestrafen der Director nicht befugt ist, begehen, oder würde Letzterer für ein seiner Jurisdiction unterliegendes Vergehen die Strafe, welche er verhängen darf, für zu gering halten, so kann er den Gefangenen in seiner Zelle oder in der Dunkelzelle bis zum nächsten Besuche des eben zur Inspection bestellten Mitgliedes des Verwaltungsrathes oder bis zur nächsten Sitzung des Verwaltungsrathes einsperren. Er muß aber in einem solchen Falle dem Verwaltungsrathe oder dem erwähnten Mitgliede desselben über das Vergehen und die von ihm getroffenen Maßregeln Bericht erstatten. In Folge dieses Berichtes kann der Verwaltungsrath oder das inspicirende Mitglied desselben die Bestrafung des Gefangenen durch Einsperrung in der Dunkelzelle bei Wasser und Brod bis zu einem Monate und, wenn es einen zu harter Arbeit verurtheilten Sträfling betrifft, selbst durch körperliche Züchtigung anordnen. Sträflinge, welche eines Disciplinarvergehens halber in ihrer eigenen Zelle oder in der Dunkelzelle eingesperrt sind, erhalten auch nicht das gewöhnliche Bettgewand, sondern im Sommer nur eine Kotze, im Winter aber nur eine Kotze und eine Decke. So lange sie in der Strafe sind, müssen sie täglich von dem Director, dem Geistlichen und dem Ärzte und wenigstens zweimal des Tages von einem Oberaufseher in ihrer Zelle besucht werden. Uebrigens kommen die Disciplinarstrafen nach der einstimmigen Versicherung des Directors dieser Anstalt und der Gefängnißinspectoren sehr selten vor, wie sich dies aus der Natur des in diesem Gefängnisse eingeführten Systemes von selbst ergibt.

Nahrung, Kleidung und Bettung. Die Kost der Sträflinge ist sehr gut und reichlich. Sie erhalten ein Frühstück, bestehend in einem aus $^2/_4$ Unzen Cacaobohnen, 2 Unzen Milch und 6 Drachmen Syrup bereiteten Getränke. Das Mittagsmahl besteht fünfmal in der Woche aus 4 Unzen Fleisch (ohne Bein) und einem halben Seitel Suppe mit $^1/_2$ Pfund Erdäpfel, zweimal in der Woche aber nur in der Suppe und 2 Unzen Käse. Das Abendmahl besteht in einem Seitel Haferbrei.

Jeder Gefangene erhält überdies täglich ein Pfund Brod*). Die Klei=
dung der Sträflinge besteht in einem Hemde, Schuhen und Strümpfen,
einer Weste und Jacke, so wie Beinkleidern von Tuch, einem Sacktuche
und einer Mütze. Das Bett besteht aus der Hängmatte, einer mit Haaren
gefüllten Matratze sammt Polster, einem Betttuche und je nach der Jahres=
zeit aus einer oder zwei Bettdecken. Für die Reinlichkeit ist dadurch ge=
sorgt, daß jeder Gefangene wöchentlich einmal ein Bad und frisches
Leinenzeug erhält.

Gesundheitsstand. Da dieses Gefängniß erst am 21. Decem=
ber 1842 eröffnet wurde, so war es zur Zeit meiner Anwesenheit in
London (im Mai und Juni 1843) noch nicht möglich, über den Einfluß
des darin befolgten Systemes auf die Gesundheit der Sträflinge etwas
Zuverlässiges zu sagen. Ich wurde sowohl von den Gefängnißinspectoren

---

*) Sehr bemerkenswerth ist auch die Art und Weise, auf welche die Speisen aus
der Küche in das Gefängniß geschafft und daselbst in die einzelnen Zellen ver=
theilt werden. Von dem in dem Kellergeschosse unter der Centralhalle befind=
lichen, an die Küche anstoßenden Zimmer aus werden die Speisenbehälter mittelst
eines an der Decke der Centralhalle über eine Rolle gehenden und im Keller=
raume auf eine Winde aufgewundenen Strickes durch zwei, im Fußboden der
Centralhalle befindliche, mit Fallthüren verschließbare Oeffnungen in die Central=
halle aufgezogen. Um dies ohne Schwierigkeit zu bewerkstelligen und die Speise=
behälter mit Leichtigkeit in das erste und zweite Stockwerk des Gefängnisses zu
schaffen, laufen dieselben mittelst kleiner, an den Kanten der eisernen Speisen=
kasten angebrachter Räder auf einer vertical stehenden Eisenbahn, nämlich auf
zwei runden Eisenstangen, welche von dem Kellergeschosse aus durch die Fall=
thüröffnungen bis zur Decke der Centralhalle gehen. In diesen Speisenbehältern
werden die Laden, worin sich die Geschirre mit den für jeden einzelnen Sträf=
ling bestimmten Portionen befinden, in das Erdgeschoß oder bis zu den Gal=
lerien des ersten oder zweiten Stockwerkes gebracht. Im Erdgeschosse werden sie
dann auf kleinen Wagen bis zu den Zellenthüren geführt, im ersten und zweiten
Stockwerke aber werden sie in einer eisernen Lade, die wie ein Wagen auf Räder
gestellt ist und auf dem eisernen Geländer der Gallerien wie auf einer Eisenbahn
hinrollt, vor jede Zellenthür gebracht, indem ein Aufseher den Vorrath für 42
Zellen mit der größten Leichtigkeit mit einer Hand vor sich hinschieben kann. Die
Zellenthüren selbst werden gar nicht geöffnet, sondern nur die kleinen, in den=
selben befindlichen Fallthüren, auf welche der Aufseher die Geschirre mit den
Speisen stellt, und die er, sobald der Gefangene die Speisen in die Zelle hin=
eingenommen hat, nur zuzuwerfen braucht.

Crawford und Ruſſell, als auch von dem Arzte dieſer Anſtalt Dr. Rees verſichert, daß der Geſundheitszuſtand vollkommen zufriedenſtellend ſei, und daß insbeſondere die den ganzen Winter von 1842 auf 1843 hindurch in Thätigkeit geweſene Ventilation der Zellen ſich als ganz brauchbar bewährt habe.

· Ergebniſſe meiner Beſuche in den einzelnen Zellen. Ich erhielt von dem Verwaltungsrathe die Erlaubniß, die Gefangenen auch in ihren Zellen zu beſuchen, (was ohne eine ſolche beſondere Erlaubniß nur den zur Verwaltung und Beaufſichtigung des Gefängniſſes verwendeten Perſonen geſtattet iſt,) und mich mit ihnen ohne das Beiſein einer dritten Perſon zu beſprechen, und ich ſuchte beſonders über den Eindruck, welchen das Vereinzelungsſyſtem auf die Sträflinge hervorbrachte, Aufklärung von ihnen zu erhalten. Insbeſondere wählte ich mir unter den Gefangenen ſolche aus, welche ſchon früher in einer anderen Strafanſtalt angehalten worden waren, und vorzüglich ſolche Sträflinge, die vorher in einer dem Syſteme des Stillſchweigens unterworfenen Anſtalt z. B. in Coldbathfields oder in Weſtminſter Bridewell geweſen und daher im Stande waren, den Unterſchied der beiden Strafſyſteme zu beurtheilen.

Im Allgemeinen fiel mir hauptſächlich der heitere, offene und gerade Blick auf, durch welchen die Sträflinge in Pentonville ſich ſehr zu ihrem Vortheile von den meiſten Gefangenen, die ich in Coldbathfields und anderen Strafanſtalten geſehen hatte, unterſchieden. Den düſteren, tückiſchen Blick, welcher in anderen Gefängniſſen einen ſo unangenehmen Eindruck auf mich gemacht hatte, jene Scheu vor einem geraden, Auge in Auge treffenden Anſchauen desjenigen, der mit ihnen ſprach, fand ich nur bei ſehr wenigen Sträflingen in Pentonville, und zwar meiſtens bei ſolchen, welche erſt kurze Zeit in dieſer Anſtalt waren. Bei den meiſten Gefangenen traf ich ein zutrauliches, jedoch beſcheidenes Weſen an, ein offenherziges Ausſprechen ihrer Wünſche und Hoffnungen, ein nicht durch das Gewicht der Schuld und Schande und durch die traurigen Ausſichten in die Zukunft niedergebrücktes, ſondern durch die Hoffnung auf einen beſſeren Zuſtand, auf eine Rückkehr in die Geſellſchaft erhobenes und erheitertes Gemüth. Ich glaube nicht zu viel zu ſagen, wenn ich dieſer äußerlichen

Erscheinung der Sträflinge in Pentonville im Vergleiche zu dem Aussehen der Gefangenen anderer Strafhäuser einige Bedeutung beilege. So lange der finstere, nur versteckt unter den Brauen hervorblitzende, unheimliche Blick aus den Augen der Sträflinge nicht verschwunden ist, so lange ist meiner Meinung nach von keiner moralischen Einwirkung auf sie ein Erfolg zu erwarten. Erst, wenn sie zu den Personen, welche mit ihnen verkehren, Vertrauen gewonnen haben, wenn sie nicht mehr an ihrem eigenen Ich, an der Möglichkeit einer Aenderung ihres bisherigen Le= benswandels verzweifeln, erst, wenn sie hoffnungsvoll in die Zukunft schauen, kann an eine erfolgreiche Einwirkung auf sie, an eine wahre Aenderung ihres Sinnes gedacht werden. Sehr viele unter den Sträf= lingen, die ich in ihren Zellen besuchte, sprachen mit mir ganz so heiter und freundlich, wie Handwerker, die man in ihrer Werkstätte besucht. Von jenem Niedergebeugtsein der Verzweiflung, das manche Gegner des penn= sylvanischen Gefängnißsystemes beobachtet haben wollen, fand ich in der Anstalt zu Pentonville keine Spur.

Ich lasse hier einige von den Aeußerungen, welche verschiedene Sträf= linge in ihren Zellen gegen mich machten, so, wie ich sie an Ort und Stelle aufnahm, folgen, weil sie mir als Zeugnisse von den Wirkungen der Einzelhaft auf den Geist und das Gemüth der Gefangenen nicht un= bedeutend erscheinen.

1. — —, ein Mann von 28 Jahren, wegen Diebstahles zu siebenjähriger Transportationsstrafe verurtheilt. Er war vor seiner An= haltung Anstreicher und Zimmermaler gewesen und treibt im Gefängnisse die Wollteppich=Weberei. Er hat einen sehr großen Webstuhl in seiner Zelle, und doch noch Raum genug, darin herumzugehen und so Bewegung zu machen. Er sieht recht frisch und gut aus, obschon er bereits seit 21. Decem= ber 1842, also seit fünf Monaten in der Einzelhaft ist. Er war während des gegen ihn anhängig gemachten Criminalprocesses in dem Gefängnisse Newgate gewesen, in welchem bekanntlich das alte System der Gemein= schaft der Gefangenen besteht. Auf mein Befragen äußerte er, daß er das Pentonville=Gefängniß der Haft in Newgate weit vorziehe und die Gesellschaft, in welcher er in letzterem lebte, durchaus nicht vermisse, indem

ihm seine Arbeit, die Lectüre, der Religions- und Schulunterricht, welchen er erhalte, und die Besuche des Kaplanes die Zeit so vertreiben, daß er gar keine Langweile fühle. Er hat erst in der Strafanstalt das Teppichmachen erlernt und verfertigte zur Zeit meines Besuches, also nach fünfmonatlicher Anhaltung, schon ganz vollständige Teppiche, wie sie in Schlafzimmern vor den Betten gebraucht werden. Er sagte, daß ihm das Lernen in seiner Zelle sehr schnell gehe, und daß er ohne Vergleich größere Fortschritte in allen Elementarkenntnissen mache, als er je in derselben Zeit in seiner Freiheit gemacht habe. Er war über die neuen Kenntnisse, die er sich erst in der Zelle erworben, insbesondere über die mechanischen und naturwissenschaftlichen Kenntnisse, welche er aus einem von der Gesellschaft zur Verbreitung nützlicher Kenntnisse herausgegebenen, mit Holzschnitten versehenen Lesebuche erlangt hatte, sehr erfreut. Was seine Gesundheit anbelangt, so erwiederte er auf meine Frage, daß er sich eben so gut befinde, als er sich je in der Freiheit befunden. Die Aussicht auf ein besseres Los, das ihm bei guter Aufführung in der Strafanstalt nach seiner Deportation in der Colonie bevorsteht, ist ihm, wie er sagte, ein mächtiger Sporn, sich in seinem Handwerke tüchtig auszubilden und sich ordentlich und ruhig zu benehmen. Er versprach, auch nach seinem Austritte aus der Strafanstalt sich gut betragen zu wollen.

2. — —, ein junger Bursche von 22 Jahren, auch wegen Diebstahles zur Transportation verurtheilt. Vor seiner Anhaltung war er Karrenführer, im Gefängnisse ist er mit der Schuhmacherei beschäftigt. Auch er ist seit 21. December 1842 in der Zelle, sah zur Zeit meines Besuches nach fünfmonatlicher Einzelhaft sehr gut aus und äußerte selbst, daß er mit seinem körperlichen Befinden vollkommen zufrieden sei. Er war ebenfalls während seiner vorläufigen Haft in dem Gefängnisse Newgate gewesen, und äußerte sich mit seiner gegenwärtigen Lage, mit der Anhaltung in völliger Absonderung von anderen Sträflingen sehr zufrieden. Er lernte erst in dieser Strafanstalt lesen und schreiben und machte darin, wie er selbst sagte, „in Folge seiner Beschränkung auf sich allein" so schnelle Fortschritte, daß er zur Zeit meines Besuches schon recht gut schreiben konnte.

3. — —, ein verheiratheter Mann, Vater von mehreren Kindern, 40 Jahre alt, wegen Diebstahles zur Transportation verurtheilt. Vor seiner Anhaltung war er Seemann. Er sah gesund und stark aus, allein in seinen Zügen lag große Traurigkeit. Er war während seines Criminalprocesses in Newgate verhaftet gewesen und äußerte, daß er es sehr bedauere, von Newgate nach Pentonville gebracht worden zu sein, weil er dort seine Familie jede Woche wenigstens einmal sehen und mit seiner Frau und seinen Kindern sprechen durfte, während er sie in seiner gegenwärtigen Haft noch gar nicht habe sehen dürfen und es ihm sogar nur alle drei Monate einmal gestattet sei, denselben zu schreiben; auch habe ihm in Newgate die Gesellschaft der übrigen Sträflinge die Gedanken und Erinnerungen an seine unglückliche Familie vertrieben. „Diese Gedanken," sagte er, „sind meine eigentliche Strafe und hier kann ich mich denselben nicht entziehen." Uebrigens erklärte er selbst, daß die Gespräche, welche in Newgate geführt worden, meistens von sehr schlimmer Art gewesen seien und unmöglich auf irgend Jemand gut einwirken konnten; sie seien ihm nur als Mittel zur Vertreibung des quälenden Gedankens an sein Weib und seine Kinder lieb gewesen.

4. — —, ein 21jähriger Bursche, nach der bei der Direction der Anstalt eingeholten Erkundigung von einem sehr heftigen, störrischen Charakter. Er war vor seiner Verhaftung Seemann und wurde wegen Diebstahles zu 10jähriger Transportationsstrafe verurtheilt. Er ist seit 24. December 1842 in der Zelle und war schon vor seiner dermaligen Anhaltung wiederholt in Strafe verfallen. Insbesondere war er schon dreimal auf 9, 10 und 12 Monate in dem Gefängnisse Coldbathfields in London, worin das System der gemeinschaftlichen Arbeit bei Tage unter der Herrschaft des Stillschweigens eingeführt ist, angehalten worden. Auf meine Frage, wie er mit dem Gefängnisse Coldbathfields zufrieden gewesen sei, antwortete er: „Sehr schlecht; wir wurden „dort sehr hart und streng gehalten und sehr oft wegen Vergehen gegen „die Vorschrift des Stillschweigens bestraft. Jede entdeckte Unterredung „zog eine 8tägige Einsperrung in die Dunkelzelle bei Wasser und Brod „nach sich. Ich selbst bin dort sehr oft wegen Schwätzens bestraft worden,

9

„aber ich habe es deſſenungeachtet nicht unterlaſſen. Es iſt nicht
„möglich zu ſchweigen, man muß reden, wenn man mit
„anderen Menſchen beiſammen iſt. Wir wußten recht gut, daß
„jedes Geſpräch, wenn es bemerkt wurde, unerbittlich die Strafe nach
„ſich zog, und doch benützten wir jede Gelegenheit, die ſich uns dar=
„bot, um mit einander zu reden. Wir ſprachen durch Schlüſſellöcher
„mit einander, wir benützten die gemeinſchaftliche Arbeit an der Tret=
„mühle, um uns etwas mitzutheilen; ja, wir machten ſogar öfters
„nur deshalb Lärm, um uns während deſſelben ungeſtört mit einander
„beſprechen zu können, denn in einem ſolchen Falle traf die Strafe Viele
„und war daher für jeden Einzelnen viel gelinder. Wir führten auf dieſe
„Weiſe manchmal recht ausführliche Geſpräche mit einander. Wir thaten
„alles Mögliche, um die Aufſeher zu überliſten und uns ihrer läſtigen
„Ueberwachung zu entziehen, und ich kann ſagen, daß uns dies ſehr
„oft gelang, weil wir natürlich zu Viele waren. Uebrigens muß ich
„ſelbſt geſtehen, wenn ich irgendwo beſſer werden kann, ſo
„iſt es hier in Pentonville. In Coldbathfields war ich in beſtän=
„diger Aufregung und Erbitterung gegen den Director und alle Aufſeher;
„ich hatte Unrecht, ich ſehe es jetzt wohl ein, aber ich konnte nicht anders.
„Aller Strenge, die dort angewendet wurde, ſetzte ich nur Trotz entge=
„gen. Hier bin ich mit unſerer Koſt ſowohl, als auch mit der ganzen
„gutmüthigen Behandlung ſehr zufrieden und dieſelbe kann vielleicht
„gut auf mich einwirken; denn, wenn man gut mit mir umgeht, ſo bin
„ich leicht zu etwas zu bringen; durch Härte und Strenge aber iſt bei
„mir gar nichts auszurichten.“ Dieſer Sträfling iſt in ſeiner Erziehung
außerordentlich vernachläſſiget worden. Er kann weder buchſtabiren, noch
leſen, und hat daher außer den Arbeitsſtunden und an Sonn= oder Feier=
tagen gar keinen Zeitvertreib, und doch hat die Einſamkeit der Zelle auf ihn,
wie es ſcheint, keinen üblen Eindruck gemacht. Er iſt mit dem Zerzupfen
alter Seile und mit Verfertigung von Matten aus dem dadurch ge=
wonnenen Stoffe (Oakum) beſchäftigt, mit einer Arbeit alſo, welche in
den engliſchen Gefängniſſen zu den härteſten und unangenehmſten ge=
rechnet wird.

5. —— ——, ein Mann von 86 Jahren, gleichfalls wegen Diebstahles zur Transportation verurtheilt, Schuster, ein Mensch von einem sehr ruhigen, fast apathischen Charakter. Vor seiner Verurtheilung befand er sich in dem Grafschaftsgefängnisse zu Lewis, in welchem auch schon die beständige Absonderung der Gefangenen bei Tag und Nacht eingeführt ist. Er äußerte, daß er mit seiner Lage in dem Gefängnisse von Pentonville zufrieden sei, sich sehr wohl befinde und gar keinen Grund zu einer Klage habe, da die Behandlung, welche den Sträflingen zu Theil werde, sehr mild und freundlich sei. Die Zellen in Pentonville seien viel geräumiger und luftiger, als die Zellen in Lewis waren. Die Einsamkeit thue ihm nicht weh, weil er kein Freund von Gesellschaft sei.

6. —— ——, ein Bursche von 23 Jahren, wegen Diebstahles verurtheilt, aus Gloucester, wo er sich in einer Landwirthschaft sein Brod verdiente. Er war vor seiner Anhaltung in Pentonville bis zu dem wider ihn ergangenen Urtheilsspruche in dem Grafschaftsgefängnisse zu Gloucester verhaftet gewesen, in welchem nach seiner Aussage die Gefangenen zur Nachtzeit in abgesonderten Zellen schlafen, bei Tage aber gemeinschaftlich arbeiten und selbst, wenn es nur ohne Lärm geschieht, mit einander sprechen dürfen. Er erkennt selbst an, daß die Gespräche, welche dort unter den Gefangenen geführt wurden, von der schlechtesten Art waren, so daß derjenige, welcher daran als Zuhörer oder als Mitsprechender Theil nahm, unmöglich habe besser werden können, aber er erklärte dessenungeachtet, daß er sich in die Gesellschaft anderer Sträflinge zurücksehne, denn die beständige Einsamkeit sei doch „gar zu langweilig."

7. —— ——, ein zwanzigjähriger Bursche, wegen Diebstahles auf sieben Jahre zur Deportation verurtheilt. Er ist seit 21. December 1842 in dem Mustergefängnisse und treibt daselbst die Schuhmacherei. Er war schon früher einmal auf zwei Monate in dem Gefängnisse Coldbathfields in der Strafe gewesen und schilderte mir die Unwirksamkeit des in dieser Anstalt bestehenden Verbotes aller Unterredungen zwischen den Sträflingen. „Wir haben," sagte er, „dieses Verbot häufig umgangen „und sogar sehr oft, ohne von den Aufsehern bemerkt zu werden, mit ein„ander gesprochen. Besonders benützten wir zu solchen Unterredungen die

9 *

„Tretmühle, auf der wir durch einfache Holzwände von einander abge=
„sondert waren, und die Gelegenheit, welche uns die gemeinschaftlichen
„Spaziergänge in den Höfen des Gefängnisses darboten. Wir mußten in
„einer Reihe, Einer hinter dem Anderen gehen, aber dies hinderte nicht,
„daß wir, obgleich wir uns nicht in das Angesicht sehen konnten, doch
„einander etwas zuflüsterten." Vor seiner diesmaligen Verurtheilung
befand sich dieser Sträfling in dem Gefängnisse Newgate und er erklärte,
daß die Gespräche, welche dort unter den zusammengesperrten Angeklag=
ten Statt finden, von der schlechtesten Art seien und fast nur in Erzäh=
lungen von begangenen Diebstählen oder anderen schlechten Streichen
bestehen. Obschon er zur Zeit meines Besuches bereits fünf Monate in
der Einzelhaft war, befand er sich doch vollkommen gesund und frisch.
Er war mit seiner Lage in dem Mustergefängnisse im Vergleiche mit der
Behandlungsart in Coldbathfields und Newgate zufrieden und
äußerte seine Freude sowohl darüber, daß er sich in seinem Handwerke
durch den in Pentonville erhaltenen Gewerbsunterricht bedeutend verbessert
habe, als auch über die schnellen Fortschritte, die er im Lesen, Schreiben
und Rechnen machte. Bei seinem Eintritte in das Mustergefängniß
hatte er nur sehr schlecht lesen, aber weder schreiben noch rechnen können,
und als ich ihn besuchte, las er bereits recht flüssig und schrieb und rech=
nete ziemlich gut.

8. —— —, 19 Jahre alt, wegen nächtlichen Hauseinbruchsdiebstah=
les zur Transportation auf 10 Jahre verurtheilt, ist schon seit 26. Decem=
ber 1842 in diesem Gefängnisse. Vor seiner Anhaltung war er Anstrei=
cher und Zimmermaler gewesen, im Gefängnisse hat er aber die Schuh=
macherei erlernt. Während der gegen ihn anhängigen Criminalprocedur
war er zwei Monate lang in dem Gefängnisse Newgate gewesen, in wel=
chem, wie er auf mein Befragen äußerte, die „abscheulichsten" Gespräche
geführt wurden. Er erklärte, sich körperlich sehr wohl zu befinden und mit
seiner Lage und mit der Behandlung in dem Mustergefängnisse zufrieden
zu sein, und sprach besonders über die auffallend schnellen Fortschritte,
welche er seit seinem Eintritte in diese Anstalt im Lesen, Schreiben und
Rechnen gemacht hatte, seine Freude aus. Er konnte bei seiner Aufnahme

schon etwas lesen und schreiben, aber gar nicht rechnen. Ich war über seine bedeutenden Fortschritte im Schreiben ganz erstaunt, um so mehr, da dieser Sträfling höchstens zweimal in der Woche zum Schulunterrichte zugelassen wird, somit seine Fortschritte fast nur auf Rechnung seiner fleißigen Uebung zu setzen sind.

9. — —, 19 Jahre alt, wegen Diebstahles zur Transportation auf sieben Jahre verurtheilt, ist seit 21. December 1842 in der Zelle. Er war vor seiner Anhaltung Schuhmacher und betrieb auch in der ersten Zeit seiner Haft dasselbe Handwerk; allein, da er an Unterleibsbeschwerden leidet, wurde er auf den Rath des Arztes zur Zimmermannsarbeit verwendet. Er behauptet, daß er sich seitdem besser, als vorher, ja selbst besser, als während er noch in Freiheit war, befinde. Er war schon früher einmal zu dreiwöchentlicher Haft im Gefängnisse von Coldbathfields verurtheilt und daselbst mit dem Zerzupfen alter Seile und auf der Tretmühle beschäftigt worden. Er äußerte sich, daß er die Art, wie er in seiner gegenwärtigen Haft behandelt werde, der in Coldbathfields eingeführten Behandlungsweise weit vorziehe; denn in dem letzteren Gefängnisse seien die Disciplinarstrafen wegen Uebertretung des Gebotes des Stillschweigens ungemein häufig und hauptsächlich deshalb sehr erbitternd, weil trotz derselben sehr viele Unterredungen zwischen den Sträflingen vorfallen, die größtentheils unentdeckt und unbestraft bleiben, und weil somit jeder Sträfling, der wegen Bruches des Stillschweigens bestraft wird, das aufreizende Bewußtsein hat, daß sich viele Andere dasselbe Vergehen unbestraft zu Schulden kommen lassen. Vor seiner Verurtheilung war dieser Sträfling in Newgate verhaftet, das ihm, wie er sagte, unausstehlich gewesen, so daß er froh war, von seinen dortigen Kameraden loszukommen. Er erklärte, daß er mit seiner gegenwärtigen Lage im Vergleiche zu der Behandlungsart, die er in Coldbathfields und Newgate erfahren hatte, ganz zufrieden sei, ja, er gebrauchte sogar den Ausdruck: I am very comfortable here. Nur in den ersten vier Wochen seiner Anhaltung war ihm die Entbehrung jeder Gesellschaft schwer gefallen. „Jetzt," sagte er zu mir, „bin ich ganz daran gewöhnt und befinde mich so gut dabei, daß ich „mir eher Alles als eine solche Gesellschaft, wie ich sie in Newgate

„hatte, wünschen würde." Auch dieser Sträfling machte in den Elementarkenntnissen sehr schnelle Fortschritte.

10. — —, ein Mann von 33 Jahren, wegen eines Einbruch-
diebstahles zur Transportation auf zehn Jahre verurtheilt, das erste Mal
in einer Strafanstalt. Er ist seit 24. December 1842 in dem Mustergefängnisse und war vor seiner Verurtheilung Gärtner in Salisbury. In
dem Pentonvillegefängnisse betreibt er das Zimmermannshandwerk. Er
war während des gegen ihn anhängigen Strafverfahrens bis zu seiner Verurtheilung in dem Gefängnisse zu Salisbury verhaftet, wo seiner Aeußerung nach jeder Gefangene Tag und Nacht in einer Einzelzelle zubrachte
und nur eine Stunde in Gemeinschaft mit den übrigen Gefangenen im
Hofe herumspazieren durfte, wobei ihnen das Stillschweigen auferlegt war.
„Allein dieses Gebot," sagte er, „wurde sehr wenig beachtet, vielmehr
„fanden nicht nur in den Höfen während des Spazierganges sehr häufig
„Gespräche Statt, sondern es wurden selbst von Zelle zu Zelle Unterre-
„dungen gepflogen, und zwar von einer solchen Art, daß ich froh bin,
„aus jener schlechten Gesellschaft weggekommen zu sein." Dieser Sträfling
konnte vor seiner Aufnahme in diese Anstalt weder lesen noch schreiben
und machte in den fünf Monaten seiner Anhaltung sehr bedeutende Fortschritte in diesen Elementarkenntnissen. Ueber seine Gesundheit äußerte er
selbst, daß er sich ganz wohl und sogar besser als bei seinem Eintritte in
die Anstalt befinde. Er sprach sich über die Behandlungsweise und das
in Pentonville befolgte System mit so großer Zufriedenheit aus, daß
auch er sich in Beziehung auf seine dermalige Lage des Ausdruckes:
„I am quite comfortable here" bediente. Er klagte insbesondere nicht
über Langeweile, sondern erklärte, nur in den ersten 4 bis 5 Wochen
seiner Haft von derselben geplagt worden zu sein, jetzt aber sich schon
so an das Alleinsein gewohnt zu haben, daß es ihm gar nicht mehr
schwer falle.

Die vorstehenden Aeußerungen mehrerer Gefangenen, welche ich
in ihren Zellen besuchte, scheinen mir nicht so sehr deshalb von Bedeutung
zu sein, weil daraus hervorgeht, daß die Mehrzahl derselben mit der in
Pentonville eingeführten Einzelhaft, nachdem sie sich durch einige Wochen

daran gewöhnt hatten, zufrieden war und die Gesellschaft anderer Sträflinge leicht entbehrte, als vielmehr deßhalb, weil aus denselben auf eine
unwiderlegliche Weise die gänzliche Unwirksamkeit des Gebotes des Stillschweigens in Strafanstalten und die Nothwendigkeit der Aufhebung aller
Mittheilungen unter den Sträflingen hervorgeht. Uebrigens ist das Zeugniß von Sträflingen, welche sich allerdings erst fünf Monate in der Einzelhaft befunden haben, für diese Strafart keineswegs ganz zu verschmä-
hen, denn darüber sind alle Kenner des philadelphischen Systemes einig,
daß die Vereinzelung in den ersten vier bis acht Wochen am schwersten zu
ertragen ist, und daß die längere Dauer derselben demjenigen, welcher
sich einmal die ersten zwei bis drei Monate hindurch an die Entbehrung
der Gesellschaft anderer Sträflinge gewöhnt hat, nicht mehr sehr beschwer-
lich fällt.

11. Das Correctionshaus Coldbathfields in London
(Coldbathfields house of correction).

Dieses Gefängniß ist das größte Strafhaus in England und ist auch
deshalb von großer Wichtigkeit, weil darin das System der gemeinschaftlichen Arbeit der Sträflinge unter der Herrschaft des Stillschweigens eingeführt ist. Es liegt in dem nördlichen Theile von London, rings von Häusern umgeben, und besteht aus drei abgesonderten Gebäuden, nämlich dem
im Jahre 1794 erbauten „alten Gefängnisse," dem im Jahre 1830
erbauten „Vagabundenflügel" und dem im Jahre 1832 vollendeten
Weibergefängnisse. Das alte Gefängniß ist in der Gestalt eines Vierecks
erbaut, welches im Innern 8 Höfe einschließt, deren jeder einer gewissen
Classe von Sträflingen (z. B. den wegen Felonie oder den wegen Vergehen zu harter Arbeit oder den zu einfachem Arreste Verurtheilten, Vaga-
bunden u. dergl.) angewiesen ist. Es enthält theils abgesonderte Zellen,
die aber nur eine Größe von $7\frac{1}{2}$ Fuß in der Länge, $5\frac{1}{2}$ Fuß in der
Breite und 8 Fuß 10 Zoll in der Höhe haben, mithin nur 360 Kubikschuh enthalten und nur sehr schlecht geheizt und ventilirt werden können,
theils größere gemeinschaftliche Speise-, Arbeits- und Schlafzimmer. Es

fehlt an jeder Ueberſichtlichkeit und Symmetrie des Gebäudes, alle Gänge ſind eng und dunkel und Mittheilungen von Zelle zu Zelle können leicht Statt finden. Zweckmäßiger iſt der ſogenannte „Vagabunbenflügel" gebaut, indem er aus fünf Flügeln beſteht, die von einem halbrunden Gebäube ſtrahlenförmig auslaufen und mit den vier zwiſchen denſelben liegenben Höfen vier Abtheilungen bilden. Alle fünf Flügel ſind brei Stockwerke hoch. Drei barunter ſind boppelt und ihrer ganzen Länge nach in der Mitte burch eine alle Geſchoſſe burchſchneidende Mauer in zwei Theile geſchieben, ſo daß die zwei Hälften jebes Flügels immer zu zwei verſchiebenen Abtheilungen gehören. Jede Abtheilung enthält 4 Schlafzim- mer, 2 Arbeitszimmer und 35 Zellen. Sehr ähnlich iſt die Bauart bes Weibergefängniſſes. Auch bieſes beſteht aus fünf von einem halbrunden Centralgebäube (ber Wohnung der Oberaufſeherin) ſtrahlenförmig aus- laufenden Flügeln, welche zuſammen 141 Einzelzellen, 13 Schlafzimmer auf je neun Betten und 8 Arbeitszimmer enthalten. Das Weibergefängniß hat ſeine eigene Kapelle und ſeine eigenen Strafzellen. Uebrigens ſind auch in bieſen zwei neueren Gefängnißtheilen die Zellen ſchlecht zu heizen und ſo gebaut, baß Mittheilungen von einer Zelle zur anderen leicht mög- lich ſind. Der größte Uebelſtand liegt aber in ber beſtändigen Ueberfüllung bieſer Anſtalt. Sie iſt auf 900 Köpfe berechnet, (und zwar bas alte Gefängniß auf 500, ber Vagabundenflügel auf 150 und bas Weiber- gefängniß auf 250); allein ſchon ſeit vielen Jahren beträgt die tägliche Bevölkerung berſelben im Durchſchnitte 1000 bis 1100 Köpfe und ſie iſt ſogar ſchon öfter bis auf 1800. geſtiegen.

Seit 1. Jänner 1835 iſt in bieſem Gefängniſſe bas Syſtem bes Stillſchweigens eingeführt. Des Nachts ſchlafen 520 Gefangene in abgeſonberten Zellen, alle übrigen aber in großen gemeinſchaftlichen Schlafſälen in abgeſonberten Bettſtätten, wobei bas Stillſchweigen burch bie beſtänbige Anweſenheit eines Aufſehers ober einer Aufſeherin in den Schlafſälen erhalten wirb. Bei Tage werden ſie in Abtheilungen zu gemein- ſchaftlicher, jebvch unter Stillſchweigen zu verrichtender Arbeit angehalten. Alle Aufſeher ſind von ber Anſtalt beſolbet; ber Gebrauch, Sträflinge als Aufſeher über ihre Mitgefangenen zu verwenden, iſt ſeit 1840 abgestellt. Zur Zeit meines Besuches (im Mai 1843) bestand das Personale dieser Anstalt außer dem Director, 2 Kaplänen und der Oberaufseherin (Matrone) noch aus 11 Beamten, 91 männlichen Aufsehern und 36 Aufseherinnen, zusammen also aus 142 Personen. Die Hauptpflicht der Aufseher besteht in der Aufrechthaltung des Stillschweigens und der Ordnung. Sie dürfen keinen Gefangenen selbst bestrafen, sondern müssen jedes Vergehen wider die Hausordnung dem Director anzeigen.

Die Gefangenen dürfen sich immer nur in einer regelmäßigen Ordnung bewegen. Sie gehen zu und von der Arbeit, der Kapelle, dem Speisen und dem Spaziergange in einfachen Reihen, einen Mann hoch, und dürfen sich nicht umschauen, sondern Jeder soll nur auf den Rücken seines Vormannes hinblicken. Ist eine solche Reihe länger als der gerade Raum, in welchem sich die Sträflinge bewegen sollen, so müssen sie in parallel laufenden Reihen gehen, jedoch dergestalt, daß eine solche Reihe von der anderen möglichst weit entfernt ist, um so allen Mittheilungen vorzubeugen. Jeder Gefangene hat eine Nummer und wird immer nur bei seiner Nummer gerufen, damit die Sträflinge über Namen, Wohnung und Beschäftigung ihrer Genossen so viel als möglich in Unkenntniß verbleiben.

Die Tagesordnung dieses Gefängnisses ist folgende: Im Sommer wird um 5 Uhr, im Winter aber um 6 Uhr Morgens durch einen Schuß das Signal zum Aufstehen gegeben. Die Aufseher entriegeln die Thüren der Schlafzimmer und stellen sich dann in geeigneten Zwischenräumen auf, um die Gefangenen, welche zu ihrer Arbeit gehen, zu beobachten. Zuerst bilden diejenigen, welche in den gemeinschaftlichen Schlafsälen geschlafen haben, eine Reihe und begeben sich so in die Höfe hinab. Hierauf folgen in gleicher Ordnung die Gefangenen aus den Zellen. Diese Processionen dauern 15 Minuten. Wenn die Gefangenen nach und nach in den Höfen anlangen, müssen sie so lange in einer Reihe im Hofe herumgehen, bis sie von dem Oberaufseher, welcher zu diesem Ende von Hof zu Hof geht, gezählt sind. Hiezu sind weitere 15 Minuten erforderlich. Dann werden die Sträflinge zu ihren Arbeitszimmern geleitet oder sie müssen die Tretmühle besteigen. Während sämmtliche Sträflinge bei der Arbeit sind, erstatten die Aufseher ihre Berichte über das Benehmen der Gefangenen während des vorhergegangenen Tages und der verflossenen Nacht und die von ihnen wegen einer Uebertretung der Hausordnung angezeigten Sträflinge werden vor den Director gebracht, der nach vorläufiger Untersuchung der Anzeige die Strafen verhängt. Um 9 Uhr werden alle Sträflinge wieder in Reihen in die Speisezimmer geführt, um dort das Frühstück einzunehmen. Die Tische sind beiläufig einen Fuß breit und oft enthält ein Zimmer drei Reihen von Tischen. Die Gefangenen sitzen neben einander, sämmtlich mit dem Gesichte gegen die in gleichen Zwischenräumen ihnen gegenüber aufgestellten Aufseher gewendet. Zum Frühstück ist eine halbe Stunde gestattet, worauf alle Sträflinge in Reihen in die Kapelle gehen müssen. Bis Alle ihre Sitze in derselben eingenommen haben, sind 15 Minuten erforderlich. Nach dem Gottesdienste werden sie in gleicher Weise zu ihrer Arbeit zurückgeführt und um 3 Uhr Nachmittags beginnt derselbe Proceß des Aufmarschirens in Einer Reihe, um zum Mittagsmahle in die Speisezimmer zu gehen. Zum Speisen ist eine Stunde gestattet; jedoch werden die zu sitzenden Beschäftigungen verwendeten Sträflinge in der zweiten Hälfte dieser Stunde, wenn es das Wetter gestattet, um Bewegung zu machen, reihenweise in den Höfen herumgeführt. Nach Ablauf der Speisestunde werden alle Sträflinge neuerlich zu ihrer Arbeit geführt, bei der sie bis zur Abendmahlsstunde bleiben. Wenn diese Stunde schlägt, verlassen zuerst die Oakum-Zupfer ihre Arbeitszimmer und marschiren in Reihen, jeder mit seiner Arbeit, zu dem Arbeitsoberaufseher, welcher das zerzupfte Material übernimmt und abwägt, worauf dieselben wieder, um Bewegung zu machen, reihenweise in den Höfen herumgeführt werden. Dann ertönt die Glocke, welche den bei der Tretmühle Beschäftigten gestattet, ihre Arbeit zu verlassen, und, nachdem dies geschehen ist, begeben sich alle Sträflinge in die Speisezimmer zum Abendmahle, zu welchem eine halbe Stunde erlaubt ist. Nach dem Abendmahle gehen sie reihenweise in ihre Abtheilungen, stellen sich dort in Reihe und Glied, werden von dem Oberaufseher gezählt und dann nach ihren Nummern aufgerufen, um in ihre Zellen oder zu ihren Betten in den gemeinschaftlichen Schlafsälen zu gehen. Diese letzten Operationen fordern 20 Minuten. Im Ganzen sind im Laufe eines Tages wenigstens 1 Stunde 45 Minuten zu allen

diefen Märschen, zur Bildung der Reihen u. s. w. erforderlich; ein Auf=
wand von Zeit und Mühe, der höchst unfruchtbar genannt werden muß.

Die Arbeit der Sträflinge besteht mit Ausnahme der nothwendi=
gen Hausarbeiten fast nur in Dakum=Zupfen und in der ganz nuzlosen
Beschäftigung bei der Tretmühle; nur Wenige sind mit Manufacturarbei=
ten beschäftigt. Am 31. März 1843 waren von 769 männlichen Sträf=
lingen 288 auf der Tretmühle, 279 zum Dakum=Zupfen, 14 zur Herrich=
tung der alten Seile zum Zupfen, 111 zu verschiedenen Hausarbeiten
(z. B. als Küchengehülfen, Auskehrer, Lampenpuzer, Maurer u. dergl.)
und nur 20 als Teppichmacher, 7 als Weber, 14 als Spinner, 3 als
Schneider, 4 als Schuster und 8 als Zimmerleute verwendet. An eben die=
sem Tage waren von 238 weiblichen Gefangenen 78 auf der Tretmühle,
64 mit Dakum=Zupfen, 34 mit Näharbeit, 17 mit Stricken und 15 mit
Waschen beschäftigt. Es ist wahrhaft bedauerlich, daß die Kräfte von bei=
läufig 1000 Menschen in diesem Gefängnisse beständig auf eine entweder
ganz nuzlose oder doch sehr unfruchtbare Weise verwendet werden. Als
Grund davon gab mir der Director dieser Anstalt, G. L. Chesterton,
welcher übrigens seiner einsichtsvollen und festen Leitung dieser Anstalt
halber alles Lob verdient, vorzüglich die Besorgniß an, die freien Arbeiter,
welche ohnehin seit mehreren Jahren nicht immer Arbeit finden können,
durch die Concurrenz der im Gefängnisse erzeugten Waaren mit ihren
Erzeugnissen zu beeinträchtigen. Ein anderer wichtiger Grund davon liegt
in der Kürze der Zeit, auf welche die meisten Sträflinge in diese Anstalt
kommen.

Dieses Gefängniß ist nämlich für lauter bereits abgeurtheilte Sträf=
linge von drei Tagen bis zu drei Jahren bestimmt. In dem Jahre vom
30. September 1840 bis 29. September 1841 wurden im Ganzen
11,048 Köpfe in demselben angehalten, worunter 9991 im Laufe dieses
Jahres neu aufgenommen wurden. Unter diesen neu aufgenommenen Sträf=
lingen waren 2692 auf weniger als vierzehn Tage, 2478 auf vier=
zehn Tage, aber weniger als einen Monat, 2827 auf einen Monat und dar=
über, aber weniger als zwei Monate, 646 auf zwei Monate und darüber,
jedoch unter drei Monaten, 791 auf drei Monate und darüber, aber

unter sechs Monaten, 486 auf weniger als ein Jahr, 148 auf weniger als zwei Jahre und nur 23 auf zwei Jahre und darüber verurtheilt. Die mittlere tägliche Bevölkerung betrug in eben diesem Jahre 753 Männer und 279 Weiber, zusammen 1032 Köpfe. Unter den 11,043 Sträflingen, welche sich im Laufe dieses Jahres in der Anstalt Coldbathfields befanden, waren 1046 Knaben und 248 Mädchen weniger als 17 Jahre alt; sie betrugen 12% der Gesammtbevölkerung und es ist sehr tadelnswerth, daß dieselben von den erwachsenen Sträflingen nicht abgesondert werden. Die Zahl der unter den erwähnten 11,043 Sträflingen schon früher in diesem Gefängnisse Gewesenen belief sich auf 3609 d. i. 33% (⅓) der Gesammtbevölkerung. Darunter waren 731 schon zweimal, 307 dreimal und 807 vier- und mehrmal in dieser Anstalt angehalten worden. Wie traurig es mit dem Bildungszustande der Sträflinge dieses Gefängnisses bestellt ist, ergibt sich daraus, daß unter 8546 im Jahre 1841 in Folge summarischer Verurtheilung in dasselbe gekommenen Sträflingen 4959 (d. i. beinahe 60%) weder lesen noch schreiben, 897 nur lesen und 2690 nur unvollkommen lesen und schreiben konnten.

Was die Beobachtung des Stillschweigens in diesem Gefängnisse betrifft, so dürfte aus den oben mitgetheilten Unterredungen, welche ich in dem Pentonville-Gefängnisse mit mehreren ehemals in Coldbathfields befindlich gewesenen Sträflingen hatte, hinlänglich hervorgehen, daß in dieser Anstalt das Stillschweigen keineswegs vollständig beobachtet wird, daß vielmehr nicht selten Gespräche unter den Sträflingen Statt finden und gar oft unbestraft bleiben. Die Tretmühle, auf welcher die Sträflinge höchstens durch einfache Holzwände von einander geschieden sind, das gemeinschaftliche Oakum-Zupfen und die Bewegungen in Reihen bieten zu Gesprächen, oder doch zu kleineren Mittheilungen vielfache Gelegenheit dar. Noch deutlicher ergibt sich die Gewißheit, daß das Stillschweigen nicht genau beobachtet werde, aus der Betrachtung der in diesem Gefängnisse nothwendig gewordenen Disciplinarstrafen. Es ergibt sich in dieser Hinsicht aus den Jahresberichten der Gefängnißinspectoren folgende Tabelle:

141

Jahre	Mittlere tägliche Bevölkerung Köpfe	Anlegung von Eisen	Körperliche Züchtigung	Dunkelzelle	Fasten	Andere Strafen	Gesammtsumme	Durchschnittszahl der täglich verhängten Disciplinarstrafen:	Auf 100 Sträflinge kamen täglich Disciplinarstrafen:
			Anzahl der Disciplinarstrafen						
1837	1030	—	2	2391	10,950	469	13,812	38	3. 7
1838	1023	—	9	1625	13,629	3686	18,949	52	5
1839	1077	—	9	1800	14,514	1833	17,656	48	4. 5
1840	1041	146	13	2116	16,728	1975	20,974	57	5. 5
1841	1032	122	10	1998	15,137	807	18,071	49	4. 7

Es kamen also im Durchschnitte jährlich 17,900 Disciplinarstrafen auf eine Bevölkerung von 1040 Köpfen vor, so daß täglich ungefähr 5% der Gesammtbevölkerung (d. i. je der Zwanzigste) einer solchen Strafe verfielen. Von diesen Strafen wurden im Jahre 1840 7954 und im Jahre 1841 9687 nur für Schwätzen, Lärmen und unschickliche Reden verhängt. Der Gefängnißdirector Chesterton spricht sich hierüber in seiner protocollarischen Vernehmung vor den Gefängnißinspectoren mit folgenden Worten aus: „Die Disciplinarstrafen sind offenbar unzureichend, „um die Hausordnung aufrecht zu erhalten. Sie schrecken die Gefangenen „nicht ab. Ich gehe so weit, als es das Gesetz nur erlaubt, und zuletzt „gelingt es mir, die wiederholt bestraften Gefangenen zur Ordnung zu „bringen. Aber die neuen Ankömmlinge verursachen immer neue Schwie= „rigkeiten. Insbesondere wirkt die Strafe des Fastens nicht genug abschre= „ckend, wenn man sie nicht in einer solchen Ausdehnung anwendet, daß „sie für die Gesundheit der Gefangenen verderblich werden müßte." *)

Der Gesundheitszustand der Anstalt ist im Allgemeinen befriedigend, doch nur wegen der Kürze der Strafen der meisten Gefangenen. Für län= gere Strafzeiten müßte die Anhaltung in diesem größtentheils sehr unvoll= kommen gebauten Gefängnisse sehr gefährlich sein.

Die Ausgaben für dieses Gefängniß betrugen im Jahre 1841 21,880 Pfund Sterling, wovon 11,576 Pfund auf die Besoldungen der Beam= ten und Aufseher, 5522 Pfund auf die Kost, 1201 Pfund auf Klei=

*) Second report of the inspectors of prisons. I. Home district. London 1837. pag. 99.

142

dung und Bettung, 394 Pfund auf die Heizung und 1315 Pfund auf Baureparaturen kamen. Der jährliche Kostenbetrag für Einen Sträfling belief sich daher auf 21 Pfund 2 Schillinge (d. i. 211 fl. E. M.).

III. Das Gefängniß Tothillfields oder Westminster Bridewell in London.

Diese Anstalt wurde im Jahre 1833 mit einem Kostenaufwande von 200,000 Pfund Sterling (d. i. zwei Millionen Gulden Conv. Münze) erbaut und verdient wegen der Helle und Geräumigkeit aller Theile derselben, so wie wegen der musterhaften Ordnung und Reinlichkeit, welche darin herrscht, von Reisenden besucht zu werden. Leider ist bei dem Baue dieses Gefängnisses weit mehr auf die Schönheit, als auf die Zweckmäßigkeit des Gebäudes gesehen worden und es ist daher der größte Theil der darauf verwendeten Summen als verschwendet zu betrachten. Diese Anstalt dient für Angeklagte, Sträflinge und Schuldenhalber Verhaftete. Diese verschiedenen Classen von Gefangenen, so wie auch die beiden Geschlechter werden in ganz abgesonderten Gebäuden angehalten. Die Angeklagten und Schuldgefangenen werden nach dem Systeme der nur wenig beschränkten Gemeinschaft behandelt, die Sträflinge aber sind dem Systeme des Stillschweigens unterworfen. Bei Tage arbeiten sie gemeinschaftlich, jedoch schweigend, in Arbeitssälen oder auf der Tretmühle, zur Nachtzeit aber werden sie in abgesonderten Zellen verwahrt, welche für diesen Zweck fast übergroß sind. Sie sind 8 Fuß lang, 6 Fuß breit und 10 Fuß hoch. Die Zellen, welche dazu verwendet werden, im Wege der Disciplinarstrafe zur ununterbrochenen Vereinzelung der Sträflinge zu dienen, sind doppelt so breit. Bei dieser verschwenderischen Construction, der großen Sorgfalt für Heizung und Lüftung, so wie für eine musterhafte Reinlichkeit, und bei der guten und reichlichen Kost der Gefangenen ist es nicht zu wundern, daß der Gesundheitszustand dieser Anstalt vortrefflich ist.

Nicht gleiches Lob kann man den moralischen Erfolgen derselben ertheilen. Das System des Stillschweigens wird von dem Director dieses Gefängnisses, dem Lieutenant Tracey, auf eine höchst ausgezeichnete Weise gehandhabt, allein sein Eifer und seine Geschicklichkeit vermögen nicht, die Mängel des

Syſtemes ſelbſt zu heben. Er ſelbſt bekennt offen, daß es ihm nicht gelungen ſei, ein vollſtändiges Stillſchweigen unter den Sträflingen zu erzielen.
Er ſpricht ſich hierüber in ſeiner Vernehmung vor den Gefängnißinſpectoren auf folgende Weiſe aus: „Obſchon in der mir untergebenen Anſtalt
„das Syſtem des Stillſchweigens eingeführt iſt, finde ich es doch unmög-
„lich, alle Mittheilungen zu verhindern. Das Schwätzen an der Tretmühle
„iſt etwas Alltägliches, und wenn die Sträflinge deshalb angezeigt wer-
„den, ſagen ſie ſehr oft: „Ich habe nur mit mir ſelbſt geſprochen.“ Auch
„auf dem Wege von und zu der Kapelle, ſo wie während des Gottesdien-
„ſtes, finden oft Unterredungen Statt. Uebrigens ſind dieſe Mittheilungen
„doch nicht ſo verderblich, als unter dem Syſteme der unbeſchränkten
„Gemeinſchaft der Sträflinge. Es herrſcht eine große Neugier unter den
„Dieben. „Auf wie lang biſt du hier?“ iſt eine gewöhnliche Frage auf
„der Tretmühle und der Befragte legt nur zwei Finger auf das Rad,
„was die Antwort: „zwei Monate“ bedeutet. In der Krankenabtheilung
„iſt es unmöglich, Mittheilungen zu verhindern, denn wir können die
„Kranken nicht ſtrafen und es iſt auch gegen die Uebung, ſie nach ihrer
„Geneſung zu beſtrafen*).“ Den deutlichſten Beweis, wie wenig alle
Bemühungen, das Syſtem des Stillſchweigens vollſtändig durchzuführen,
ausrichten, liefert die Betrachtung der Anzahl der in dieſer Anſtalt vor-
kommenden Disciplinarſtrafen, welche ſo groß iſt, daß ſich in dieſer Beziehung kaum irgend ein Gefängniß in Europa damit meſſen kann.

Jahre	Mitt- lere tägliche Bevöl- terung. Köpfe	Anzahl der Disciplinarſtrafen.						Durch- ſchnitts- zahl der täglich verhäng- ten Disci- plinarſtra- fen:	Auf 100 Gefangene kamen täglich Discipli- narſtrafen:
		Untergang von Eiſen	Körperli- che Züchti- gung	Dunkel- zelle	Einſame, jedoch lich- te Zelle	Faſten	Geſammt- ſumme		
1837	350	1	1	61	1476	3336	4878	13	3. 7
1838	337	24	1	26	2415	1584	7080	20	6
1839	353	31	2	18	2189	6756	8996	25	7
1840	251	59	—	102	1606	4973	6740	19	7. 5
1841	260	29	1	85	982	5538	6585	18	7

*) Second report of the inspectors of prisons. I. Home district p. 108 und 109.

Es kamen also im Durchschnitte jährlich 6900 Disciplinarstrafen auf eine mittlere Bevölkerung von 310 Köpfen vor. Hieraus ergibt sich, daß täglich über 6% der Gesammtbevölkerung (d. i. je der Sechzehnte) einer Disciplinarstrafe verfielen.

Hiezu kommt noch die große Kostspieligkeit dieser Bemühungen, das Stillschweigen aufrecht zu erhalten. Die Zahl der Beamten und Aufseher dieser Anstalt beläuft sich auf 50, deren Besoldungen allein jährlich 4400 Pfund Sterling (d. i. 14 Pfund auf den Kopf Eines Gefangenen) ausmachen. Die Gesammtausgaben beliefen sich im Jahre 1841 auf 7280 Pfund; es kamen daher während dieses Jahres auf Einen Gefangenen 28 Pfund (d. i. 280 fl. C. M).

IV. Das Gefängniß Newgate in London.
(Gaol of Newgate).

Dieses Gefängniß ist unmittelbar neben dem Gebäude Old Bailey in der City von London, worin jetzt die Sitzungen des Central-Criminalgerichtes gehalten werden, gelegen und dient theils als Haftgebäude für die Angeklagten, welche vor dieses Criminalgericht gestellt werden sollen, theils auch als Strafanstalt für einige auf kurze Zeit Verurtheilte. Diese Anstalt wird hier nur deshalb erwähnt, um zu bestätigen, daß darin noch heutzutage das verderbliche System der unbeschränkten Gemeinschaft der Gefangenen besteht. Nur die beiden Geschlechter sind von einander, die jugendlichen von den erwachsenen Gefangenen und die Angeklagten von den Verurtheilten abgesondert. Außer dieser Classification besteht keine weitere Absonderung. Die Gefangenen sind in Zimmer vertheilt, so daß in der Regel 10 bis 20 Individuen in einem Zimmer angehalten werden, ohne daß sie darin von einem Aufseher überwacht würden. Es herrscht daher in dieser Anstalt die gegenseitige moralische Verschlechterung der Gefangenen in hohem Maße und es ist dies um so bedauerlicher, weil jährlich an 4000 Gefangene durch dieses Gefängniß gehen. Selbst in der Weiberabtheilung ist jede Spur von den Besserungsversuchen der edlen Menschenfreundin Elisabeth Fry verschwunden und es herrscht darin ein eben so ausgelassenes, ja nicht selten sogar ein zügelloseres Benehmen, als unter den männlichen Gefangenen. Ich selbst traf bei meinem Besuche dieser Anstalt in einem Weiberzimmer eine Gefangene an, welche eben den anderen vor» tanzte, als wir eintraten. Man kann noch immer sagen, daß dieses Gefängniß zu den schlechtesten von Europa gehört, obschon für das phy» sische Befinden der Gefangenen in den letzten Jahren bedeutende Verbesse» rungen geschehen sind. Die Register über die Disciplinarstrafen dieser Anstalt weisen dies auf das Deutlichste nach, indem sie zeigen, daß wech» selseitiges Bestehlen der Gefangenen, Raufereien, unzüchtiges Benehmen, Singen, Spielen und Lärmen, (ja sogar das Blindekuhspiel,) nicht selten vorkommen. Das Gefängniß ist nur auf 350 Köpfe gebaut und muß oft 450 aufnehmen, wodurch die Ordnung noch mehr leidet. Die mittlere tägliche Bevölkerung betrug im Jahre 1841 216 Köpfe (159 Männer und 57 Weiber). Die Gesammtzahl der in diese Anstalt Aufgenommenen belief sich im Jahre 1841 auf 3457 und im Jahre 1842 auf 3836 Köpfe. Die Ausgaben dieses Gefängnisses betrugen 8250 Pfd. Sterling. Der jährliche Kostenbetrag für Einen Gefangenen belief sich also auf 40 Pfund!

V. Das Gefängniß Milbank in London
(General Penitentiary at Milbank).

Diese große Anstalt wurde in den Jahren 1813 bis 1821 er» baut. Sie liegt in dem südlichen Theile von London, sehr nahe an der Themse, und ist für 1200 Gefangene eingerichtet. Die Construction ist ganz eigenthümlich. In dem Mittelpuncte des von der Umfassungsmauer ein» geschlossenen achteckigen Raumes liegt die Kapelle. Sie wird von einem regelmäßig sechseckigen Gebäude umschlossen, in welchem sich die Woh» nungen und Aemter des Directors und der Beamten des Gefängnisses befinden. Jede Seite dieses Sechseckes bildet die Basis eines regelmäßi» gen Fünfeckes, dessen vier andere Seiten in drei Geschossen die Zellen der Gefangenen enthalten. Das Gefängniß besteht also aus sechs Fünf» ecken, deren jedes 192 Gefangenzellen enthält, welche in den drei Ge» schossen so vertheilt sind, daß ihre Fenster gegen den von dem Fünfecke umschlossenen Hof zu gehen. In der Mitte eines jeden von einem Pen» tagone eingeschlossenen Hofes liegt ein Observationsgebäude, das zugleich

10

als Wohnhaus für Gefängnißaufseher dient. Der Hof im Inneren jedes Fünfeckes ist in mehrere Abtheilungen gebracht. An jedem Ecke der Pentagone befindet sich ein Thurm, welcher eine Stiege und zugleich die Abtritte enthält. Die Zellen sind meistens 10 Fuß lang, 7 Fuß breit und 10 Fuß hoch. Die Heizung und Ventilation der Zellen ist unvollkommen. Ueberhaupt ist die ganze Anstalt, so kostspielig sie war, (sie kostete 600,000 Pfund Sterling,) nicht nur wegen des gänzlichen Mangels an Uebersichtlichkeit und zahlreicher Mängel in der Construction, sondern vorzüglich deshalb als ein ganz verunglückter Versuch zu betrachten, weil die Lage derselben außerordentlich ungesund ist. Sie ist fast am Ufer der Themse, an einer niedrigen, sumpfigen Stelle, in einer feuchten Atmosphäre gebaut, in einem Stadttheile, der fast nur lauter Fabriken enthält, welche die Luft mit Rauch und mannigfaltigen Ausdünstungen erfüllen. Sie hat kein gutes Trinkwasser und ist von einem fast das ganze Jahr hindurch mit stehendem Wasser gefüllten Graben umgeben. Die Folge davon war, daß wiederholt förmliche Epidemien in diesem Gefängnisse ausbrachen und solche Verheerungen anrichteten, daß man endlich im Jahre 1843 zu dem Entschlusse kam, diese mit einem so ungeheuren Kostenaufwande gebaute Anstalt gar nicht mehr als Strafhaus, sondern nur als ein provisorisches Depot für Sträflinge, welche zur Transportation verurtheilt sind, zu benützen. Hieraus ergibt sich genügend, daß dieses Gefängniß durchaus nicht als Muster für andere Anstalten empfohlen zu werden verdient; doch ist die Geschichte der in diesem Pönitentiarhause bestandenen Systeme nicht ohne Interesse.

Bei Eröffnung dieser Anstalt wurde ein gemischtes System in der Art eingeführt, daß die Sträflinge in den 18 bis 24 ersten Monaten ihrer Strafe der beständigen Absonderung bei Tag und Nacht, nach Ablauf dieser Zeit aber der Absonderung zur Nachtzeit und gemeinschaftlicher Arbeit bei Tage unterworfen wurden. Die Folge davon war, daß alle guten Wirkungen, welche die Vereinzelung der Sträflinge in dem ersten Stadium ihrer Strafe hervorgebracht hatte, durch den Wiedereintritt derselben in die Gemeinschaft mit anderen Sträflingen schnell vernichtet wurden. Dies bewog das leitende Comité, im März 1832 die zweite Classe ganz aufzuheben und alle Sträflinge während ihrer ganzen Strafzeit der Vereinzelung zu unterwerfen. Die ungesunde Lage der Anstalt, die unzulängliche Fürsorge für genügende Heizung und Lüftung der Zellen, und eben so die unzureichenden Anstalten, um den Sträflingen hinlängliche Körperbewegung und die nothwendige Zerstreuung durch häufige Besuche und Unterricht in den Elementarkenntnissen zu verschaffen, zeigten sich bald als veranlassende Ursachen nicht nur einer sehr vermehrten Sterblichkeit, sondern auch einer nicht unbedeutenden Anzahl von Geistesstörungen. In den Jahren 1838 bis 1841 einschlüssig kamen bei einer mittleren Bevölkerung von 540 Köpfen 21 Fälle von Geisteskrankheit vor. Die Gefängnißinspectoren Crawford und Russell, welche im Jänner 1840 in Folge des im Jahre 1839 ergangenen Gesetzes (2 et 8 Vict. c. 56) die Erklärung über die Zweckmäßigkeit der Zellen dieser Anstalt ausstellen sollten, nahmen nach genauer Untersuchung dieser Zellen Anstand, dieselben für geeignet zur Ausführung der Einzelhaft zu erklären, und gestatteten zwar die Fortsetzung der vereinzelnden Behandlungsweise provisorisch auf ein Jahr, drangen aber auf eine genaue ärztliche Untersuchung. Die Folge davon war, daß diese Anstalt für die Anwendung der Einzelhaft als ungeeignet erkannt wurde. Im Monate Juli 1841 wurde ein neues System eingeführt, dessen wesentlichste Grundzüge darin bestanden, daß alle in diese Anstalt eintretenden Sträflinge während der ersten drei Monate ihrer Anhaltung der Einzelhaft unterworfen, nach Ablauf dieser drei Monate aber zwar bei Tag und Nacht in ihren Einzelzellen verwahrt werden, jedoch während der zur Uebung des Körpers bestimmten Spazierzeit die Erlaubniß haben sollten, drei und drei mit einander herumzugehen und zu sprechen. Nur die zur Anhaltung in Milbank von den Kriegsgerichten verurtheilten Soldaten und die wegen eines Vergehens unnatürlicher Unzucht Verurtheilten sollten von diesem Verkehre mit anderen Gefangenen ganz ausgeschlossen bleiben und sich daher in den Spazierhöfen nur reihenweise herumbewegen und dabei das strengste Stillschweigen beobachten. Dieses System ist in moralischer Hinsicht offenbar als verwerflich zu betrachten; denn gerade der Umstand, daß die Sträflinge nur während der Spazierstunden mit einander sprechen dürfen, scheint

10*

beſonders baʒu geeignet, dieſe Unterredungen für die Sittlichkeit der Gefan‐
genen noch verderblicher ʒu machen, weil ſich dieſelben die ʒu beſprechenden
Gegenſtände im Vorhinein überdenken können. Die Verheerungen, welche
die Ruhr im Jahre 1842 in dieſer Anſtalt anrichtete, hatten endlich den
ſchon erwähnten Beſchluß ʒur Folge, ſie in ein blos proviſoriſches Depot
für ʒur Transportation verurtheilte Sträflinge ʒu verwandeln.

VI. Das Grafſchaftsgefängniß (county house of correction) ʒu Wakefield bei York.

Dieſe Anſtalt gehört ʒu den größten Englands und iſt deshalb von
Wichtigkeit, weil ſie nach dem Syſteme des Stillſchweigens geleitet wird
und die darin über die Wirkungen dieſes Syſtemes gemachten Erfahrun‐
gen als bedeutend angeſehen werden müſſen, da daſſelbe ſchon ſeit 17
Jahren in Wirkſamkeit iſt. Dieſes Gefängniß iſt für Angeklagte, für
Sträflinge und für Schulden halber Verhaftete beider Geſchlechter beſtimmt
und hatte im Jahre 1841 eine mittlere tägliche Bevölkerung von 677
Köpfen. Viel größer iſt jedoch die Zahl aller im Laufe dieſes Jahres in
der Anſtalt befindlich geweſenen Perſonen. Sie belief ſich auf 3569 Män‐
ner und 607 Weiber, ʒuſammen auf 4176 Köpfe, welche wegen Ver‐
brechen oder Vergehen verhaftet waren, und auf 91 Schuldgefangene,
worunter 3 Weiber, im Ganʒen alſo auf 4267 Köpfe. Die Anſtalt iſt
gegenwärtig ſehr oft überfüllt, denn ſie iſt eigentlich nur auf 500 bis 600
Köpfe berechnet und muß oft 800 Köpfe und darüber auf Einmal faſſen.
Dieſer Umſtand und die niedere, feuchte Lage, ſo wie die ſchlechte, beſon‐
ders in Beʒug auf die Heiʒung und Ventilation ſehr unvollkommene Bau‐
art dieſes Gefängniſſes ſind Urſache des ſchlechten Geſundheitsʒuſtandes
derſelben. Die Tretmühle, das Wollʒupfen und das Kämmen der Wolle
ſind die vorherrſchenden Beſchäftigungsarten dieſer Anſtalt; eine bedeutende
Anʒahl von Gefangenen wird auch beſtändig ʒu häuslichen Verrichtungen
verwendet. Die Zahl der Beamten und Aufſeher iſt ʒwar nicht ſo groß, wie
in den beiden Londoner Gefängniſſen, in welchen das Syſtem des Still‐
ſchweigens eingeführt iſt, aber doch immerhin bedeutend. Außer dem Direc‐

tor, dem Kaplane, dem Arzte und der Oberaufseherin sind noch 50 Beamte und männliche Aufseher und 14 Aufseherinnen in Verwendung. In Folge des Gesetzes 2 et 3 Victor. c. 56 ist auch in dieser Anstalt der ehemalige Gebrauch, Sträflinge als Aufseher zu verwenden, abgestellt worden.

Was nun das Stillschweigen betrifft, so versicherte mich der Director Sheperd selbst, daß in diesem Gefängnisse von einer strengen Beobachtung desselben keine Rede sei, und daß es auch bei der Beschaffenheit des Gefängnisses, welche die Vereinigung von fünfzig bis sechzig Sträflingen in Einem Arbeitssaale unter der Aufsicht eines einzigen Aufsehers nothwendig mache, und bei der seiner Meinung nach zu geringen Anzahl von Aufsehern unmöglich sei, eine vollständige Aufrechthaltung des Stillschweigens zu erzielen. Sheperd hat das System des Stillschweigens selbst in dieser Anstalt eingeführt; allein die ungeheuren Schwierigkeiten der Durchführung desselben, welche er durch eine siebzehnjährige Erfahrung kennen lernte, und insbesondere die Seltenheit so geschickter und thätiger Aufseher, wie sie zu einer erfolgreichen Anwendung desselben unentbehrlich sind, haben ihn zu der Ueberzeugung gebracht, daß unter den bestehenden Verhältnissen neue Gefängnisse zweckmäßiger nach dem Vereinzelungssysteme erbaut werden. In Wakefield selbst wird eben jetzt ein neues Grafschaftsgefängniß auf 700 Köpfe nach dem pennsylvanischen Systeme gebaut, dessen Vollendung spätestens im Jahre 1845 zu erwarten ist, und dessen Leitung Sheperd sohin übernehmen wird.

Die Berichte der Gefängnißinspectoren liefern über die Anzahl der in dieser Anstalt vorgekommenen Disciplinarstrafen folgendes Ergebniß.

Jahre.	Mittlere tägliche Bevölkerung	Anzahl der Disciplinarstrafen	Durchschnittszahl der täglich verhängten Disciplinarstrafen	Auf 100 Sträflinge kamen täglich Disciplinarstrafen
1836	423	11,013	30	7
1837	506	12,445	84	6.7
1838	478	6261	17	8.5
1839	495	2087	6	1.2
1840	607	1425	4	0.7
1841	677	2616	7	1

In den Jahren 1836 und 1887 war also die Disciplin in diesem Gefängnisse so streng, als in irgend einer anderen, nach dem Systeme des Stillschweigens geleiteten Anstalt Englands. Die plötzliche Verminderung der Anzahl der Disciplinarstrafen im Jahre 1838 rührt davon her, daß im Laufe dieses Jahres die Strafe des Fastens für Uebertretungen der Hausordnung als mit dem Gesundheitsstande der Sträflinge unverträglich und als „ohnehin unwirksam" ganz abgeschafft wurde. Die in den Jahren 1839 bis 1841 verhängten Strafen für solche Vergehen bestanden daher ausschließend in der Einsperrung in die einsame und bei größeren Vergehen in die dunkle Zelle. Die auffallend geringe Anzahl dieser Strafen beweiset hinlänglich, wie sehr die Disciplin an Strenge und Genauigkeit nachgelassen hat, was mir übrigens von dem Director und dem Kaplane dieser Anstalt selbst bestätiget wurde, indem sie mir erklärten, daß die ersten Uebertretungen der Vorschrift des Stillschweigens in der Regel gar nicht, und selbst die folgenden nur, wenn sie mit Geräusch und Unordnung verbunden wären, bestraft würden. Ein Hauptgrund dieser Verminderung der Disciplinarstrafen, welche in den letzten Jahren in allen englischen Gefängnissen, in denen das System des Stillschweigens eingeführt ist*), beobachtet wurde, liegt, wie mich der Gefängnißinspector W. Russell versicherte, darin, daß die öffentliche Meinung in England seit dem Bekanntwerden der ungeheuren Anzahl von Disciplinarstrafen durch die veröffentlichten Jahresberichte der Gefängnißinspectoren sich so entschieden gegen diese Härte ausgesprochen hat, daß die Gefängnißvorsteher lieber die Disciplin in ihren Anstalten minder streng aufrechthalten, als sich dem öffentlichen Tadel der Journale wegen allzu großer Strenge aussetzen**).

---

*) Auch in Coldbathfields belief sich die Zahl der Disciplinarstrafen im Jahre 1842 bei einer täglichen Bevölkerung von 1050 Köpfen nur auf 16,918, während sie im Jahre 1840 bei einer täglichen Bevölkerung von 1014 Köpfen 20,974, also um 4056 mehr betragen hatte.

**) S. den im Anhange mitgetheilten Brief dieses Gefängnißinspectors.

VII. Die Anstalt für jugendliche Sträflinge zu Parkhurst auf der Insel Wight.

Dem mehrjährigen Anbringen der Gefängnißinspectoren Crawford und Russell und ihrer beredten Schilderung der außerordentlich traurigen moralischen Folgen, welche die Vermengung der jugendlichen Sträflinge mit den erwachsenen in den größtentheils nach dem Systeme einer mehr oder minder beschränkten Gemeinschaft der Gefangenen geleiteten Anstalten herbeiführen müsse, gelang es endlich, durch die Errichtung der Strafanstalt zu Parkhurst wenigstens eine theilweise Abhülfe des von ihnen angezeigten Uebels zu erringen. Im Jahre 1838 wurde die Regierung ermächtigt, das ehemalige Militärspital zu Parkhurst in ein Gefängniß für jugendliche Sträflinge*) umzuwandeln. (1 et 2 Vict. cap. 82 vom 10. August 1838.) In Folge dieses Gesetzes sollten jugendliche (d. i. noch nicht 17 Jahre alte) Uebertreter, welche entweder zur Gefängniß- oder Transportationsstrafe verurtheilt worden, und deren Auswahl ganz dem Minister des Innern anheimgestellt wurde, in diese Anstalt versetzt werden, um daselbst entweder bis zum Ablaufe ihrer Strafzeit oder bis zur Anordnung ihrer Transportation oder bis zu ihrer Versetzung in das Gefängniß, in welches sie ursprünglich hätten gebracht werden sollen, zu verbleiben. Es wurde dem Minister des Innern überlassen, nach seinem Gutbefinden die Zeit der Transportation oder der Versetzung jedes Sträflinges in ein anderes Gefängniß zu bestimmen. Insbesondere wurde ihm die Macht eingeräumt, jeden Sträfling, welcher sich in der Strafanstalt zu Parkhurst so schlecht betrüge, daß er als unverbesserlich erkannt würde, sogleich aus der Anstalt zu entfernen und nach dem vollen Inhalte des ursprünglich wider ihn ergangenen Spruches transportiren oder in ein anderes Strafhaus versetzen zu lassen.

Der Hauptzweck der Errichtung dieser Anstalt liegt aber darin, jugendliche, zur Transportation verurtheilte Sträflinge für ihr späteres Leben vorzubereiten, ihnen mehr eine Durchgangsstufe der Belehrung und

---

*) S. hierüber die fünf Jahresberichte unter dem Titel: Reports relating to Parkhurst prison. London. 1839 — 1843.

152

Befferung, als eine eigentliche Strafanstalt zu fein. Es werden daher größtentheils zur Transportation Verurtheilte in dieselbe aufgenommen und die für die Deportirten angeordnete Classification in der Strafcolonie, welche ihnen bei ihrem Eintritte in das Gefängniß zu Parkhurst erklärt wird, soll ihnen als Gegenstand der Hoffnung und als Motiv der Besserung, zugleich aber auch als drohende Warnung vor einem Beharren im Bösen vorschweben.

Zur Zeit, als ich das Gefängniß zu Parkhurst besuchte, (im Mai 1843,) war es zur Aufnahme von 320 Knaben geeignet. Es besteht aus dem eigentlichen, von einer hohen Mauer umschlossenen Gefängnisse, wozu noch 80 Morgen Landes gehören, die zum Theile von den Sträflingen bearbeitet werden müssen. Die Gefängnißgebäude sind nicht ganz regelmäßig, doch bestehen für die Mehrzahl der Gefangenen Nachtzellen, worin sie schlafen. Nur die Knaben unter 11 Jahren müssen wegen Mangels hinreichender Zellen, um auch sie bei der Nacht von einander abzusondern, in gemeinschaftliche, jedoch wohlerleuchtete Schlafsäle vertheilt werden. Bei Tage hingegen findet keine Absonderung in Zellen Statt, sondern alle Gefangenen müssen gemeinschaftlich arbeiten und lernen. Nur während der Schulstunden und während der Arbeit in den Werkstätten ist ihnen das Stillschweigen auferlegt; während der Erholungsstunden dürfen sie aber mit einander sprechen und spielen.

Unterricht in den nothwendigsten Elementarkenntnissen, Anhaltung zu landwirthschaftlicher Arbeit, zugleich aber auch Unterweisung in einem oder zwei Handwerken, welche dem Sträflinge dereinst in der Colonie einen leichten Lebenserwerb versprechen, Gewöhnung an Fleiß und Thätigkeit und an eine abhärtende Lebensweise, dies sind, verbunden mit einem zweckmäßigen Religionsunterrichte und einer beständigen aufmerksamen Ueberwachung, die Hauptmittel, welche in dieser Anstalt zur Besserung der Sträflinge angewendet werden.

Seit der Eröffnung der Anstalt am 26. December 1838 bis 31. December 1842 wurden im Ganzen 413 Knaben in dieses Gefängniß aufgenommen, deren Bildungszustand sich am besten aus der folgenden Tabelle ergibt.

Unter diesen 414 Sträflingen konnten bei ihrer Aufnahme																		
lesen				schreiben				rechnen				den Katechismus betreffen						
gut mittelmäßig	nur unvollkommen	daß gar nicht	gar nicht	gut	mittelmäßig	nur unvollkommen	gar nicht	bis zur Division	⅔ zur Addition	gar nicht oder fast gar nicht	vollständig	größtentheils	sehr wenig	sehr wenig oder gar das Böse selbst	ganz darin unterrichtet	
43	88	150	76	86	5	64	117	38	189	38	77	301	83	95	108	115	7

Am 1. Jänner 1842 befanden sich 290 Sträflinge in der Anstalt und im Laufe des Jahres 1842 wurden noch 85 aufgenommen, so daß sich im Ganzen im Laufe dieses Jahres 375 Knaben in derselben befanden. Darunter waren 4 auf 15 Jahre, 1 auf 14 Jahre, 61 auf 10 Jahre, 301 auf 7 und 1 auf 5 Jahre zur Transportation, 5 zu 3= und 2 zu 2jähriger Gefängnißstrafe verurtheilt. 55 unter diesen 375 Sträflingen waren in einem Alter zwischen 18 und 21 Jahren, 99 zwischen 16 und 18, 145 zwischen 14 und 16, 65 zwischen 12 und 14 und 11 zwischen 8 und 12 Jahren. Die Meisten darunter befanden sich schon das zweite oder dritte Mal, Viele schon das vierte bis sechste Mal, ja Manche sogar schon das zwölfte bis sechzehnte Mal im Gefängnisse, woraus hinlänglich hervorgeht, wie schwierig es ist, auf eine so verderbte Bevölkerung mit Erfolg einzuwirken. Die Meisten waren als Diebe verurtheilt und in der Regel hatten gänzliche Vernachlässigung von Seite ihrer Aeltern, frühes Verfallen in schlechte Gesellschaft, große Noth und nicht selten sogar Anleitung zum Diebstahle durch ihre Aeltern selbst die Veranlassung zu ihren Verbrechen gegeben. Es ist be= greiflich, daß auf Knaben, welche ein solches Leben geführt haben, nur eine lange Zeit fortgesetzte, strenge Zucht eine günstige Einwirkung her= vorzubringen vermag. In der Regel sind, wie der höchst thätige und wohlwollende Kaplan dieser Anstalt, Thomas England, mir mit= theilte, zwei Jahre unzureichend, um eine Besserung der Sträflinge zu bewirken; ein Aufenthalt in der Anstalt von 3 bis 4 Jahren ist hiezu

unentbehrlich. Uebrigens ist die strenge Zucht dieses Gefängnisses keineswegs auf ein System der Abschreckung gebaut, sondern auf eine fortgesetzte, Milde und Festigkeit in sich vereinigende Einwirkung auf das
Gemüth der Knaben. Drohungen und Strafen werden im Ganzen nur
wenig angewendet, weil sie, wie der Kaplan sich gegen mich äußerte,
nur sehr wenig fruchten. „So lange es mir nicht gelungen ist," sagte
er, „die Neigung und das Zutrauen dieser Jungen zu gewinnen, so daß
„sie selbst mich als ihren Freund und Wohlthäter betrachten, so lange
„ist an eine erfolgreiche Einwirkung auf sie nicht zu denken. Uebrigens
„bin ich von der Wirksamkeit und dem bessernden Einflusse dieses mil-
„den, mit Wohlwollen und Gutmüthigkeit, aber doch immer mit Festig-
„keit, Nachdruck und Beharrlichkeit verfolgten Systemes vollkommen über-
„zeugt." Als ein Hauptsymptom des Beginnens einer Besserung bei den
Sträflingen betrachtet er den freien, offenen Blick, welchen sich die Knaben nach einem mehrmonatlichen Aufenthalte in der Anstalt in der Regel
angewöhnen, und der gegen den düsteren, heimtückischen Verbrecherblick,
womit sie meistens in die Anstalt eintreten, sehr wohlthuend absticht, so
wie auch ihre Fröhlichkeit in den Erholungsstunden.

Um 5 $^3/_4$ Uhr im Sommer und um 6 $^1/_4$ Uhr im Winter ruft sie die Glocke
der Anstalt zum Aufstehen, worauf sie sich ankleiden, ihre Zellen oder
Schlafsäle zusammenräumen, kurz das ganze Gebäude reinigen und säu-
bern müssen. Im Sommer wird eine halbe Stunde zur Gymnastik und
Uebung im militärisch geregelten Marschiren verwendet. Nach der allgemeinen Inspection durch den Director, vor dem sie sich in Reihe und
Glied aufstellen müssen, wird um 8 Uhr das Frühstück eingenommen, nach
welchem ihnen täglich eine halbe Stunde lang ein Gottesdienst abgehalten
oder Religionsunterricht in der Kapelle ertheilt wird. Hierauf theilen sich
die Knaben in Abtheilungen; ein Theil derselben geht in die Schule, der
andere in die verschiedenen Werkstätten, so daß jeden Tag eine andere
Hälfte die Schule besucht. In der Schule oder in den Werkstätten bringen sie mit Unterbrechungen von je zehn Minuten zu ihrer Erholung in
der Regel 5 Stunden zu. Um 2 Uhr wird gespeiset und hiernach neuer-
dings an die Arbeit gegangen. Die Ackerbauarbeit wird meistens, wenn

nicht die Jahreszeit größere Anstrengung fordert, Nachmittags verrichtet. Um halb 7 Uhr wird das Abendmahl eingenommen und um 7 Uhr zu Bette gegangen. Die Braveren unter den Sträflingen erhalten (zum Theile als Belohnung) in den Abendstunden Unterricht in der Musik und im Zeichnen.

Die Kost und Kleidung der Sträflinge ist sehr einfach, aber für ihre Gesundheit hinreichend.

Der Elementarunterricht beschränkt sich auf Lesen, Schreiben und Rechnen und auf die Anfangsgründe der Geographie. Auch in diesem Gefängnisse wurde der wohlthätige Einfluß des Unterrichtes durch die Erfahrung bewährt, indem diejenigen Sträflinge, welche sich am häufigsten Disciplinarstrafen zuziehen, in der Regel auch die unwissendsten und unfleißigsten sind und Fortschritte in der Schule gewöhnlich auch ein besseres Benehmen nach sich ziehen. Was die Beschäftigung der Sträflinge betrifft, so hat man hiebei vorzüglich ihre Ausbildung für die Colonie im Auge. Jeder Gefangene muß daher nebst landwirthschaftlicher und Gartenarbeit auch ein oder zwei Handwerke betreiben lernen, um in der Colonie um so leichter ein Unterkommen zu finden. Die Handwerke, welche gegenwärtig in der Anstalt betrieben werden, sind Schneiderei, Schusterei, Tischlerei, Maurerei, Ziegelfabrikation, Holzsägen und Zimmermannsarbeit, endlich die Verfertigung hölzerner Geräthschaften. Bei den Ackerbauarbeiten befinden sich die Sträflinge außer den Mauern der Anstalt, im freien Felde, meistens 50 Knaben unter einem Aufseher. Auch zur Maurerarbeit werden sie oft außerhalb des Gefängnisses verwendet. Dessenungeachtet sind nur wenig Fluchtversuche gemacht worden, von welchen kein einziger glückte.

Eigentliche Belohnungen werden nicht ertheilt; nur die Aussicht auf die künftige Stellung des Sträflinges in der Colonie soll ihm zur Ermunterung dienen. Die Disciplinarstrafen hingegen bestehen in Beschränkung der Kost, in einsamer Einsperrung in die Strafzellen auf einen bis drei Tage, allenfalls auch bei Wasser und Brod, in körperlicher Züchtigung, und wenn dies Alles nicht frommt, in einsamer Einsperrung in die Strafzellen (mit oder ohne Arbeit) auf sechs Wochen bis brei Monate. Nutzt auch diese Strafe nicht, so wird der Sträfling als unverbesserlich dem Minister des Innern zur Ausstoßung aus der Anstalt angezeigt und seinem ursprünglichen Strafurtheile gemäß in die Straf- colonien transportirt. Dieses Schicksal hat unter den bis 31. December 1842 in dieses Gefängniß aufgenommenen 413 Sträflingen bereits 29 getroffen. Dagegen wurden 22 Sträflinge nach Ablauf ihrer Straf- zeit entlassen und 110 unter bedingter Begnadigung in die englischen Colonien geschickt, und zwar 18 als Lehrlinge nach Westaustralien und 92 (worunter 57 als Lehrlinge und 35 bereits Erwachsenere als Aus- wanderer) nach Neuseeland. Die Berichte, welche seither von denselben einliefen, lauten im Allgemeinen sehr zufriedenstellend.

Gegenwärtig wird eben an einer sehr bedeutenden Erweiterung die- ser Anstalt gearbeitet und die Gefängnißinspectoren Crawford und Russell hoffen, sie noch im Laufe des Jahres 1844 zur Aufnahme von 700 Knaben fertig zu finden. Diese Erweiterung ist zwar als eine durch die Umstände herbeigeführte Nothwendigkeit zu betrachten, doch dürfte die übergroße Ausdehnung der Anstalt sehr leicht ihre Leistungen außer- ordentlich erschweren. Merkwürdig ist dieser Versuch aber besonders des- halb, weil mit der Eröffnung der neu gebauten Theile, welche sich schon zur Zeit meines Besuches im Jahre 1843 der Vollendung näherten, auch eine bedeutende Aenderung in dem Systeme der Anstalt eintreten wird. Es soll nämlich jeder neu aufzunehmende Sträfling unmittelbar nach seiner Aufnahme während eines Zeitraumes von 2 bis 6 Monaten, dessen nähere Bestimmung der Direction der Anstalt unter der Oberleitung der Commission der Besucher (committee of Visitors) zusteht, in der Ein- zelhaft gehalten und dadurch der unbändige Charakter, welchen Viele in die Anstalt mitbringen, gebrochen werden. Nach Ablauf dieser Zeit, während welcher diese Sträflinge doch immer zur Arbeit, so wie zu ge- meinschaftlichem Gottesdienste und Schulunterrichte angehalten werden, sollen dieselben in die Gemeinschaft mit den anderen Gefangenen versetzt werden. Man hofft, daß diese Maßregel nicht nur auf alle neu Auf- genommenen sehr sänftigend einwirken, sondern sie auch durch die ihnen immer vorschwebende Drohung, daß sie bei schlechter Aufführung wieder aus der Gemeinschaft in die Einzelhaft zurückverfetzt würden, von einem ordnungswidrigen Betragen zurückhalten, und somit fehr heilfam wirken werde *).

Die Hauptschwierigkeiten, welche die Strafanstalt zu Parkhurst noch immer findet, liegen 1. in der meistens fehr heftigen und zugleich gewöhnlich fehr starken, durch nichts leicht einzuschüchternden, durch Drohungen und Strafen sich verhärtenden und nur durch Milde und Beharrlichkeit allmählig zu bezwingenden Gemüthsart der Sträflinge derselben; 2. in dem Widerstande, auf welchen das von dem Director diefer Anstalt, dem Hauptmann Woolcombe, und dem Kaplane derselben bisher befolgte Syftem der Milde nicht felten bei vielen, oft einflußreichen Männern stößt, welche die Nothwendigkeit und Wirksamkeit einer mit Festigkeit gepaarten Milde nicht einsehen, und daher die Behandlung der Sträflinge für zu mild halten; — endlich 3. in der unter den Verhältniffen Englands allerdings nicht unbedeutenden Gefahr, daß, fobald die Behandlungsweise der Sträflinge in Parkhurst in den Augen des Publicums als mild erscheint, viele Aeltern ihre Kinder absichtlich zu Verbrechen anleiten, um dadurch ihrer loszuwerden und sie dem Staate aufzubürden. Das letzte Ministerium der Whigs ging in diefer Hinsicht, wie es scheint, von richtigeren Ansichten aus, als die gegenwärtige Verwaltung des Sir James Graham. Ersteres wollte die Anstalt mehr zu einer Besferungsanstalt (reformatory) machen, letztere will ihr durchaus den strengen Charakter der Strafe aufprägen.

Was die Wirksamkeit einer mit Sanftmuth, aber fester Beharrlichkeit verfolgten Einwirkung auf das Gemüth der Sträflinge betrifft, fo glaubt der Kaplan diefer Anstalt, daß diefe Einwirkung den Gefangenen fogar als eine größere Strafe, denn die körperliche Züchtigung erscheine. Ein Bursche machte einen Versuch, aus der Anstalt zu ent-

---

*) Diefe Behandlungsweise hat sich in Mettray an mehreren aus der Anstalt la Roquette in Paris dahin abgegebenen Zöglingen als fehr zweckmäßig erwiesen, und Demetz felbst sprach gegen mich feine Ansicht dahin aus, daß er eine Combination, wie die oben beschriebene, welche in Parkhurst in Anwendung kommen foll, für die beste Behandlungsweise jugendlicher Sträflinge halte.

fliehen, nur um in eine andere Strafanstalt oder in die Colonie zu kommen und dadurch von dem „think-think-system," (wie die Knaben das System des erzwungenen und quälenden Nachdenkens über ihre Fehler im Gegensatze zu dem flogging-system (Prügelsystem) der Gefangen-schiffe (hulks) nennen,) loszuwerden. „Auf den hulks," sagte dieser Junge zu dem Kaplan, „weiß ich, wie viel Schläge ich für jede Ueber-„tretung erhalte, und damit ist es abgethan; hier aber ist die beständige „Aufsicht, das ewige Warnen und Zureden unausstehlich. Dort erhält „man bisweilen Schläge; hier ist es, als ob man den ganzen Tag mit „Nadeln gestochen würde." Es scheint also, daß die Ordnung, die Regelmäßigkeit und der beständige moralische Zwang, welchen eine so sorgfältige Behandlung den Sträflingen auferlegt, auf ein tief ver-derbtes Gemüth als eine höchst intensive Strafe wirken.

Der Kaplan der Anstalt theilte mir auch aus seinem Tagebuche, wel-ches er über alle Sträflinge führt, einige sehr schätzbare Bemerkungen über das System des Stillschweigens in mehreren englischen Gefängnissen mit. Nach den Erfahrungen, welche er bei Knaben, die früher in solchen Anstalten gewesen waren, machte, und nach ihren eigenen Aussagen haben sie in diesen Gefängnissen oft mit Anderen Unterredungen gehabt und sich eben dadurch nicht selten sehr verschlimmert; besonders aber wurde dadurch in ihnen eine beständige Aufreizung gegen ihre Aufseher und ein Rache-gefühl gegen die Gesellschaft erzeugt, wie in keinem anderen Gefängnisse, und sie erlangten durch das ihnen aufgezwungene Stillschweigen eine Ausbildung in der Heuchelei, eine sehr feine Beobachtungsgabe und eine solche Gewandtheit in Anwendung von List zur Täuschung ihrer Aufseher, daß sie meistens viel geschickter zu Diebstählen und Betrügereien aus solchen Anstalten austraten, als sie in dieselben eingetreten waren. Ins-besondere traf ich bei der Durchsicht der Protocolle über den früheren Lebenslauf der Sträflinge auf einen 14jährigen Knaben (Register Nr. 20), welcher vorher schon einmal in dem Gefängnisse Westminster Bridewell in London unter dem Systeme des Stillschweigens angehalten war, und der in dem bei seiner Aufnahme in die Anstalt zu Parkhurst mit ihm aufgenommenen Protocolle ausdrücklich erklärte, „er habe in jenem

„Londoner Gefängniſſe mit mehreren älteren Knaben vielfache Unter-
„redungen gehabt und daſelbſt von ihnen mehrere neue Arten, Diebſtähle
„zu begehen, gelernt."

Das Perſonale der Anſtalt zu Parkhurſt beſteht außer dem Director, dem Kaplane und Rechnungsführer noch aus 5 Lehrern, 8 Werkmeiſtern und 9 Auffehern. Die Koſten der Anſtalt beliefen ſich im Jahre
1842 auf 6100 Pfund Sterling, (worunter 2875 Pfund für Beſol-
dungen der Beamten und Auffeher), ſo daß bei der durchſchnittlichen täglichen Bevölkerung von 247 Köpfen nach Abzug von 425 Pfund,
welche nur Auslagen für die nach den Colonien abgeſendeten Sträflinge
bildeten, auf den Kopf eines Sträflinges ein jährlicher Koſtenbetrag von
23 Pfund (230 fl. E. M.) entfiel. Hievon kamen auf die Koſt nur
5 Pfund 18 Schillinge (59 fl. E. M.) und auf Kleidung und Bettung eines Sträflinges 1 Pfund.

Dritter Abschnitt.

Das
Gefängnißwesen in Schottland.

Verwaltung und Einrichtung der schottischen Gefängnisse überhaupt.

In derselben Parlamentsacte (5 et 6 Will. IV. cap. 38), durch welche im Jahre 1835 die Bahn zu einer erfolgreichen Verbesserung der engli=
schen Gefängnisse eröffnet wurde, ist auch für Schottland ein sehr wesent=
licher Schritt dadurch gethan worden, daß ein Gefängnißinspector für die=
ses Königreich bestellt wurde, dessen Aufgabe es vor Allem war, den vor=
handenen Zustand genau zu erforschen und die Ergebnisse seiner Untersu=
chungen, so wie seine Ansichten über die besten Mittel, den bestehenden
Uebeln abzuhelfen, dem Minister des Innern und durch diesen dem Par=
lamente vorzulegen. Es handelte sich zuerst um eine zuverlässige Erkennt=
niß der wunden Stellen und die ersten Jahresberichte des Gefängnißin=
spectors Friedrich Hill lieferten hierüber die ausgedehnteste Belehrung.
Die Hauptmängel, welche er bei seiner Bestellung in den schottischen Gefäng=
nissen vorfand, waren eben so wichtig als zahlreich. Es fehlte in fast allen
diesen Anstalten an der Möglichkeit einer Absonderung der Gefangenen
von einander. Angeschuldigte und Verurtheilte, schwere und leichte, jugend=
liche und erwachsene Verbrecher befanden sich in einer beinahe durchgängig
unbeschränkten Gemeinschaft; ja manchmal machte die Ueberfüllung ein=
zelner Gefängnisse sogar die Trennung der männlichen und weiblichen
Gefangenen unmöglich. In vielen Anstalten konnte der Verkehr der Ver=
hafteten mit Personen außerhalb des Gefängnisses nicht verhindert werden.
In den meisten Gefängnissen war für die Beschäftigung der Sträflinge

gar nicht gesorgt; die Gefangenen verlebten ihre Zeit in vollständiger Unthätigkeit. Für einen Unterricht in einem Gewerbe, das den Gefangenen nach ihrem Austritte Gelegenheit, sich den Lebensunterhalt ehrlich zu erwerben, hätte verschaffen können, so wie für Elementar= und Religions=unterricht war gar keine Fürsorge getroffen. Viele Gefängnisse waren so unsicher, daß häufige Entweichungen Statt fanden. Die Gebäude mancher Anstalten dieser Art waren feucht und kalt, die meisten schlecht gelüftet, viele schmutzig und unreinlich. Sehr oft mangelten den Gefängnißauf=sehern die für eine solche Stellung erforderlichen Eigenschaften, und mit Ausnahme der Gefängnisse zu Glasgow und Ebinburg waren die weiblichen Gefangenen nirgends unter der Aufsicht von Personen ihres Geschlechtes. In Betreff der Nahrung und selbst der Wohnung waren die Gefangenen oft besser daran, als manche Glieder der freien Gesellschaft, so daß die Gefängnißstrafe bei dem Mangel an Beschäftigung und dem trägen Leben, das sie gestattete, gar nicht mehr gefürchtet wurde. Dabei waren die Auslagen, besonders in den kleineren Gefängnissen, sehr bedeu=tend und die Corporationen, welchen dieselben zur Last fielen, hatten kein anderes Interesse, als die Gefangenen so schnell als möglich los zu wer=den. Von einem gleichförmigen Systeme, von einer gleichen Behand=lung der Gefangenen in Bezug auf die Kost, die Bettung, die Disciplin u. s. f. war natürlich keine Rede.

Die kräftige Schilderung dieses Zustandes der schottischen Gefäng=nisse und der traurigen Folgen desselben bewog die Gesetzgebung zu Maß=regeln der Verbesserung, und die Parlamentsacte (2 et 8 Victor. cap. 42) vom 17. August 1839 legte den Grund zu den wichtigsten Fortschrit=ten des Gefängnißwesens in Schottland. Dieses Gesetz, welches am 1. Juli 1840 in ganz Schottland in Wirksamkeit trat, ging sogar noch viel weiter, als das in demselben Jahre für England erlassene Gesetz über die Gefängnißreform, indem es eine Centralisation in die Verwal=tung der schottischen Gefängnisse einführte, von welcher England noch weit entfernt ist. Es wurde nämlich eine „allgemeine Gefängniß=Direction für Schottland" (general board of directors of pri=sons in Scotland) gegründet, welche nebst dem Lord Oberrichter für

11

Schottland, dem Lord Oberrichters = Abjuncten (Lord Justice Clerk), dem ersten und zweiten Staatsanwalte (Lord Advocate und Solicitor general) und dem Dekane der Advocaten-Facultät aus 14 von der Königin ernannten Mitgliedern besteht, die sämmtlich ihr Amt unentgeldlich bekleiden. Dieser Generaldirection der schottischen Gefängnisse ist die Festsetzung des Reglements für alle Gefängnisse, die Genehmigung aller Gefängnißpläne, die Bestimmung, welche Anstalten fortbestehen oder aufgehoben werden sollen, die Umlegung der für das Gefängnißwesen zur Deckung der damit verbundenen Auslagen erforderlichen Steuern, die Oberleitung der in den Grafschaften bestehenden Gefängnißdirectionen und durch diese aller Localgefängnisse, kurz, die oberste Leitung des Gefängnißwesens in ganz Schottland, zugleich aber auch die unmittelbare Leitung der neu errichteten großen Strafanstalt zu Perth anvertraut. Nur die von dieser Generaldirection zu erlassenden Reglements, so wie das jährlich von ihr zu entwerfende Budget über die zur Bestreitung der Kosten des Gefängnißwesens erforderlichen Mittel müssen dem Minister des Innern und letzteres auch dem Parlamente zur Genehmigung vorgelegt werden. Die Generaldirection muß jährlich einen Bericht über ihre Wirksamkeit an den Minister des Innern erstatten, welcher dem Parlamente vorgelegt und veröffentlicht wird*).

Unter der Aufsicht und Oberleitung der Generaldirection besteht in jeder Grafschaft Schottlands eine Direction der Grafschaftsgefängnisse (County prison board), deren Mitglieder von der Grafschafts-Finanzcommission und den Magistraten der Städte und Flecken in der von der Generaldirection der Gefängnisse festgesetzten Anzahl auf ein Jahr gewählt werden. Diesen Collegien steht die unmittelbare Leitung und Beaufsichtigung aller in ihrer Grafschaft befindlichen Gefängnisse zu; sie ernennen die Gefängnißvorsteher, Geistlichen, Aerzte und alle übrigen

---

*) Reports of the general board of directors of prisons in Scotland, of their proceedings under the act 2 et 3 Vict. c. 42. London. Es sind bisher vier Jahresberichte (1840 bis 1843) erschienen. Sehr lehrreich sind auch die Berichte des Gefängnißinspectors Hill unter dem Titel: Reports of the inspectors appointed under the provisions of the act 5 et 6 Will. IV. c. 38 to visit the different prisons of Great Britain. IV. Scotland, Northumberland and Durham. London 1836—1843.

Beamten und Aufseher, und bestimmen ihre Gehalte; sie leiten den Bau
und die Disciplin der ihnen unterstehenden Anstalten und haben über die
genaue Befolgung der in der Parlamentsacte von 1839 sowohl, als in
dem von der Generaldirection der Gefängnisse festgesetzten Reglement enthaltenen Disciplinarvorschriften zu wachen; sie besorgen die Umlegung der
auf die Grafschaft entfallenden Quote der Gefängnißkosten auf die einzelnen Bezirke, Städte und Flecken; die Mitglieder derselben sollen die
Gefängnisse der Grafschaft öfters besuchen. Alle Gewalt, welche vormals
den Corporationen über die Gefängnisse zukam, ist auf die Grafschafts-
Gefängnißdirectionen übertragen. Ein zwischen der Generaldirection der
Gefängnisse und einer Grafschaftsdirection sich ergebender Zwiespalt ist
dem Minister des Innern zur Entscheidung vorzulegen. Auf diese Weise
ist die allgemeine Verwaltung der Gefängnisse in Schottland viel einfacher, gleichförmiger und zweckmäßiger als in England angeordnet.

Das Gesetz von 1839 enthält über das in den schottischen Gefängnissen durchzuführende System keine bestimmte Anordnung. Das Vereinzelungssystem ist darin ganz so, wie in dem für England in demselben
Jahre erlassenen Parlamentsstatute, zwar nicht vorgeschrieben, wohl aber für
gesetzlich erklärt und in seinen Bedingungen genau bestimmt. Die Generaldirection der Gefängnisse beeilte sich daher, ihrer Aufgabe, ein Reglement für alle Gefängnisse zu entwerfen, nachzukommen, und die
von ihr verfaßten, von dem Minister des Innern am 27. Juli 1840 genehmigten Anordnungen *) bilden gegenwärtig die Grundlage des in den schottischen Gefängnissen bestehenden Systemes.

Dieses Reglement verordnet nicht nur die gänzliche Absonderung
der männlichen Gefangenen von denen weiblichen Geschlechtes, der im
Anklagestande Befindlichen von den Verurtheilten und der Schuldgefangenen von den wegen Verbrechen oder Vergehen Angehaltenen, sondern
schreibt auch vor, daß die Vereinzelung der Angeklagten sowohl, als der Sträf-

*) Sie führen den Titel: Introductory rules for prisons, made by the general
board of directors of prisons in Scotland and submitted to one of Her Majesty's principal secretaries of state for his certificate in terms of the act
2 and 3 Vict. c. 42 sect. 7.

11 *

linge, so weit es die Bauart und der Raum jedes Gefängnisses gestatten, durchgeführt werden soll. Wo es wegen Mangel an Raum oder an zweck= mäßigen Zellen nicht möglich ist, alle Gefangenen der Einzelhaft zu unter= werfen, sollen wenigstens für diejenigen noch nicht verurtheilten Gefange= nen, welche allein zu sein wünschen, und für jene verurtheilten oder nicht verurtheilten Gefangenen, welche widerspänstig sind oder auf ihre Mit= gefangenen einen verderblichen Einfluß ausüben könnten, Zellen in Bereit= schaft gehalten werden. (Art. 12.) Jeder in der Einzelhaft befindliche Gefangene soll w e n i g s t e n s z e h n m a l des Tages von einem Gefäng= nißbeamten oder Aufseher in seiner Zelle besucht werden; die Besuche, um den Gefangenen ihre Speisen zu bringen, ihre Arbeit zu beaufsichtigen oder zu wechseln u. s. f. sind jedoch in diese Zahl einzurechnen. (Art. 14.) Kein Gefangener darf zur Ueberwachung seiner Mitgefangenen oder zu irgend einem Dienste, der ihn mit anderen Gefangenen in Berührung bringt, verwendet werden. In allen Gefängnissen ersten oder zweiten Ran= ges müssen die weiblichen Gefangenen unter die Obsorge und Aufsicht von Personen ihres Geschlechtes gestellt werden. (Art. 2.) Alle Sträflinge sol= len zu einer nützlichen und productiven Arbeit angehalten werden. Es ist jedem eine tägliche Aufgabe an Arbeit zu stellen, welche so zu bemessen ist, daß der Sträfling (wenn er nicht sehr jung, sehr alt oder gebrechlich ist) zehn Stunden hindurch beschäftigt ist. Der Ertrag dieser Arbeit gehört der Anstalt. Arbeitet der Sträfling aber mehr, als ihm vorgeschrieben ist, so wird dieser Ueberverdienst ihm zu Gute geschrieben und ihm bei seinem Austritte aus der Anstalt ausbezahlt. (Art. 16.) Diese wichtige, der Erzeugung einer Neigung zur Arbeit bei den Sträflingen sehr förderliche Anordnung fehlt in England gänzlich. Alle noch nicht verurtheilten Gefan= genen sind nur, wenn sie selbst es wünschen, mit Arbeit zu versehen. Der Ertrag ihrer Arbeit gehört ihnen und ist ihnen bei ihrer Entlassung aus= zuzahlen. (Art. 23.) Jeder Gefangene, welcher zu dreimonatlicher oder längerer Gefangenschaft verurtheilt ist und nicht flüssig lesen und schreiben kann, soll Unterricht im Lesen und Schreiben erhalten. (Art. 20.) Der Genuß geistiger Getränke und des Tabakes ist gänzlich untersagt. (Art. 9.) Die Disciplinarstrafen sind Beschränkung der Nahrung durch Entziehung eines Theiles der gewöhnlichen Kost; Entziehung der Arbeit, bis der Gefangene selbst wieder darum bittet; Einsperrung in eine einsame Zelle ohne Arbeit; Einsperrung in die Dunkelzelle; endlich Anlegung von Eisen. Die beiden letzten Strafen dürfen nicht auf längere Zeit als sieben Tage nach einander verhängt werden. Die körperliche Züchtigung ist als Disciplinarstrafe gänzlich ausgeschlossen. Alle diese Strafen werden vom Gefängnißvorsteher verhängt. (Art. 21.) In jedem Gefängnisse soll für hinlängliche Heizung und Lüftung gesorgt, auch jedem Gefangenen täglich Gelegenheit gegeben werden, entweder in freier Luft oder doch in einem Zimmer mit mehreren Oeffnungen, durch welche die frische Luft ungehemmt einströmen kann, Bewegung zu machen. (Art. 3 und 7.) Ueber jedes Gefängniß muß monatlich ein Bericht an den Gefängnißinspector erstattet werden, zu welchem Ende gedruckte Formularien bestehen, deren Ausfüllung alle wichtigeren Fragen über den Zustand jeder solchen Anstalt zu beantworten hat.

Dies sind die wesentlichsten Vorschriften der schottischen Gefängnißordnung. Es ist auch unläugbar, daß der Zustand der Gefängnisse in Schottland seit der Parlamentsacte von 1839 und insbesondere seit der Einsetzung der Generaldirection der Gefängnisse und der Gefängnißcollegien in jeder Grafschaft sich wesentlich verbessert hat. Die häufigere Inspection selbst der kleinen Gefängnisse hatte in allen diesen Anstalten die Einführung größerer Ordnung und Reinlichkeit zur Folge. Die Generaldirection der Gefängnisse entwarf ein Beköstigungsnormale, welches sie zur Befolgung in allen Gefängnissen anempfahl, und dessen Annahme nicht nur eine früher nicht vorhanden gewesene Gleichförmigkeit in der Behandlung der Gefangenen in Beziehung auf ihre Nahrung hervorbrachte, sondern auch in sehr vielen Gefängnissen den physischen Zustand der Gefangenen bedeutend verbesserte. Ungleich größer waren aber die Fortschritte des schottischen Gefängnißwesens in moralischer Beziehung. Obschon noch viel zu thun übrig bleibt, ist doch in den meisten, besonders in allen größeren Anstalten hierin sehr Bedeutendes geleistet worden. In den meisten Gefängnissen ist Fleiß an die Stelle der Trägheit, Ruhe an die Stelle des lärmenden Zusammenlebens getreten; statt der unbeschränkten Vermischung aller

Claſſen von Gefangenen findet man jetzt in den meiſten Anſtalten gänzliche Abſonderung oder doch eine Claſſification derſelben. Faſt alle ſchlechten oder unkräftigen Gefängnißvorſteher wurden entfernt und durch eifrige, geſchickte und ehrenwerthe Männer erſetzt. Beinahe in jedem Gefängniſſe befindet ſich jetzt eine Aufſeherin für die weiblichen Gefangenen. Während vor 1836 in ganz Schottland kaum fünf bis ſechs Gefängnißgeiſtliche angeſtellt waren, iſt gegenwärtig kaum Ein Gefängniß ohne einen Prie- ſter, der für das ſittliche und geiſtige Wohl der Gefangenen Sorge trägt, und faſt überall iſt durch Anſtellung geeigneter Elementarlehrer, durch zweckmäßig gewählte Bücherſammlungen und durch Unterricht in verſchie- denen Gewerben den Gefangenen Gelegenheit gegeben, ſich für einen redlichen Lebenswandel nach ihrer Entlaſſung aus dem Gefängniſſe vor- zubereiten.

Was insbeſondere die Abſonderung der Gefangenen von einander betrifft, ſo iſt in den letztverfloſſenen Jahren ſehr viel dafür geſchehen. Es wurde die große Strafanſtalt zu Perth auf 360 Köpfe ganz für das Syſtem der ununterbrochenen Vereinzelung der Gefangenen erbaut und das ſchon ſeit Jahren nach dieſem Syſteme geleitete Gefängniß in Glas- gow wurde bedeutend erweitert. Außerdem ſind die Gefängniſſe zu Aber- deen und Ayr ganz, die zu Edinburg, Paisley und Dundee zum Theile für die Anwendung der Einzelhaft eingerichtet und mehrere eben jetzt im Baue befindliche Grafſchaftsgefängniſſe (z. B. zu Elgin, Dumbarton, Inverneß, Peterhead u. ſ. f.) werden vollſtändig dieſem Syſteme gemäß errichtet. In den älteren Gefängniſſen war die Durch- führung der Vereinzelung wegen der ſchlechten Bauart derſelben häufig unmöglich und es iſt daher noch viel zu thun übrig. So viel iſt aber durch die bisherigen Bemühungen der Generaldirection der Gefängniſſe und ins- beſondere des thätigen und einſichtsvollen Gefängnißinſpectors Friedrich Hill bereits erzielt worden, daß beinahe die Hälfte aller Gefangenen in ganz Schottland der Einzelhaft unterworfen iſt, ein Erfolg, deſſen ſich kein anderes Land in Europa rühmen kann.

Eine ganz beſondere Sorgfalt wurde auf die Einführung einer nützlichen und productiven Arbeit in den ſchottiſchen Gefängniſſen verwen-

bei. Die Tretmühle, welche in England in so ausgedehntem Gebrauche ist, ist aus den schottischen Gefängnissen gänzlich verbannt. Weberei, Spinnerei, Schusterei und Schneiderei, Zwirnen, Netz- und Matten-Flechterei, Zimmermanns- und Schmiedearbeit, das Zerschlagen von Steinen, das Zupfen von Wolle, Baumwolle, Roßhaar und Oakum, für die Weiber das Spinnen, Stricken und Nähen sind die in den meisten schottischen Gefängnissen eingeführten Beschäftigungsarten. Leider bewirkt der Umstand, daß sehr viele Gefangene vor ihrer Anhaltung in der Landwirthschaft und bei dem Bergbaue beschäftigt waren und kein Handwerk erlernt hatten, verbunden mit der Kürze der Zeit, auf welche sie im Gefängnisse angehalten werden, ferner der schlechte Bauzustand mancher Gefängnisse und der gedrückte Zustand des Handels und der Gewerbe, daß eine verhältnißmäßig große Anzahl von Gefangenen zu der vergleichungsweise unproductiven Beschäftigung des Wolle-, Baumwolle- und Oakum-Zupfens verwendet werden muß. Die Einführung des Ueberverdienstes hat durch die damit verbundene Aufmunterung der Gefangenen, mehr als die ihnen auferlegte Tagesarbeit zu leisten, sehr gute Früchte getragen. Die Berichte aller Gefängnißvorsteher und Geistlichen in Schottland stimmen darin überein, daß die Gefangenen dadurch eine wahre Lust zur Arbeit erlangen, und es sind wiederholt Fälle von so eifrigen Arbeitern vorgekommen, daß man ihrem Fleiße Einhalt thun mußte, damit nicht ihre Gesundheit bei allzu großer Anstrengung Schaden leide.

Die Vorschrift des Reglements über die Ertheilung des Elementarunterrichtes für die Gefangenen ist gegenwärtig fast in allen Gefängnissen Schottlands in Wirksamkeit. In den kleineren Anstalten, in welchen die Anstellung eines eigenen Lehrers oder einer Lehrerin zu kostspielig wäre, wird der Unterricht der Gefangenen im Lesen und Schreiben von den Aufsehern und Aufseherinnen besorgt. In den meisten Gefängnissen wird sogar solchen Gefangenen, welchen wegen der Kürze ihrer Anhaltung nach dem Reglement nicht nothwendig Unterricht ertheilt werden müßte, die erforderliche Anleitung zum Lesen und Schreiben gegeben. Die Folge davon ist eine fleißige Benützung der Gefängnißbibliotheken durch die Gefangenen. Sehr zweckmäßig ist es, daß man den Gefangenen nicht nur

Bücher religiösen und moralischen Inhaltes, sondern auch solche Schriften in die Hände gibt, welche zugleich durch den Gegenstand, den sie behandeln, Interesse erregen, (z. B. naturgeschichtliche oder technologische Schriften), oder selbst unterhaltend sind; denn nur dadurch ist es möglich, den Gefangenen Lust zur Lectüre beizubringen, und es ist auch erwiesen, daß in Gefängnissen, besonders in Anstalten nach dem Vereinzelungssysteme, nichts so sehr verhindert werden soll, als Herabstimmung des Gemüthes und Trübsinn. Selbst für die moralische Besserung des Gefangenen ist die Erhaltung einer stillen Heiterkeit des Geistes von der größten Wichtigkeit.

Einer der größten Uebelstände in dem Gefängnißwesen Schottlands, welcher leider durch die Parlamentsacte von 1839 nicht geändert wurde, liegt in der zu großen Anzahl kleiner Gefängnisse, welche sich oft in einem schlechten Bauzustande befinden und wegen der geringen Gehalte, welche die Aufseher derselben genießen, nur allzu häufig ungeeigneten Personen überlassen werden müssen. Unter etwa 170 Gefängnissen, welche sich in Schottland befinden, hatten in dem Jahre vom 1. Juli 1841 bis 30. Juni 1842 nur zwölf eine mittlere Bevölkerung von mehr als 30 Köpfen täglich, und darunter waren sogar nur fünf mit einer durchschnittlichen täglichen Bevölkerung von 100 Köpfen und darüber*), zu welchen gegenwärtig noch das neu errichtete Strafhaus zu Perth auf 360 Köpfe kommt. Alle übrigen Gefängnisse sind sehr klein, zum Theile nur mit einem einzigen Arreste versehen, in der Regel weder zu hinlänglicher Heizung, noch zu einer zweckmäßigen Lüftung geeignet. Dazu kommt noch die Kostspieligkeit der Erhaltung der Gefangenen in den kleinen Anstalten. Während in den großen Gefängnissen zu Edinburg und Glasgow die jährlichen Kosten für die Nahrung, Kleidung, Bettung, Beleuchtung und Heizung 7 und 7½ Pfund Sterling für einen Gefangenen betrugen, beliefen sich dieselben in dem nämlichen Jahre (vom 1. Juli 1841 bis 30. Juni 1842)

---

*) Die Gefängnisse zu Aberdeen mit einer mittleren Bevölkerung von 98 Köpfen, zu Paisley mit 123, zu Dundee mit 136, zu Edinburg mit 305 und zu Glasgow mit 581 Köpfen.

in manchen kleinen Gefängnissen auf 15 bis 20 Pfund, so daß der Gefängnißinspector Hill in einem seiner Berichte mit Recht sagt: „Wenn ich die schottischen Gefängnisse nach der Güte ihrer Einrichtung ordnen sollte, so könnte ich sie ziemlich genau in verkehrter Ordnung ihrer Ausgaben reihen." Es war daher ein sehr großer Fehler des Gesetzes von 1839, daß für jede Grafschaft die Nothwendigkeit eines Gefängnisses ausgesprochen wurde, statt in jeder von den 32 schottischen Grafschaften zwar ein oder mehrere Polizeistationen und provisorische Gefängnisse zu belassen, die Strafgefängnisse aber für mehrere Grafschaften zu concentriren und insbesondere für alle Sträflinge auf sechs Monate und darüber nur wenige Centralgefängnisse zu errichten.

Statistisches über die schottischen Gefängnisse überhaupt. Am 1. Jänner 1841 befanden sich in allen schottischen Gefängnissen 1986 Gefangene, und zwar 1.262 Männer und 724 Weiber; darunter waren 328 Männer und 172 Weiber im Zustande der Anklage, 985 Männer und 551 Weiber aber bereits verurtheilt. In den sechs ersten Monaten eben dieses Jahres wurden wegen Verbrechen oder Vergehen neu aufgenommen 8342 Männer und 6092 Weiber, zusammen 14,434 Gefangene, so daß die Gesammtzahl der in dem Zeitraume vom 1. Jänner bis 30. Juni 1841 in den schottischen Gefängnissen Angehaltenen 16,402, nämlich 9585 Männer und 6817 Weiber betrug. Hiezu kamen noch im Laufe dieser sechs Monate 584 Schuldgefangene. Der tägliche Stand der Gefangenen betrug im Durchschnitte dieses Zeitraumes 1979 wegen Verbrechen oder Vergehen Angehaltene (1222 Männer und 742 Weiber) und 97 Schuldgefangene. Die mittlere tägliche Bevölkerung aller schottischen Gefängnisse belief sich in dem Jahre vom 1. Juli 1840 bis 30. Juni 1841 auf 1929 und in dem Jahre vom 1. Juli 1841 bis 30. Juni 1842 auf 2042 Köpfe. Auch in Schottland ist die Zahl der auf kurze Zeit Verurtheilten sehr groß. Unter den 6958 in den ersten sechs Monaten des Jahres 1841 zur Gefängnißstrafe Verurtheilten wurden 1389 (d. i. 20%) zu einer Haft von höchstens sieben Tagen, 3593 (d. i. 51.6%) zu einer Gefängnißstrafe von acht Tagen bis zu einem Monate, 1536 (d. i. 22%) zum Gefängnisse auf 31 Tage bis unter sechs Monate, 288 (d. i. 8. 4%) zum Gefängnisse auf sechs Monate und darüber, jedoch auf weniger als ein Jahr, 182 (d. i. 2. 7%) zum Gefängnisse auf ein Jahr und darüber, jedoch auf weniger als zwei Jahre, und nur 20 (d. i. 0. 3%) zu zweijährigem Gefängnisse verurtheilt.

Die Erhaltungskosten aller schottischen Gefängnisse beliefen sich in dem Jahre vom 1. Juli 1840 bis 30. Juni 1841 auf 83,409 und in dem Jahre vom 1. Juli 1841 bis 30. Juni 1842 auf 87,068 Pfund Sterling. Hievon kamen in dem letzten Jahre 12,295 Pfund auf die Besoldungen der Gefängnißbeamten und Aufseher, 9932 Pfund auf die Kost, 3048 Pfund auf Kleidung und Bettung der Gefangenen, 1183 Pfund auf die Heizung und 1094 Pfund auf die Beleuchtung der Gefängnisse. Der Arbeitsertrag aller Gefängnisse betrug in dem ersteren Jahre 4523, in dem letzteren 4938 Pfund. Als Ueberverdienst kamen davon in dem ersten Jahre 245, in dem letzten aber 664 Pfund den Gefangenen zu Gute, so daß die Gesammtkosten aller schottischen Gefängnisse nach Abzug des reinen Arbeitsertrages in dem mit 30. Juni 1841 abgelaufenen Jahre 29,122, und in dem mit 30. Juni 1842 endenden Jahre 82,789 Pfund Sterling betrugen. Der Kostenbetrag für Einen Gefangenen während eines Jahres belief sich hiernach in dem ersten Jahre auf 15 Pfund 18 Schillinge (d. i. beiläufig 159 fl. C. M.) und im zweiten Jahre auf 16 Pfund 1 Schilling (160½ fl. C. M.).

Schilderung einzelner Gefängnisse Schottlands.

1. Die neue Strafanstalt (general prison) zu Perth.

Durch die Parlamentsacte von 1839 (2 et 3 Vict. c. 42 art. 26) wurde die Errichtung einer allgemeinen Strafanstalt zu Perth angeordnet und bestimmt, daß dieselbe nur für Sträflinge, welche wenigstens zu sechsmonatlicher Haft verurtheilt worden, dienen solle. Die Festsetzung des Bauplanes, so wie die Oberleitung der Anstalt wurde der allgemeinen Gefängnißdirection übertragen, welche den Beschluß faßte, dieses Gefängniß nach dem Systeme der Vereinzelung und nach dem Strahlenplane bauen zu laffen. Im Jahre 1840 wurde der Bau begonnen und am 30. März 1842 wurde die Anstalt eröffnet. Das Gefängniß liegt vor der Stadt auf einer Anhöhe an einer sehr gesunden Stelle. Es besteht aus zwei Flügeln, welche von einem gemeinschaftlichen Mittelpuncte strah= lenförmig ausgehen, deren jeder vier Geschosse enthält, und welche so, wie die Flügel des Pentonville = Gefängnisses, in der Mitte ihrer gan= zen Länge nach von einem Corridor, der vom Fußboden des Erdgeschosses bis zum Dache frei ist, durchschnitten werden. Diese Flügel laufen jedoch an dem Ende, mit welchem sie gegen einander convergiren, nicht in eine Centralhalle, sondern nur in einen halbkreisförmigen Gang aus, welcher jedes Geschoß des einen Flügels mit dem entsprechenden Geschosse des anderen Flügels verbindet. Dieser kreisförmige Gang ist in jedem Geschosse durch ein großes und starkes eisernes Gitter von dem Gefäng= nißflügel abgeschlossen und gewährt den Aufsehern die leichteste Uebersicht jedes Gefängnißflügels, ohne daß sie diesen selbst zu betreten brauchen. Concentrisch mit diesem kreisförmigen Gange ist ein Thurm erbaut, in welchem sich im ersten Stockwerke das Amt des Gefängnißdirectors befin= det, von dessen Fenstern aus durch die in dem kreisförmigen Corridor angebrachten großen Fenster eine vollständige Uebersicht der zwei Gefäng= nißflügel möglich ist. Die Flügel selbst sind, wie in dem Pentonville= Gefängnisse, so eingerichtet, daß zu beiden Seiten des großen Corridors die Zellen liegen, zu denen man im Erdgeschosse unmittelbar aus diesem Corridor, im ersten, zweiten und dritten Stockwerke aber von Gallerien aus gelangt, die in der Höhe dieser Stockwerke rings herumlaufen, und welche mit einem sechs Schuh hohen, mit Draht vergitterten, eisernen Geländer versehen sind. Jeder Flügel enthält in jedem seiner vier Geschosse 16, im Ganzen also 184 Zellen. Da aber 8 Zellen zu verschiedenen häuslichen Zwecken der Anstalt verwendet werden, so erübrigen nur 360 Zellen für die Gefangenen. Von diesen Zellen sind 240 für männliche und 120 für weibliche Sträflinge bestimmt, und zwar sind die letzteren durch eine alle Geschosse eines der zwei Gefängnißflügel durchschneidende Mauer von den für die männlichen Sträflinge gehörigen Zellen vollständig abge= sondert; auch hat diese Abtheilung von dem sie umgebenten Hofraume aus einen ganz eigenen Eingang. In dem Kellergeschoffe befinden sich mehrere Strafzellen.

Die Zellen der Gefangenen sind sämmtlich 13 Schuh lang und 10 Schuh hoch, allein die Breite derselben ist verschieden, um die Anwendung auch solcher Handwerke, deren Betreibung viel Raum erfordert, zu gestatten, ohne daß die Einrichtung allzu kostspielig sei. Einige Zellen sind 6½, andere 7½, einige sogar 8½ Schuh breit. Der Kubikinhalt derselben beträgt somit 845, 975 oder 1105 Kubikfuß. Die Heizung und Ventilation der Zellen geschieht durch einen Heizapparat, von welchem die erwärmte Luft in den großen Corridor und von diesem aus durch Canäle, welche unter dem Fußboden jeder Zelle angebracht sind und sich in die Corridorwand öffnen, in die Zellen einströmt. Zum Abflusse der schlechten Luft ist an der Decke jeder Zelle, der Wärmeöffnung gegenüber, eine Oeffnung angebracht, die durch einen Canal mit dem großen Schlote in der Mitte des Gefängnißflügels in Verbindung steht, in welchem die Luft durch ein Feuer so verdünnt wird, daß die in den Zellen befindliche Luft dadurch aus denselben herausgezogen wird. Diese Heizungs= und Ventilationsmethode scheint der in dem Londoner Mustergefängnisse eingeführten bedeutend nachzustehen, ist aber auch weit weniger kostspielig. Die Einrichtung der Zellen ist fast wie in Pentonville, nur haben die Sträflinge keinen Glockenzug, sondern, wenn sie etwas wünschen, müssen sie an ihre Zellenthür klopfen; auch enthalten die Zellen keine Abtritte. Anstatt dieser hat man in jeder Zelle an der dem Corridor zugewendeten Thürwand eine Vertiefung angebracht, worin in einem eisernen Gestelle ein thönerner Unrathskrug steht, den man durch eine von außen zu öffnende kleine Thür zur Reinigung und Ausleerung herausnehmen und wieder hineinstellen kann. Nur am Ende jedes Flügels befindet sich in jedem Stockwerke ein Abtritt, in welchen die Unrathskrüge der zugehörigen Zellenreihe ausgeleert werden. Für jede Zelle sind zwei Unrathskrüge bestimmt, so daß bei dem Herausziehen des gefüllten gleich ein neuer leerer wieder hineingeschoben werden kann. Aus dem Sandsteinkasten des Zellenabtrittes geht eine eiserne Röhre zu dem Abzugskanale der verderbten Luft, um das Eindringen des üblen

Geruches in die Zelle so viel als möglich zu verhindern. Diese Einrichtung ist allerdings viel unvollkommener, als die geruchlosen Abtritte in jeder Zelle des Pentonville-Gefängnisses, aber sie ist dafür auch bedeutend wohlfeiler. Die Zellenthüren haben nur Inspectionsöffnungen, aber keine Fallthür für das Hineinreichen der Speisen, so daß hiezu jede Zellenthür geöffnet werden muß. Dagegen sind dieselben mit einer Vorrichtung versehen, welche bewirkt, daß sie halb geöffnet werden können, ohne daß der Sträfling die Zelle verlassen kann. Diese Einrichtung wurde deshalb nothwendig, weil es der Anstalt zu Perth bisher noch an einer Kapelle fehlt, die für das Vereinzelungssystem eingerichtet wäre. Es wird daher an den Sonntagen in jedem Flügel die Predigt in der Art gehalten, daß der Gefängnißgeistliche sich in ein höheres Stockwerk des Flügels begibt und an einem Ende desselben in der Mitte stehend predigt, während alle Zellenthüren mittelst der erwähnten Schloßvorrichtung ein wenig geöffnet werden, so daß alle Gefangenen die Predigt hören, aber keiner aus seiner Zelle heraussehen kann. Die Fenster der Zellen sind von ungeriestem Glase und zum Oeffnen eingerichtet, was, wie der Gefängnißdirector und der Kaplan der Anstalt mir mittheilten, bereits zu Versuchen, durch dieselben von einer Zelle zur anderen Mittheilungen zu machen, Veranlassung gegeben hat, und daher ebenfalls der Londoner Einrichtung nachsteht.

Zur Ermöglichung hinlänglicher Körperbewegung in freier Luft sind Einzelspazierhöfe nach dem Muster der im Pentonville-Gefängnisse befindlichen angelegt worden. Es befindet sich ein solcher Einzelspazierhof mit 20 Abtheilungen für die männlichen Sträflinge zwischen den beiden Gefängnißflügeln; ein zweiter, jedoch nur einen Halbkreis von zehn Abtheilungen bildender Spazierhof liegt in dem Hofraume nächst der Weiberabtheilung und ist nur für weibliche Sträflinge bestimmt. Eine besondere Sorgfalt wurde dafür getroffen, den Gefangenen in diesen Spazierhöfen wirklich eine genügende Bewegung zu verschaffen. Es werden daher die männlichen Sträflinge in ihren Einzelspazierhöfen, wenn sie dazu einwilligen, zum Zerschlagen von Steinen verwendet. Niemand wird zu dieser Arbeit gezwungen, aber die Gefangenen selbst verrichten sie nach der Aeußerung des Gefängnißdirectors gern. Außerdem erhalten die Gefangenen beider Geschlechter zur Uebung ihrer Körperkräfte zwei hölzerne Schwengel, welche sie in verschiedenen Richtungen zu schwingen angewiesen werden, um die Brust- und Armmuskeln zu üben. Diese Schwengel dürfen die Gefangenen selbst in ihre Zellen mitnehmen, um sich in den Mußestunden Bewegung zu verschaffen, und in den Spazierhöfen werden die Sträflinge dazu förmlich nach militärischer Weise von einem Aufseher, der sich auf eine alle Abtheilungen des Spazier- hofes übersehende Gallerie des Inspectionshäuschens stellt, commandirt. Auch das Ballspiel (jedoch nur in den Zellen) und das Springen über einen Bindfaden, welchen die Sträflinge im Rade schwingen, werden in den Mußestunden nicht nur gedulbet, sondern die Sträflinge werden dazu aufgefordert, indem insbesondere das letztere Spiel eine sehr nützliche Bewegung für Alle, die eine sitzende Beschäftigung treiben müssen, dar- bietet. Wenn so schlechtes Wetter ist, daß die Gefangenen nicht in die Spazierhöfe geführt werden können, so wird ihnen erlaubt, in dem großen Corridor auf- und abzugehen. Es werden nämlich drei dicke dunkle Vor- hänge quer über den Corridor gezogen, woburch in jedem Stockwerke 4 Abtheilungen entstehen, so daß 16 Gefangene zu gleicher Zeit, ohne sich gegenseitig zu sehen, auf- und abgehen können. Während dieser Zeit gehen beständig drei bis vier Aufseher in den verschiedenen Abthei- lungen herum, um jeden Versuch einer Mittheilung dieser Sträflinge zu verhindern; doch ist nicht zu läugnen, daß dies eine für die vollstän- dige Durchführung des Vereinzelungssystemes gefährliche Einrichtung ist.

Diese Anstalt ist, wie schon erwähnt wurde, nur für Sträflinge, welche zu einer Gefängnißstrafe von wenigstens 6 Monaten verurtheilt sind, bestimmt. Die Zahl aller vom 30. März bis 31. December 1842 in dieselbe aufgenommenen Gefangenen belief sich auf 270 Männer und 134 Weiber, worunter 38 auf 6 Monate, jedoch auf weniger als 1 Jahr, 150 auf mindestens 1 Jahr, aber weniger als 18 Monate, 152 auf wenigstens 18 Monate, aber nicht volle 2 Jahre, und 64 auf 2 Jahre und barüber verurtheilt waren. Die tägliche mittlere Bevöl- kerung der Anstalt betrug in diesem Zeitraume 299 Köpfe. Zur Zeit meines Besuches (am 16. Juni 1843) enthielt die Anstalt 226 Männer und 95 Weiber, zusammen 321 Köpfe. Das System der Vereinzelung, verbunden mit Arbeit in der Zelle, mit Religions- und Schulunterricht und mit häufigen Besuchen, wird fast ganz wie in London durchgeführt. Die Beschäftigungen, welche die Gefangenen in den Zellen betreiben, sind die Weberei sammt den dazu gehörigen Vorbereitungsarbeiten, das Schuster-, Schneider-, Tischler-, Drechsler-, Schmied-, Zinnschmied- und Bürstenbinder-Handwerk, das Flechten von Netzen, die Verfertigung von Matten, und das Zerzupfen alter Seile. Außerdem werden einige Sträflinge zum Reinigen der Gänge und zum Treiben der Wasserpumpe, jedoch in beiden Fällen unter Aufrechthaltung der Vereinzelung verwendet. Eine Ausnahme von diesem Systeme besteht nur in der Küche der Anstalt, in welcher 4 bis 5 Sträflinge, welche über den Vorschlag des Gefängnißdirectors von der Generaldirection der Gefängnisse dazu bestimmt werden, in Gemeinschaft, jedoch unter der Aufsicht des die Küche besorgenden Dieners der Anstalt verwendet werden. Obschon diese Ausnahme von dem allgemeinen Systeme nur auf sehr wenige Sträflinge beschränkt und von der Gefängnißdirection eine zweckmäßige Auswahl der in Gemeinschaft zu belassenden Gefangenen zu erwarten ist, so glaube ich doch, daß diese Maßregel keine Empfehlung und Nachahmung verdient. Auch ist sie in Perth hauptsächlich nur aus finanziellen Rücksichten eingeführt worden. Die weiblichen Sträflinge werden nur zu weiblichen Handarbeiten (Nähen, Stricken u. s. f.) und zur Besorgung der Hauswäsche angehalten. Zu diesem Ende sind in dem Waschhause lauter durch Holzwände von einander getrennte Zellen angebracht, worin die Gefangenen unter beständiger Ueberwachung von Seite einer Aufseherin waschen.

Der Religionsunterricht wird theils in den gemeinschaftlichen Predigten, theils durch häufige Besuche des Kaplans in den Zellen ertheilt. Der Kaplan verwendet hiezu täglich 5 bis 6 Stunden. Seine Berichte an die Generaldirection der Gefängnisse sprechen seine vollste Zufriedenheit mit den Erfolgen seiner Thätigkeit aus und er nimmt keinen Anstand zu erklären, daß die Vereinzelung der Gefangenen ihn hierin auf das kräftigste unterstütze und die Sträflinge am besten für eine bereitwillige

Aufnahme seines Zuspruches vorbereite, so daß er in seinem letzten Berichte (vom 1. Jänner 1843) geradezu ausspricht, daß der Verkehr mit denselben ihm dadurch zu einer höchst angenehmen Pflicht geworden sei. Zur Zeit meines Besuches waren schon mehr als 14 Monate seit der Eröffnung der Anstalt verstrichen und eine nicht unbeträchtliche Anzahl von Sträflingen hatte bereits diese ganze Zeit in der Einzelhaft zugebracht. Dessenungeachtet versicherten mich sowohl der Director dieser Anstalt, Jakob Stuart, als auch der Kaplan Lachlane Mac Lean, daß die Vereinzelung auf die Geisteskräfte der Gefangenen keine schädliche Einwirkung geäußert habe, und daß insbesondere kein einziger Fall beobachtet worden sei, in welchem dieselbe eine anhaltende Herabstimmung des Gemüthes oder gar eine Schwäche der Verstandeskräfte erzeugt hätte. Vielmehr bestätigten Beide, was der Kaplan auch in seinen Berichten wiederholt anführte, daß die Sträflinge in der Einzelhaft, und wie es scheint, durch dieselbe einen seltenen Eifer in Aneignung technischer Fertigkeiten und der Elementarkenntnisse, worin sie einzeln in ihren Zellen Unterricht erhalten, an den Tag legen und erstaunliche Fortschritte machen. Im Durchschnitte wird jeder Sträfling täglich 12 bis 15 Male von verschiedenen Personen in seiner Zelle besucht. Besonders wohlthätig zeigt sich das System des Ueberverdienstes. Manche Sträflinge gehen 2 bis 3 Stunden früher, als sie dazu verpflichtet sind, an ihre Arbeit, um sich einen kleinen Betrag für die Zeit ihrer Entlassung aus der Anstalt zu verdienen, und ich fand einen Uhrmacher in dem Gefängnisse, der sich durch fleißige Betreibung seines Handwerkes in jeder Woche 2 Schillinge (1 fl. C. M.), in einer Woche sogar 6 Schillinge als Ueberverdienst erwarb. Die weiblichen Gefangenen stehen unter der Leitung einer der allgemeinen Stimme nach ausgezeichneten Oberaufseherin (matron), und die Ordnung und Reinlichkeit, welche in dieser Abtheilung herrscht, so wie die Fortschritte, welche die Gefangenen in den weiblichen Arbeiten und den Elementarkenntnissen machen, verdienen musterhaft genannt zu werden. Der Gesundheitsstand der Anstalt ist bisher in Folge der glücklichen Lage derselben vortrefflich, doch wird erst eine längere Erfahrung hierüber ein entscheidendes Urtheil begründen können.

Ich besuchte sehr viele Gefangene in ihren Zellen und sprach längere Zeit mit ihnen. Ich fand bei den meisten ein recht gutes, frisches Aussehen und eine heitere Miene, einen geraden, offenen Blick. Sie zeigten sich sehr zutraulich und Alle, welche ich besuchte, mit Ausnahme eines Einzigen, welcher sich die Gesellschaft anderer Sträflinge herbeiwünschte, erklärten, daß sie mit ihrer vereinzelten Einsperrung zufrieden seien und sie dem Zusammenleben mit anderen Gefangenen, das sie fast alle vor ihrer Verurtheilung und manche selbst nach derselben erprobt hatten, vorzögen. Nach ihren Aeußerungen fiel ihnen die Einsamkeit nur in den ersten drei bis vier Wochen hart; jetzt sind sie daran gewohnt und ihre Arbeit, der Unterricht und die (mitunter selbst unterhaltenden) Bücher, welche sie im Gefängnisse erhalten, vertreiben ihnen alle Langweile. Der Director sprach in meiner Gegenwart mit allen Gefangenen auf eine gemüthliche, Vertrauen einflößende Weise. Im Lesen und Schreiben, so wie in den Handwerken machen sie sehr schnelle Fortschritte und sind selbst darüber sehr erfreut. Die Aussicht, welche sie eben dadurch erlangen, sich nach ihrer Entlassung ihren Lebensunterhalt auf eine ehrliche Weise erwerben zu können, wirkt offenbar ermuthigend und erheiternd auf sie. Manche Gefangene waren wirklich so unbefangen heiter, wie es nur ein Handwerker, der in seinem Hause allein arbeitet, sein kann, ohne daß diese Heiterkeit je die Gränzen des Anstandes irgend überschritten hätte. Was die geheimen Sünden anbelangt, so versicherte mich der Gefängnißgeistliche, daß er trotz der Aufmerksamkeit, welche er darauf lenke, nur sehr wenige Fälle davon beobachtet habe.

Außer dem Gefängnißdirector, dem Kaplane, Ärzte und der Oberaufseherin zählt diese Anstalt noch 4 Beamte, 18 Aufseher und 8 Aufseherinnen, deren Gehalte zusammen 2220 Pfund Sterling ausmachen, so daß davon allein bei einer mittleren Bevölkerung von 300 Köpfen jährlich 7 Pfund 8 Schillinge (74 fl. C. M.) auf Einen Sträfling entfallen. Außerdem betrugen die Auslagen für die Kost eines Sträflinges im Jahre 1842 4 Pfund 14 Schillinge, für die Kleidung 3 Pfund 8 Schillinge, für die Bettung 3 Pfund 4 Schillinge, für die Beleuchtung 1 Pfund, für die Heizung 1 Pfund 4 Schillinge, für andere Oekonomie-Auslagen 5 Schillinge, zusammen also für Einen Sträfling 18 Pfund 15 Schillinge (137 fl. 30 kr. C. M.). Rechnet man hiezu den oben angeführten, von den Besoldungen aller Beamten auf Einen Sträfling entfallenden Betrag von 7 Pfund 8 Schillingen und zieht man den durchschnittlichen Jahresertrag der Arbeit Eines Sträflinges mit 3 Pfund ab, so ergibt sich als der reine, auf Einen Sträfling entfallende jährliche Kostenbetrag die Summe von 18 Pfund 3 Schillingen (d. i. 181 fl. 30 kr. C. M.).

II. Das Gefängniß zu Edinburg.

Diese Anstalt besteht aus zwei Theilen, welche bis zum Jahre 1840 ganz abgesonderte Gefängnisse unter den Titeln gaol und bridewell bildeten, seit diesem Jahre aber vereinigt und Einem Director zur Leitung anvertraut wurden. Der ehemals gaol benannte, vor ungefähr 24 Jahren erbaute Theil dieser Anstalt ist jetzt als Männergefängniß, das ehemalige Bridewell aber, welches vor etwa 45 Jahren erbaut wurde, als Weibergefängniß verwendet. Beide Abtheilungen sind noch gegenwärtig durch eine Mauer von einander getrennt. Die Lage dieses Gefängnisses auf den Felsen des Calton-hill mit der herrlichen Aussicht auf das Meer und die Stadt ist prächtig. Auch die Gebäude beider Abtheilungen sind in gothischem Style aufgeführt und wahre Zierden der Stadt durch ihr schönes Aussehen, aber die Zweckmäßigkeit scheint von den Baumeistern über die schöne Form außer Acht gelassen worden zu sein. Die Männerabtheilung besteht in einem länglichen Rechtecke, das in jedem seiner drei Geschosse in der Mitte der Länge nach von einem Gange durchschnitten wird, zu dessen beiden Seiten sich Zellen für die Gefangenen befinden. Die Zahl der Zellen beträgt 128, außerdem sind in dem zweiten Stockwerke mehrere Zellen in zwei große Zimmer für die gemeinschaftliche Anhaltung von Gefangenen umgestaltet worden. Außer diesem Hauptgebäude sind noch in einem Nebengebäude im Hofraume 19 Zellen und ein großes Zimmer zur Anhaltung von männlichen Gefangenen bestimmt. Die Zellen des Hauptgebäudes sind 9 Schuh lang, 6 Fuß breit und 8 Fuß hoch, enthalten also nur 432 Kubikschuh. Die 19 Zellen des Nebengebäudes sind sehr mangelhaft, schlecht zu heizen und sehr dunkel, indem sie keine eigentlichen Fenſter, ſondern nur an der Decke eine Oeffnung haben, durch welche nicht genug Licht einfällt. Im Hofraume befinden ſich auch mehrere Einzelſpazierhöfe. Die Weiberabtheilung, das ehemalige Edinburger Bridewell, iſt ganz eigenthümlich nach dem panoptiſchen Syſteme gebaut. Es bildet einen Halbkreis, in deſſen Mittelpuncte ſich ein Thurm erhebt, der mit engen Fenſtern wie mit Schießſcharten verſehen iſt, um zur Inſpection der Gefangenzellen zu dienen. Um dieſen Centralthurm herum liegt concentriſch im Halbkreiſe eine doppelte Reihe von Zellen, welche durch einen Gang von einander getrennt werden. Die dem Inſpectionsthurme zunächſt gelegene Zellenreihe beſteht in jedem der vier Geſchoſſe des Gebäudes aus dreizehn Zellen, welche 15 Schuh lang, 8½ Schuh breit und 8 Fuß 3 Zoll hoch ſind und gegen den Centralthurm zu gar keine Wand haben, ſondern durch ſtarke eiſerne Gitter abgeſperrt ſind, ſo daß ſie von dem Centralpuncte aus ganz wie die Käfige einer Menagerie ausſehen und vollſtändig überſehen werden können. Die zweite concentriſche, von dem Inſpectionsthurme entferntere Zellenreihe beſteht in jedem Stockwerke aus 32 Zellen, die meiſtens 7 Fuß lang, 6 Fuß breit und 8 Fuß 3 Zoll hoch ſind und daher nur 350 Kubikfuß enthalten, deren einige jedoch 9 Schuh lang und 6½ Schuh breit ſind und ſomit einen Kubikinhalt von 485 Fuß haben. Außer dieſen 180 Zellen ſind noch 12 Zellen und ein gemeinſchaftliches Zimmer vor 6 Jahren neu errichtet worden, ſo daß die Weiberabtheilung im Ganzen 192 Zellen und Ein großes Zimmer enthält. Der leere Raum zwiſchen dem Centralthurme und den Zellenreihen iſt mit einem Glasdache verſehen, durch welches das Licht in die oben erwähnte erſte Zellenreihe einfällt, und er wird als Kapelle benützt. Urſprünglich waren die 52 großen Zellen zu Arbeitszellen für je 3 bis 4 Gefangene, die 128 kleinen Zellen aber zu Nachtzellen beſtimmt; allein die Ueberfüllung des Gefängniſſes brachte es dahin, daß man auch die großen Zellen als Schlafräume benützen mußte. Die Weiberabtheilung hat nur einen einzigen Spazierhof. Das Gefängniß iſt gegenwärtig nur zur Aufnahme von Perſonen, die eines Verbrechens oder Vergehens beſchuldigt oder wegen eines ſolchen bereits verurtheilt ſind, beſtimmt. Schuldgefangene werden in einer anderen Anſtalt Edinburg's angehalten.

12*

Die durchschnittliche tägliche Bevölkerung desselben betrug deſſen ungeach-
tet in dem Jahre vom 1. Juli 1841 bis 30. Juni 1842 518 Köpfe.
Da nun die Anstalt nur 339 Zellen enthält, so ist es klar, daß das
Absonderungssystem nicht vollständig durchgeführet werden konnte.

Das gegenwärtig in dieſem Gefängniſſe beſtehende Syſtem iſt eine
Art Claſſificationsſyſtem, ein größtentheils durch die ungünſtigen
Localitätsverhältniſſe aufgezwungenes gemiſchtes Syſtem. In der Männerabtheilung werden einige Gefangene, und zwar ſo viel als möglich die
Angeklagten vor ihrer Verurtheilung, diejenigen, welche das erſte Mal
ein Verbrechen begingen und daher die meiſte Hoffnung einer Beſſerung
geben, und diejenigen, welche als die Verberbteſten und Schlechteſten
durch die Verführung Anderer das größte Unheil ſtiften könnten, der
Einzelhaft bei Tag und Nacht unterworfen. Andere Gefangene werden
zwar zur Nachtzeit in Einzelzellen verwahrt, aber den Tag über zu gemeinſchaftlicher Arbeit angehalten; die Uebrigen werden ſogar zur Nachtzeit
nicht abgeſondert, ſondern ſchlafen in Gemeinſchaft. Den Einem Raume
vereinigten Gefangenen iſt nicht das vollſtändige Stillſchweigen, ſondern
nur ein ordentliches, anſtändiges, von Lärm und Tumult entferntes
Benehmen und Stillſchweigen während der Arbeit vorgeſchrieben. Die
Claſſification der Gefangenen iſt ganz dem Ermeſſen des Gefängnißdirectors anheimgeſtellt.

Die weiblichen Gefangenen hingegen ſind faſt alle bei Tag und
Nacht von einander abgeſondert; allein der Umſtand, daß nur Ein Spazierhof für ſie vorhanden iſt, bewirkt, daß immer eine größere Anzahl
ſolcher Gefangenen auf einmal in denſelben zugelaſſen werden muß. Es
iſt ihnen zwar bei dieſen gemeinſchaftlichen Spaziergängen, bei welchen
ſie in einer Reihe, Eine hinter der Anderen herum gehen ſollen, das Stillſchweigen vorgeſchrieben, aber die Kleinheit des Raumes bringt es faſt
unausweichlich mit ſich, daß dieſes Gebot nicht genau gehandhabt werden
kann. Außerdem legt die Conſtruction der Weiberabtheilung einer vollkommenen Durchführung des Vereinzelungsſyſtemes mehrere bedeutende Hin-
derniſſe in den Weg. Dahin gehören erſtlich der in Beziehung auf die
Erhaltung der Geſundheit der Gefangenen viel zu kleine Kubikinhalt der

Zellen in der äußeren Zellenreihe; ferner der Umstand, daß der Baumeister, um dem Gebäude von Außen ein schöneres Ansehen zu geben, die Fenster von je zwei an einander stoßenden Zellen so nahe an einander angebracht hat, daß sie nur durch die Wand, welche die zwei Zellen scheidet, getrennt sind und von Außen wie Ein Doppelfenster erscheinen, ein Umstand, welcher die Mittheilungen von Zelle zu Zelle so sehr erleichtert, daß man sie kaum verhindern kann; endlich die Leichtigkeit der Mittheilungen von Zelle zu Zelle in der inneren, dem Centralthurme zunächst gelegenen Zellenreihe, wozu der gänzliche Mangel einer Mauer auf der dem Centralthurme gerade gegenüber liegenden Zellenseite Veranlassung gibt.

Auch in der Männerabtheilung ist eine vollständige Durchführung der Vereinzelung für die von dem Director zur Anwendung dieses Systemes geeignet befundenen Gefangenen der mangelhaften Construction der Zellen halber fast unmöglich. Man begnügt sich daher damit, dieses System so weit als möglich einzuschärfen. Um den Gefangenen eine für ihre Gesundheit hinlängliche körperliche Bewegung zu verschaffen, werden sie in den Spazierhöfen zum Zerschlagen von Steinen (für die öffentlichen Straßen) verwendet. Auch werden die in der Einzelhaft befindlichen Gefangenen von Zeit zu Zeit angehalten, in den zwischen den Zellenreihen befindlichen Gängen des Gefängnisses öfters hin und her zu laufen. Die jugendlichen Uebertreter werden in ihrem gemeinschaftlichen Schlaf- und Arbeitssaale förmlich zu gymnastischen Uebungen angehalten, was für ihren Gesundheitszustand sehr förderlich ist.

Die mittlere tägliche Bevölkerung dieses Gefängnisses betrug nach den mir von dem einsichtsvollen, thätigen und wohlwollenden Director Smith gemachten Mittheilungen im Monate Mai 1843: 218 Männer (worunter 27 noch nicht Verurtheilte) und eben so viele Weiber (und zwar 18 noch nicht Verurtheilte), zusammen also 436 Köpfe. Die größte Bevölkerung im Laufe dieses Monates belief sich auf 467, die kleinste auf 406 Köpfe. Der Director ist mit dem Betragen der Gefangenen im Allgemeinen zufrieden und es scheint, daß der ruhige, milde Ernst, womit er ihnen begegnet, und wozu er auch alle seine Untergebenen anhält, gute Früchte bringt. Die Zahl der Disciplinarstrafen ist gering; sie beträgt täglich 2 bis 3, was für eine Anzahl von 400 bis 450 Gefangenen gewiß wenig genannt werden kann. Der Gesundheitsstand der Gefange= nen ist im Allgemeinen sehr gut; nur die auf lange Zeit Verurtheilten werden nicht selten von scrophulösen oder scorbutischen Uebeln befallen, was größtentheils in der unvollkommenen Construction der Zellen und dem Mangel an hinlänglicher Bewegung, besonders bei den Weibern, seinen Grund hat. Alle Gefangenen werden mit Arbeit versehen; der gedrückte Zustand des Handels in den letzten Jahren, der Mangel an hinreichendem Raume für manche Arbeiten und die Häufigkeit der nur sehr kurz dauern= den Strafen bewirken, daß der Arbeitsertrag nicht sehr bedeutend ist. Im Monate Mai 1843 wurden vorzüglich folgende Beschäftigungen getrieben: Weberei, Schneiderei, Schusterei, Netz= und Matten=Flechterei, das Zer= schlagen von Steinen, das Zupfen von Wolle, Baumwolle und Oakum; von den weiblichen Gefangenen: Nähen und Stricken. Außerdem wurde eine nicht unbeträchtliche Anzahl von Gefangenen in der Küche, zum Brodbacken, zum Waschen und zu anderen häuslichen Verrichtungen verwen= det. Der reine Arbeitsertrag im Monate Mai 1843 belief sich auf 73 Pfund 16 Schillinge, wornach der tägliche Verdienst Eines Gefangenen im Durchschnitte nur $1\frac{1}{2}$ Pfennige (d. i. 4 kr. C. M.) betrug.

In dem Jahre vom 1. Juli 1841 bis 30. Juni 1842 beliefen sich die Auslagen für die Erhaltung dieses Gefängnisses auf 6464 Pfund 17 Schillinge, worunter für die Besoldungen 1796 Pfund 9 Schillinge, für die Kost der Gefangenen 2137 Pfund 16 Schillinge (d. i. täglich $2\frac{3}{4}$ Pfennige (7 kr. C. M.) für einen Gefangenen), für die Kleidung und Bettung 706 Pfund 13 Schillinge und für die Heizung, Beleuch= tung und Wäsche 658 Pfund 9 Schillinge entfielen. Zieht man davon den reinen Jahresertrag der Arbeit der Gefangenen mit 873 Pfund 1 Schilling (d. i. 1 Pfund 14 Schillinge oder 17 fl. C. M. für Einen Gefangenen) ab, so stellt sich die Jahres=Ausgabe für das Gefängniß auf 5591 Pfund 16 Schillinge, woraus sich bei einer mittleren täglichen Bevölkerung von 518 Köpfen für Einen Gefangenen ein jährlicher Kostenbetrag von beiläufig 11 Pfund (d. i. 110 fl. C. M.) ergibt.

III. Das Gefängniß zu Glasgow.

Die Stadt Glasgow enthält zwei Gefängnisse, deren eines ehe=
mals Bridewell, das andere Gaol benannt wurde, und welche sich auch
unter der Leitung zweier Directoren befanden. Seit dem Jahre 1840
aber sind beide Anstalten in administrativer Beziehung für Eine erklärt
und nur Einem Director, dem verdienten und ausgezeichneten Vorsteher
des ehemaligen Bridewell, Wilhelm Brebner, anvertraut worden.
Statt der Titel: bridewell und gaol sind gegenwärtig die Benennungen
„nördliche und südliche Abtheilung" eingeführt. Die nörd=
liche Abtheilung (das ehemalige bridewell) genießt eines großen Rufes
und ist deshalb eine der wichtigsten und bemerkenswerthesten Anstalten,
weil in derselben bereits seit 20 Jahren das System der Vereinzelung
bei Tag und Nacht mit Arbeit in den Zellen durchgeführt wurde, die
Erfahrungen dieser Anstalt also mit Recht für die Beurtheilung der
Wirkungen des pennsylvanischen Systemes benützt werden können.

Diese Abtheilung besteht gegenwärtig aus drei Theilen, deren ältester
bereits 46 Jahre, der zweite schon 20 Jahre und der neueste 4 Jahre
alt ist. Die beiden neueren Gebäude sind es vorzüglich, in welchen die
Durchführung des Vereinzelungssystemes zu großer Vollkommenheit ge=
bracht wurde. Der älteste Theil der Anstalt befindet sich zwar innerhalb
der allgemeinen Umfassungsmauer, ist aber von den anderen Theilen
derselben ganz abgesondert und wird gegenwärtig ausschließend für weib=
liche Gefangene benützt. Er enthält in sechs Stockwerken 104 Zellen,
welche in jedem Stockwerke zu beiden Seiten eines der Länge dieses Ge=
bäudes nach laufenden Corridors liegen. Es fehlt daher an jeder Ueber=
sichtlichkeit, auch sind die Zellen großentheils ziemlich klein, schlecht zu
heizen, sehr schlecht zu lüften und zum Theile feucht und dunkel, wie
dies bei einem schon im vorigen Jahrhunderte errichteten Gefängnißge=
bäude gar nicht auffallend ist. Neben diesem Theile befindet sich ein ein=
stöckiges Häuschen mit 30 großen Zellen, welche ebenfalls für weibliche
Gefangene bestimmt sind. Viel zweckmäßiger ist schon der ungefähr zwan=
zig Jahre alte Theil der Anstalt erbaut. Er besteht aus zwei Flügeln,
welche von der Wohnung des Directors strahlenförmig auslaufen. Jeder

dieſer zwei Flügel enthält vier Geſchoſſe (das Erdgeſchoß eingerechnet,) und jedes Geſchoß iſt der Länge nach durch eine Mauer in zwei Ab- theilungen geſchieden, deren jede nächſt dieſer Mauer einen Corridor und längs desſelben zehn Zellen enthält. Jeder von den zwei Flügeln enthält daher 8 Abtheilungen, zuſammen mit 80 Zellen. Alle dieſe 160 Zellen haben dieſelbe Größe, nämlich 9 Fuß Länge, 7 Fuß Breite und 10 Fuß Höhe, alſo einen Kubikinhalt von 630 Kubikfuß. Auch dieſe Bauart iſt noch ſehr unvollkommen; jede Ueberſicht einer grö- ßeren Anzahl von Zellen iſt dadurch unmöglich gemacht und daher die Verhinderung allfälliger Mittheilungen von Zelle zu Zelle ſehr erſchwert. Selbſt dieſe Zellen ſind für Strafzeiten von mehreren Monaten noch zu klein. Die Heizung derſelben durch Röhren, in welchen heißes Waſſer circulirt, iſt ſehr unvollkommen; für eine künſtliche Lufterneuerung iſt gar nicht genügend geſorgt. Viel beſſer iſt der neueſte Theil dieſer Anſtalt gebaut, indem er einen gleichfalls von dem Directionsgebäude auslaufenden Flügel bildet, der, ähnlich den Gefängnißflügeln in Pentonville und Perth, in der Mitte von einem durch alle Stockwerke offenen Gange durchſchnitten iſt, zu deſſen beiden Seiten in vier Geſchoſſen 106 Zellen liegen. Die Zellen dieſes Flügels ſind 10 Schuh lang, 8 Schuh breit und 10 Schuh hoch, haben alſo einen Kubikinhalt von 800 Kubikſchuh. Allein auch dieſer Neubau leidet an bedeutenden Mängeln in Betreff der Heizung und Lüftung. Ein ſehr großer Mangel dieſer Anſtalt liegt in der unzu- reichenden Fürſorge für die körperliche Bewegung der Gefangenen in freier Luft. Es beſteht nur Ein nach dem Londoner Muſter errichteter Spazierhof mit 10 Abtheilungen, welcher daher für 400 Gefangene offenbar ungenügend iſt. Viele Gefangene müſſen deßhalb in den Gän- gen der Gefängnißflügel auf- und abgehen, um Bewegung zu machen. Außerdem hat dieſe Anſtalt keine Kapelle; der Gottesdienſt muß alſo in jedem Gefängnißflügel durch eine Predigt, welche den in ihren Zellen verbleibenden Gefangenen gehalten wird, erſetzt werden. Ein anderer bedeutender Uebelſtand liegt darin, daß die Zellenfenſter von ungerieftem Glaſe ſind und die Gefangenen ſomit durch dieſelben, ſelbſt wenn ſie nicht geöffnet ſind, ihre in anderen Flügeln oder in den Spazierhöfen

befindlichen Mitgefangenen sehen können, wodurch ein Hauptzweck des
pennsylvanischen Systemes, die Verhinderung des Wiedererkennens ehe-
maliger Strafgenossen, vereitelt wird. Besonders tadelnswerth ist es,
daß durch diese mangelhafte Einrichtung nicht verhindert wird, daß männliche und weibliche Gefangene einander sehen können.

Trotz dieser vielfach unvollkommenen Einrichtungen hat der Director dieser Anstalt, Brebner, das Vereinzelungssystem schon seit
zwanzig Jahren eingeführt und es hat sich bisher als sehr wohlthätig
erwiesen. Die Anstalt enthält sowohl bereits Verurtheilte, als auch
noch im Zustande der Anklage Befindliche. Beide Classen von Gefangenen werden der Einzelhaft unterworfen. Für Arbeit in der Zelle ist
so viel als möglich gesorgt und man kann wohl sagen, daß in Bezug
auf den Arbeitsertrag die Erfahrung, welche in dieser Anstalt gemacht
wurde, dem Vereinzelungssysteme das günstigste Zeugniß ertheilt. In den
drei Jahren 1834 bis 1836 war der Ertrag der Arbeit der Gefangenen so groß, daß über 80% aller Erhaltungskosten derselben dadurch
gedeckt wurden und der der Grafschaft zur Last fallende unbedeckte Kostenbetrag für einen Sträfling nur 2 Pfund 7 Schillinge jährlich betrug. Seit dieser Zeit ist der Arbeitsertrag in Folge des gedrückten Zustandes des englischen Handels seit der großen Krisis von 1837 in
stetem Abnehmen begriffen, aber er blieb im Verhältnisse zu dem Ertrage
der Arbeit in anderen schottischen Gefängnissen immer noch bedeutend.
Im Durchschnitte belief sich der jährliche reine Ertrag der Arbeit eines
Gefangenen im Jahre 1837 auf 5 Pfund 18 Schillinge (59 fl. E. M.),
im Jahre 1838 auf 4 Pfund $3^1/_2$ Schillinge (41 fl. 45 kr. E. M.)
und im Jahre 1839 auf 3 Pfund 17 Schillinge (38 fl. 30 kr. E. M.).
Der Gefängnißinspector Friedrich Hill bestätiget in seinen Jahresberichten, daß die Gefangenen die Arbeit als eine wahre Erleichterung
ihrer Lage betrachten und sie daher gern und eifrig betreiben. Besonders
bemerkenswerth ist es, daß die auf längere Zeit zur Anhaltung in der
Anstalt Verurtheilten verhältnißmäßig weit mehr als die nur auf kurze
Zeit Verurtheilten verdienen. So betrug in dem mit dem 2. August 1838
abgelaufenen Jahre der jährliche Arbeitsertrag der auf 18 bis 24 Mo-

nate Angehaltenen 9 Pfund 11 Schillinge, der auf 12 bis 15 Monate
Angehaltenen 8 Pfund 15 Schillinge, der auf 6 bis 9 Monate Verurtheilten 7 Pfund 11 Schillinge, der 3 bis 4 Monate lang Angehaltenen 5 Pfund 1 Schilling, der 40 bis 60 Tage hindurch in der Haft Gewesenen 3 Pfund 14 Schillinge und der auf 30 Tage oder weniger Angehaltenen 3 Pfund für den Kopf eines Gefangenen. Der Arbeitsertrag war
also bei den auf 18 bis 24 Monate Verurtheilten mehr als dreimal
so groß, als bei den nur 30 Tage hindurch oder noch kürzer Angehaltenen. Die Arbeiten, zu welchen die Gefangenen verwendet werden,
sind dieselben, welche in der Schilderung des Edinburger Gefängnisses aufgeführt wurden.

Was den Gesundheitszustand der Gefangenen anbelangt,
so ist er nach den Berichten des Gefängnißinspectors sowohl, als nach
den Aeußerungen des Directors dieser Anstalt im Allgemeinen sehr gut,
und der Arzt der Anstalt versicherte mich, daß der Gesundheitszustand
in derselben besser als unter irgend einer gleichen Anzahl freier Personen
in Glasgow sei. Die Zahl der Kranken ist sehr klein und die Todesfälle betragen jährlich kaum 1.8% der mittleren Bevölkerung. *) Wäre
die Heizung und Lüftung der Zellen besser, und wäre mehr dafür gesorgt,
daß die Gefangenen häufiger in freier Luft Bewegung machen könnten,
so würde sich dieses Verhältniß noch günstiger stellen. In dem vierten
Jahresberichte spricht sich der Gefängnißinspector Hill hierüber mit folgenden Worten aus: „Ich habe jeden Gefangenen, der länger als vier
„Monate in der Haft war, (mehrere waren schon über 2 Jahre im Ge-
„fängnisse,) genau untersucht und mit jedem eine lange Unterredung ge-
„habt. Ich würde herzlich wünschen, daß die Gegner des Vereinzelungs-
„systemes eine solche Untersuchung anstellen könnten, denn ich bin über-
„zeugt, daß dieselbe jeden vorurtheilsfreien Forscher von der Grundlosig-
„keit der Befürchtung von Krankheiten, von Blöd- oder Wahnsinn als

---

*) Hiebei darf aber der Umstand nicht unberücksichtigt bleiben, daß über die Hälfte
aller Gefangenen dieser Anstalt höchstens zwei Monate lang darin angehalten
werden.

„nothwendigen Folgen der Einzelhaft überzeugen würde. Mehrere unter
„denjenigen, welche am längsten im Gefängnisse waren, genossen offenbar
„einer ungewöhnlich guten Gesundheit und zeigten großes Geschick in
„Verrichtung ihrer Arbeit und in Beantwortung der ihnen gestellten
„Fragen. Der Gefängnißarzt behauptet, daß die Gefangenen dieser An=
„stalt sich einer besseren Gesundheit als die arbeitenden Classen in
„Glasgow im Allgemeinen erfreuen, und diese Ansicht wird durch die
„Sterbelisten vollkommen erwiesen." In den folgenden Jahresberichten
findet sich diese Nachricht bestätigt; doch wird (insbesondere für die auf
längere Zeit Verurtheilten) die dringende Nothwendigkeit mehrerer Ge=
legenheit zu körperlicher Bewegung in freier Luft hervorgehoben. Was
den geistigen Zustand der Gefangenen betrifft, so ist die in dem
dritten Jahresberichte ausgesprochene Thatsache, daß seit der Einführung
der Einzelhaft in dieser Anstalt nie ein Fall von Blöd= oder Wahnsinn
vorgekommen ist, von der größten Wichtigkeit. Das Vereinzelungssystem
ist gegenwärtig bereits seit 20 Jahren in Wirksamkeit und Brebner,
welcher die Anstalt seit 30 Jahren leitet und viele Sträflinge 18 Mo=
nate und selbst 2 Jahre lang in der Einzelhaft beobachten konnte, sprach
sich gegen mich mit der größten Entschiedenheit dahin aus, daß er nie eine
schädliche Einwirkung derselben auf die Geisteskräfte der Gefangenen beob=
achtet habe. „Insbesondere," sagte er, „ist bei allen Gefangenen, welche
„etwas lernen wollen und fleißig arbeiten, nichts für ihre Geisteskräfte
„zu besorgen. Nur die bei ihrem Eintritte in die Anstalt bereits geistig
„Schwachen und diejenigen, welche sich der Unthätigkeit hingeben und
„den ihnen dargebotenen Unterricht nicht benützen, sind der Gefahr •
„einer bedeutenden Herabstimmung ihrer geistigen Kräfte durch die anhal=
„tende Vereinzelung ausgesetzt und könnten, wenn man sie sich selbst
„überließe, zu einem Zusammenbrechen derselben gelangen. Allein bei
„solchen Individuen ist es eben die Aufgabe des Gefängnißvorstehers, im
„Anfange ihrer Strafzeit oder während der gefährlichen Perioden durch
„häufigere Besuche und Ermunterung derselben, besonders zur Thätigkeit,
„einzuschreiten. Geschieht dies einigermaßen mit Eifer und Vorsicht, so
„ist auch bei dieser Classe von Gefangenen keine Gefahr einer Störung

„ihrer Geistesfrdfte zu besorgen." Brebner bestätigte mir, daß während seiner Amtsführung nie ein Gefangener durch die Einzelhaft in Blöd- oder Wahnsinn verfallen sei. Er führte vielmehr ein Paar Fälle von Gefangenen an, welche bei ihrem Eintritte in die Strafanstalt an einer Geistesstörung litten, und auf welche die Vereinzelung so wohlthätig ein- wirkte, daß sie die Anstalt in einem besseren Geisteszustande verließen, als sie dieselbe betreten hatten. Brebner erklärte sich als einen ent- schiedenen Gegner des Systemes des Stillschweigens, dessen Unwirksam- keit und Verderblichkeit er durch eine große Anzahl von Gefangenen, die vor ihrer Anhaltung zu Glasgow bereits in Gefängnissen unter diesem Systeme gewesen waren, zu erfahren Gelegenheit hatte. „Das Vereinze- „lungssystem hingegen," sagte er zu mir, „kann ich seiner sittlichen Wirk- „samkeit wegen mit ruhigem Gewissen anempfehlen; insbesondere aber „kann ich dessen Einführung in allen neu zu erbauenden Gefängnissen „anrathen, weil bei einem Neubaue ohnehin für die zum Gedeihen dieses „Systemes erforderlichen Einrichtungen, als: Heizung und Lüftung der „Zellen und genügende Spazierhöfe, Sorge getragen wird und damit „allein manche Besorgniß, welche dieses System rege macht, vom Anbe- „ginne hinwegfällt."

Die Zahl der Disciplinarstrafen ist sehr gering; sie beläuft sich im Durchschnitte täglich auf drei, was bei einer Bevölkerung von 400 Köpfen und besonders bei Berücksichtigung des Umstandes, daß eine große Anzahl nur auf sehr kurze Zeit Verurtheilter, welche daher erst sich in die Hausordnung zu fügen lernen müssen, in diese Anstalt gesendet wird, gewiß als sehr mäßig betrachtet werden muß. Brebner ist ein entschie- dener Gegner der häufigen Anwendung von Disciplinarstrafen, „denn," sagte er zu mir, „durch Strafen wirkt man nie moralisch, sehr oft sogar „sehr übel auf die Gefangenen ein. Das Beste ist, ihnen mit einer milden „Festigkeit zu begegnen, ihr Vertrauen zu erwerben, sie zur eigenen Ein- „sicht dessen, was ihnen frommt, zu bringen, ja sogar, sie heiter (in „good humour) zu erhalten, damit ihre eigene Energie zu ihrer Besse- „rung mitwirke." Als einen sprechenden Beweis von der Richtigkeit dieser Behandlungsgrundsätze muß man den Umstand betrachten, daß unter denjenigen, welche wegen Rückfalles wiederholt in dieses Gefängniß kommen, sich nur eine geringe Anzahl solcher Sträflinge befindet, welche bei ihrer ersten Anhaltung in dieser Anstalt wenigstens sechs Monate gefangen waren, auf welche somit das darin eingeführte System bessernd einwirken konnte*), während die das erste Mal nur auf kurze Zeit Verurtheilten, auf welche daher die Strafe keinen tieferen Eindruck hervorbringen konnte, viel öfter rückfällig werden. Die Schwierigkeit, den entlassenen Sträflingen eine Unterkunft zu verschaffen, ist in Glasgow sehr groß und war besonders in den letzten Jahren bei dem stagnirenden Zustande des Handels und der Fabriken sehr bedeutend. Der Director dieser Anstalt sowohl, als der Gefängnißinspector Hill sprechen sich in den Jahresberichten des Letzteren über die Nothwendigkeit der Errichtung von Zufluchtshäusern (houses of refuge) für die entlassenen Gefangenen sehr energisch aus und deuten insbesondere auch darauf hin, daß dieselben als eine Uebergangsstufe von dem Zustande der Gefangenschaft in den der Freiheit sehr wichtig wären, vorzüglich für die längere Zeit hindurch in der Einzelhaft Angehaltenen, bei welchen der erneuerte Verkehr mit der bürgerlichen Gesellschaft ohne eine solche Anstalt zu plötzlich eintritt und daher leicht gefährlich werden kann.

Wie schon erwähnt wurde, ist die nördliche, ganz nach dem Vereinzelungssysteme eingerichtete Gefängnißabtheilung zu Glasgow seit 1840 mit dem in dem südlichen Theile dieser Stadt gelegenen Gefängnisse, dem ehemaligen gaol, administrativ zu Einer Anstalt vereinigt und es werden seitdem alle Register für beide Anstalten gemeinschaftlich geführt. Dies ist der Grund, warum ich in dem Vorstehenden nur lauter Angaben von den Jahren vor 1840 mitgetheilt habe, indem seit dieser Zeit die statistischen Angaben von einem theilweise (in der südlichen Abtheilung) nach dem

---

*) Moreau-Christophe theilt hierüber in seinem Berichte über die Gefängnisse von England, Schottland, Holland, Belgien und der Schweiz (Paris 1839) eine Tabelle mit, wornach die Zahl der Rückfälle unter den zuerst nur vierzehn Tage im Gefängnisse Gewesenen 75%, nach einer dreißigtägigen Anhaltung 60%, nach einer zweimonatlichen Haft 40%, nach viermonatlicher Anhaltung 25%, nach sechsmonatlicher 10%, nach zwölfmonatlicher 4% und nach achtzehnmonatlicher Haft nur 1% betrug. Diese Erfahrung wird auch durch die neueren Berichte des Gefängnißinspectors Hill vollkommen bestätigt. (Sixth report p. 58.)

Syfteme des Zufammenlebens der Gefangenen geleiteten Gefängniffe her=
rühren und daher keine fichere Grunblage für die Beurtheilung der Wirkun=
gen des Vereinzelungsfyftemes bilden. Die durchfchnittliche tägliche Bevöl=
ferung beider Abtheilungen zufammen belief fich in dem mit 30. Juni 1841
abgelaufenen Jahre auf 480 und in dem mit 89. Juni 1842 endenden
Jahre auf 531 Köpfe. Im Monate Mai 1843 betrug fie 540 Köpfe,
und zwar 338 Männer und 202 Weiber, 116 im Zuftande der Anklage
Befindliche, 409 Sträflinge und 15 Schulden halber Verhaftete. Die
Ausgaben für die ganze Anftalt betrugen im Solarjahre 1841 6934
Pfund Sterling, wovon auf die Befolbungen der Beamten und Auffeher
2564 Pfund, auf die Koft der Gefangenen 2840 Pfund (d. i. für Einen
Gefangenen täglich 3 Pfennige oder bei 7½ kr. C. M.), auf die Klei=
bung 500 Pfund und auf die Beleuchtung und Heizung 560 Pfund
famen. Der Bruttoarbeitsertrag der Anftalt belief fich auf 1250 Pfund;
nach Abzug des Ueberverdienftes mit 95 Pfund und der Auslagen, welche
das Arbeitsdepartement an fich verurfachte, belief fich der reine Arbeits=
ertrag auf 951 Pfund, (d. i. beinahe 2 Pfund auf den Kopf). Der reine
Koftenbetrag der Anftalt in diefem Jahre betrug fomit 5983 Pfund, wo=
von bei einer mittleren täglichen Bevölkerung von 510 Köpfen für Einen
Gefangenen 11 Pfund 14 Schillinge (117 fl. C. M.) als jährlicher
Koftenbetrag entfallen.

Vierter Abschnitt.

Das

Gefängnißwesen in Belgien.

Eintheilung, Verwaltung und Einrichtung der belgischen Gefängnisse überhaupt.

In Belgien besteht dasselbe Strafsystem, wie in Frankreich, indem das von Napoleon eingeführte Strafgesetz mit wenig Aenderungen noch gegenwärtig in Wirksamkeit ist. Die Strafen stufen sich daher in die Zwangsarbeitsstrafe, die Reclusion, die correctionelle Einsperrung und die einfache polizeiliche Haft ab. Die Dauer dieser einzelnen Strafen ist ganz wie in Frankreich festgesetzt.

Die Gefängnisse Belgiens *) können in drei Hauptclassen eingetheilt werden: 1) In die in jeder größeren Gemeinde befindlichen maisons de dépôt et de passage, welche nur zur provisorischen Anhaltung der auf frischer That ergriffenen Uebertreter und der auf dem Transporte befindlichen Gefangenen bestimmt sind und sich meistens in einem sehr schlechten Zustande befinden; 2) die maisons d'arrêt et de justice. In jedem Hauptorte eines Bezirkes befindet sich bei dem Gerichte erster Instanz eine maison d'arrêt, welche für die eines Vergehens (délit) Beschuldigten und für die im zuchtpolizeilichen Wege zu einer correctionellen Anhaltung auf längstens sechs Monate Verurtheilten bestimmt ist. In jedem Haupt-

---

*) Alle Vorschriften über das belgische Gefängnißwesen sind gesammelt im Druck erschienen unter dem Titel: Recueil des arrêtés, règlements et instructions concernant les prisons de Belgique. Bruxelles 1840.

orte einer Provinz, dem Sitze eines Assiseuhofes, befindet sich eine maison
d'arrêt et de justice (auch maison de sûreté civile et militaire genannt),
welche die eines Vergehens Beschuldigten, die eines Verbrechens (crime)
Angeklagten, die zu einer correctionellen Einsperrung auf höchstens sechs
Monate Verurtheilten, die verhafteten Soldaten, die Schuldgefangenen
und die eines Verbrechens halber Verurtheilten während der Anhängigkeit
ihres Cassationsgesuches enthält. Es bestehen in Belgien 17 maisons
d'arrêt und 9 maisons d'arrêt et de justice. 3) Die eigentlichen
Strafanstalten, welche auch Centralgefängnisse (maisons centrales) genannt werden. Es bestehen gegenwärtig fünf solche Anstalten in
Belgien: die maison de force zu Gent, welche für die zur Zwangsarbeitsstrafe verurtheilten männlichen Sträflinge des ganzen Königreiches
bestimmt ist; die maison de réclusion zu Vilvorde bei Mecheln für die
zur Reclusion verurtheilten Männer, das Correctionshaus zu St. Bernhard bei Antwerpen, welches zur Anhaltung aller männlichen Sträflinge, die zu einer längeren als sechsmonatlichen correctionellen Anhaltung
verurtheilt sind, dient; das Militärgefängniß zu Alost zwischen Gent und
Brüssel und das Weibergefängniß zu Namur für alle zu einer Correc-
tionshausstrafe auf mehr als sechs Monate, zur Reclusion oder zur Zwangsarbeitsstrafe verurtheilten Weiber des ganzen Königreiches. Die jugendlichen Sträflinge befinden sich gegenwärtig noch in einer besonderen Abtheilung des Correctionshauses zu St. Bernhard, doch sollen sie binnen
Kurzem in eine neu errichtete Anstalt zu St. Hubert im Luremburgischen
versetzt werden. Die mittlere tägliche Bevölkerung dieser fünf Strafanstalten*) beträgt nahe an 4590 Köpfe, die der übrigen belgischen Gefängnisse 2100 bis 2300 Köpfe, so daß sich beständig an 6800 Personen
in den belgischen Gefängnissen befinden.

Die oberste Leitung des Gefängnißwesens in Belgien steht dem Ministerium der Justiz zu, welchem der Generalinspector der Gefängnisse jähr-

---

*) Die mittlere tägliche Bevölkerung des Zwangsarbeitshauses zu Gent betrug in den
erstern drei Monaten des Jahres 1842 872 Köpfe, die des Reclusions-Strafhauses
zu Vilvorde 729, des Correctionshauses zu St. Bernhard 1154, des Militärgefängnisses zu Alost 1241 und des Weibergefängnisses zu Namur 448 Köpfe.

lich Bericht zu erstatten hat. Jedes Gefängniß untersteht einer Verwal=
tungscommission (commission administrative), welche aus 9 bis 12
vom Könige ernannten unbesoldeten Mitgliedern besteht und über die genaue
Befolgung der Hausordnung, über die Erhaltung der Reinlichkeit der An=
stalt und über die Anwendung der erforderlichen Sorgfalt für die Gesund=
heit der Gefangenen zu wachen, auch das ganze Geldwesen und die Mate=
rialgebahrung der Anstalt zu leiten hat. Die Gefängnißvorsteher und Beam=
ten sind ihren Anordnungen Folge zu leisten schuldig. In Belgien, wo
sich, wie in Holland, ein sehr reges Leben der Municipalitäten aus den
Zeiten des Mittelalters her erhalten hat, bewährt sich diese schon seit mehr
als zwanzig Jahren bestehende Einrichtung vortrefflich. Diese Commissio=
nen, in welchen gewöhnlich der Gouverneur der Provinz den Vorsitz führt,
berichten direct an den Justizminister. Die unmittelbare Leitung jedes
Gefängnisses steht dem Commandanten oder Director desselben zu; jedoch
ist es bemerkenswerth, daß in allen größeren Gefängnissen Belgiens (mit
Ausnahme des Militärgefängnisses zu Alost und des Weibergefängnisses
zu Namur) neben dem eigentlichen Gefängnißvorsteher noch ein Director
der Arbeiten angestellt ist, was sehr oft zu gegenseitigen Hemmungen und
zu häufigen Conflicten der Wirkungskreise dieser Aemter Anlaß gibt. Der
Gebrauch, Sträflinge zur Aufsicht über ihre Genossen, zu Arbeiten für
den inneren Dienst der Gefängnisse, ja selbst als Schreiber in der Direc=
tionskanzlei zu verwenden, ist in den belgischen Gefängnissen sehr allge=
mein verbreitet und hat natürlich sehr nachtheilige Folgen, indem die
Sträflinge sich sehr eifrig um diese, mit manchen Begünstigungen verbun=
dene Verwendung bewerben und nur zu oft sehr verdorbte Gefangene ihrer
Geschicklichkeit halber auf solche Art eine wesentliche Milderung der wider
sie verhängten Strafe erlangen*).

Was die Disciplin der belgischen Gefängnisse betrifft, so ist nicht zu
läugnen, daß in den letztverflossenen zehn Jahren darin mehrere bedeutende
Fortschritte gemacht wurden. Dahin gehören vor Allem die Gründung

---

*) Der Justizminister sah sich genöthiget, durch ein Circulare vom 16. März 1837
die Verwendung rückfälliger Sträflinge als Schreiber in den Directionskanzleien
der Strafanstalten ausdrücklich zu verbieten.

13

einer eigenen Strafanstalt für Weiber, die Anordnung für alle Gefängnisse, daß zur Ueberwachung der weiblichen Gefangenen Aufseherinnen
angestellt werden sollen*), die Ueberlassung der Aufsicht über die weiblichen Sträflinge zu Namur an einen Nonnenorden, die Durchführung
einer den Anordnungen des Strafgesetzes vollkommen entsprechenden Eintheilung und Absonderung der Strafanstalten für Männer, und die Einführung der Zellenwagen für den Transport der Gefangenen. Sehr
lobenswerth ist auch die Absonderung der männlichen Sträflinge unter
18 Jahren von den Erwachsenen in einer eigenen Abtheilung des Correctionshauses zu St. Bernhard, welche leider in ihrer inneren Einrichtung den Anforderungen der Zeit an eine zweckmäßige Besserungsanstalt nicht entspricht, jedoch, wie zu hoffen steht, bald einer neuen, nur
für jugendliche Sträflinge bestimmten Anstalt zu St. Hubert weichen
wird. In den übrigen Gefängnissen Belgiens ist die Absonderung der
Gefangenen unter 18 Jahren von den Erwachsenen wohl vorgeschrieben,
allein diese Anordnung wird in mehreren Gefängnissen nur sehr unvoll-
ständig beobachtet. Was die erwachsenen Sträflinge betrifft, so ist wohl
durch mehrere ministerielle Circularien eine Classification derselben in Gute,
Mittelmäßige und Schlechte, mit Rücksicht auf die Beschaffenheit ihrer Verbrechen oder Vergehen, auf die Dauer ihrer Strafe und den Charakter derselben, vorgeschrieben, allein die schlechte Anordnung der Gefängnißlocalitäten steht einer genauen Vollziehung dieser Bestimmung fast in allen Strafanstalten entgegen. Insbesondere wird ihr durch die meistens nach der
Brauchbarkeit der Gefangenen erfolgende Vertheilung derselben in die verschiedenen Arbeitssäle sehr oft zuwider gehandelt.

In den meisten belgischen Gefängnissen besteht noch das anerkannt
verderbliche System des Zusammenlebens der Gefangenen bei Tag und
Nacht; nur in einigen Anstalten (insbesondere in dem Zwangsarbeitshause
zu Gent und in dem Weibergefängnisse zu Namur) ist wenigstens die
Absonderung der Gefangenen zur Nachtzeit in Schlafzellen durchgeführt.
Den Gefangenen ist wohl das Stillschweigen auferlegt, allein die Beob-

---

*) Königliche Verordnung vom 4. December 1885 für alle maisons d'arrêt.

achtung desselben ist außerordentlich unvollkommen und somit weit entfernt, den Zweck dieser Vorschrift zu erfüllen. „Trotz unserer anhaltenden und angestrengten Bemühungen," sagt der belgische Generalinspector der Gefäng=nisse Eduard Ducpétiaux*), „trotz der Verstärkung der Aufsicht zieht die tägliche Berührung der Sträflinge nothwendig ihr Verderbniß nach sich. Die Rückfälle vermehren sich, statt abzunehmen, und die meisten großen Verbrechen, welche vor unsere Assisenhöfe gelangen, werden von entlas=senen Sträflingen verübt, welche sich in den Strafanstalten kennen gelernt und darin zu gemeinschaftlichen Verbrechen verbunden haben. Befragen Sie alle unsere Gefängnißbeamten und Vorsteher, und Alle werden Ihnen sagen, daß das System der gemeinschaftlichen Anhaltung der Sträflinge ihrem Eifer und ihren Bemühungen trotzt, und daß sie von demselben nichts für die Zukunft hoffen." Man kann sich durch den Besuch der belgi=schen Strafanstalten überzeugen, daß die Vorschrift des „absoluten" Stillschweigens nur auf dem Papiere existirt. Das Vereinzelungssystem wird zwar von dem Chef der Gefängnißadministration im Justizministerium, Soudain von Niederwerth, und von dem bereits erwähnten Gene=ralinspector der Gefängnisse schon seit mehreren Jahren als die einzige Abhülfe gegen das um sich greifende Gift der gegenseitigen Verschlechterung der Sträflinge empfohlen, allein zur Einführung desselben sind bisher nur sehr unbedeutende Schritte geschehen. In dem Zwangsarbeitshause zu Gent ist ein Versuch durch Einrichtung von 36 Zellen für die beständige Vereinzelung der darin angehaltenen Gefangenen gemacht worden, welcher aber, wie bei der Schilderung dieser Anstalt näher erörtert werden wird, sehr unvollkommen ausfiel und als ganz verunglückt zu betrachten ist. Im Jahre 1843 wurde auch in dem Gefängnisse zu Aloft eine Abthei=

---

*) In dem in dem Anhange mitgetheilten Briefe. Ducpétiaux hat die Gefängnisse der verschiedenen europäischen Staaten, insbesondere Englands und der Schweiz, durch eigene, wiederholte Anschauung kennen gelernt und die Früchte seiner Beobach=tungen in dem ausgezeichneten Werke: Des progrès et de l'état actuel de la réforme pénitentiaire et des institutions préventives aux Etats-unis, en France, en Suisse, en Angleterre et en Belgique. Bruxelles 1838. 3 Vol. niedergelegt. Seine literarische Thätigkeit im Fache des Gefängnißwesens und der Moralstatistik ist höchst anerkennenswerth.

13 *

lung für die Einzelhaft eingerichtet, worüber ich der Neuheit derselben wegen noch nicht berichten kann. Zwei kleine Gefängnisse (maisons d'arrêt) zu Tongern und Ostende sind in der neuesten Zeit nach dem Vereinzelungssysteme erbaut worden und die Gefängnisse zu Lüttich und Berviers, deren Pläne bereits von dem Justizminister genehmigt sind, sollen nach demselben errichtet werden.

Die Arbeit der Sträflinge wird in Belgien nicht durch Unternehmer oder Pächter geleitet, sondern der Staat hat sie in eigener Regie und besorgt sie in jedem größeren Gefängnisse durch einen eigenen Arbeitsleiter. Der Staat gibt jährlich gewisse Summen zum Ankaufe der zu verarbeitenden Stoffe her, mit welchen die Verwaltungscommissionen den Ankauf dieser Stoffe im Wege der öffentlichen Versteigerung besorgen. Die Sträflinge verfertigen nicht nur alle für den Gefängnißdienst erforderlichen Gegenstände, sondern sie arbeiten auch für die Equipirung der Armee. Die Sträflinge müssen auch, so viel dies nur immer möglich ist, zu allen Bauten und Arbeiten zur Erhaltung oder Ausbesserung der Strafhausgebäude und Mobilien verwendet werden. Man findet daher in den belgischen Männerstrafhäusern nicht nur die für die Equipirung der Armee erforderlichen Werkstätten von Spinnern, Webern, Schneidern, Schustern, Posamentirern, Lederarbeitern, Handschuh- und Hutmachern u. dergl., sondern auch Zimmermanns-, Schmiede- und Schlosserwerkstätten, welche alle Bedürfnisse der Strafanstalten selbst versehen. Die Gefangenen erhalten einen Arbeitslohn unter dem Titel einer Gratification nach einem bestimmten Tarife des Werthes ihrer Arbeit, und zwar erhalten die correctionellen Sträflinge die Hälfte, die zur Reclusion Verurtheilten $^4/_{10}$ und die Zwangsarbeitssträflinge $^3/_{10}$ dieses zu Geld angeschlagenen Werthes ihrer Arbeit. Außerdem empfangen die fleißigsten Arbeiter am Schlusse jedes Monates noch Prämien, welche sich bis auf 20% ihrer Gratification erheben können. Die Auszahlung der Gratificationen ist eine sehr tadelnswerthe Einrichtung, indem sie dem Sträflinge das Gefühl, daß er zur Strafe arbeiten müsse, benimmt und ihn beinahe einem freien Arbeiter gleichstellt. In Beziehung auf die Auszahlung eines Arbeitslohnes an die Sträflinge scheint das in Schottland und Oesterreich eingeführte System des Ueberverdienstes das richtigste zu sein. Ein fernerer Uebelstand in der Einrichtung der belgischen Gefängnisse liegt auch darin, daß in den Strafanstalten noch immer das Bestehen von Gefängnißschenken, worin die Gefangenen ihren Arbeitslohn verwenden dürfen, geduldet wird. Es ist zwar in der neuesten Zeit das Ausschenken starker Getränke untersagt worden, allein das Uebel wurde dadurch nur verringert, nicht aufgehoben. Uebrigens wird die Arbeit in den fünf großen Strafanstalten Belgiens so zweckmäßig geleitet, daß der Ertrag derselben nicht nur die Gesammtausgaben deckt, sondern sogar jährlich einen nicht ganz unbedeutenden Ueberschuß für den Staat abwirft.

Für den Religions= und moralischen Unterricht der Sträflinge ist theils durch die bei den Strafanstalten angestellten Seelsorger, theils durch Ausstattung der Gefängnisse mit zweckmäßigen Büchersammlungen Sorge getragen. Besonders große Sorgfalt wurde seit 1830 auf den Unterricht der Gefangenen verwendet. Es sind nicht nur in den fünf großen Straf= anstalten gut besoldete Lehrer angestellt, deren einzige Aufgabe die Erthei= lung des Unterrichtes an die Gefangenen ist, sondern es wurde auch durch die königliche Verordnung vom 7. November 1832 dem Justizminister die Ermächtigung ertheilt, bei jedem größeren Gefängnisse einen eigenen Lehrer anzustellen, was auch bereits in mehreren maisons d' arrét geschehen ist.

Der Gesundheitszustand der belgischen Gefängnisse ist im Allge= meinen sehr befriedigend und die Ordnung und Reinlichkeit, welche in den größeren Anstalten zu finden ist, trägt dazu gewiß sehr viel bei. Die Sterblich= keit belief sich in den großen Strafanstalten in dem Zeitraume von 1823 bis 1830 auf 3. 6°/₀, in den Jahren 1831 bis 1836 sogar nur auf 3. 2°/₀, so daß diese Gefängnisse in Beziehung auf den Gesundheitszustand der Sträf= linge wohl vor den meisten Strafhäusern Europa's den Vorrang verdienen.

Die große Anzahl der Rückfälligen*) hat die Aufmerksamkeit der belgischen Regierung auf die Nothwendigkeit einer Fürsorge für das Schick=

---

*) Die Anzahl der Rückfälligen in den belgischen Strafanstalten beträgt 80 bis 85% der Gesammtbevölkerung. Nach den Jahresberichten des Justizministers über die Verwaltung der Strafrechtspflege befanden sich in dem Zeitraume von 1836 bis 1839 unter 100 Angeklagten 80 Rückfällige, und 42% aller Rückfälligen hatten schon mehr als Eine Strafe erlitten.

fal der entlassenen Sträflinge hingeleitet. Der Justizminister Ernst legte daher im Jahre 1835 dem Könige den Entwurf einer allgemeinen Organisation der Ueberwachung und Unterstützung der entlassenen Sträflinge in ganz Belgien vor, welcher die königliche Sanction erhielt und durch die Verordnung vom 4. December 1835 veröffentlicht wurde. Da, wo eine Gefängnißverwaltungscommission besteht, soll dieser die Sorge für die entlassenen Sträflinge, welche in die Stadt, worin diese Commission ihren Sitz hat, zuständig sind, übertragen, derselben jedoch freigestellt werden, zur Mitwirkung zu diesem Zwecke eine Verstärkung oder die Theilnahme von besonderen Commissionen an den diesfälligen Verhandlungen in Vorschlag zu bringen. Die Gouverneure der Provinzen sollen in denjenigen Orten, in welchen keine Gefängnißcollegien bestehen, und selbst in Landgemeinden die Errichtung von Schutzvereinen oder doch die Aufstellung geeigneter Patrone für die dahin zuständigen Entlassenen zu bewirken suchen. Diesen Commissionen, Schutzvereinen oder Patronen soll auch derjenige Betrag, welcher für die Sträflinge während ihrer Strafzeit von ihrem Arbeitsverdienste bis zu ihrer Entlassung zurückgelegt worden, die sogenannte Reservemasse des Entlassenen übergeben werden, damit sie eine zweckmäßige und allmählige Verwendung derselben von Seite des in ihren Schutz Uebernommenen besorgen. Diese Anordnungen geben den wohlwollenden Absichten der belgischen Regierung das ehrenvollste Zeugniß, sind aber leider beinahe nirgends in Ausführung gekommen, so daß die Beschützung entlassener Sträflinge in Belgien noch immer weit mehr als in Frankreich und England vernachlässigt ist.

Schilderung einzelner Gefängnisse Belgiens.

I Das Zwangsarbeitshaus (maison de force) zu Gent.

Diese Anstalt ist deshalb von historischer Wichtigkeit, weil darin zuerst im Jahre 1772 unter der Kaiserin Maria Theresia auf den Vorschlag und nach den Plänen des Grafen Vilain XIV. das später unter dem Namen des Auburn'schen berühmt gewordene System der Vereinzelung der Gefangenen zur Nachtzeit und der gemeinschaftlichen, jedoch unter der Herrschaft des Stillschweigens zu verrichtenden Arbeit bei Tage versucht und durchgeführt worden ist. Das Gebäude besteht gegenwärtig aus acht an einander stoßenden Abtheilungen, welche um einen im Mittelpuncte befindlichen achteckigen Hof angeordnet sind. Jede Abtheilung hat die Form eines Trapezes, dessen kürzeste Seite an den großen Mittelhof anstößt; von dieser gehen zwei divergirende Flügel aus, welche in ihrem Erdgeschosse und den darüber befindlichen drei Stockwerken die Zellen enthalten, in welchen die Gefangenen schlafen. In einigen Abtheilungen befinden sich im Erdgeschosse dieser Flügel keine Zellen, sondern dasselbe wird zu Magazinen oder Werkstätten verwendet. Die Schlafzellen der Gefangenen sind 7 Fuß lang, 4½ Fuß breit und 10 Fuß hoch, haben also nur einen Kubikinhalt von 315 Kubikfuß. Sie enthalten nur die Hängmatte, in welcher der Sträfling schläft, sind gar nicht zum Heizen eingerichtet, und haben keine Vorrichtung zur Lufterneuerung während der Nacht, als ein in der Thür angebrachtes vergittertes Fensterchen. Die vierte Seite jeder Abtheilung bildet ein Gebäude, welches in dem Erdgeschosse die gemeinschaftlichen Speisesäle, im ersten und zweiten Stockwerke aber die gemeinschaftlichen Arbeitssäle enthält. Die den Mittelhof einschließenden Seiten aller Abtheilungen, so wie auch die Abtheilung, durch welche man in das Gefängniß eintritt, werden für die Directionskanzlei, zu Wohnungen der Beamten, zu Magazinen u. dergl. verwendet. Fünf Abtheilungen sind für die Sträflinge bestimmt, und zwar drei für die Gesunden, welche je nach der Länge ihrer Strafe und nach ihrem Benehmen in eine dieser 3 Classen eingereiht werden; die vierte enthält die Krankenabtheilung, so wie auch die Küche, das Backhaus, die Waschanstalt u. s. f.; die fünfte endlich wird nur zu Werkstätten für die als Zimmerleute, Schmiede und Schlosser beschäftigten Sträflinge verwendet. Die Zahl der Sträflinge, welche, wie schon erwähnt wurde, sämmtlich zur Zwangsarbeit verurtheilt und männlichen Geschlechtes sind, beläuft sich in der Regel auf 900 Köpfe; zur Zeit meines Besuches (am 3. Juli 1843) betrug sie 915 Köpfe. Eine andere Abtheilung dieses Gefängnisses dient als maison d'arrêt et de justice für den Gerichtsbezirk von

Gent und enthält daher die Beschuldigten und Angeklagten beiderlei Geschlechtes, die zu correctioneller Anhaltung bis zu 6 Monaten Verurtheilten, die Schulden halber Verhafteten, Militärgefangene und auf dem Transporte befindliche Sträflinge. Diese verschiedenen Classen sind zwar so viel als möglich von einander abgesondert, doch besteht der große Uebelstand, daß die im Zustande der Auflage oder Beschuldigung befindlichen Weiber mit den bereits zu einer correctionellen Einsperrung bis auf 6 Monate Verurtheilten vermischt sind. Die Zahl aller dieser Gefangenen zusammengenommen beträgt im Durchschnitte 200 bis 250 Köpfe; zur Zeit meines Besuches belief sie sich auf 242.

Die letzte Abtheilung heißt quartier d'exception, weil man darin einen Versuch der Anwendung der Absonderung der Sträflinge bei Tag und Nacht gemacht hat. Man hat zu diesem Ende ein Gebäude aufgeführt, welches im Erdgeschosse und im ersten Stockwerke zusammen 36 Zellen enthält. Die 18 Zellen des Erdgeschosses sind 13 Fuß lang, 9 Fuß breit, 10 Fuß hoch, enthalten also 1170 Kubikfuß, die des ersten Stockwerkes sind 12 Fuß hoch, enthalten somit 1404 Kubikfuß. Jede Zelle des Erdgeschosses ist außerdem noch mit einem anstoßenden 15 Fuß langen und 9 Fuß breiten Hofe verbunden. Alle Zellenthüren öffnen sich auf einen breiten Corridor, welcher zugleich als Kapelle benutzt wird. Zu den Zellen des ersten Stockwerkes gelangt man mittelst einer längs denselben hinlaufenden Gallerie. Diese Abtheilung wurde im Jahre 1838 erbaut, allein sie ist außerordentlich mangelhaft. Die Heizung geschieht auf eine sehr unvollkommene Weise durch Röhren, in welchen heißes Wasser circulirt; noch unvollkommener ist die Ventilation, welche nur durch Oeffnung der Zellenfenster bewirkt wird. Die Scheidemauern zwischen je zwei Zellen sind nur Einen Ziegel dick, so daß von einer eigentlichen Verhinderung der Mittheilungen von Zelle zu Zelle gar keine Rede sein kann. Diese Abtheilung wird daher gegenwärtig nur für solche Sträflinge, mit denen man ihres störrischen und widerspänstigen Benehmens halber nichts Anderes anzufangen weiß, und für die im Gefängnisse befindlichen Irrsinnigen benützt. Die Absonderung wird so wenig aufrecht erhalten, daß man diesen Gefangenen täglich eine Stunde lang vier und vier mit einander in dem großen Hofe dieser Abtheilung spazieren zu gehen und dabei mit einander zu sprechen gestattet. Zur Zeit meines Besuches befanden sich in dieser Abtheilung fünf Sträflinge, welche als Irrsinnige dahin abgegeben worden waren.

In denjenigen Abtheilungen dieser Anstalt, in welchen die Sträflinge bei Tage zu gemeinschaftlicher Arbeit angehalten werden, ist wohl das Stillschweigen vorgeschrieben, allein man hat es wegen der großen Schwierigkeit, es aufrecht zu erhalten, gegenwärtig so weit aufgegeben, daß man sich damit begnügt, in den Arbeitssälen das laute Sprechen der Sträflinge unter einander zu verhindern. Leise Unterredungen werden gar nicht bestraft und in den Mußestunden sind selbst laute Gespräche gestattet, wenn sie nur nicht in Lärm ausarten. Diese Anstalt ist daher gegenwärtig ganz auf Eine Linie mit den gewöhnlichen, nach dem Systeme der unbeschränkten Gemeinschaft geleiteten Gefängnissen herabgesunken. Uebrigens darf man dem Commandanten dieser Anstalt gar keine Schuld beimessen, denn bei einer so großen Anzahl von Sträflingen, bei dem Umstande, daß oft 60 bis 80 Gefangene in Einem Arbeitssaale und 200 bis 250 in einem Speisesaale vereinigt, und daß zur Aufrechthaltung der Disciplin nur 40 Aufseher angestellt sind, ist die Durchführung des Systemes des Stillschweigens ganz unmöglich.

Der Gesundheitszustand dieser Anstalt ist sehr befriedigend; die gesunde Lage derselben bewirkt, daß die Zahl der Kranken in der Regel 40 nicht übersteigt, und daß die Sterblichkeit im Durchschnitte nur 2% der Gesammtbevölkerung beträgt.

Die Organisation der Arbeit in diesem Gefängnisse hat einen hohen Grad von Wichtigkeit und Thätigkeit erreicht; sie besteht nebst den Hausarbeiten vorzüglich in der Leinenweberei und in der Verfertigung von Leinwandkleidungsstücken für die Armee. Die Erhaltungskosten sind verhältnißmäßig nur gering. Der Kostenbetrag für einen Anhaltungstag beträgt für den Kopf 33 bis 35 Centimen, wozu noch 12 Centimen als der auf einen Gefangenen entfallende Betrag der Administrationskosten zu rechnen sind, so daß die Anhaltung eines Gefangenen im ganzen Jahre nur 135 Franken (d. i. 54 fl. C. M.) kostet.

II. Die Weiberstrafanstalt zu Namur.

Durch die königliche Verordnung vom 14. März 1837 wurde das ehemalige Armenhaus (dépôt de mendicité) zu Namur dem Justizministerium mit dem Auftrage zugewiesen, dasselbe in eine Strafanstalt für die zur correctionellen Anhaltung auf länger als sechs Monate, zur Reclusion und zur Zwangsarbeitsstrafe verurtheilten Weiber des ganzen Königreiches umzuwandeln. Es wurden die erforderlichen Bauten vorgenommen und die Anstalt wurde im Jahre 1839 bezogen. Das Gebäude selbst ist alt und nur zu den gegenwärtigen Zwecken der Benützung hergerichtet; es ist daher sehr unregelmäßig. Das für die Anstalt vorgeschriebene System besteht in der Einzelhaft zur Nachtzeit und in gemeinschaftlicher Arbeit unter Stillschweigen bei Tage *). Es ist daher das Gebäude so eingerichtet worden, daß dasselbe in mehreren Flügeln im Erdgeschosse und in den darüber befindlichen drei Stockwerken 512 Zellen enthält. Jeder Flügel ist so gebaut, daß zwischen je zwei vier Geschosse bildenden Zellenreihen der ganzen Länge nach ein breiter, von dem Fußboden des Erdgeschosses bis zum Dache offener Gang hinläuft, welcher durch in der Decke angebrachte Fenster beleuchtet wird und bei Tage als Arbeitssaal für die in diesem Flügel untergebrachten Gefangenen dient. Alle Zellenthüren öffnen sich in diesen Gang und zwar in den oberen Stockwerken auf Gallerien, welche zu beiden Seiten desselben der ganzen Länge nach fortlaufen. In den Krankenabtheilungen bestehen keine Schlafzellen, sondern die Kranken befinden sich in gemeinschaftlichen Sälen. Die Schlafzellen sind 8 Fuß lang, 6½ Fuß breit und 8½ Fuß hoch und enthalten somit 442 Kubikfuß. Sie sind nicht gediehlt, sondern nur mit Ziegeln gepflastert und haben etwas

---

*) Arrêtés et règlements concernant le pénitencier des femmes à Namur. Bruxelles 1840. Das Reglement vom 5. April 1840 bestimmt in den Artikeln 26 und 27: „Die Gefangenen sollen während ihrer ganzen Strafzeit das vollständigste Stillschweigen (le silence le plus absolu) beobachten und sich weder durch Geberden noch auf andere Art Mittheilungen machen. Wenn sie einer mit ihrer Leitung oder Beaufsichtigung betrauten Person antworten oder eine Frage an sie stellen, so müssen sie mit leiser Stimme sprechen."

über einen Quadratſchuh große Fenſter, welche von Innen zu öffnen ſind. In jeder Zelle befinden ſich eine eiſerne Bettſtätte, ein Schämel, ein Waſchbecken, jedoch kein Abtritt. Die Zellen werden nicht einzeln geheizt, ſondern nur durch die von dem als gemeinſchaftlicher Arbeitsſaal dienenden Corridor aus einſtrömende Luft erwärmt, weshalb auch die Zellenthüren den ganzen Tag über offen gelaſſen werden. Für eine Ventilation der Zellen außer der durch Oeffnung der Zellenfenſter iſt gar nicht geſorgt. Vier von dem Gebäude umſchloſſene Höfe dienen als Spazierhöfe. Das Gefängniß iſt, wie aus dem Vorhergehenden erhellt, in vielen Hinſichten ſehr mangelhaft, insbeſondere iſt die unvollkommene Heizung und Lüftung der Gefängnißräume ſehr zu tadeln.

Die Geſammtbevölkerung dieſer Strafanſtalt betrug im Jahre 1841 im Durchſchnitte täglich 447, im Jahre 1842 448 Köpfe. Zur Zeit meines Beſuches (am 5. Juli 1843) belief ſich die Zahl der weiblichen Sträflinge auf 511; 80 darunter waren zur Zwangsarbeitsſtrafe, und zwar 45 auf Lebenszeit, 59 zur Recluſion und 372 zu correctioneller Einſperrung auf länger als ſechs Monate verurtheilt.

Die Verwaltungscommiſſion beſteht aus zwölf Mitgliedern unter dem Vorſitze des Gouverneurs der Provinz. Alle zwei Jahre tritt ein Drittheil derſelben aus, doch können die Austretenden wieder ernannt werden. Dieſe Commiſſion hat über Alles, was ſich auf die Hausordnung des Gefängniſſes, die Verpflegung der Gefangenen, die Erhaltung der Gebäude und des Mobilars, die Arbeit, den Unterricht und die Beſſerung der Sträflinge bezieht, zu wachen, die Verrechnung der Gefängnißeinnahmen und Ausgaben ſowohl, als auch des Verdienſtantheiles der Sträflinge zu leiten, und für die genaue Beobachtung der darüber beſtehenden Vorſchriften zu ſorgen, ſo wie auch die für das Beſte der Anſtalt erforderlichen Vorſchläge an die Staatsverwaltung zu machen. Sie theilt ſich in drei Sectionen: für den Hausdienſt, für die moraliſche Pflege der Sträflinge und für die Arbeitsleitung. Die Commiſſion ſowohl, als auch jede ihrer Sectionen ſollen ſich wenigſtens alle vierzehn Tage einmal verſammeln. Die Commiſſion ernennt jeden Monat abwechſelnd zwei ihrer Mitglieder, welche wenigſtens einmal in jeder Woche die Anſtalt zu beſuchen und zu besichtigen beauftragt sind. Das Personale des Gefängnisses besteht aus dem Director, einem Arbeitsleiter, einem Oekonomie-Verwalter, den erforderlichen Kanzlei-Individuen, dem Geistlichen und Ärzte, dann aus drei bis vier Aufsehern. Die unmittelbare Ueberwachung der Gefangenen ist Nonnen aus dem Orden der Vorsehung (soeurs de la Providence) anvertraut, welche einer Oberin unterstehen. Die Zahl dieser Nonnen beträgt gegenwärtig mit Einschluß der Oberin fünfzehn. Sie sind zur genauen Beobachtung des Gefängnißreglements verpflichtet. Die Oberin untersteht dem Director und hat alle wichtigeren Anordnungen im Einverständnisse mit demselben zu treffen. Wenn Gefahr auf dem Verzuge ist, kann der Director jede Nonne von ihrem Dienste suspendiren. Kein männlicher Beamter darf das Innere des Gefängnisses anders als in Begleitung einer Nonne betreten.

Die Gefangenen sind in drei Hauptabtheilungen gebracht, welche gänzlich von einander abgesondert sind, und deren jede sogar eine eigene Krankenabtheilung hat. Die erste Abtheilung besteht aus den correctionellen Sträflingen; die zweite *) begreift die zur Reclusion und Zwangsarbeitsstrafe Verurtheilten, welche in dem gemeinschaftlichen Arbeitssaale so viel als möglich von einander getrennt werden; die dritte Abtheilung, quartier d'exception genannt, enthält die jugendlichen Sträflinge (unter 18 Jahren) und diejenigen erwachsenen Sträflinge, welche ihr früherer guter Lebenswandel, ihre tadellose Aufführung in der Anstalt oder andere besondere Umstände der Versetzung in diese Classe würdig gemacht haben. Die Einreihung in diese Abtheilung oder die Entfernung aus derselben steht der Verwaltungscommission über den Vorschlag des Directors und der Oberin zu. (Reglement Art. 22 und 23.)

Die Sträflinge werden bei ihrem Eintritte in die Anstalt, wenn sie zu einer correctionellen Strafe verurtheilt sind, durch zehn Tage, wenn sie aber eine Criminalstrafe auszustehen haben, durch fünfzehn Tage bei

*) Die große Anzahl der zu correctioneller Anhaltung verurtheilten Weiber hat die Nothwendigkeit herbeigeführt, einige unter ihnen in die zweite Abtheilung einzureihen. Bisher hat man dies nur in Beziehung auf solche correctionelle Sträflinge verfügt, welche früher schon eine Criminalstrafe erlitten hatten.

Tag und Nacht in ihrer Zelle mit oder ohne Arbeit angehalten und erst nach Ablauf dieser Zeit in den gemeinschaftlichen Arbeitssaal zugelassen. (Art. 36.) Während ihrer ganzen Strafzeit ist ihnen das strengste Stillschweigen vorgeschrieben, allein die Ausführung ist hinter dieser Anordnung weit zurückgeblieben. Der Director der Anstalt, Carl v. Ramaeckers, theilte mir ganz offen mit, daß das Stillschweigen keineswegs vollständig beobachtet werde. Die Gefangenen sitzen in den Arbeitssälen, in den Speisesälen, in der Schule und in der Kapelle viel zu nahe an einander, als daß eine Aufrechthaltung des Gebotes des Stillschweigens möglich wäre. Der Zwischenraum zwischen zwei Sträflingen beträgt in der Regel nur einen Fuß. Dazu kommt noch, daß sich in den zwei ersten Abtheilungen mehr als 100 Gefangene in Einem Arbeitssaale unter der Aufsicht einer einzigen oder höchstens zweier Nonnen befinden, daß also eine Entdeckung aller Mittheilungen unter den Sträflingen durchaus nicht möglich ist. Für kleine, unbedeutende Gespräche, besonders für die ersten Uebertretungen des Gebotes des Stillschweigens, wird daher gar keine Strafe verhängt. Der Director dieser Anstalt sagte mir geradezu, daß er die Erzielung eines vollständigen Stillschweigens unter einer größeren Anzahl von Gefangenen, vorzüglich aber unter Weibern, für unausführbar halte. „Je délie," setzte er hinzu, „tout directeur d'une prison, où les détenus sont en réunion, de faire observer un silence parfait." Daß das Stillschweigen in Namur nur sehr unvollkommen aufrecht erhalten wird, erhellt aus der Betrachtung der außerordentlich geringen Anzahl der in dieser Anstalt verhängten Disciplinarstrafen, welche im Jahre 1841 nur 153 und im Jahre 1842 150 betrug.

Die Gefangenen werden nicht als Aufseherinnen verwendet, wie dies in den übrigen belgischen Gefängnissen noch gebräuchlich ist; allein sie müssen alle Hausarbeiten, z. B. in der Küche, die Wäsche, die Reinigung aller Gefängnißräume u. f. w., besorgen und werden auch, jedoch nur bei guter Aufführung, zur Krankenpflege verwendet. Wenn sie sich über irgend etwas beschweren zu können glauben, so haben sie ihr Anbringen der vorgesetzten Nonne, der Oberin oder dem Director zu eröffnen. Es befindet sich überdies in jeder Abtheilung ein kleiner Kasten, zu welchem nur der monatliche Commiſſär den Schlüſſel hat, und in welchen die Sträflinge eine schriftliche Anzeige ihrer Beschwerden hineinwerfen können. Der Inhalt die-ſes Käſtchens muß der Verwaltungscommiſſion mitgetheilt werden. (Regle-ment Art. 30 und 31.)

Die Sträflinge werden im Laufe des Tages, mit Ausnahme der zum Speiſen, zum Ausruhen und zum Spaziergehen beſtimmten Zeit und mit Ausnahme der zu häuslichen Arbeiten oder zur Krankenpflege verwen-deten Gefangenen, zur Arbeit in den gemeinſchaftlichen Arbeitsſälen ange-halten. Sie werden mit Stricken, Nähen, Sticken und Spinnen für die Gefängniſſe und die Armee und mit Handschuhmacherei für den Handel beschäftigt. Es wird ihnen monatlich ein Minimum von Arbeit als Auf-gabe beſtimmt, dergeſtalt, daß ſie nur dann, wenn ſie dieſes Minimum leiſten, auf einen Arbeitsverdienſtantheil Anspruch machen können. Nur ein Drittheil dieſes Verdienſtantheiles wird den Sträflingen zur Verwen-dung während ihrer Strafzeit auf die Bezahlung von Briefporto, Sen-dung von Unterſtützungen an ihre Familie, Leiſtungen von Schadener-ſätzen oder von Verbindlichkeiten, die ſie bereits vor ihrer Verurtheilung auf ſich genommen, überlaſſen; die übrigen zwei Drittheile werden für die Gefangenen bis zu ihrer Strafentlaſſung hinterlegt. (Art. 72, 81 und 84.) Die Gefangenen müſſen an Sonn- und Feiertagen, ſo wie an jedem Donnerſtage dem Gottesdienſte beiwohnen. Am Sonntage bleiben die Gefangenen mit Ausnahme der für den Gottesdienſt, das Speiſen und den Spaziergang beſtimmten Zeit in ihren Zellen, in welchen ſie von den Nonnen besucht werden und geiſtlichen Zuspruch erhalten. Im Monate Juni jedes Jahres werden alle Sträflinge zehn Tage lang beſtän-dig in ihren Zellen angehalten, um während dieſer Zeit geiſtlichen Uebun-gen obzuliegen. (Art. 104, 105, 107 bis 110.) Die Nonnen haben auch die Pflicht auf ſich, den Gefangenen im Leſen, Schreiben und Rech-nen und anderen nützlichen Kenntniſſen Unterricht zu ertheilen; doch wer-den nur ſolche Sträflinge zu demſelben zugelaſſen, bei denen Hoffnung vorhanden iſt, daß ſie aus dem Unterrichte Nutzen ziehen werden. Im Jahre 1842 besuchten 188 Sträflinge die flamändiſche und 102 die fran-zöſiſche Schule; im Jahre 1843 180 die erſtere und 118 die letztere.

Als Disciplinarstrafen werden öffentlicher Tabel, Auszeich= nungen in der Kleidung, Entziehung des Rechtes, den Arbeitsverdienst= antheil zu benützen, Briefe oder Besuche zu empfangen, Abzüge oder gänz= liche Entziehung des Arbeitsverdienstantheiles, Anhaltung in der Zelle bei Tag und Nacht mit oder ohne Fasten und mit oder ohne Entziehung der Arbeit, endlich Anhaltung in der Dunkelzelle bei Wasser und Brod, verhängt. Die Zellenhaft muß, wenn sie drei Tage übersteigen soll, von dem Monats= Commissär, und wenn sie acht Tage übersteigen soll, von der Verwal= tungscommission verhängt werden; doch darf selbst diese die Einzelhaft nur auf drei und bei einem Rückfalle auf vier Monate ausdehnen. Wäh= rend der Dauer der Einzelhaft muß die Gefangene wenigstens jeden zwei= ten Tag vom Arzte besucht werden. (Art. 115 bis 122.) Oeffentliches Lob, Auszeichnungen in der Kleidung, Correspondenz= und Besucherlaubnisse, die Bestellung zu leichteren häuslichen Diensten, die Zulassung in die Aus= nahmsabtheilung und das Einschreiten um eine Abkürzung der Strafzeit sind die in dieser Anstalt eingeführten Belohnungen. Der Gesundheitszu= stand des Gefängnisses ist bei der unvollkommenen Bauart und der nicht sehr günstigen Lage desselben ziemlich gut. Der mittlere tägliche Kranken= stand betrug im Jahre 1842 42, im Jahre 1843 47 Köpfe; im ersten Jahre starben 19, im zweiten 17 Sträflinge. Die Sterblichkeit betrug also im Jahre 1842 4.25% und 1843 3.8%.

Vor der Strafentlassung wird jede Gefangene zehn Tage lang in der Einzelhaft angehalten und es ist die besondere Pflicht der Oberin, auf die= selbe durch Ermahnungen und Belehrungen zweckmäßig einzuwirken. Die Verwaltungscommission soll ihren Schutz auch auf die entlassenen Sträf= linge ausdehnen und es ist daher ein Damenverein zum Besten der Ent= lassenen gegründet worden, mit dem sich die Verwaltungscommission in das Einvernehmen zu setzen hat.

Die Erhaltungskosten der Anstalt sind nicht übermäßig groß; sie betru= gen im Jahre 1842 für Eine Gefangene (selbst die Besoldungen der Beam= ten und die Auslagen für die Erhaltung der Gebäude eingerechnet) nur 272 Franken (d. i. 108 fl. C. M.).

Fünfter Abschnitt.

Die

Strafanstalten in der Schweiz.

I. Die Strafanstalt zu St. Gallen.

Diese Anstalt wurde im Jahre 1838 erbaut und am 1. Juli 1839 eröffnet. Sie ist für 108 Gefangene eingerichtet und bestimmt, nur solche Sträflinge aufzunehmen, welche wenigstens zu dreimonatlicher Gefängnißstrafe verurtheilt sind. Sie ist an der von St. Gallen nach Constanz führenden Straße unweit vor der Stadt gelegen, leider in einer niedrigen und daher etwas feuchten Lage. Bei dem Baue wurde der Plan der Genfer Anstalt zur Hauptgrundlage gewählt. Von einem Centralgebäude, in welchem sich die Wohnung des Vorstehers der Anstalt, die Directionskanzlei, die Krankenabtheilung, die Kapelle und in dem Kellergeschosse die Küche und zwei dunkle Strafzellen befinden, laufen drei ganz gleiche Flügel aus, so daß zwei derselben an den entgegengesetzten Seiten des Centralgebäudes in Einer Linie liegen und der dritte zwischen denselben liegende mit ihnen einen rechten Winkel bildet. Jeder Flügel ist seiner ganzen Länge nach durch eine alle Geschosse desselben durchschneidende Mauer in zwei gleiche Theile geschieden, deren jeder im Erdgeschosse einen großen Arbeitssaal enthält, in dem ersten und zweiten Stockwerke aber aus je 9 Zellen und einem längs denselben hinlaufenden Corridore, auf den sich die Zellenthüren öffnen, besteht. Die ganze Anstalt besteht demnach aus sechs gleichen Abtheilungen, für je 18 Gefangene, deren vier für die männlichen und zwei für

die weiblichen Sträflinge bestimmt sind. In dem Kellergeschosse zweier
Flügel befinden sich nur Magazine, das des dritten Flügels aber ist zu
zwei Arbeitssälen für die Weber, deren Handwerk in dem Erdgeschosse
zu viel Geräusch machen würde, eingerichtet. Die Zellen sind 10 Fuß
lang, 6 Fuß breit und 9 Fuß hoch, enthalten also 540 Kubikfuß.
Die Einrichtung derselben ist sehr einfach; sie besteht in einem hölzernen
Bette, einem Tische und einem Stuhle. Jede Zelle hat ein von innen
zu öffnendes Fenster, welches jedoch von außen mit einem hölzernen Verschlage versehen ist, der zwar nicht das Eindringen des Lichtes, aber das
Hinaussehen verhindert. Die Scheidewände zwischen je zwei Zellen sind
nur einen Ziegel dick. Die Heizung und Lüftung der Zellen erfolgt gleichzeitig durch die in dieser Anstalt eingeführte Luftheizung, doch ist dieselbe
sehr unvollkommen eingerichtet. Ein Hauptfehler besteht darin, daß die
aus den Zellen ausgezogene schlechte Luft in den Heizraum geführt wird,
aus welchem sie, obgleich mit frischer Luft vermengt, abermals in die
Zellen gelangt. Zu jedem Stockwerke ist bei jeder Zellenreihe ein Abtritt
angebracht. Die zwischen den drei Flügeln liegenden zwei Höfe sind jeder
durch eine Scheidemauer in zwei gleiche Theile getheilt, außerdem liegen
noch zwei Höfe zwischen den zwei in Einer Linie liegenden Flügeln und
dem das ganze Gefängniß umschließenden Gitter, so daß im Ganzen
auch sechs Hofräume zur Benützung für die sechs Abtheilungen der Gefangenen vorhanden sind. Tadelnswerth ist es, daß die Strafanstalt nicht
von einer Mauer, sondern nur von einem Gitter von Holzstaketen, die
jedoch mit eisernen Spitzen versehen sind, umschlossen ist; ein Mangel,
welcher schon zu Entweichungsversuchen Veranlassung gegeben hat. Der
Brunnen der Anstalt liefert leider nur schlechtes Wasser, so daß dadurch
wiederholt die Ruhr unter den Sträflingen erzeugt wurde. Auch der
Bau der Dunkelzellen, welche nur 8 Fuß lang und 4 Fuß breit, daher
offenbar zu klein sind, und für deren Heizung und Lüftung gar nicht
gesorgt wurde, ist unzweckmäßig. Im Ganzen muß diese Anstalt trotz der
bereits gerügten Mängel als ein gut gebautes, für das darin eingeführte
Strafsystem sehr zweckmäßig eingerichtetes Gefängniß betrachtet werden. Sehr
lobenswerth ist die nach dem Muster der Genfer Strafanstalt getroffene

14

Einrichtung der Directionskanzlei, vermöge welcher man von derselben unmittelbar in alle Arbeitssäle der sechs Abtheilungen eintreten und dieselben durch die in den dahin führenden Thüren angebrachten, mit Jalousien versehenen Fenster unbemerkt übersehen und beaufsichtigen kann. Auch die im zweiten Stockwerke des Centralgebäudes befindliche Kapelle ist zweckmäßig so eingerichtet, daß die Gefangenen der sechs Abtheilungen gleichzeitig dem Gottesdienste beiwohnen können, ohne daß die Gefangenen einer Abtheilung die Sträflinge einer anderen zu sehen vermögen. Die Erbauung dieser Anstalt kostete mit Inbegriff des Grundankaufes nur die mäßige Summe von 96,000 Gulden Rhein. (80,000 fl. Conv. M.), die Ausgaben für die innere Einrichtung derselben betrugen 7000 rhein. Gulden (5833 fl. C. M.).

Seit der Eröffnung der Anstalt bis zum 27. Juli 1843 wurden im Ganzen 174 Männer und 48 Weiber in dieselbe aufgenommen. Unter den ersteren waren 71 zur Gefängnißstrafe auf 8 Monate bis zu einem Jahre, 77 auf mehr als 1 Jahr bis zu 5 Jahren, 22 auf länger als 5 Jahre bis zu 10 Jahren, 3 (und zwar 2 wegen Brandstiftung und 1 wegen Mordes) auf 20 Jahre und Einer wegen Raubes auf 25 Jahre, unter den Weibern aber 23 zur Gefängnißstrafe bis auf 1 Jahr, 21 (darunter 3 Kindesmörderinnen) auf länger als 1 Jahr bis zu 5 Jahren, 3 auf 6, 7 und 8 Jahre und 1 (wegen Kindesaussetzung und fahrlässiger Tödtung ihres Kindes) auf lebenslänglich verurtheilt. Der Stand der Sträflinge belief sich am 1. Jänner 1842 auf 55 Männer und 12 Weiber*), am 1. Jänner 1843 hingegen auf 73 Männer und 17 Weiber, am Tage meines Besuches (24. August 1843) auf 78 Männer und 18 Weiber**). Die mittlere tägliche Bevölkerung betrug im Jahre 1842 77.5 Köpfe.

---

*) Die Bevölkerung der Anstalt betrug am 1. Jänner 1842 67 Köpfe, wozu im Laufe dieses Jahres noch 63 neu aufgenommene Sträflinge kamen. Unter diesen 130 Gefangenen gehörten 110 dem Canton St. Gallen, 18 anderen Cantonen und 2 dem Auslande an. Unter den 110 Sträflingen des Cantons St. Gallen waren 77 katholischer und 83 protestantischer Religion.

Unter diesen 96 Sträflingen waren 55 Katholiken und 41 Protestanten.

Die Aufsicht und Leitung der Strafanstalt steht der von dem
kleinen Rathe des Cantons auf vier Jahre ernannten, aus fünf unbesoldeten Mitgliedern bestehenden Directionscommission zu. Sie muß sich
wenigstens jeden Monat einmal versammeln und die Beamten der Anstalt
(der Director, die Geistlichen, der Arzt) können zu ihren Sitzungen mit
berathender Stimme zugezogen werden. Die Mitglieder dieser Commission
theilen sich in die Inspection des „Sittlichen der Anstalt," welche den
Gottesdienst und Schulunterricht, die Belohnungen und Strafen und
das Referat über das Schutzaufsichtswesen der entlassenen Sträflinge umfaßt, in die Inspection der Hausordnung, wohin auch die Classification
der Sträflinge gerechnet wird, und in die Inspection über die Arbeit, über
die Verpflegung und über das Rechnungs- und Cassawesen. Jede Woche
soll wenigstens Ein Besuch in der Anstalt von Seite eines Mitgliedes
dieser Commission Statt finden.

Unter der Autorität dieser Commission ist die unmittelbare Leitung dieser Anstalt dem Director derselben anvertraut, welcher, so wie
der katholische und evangelische Geistliche und der Arzt, von dem kleinen
Rathe auf vier Jahre ernannt wird. Die Bediensteten der Anstalt,
nämlich den Obergehülfen, den Werkmeister, die fünf Aufseher, die Aufseherin, den Koch, den Krankenwärter und Hausknecht ernennt die Directionscommission. Außerdem sind der Anstalt für den Pförtner- und
Wachdienst noch 4 Landjäger beigegeben.

Die Grundsätze über die Behandlungsart der Gefangenen sind
in der Strafanstaltsordnung vom 9. September 1841 enthalten. Hiernach soll jeder Sträfling bei seinem Eintritte in die Anstalt nach dem
Grade seiner Verderbtheit auf 4 bis 20 Tage und, wenn er ein rückfälliger Verbrecher ist, auf 4 bis 40 Tage in seiner Zelle in beständiger
Einzelhaft angehalten und die Einsamkeit der Zelle nur durch den Besuch des Directors und des Geistlichen unterbrochen werden. Nach Ablauf
dieser Zeit werden die Sträflinge zwar zur Nachtzeit vereinzelt, bei Tage
aber zu gemeinschaftlicher Arbeit, jedoch unter der Herrschaft des „tiefsten"
Stillschweigens angehalten. (Art. 5 und 21.) Die Sträflinge werden
nach ihrem Betragen und der Dauer ihrer Strafzeit in vier Classen abge-

14*

212

theilt, und zwar geschieht diese Classification vierteljährig durch eine Commission, welche aus dem Director und den mit der Inspection der Hausordnung und der Arbeit beauftragten Mitgliedern der Directions-commission besteht. Die Sträflinge der ersten und untersten Classe können dabei nach und nach bis in die vierte vorrücken und die der oberen Classen bei schlechter Aufführung in die unteren zurückversetzt werden. In die erste Classe gehören a) alle neu eintretenden Sträflinge für wenigstens ein Vierteljahr, b) alle Lehrlinge bis höchstens auf 1 Jahr und c) Sträflinge, welche sich durch ihr schlechtes Betragen ihres An-theiles an dem Arbeitsverdienste verlustig gemacht haben. Alle Sträflinge dieser Classe haben keinen Antheil am Arbeitsverdienste; die unter c) Erwähnten dürfen überdies weder nach Hause schreiben, noch Besuche von Verwandten annehmen, während dies den unter a) und b) angeführten Sträflingen alle drei Monate einmal gestattet ist. Sträflinge, welche in die zweite Classe versetzt worden, erhalten den sechsten Theil ihres Ar-beitsverdienstes und dürfen alle drei Monate einmal von ihren Ver-wandten Besuche annehmen und an dieselben schreiben. Die Sträflinge der dritten Classe erhalten den fünften Theil ihres Arbeitsverdienstes, dürfen alle zwei Monate einmal einen Besuch annehmen und an ihre Verwandten schreiben. Sie erhalten die Erlaubniß, aus ihrem Ueberver-dienste den Ihrigen Geschenke oder Unterstützungen zu senden, oder für sich selbst nützliche Gegenstände (Bücher, Arbeitszeug u. s. w.) anzuschaffen. Den Sträflingen der vierten Classe gebührt der vierte Theil ihres Ar-beitsverdienstes; sie dürfen alle Monate einmal einen Besuch empfangen und an ihre Verwandten schreiben. Sie dürfen ihren Ueberverdienst wie die Sträflinge der dritten Classe verwenden; auch ist ihnen insbesondere die Pflege der Gärten in den Höfen während der Erholungsstunden an-vertraut. Das Ergebniß jeder Classification soll jedem Sträflinge einzeln durch den Director mündlich mitgetheilt werden. (Art. 9 bis 16.)

Diese Classification der Sträflinge ist aber auf die Vertheilung derselben in die verschiedenen Abtheilungen der Anstalt nur von sehr wenig Einfluß, indem bei der letzteren vorzüglich auf die Gleichartigkeit der Beschäftigung Rücksicht genommen wird. Auch soll diese quartierweise

Eintheilung der Sträflinge rücksichtlich ihrer Behandlungsweise keinen Unterschied begründen. Die in dieser Anstalt eingeführte Classification ist also von der bei dem sogenannten Classificationssysteme (z. B. in Genf) gebräuchlichen in ihren Zwecken und Wirkungen wohl zu unterscheiden. Jene enthält nur eine Belohnung guter und eine Bestrafung schlechter Aufführung des einzelnen Sträflinges, diese hingegen beabsichtigt vor Allem die Vereinigung der in Eine Classe Gehörigen in Einer Gefäng- nißabtheilung und die strengste Absonderung derselben von den einer an- deren Classe Zugetheilten. Der Hauptgrund dieser Abweichung liegt, wie mir der einsichtsvolle Director dieser Anstalt, Mooser, mittheilte, in der Beobachtung, daß das Classificationssystem in der Art, wie es zu Genf angewendet wird, die Gefangenen zu sehr zur Heuchelei verleite.

Sowohl während der Arbeit, als auch in den Erholungsstunden ist den Gefangenen das tiefste Stillschweigen auferlegt. Sie sollen keine Worte, keine Blicke oder Winke, kein Lachen, keine Geberden mit ein- ander austauschen, noch sich irgend ein Zeichen geben. Wollen sie den Auf- seher mit ihren Bedürfnissen bekannt machen, so sollen sie ihm durch Handaufheben ein Zeichen geben und ihre Fragen oder Mittheilungen an ihn mit leiser Stimme machen. Um jede Gelegenheit zu wechselseitigen Mittheilungen zu verhüten, müssen die Sträflinge bei dem Spazierengehen im Hofe in angemessenen Distanzen, die Hände auf dem Rücken, einer hinter dem anderen sich bewegen, während der Aufseher sich zum Behufe der fortwährenden Beobachtung derselben in eine Ecke des Hofrau- mes stellt, von welcher aus er leicht alle Sträflinge übersehen kann. (Art. 21 und 26.) Auch in der Krankenabtheilung ist jedes Kranken- bett durch einen Verschlag von dem anderen getrennt und es wird den kranken Sträflingen nicht gestattet, sich mit einander in Gespräche ein- zulassen. Der Director Mooser gibt wohl zu, daß trotz dieser Vorschrift und der beständigen Aufsicht die Sträflinge sich nicht selten gegenseitige Mittheilungen machen, allein er glaubt, daß diese Mittheilungen immer nur unbedeutend und nicht wohl sittenverderblich sein können. Man muß auch gestehen, daß die Art der Anhaltung der Gefangenen in dieser Strafanstalt in Abtheilungen von höchstens 18 Köpfen die stete Beaufsichtigung derselben und die Hintanhaltung aller längeren Unterredungen möglich macht. Gewiß ist es aber, daß daraus kein Schluß auf ein gleiches Ergebniß in größeren Strafanstalten, in denen daher auch die einzelnen Abtheilungen viel zahlreicher besetzt sind, gezogen werden kann.

Die Sträflinge werden weder als Unteraufseher, noch auch zur Aushülfe in der Küche oder in den Krankenzimmern verwendet. Sie sind zur Arbeit verpflichtet. Die Arten der Beschäftigung derselben hat der Director im Einverständnisse mit der Directionscommission zu bestimmen und er hat dabei die frühere Lebensweise jedes Sträflinges, dessen bereits erworbene Handwerkskenntnisse und selbst dessen vorherrschende Neigung zu berücksichtigen. Es werden nur Handwerke und keine Fabriksarbeit in der Anstalt betrieben, weil erstere weit mehr als letztere geeignet sind, dem Sträflinge nach seiner Entlassung einen zu seinem Lebensunterhalte hinreichenden Erwerb zu verschaffen. Zur Zeit meines Besuches wurden die männlichen Sträflinge als Schneider, Schuster, Schreiner, Bürstenbinder, Strohflechter, Wollkartätscher, Buchbinder, Baumwollspuler und Weber von Baumwollstoffen verwendet; die weiblichen Sträflinge werden theils mit weiblichen Handarbeiten beschäftigt, theils zur Besorgung des Bettzeuges und der Hauswäsche verwendet. Die Kleider und Schuhe der Sträflinge, so wie das Bettzeug, das Arbeitszeug und das Mobilar der Anstalt werden in der Regel von den Gefangenen selbst verfertigt. Der Ertrag der Arbeit ist ausdrücklich als Eigenthum des Staates und die Ueberlassung eines Verdienstantheiles an die Sträflinge als ein Geschenk erklärt, welches ihnen nur zur Aufmunterung und zur Erleichterung eines ehrlichen Fortkommens derselben nach ihrer Strafentlassung gegeben werde. (Art. 38.) Der Verdienstantheil der Sträflinge ist nach den bei der Classification derselben aufgeführten Bestimmungen zu berechnen. Bei Arbeiten, bei welchen der reine Ertrag ausgemittelt werden kann, wird der Verdienstantheil von diesem, bei allen übrigen Arbeiten aber nach einem festgesetzten Tarife berechnet. Er wird den Sträflingen weder ganz, noch theilweise auf die Hand gegeben, sondern für sie bis zu ihrer Entlassung aus der Anstalt hinterlegt. Es kann daher von einer Verwendung desselben zum Ankaufe von Lebensmitteln keine Rede sein. Im Jahre 1842 betrug der Reinertrag der Arbeit der Sträflinge 6589 fl. 44 kr. rhein., so daß auf Einen Arbeitstag (es waren ihrer im ganzen Jahre 22,244) ein durchschnittlicher Arbeitsgewinn von 17. 64 kr. rhein. (b. i. 14. 7 kr. C. M.), ein sehr bedeutender Betrag, entfiel.

Für den Gottesdienst und Religionsunterricht ist durch die Anstellung eines katholischen und eines evangelischen Geistlichen gesorgt. Jeden Sonntag oder Feiertag wird für die Sträflinge beider Confessionen sowohl Vor- als Nachmittags und jeden Donnerstag Vormittags ein Gottesdienst gehalten. Um keine Gelegenheit zu Mittheilungen unter den Gefangenen zu geben, muß bei dem Gottesdienste aller Gesang unterbleiben. Der Schulunterricht im Lesen, Schreiben und Rechnen ist für die männlichen Sträflinge einem der beiden Hausgeistlichen, für die weiblichen aber der Aufseherin übertragen. Er wird in den Arbeitssälen für die einzelnen Abtheilungen ertheilt und die Einrichtung ist so getroffen, daß jede Abtheilung wenigstens einmal in der Woche eine Unterrichtsstunde hat.

Die Disciplinarstrafen sind in der Regel von dem Director zu verhängen. Den Aufsehern steht kein Strafbefugniß zu, sondern sie haben alle Uebertretungen der Hausordnung dem Director anzuzeigen. Die Strafen bestehen in Ermahnungen in der Stille oder in Gegenwart des Geistlichen oder vor der ganzen Abtheilung, zu welcher der Sträfling gehört, in Schmälerung der Kost, im Verluste des ganzen Verdienstantheiles oder in Schmälerung desselben, in der Einsperrung in die Zelle bei Tag und Nacht bis auf 14 Tage, womit auch die Beschränkung der Kost auf Wasser und Brod verbunden werden kann, endlich in der Einsperrung in die Dunkelzelle bei Wasser und Brod bis auf 8 Tage. Die Entziehung des Verdienstantheiles für länger als ein Vierteljahr kann nur die Directionscommission verhängen. Auf das Maximum der Einschließung eines Sträflinges in die Dunkelzelle kann von dem Director nur im Einverständnisse mit dem Präsidenten der Directionscommission erkannt werden. Im Jahre 1842 wurden 1078 Disciplinarstrafen vollstreckt, wovon 838 in Schmälerung der Kost, 10 in einfacher, 181 in durch Fasten verschärfter Zellenhaft und 49 in Anwendung der Dunkelzelle bestanden. Diese Zahl ist sehr bedeutend, denn es wurden täglich 4% der Gesammtbevölkerung einer solchen Strafe unterzogen. Eine so große Strenge fordert die Aufrechthaltung der Ordnung bei dem Systeme des Stillschweigens selbst in einer so kleinen Anstalt, in welcher die Aufsicht durch die geringe Anzahl der Sträflinge außerordentlich erleichtert ist.

Die Belohnungen für gute Aufführung der Sträflinge bestehen in der Bewilligung, von den Ihrigen Besuche anzunehmen oder an sie zu schreiben, in der Erlaubniß, aus ihrem Verdienstantheile ihrer Familie Unterstützungen zu senden oder für sich selbst nützliche Gegenstände, wie Bücher, Arbeitswerkzeuge u. dergl. anzuschaffen, und in der Versetzung zu einer Beschäftigung, bei welcher der Verdienstantheil des Sträflinges höher ausfällt. (Art. 69 — 76.)

Der Gesundheitszustand der Anstalt ist ihrer etwas feuchten Lage, der unvollkommenen Ventilation und des schlechten Wassers wegen nicht ganz befriedigend. Während der vier Jahre des Bestehens dieses Gefängnisses (bis zu Ende Juli 1843) sind 15 Sträflinge gestorben, so daß sich die Sterblichkeit im Durchschnitte auf beiläufig 7% jährlich belief. In der neuesten Zeit hat sich in Folge einiger Verbesserungen in dem Baue der Anstalt, insbesondere der mit Erfolg angewendeten Trocknungsversuche, auch der Gesundheitszustand der Sträflinge gebessert. Im Jahre 1842 betrug die Zahl der Krankentage nur 589 unter 28,298 Verpflegungstagen, also nur 2. 12%; auch kam im Laufe dieses Jahres nur Ein Todesfall in der Anstalt vor. Seit der Eröffnung des Gefängnisses im Jahre 1839 sind nur zwei Fälle von Geistesstörung vorgekommen. In dem ersten Falle war der Wahnsinn nur eine Vorspiegelung des Sträflinges und verlor sich bei einer ernsten Behandlung desselben sogleich. Der zweite Sträfling, an welchem sich Spuren von Geistesstörung zeigten, war ein bereits zum eilften Male rückfällig Gewordener, welcher schon früher oft an Wahnsinnsanfällen gelitten und insbesondere sich zwei Jahre lang als Geisteskranker in dem Spitale zu Neufchatel befunden hatte. Seine Anfälle wurden aber immer in wenig Tagen durch Aderlässe und ableitende Mittel besänftigt.

Für die entlassenen Sträflinge besteht ein Schutzaufsichts-
verein, welchem von jeder Entlassung sechs Wochen vor derselben Nachricht gegeben werden muß, und der für den Entlassenen einen Obsorger
bestellt und die Verwaltung des für ihn hinterlegten Arbeitsverdienstantheil-
les übernimmt. Ueber die Rückfälle unter den aus dieser Anstalt entlassenen
Sträflingen sind wegen des kurzen Bestehens derselben noch keine Erfahrungen gesammelt, welche zu irgend einem Urtheile über die Wirksamkeit
dieser Anstalt berechtigen könnten.

Die Gesammtsumme der Auslagen dieser Anstalt belief sich im Jahre
1842, mit Ausnahme der Baukosten, welche in diesem Jahre 529 rhein.
Gulden betrugen, auf 10,451 fl. 55 kr. rhein., wovon jedoch 6539 fl.
44 kr. (d. i. nahe zwei Drittel) durch den reinen Ertrag der Arbeit der
Sträflinge gedeckt wurden, so daß nur 3912 fl. 11 kr. dem Cantone
zur Last fielen. Die mittlere tägliche Bevölkerung der Anstalt betrug 77. 5
Köpfe; es ergibt sich daher für Einen Gefangenen nur ein jährlicher Kostenbetrag von 50$\frac{1}{2}$ fl. rhein. (d. i. 42 fl. C. M.).

II. Die Strafanstalt (maison pénitentiaire) zu Genf.

Diese im Jahre 1825 eröffnete Anstalt ist besonders deßhalb wichtig, weil in derselben zuerst das Classificationssystem vollständig durchgeführt und während einer Reihe von Jahren angewendet worden ist*).
Das Gebäude ist für das System der Vereinzelung bei der Nacht und der
gemeinschaftlichen Arbeit der Gefangenen bei Tage nach einem eben so einfachen, als zweckmäßigen Plane gebaut. Von einem nach Osten sehenden
halbrunden Mittelgebäude, welches in dem Erdgeschosse die Wohnung des

---

*) S. über diese Anstalt vorzüglich Grellet-Wammy, manuel des prisons,
2 Vol. Genève 1838 und Paris 1840; Moreau-Christophe, rapport sur
les prisons de l'Angleterre, de l'Ecosse, de la Hollande, de la Belgique et
de la Suisse. Paris 1839 S. 148 — 179 und 239 — 242 und Dr. Varrentrapp in den Jahrbüchern der Gefängnißkunde und Besserungsanstalten II. Band
S. 47 — 127. Die Schilderung, welche Dr. Varrentrapp lieferte, ist wohl
in manchen Beziehungen etwas zu streng gegen das in dieser Anstalt eingeführte
System, allein im Ganzen ist sie gewiß die vollständigste und gelungenste, welche
wir gegenwärtig besitzen.

Pförtners, die Wachstube und in seinem halbrunden Theile die Inspections-
halle, im ersten Stockwerke die Wohnung des Directors, im zweiten Stockwerke die Krankenabtheilung und Kapelle, und im Kellergeschoße die
Küche enthält, laufen zwei nach Nordwest und Südwest gerichtete, in ihrer
Einrichtung ganz gleiche Flügel aus. Jeder Flügel ist seiner Länge nach
durch eine alle Geschosse durchschneidende Mauer in zwei gleiche Theile
geschieden, so daß vier ganz von einander abgesonderte Abtheilungen gebildet sind. Jede derselben enthält im Erbgeschoße einen großen Arbeitssaal,
wovon ein Theil zunächst dem Mittelgebäude durch ein Gitter abgesondert
ist und als Speisesaal dient. In dem ersten und zweiten Stockwerke aber
enthält jede Abtheilung einen längs der mittleren Scheidewand hinlaufenden Gang, von welchem nach Außen zu 7 Zellen liegen, so daß jede Abtheilung 14, und die ganze Anstalt 56 Zellen enthält. In einem Thurme
an dem Ende eines Flügels sind zwei dunkle Zellen als Strafzellen eingerichtet. In der Krankenabtheilung ist für fünf Betten Platz. Die Anstalt
kann also nur 60 bis 62 Köpfe fassen. Die Zellen enthalten beiläufig
530 Kubikschuh. Die Heizung und Lüftung derselben, so wie auch der
Arbeitssäle, ist etwas unvollkommen. Auch sind die Arbeitssäle zu eng und
daher nicht nur ungesund, sondern sie bringen auch die Sträflinge zu nahe
an einander, was der Aufrechthaltung der Disciplin leicht Abbruch thut.
Der wesentlichste Vorzug der Bauart dieser Anstalt liegt in der Leichtigkeit
der Beaufsichtigung der Gefängnißhöfe und Arbeitssäle von der Inspec-
tionshalle aus. Die vier Höfe sind von den Fenstern derselben zu übersehen.
Zur Ueberwachung der Arbeitssäle dienen kleinere Oeffnungen, welche aus
der Aufsichtshalle in dieselben gehen. Die Erbauung dieser Anstalt kostete
die für die kleine Anzahl ihrer Sträflinge außerordentlich große Summe
von 295,790 Franken.

Diese Anstalt war ursprünglich für die zu einer längeren als drei-
monatlichen Gefängnißstrafe verurtheilten Männer bestimmt, gegenwärtig
aber (seit dem Gesetze vom $\frac{\text{28. Februar}}{\text{11. März}}$ 1840) dient sie nur zur Anhaltung solcher Sträflinge männlichen Geschlechtes, welche wenigstens auf
Ein Jahr oder auf längere Zeit verurtheilt sind. Die auf weniger als
Ein Jahr Verurtheilten werden in dem Haftgebäude (maison de déten-

tion) angehalten. Die Zahl der Sträflinge, welche jährlich in die Strafanstalt aufgenommen wurden, belief sich im Durchschnitte der 16 Jahre
1826 bis 1841 auf 25. 5, im Jahre 1842 auf 27 Köpfe. Die tägliche mittlere Bevölkerung der Anstalt betrug in den acht Jahren 1826
bis 1833 52. 2, in dem achtjährigen Zeitraume von 1834 bis 1841
61. 5, in allen 16 Jahren 56. 8 und im Jahre 1842 61. 4 Köpfe.

Sehr verwickelt ist die Organisation der Verwaltung und Leitung dieser Anstalt. Die oberste Leitung steht dem Staatsrathe zu; sie
wird unter seiner Autorität durch drei seiner Mitglieder, welche den Titel:
conseillers inspecteurs (Inspectionsräthe) führen, ausgeübt. Dem
Staatsrathe steht die Ernennung aller Beamten der Anstalt zu. Unter
dem Staatsrathe steht die Verwaltungscommission der Anstalt,
die aus 10 vom Staatsrathe ernannten, unbesoldeten Mitgliedern besteht,
unter welchen sich immer auch die drei Inspectionsräthe befinden. Sie theilt
sich in drei Sectionen für die Hausordnung, die Arbeitsleitung und den
Religions- und Elementarunterricht, welche ihre Beschlüsse der alle vierzehn Tage sich versammelnden Verwaltungscommission zur Genehmigung
vorlegen müssen. Die Verwaltungscommission ernennt ein aus 12 Mitgliedern bestehendes Moralcomité, welches nur die moralische Einwirkung
auf die Sträflinge zum Zwecke hat, und dessen Mitglieder daher sich jedes
eine gewisse Anzahl von Gefangenen zum Behufe häufiger Besuche aus-
wählen. Die 18 Richter des Cantons und sechs durch das Loos bestimmte
Mitglieder des repräsentativen Körpers sind vom Gesetze als Visitationscommissäre bestimmt. Endlich besteht eine eigene Begnadigungscom-
mission von 9 Mitgliedern zur Prüfung aller Gnadengesuche. Die zu wenigstens zweijähriger Strafe Verurtheilten können nämlich bei guter Aufführung nach Ablauf von zwei Drittheilen ihrer Strafzeit entlassen werden,
die auf Lebenszeit oder auf mehr als dreißig Jahre Verurtheilten aber nach
Ablauf von zwanzig Jahren. (Gesetz vom $\frac{\text{26. Februar}}{\text{11. März}}$ 1840. Art. 4 — 6
und 28 — 30.) Es sind also selbst mit Berücksichtigung des Um-
standes, daß mehrere Personen gleichzeitig Mitglieder verschiedener
Commissionen sein können, doch ungefähr 30 bis 40 Personen mit der
Leitung dieser nur 60 Gefangene enthaltenden Anstalt beauftragt.

Die Beamten der Anstalt sind ein Director, ein Vicedirector, ein katholischer und ein protestantischer Geistlicher und der Arzt. Die complicirte Einrichtung der Oberleitung dieser Anstalt bringt es mit sich, daß der Director eigentlich nur die Anordnungen der Verwaltungscommission auszuführen und seine Untergebenen sowohl, als die Sträflinge zu überwachen hat. Bis zum 1. Jänner 1843 war der durch seine Sachkenntniß und seinen unermüdlichen Eifer gleich ausgezeichnete, von der moralischen Wichtigkeit seiner Aufgabe durchdrungene Aubanel Director dieser Anstalt. Ihm war als Vicedirector Grellet-Wammy, der rühmlich bekannte Verfasser des manuel des prisons, beigegeben, allein auch dieser hat im Jahre 1843 seinen Posten mit einer Anstellung bei dem Pariser Schutzvereine für jugendliche Entlassene vertauscht. Der gegenwärtige Director, Privat, scheint ein sehr tüchtiger, seinem neuen Amte vollkommen gewachsener Mann zu sein. Außer den Beamten der Anstalt sind noch ein Arbeitsaufseher, ein Werkführer, ein Schreiber, vier Aufseher, ein Krankenwärter, ein Koch, ein Ausläufer und zwei Gensdarmen für den Dienst derselben bestimmt. Die Gefangenen werden nur zur Reinigung der Arbeitssäle, Gänge und Zellen verwendet.

Für die Nahrung, Kleidung und Bettung der Sträflinge ist auf das Beste gesorgt. Die Nahrung insbesondere ist sehr reichlich, so daß man eher über das Zuviel, als über das Gegentheil Klage führen könnte. Zweimal in der Woche erhält jeder Sträfling ein halbes Pfund Fleisch.

Was die Hausordnung und die Behandlungsweise der Sträflinge betrifft, so ist es von Interesse, die allmälige Entwicklung derselben zu verfolgen.

Unmittelbar nach der Eröffnung der Anstalt (am 10. October 1825) wurde ein System eingeführt, dessen wesentliche Grundzüge in der Vereinzelung der Sträflinge zur Nachtzeit, in gemeinschaftlicher Arbeit bei Tage, in Auferlegung des Stillschweigens während der Arbeit, in dem Verbote des Weines und des Spieles und in Ertheilung moralischen und religiösen Unterrichtes bestanden. Da aber in den Erholungsstunden und an Sonntagen der freie Verkehr unter den Sträflingen gestattet war und der Ankauf von Lebensmitteln aus dem Verdienstantheile geduldet wurde, so zeigte sich bald, daß dieses System zu mild und zu wenig bessernd war. Die Nothwendigkeit von Abänderungen stellte sich durch die beträchtliche Anzahl der Rückfälle als dringend dar. Das Reglement vom 16. Mai 1833 wurde demnach erlassen und damit ein ganz neues System geschaffen, welches allmälig in den Jahren 1833 bis 1835 in Wirksamkeit trat.

Diese Hausordnung, welche seit 1833 durch zehn Jahre in der Genfer Strafanstalt durchgeführt wurde und die Grundlage des sogenannten Genfer Systemes bildete, beruht auf der Eintheilung aller Sträflinge in vier Classen nach dem Grade der Strenge ihrer Behandlung. Die erste und strengste Classe heißt: Erste Abtheilung für Criminelle und Rückfällige und begreift 1. die zur Zwangsarbeit oder Reclusion Verurtheilten, welche nach der Beschaffenheit ihres Verbrechens oder aus Veranlassung von Umständen, die ihrer Haft vorhergegangen, von der Verwaltung als streng zu behandelnde Sträflinge hieher eingereiht werden, 2. alle über 16 Jahre alten Rückfälligen, welche schon früher einmal in dieser Anstalt angehalten worden. Diese Sträflinge werden bei ihrem Eintritte auf 1 bis 3 Monate bei Tag und Nacht in der Einzelzelle angehalten, und zwar die ersten 8 bis 14 Tage ohne Arbeit. Nach Ablauf dieser Zeit müssen sie den Tag über in dem gemeinschaftlichen Arbeitssaale unter der Herrschaft des Stillschweigens arbeiten und können, wenn sie sich dort nicht gut aufführen, auf einen Monat und bei Rückfällen bis zu drei Monaten in die Einzelzelle zurückversetzt werden. Sie speisen in ihren Zellen, haben härtere und minder einträgliche Arbeiten als die anderen Sträflinge zu verrichten, dürfen seltener von ihren Verwandten besucht werden und dergl. Bei guter Aufführung können sie in die zweite Classe vorrücken, die Rückfälligen aber erst nach Einem Jahre, oder, wenn sie zu einer kürzeren als zweijährigen Strafe verurtheilt sind, erst nach Ablauf der Hälfte ihrer Strafzeit.

Die zweite Classe heißt: „Zweite Abtheilung für Criminelle und Ausnahmen" und begreift 1. die zum ersten Male criminell Verurtheilten, bei welchen keine besonderen Erschwerungsgründe eintreten; 2. die aus der ersten Classe hieher Beförderten und 3. die correctionellen Sträflinge, welche wegen schlechter Aufführung oder früherer Umstände von der Verwaltung in diese Classe versetzt werden. Diese Sträflinge werden bei ihrem Eintritte, wenn sie criminell verurtheilt sind, auf 8 bis 14 Tage, wenn correctionell, auf 5 bis 10 Tage in der Einzelzelle ohne Arbeit isolirt. Ihre übrige Strafzeit hindurch werden sie nur zur Nachtzeit vereinzelt, bei Tage aber zu gemeinschaftlicher, jedoch unter Stillschweigen zu verrichtender Arbeit angehalten, und es ist ihnen auch während ihrer gemeinschaftlichen Mahlzeiten, Spaziergänge und Erholungsstunden das Stillschweigen auferlegt. Durch gutes Benehmen können sie ihr Vorrücken in die dritte Classe, durch schlechtes aber ihre Versetzung in die erste Classe bewirken.

Die dritte Classe heißt: „Abtheilung für Correctionelle und Ausnahmen" und enthält: 1. alle zum ersten Male correctionell Verurtheilten, welche nicht wegen erschwerender Umstände in die zweite Classe gehören, und 2. die aus den zwei ersten Classen hierher Beförderten. Bei ihrem Eintritte in die Anstalt werden sie auf 4 bis 8 Tage in einsamer, arbeitsloser Haft angehalten, dann aber wie die Sträflinge der zweiten Classe behandelt, jedoch mit Milderungen in Betreff der Verwendung ihres Arbeitsverdienstantheiles, der Erlaubniß Besuche zu empfangen und dergl.

In der vierten Classe „für Jugendliche und Gebesserte", befinden sich: 1. alle Sträflinge, welche zur Zeit ihrer Verurtheilung noch nicht 16 Jahre alt waren; 2. jene Sträflinge zwischen 16 und 18 Jahren, welche die Verwaltung als in diese Classe zulässig betrachtet, und 3. die wegen ihrer guten Aufführung aus den anderen Abtheilungen hierher Beförderten. Für diese Sträflinge ist bei ihrem Eintritte in die Anstalt einsame Haft ohne Arbeit auf drei Tage, und, wenn sie rückfällig sind, auf acht Tage vorgeschrieben. Nach dieser Zeit arbeiten sie gemeinschaftlich unter der Herrschaft des Stillschweigens. In den Ruhestunden dürfen die jugendlichen Sträflinge zwar nicht unter einander, aber halblaut mit dem Aufseher sprechen, die Gebesserten hingegen dürfen sich auch unter einander, jedoch nur mit halblauter Stimme unterhalten.

Dieses System wurde in den Jahren 1834 bis 1842 bei einer mittleren täglichen Bevölkerung von 61 Köpfen, worunter im Durchschnitte

22 correctionelle (und zwar 2 unter 16 Jahren) und 39 criminelle Sträflinge waren, gehandhabt und es hat unter der ausgezeichneten Leitung Aubanel's und seines trefflichen Collegen Grellet-Wammy, vereint mit dem Zusammenwirken der zwei Geistlichen und der nicht unbeträchtlichen Anzahl von achtbaren Genfer Bürgern, welche als Mitglieder der Verwaltungscommission, des Moralcomité oder als Visitationscommissäre zu den Fortschritten dieser Anstalt mitwirkten, im Vergleiche mit dem früheren Zustande sehr befriedigende moralische Erfolge gehabt. In den Jahren 1826 bis 1834 wurden 191 correctionelle und 56 criminelle Sträflinge entlassen; während eben dieses Zeitraumes wurden von den Ersteren 35 (d. i. 18. 3%), von den Letzteren 10 (d. i. 17. 86%), im Ganzen also von 247 Entlassenen 45 (d. i. 18. 2% rückfällig. Dagegen wurden in den Jahren 1835 bis 1842 110 correctionelle und 78 criminelle Sträflinge entlassen. Die Zahl der Rückfälligen betrug in diesem Zeitraume 17 correctionell und 7 criminell verurtheilt Gewesene, d. i. 15. 45% unter den correctionellen und 9% unter den criminellen Sträflingen. Im Ganzen wurden in dem letzten Zeitraume auf 188 Entlassene 24 (d. i. 12. 8%) rückfällig. Es zeigt sich also, daß seit der Einführung des strengeren Systemes von 1833 die Anzahl der Rückfälle von 18. 2% auf 12. 8% gesunken ist, ein Ergebniß, welches höchst erfreulich genannt werden muß. Insbesondere sieht man auch aus diesen Thatsachen, daß das System auf diejenigen Sträflinge, welche eine längere Strafzeit in der Anstalt abzubüßen hatten, viel kräftiger einwirkte, als auf die nur kurzzeitigen Gefangenen, indem die Zahl der Rückfälle unter den criminellen Sträflingen bedeutend geringer als unter den correctionellen ist.

So sehr auch diese Ergebnisse den Vorzug des durch die Hausordnung vom 16. Mai 1833 eingeführten Systemes vor dem früher beobachteten, vor Allem wegen der unzureichenden Durchführung des Stillschweigens mangelhaften Systeme beweisen, so darf man doch bei der Würdigung dieser Erfolge der Genfer Anstalt einige wichtige Puncte nicht übersehen. Sehr wesentlich ist hier erstlich der Umstand, daß dieses Gefängniß eine so ungemein kleine Bevölkerung hat. Dadurch allein schon ist die

Beaufsichtigung der Sträflinge und die Aufrechthaltung des Stillschwei=
gens in den einzelnen, nur ungefähr 15 Köpfe faffenden Abtheilungen
außerordentlich erleichtert. In Genf ist es allerdings nicht unmöglich, daß
die Mittheilungen, welche troß der beständigen Aufsicht unter den Sträf=
lingen Statt finden, wie Grellet=Wammy behauptet, nicht von ver=
derblicher Wirkung seien. Allein jeder Praktiker steht ein, daß von dem,
was in einer so kleinen Anstalt in Beziehung auf die Beobachtung des Still=
schweigens geleistet werden kann, und von den Erfolgen, welche daselbst
durch das Zusammenwirken einer so großen Anzahl von Personen in Hin=
sicht auf die moralische Reform der Sträflinge erzielt werden, durchaus
nicht auf die Wirkungen geschlossen werden kann, welche dasselbe System
in einer Strafanstalt auf 500 bis 600 Köpfe, in welcher jede Abthei=
lung in der Regel 40 bis 50 Sträflinge enthalten müßte, und in einem
größeren Staate, in welchem an eine so eifrige Beschäftigung der Bürger
mit dem Besuche der Gefangenen gar nicht zu denken wäre, hervorbringen
würde. Uebrigens darf man selbst die Ergebnisse der Genfer Anstalt in
Beziehung auf die Anzahl der Rückfälle unter den entlassenen Sträflingen
nicht zu hoch anschlagen. Es ist hiebei sehr zu berücksichtigen, daß unter
der mittleren Bevölkerung dieser Anstalt von 61 Köpfen im Durchschnitte
der Jahre 1837 bis 1842 nur 29 dem Cantone Genf und 10 den übri=
gen Schweizercantonen angehörten, 22 aber Ausländer waren. Da nun
die aus dem Genfer Gefängnisse entlassenen Sträflinge, welche nicht dem
Cantone angehören, in der Regel aus demselben weggewiesen werden, so
ist es gewiß ein höchst seltener Fall, daß sie abermals in die Genfer Straf=
anstalt kommen. In den Genfer Tabellen aber werden nur diejenigen,
welche nach einer früheren in dieser Anstalt erlittenen Strafe neuerlich in
dieselbe zurückkehren, als Rückfällige gezählt. Nach dem Verhältnisse der
dem Cantone angehörigen Sträflinge zur Gesammtzahl derselben sollte
daher bei Berechnung des wahren Verhältnisses der Rückfälligen zu den
aus der Anstalt Entlassenen eigentlich nur die halbe Anzahl der Leßteren
zum Grunde gelegt werden. Geschieht dies, so stellt sich die Anzahl der
Rückfälligen in der Genfer Anstalt nicht sehr viel geringer dar, als die
Zahl der Rückfälligen unter den aus den schlecht eingerichteten französischen

Strafanstalten Entlassenen. Diese Betrachtung ist wenigstens geeignet, die übertriebenen Lobeserhebungen, welche von manchen Genfer Schriftstellern, von Charles Lucas u. A. dem Systeme dieser Anstalt wegen der geringen Anzahl der Rückfälligen unter den Entlassenen ertheilt wurden, auf ein richtiges Maß zurückzuführen.

Das Genfer System ist ohne Zweifel viel wirksamer für die Besserung der Sträflinge, als die in den meisten älteren Gefängnissen Europa's bestehende Behandlungsweise derselben; allein man darf nicht übersehen, wie viel von dieser Wirksamkeit auf die Rechnung des geringen Umfanges dieser Anstalt, der ausgezeichneten Leitung eines Aubanel und Grellet-Wammy und des Zusammenwirkens so vieler achtbarer Männer, welche sich dort mit der moralischen Reform der Sträflinge beschäftigen, zu setzen ist. Man darf ferner seine Augen nicht gegen die bedeutenden Mängel dieses Systemes verschließen. Die wichtigsten und einflußreichsten Gebrechen liegen offenbar in der Schwierigkeit, die vollständige Beobachtung des Stillschweigens zu erzielen, und in der Unrichtigkeit der in Genf bestehenden Classification, so wie in der außerordentlichen Schwierigkeit, eine richtige Classification durchzuführen. Was zuerst das Stillschweigen betrifft, so hat Aubanel selbst[*] das absolute Stillschweigen für die wichtigste allgemeine Maßregel in einer Besserungsanstalt erklärt und die Forderung ausgesprochen, daß es die Gefangenen vollständig und immer von einander isolire. Diese Rothwendigkeit, wenn man schon eine Gemeinschaft der Sträflinge zuläßt, doch jegliche Mittheilung unter ihnen zu verhindern, ist von allen Gefängnißkundigen anerkannt. Ob die Beobachtung des Stillschweigens in der Genfer Strafanstalt vollständig erzielt worden sei, ist nach den Berichten mehrerer Reisenden manchem gegründeten Zweifel unterworfen. Schon die Enge der Arbeitssäle, wodurch die Sträflinge einander zu nahe gebracht werden, läßt vermuthen, daß manchmal Mittheilungen unter ihnen geschehen. Ob dieselben ganz

---

[*] S. dessen Mémoire sur le systéme pénitentiaire adressé au minlstre de l'intériear de France, accompagné de plans et de devis de prisons d'après le systéme panoptique par Vaucher-Crémieux. Genève 1837.

15

unschädlicher Natur sein werden, diese Frage zu lösen, kann man füg-
lich dahingestellt sein lassen. So viel ist gewiß, daß selbst die vollständigste Beobachtung des Stillschweigens in der Genfer Strafanstalt noch
nicht zu dem Schlusse berechtigen würde, daß dieselbe in einem großen
Gefängnisse bei den durch die vermehrte Bevölkerung sich in hohem Maße
steigernden Schwierigkeiten ebenfalls werde erzielt werden.

Die Classification der Genfer Anstalt ist mit sehr bedeutenden
Mängeln behaftet. Vor Allem ist, wie Mittermaier*) sehr richtig
bemerkt, die auf dem französischen Strafsysteme beruhende Eintheilung der
Sträflinge in criminell und correctionell Verurtheilte mit der Voraussetzung,
daß die Letzteren weniger verdorben und daher besser zu behandeln seien,
ganz irrig. Die Erfahrung hat dies in Frankreich dargethan und es wird
dieser Umstand von allen Directoren der französischen Centralgefängnisse
anerkannt. Die Eintheilung in criminell und correctionell Verurtheilte
beruht auf einem rein technischen, sehr oft nur durch zufällige Umstände
bedingten, mit der wahren Gemüthsbeschaffenheit der Sträflinge in keinem
nothwendigen Zusammenhange stehenden Maßstabe und muß daher sehr
häufig unrichtig sein. Ueberdies ist es tadelnswerth, daß alle Rückfälligen ohne Unterschied in die strengste Classe eingereiht werden, indem der
Rückfall keineswegs immer ein Beweis von tiefer Verderbtheit ist.
Andererseits ist die Anordnung, daß die jugendlichen Sträflinge ohne
Unterschied des Vergehens oder Verbrechens, das sie begangen haben,
und selbst, wenn sie rückfällig sind, immer in die mildeste Abtheilung versetzt werden, und daß für sie das Vorrücken und Herabsteigen von einer

---

*) In dem Aufsatze: „Ueber den gegenwärtigen Zustand des Gefängnißwesens in
Europa und Nordamerika" im Archiv des Criminalrechtes, Jahrgang 1843, S.
386. Diese schon in dem dritten Stücke des Jahrganges 1843 begonnene Abhandlung, deren Schluß ich leider nicht mehr benützen kann, liefert neuerlich einen
glänzenden Beweis von der Unparteilichkeit, der umfassenden Sachkenntniß und
dem seltenen Eifer für Wahrheit und Fortschritt ihres berühmten Verfassers. Ich
benütze diese Gelegenheit, um dem verehrten Manne für die reiche Belehrung,
welche ich seinen Werken und dem persönlichen Umgange mit ihm verdanke, und
für die freundliche und thätige Förderung meiner Reisezwecke meinen innigsten
Dank auszusprechen.

Abtheilung in die andere gar nicht besteht, im vollsten Widerspruche mit dem aufgestellten Principe der Classification. Diese Mängel beweisen nur die außerordentliche Schwierigkeit der Durchführung einer vollständigen und richtigen Classification, besonders in einer Anstalt, in welcher die Zahl der Sträflinge bedeutend größer, die Individualität der Einzelnen daher schwerer zu erkennen ist, und in welcher nicht blos Männer, sondern auch weibliche Sträflinge angehalten werden. Die einfachste Betrachtung der menschlichen Natur lehrt, wie selten es gelingt, den Charakter eines Menschen richtig zu beurtheilen. Um wie viel schwieriger ist dies aber in einer Strafanstalt, in welcher man nicht selten mit großer Gewandtheit der Sträflinge in der Verstellungskunst zu kämpfen hat und daher sehr besorgen muß, daß die Gefangenen sich die Versetzung in eine bessere Classe durch Heuchelei zu erringen suchen?

Die Wichtigkeit der Frage über die Ausführbarkeit des Classificationssystemes, besonders in größeren Anstalten, bewog mich, mich nicht mit dem Besuche der Genfer Strafanstalt zu begnügen, sondern den ehrwürdigen Aubanel selbst zu besuchen und seine Ansicht darüber zu vernehmen. Die langjährige Erfahrung dieses Mannes, dessen ausgezeichneter Menschenkenntniß und dessen lebendigem Eifer für das Beste der Gefangenen alle Besucher von Genf die ehrendste Anerkennung zollen, gibt seiner Meinung die größte Wichtigkeit. Die Antwort auf meine Frage, ob er das in Genf durchgeführte Classificationssystem nach den darüber gemachten Erfahrungen noch für das beste Strafsystem halte, und insbesondere, ob er dessen Einführung auch für große Strafanstalten (auf 500 Köpfe und darüber) anrathe, lautete im Wesentlichen dahin, daß er das System der Classification in der Art, wie es in Genf gehandhabt wird, noch gegenwärtig für das Genfer Strafhaus jedem anderen Systeme vorziehe, weil er die Ueberzeugung habe, daß es die sittliche Besserung der Sträflinge am meisten befördere. „Allein," setzte er hinzu, „ich empfehle „dieses System nicht unbedingt, sondern nur für kleine Strafan„stalten, in welchen der Director sich mit den Sträflingen individuell „beschäftigen, auf Jeden einzeln nach seiner Geistes- und Gemüthsbe„schaffenheit einwirken und bei der dadurch erlangten Kenntniß der Cha

15 *

„raktere der Gefangenen Irrthümer in der Classification derselben möglichst
„vermeiden kann. Eine Bevölkerung von 200 Sträflingen würde ich in
„dieser Beziehung als das Marimum betrachten. In jedem größeren
„Gefängnisse halte ich die Durchführung des Classifica-
„tionssystemes für unmöglich und ich bin überzeugt, daß in
„Anstalten von 500 oder mehr Sträflingen dasselbe System, welches in
„Genf ungemein wohlthätig wirkt, durchaus in das alte System der unbe-
„schränkten Gemeinschaft der Sträflinge mit allen seinen üblen Folgen
„umschlagen würde. In einer großen Strafanstalt sind die zwei Grund-
„bedingungen des Classificationssystemes, die Aufrechthaltung des Still-
„schweigens und das baldige Erkennen der Individualitäten der Sträf-
„linge, um jeden sorgfältig nach seiner Eigenthümlichkeit zu behandeln
„und ihn der Abtheilung, für die er am meisten geeignet ist, einzureihen,
„praktisch unausführbar." Aubanel hält das Vereinzelungssystem zwar
für gefährlicher in Beziehung auf den Geistes- und Gemüthszustand der
Sträflinge, als das Auburn'sche System, und glaubt, daß selbst bei den
Fortschritten der neueren Baukunst in Beziehung auf zweckmäßige Einrichtung der Gefängnisse, bei Einführung angemessener Arbeit in den Zellen
und bei der Gründung religiöser Brüderschaften für den inneren Gefängnißdienst die Einzelhaft nie länger, als auf fünf Jahre ausgedehnt werden solle. Bis zu dieser Gränze aber empfiehlt selbst Aubanel für große
Strafanstalten (insbesondere bei einer großstädtischen und daher im Ganzen sehr verderbten Bevölkerung) die Vereinzelung der Sträflinge bei Tag
und Nacht, indem nur diese unter solchen Verhältnissen die gegenseitige
Verschlechterung der Gefangenen verhindern und eine individuelle Behandlung derselben möglich machen könne. Für die auf längere Zeit Verurtheilten, welche ohnehin in der Regel nur wenig Hoffnung der Besserung
geben, bringt er in großen Gefängnissen die Anwendung des strengen
Systemes des Stillschweigens in Vorschlag, indem man sich bei diesen
Sträflingen mit einer strengen Disciplin, welche wenigstens ihre gegenseitige Verschlimmerung so viel als möglich erschwert, zufriedenstellen müsse.

In Genf selbst wurde das bisher geschilderte System der Behandlung der Sträflinge für zu mild und daher zu wenig abschreckend

angesehen und sowohl die Zweckmäßigkeit einer ausgedehnteren Anwendung der Einzelhaft, als auch die Nothwendigkeit, selbst die in der Hausordnung von 1833 für die Classe der Jugendlichen und Gebesserten bestehende Ausnahme von dem Gebote des Stillschweigens aufzuheben und das absolute Stillschweigen für alle Sträflinge vorzuschreiben, erkannt. Es wurde daher nicht nur durch das Gesetz vom $\frac{21.\ \text{Februar}}{11.\ \text{März}}$ 1840 angeordnet, daß in Zukunft alle Beschuldigten und Angeklagten, alle auf weniger als Ein Jahr zur Gefängnißstrafe verurtheilten Männer, die auf längstens sechs Monate verurtheilten Weiber und die auf längstens drei Monate verurtheilten jugendlichen Sträflinge unter 16 Jahren, so wie die auf Verlangen ihrer Aeltern oder Vormünder eingesperrten Minderjährigen der beständigen Einzelhaft bei Tag und Nacht unterworfen werden sollen *),

---

*) Für diese Gefangenen, für die Schuld- und Militärgefangenen und für die übrigen weiblichen Sträflinge wurde in Folge des oberwähnten Gesetzes vom Jahre 1840 ein eigenes Haftgebäude auf 108 Köpfe von dem Baumeister S ch ä ck in der Art erbaut, daß darin für die meisten Gefangenen das System der Einzelhaft bei Tag und Nacht, für gewisse Kategorien derselben aber die nächtliche Vereinzelung und gemeinschaftliche Arbeit bei Tage angewendet werden kann. Dieses Gebäude war zur Zeit meines Besuches (in den ersten Tagen des Monates September 1843) schon vollendet und wird im Laufe des Jahres 1844 bezogen werden. Eine ausführliche Schilderung desselben ist in den Jahrbüchern der Gefängnißkunde Band III. S. 179 und ff. enthalten. Trotz der Geschicklichkeit des Baumeisters glaube ich dieses Gebäude mit Recht eine verunglückte Nachahmung der neueren englischen Gefängnißbauten nennen zu dürfen. Vor Allem ist die Wahl des Platzes überaus ungünstig, indem das neue Gefängniß zwischen eine Kirche, ein Krankenhaus und andere Gebäude eingeengt ist und die ungleichförmige Abschüssigkeit des Terrains einen regelmäßigen Bau unmöglich, zugleich aber auch das Erd- und Kellergeschoß so feucht machte, daß die Unterbringung von Gefangenen in den daselbst befindlichen Zellen, insbesondere in den dunklen Strafzellen und in den Räumen für die Schuldgefangenen, nur auf Kosten ihrer Gesundheit geschehen könnte. Die Heizung und Ventilation geschieht nur unvollkommen; in den Weiberstrafzellen ist dafür gar nicht gesorgt. Die fünf Höfe sind eng und dumpf, für Licht und Wärme sehr unzugänglich, daher ungesund, und der Zahl nach für die der Einzelhaft unterworfenen Gefangenen unzureichend. Die Kapelle wurde nach den in den Berichten der englischen Gefängnißinspectoren mitgetheilten Plänen gebaut, sie ist aber gänzlich mißglückt. Sie ist in einem kleinen, viel zu niedrigen Zimmer angebracht und die Sitze, in welchen die Gefangenen von einander abgesondert dem Gottesdienste beiwohnen sollen, sind so eng und dumpf, daß gewiß häufig Fälle von Unwohlwer-

sondern es wurde selbst für die Strafanstalt am 28. Juni 1848 ein neues Reglement erlassen, welches am 1. Juli 1843 in Wirksamkeit trat.

Diese neue Hausordnung beruht ebenfalls auf dem Classificationsprincipe. Die Benennung der vier Classen stimmt mit der in dem Reglement von 1838 angeordneten überein; auch die Vertheilung der Sträflinge in dieselben wurde mit der einzigen Ausnahme beibehalten, daß sich in der vierten Classe außer den Gebesserten nur die jugendlichen, 16 bis 18 Jahre alten und zu einer Gefängnißstrafe auf länger als ein Jahr verurtheilten Sträflinge befinden, indem alle anderen jugendlichen Gefangenen in das Haftgebäude gehören. Die Sträflinge können durch Beschluß der Inspectionsräthe zur Belohnung oder zur Strafe aus einer Classe in die andere versetzt werden, wobei nebst ihrem Benehmen auch auf die Zeit, welche sie in der bisherigen Classe zugebracht haben, Rücksicht zu nehmen ist. Die Versetzung aus der ersten criminellen Abtheilung in die zweite kann erst nach Ablauf eines Jahres, die Versetzung aus der zweiten in die dritte oder aus dieser in die vierte Classe aber erst nach Ablauf von sechs Monaten Statt finden. Bei schlechter Aufführung können die Sträflinge der zweiten Classe in die erste versetzt, oder diejenigen, welche bereits in eine minder strenge Abtheilung übergegangen sind, in die strengere zurückgesetzt werden. (Art. 1 bis 6.)

Die rückfälligen Sträflinge sollen bei ihrem Eintritte nach Art. 18 des Gesetzes vom 28. Februar 1840 während eines Zeitraumes, welcher die Hälfte ihrer Strafzeit nicht übersteigen, aber auch nicht kürzer als ein Jahr sein darf, in beständiger Einzelhaft angehalten werden. Da dies aber die innere Einrichtung des Gebäudes gegenwärtig nicht gestattet, so sollen sie auf 1 bis 6 Monate der Einzelhaft unterworfen werden. Die übrigen Sträflinge der ersten Classe werden bei ihrem Eintritte auf 14 Tage bis 6 Monate bei Tag und Nacht in der Einzelzelle angehalten. Die ersten zehn Tage bringen alle Sträflinge der ersten Classe

---

den einzelner Gefangenen und somit Störungen des Gottesdienstes vorkommen werden. Wer die Kapelle in dem Mustergefängnisse zu Pentonville gesehen hat, dem muß die Kapelle dieses Genfer Haftgebäudes als eine Stümperarbeit erscheinen.

ohne Arbeit zu; nach Ablauf derselben erhalten sie während der Einzelhaft Arbeit in der Zelle und werden zu dem gemeinschaftlichen·Gottes-
dienste und den gemeinschaftlichen Spaziergängen zugelassen. In der
zweiten Classe werden die neu Eintretenden auf 14 Tage bis 3 Monate,
und zwar die ersten zehn Tage ohne Arbeit, in der dritten Classe auf
8 bis 14 Tage, und zwar die erste Woche ohne Arbeit, und in der
vierten Classe auf 4 bis 8 Tage der Einzelhaft unterworfen*). (Art. 7
bis 11.) Den Sträflingen a l l e r Classen ist das absolute Stillschweigen
untereinander während ihrer ganzen Strafzeit auferlegt. Die in der Hausordnung von 1833 zu Gunsten der vierten Classe·gemachte·Ausnahme
ist dadurch aufgehoben. Die Sträflinge dürfen auch mit den Beamten
der Anstalt nur mit leiser Stimme sprechen. (Art. 24.) Die Gefangenen
der ersten Classe dürfen 4mal im Jahre, die der zweiten 6mal, die
Sträflinge der dritten 8mal und die der vierten Classe 12mal im Jahre
Besuche von ihren Verwandten empfangen. (Art. 13.)

Alle Sträflinge sind zur Arbeit verpflichtet. Der Ertrag der Arbeit
gehört dem Staate; jedoch kann den Sträflingen als Belohnung ein
Arbeitslohn gegeben werden, der aber die Hälfte des von den Inspectionsräthen festgesetzten Werthes ihrer täglichen Arbeit nicht übersteigen
darf. Dieser Arbeitslohn wird in zwei Theile getheilt, wovon der eine
(und zwar höchstens die Hälfte) dem Sträflinge zur Verwendung überlassen, der andere aber bis zu seinem Austritte aus der Anstalt hinterlegt
wird. Die Größe des dem Sträflinge zur Verwendung zu überlassenden
Antheiles wird monatlich von den Inspectionsräthen mit Rücksicht auf
die Aufführung des Gefangenen, auf den Gebrauch, welchen er von seinem
Arbeitslohne macht, und auf den Betrag dieses Lohnes bestimmt. In jeder
Classe dürfen die Gefangenen aus dem disponiblen Theile ihres Arbeitslohnes ihren Verwandten Unterstützungen senden, Schulden zahlen oder
Ersätze leisten. Mit Bewilligung des Directors dürfen überdies die Sträflinge der zwei ersten Classen ihren disponiblen Verdienstantheil zum

---

*) Diese Bestimmungen enthalten somit eine Verschärfung der Hausordnung von 1833
durch die Ausdehnung der Dauer der Einzelhaft für die eintretenden Sträflinge.

Ankaufe von Brod und von Büchern oder Werkzeugen zu den in den Mußestunden gestatteten Beschäftigungen verwenden. Die Gefangenen der dritten Classe dürfen sich auch Käse, und die der vierten außerdem frisches Obst anschaffen. (Art. 15 bis 23.) Die Arbeiten waren am 31. December 1842 auf folgende Art vertheilt: 12 Schuhmacher, 2 Schuheinfasser, 10 Pantoffelmacher, 5 Sohlenmacher, 6 Stößer und 4 Ausleser von Material- und Farbwaaren, 5 Baumwollspinner, 4 Farbholzschneider, 3 Papparbeiter, 2 Wollspuler, 1 Abschreiber, 1 Zeichner, 1 Schnurmacher, 1 Uhrmacher, 1 Schneider, 1 Strohflechter und 1 Küchenjunge, zusammen 60 Arbeiter. Der einem Sträflinge zukommende Verdienstantheil betrug im Jahr 1842 im Durchschnitte täglich 28.4 Centimen (d. i. 6¹/₂ kr. C. M.). Die Sträflinge stehen in den Sommermonaten um 5 Uhr, in den Wintermonaten aber um 6 Uhr früh auf und gehen in ersteren um 8, in letzteren um 9 Uhr Abends zu Bette. Täglich werden drei halbe Stunden (in der Regel nach dem Frühstücke, Mittags- und Abendmahle) zum Spazierengehen der Sträflinge verwendet; die Gefangenen der drei ersten Classen müssen dabei in einer Reihe, Einer hinter dem Anderen gehen, die der vierten Classe dürfen sich frei bewegen und den Garten der Anstalt bebauen. (Art. 34, 40 und 41.) Für den Religions- und Elementarunterricht ist auf das Beste gesorgt.

Die Disciplinarstrafen bestehen in der Einsperrung in die Zelle auch während des Tages, in Entziehung der Kost, in der Einsperrung in die Dunkelzelle und in Anlegung von Eisen. Sie werden in der Regel von den Inspectionsräthen verhängt, doch kann der Director einen widerspänstigen Sträfling auch provisorisch in seine Zelle und selbst in die Dunkelzelle einsperren lassen, nur muß er darüber binnen 24 Stunden an die Inspectionsräthe Bericht erstatten. Die Einsperrung in der Schlafzelle zieht immer die Entziehung der Arbeit und der Fleisch- und Gemüseportionen nach sich; sie kann auch durch Hinwegnahme der Bücher und Schreibmaterialien und durch die Beschränkung auf Wasser und Brod verschärft werden. Die Strafe der Dunkelzelle darf nicht länger als zehn Tage ununterbrochen dauern. Die Beschränkung auf Wasser und Brod darf nur drei Tage hinter einander und nur 20 Tage im Monate Platz greifen. (Art. 47 bis 50.)

Was den Gesundheitszustand dieser Anstalt betrifft, so ergeben die Tabellen, daß in dem neunjährigen Zeitraume von 1826 bis 1834 bei einer täglichen mittleren Bevölkerung von 53.3 Köpfen 11 Todesfälle, in dem achtjährigen Zeitraume von 1835 bis 1842 aber bei einem täglichen durchschnittlichen Gefangenenstande von 61.4 Köpfen 17 Todesfälle, im Ganzen in den siebzehn Jahren 1826 bis 1842 auf eine mittlere tägliche Bevölkerung von 57.1 Köpfen 28 Todesfälle sich ereigneten. Die Sterblichkeit betrug daher in dem Zeitraume von 1826 bis 1834 jährlich 2.3% (d. i. 1 Todesfall auf 43.5 Sträflinge), in den Jahren 1835 bis 1842 aber 3.4% (d. i. 1 Todesfall auf 30 Sträflinge) und in dem ganzen Zeitraume von 1826 bis 1834 2.9% (d. i. 1 Todesfall auf 34 Sträflinge). Es zeigt sich daher, daß die Sterblichkeit seit der Einführung des strengeren Systemes (seit der vollständigeren Durchführung des Stillschweigens) um 48% zugenommen hat, wobei jedoch immer wohl zu berücksichtigen ist, daß bei der kleinen Zahl von Todesfällen, worauf diese Berechnung beruht, zufällige Umstände großen Einfluß gehabt haben können. Die Thatsache einer Vermehrung der Sterblichkeit in Folge der Anwendung eines strengeren Systemes scheint durch die eben angeführten Zahlen über jeden Zweifel erhaben zu sein, um so mehr, da sich ganz dasselbe Ergebniß auch in den französischen Centralgefängnissen dargestellt hat, und, da in der strengen Aufrechthaltung des Stillschweigens wirklich ein genügender Erklärungsgrund eines minder guten Gesundheitszustandes liegt. Allein dieser Umstand berechtigt keineswegs zu dem Schlusse, welchen einige Genfer Aerzte, insbesondere Dr. Gosse und Dr. Coindet daraus ableiten, daß nämlich die Strenge des Genfer Systemes gemildert werden solle. Die Rücksicht auf den Gesundheitszustand der Sträflinge wird von diesen Aerzten mit Unrecht als die erste betrachtet, während die moralische Wirkung eines jeden Gefängnißsystemes vor jeder anderen Rücksicht den Ausschlag geben muß und in Beziehung auf den Gesundheitszustand der Sträflinge nur so viel gefordert werden darf, daß sie durch die Gefangenschaft nicht v i e l mehr leiden, als sie im freien Zustande unter ihren gewöhnlichen Lebensverhältnissen gelitten hätten. Eine Sterblichkeit von 3 Procent in einem Gefängnisse kann aber keineswegs als übermäßig betrachtet werden, da selbst die Sterblichkeit unter der freien Bevölkerung in der Regel 2. 5% beträgt und das Gefängnißleben an sich jederzeit gewisse Nachtheile für die Gesundheit nach sich zieht. Es ist ein mißverstandenes Menschlichkeitsgefühl, wenn man deshalb gegen jedes strenge Gefängnißsystem eifert.

Was die Wirkung des Systemes auf den G e i st e s = und G e = müths z u st a n d der Sträflinge anbelangt, so ist zu bedauern, daß darüber bisher nur sehr unvollständige Angaben vorliegen. Nach den Mittheilungen des Dr. Varrentrapp sind in den Jahren 1826 bis 1841 im Ganzen 28 Wahnsinnsfälle, oder vielmehr nach Abzug von zwei Fällen, welche durchaus nicht zu Schlüssen auf den Einfluß des Genfer Systemes berechtigen könnten, 26 Fälle von Geistesstörung vorgekommen. Während dieser 16 Jahre wurden 431 Gefangene in die Anstalt aufgenommen, es kam daher schon auf 16.6 Sträflinge ein Fall von Geistesstörung. Von den erwähnten 26 Irrsinnigen kommen 11 auf den neunjährigen Zeitraum von 1826 bis 1834 und 15 auf die 7 Jahre 1835 bis 1841. Im Jahre 1842 mußten wieder zwei Sträflinge wegen Irrsinnes aus der Straf= in die Irrenanstalt abgegeben werden. Leider fehlen alle näheren Ausweise über die Form sowohl, in welcher die Geistesstörung aufgetreten, als auch über die veranlassenden Ursachen derselben. Die innere stärkere Ausbreitung einer religiösen Secte, welche durch ihre Einwirkung auf die Sträflinge die Gemüther derselben mit einer großen Aengstlichkeit und Zweifelsucht, mit übertriebenen Vorstellungen von der Verwirkung der göttlichen Gnade und von der Nothwendigkeit strenger Bußen zur Wiedergewinnung derselben erfüllt und durch allzu lebhafte Erweckung von Vorwürfen ungebildete Leute zur Verzweiflung zu treiben vermag, scheint an dem häufigen Vorkommen der Seelenstörungen in der Genfer Strafanstalt nicht ohne Schuld zu sein*).

---

*) Dr. Varrentrapp hat diesen wichtigen, von dem geheimen Rathe Mitter, ma i e r zuerst öffentlich besprochenen Umstand unberücksichtigt gelassen und doch

Die Erhaltungskoften der Genfer Strafanftalt beliefen sich im Jahre
1842 für einen Gefangenen im Durchschnitte täglich auf 1 Frank 44 Centimen, wovon 28½ Centimen durch den Ertrag der Arbeit der Sträflinge gedeckt wurden, so daß auf einen Gefangenen der reine tägliche
Koftenbetrag von 1 Frank 15½ Centimen (d. i. 27½ kr. Conv. M.)
entfiel. Der jährliche Koftenbetrag belief sich demnach auf 421 Franken
57 Centimen (d. i. 168 fl. 36 kr. C. M.), eine Summe, welche unter
Berücksichtigung der allgemeinen Verhältniffe zu Genf wohl ziemlich bedeutend ist, aber eben in dem geringen Umfange der Anstalt, in welcher
die Administrationskoften für jeden einzelnen Gefangenen sehr hoch aus-
fallen, ihren Grund hat.

III. Die Strafanftalt in Lausanne.

Dieses Gefängniß wurde in den Jahren 1822 bis 1825 erbaut
und am 1. Mai 1826 eröffnet*). Es liegt dicht vor und etwas über
der Stadt, erftreckt sich der Länge nach von Often nach Westen und
hat von seiner Südseite, der Hauptfront aus, eine herrliche Aussicht auf
den Genfer See. Zu beiden Seiten des Mittelgebäudes, welches die
Directionskanzlei, die Wohnungen der Beamten und Wärter, die Küche,
die Vorrathskammern und die Kapelle enthält, liegen die 100 Fuß
langen Flügel, von welchen der öftliche die criminelle und der weftliche
die correctionelle Abtheilung genannt wird. Jeder Flügel ist seiner ganzen
Länge nach durch zwei, 6 Fuß von einander abstehende Mauern durch-

---

scheint in demselben ein Hauptgrund des auffallend häufigen Vorkommens von
Geiftestrankheiten in den Anstalten zu Genf und Lausanne zu liegen. Die büftere
pietistische Atmosphäre von Genf kann in der Strafanftalt nur traurige Wir-
tungen erzeugen.

*) Die wichtigften neueren Schriften über diese Anstalt sind Dr. Varrentrapp's
Schilderung derselben in den Jahrbüchern der Gefängnißkunde Band I. S. 84
u. ff. und: Dr. Vordeil, de la réclusion dans le canton de Vaud et du
pénitencier de Lausanne. Lausanne 1842. Sieh auch: Analyse raisonnée
de l'ouvrage du Dr. Vordeil intitulé: de la réclusion dans le canton de
Vaud et du pénitencier de Lausanne. par L. A. Gosse. Genève 1843,
und Mittermaier's Abhandlung über den gegenwärtigen Zustand des Gefängnißwesens in Europa und Nordamerika im Archiv des Criminalrechtes,
Jahrgang 1843 S. 589 u. ff.

zogen, welche in dem Erdgeschosse Magazine, in dem ersten Stockwerke
aber einen Gang einschließen, von dem aus durch in der Wand angebrachte kleine Oeffnungen und Fenster eine sehr vollständige Inspection
der zu beiden Seiten liegenden, die Höhe zweier Geschosse einnehmenden
Arbeitssäle Statt findet. Die durch diesen Gang geschiedene nördliche
und südliche Hälfte jedes Flügels sind in ihrer Einrichtung ganz gleich;
nur ist in der südlichen Hälfte der correctionellen Abtheilung der große
Arbeitssaal durch eine Mauer in zwei kleinere abgetheilt. Es bestehen
also im Ganzen drei große und zwei kleine Arbeitssäle. Die zwei großen
Arbeitssäle des östlichen Flügels sammt den dazu gehörigen Zellen sind
den criminellen Sträflingen männlichen Geschlechtes, der große und ein
kleiner Arbeitssaal des westlichen Flügels den zu correctionellen Strafen
verurtheilten Männern und der zweite kleine Arbeitssaal den correctionellen
und criminellen weiblichen Sträflingen eingeräumt. Jeder Arbeitssaal ist
30 Fuß hoch und enthält an seiner der Mittelwand des Flügels entgegengesetzten äußeren Seite im Erdgeschosse und im ersten Stockwerke
die Zellen der Sträflinge, welche nur durch ihre hölzerne Thür von dem
Arbeitssaale getrennt sind, und deren vergitterte und von Außen mit
einem schrägen, durchbrochenen Holzkasten versehene Fenster in das Freie
gehen. Zu den Zellen des ersten Stockwerkes gelangt man mittelst einer
der Länge des Arbeitssaales nach hinlaufende Gallerie, deren Treppe in
einer Ecke des Saales ist. Jede Zelle ist nur 9 Fuß lang, 6 Fuß breit
und 8 Fuß hoch, enthält somit nur 432 Kubikfuß, so daß darin kein
eine Bewegung gestattendes Handwerk getrieben werden kann. Die Heizung und Ventilation der Zellen ist höchst unvollkommen. Die Erwär-
mung derselben geschieht nur durch das Eindringen der Luft aus dem
anstoßenden Arbeitssaale, welcher durch Oefen geheizt wird. Da nun
die Thüren der Zellen nicht den ganzen Tag offen stehen und bei dem
Mangel jeder Ventilationsvorrichtung kein Abzug der Zellenluft die wär-
mere Luft aus dem Arbeitssaale gewaltsam in die Zellen zieht, so ist es
begreiflich, daß in denselben, besonders in der nördlichen Hälfte beider
Flügel, deren Zellen unmittelbar gegen Norden sehen, im Winter eine
sehr ungesunde Kälte herrscht. Im Sommer hingegen haben die Zellen

durch den Mangel eines genügenden Luftwechsels, insbesondere die gegen Mittag gerichteten Zellen der südlichen Hälfte beider Flügel, eine sehr hohe Temperatur. Die Zellen sind daher höchst unvollkommen, und zwar um so mehr, da sie keine geruchlosen Abtritte enthalten und des Abends durch häufig übelriechende Oehllampen erhellt werden. Die beiden Flügel enthalten 104 solche Zellen, wozu noch einige in den Mansarden derselben eingerichtete Zellen, 6 Kranken- und 9 Strafzellen zu rechnen sind. Für die Sträflinge sind vier Höfe eingerichtet, deren drei für die männlichen und einer für die weiblichen Sträflinge bestimmt sind.

Die Strafanstalt ist gegenwärtig zur Aufnahme aller zu wenigstens sechsmonatlichem Gefängnisse verurtheilten correctionellen und criminellen Sträflinge bestimmt. In dem Zeitraume von 1827 bis 1834 wurden im Durchschnitte jährlich 44 Männer und 12.5 Weiber, in den Jahren 1835 bis 1842 jährlich 62 Männer und 14 Weiber in dieselbe aufgenommen. Die mittlere tägliche Bevölkerung belief sich in den Jahren 1827 bis 1834 auf 81.75, in den Jahren 1835 bis 1842 auf 97.25, in dem ganzen sechzehnjährigen Zeitraume auf 89.5 Köpfe.

Die Leitung der Anstalt steht einer von dem Staatsrathe des Cantons ernannten Verwaltungscommission zu, welche aus einem Mitgliede des Staatsrathes als Vorsitzendem, einem Mitgliede des Gesundheitsrathes und einem Dritten besteht, und in welcher der Geistliche und der Controlor, wenn es sich um Gegenstände ihres Faches handelt, berathende Stimme haben. Die Beamten der Anstalt sind der Geistliche, der Controlor, der Arzt und der Inspector. Der Geistliche, der achtungswürdige Pastor Roud, ist nicht nur mit der Seelsorge, sondern auch mit der Aufsicht über die Verwaltung der Anstalt beauftragt. Der Controlor besorgt vorzüglich das Rechnungswesen und den ökonomischen Theil der Verwaltung. Der Inspector, der unermüdlich thätige und einsichtsvolle Denis, hat vorzüglich die Handhabung der Disciplin und die Leitung der Arbeit der Sträflinge zur Aufgabe. Außerdem sind ein Schreiber, sechs Aufseher und zwei Aufseherinnen, ein Webmeister, ein Thürsteher, ein Koch, ein Ausläufer, eine Köchin und eine Gehülfin angestellt, und es ist von großer Wichtigkeit, daß die Aufseher fast ausschließlich aus den Elementarschullehrern, deren Zahl im Cantone sehr groß ist, gewählt werden und daher in der Regel tüchtige und geschickte Leute sind.

Die Hausordnung der Anstalt hat seit der Gründung derselben schon sehr mannigfaltige Entwicklungsperioden durchlaufen*). Anfänglich wurde die Behandlung der Sträflinge so eingerichtet, daß sie zur Nachtzeit vereinzelt wurden, bei Tage unter Stillschweigen gemeinschaftlich arbeiteten und in den Mußestunden frei mit einander verkehren konnten. Man überzeugte sich bald von der Schädlichkeit dieser letzteren Bestimmung. Man wollte die Freiheit des Verkehres unter den Sträflingen Anfangs nur dadurch beschränken, daß man dieselben in den Mußestunden in einer Reihe je zwei und zwei hinter einander spazieren gehen ließ und nur die Unterredungen zwischen den zwei neben einander Gehenden gestattete. Auch diese Anordnung bewies sich als höchst mangelhaft und im Jahre 1834 wurde endlich eine neue Hausordnung erlassen, welche das Uebel in seiner Wurzel angreifen sollte. Dieses Reglement verordnete erstlich die Absonderung der criminellen Sträflinge von den correctionellen und zweitens die Eintheilung jeder dieser beiden Classen in solche Sträflinge, welche zu gemeinschaftlicher Arbeit mit den anderen zugelassen, und in solche, welche bei Tag und Nacht in ihrer Zelle angehalten werden sollten. Für alle zum ersten Male Verurtheilten, so wie für diejenigen zum ersten Male Rückfälligen, deren frühere Haft kürzer als ein Jahr war, wurde vereinzelte Haft ohne Arbeit auf 3 bis 12 Tage unmittelbar nach ihrem Eintritte in die Anstalt, nach Ablauf dieser Zeit aber Vereinzelung zur Nachtzeit, gemeinschaftliche Arbeit bei Tage und absolutes Stillschweigen bei der Arbeit sowohl, als während der Erholungsstunden vorgeschrieben. Dagegen sollten 1. alle Sträflinge, welche früher schon in dieser Anstalt eine wenigstens einjährige Anhaltung ausgestanden hatten, 2. diejenigen, deren erste Haft kürzer als ein Jahr war, welche aber zum zweiten Male

---

*) Eine sehr interessante Schilderung dieses Entwicklungsganges bis zum Jahre 1836 enthält der Brief des Pastors Roub an Moreau-Christophe in dessen Berichte S. 192 u. ff.

rückfällig geworden, und 3. jene Sträflinge, welche die Verwaltungscommission wegen ihres Benehmens vor oder während der Untersuchung, wegen
ihrer bei dem Eintritte in die Anstalt sich zeigenden Gemüthsbeschaffenheit
oder wegen Ungehorsames zur Absonderung von den anderen Gefangenen
für geeignet hält, während ihrer ganzen Strafzeit der Einzelhaft bei Tag
und Nacht, jedoch mit Arbeit in der Zelle unterworfen und ihnen nur
drei Stunden in der Woche zur Bewegung in freier Luft gestattet werden.

So viel Lob und Anerkennung diese Hausordnung im Vergleiche zu
der früher in dieser Anstalt üblich gewesenen Behandlungsweise der Sträflinge verdient, so ist doch nicht in Abrede zu stellen, daß die Einführung
der Einzelhaft in einer solchen Ausdehnung unter den Verhältnissen der
Localitäten zu Lausanne ein sehr gewagter Schritt und, wie die Erfahrung
zeigte, ein sehr großer Mißgriff war. In der Anstalt zu Lausanne fehlte
es an den ersten Bedingungen einer erfolgreichen und gefahrlosen Anwendung des Vereinzelungssystemes, an hinlänglich geräumigen, gut ventilirten und mit einer zweckmäßigen Heizung versehenen Zellen, an einer für
die Erhaltung der Gesundheit der Sträflinge hinreichenden Bewegung
in freier Luft und an einer zweckmäßigen Beschäftigung derselben. Der
Pastor Roud ließ sich durch seine lebendige Ueberzeugung von der Man-
gelhaftigkeit des Systemes des Stillschweigens und von den Vorzügen des
Vereinzelungssystemes verleiten, die Anwendung des letzteren selbst unter
den außerordentlich ungünstigen Umständen der Anstalt zu Lausanne zu
empfehlen.

Die neue Hausordnung trat am 10. November 1834 in Wirksamkeit und wurde durch acht Jahre in Ausübung gebracht. Allein die traurigen Wirkungen, welche die unzweckmäßige Anwendung der Einzelhaft
in dieser Anstalt zur Folge hatte, bewog den Staatsrath, am 28. April 1843
den Beschluß zu fassen, daß in Zukunft die Einzelhaft für die Rückfälligen nicht auf länger als drei Monate ausgedehnt, und daß dieselbe als
Strafe eines ordnungswidrigen, widerspänstigen Benehmens nicht auf
länger als 30 Tage angewendet werden dürfe. Zugleich wurde bestimmt,
daß zwar das Gebot des absoluten Stillschweigens aufrecht erhalten
werden solle, daß aber die Sträflinge so viel als möglich in freier Luft zu

beschäftigen seien, insbesondere im Sommer und vorzüglich die zu einer mehrjährigen Strafe Verurtheilten. Die durch die Hausordnung von 1834 so sehr beschränkte Zeit zum Spazierengehen wurde erweitert und die Vorschrift des Spazierengehens der Sträflinge in einer Reihe aufgehoben. Die Gefangenen dürfen sich jetzt in dem Hofraume nach ihrer Willkür bewegen, nur ist ihnen noch immer auch während dieser Spaziergänge das Stillschweigen auferlegt. Um den Sträflingen möglichst viel Bewegung in freier Luft zu verschaffen, wurde im Monate Juli 1843 die Verwendung von je vier Sträflingen auf einmal in einem Hofe zum Holzhauen, jedoch unter der Aufsicht eines Wärters eingeführt.

Was das Stillschweigen betrifft, so ist auch in Lausanne von allen Gefängnißbeamten anerkannt, daß bei dem Zusammenleben der Sträflinge ohne dasselbe die größte moralische Verschlechterung der Gefangenen unvermeidlich wäre, und daß es, um wirksam zu sein, so vollständig als möglich beobachtet werden müsse. Man erkennt die Unvollkommenheit der Beobachtung der Vorschrift des Stillschweigens, die Schwierigkeit, sie aufrecht zu erhalten, bereitwillig an, allein man betrachtet sie, wie Denis sich gegen mich äußerte, als „die Quelle alles Guten“ in dieser Anstalt. Die Uebertretungen dieser Vorschrift sind allerdings nicht selten und man hat sich durch die Häufigkeit derselben sogar bewogen gefunden, die ersten Uebertretungen, wenn sie nicht durch den Inhalt der Gespräche oder durch andere Umstände größere Wichtigkeit erhalten, gar nicht zu bestrafen. Dessenungeachtet glaubt der Inspector Denis, daß das Stillschweigen in der Ausdehnung, in welcher es dennoch gehandhabt wird, wenigstens hinreiche, die gegenseitige Verschlechterung der Sträflinge größtentheils zu verhindern.

Die männlichen Sträflinge sind hauptsächlich als Weber, Schuhmacher, Schneider, Schreiner, Strohflechter und Korbmacher, die Weiber mit Nähen, Stricken, Spinnen und mit Stroharbeiten beschäftigt. Der Verdienstantheil der Sträflinge ist in der Hausordnung von 1834 seiner Größe nach nicht bestimmt, sondern die Festsetzung desselben der Verwaltungscommission überlassen, (Art. 72 und 73,) welche gewöhnlich die Hälfte des Arbeitsertrages als den Antheil der Gefangenen bestimmte. Eine Ausnahme bestand nur in Betreff jener Rückfälligen, welche schon eine erste Strafe von drei Jahren oder darüber erlitten hatten oder zum zweiten Male rückfällig geworden waren, indem diesen Sträflingen täglich eine gewisse Arbeitsaufgabe gestellt und gar kein Verdienstantheil bewilligt wurde. Im Jahre 1843 wurde diese Anordnung aufgehoben und auch den rückfälligen Sträflingen ein Verdienstantheil zuerkannt, der jedoch für die zum ersten Male Rückfälligen nur $^1/_4$ und für die zum zweiten oder dritten Male Rückfälligen nur $^1/_8$ des tarifirten Ertrages ihrer Arbeit ausmachen soll, während den zum ersten Male Verurtheilten ein Verdienstantheil im Betrage der Hälfte des Arbeitsertrages bewilligt ist. Dieser Verdienstantheil wird für die Sträflinge bis zu ihrer Entlassung hinterlegt; nur zur Belohnung einer guten Aufführung darf ihnen gestattet werden, einen Theil davon zu Unterstützungen für ihre arme Familie oder zum Ankaufe von Büchern zu verwenden. (Art. 93 des Reglements von 1834.)

Die Strafen sind dieselben, wie in der Genfer Strafanstalt. Die körperliche Züchtigung ist gänzlich abgeschafft. Die Belohnungen bestehen außer der schon erwähnten Bewilligung zur Verwendung des Verdienstantheiles in der Erlaubniß, alle drei Monate ihren Verwandten zu schreiben und Briefe oder Besuche von ihnen zu empfangen, endlich in der Abkürzung der Strafzeit, nämlich in dem Nachlasse eines Monates auf jedes Jahr der Strafzeit. In dem neuen Strafgesetze des Cantons Waadtland von 1843 ist aber diese letzte Anordnung aufgehoben, jedoch nur für die nach diesem Gesetze Verurtheilten.

Ueber die moralischen Wirkungen dieser Anstalt liefert die Betrachtung der Zahl der Rückfälle einige Aufschlüsse. In dem Zeitraume von der Eröffnung dieses Gefängnisses (1. Mai 1826) bis 31. December 1841 wurden 786 Männer und 211 Weiber, zusammen 997 Sträflinge entlassen und die Zahl aller Rückfälle betrug 171 unter den Männern, 30 unter den Weibern, zusammen also 201. Die Rückfälle betrugen daher unter den Männern 21.75%, unter den Weibern 14.23% und unter allen Sträflingen zusammen 20.16% der Entlassenen. Sehr bemerkenswerth ist die Verschiedenheit in der Anzahl der Rückfälle nach der Dauer der ersten Strafzeit. Unter den entlassenen Sträflingen, welche · ursprünglich auf weniger als ein Jahr verurtheilt waren, beliefen sich

16

die Rückfälle auf 21.57%, unter den auf ein bis zwei Jahre verurtheilt Gewesenen auf 24.4%, unter den nach einer Anhaltung von zwei bis einschlüffig drei Jahren Entlaffenen dagegen nur auf 15.62% und unter den nach einer ursprünglichen Strafe von mehr als 3 Jahren Entlaffenen, deren Zahl 97 betrug, nur auf 8.24%. Es zeigt sich daher, daß die Rückfälle unter denjenigen, welche eine längere Strafe in dieser Anstalt erlitten haben, viel seltener sind, als unter den nur kurze Zeit dem Systeme derselben Unterworfenen. Während die 740 Sträflinge, welche nach einer höchstens zweijährigen Strafe entlaffen worden, 22.07% Rückfälle lieferten, kommen auf die länger als zwei Jahre in der Anstalt Gewesenen nur 12.82% Rückfälle. Der Inspector D e n i s schreibt die beträchtliche Zahl der Rückfälle unter den nach kurzen Strafzeiten Entlaffenen erstlich dem Umstande zu, daß die Behandlung der Sträflinge in dieser Anstalt bei der guten Verpflegung und Verköstigung, welche darin eingeführt ist, und bei der Größe des denselben bewilligten Verdienstantheiles, welcher für manche Sträflinge 15 Schweizerfranken (d. i. 8 fl. 20 kr. C. M.) in der Woche ausmacht, für die auf kurze Zeit Verurtheilten zu wenig empfindlich ist, um sie von abermaliger Begehung von Verbrechen abzuschrecken, und zweitens der Thatsache, daß die Strafen, welche von den Gerichten für Verbrechen verhängt werden, besonders für die Diebe, welche bekanntlich die meisten Rückfälle liefern, viel zu mild und von zu kurzer Dauer sind. Seit dem außerordentlich milden Gesetze von 1829 über den Diebstahl und dessen Bestrafung hat sich die Zahl der kurzen Freiheitsstrafen in den Jahren 1831 bis 1838 im Vergleiche mit dem Zeitraume von 1823 bis 1830 verdoppelt. Die Erfahrung hat aber in allen Gefängnissen gelehrt, daß gerade die kurz dauernden Gefängnißstrafen nicht genug intensiv wirken, um eine moralische Besserung der Sträflinge zur Folge zu haben. Die beträchtliche Anzahl der Rückfälle kann übrigens um so weniger als ein Beweis der Unwirksamkeit des Systemes der Strafanstalt zu Lausanne betrachtet werden, da die Verbrechen, welche den Rückfälligen zur Last fallen, nach den mir von D e n i s gemachten Mittheilungen, so wie nach dem von Dr. Verbeil[*] mitgetheilten Berichte desselben vom April 1842 im Allgemeinen

---

[*] In deffen bereits erwähntem Werke S. 122.

nicht von großer Bedeutung sind, ein Beweis, daß sie in ihrer ersten Haft, wenn sie sich gleich nicht gebessert haben, doch wenigstens auch nicht schlechter und gefährlichere Verbrecher geworden sind. Bei Vergleichung der Anzahl der Rückfälle dieser Anstalt mit den Tabellen anderer Gefängnisse (z. B. der Genfer Anstalt) sind überdies zwei Umstände nicht zu übersehen, erstlich, daß in den Tabellen von Lausanne nicht die Rückfälligen, sondern die Rückfälle gezählt sind, wodurch immer eine größere Zahl zum Vorscheine kommt, weil manche Sträflinge wiederholt rückfällig werden, während in anderen Anstalten nur die Rückfälligen verzeichnet sind, und zweitens, daß die Strafanstalt zu Lausanne größtentheils nur dem Cantone Waadt angehörige Sträflinge enthält, welche daher, wenn sie rückfällig werden, in der Regel in dieselbe Anstalt zurückkehren.

Dr. Gosse will aus dem Umstande, daß von den in dem Zeitraume vom 1. November 1834 bis 31. December 1842 entlassenen 495 Sträflingen, welche dem Systeme der gemeinschaftlichen, mit Stillschweigen verbundenen Arbeit bei Tage unterworfen waren, 59 (d. i. 12%) rückfällig wurden, während auf die in demselben Zeitraume entlassenen 71 Sträflinge, auf welche die Einzelhaft bei Tag und Nacht angewendet worden, 38 (d. i. 53. 5%) Rückfällige kamen, den Schluß ziehen, daß die Einzelhaft bei Tag und Nacht, statt zur Besserung der Sträflinge beizutragen, ihren moralischen Zustand sogar verschlimmert habe. Allein die gänzliche Unrichtigkeit dieser Ansicht ergibt sich bei der Betrachtung, daß nur die Hefe aller Sträflinge, nur bereits Rückfällige, und zwar sehr oft zum zweiten oder dritten Male Rückfällige in der Anstalt von Lausanne der Einzelhaft bei Tag und Nacht unterworfen wurden, eine Classe von Sträflingen, bei welcher schon von vornherein an eine Besserung nicht wohl zu denken war, bei der also auch das hohe Verhältniß der Rückfälle zu den Entlassenen nicht auffallen kann.

Der Gesundheitszustand der Anstalt zu Lausanne muß im Allgemeinen unter Berücksichtigung der ungünstigen Verhältnisse derselben befriedigend genannt werden. In den acht Jahren 1827 bis 1834 ereigneten sich bei einer mittleren täglichen Bevölkerung von 81.75 Köpfen 28, in den acht Jahren 1835 bis 1842 bei einer durchschnittlichen

16 *

244

Bevölkerung von 97.25 Köpfen 25 Todesfälle. In dem ganzen Zeitraume von 1827 bis 1842 starben also von einer durchschnittlichen
Anzahl von 89.5 Köpfen 53 Sträflinge. Die Sterblichkeit belief sich
demnach in den Jahren 1827 bis 1834 auf 4.28%, in den Jahren
1835 bis 1842 auf 3.21% und in dem ganzen sechzehnjährigen
Zeitraume des Bestehens der Anstalt auf 3.77%. Sie hat sich also seit
der Einführung des strengeren Systemes von 1834 nicht nur nicht vermehrt, sondern sogar beinahe um ein Viertheil vermindert. Die Sterblichkeit der Anstalt im Ganzen ist zwar nicht unbedeutend; allein, wenn man
die schlechte Construction der Zellen, ihre Kleinheit, schlechte Heizung und
Ventilation berücksichtigt, und wenn man erwägt, daß die der beständigen
Einzelhaft unterworfenen Sträflinge diese kleinen, kalten Zellen außer den
wenigen Stunden des Spazierganges gar nicht verlassen, daß in denselben keine den Körper anstrengende und ihm Bewegung verschaffende
Arbeit betrieben werden · kann, und daß die Isolirten sämmtlich Rückfällige sind, welche schon längere oder kürzere Gefängnißstrafen überstanden haben, und deren Gesundheit in der Regel durch Ausschweifungen
aller Art sehr geschwächt ist, so muß man sich, wie Dr. Varrentrapp
sehr richtig bemerkt, fast wundern, daß der Gesundheitszustand dieser Anstalt nicht weit ungünstigere Ergebnisse darbietet. Uebrigens unterliegt es
keinem Zweifel, daß die Einzelhaft in dem Strafhause zu Lausanne auf
den Gesundheitszustand der Sträflinge nachtheiliger einwirkte, als die
Anhaltung mit gemeinschaftlicher Arbeit; ein Umstand, der in den eben
erwähnten Verhältnissen seine vollständige Erklärung findet, aber eben
dieser außerordentlich mangelhaften Einrichtung der Einzelzellen halber
durchaus keinen Schluß auf die Schädlichkeit der Einzelhaft, wenn sie
zweckmäßig angewendet wird, gestattet. Eine genaue Vergleichung der Sterblichkeitsverhältnisse unter den der Einzelhaft unterworfenen Gefangenen mit
der Mortalität unter den zu gemeinschaftlicher Arbeit angehaltenen Sträflingen ist bei den gegenwärtig vorliegenden statistischen Angaben leider
nicht möglich. Dr. Gosse stellt wohl eine solche Vergleichung an, indem
er unter 580 Sträflingen, welche vom 1. November 1834 bis 31. December 1841 zur gemeinschaftlichen Arbeit angehalten wurden, 14 Todes-

fälle, unter den während eben dieses Zeitraumes der Einzelhaft unterworfenen 108 Sträflingen aber 9 Todesfälle verzeichnet findet und hiernach schließt, die Sterblichkeit unter den Ersteren betrage nur 2.41%,
unter den Letzteren dagegen 8.74%. Diese Berechnungsweise ist aber
ganz irrig. Um das Sterblichkeitsverhältniß zu erforschen, darf man nie die
Zahl der Todesfälle in einem Gefängnisse mit der Zahl aller darin aufgenommenen Sträflinge, sondern man muß die jährliche Anzahl der Todesfälle mit der mittleren täglichen Bevölkerung vergleichen, und selbst
dabei muß man nicht das arithmetische Verhältniß allein beachten, sondern auch auf die längere oder kürzere durchschnittliche Haftdauer der
einzelnen Sträflinge Rücksicht nehmen. Zu einer solchen Berechnung liegen
keine genügenden Materialien vor; so viel ist aber als gewiß anzusehen,
daß die der Einzelhaft unterworfenen Sträflinge der Anstalt zu Lausanne
im Durchschnitte zu einer längeren Strafdauer verurtheilt waren, als
die zu gemeinschaftlicher Arbeit Angehaltenen, weil die Ersteren lauter
rückfällige, die Letzteren aber größtentheils zum ersten Male verurtheilte
Verbrecher waren. Auch der Umstand, daß man nur mit sehr kleinen
Zahlen zu thun hat, auf welche daher zufällige Umstände großen Einfluß haben, muß bei Schlüssen, welche man aus den obigen Thatsachen
ziehen wollte, sehr berücksichtigt werden. Daß insbesondere das Vorkommen
von 9 Todesfällen binnen 7 Jahren unter den der Einzelhaft unterworfenen Sträflingen zu Lausanne von der Mitwirkung zufälliger Umstände nicht frei war, ergibt sich theils daraus, daß unter diesen 9
Sträflingen einer am Blutschlage starb, einer ein schon zum achten Male
verurtheilter 72jähriger Greis, drei andere schon bei ihrer Aufnahme
krank waren und drei Weiber durch öffentliche Unzucht und geistige Getränke aufgerieben in die Anstalt eintraten, zwei davon überdies mit Epi-
lepsie behaftet waren und an Erstickung in einem epileptischen Anfalle
starben,*) theils aus dem mir von dem Inspector Denis bei Gelegenheit meines Besuches (in den letzten Tagen des Monates August 1843)

---

*) Dr. Varrentrapp's ausgezeichnete Schilderung dieser Anstalt in den Jahr-
büchern für Gefängnißkunde Band I. S. 207 u. ff.

mitgetheilten Umstande, daß sich schon seit zwei Jahren unter den in der Einzelhaft angehaltenen Sträflingen kein Todesfall ereignet hatte. Man kann daher mit Recht sagen, daß die in Lausanne vorgekommenen Todesfälle unter den der Einzelhaft unterworfenen Gefangenen keinen Beweis für die Gesundheitswidrigkeit des Vereinzelungssystemes überhaupt abzugeben vermögen, obschon sie, verbunden mit den übrigen Wirkungen der Einzelhaft in dieser Anstalt, die Unanwendbarkeit derselben in diesem Gefängnisse hinlänglich darthun.

Von der größten Wichtigkeit ist eine nähere Betrachtung der in der Strafanstalt zu Lausanne vorgekommenen Geisteskrankheiten, und es ist sehr nützlich, daß die Regierung des Cantons darüber eine

Fortlaufende Zahl der Gefangenen.	Geschlecht der Sträflinge.	Alter.	Art des Verbrechens und Dauer der Strafe.	Zeit des Eintrittes in die Anstalt zu Lausanne.	Zustand des Sträflinges vor und bei dem Eintritte in die Anstalt.
1.	Weiblich.	47 Jahre.	Diebstahl. 4 Jahre.	October 1827.	Sie zeigte sich bei ihrem Eintritte sehr reuig; alle Tröstungen der Aufseherin vermochten sie nicht zu beruhigen.
2.	Männlich.	24 Jahre.	Mißhandlung seines Vaters. 18 Monate.	December 1833.	Heftiger, zorn- und rachsüchtiger Charakter. Bei seinem Eintritte sehr widerspänstig und lärmend; jeder Tadel ruft die heftigsten Paroxismen hervor, in denen er Alles zerschlägt.
3.	Weiblich.	35 Jahre.	Diebstahl 1 Jahr.	August 1833.	Sie hatte schon früher 4 Strafen (zusammen von 9 Jahren 10 Monaten) ausgestanden. Sie war schon früher hysterisch und mit nervösen Leiden behaftet. Sie führte sich gut auf, bis ihr die von ihr gehoffte Nachsicht eines Monates ihrer Strafzeit abgeschlagen wurde.
4.	Männlich.	36 Jahre.	Ein grausamer Mord an seinem Weibe. 9 Jahre 10 Monate.	Mai 1834.	Ein sehr zornsüchtiger, gewaltthätiger Mensch, der in seiner ganzen Gegend gefürchtet wurde. Nach wenig Monaten der Haft wird er sehr widerspänstig und ungehorsam.

*) Die fortlaufenden Zahlen der Sträflinge stimmen mit den in der Schrift des

genaue Unterſuchung anſtellte, über deren Ergebniſſe der Geſundheitsrath am 6. Februar 1841 ſeinen Bericht erſtattete. Es wurde zu dieſem Ende im Auguſt 1840 von dem Jnſpector Denis und dem Gefängnißarzte Dr. Pellis eine Nachforſchung über alle ſeit der Gründung der Anſtalt darin beobachteten Seelenſtörungen, ſo weit ſie ſich aus den Acten bewerkſtelligen ließ, unternommen und Dr. Verbeil hat die von ihnen gelieferte Schilderung des Zuſtandes aller erkrankten Sträflinge in ſeinem Werke mitgetheilt. Dieſe ämtliche Unterſuchung umfaßte 24 Fälle von Geiſtesſtörung. Die Wichtigkeit einer genauen Kenntniß der thatſächlichen Umſtände hat mich veranlaßt, aus dieſer ämtlichen Unterſuchung folgende Tabelle*) zuſammenzuſtellen.

Behandlungsweiſe in der Anſtalt.	Die Krankheit brach aus nach einer Anhaltung von nachſtehender Dauer.	Art der Krankheit.	Anmerkung.
Gemeinſchaftliche Arbeit.	Nach 2 Jahren.	Die heftige Reue entwickelte ſich zur Manie.	Sie wurde 1830 in das Irrenhaus gebracht, das ſie nach 18 Monaten geheilt verließ.
Gemeinſchaftliche Arbeit; ſpäter einige Monate in der Einzelhaft.	Nach einigen Wochen.	Mania acuta.	Er wurde 1835 für wahnſinnig erklärt und in das Irrenhaus gebracht, das er nach 6 Monaten geheilt verließ. Er war offenbar zum Wahnſinne prädisponirt.
Gemeinſchaftliche Arbeit.	Nach 10 Monaten.	Ihre Hyſterie und die Verzweiflung über die Verweigerung der Abkürzung ihrer Strafzeit brachten ſie zur Seelenſtörung. Man fand ſie oft ganz nackt in ihrer Zelle, ſie gab keine Antwort auf Fragen, die man ihr ſtellte; ihre Reden waren verwirrt.	Sie wurde nach Ablauf ihrer Strafzeit in dieſem Zuſtande über die Gränze des Cantons gebracht und man hat nichts mehr von ihr erfahren.
Gemeinſchaftliche Arbeit.	Nach einigen Monaten.	Hallucinationen und heftige Wuthanfälle.	Er iſt noch im Irrenhauſe und ſcheint ſchon ſein Verbrechen im Zuſtande des Wahnſinnes begangen zu haben; er zeigte den Leichnam der Getödteten ſeinen Kindern.

Dr. Verbeil gebrauchten vollkommen überein.

Fortlaufende Zahl der Sträflinge.	Geschlecht der Sträflinge.	Alter.	Art des Verbrechens und Dauer der Strafe.	Zeit des Eintrittes in die Anstalt zu Lausanne.	Zustand des Sträflinges vor und bei dem Eintritte in die Anstalt.
5.	Männlich.	29 Jahre.	Diebstahl. 8 Monate.	September 1834.	Er hatte einen liederlichen Lebenswandel geführt und war deshalb unter Curatel gesetzt worden. Bei seinem Eintritte schien er sehr schwachsinnig, träg und apathisch zu sein. Er behauptete, er sei krank, und zeigte bei der Arbeit eine außerordentliche Faulheit; er schlief auf dem Stuhle ein.
6.	Männlich.	26 Jahre.	Todtschlag an seinem Bruder. 18 Jahre.	1834.	Er war immer sehr beschränkten Geistes, bizarren Charakters, verschlossen und träumerisch, wurde von seiner Stiefmutter schlecht behandelt und allgemein für närrisch und blödsinnig gehalten. Bei seinem Eintritte hatte er Blick, Gang und Haltung eines Blödsinnigen.
7.	Männlich.	39 Jahre.	Mitschuld an Abtreibung der Leibesfrucht. 6 Jahre.	1835.	Er hatte einen liederlichen Lebenswandel geführt; bei seinem Eintritte behauptete er feierlich, daß er unschuldig sei, seufzte, weinte und klagte über die Ungerechtigkeit, die ihm widerfahren.
8.	Männlich.	56 Jahre.	Todtschlag eines Menschen, den er gar nicht kannte, wegen eines unbedeutenden Scherzes. 12 Jahre.	Februar 1835.	Er hat sich seit seiner Jugend als ein widerspänstiger, heftiger und ausschweifender Mensch bewiesen. In der Untersuchungshaft war er sehr extravagant. Gleich beim Eintritte zeigte er sich sehr widerspänstig, war nur durch Gewalt zur Anlegung der Gefängnißkleider zu bewegen, weigerte sich zu arbeiten und begehrte, daß man ihn entlasse oder exilire.

Behandlungsweise in der Anstalt.	Die Krankheit brach aus nach einer Anhaltung von nachstehender Dauer.	Art der Krankheit.	Anmerkung.
Gemeinschaftliche Arbeit.	Unmittelbar nach seinem Eintritte.	Blödsinn (demontia acuta).	Er wurde 3 Monate nach seiner Entlassung in das Irrenhaus gebracht, das er nach einjähriger Behandlung geheilt verließ. Er war früher Landmann und der Mangel an Luft und Bewegung scheint seinen Zustand verschlimmert zu haben.
Gemeinschaftliche Arbeit; theilweise auch Einzelhaft.	Nach einigen Monaten.	Er weigerte sich zu arbeiten, war oft Stunden lang bewegungslos in der Zelle, dann begann er zu pfeifen und zu singen, lachte auch oft ohne Grund. Andere Male fluchte und heulte er fürchterlich.	Er starb am 4. März 1838. Er scheint schon zur Zeit der Begehung seines Verbrechens blödsinnig gewesen zu sein.
Gemeinschaftliche Arbeit.	Nach einigen Monaten.	Da er die angesuchte Begnadigung nicht erhält, wird er auf die Beamten der Anstalt aufgebracht, duldet keinen Tadel und ist sehr widerspänstig. Wird er bestraft, so droht er, sich zu ermorden. Zuletzt weigert er sich unter dem Vorwande, daß er krank sei, zu arbeiten. Er leidet an der fixen Idee, seine Unschuld beweisen zu wollen und, daß man ihm zu schaden suche.	Seit seiner Strafentlassung zeigt er keine Spur von Geistesstörung.
Gemeinschaftliche Arbeit.	Nach einigen Monaten.	Er begehrt beständig seine Begnadigung, behauptet, daß man ihn vergiften wolle, und leidet an Hallucinationen. Er glaubt Stimmen zu hören, die ihm zuflüstern, daß man ihn umbringen wolle.	Er besserte sich in der Anstalt und wurde ruhiger, doch blieb er immer noch närrisch, bis er im Jänner 1843 an allgemeiner Entkräftung (zum Theile in Folge der Onanie) starb. Er scheint schon sein Verbrechen im Zustande der Geistesstörung begangen zu haben.

Fortlaufende Zahl der Sträflinge.	Geschlecht der Sträflinge.	Alter.	Art des Verbrechens und Dauer der Strafe.	Zeit des Eintrittes in die Anstalt zu Lausanne.	Zustand des Sträflinges vor und bei dem Eintritte in die Anstalt.
9.	Weiblich.	22 Jahre.	Störung der Sicherheit und des Hausfriedens einer Kaufmannsfrau. 1 Jahr.	Februar 1835.	Sie hatte sich früher geschlechtlichen Ausschweifungen und der Trunkenheit hingegeben. Schon in den ersten Wochen zeigte sie sich widerspänstig, verhöhnte und beschimpfte die Aufseherinnen, ja drohte ihnen sogar.
10.	Männlich.	28 Jahre.	Das Verbrechen ist nicht angegeben. 1 Jahr.	März 1836.	Er war ein Vagabund, ist schon zum vierten Male verurtheilt, hatte schon im Untersuchungsgefängnisse Hallucinationen. Bei dem Eintritte in die Strafanstalt war er finster und mürrisch.
11.	Männlich.	30 Jahre.	Mordversuch an seinem Bruder. 16 Jahre.	Juli 1837.	Er war von jeher sehr schwachsinnig, dabei heftig und gewaltsam. Wegen seiner Bizarrerie und seines Aufbrausens wurde er der Gestämpelte genannt. Er zeigte bei seinem Eintritte keine Reue, sondern bedauerte, den Mord nicht vollbracht zu haben.
12.	Männlich.	29 Jahre.	Todtschlag. 15 Jahre.	September 1837.	Bei seinem Eintritte verkündet seine Miene große Reue; er spricht sehr wenig, weil er (ein Deutscher) nur wenig französisch reden kann. Sein Benehmen in der Anstalt ist sehr ordentlich und reuevoll.
13.	Männlich.	41 Jahre.	Diebstahl. 1 Jahr.	Juli 1837.	Trunksucht hat ihn zum Verbrechen gebracht. Er ist schon das vierte Mal in der Strafe. Seine Aufführung ist sehr gut.
14.	Männlich.	38 Jahre.	Nothzucht. 2 Jahre.	December 1837.	Ein starker, aber sehr roher, heftiger Mensch; er war schon früher wegen Mißhandlung seines Vaters 6 Monate im Gefängnisse. Bei seinem Eintritte zeigte er sich sehr widerspänstig und zornmüthig.

Behand-lungsweise in der Anstalt.	Die Krank-heit brach aus nach einer Anhal-tung von nachstehender Dauer.	Art der Krankheit.	Anmerkung.
Gemein-schaftliche Arbeit; später mehrere Monate in der Einzelhaft.	Nach 5 bis 6 Monaten.	Unzusammenhängende Reden, Unfähigkeit, ihre Gedanken zu firiren, Zornsucht, muthwillige Stö-rung der Ruhe im gemeinschaftli-chen Arbeitssaale.	Sie wurde in diesem gestörten Seelenzustande entlassen und über die Gränze geschafft.
Einzel-haft.	Nach einigen Wochen.	Er litt an Hallucinationen, glaubte Stimmen zu hören, die ihm sagten, man wolle ihn umbringen. Uebrigens war er nicht bösartig.	Er wurde entlassen und entfernte sich aus dem Can-tone, so daß man nichts mehr von ihm hörte.
Gemein-schaftliche Arbeit.	Nach einigen Monaten.	Er bildete sich ein, wegen eines in Frankreich verübten Mordes ver-folgt zu werden. Wenn die Stim-men, die er zu hören glaubt, ihn beunruhigen, wird er sehr geschwä-zig und selbst drohend.	Im October 1842 noch in der Anstalt, zwar noch mit Hallucinationen be-haftet, doch arbeitet er ruhig und gehorsam.
Gemein-schaftliche Arbeit.	Nach 2½ Jahren.	Religiöse Monomanie durch sehr eifriges Bibellesen und selbstauf-erlegte strenge Bußübungen.	Er wurde in das Irren-haus abgegeben. Mehr ent-hält die ämtliche Unter-suchung nicht.
Einzelhaft.	Nach 8 Mo-naten.	Er leidet an Hallucinationen, ist aber dabei ein sehr fleißiger, ruhiger, ordentlicher Sträfling.	Einige Monate nach seiner Entlassung wurde er neuerlich wegen Dieb-stahles auf 3 Jahre verur-theilt. Diese 3 Jahre brach-te er in der Einzelhaft zu, ohne im Geringsten an Hallucinationen zu leiden.
Einzelhaft.	- -	„Er scheint von der dementia „acuta bedroht zu sein."	Er starb nach dreimo-natlicher Haft am Blut-schlage.

267

Fortlaufende Zahl der Sträflinge.	Geschlecht der Sträflinge.	Alter.	Art des Verbrechens und Dauer der Strafe.	Zeit des Eintrittes in die Anstalt zu Lausanne.	Zustand des Sträflings vor und bei dem Eintritte in die Anstalt.
15.	Männlich.	31 Jahre.	Diebstahl. 6 Monate.	September 1837.	Er war schon über 6 Jahre in der Genfer Strafanstalt gewesen, in derselben wahnsinnig geworden und in das Irrenhaus gebracht, aus dem er entfloh. Bald darauf beging er den Diebstahl, der ihn in diese Anstalt brachte. Er war fleißig und gehorsam, nur etwas geschwätzig.
16.	Männlich.	29 Jahre.	Diebstahl. 4 Monate.	März 1838.	Er hatte immer einen bizarren, heftigen, gewaltthätigen Charakter. Bei seinem Eintritte war sein Blick der eines reizbaren, ungestümen Menschen. Er beklagte sich über seine Richter und betheuerte seine Unschuld.
17.	Männlich.	37 Jahre.	Widersetzlichkeit gegen die Obrigkeit mit Waffen. 2½ Jahre.	März 1839.	Er wurde schon 1825 von einem Verbrechen wegen Irrsinnes zur Zeit der Begehung desselben losgesprochen und in das Irrenhaus gebracht. 1828 wurde er wegen eines Forstvergehens auf 8 Monate verurtheilt, litt während dieser Anhaltung an Tobsucht und wurde daher abermals in die Irrenanstalt gebracht, die er erst 1835 verließ. Er hatte einen sehr leidenschaftlichen und reizbaren Charakter.
18.	Weiblich.	24 Jahre.	Schandgewerbe. 1 Jahr.	März 1838.	Sie wurde schon 1835 wegen Prostitution zu sechsmonatlicher Strafe verurtheilt. Damals brachte sie die heftige Reue über ihr Betragen zum Wahnsinne, so daß sie in das Irrenhaus gebracht werden mußte, aus dem sie nach 8 Monaten als geheilt austrat. Einige Monate darauf erfolgte die neuerliche Verurtheilung.
19.	Weiblich.	41 Jahre.	Verheimlichung der Geburt und fahrlässige Tödtung ihres Kindes. 1 Jahr.	Juni 1838.	Bei ihrem Eintritte war sie sehr ruhig; nach einigen Wochen gestand sie den Kindesmord und zeigte Reue darüber.

Behandlungsweise in der Anstalt.	Die Krankheit brach aus nach einer Anhaltung von nachstehender Dauer.	Art der Krankheit.	Anmerkung.
Einzelhaft in der Krankenabtheilung.	—	Er litt an keinen Halluchnationen, sondern klagte nur, daß, wenn sich seine Nase verstopfte, ihm böse Gedanken kämen.	Nach seiner Entlassung wurde er in die Genfer Anstalt zurückgebracht.
Gemeinschaftliche Arbeit, später Einzelhaft.	Nach 8 Tagen.	Tobsucht und Wuth mit Halluchnationen verbunden.	Er wurde in das Irrenhaus abgegeben.
Einzelhaft.	—	Er war im Ganzen ruhig, hatte aber die fixe Idee, daß die Gesetze ungerecht seien, und daß er bei seinem Widerstande in seinem Rechte gewesen. Später bildete er sich ein, daß man ihn vergiften wolle, was manchmal heftige Scenen veranlaßte. Sein Zustand hat sich aber nicht verschlimmert.	Nach seiner Strafentlassung beträgt er sich ziemlich gut.
Einzelhaft.	Unmittelbar nach ihrem Eintritte.	Die Manie trat wieder hervor; sie zitterte fast immer am ganzen Leibe aus Furcht ergriffen zu werden, sie verstecke sich in ihr Bett; Alles in ihrer Zelle war in der größten Unordnung. Schon nach 18 Tagen mußte sie in das Irrenhaus gebracht werden.	Im Irrenhause glich ihr Zustand dem Blödsinne, jedoch mit heftigen Paroxismen, in welchen sie unzüchtige Gespräche führte.
Gemeinschaftliche Arbeit.	Nach 5 bis 6 Monaten.	Sie litt an Halluchnationen, an der Einbildung, daß ihr die Milch in den Kopf gestiegen und sie dadurch sehr krank sei. Sie begehrte entlassen zu werden, führte unzusammenhängende Reden und zeigte alle Spuren eines vollständigen Deliriums.	Nach ihrer Strafentlassung wurde sie in das Irrenhaus gebracht, wo sie noch ist.

Fortlaufende Zahl der Sträflinge.	Geschlecht der Sträflinge.	Alter.	Art des Verbrechens und Dauer der Strafe.	Zeit des Eintritts in die Anstalt zu Lausanne.	Zustand des Sträflinges vor und bei dem Eintritte in die Anstalt.
20.	Weiblich.	41 Jahre.	Schaubgewerbe. 18 Monate.	Januar 1839.	Sie war schon früher dreimal bestraft worden und hatte sich durch ihren leidenschaftlichen und gewaltthätigen Charakter, ihr Geschrei und einen Anfall, bei dem sie die Aufseherin fast erdrosselte, furchtbar gemacht. Sie betrug sich diesmal durch 15 Monate ziemlich gut, bis ihr mehrere Bitten abgeschlagen wurden.
21.	Männlich.	39 Jahre.	12 Diebstähle. 2 Jahre.	December 1839.	Er war schon früher einmal auf 100 Tage in der Anstalt und behauptete damals schon immer seine Unschuld. Dasselbe that er auch jetzt bei seinem Eintritte in die Anstalt in langen, unzusammenhängenden Reden und in Schriften, welche seine Geisteszerrüttung deutlich bewiesen.
22.	Männlich.	40 Jahre.	Unterschlagung. 1 Jahr.	Jänner 1840.	Er ist schon sechsmal bestraft worden, hat ein Vagabundenleben geführt und bei seiner letzten Anhaltung einen bizarren Charakter gezeigt. Bei seinem Eintritte war er ruhig, nach fünf Monaten erst erfolgte der erste Zornanfall und wenige Tage darauf ein Selbstmordversuch.
23.	Männlich.	33 Jahre.	Diebstahl. 1 Jahr.	Februar 1840.	Er hatte schon zwei Jahre in Neapel auf den Galeeren zugebracht und war 1839 wegen Verwundung in Strafe. Im Untersuchungsgefängnisse betrug er sich so, daß man sagte, er wolle sich wahnsinnig stellen. Bei seinem Eintritte hatte er ein blödes Aussehen, antwortete fast nicht, wollte keine Nahrung zu sich nehmen und verfiel bald in große Stumpfheit.

Behandlungsweise in der Anstalt.	Die Krankheit brach aus nach einer Anhaltung von nachstehender Dauer.	Art der Krankheit.	Anmerkung.
Einzelhaft.	Nach 15 Monaten.	Sie war mit Allem unzufrieden, beschwerte sich, daß man sie vergiften wolle, und wurde zuletzt tobsüchtig.	Sie wurde in das Irrenhaus gebracht. Auch dort hatte sie die fixe Idee, daß man sie vergiften wolle. Ihr Zustand wurde stets schlimmer, bis sie 1841 in der Irrenanstalt starb.
Einzelhaft, nach einigen Monaten aber gemeinschaftliche Arbeit.	Unmittelbar nach seinem Eintritte.	Er leidet an der fixen Idee, daß er unschuldig sei, ist aber übrigens ein ruhiger und gehorsamer Sträfling. Sein Geisteszustand bessert sich allmälig, indem er nicht mehr so sehr, wie im Beginne seiner Strafzeit, auf der Behauptung eines Irrthumes seiner Richter besteht.	—
Einzelhaft.	Nach 5 Monaten.	Er litt an Hallucinationen; er bildete sich ein, daß er Stockstreiche erhalten solle, und, um diesen auszuweichen, versuchte er sich selbst zu tödten. Er kann nicht schlafen und seine Hallucinationen bringen wiederholte Paroxismen und Selbstmordversuche hervor.	Er wurde in das Irrenhaus gebracht und verließ es geheilt im September 1842.
Gemeinschaftliche Arbeit.	Unmittelbar nach seinem Eintritte.	Von Zeit zu Zeit litt er an gänzlicher Appetitlosigkeit und intermittirendem Blödsinne. Zwei bis drei Wochen lang befand er sich ohne alle Sensibilität fast in völliger Unbeweglichkeit. In den lichten Zeiträumen kehrten Appetit und Kräfte zurück und er erkannte seine traurige Lage.	Er wurde im August 1840 in das Irrenhaus gebracht, wo er sich im October 1842 noch befand.

Fortlaufende Zahl der Sträflinge.	Geschlecht des Sträflinge.	Alter.	Art des Verbrechens und Dauer der Strafe.	Zeit des Eintrittes in die Anstalt zu Lausanne.	Zustand des Sträflings vor und bei dem Eintritte in die Anstalt.
24.	Weiblich.	48 Jahre.	Kuppelei. 8 Jahre.	Juni 1840.	Sie hatte immer einen sehr heftigen, unverträglichen Charakter. In der Untersuchungshaft war sie in Folge ihres verletzten Stolzes sehr ungestüm und beschimpfte die wider sie aussagenden Zeugen vor dem versammelten Gerichte. Bei ihrem Eintritte in die Anstalt überließ sie sich sehr heftigen Ausbrüchen des Zornes gegen die Zeugen und Richter und Betheuerungen ihrer Unschuld; sie schrie Tag und Nacht und war lange nicht zur Ruhe zu bringen.

Der Gesundheitsrath von Lausanne geht in seinem Berichte*) auf eine Erörterung der in dieser Uebersicht enthaltenen Thatsachen ein. Vor Allem wird bemerkt, daß in den sechs Jahren 1827 bis 1832 nur Ein Wahnsinnsfall (Nr. 1) vorkam, während in den Jahren 1833 bis 1840 23 solche Fälle sich ereigneten. Diese Zählung bedarf einer kleinen Berichtigung, indem auch der Fall Nr. 17 schon dem ersten Zeitraume angehört. Es ergeben sich also für die Jahre 1827 bis 1832 zwei und für die Jahre 1833 bis 1840 22 Wahnsinnsfälle. Als einen wesentlichen Grund dieser Ungleichheit in beiden Zeiträumen führt der Gesundheitsrath den Umstand an, daß der frühere Inspector der Strafanstalt dem geistigen und moralischen Zustande der Gefangenen keine große Beachtung widmete, daß daher gewiß mehrere Sträflinge, welche an Hallucinationen (Sinnestäuschungen), somit an einer Art Geistesverwirrung litten, die im Publicum oft nur für eine Eigenheit oder Sonderbarkeit des Charakters gehalten wird, seine Aufmerksamkeit nicht auf sich zogen, während der jetzige Inspector Denis auf diese Beobachtungen große Sorgfalt verwendete und

---

*) Derselbe ist in den Jahrbüchern für Gefängnißkunde Band I. S. 109 und ff. von Dr. Barrentrapp seinem ganzen Inhalte nach mitgetheilt und mit sehr wichtigen und lehrreichen Bemerkungen begleitet.

Behand-lungsweife in der Anstalt.	Die Krank-heit brach aus nach einer Anhal-tung von nachstehender Dauer.	Art der Krankheit.	Anmerkung.
Gewein-schaftliche Arbeit.	Sehr bald nach ihrem Eintritte in die Anstalt.	Der Stolz scheint eine Hauptur-sache der Geisteszerrüttung dieser Gefangenen gewesen zu sein. Sie konnte die Demüthigung, als Ver-brecherin behandelt zu werden, nicht verschmerzen und sagte öfters, sie fürchte närrisch zu werden. Ihr Kummer führte zuletzt Hallucina-tionen herbei.	Sie wurde im März 1841 in die Irrenanstalt abgegeben, welche sie im August 1842 als geheilt verließ.

die geringste Sinnestäuschung sogleich als solche erkannte. Dazu kommt noch, daß vor 1832 kein besonderer Gefängnißarzt angestellt war, und daß bis zum Jahre 1834, in welchem Denis angestellt wurde, keine Mo-ralregister oder andere genügende Nachweise über den Geistes- und Ge-müthszustand der damaligen Sträflinge bestanden. Bis zum Jahre 1834 kann man also die Zahl der angegebenen Wahnsinnsfälle nur als sehr unvoll-ständig betrachten und darf daher keine Vergleichung der beiden Perioden mit einander anstellen. Was den Einfluß der seit 1833 immer strengeren Behandlungsweise der Sträflinge auf das häufigere Vorkommen von Gei-steskrankheiten in dieser Anstalt betrifft, so ist wohl meiner Meinung nach nicht zu läugnen, daß die strengere Beobachtung des Stillschweigens, welche im Jahre 1833 eingeführt wurde, und die seit dem Novem-ber 1834 in Ausübung gekommene Anwendung der Einzelhaft in Ver-bindung mit den übrigen Verhältnissen dieser Anstalt zur Entwicklung von Geisteskrankheiten unter den Sträflingen wesentlich beigetragen haben. Allein, um den Einfluß der Behandlungsweise in der Anstalt richtig würdigen zu können, ist es unumgänglich nothwendig, vor Allem den Zustand der als irrsinnig verzeichneten Sträflinge bei ihrem Eintritte in die Anstalt einer genauen Prüfung zu unterwerfen. Der Gesundheitsrath von Lausanne thut dies in seinem Berichte und erklärt, daß von den in den Zeitraum

17

nach 1832 fallenden Irrsinnigen, deren Zahl sich richtig auf 22 beläuft, 12 (nämlich Nr. 2, 4, 5, 6, 8, 10, 11, 15, 16, 21, 23 und 24) offenbar schon bei ihrem Eintritte in das Gefängniß von Geistesverwirrung ergriffen waren. Nur 10 Sträflinge sind in der Anstalt erkrankt, und selbst von diesen müssen noch vier ausgeschieden werden. Zwei davon (Nr. 14 und 22) galten im Publicum, ehe sie ihr Verbrechen begingen, für wahnsinnig und standen nach dem Berichte des Arztes Dr. Pellis und des Inspectors Denis, wenn sie auch vor ihrem Eintritte nicht ent= schieden geistesverwirrt waren, wenigstens auf der Gränze zwischen Ver= nunft und Wahnsinn. Eben dies gilt von dem Dritten (Nr. 7), dessen Geisteskräfte durch seine Verurtheilung sehr heftig erschüttert wurden. Es ist daher, fährt der Gesundheitsrath in seinem Berichte fort, nicht zu wun= dern, wenn bei einer so ausgesprochenen Anlage zum Wahnsinne, daß sie schon als der erste Grad der Krankheit angesehen werden könnte, der Auf= enthalt im Gefängnisse die Anlage zur wirklichen Krankheit ausbildete, und es wäre irrig, in Beziehung auf diese drei Sträflinge dem gegenwärtigen Haftsysteme einen Erfolg zuzuschreiben, welchen jede Gefangenhaft unfehl= bar hervorgebracht hätte. Der vierte Fall betrifft eine Frau (Nr. 3), bei welcher eine bis zu den Gränzen der Mutterwuth gesteigerte und somit der Monomanie nahe stehende Hysterie offenbar die erste Ursache ihrer Geistes= krankheit war. Bei ihr mußte die Einsperrung, wie jedes andere Tren= nungsmittel vom männlichen Geschlechte, die Entwicklung der Krankheit, deren Keim schon zuvor existirte, befördern. Auch diese Gefangene muß also bei der Lösung der Frage über den Einfluß des in Lausanne eingeführ= ten Gefängnißsystemes auf die Entwicklung von Geisteskrankheiten aus= geschlossen werden. So bleiben schließlich sechs Fälle von Geistesstörung (Nr. 9, 12, 13, 18, 19 und 20) auf einen Zeitraum von acht Jah= ren. „Nachdem wir nun," sagt der Bericht des Gesundheitsrathes sehr richtig, „das wahre Verhältniß der Irren erhalten haben, bei welchen man mit Sachkenntniß die Einwirkung der Haft, wie sie bei uns vollzogen wird, studieren kann, so wäre es wichtig, das ursächliche Verhältniß zwi= schen dieser Einsperrung und der Geistesverwirrung zu bestimmen. Aber hier finden sich mehrere Schwierigkeiten. Aus der geringen Zahl von Fällen, welche wir schließlich behalten, können wir keine befriedigenden mittleren Resultate erlangen: wie könnte man mit einiger Sicherheit aus sechs einzelnen Beobachtungen Schlußfolgerungen ziehen? Auf solche Grundlagen gestützt, können wir daher nur Wahrscheinlichkeiten vorlegen. Diese Betrachtung erhält noch mehr Gewicht, wenn man jeden dieser sechs Fälle einzeln untersucht; denn man bemerkt dann bald, daß höchstens zwei sich etwas ähnlich sehen und sich demnach eignen, einigermaßen eine Meinung darauf zu gründen."

Der Gesundheitsrath geht insbesondere in die Prüfung der Frage ein, ob die vereinzelte Haft auf die Erzeugung des Wahnsinnes in den sechs aufgezählten Fällen einen besonderen Einfluß gehabt habe? Nur die Irren Nr. 13 und 20 wurden in der Einzelhaft geisteskrank. Bei der Gefangenen Nr. 18, welche im Jahre 1888 als rückfällig der Einzelhaft unterworfen wurde, zeigte sich zwar sogleich bei ihrem Eintritte die Geistesstörung; allein sie war nur ein Rückfall in die Geisteskrankheit, deren Symptome sich schon bei ihrem ersten Aufenthalte im Strafhause unter dem Systeme der gemeinschaftlichen Arbeit gezeigt und die Versetzung dieser Gefangenen aus der Strafanstalt in das Irrenhaus veranlaßt hatten. Ihre Geistesstörung steht also mit der Einzelhaft in gar keinem Zusammenhange. In Betreff der Fälle Nr. 13 und 20 spricht sich der Gesundheitsrath auf folgende Weise aus: „Bei dem Sträflinge Nr. 13 traten die Sinnestäuschungen in seiner dritten Haft auf, welche bereits eine vereinzelte war; in der vierten, ebenfalls isolirten Haft kamen sie nicht wieder vor. Warum sollte die Einzelhaft das vierte Mal nicht dieselbe Wirkung wie das dritte Mal hervorgebracht haben, wenn sie wirklich zur Erzeugung der Sinnestäuschungen beigetragen hätte? Es bliebe also nur die Gefangene Nr. 20 über, bei der man eine Verbindung zwischen dieser Art der Gefangenschaft und dem Wahnsinne finden könnte. Bei ihr müßte man aber noch Manches in Anschlag bringen: ihr früheres Leben, ihre gewöhnlichen Ausschweifungen, die außerordentliche Heftigkeit ihres Charakters, ihre Unmäßigkeit, ihre überschwänglichen Leidenschaften, welche noch durch ein glühendes Temperament angefacht wurden. Dies Alles war wohl dazu geeignet, die Einzelhaft gefährlich zu machen."

Dies sind die wesentlichsten Thatsachen, welche aus der ämtlichen Untersuchung und dem Berichte des Gesundheitsrathes hervorgehen. Außer den oben angeführten 24 Fällen von Geistesstörung zählt Dr. Verdeil in seiner schon erwähnten Schrift noch 9 Fälle auf, welche sich in der Anstalt zu Lausanne seit dem August 1840 bis zum letzten October 1842 ereignet haben sollen. Fünf darunter bestehen in leichten Hallucinationen, nur mitunter mit der vorübergehenden firen Idee, daß man die Sträflinge vergiften wolle, verbunden, und wurden durch eine zweckmäßige Behandlung in der Anstalt, durch Versetzung aus der Einzelhaft zur gemeinschaftlichen Arbeit, durch Bäder u. dgl. geheilt oder doch so gebessert, daß die Sträflinge, welche daran litten, ganz der gewöhnlichen Behandlungsweise unterworfen werden konnten. Eben dies gilt auch von einem sechsten Falle, in dem zwar die Sinnestäuschungen mit einer größeren Aufregung des Kranken und thätlicher Widerspänstigkeit desselben verbunden waren, aber durch die Versetzung des Sträflinges zur gemeinschaftlichen Arbeit sehr gemildert wurden. Nur ein Fall von Hallucinationen, verbunden mit der firen Idee des Sträflinges, daß man ihn vergiften wolle, war so bedeutend, daß der Kranke in die Irrenanstalt versetzt werden mußte, und gerade dieser Fall (Nr. 26 in der Schrift des Dr. Verdeil) ereignete sich bei einem Sträflinge, welcher in der Gemeinschaft mit anderen angehalten wurde. Die zwei letzten Fälle sind ganz anderer Natur; in dem einen (Nr. 33) bestand die ganze von Dr. Verdeil als Geisteskrankheit ausgegebene Sonderbarkeit des Sträflinges nur in einer großen Widerspänstigkeit desselben und in seiner Weigerung, die vorgeschriebene Arbeit zu leisten, weshalb er sich mehrere Disciplinarstrafen zuzog. Der zweite Fall (Nr. 31) betrifft einen Menschen, der sein Verbrechen — Brandlegung — nur in der Absicht verübte, entweder sein Leben zu enden, oder, falls er nicht zum Tode verurtheilt würde, wenigstens im Gefängnisse einen Zufluchtsort zu finden, den er sonst nirgends zu erreichen vermochte. Er zeigte sich in der Anstalt schweigsam und verschlossen, begehrte sehr bald seine Versetzung in die Einzelhaft, weil ihm das Zusammensein mit anderen Sträflingen unerträglich schien, und wollte nicht einmal mit Anderen spazieren gehen. Der Arzt erklärte nach einer genauen Untersuchung dieses Gefangenen, daß derselbe allerdings von Melancholie ergriffen sei, daß er ab er mehr als melancholisch, daß er menschenfeindlich, gehässig gegen Andere und tief verderbt, zugleich aber auch außerordentlich träge und faul sei. In Folge dessen sprach sich der Arzt dahin aus, daß dieser Sträfling nicht als Kranker zu behandeln sei. — Uebrigens enthalten die Notizen über diese neun Fälle zu wenig Anhaltspuncte über das frühere Leben der Sträflinge, um ein sicheres Urtheil über den Einfluß der Art ihrer Haft zu begründen. *)

Wenn man nun zur Betrachtung der Frage übergeht, welche Folgerungen aus diesen Thatsachen für die Beurtheilung des Einflusses, den

---

*) Aus den bisherigen Betrachtungen geht hinlänglich hervor, wie irrig das Raisonnement des Dr. Goffe ist, welcher die Zahl der seit 1. November 1834 bis 1. Jänner 1842 in der Anstalt zu Lausanne in der Einzelhaft und bei gemeinschaftlicher Arbeit angehaltenen Sträflinge, deren erstere 103, letztere 580 betrugen, mit der Anzahl der unter den Gefangenen beider Classen vorgekommenen Geistesstörungen vergleicht und aus dieser Vergleichung allein den Schluß zieht, daß die Einzelhaft der Gesundheit des Geistes sehr schädlich sei. Dr. Goffe rechnet für diese Periode 31 von den im Buche des Dr. Verdeil aufgezählten 33 Fällen, ohne zu beachten, daß die sechs Fälle Nr. 1 bis 5 und Nr. 17 in keinem Falle bei einer Betrachtung der Wirkungen der am 10. November 1834 in das Leben getretenen neuen Hausordnung berücksichtigt werden könnten. Er will überdies nur die Fälle Nr. 6, 11, 15, 16 und 17 wegen schon zur Zeit des Eintrittes in die Anstalt vorhandener Geistesstörung außer Betrachtung lassen, während der Gesundheitsrath von Lausanne nach genauer Untersuchung, wie schon erwähnt wurde, weit mehr Fälle ausscheiden zu müssen glaubte. Dr. Goffe stellt nun nach dieser willkürlichen Annahme von 26 Wahnsinnsfällen, welche die Grundlage der Beurtheilung abgeben sollen, folgende Vergleichung auf: Unter 103 in der Einzelhaft angehaltenen Sträflingen wurden 10, unter 580 der gemeinschaftlichen Arbeit unterworfenen aber 16 geisteskrank; unter Ersteren also 9. 71%, unter den Letzteren hingegen nur 2. 93%. Eine solche Betrachtungsweise ohne näheres Eingehen in die Natur der einzelnen Fälle und ohne genaue Prüfung aller veranlassenden Umstände und Verhältnisse, insbesondere einerseits der Art der Verbrechen der Sträflinge und andererseits der Art der Ausführung der Einzelhaft, muß zu irrigen Ergebnissen führen und verdient ihrer gänzlichen Oberflächlichkeit wegen keine Beachtung. Eben so wenig kann man aber auch den Folgerungen beistimmen, welche Dr. Verdeil in seiner schon mehrfach erwähnten Schrift aus den zu Lausanne vorgekommenen Fällen von Geistesstörung zieht, weil sie nur dahin gehen, jedes strenge und eben dadurch wirksame Strafsystem aus Rücksicht für die Gesundheit der Sträflinge als verwerflich darzustellen, weil sie das System des Stillschweigens sowohl, als das Vereinzelungssystem angreifen und nur zur Wiederherstellung jener Schulen des Lasters, die wir in den alten Gefängnissen Europa's zur Genüge kennen gelernt haben, hinführen würden.

das Vereinzelungssystem auf die geistige Gesundheit der Gefangenen ausübt, zu ziehen seien, so dürfen folgende Momente nicht übersehen werden:

I. Die Einzelhaft ist in Lausanne unter den ungünstigsten Umständen angewendet worden, ja unter Verhältnissen, unter welchen sie bei einer richtigen Erwägung derselben nie hätte eingeführt werden sollen. Die Zellen der Anstalt zu Lausanne enthalten nur 482 Kubikfuß, während man bei den auf das vollständigste ventilirten und geheizten Einzelzellen in England, Frankreich und Deutschland wenigstens den doppelten kubischen Inhalt begehrt, wenn die Gesundheit der darin angehaltenen Sträflinge nicht darunter leiden soll. Sie gestatten daher durchaus nicht die Betreibung eines Handwerkes, das mit körperlicher Bewegung verbunden wäre. Sie sind überdies sehr schlecht erwärmt und ventilirt, was um so verderblicher ist, da dieselben auch keine geruchlosen Abtritte enthalten, und da die Gefangenen in den Abendstunden Oehllampen brennen, welche oft einen üblen Geruch verbreiten. Die Zellen leiden ferner in Folge der Lage der Anstalt, deren eine Zellenreihe gerade nach Süden, die andere nach Norden gerichtet ist, auf der südlichen Seite im Sommer an einer unausstehlichen Hitze und auf der Nordseite im Winter an einer unbesiegbaren Kälte. Die Beschaffenheit dieser Zellen ist also von der Art, daß man darin die beständige, Tag und Nacht andauernde Einzelhaft nie hätte einführen sollen, weil alle Bedingungen einer guten, für die Gesundheit der Gefangenen unschädlichen Ausführung dieses Systemes mangeln. Von der größten Wichtigkeit ist es, daß für die Bewegung der Sträflinge durch Spaziergänge in freier Luft in den Höfen der Anstalt nur sehr wenig gesorgt war, indem jedem in der Einzelhaft angehaltenen Gefangenen höchstens drei Stunden in der Woche für solche Bewegung gestattet waren. Die unvollkommene Einrichtung der Zellen und die unentwickelte Organisation des Arbeitsbetriebes in dieser Anstalt bewirkten, daß die Sträflinge, welche in den Einzelzellen arbeiteten, nur mit sehr monotonen Handarbeiten beschäftigt wurden. Dahin gehörten das Strohflechten, welches überdies Feuchtigkeit der Zellen zur Folge hatte, weil das Stroh, um bearbeitet zu werden, immer naß erhalten werden muß, das Schneiden und Auslesen von Material- und Farbwaaren, die Anfertigung von papiernen Säckchen für die Gewürzkrämer oder von Briefumschlägen u. dergl., lauter Arbeiten, welche für den Geist des Sträflinges nicht die geringste Beschäftigung und Zerstreuung mit sich führten. Der Geistliche dieser Anstalt, der ehrwürdige Pastor R o u b, der Inspector D e n i s und der Gefängnißarzt Dr. P e l l i s sprachen einstimmig gegen mich die Ueberzeugung aus, daß das Vereinzelungssystem zu Lausanne unter so ungünstigen Umständen ausgeführt worden sei, daß man die dort vorgekommenen nachtheiligen Ergebnisse durchaus nicht als Folgen des Systemes an sich, sondern nur als Wirkungen der unzweckmäßigen Anwendung desselben betrachten könne.

II. Die Einzelhaft ist in Lausanne als eine e x c e p t i o n e l l e M a ß - r e g e l zu betrachten, weil sie nur auf die Rückfälligen Anwendung fand. Dieser Umstand ist von der größten Wichtigkeit, denn eben, weil die Vereinzelung nur eine Ausnahmsmaßregel war, erzeugte sie bei den ihr unterworfenen Sträflingen eine außerordentliche Erbitterung. Dies ist in Lausanne um so mehr der Fall, weil daselbst die für die beständige Einzelhaft bestimmten Zellen nicht in einer besonderen, von den übrigen Gefängnißräumen abgesonderten Abtheilung liegen, sondern auf den gemeinschaftlichen Arbeitssaal hinausgehen, von dem sie nur durch die einfache Holzthür abgesondert sind, so daß der Vereinzelte beständig das Geräusch der gemeinschaftlich Arbeitenden hört. Das Bewußtsein aber, daß andere, oft viel strafbarere Gefangene in solcher Nähe gemeinschaftlich arbeiten dürfen, muß auf den zur beständigen Einzelhaft Verurtheilten nothwendig eine sehr aufregende Rückwirkung ausüben, wie dies die Erfahrung in Lausanne nach den mir von den dortigen Gefängnißbeamten gemachten Mittheilungen vielfach bestätigt hat. Manche Sträflinge, besonders Gefangene weiblichen Geschlechtes, sind durch die täglich sich erneuernde Erbitterung über die wider sie verhängte Einzelhaft, während Andere, welche sie für viel sträflicher hielten, gemeinschaftlich arbeiten durften, bis zur Wuth gebracht worden. Dabei ist noch der Umstand zu berücksichtigen, daß die ausnahmsweise Anwendung der Einzelhaft auf die rückfälligen Sträflinge in der Hausordnung von 1834 nicht durch ein Gesetz, sondern durch eine bloße

Abminiftrativverordnung des Staatsrathes eingeführt und daher von vielen Gefangenen auf die Aeußerung ihrer Rechtsbeiftände hin als eine unge= festliche Maßregel und als eine Ungerechtigkeit gegen fie betrachtet wurde. Dies konnte aber nur dazu beitragen, die Unzufriedenheit der Sträflinge in der Anftalt, die Aufregung ihres Gemüthes und ihre Auflehnung gegen die Vorschriften der Direction zu vermehren.

III. Die Sträflinge, welche in Laufanne der Einzelhaft unterworfen wurden, find faft nur Perfonen, welche schon mehrere Gefängnißftrafen überftanden hatten, deren körperliche und geiftige Gefundheit durch Lafter und Ausschweifungen zerrüttet war, und welche jedenfalls schon dadurch allein, daß fie wiederholt Verbrechen begangen hatten, nach einer allge= meinen Erfahrung zu Geisteskrankheiten weit mehr, als andere Gefangene, disponirt waren. Wenn daher unter solchen Sträflingen häufiger Fälle von Störung ihrer Seelenkräfte vorkamen, als unter den zur gemein= schaftlichen Arbeit angehaltenen Verbrechern, welche in der Regel ihre erfte Strafe erlitten, so darf dies einen mit der Beobachtung der eigenthüm= lichen Seelenzuftände dieser Menschenclaffe vertrauten Mann nicht in Erftaunen verfegen. Es ift nur eine natürliche Folge jener nahen Verwandt= schaft, welche zwischen Verbrechen und Geiftesftörung befteht:

IV. Die schon bei Betrachtung der Genfer Anftalt gemachte Bemer= kung, daß die Ausbreitung einer religiösen Secte, welche die Gemüther der Perfonen, die sich ihr hingeben, mit großer Aengftlichkeit und Zwei= felfucht, mit einer übertriebenen Furcht vor den ewigen Strafen erfüllt und nicht selten zur Verzweiflung treibt, nicht ohne Einfluß auf die Häu= figkeit der in jener Anftalt vorgekommenen Wahnfinnsfälle geblieben fei, findet auch auf Laufanne ihre volle Anwendung. Es scheint, daß in der Einwirkung auf das Gemüth der Sträflinge, welche faft alle den niederen, ungebildeten Claffen der Gefellschaft angehören, oft das richtige Maß überschritten und dadurch eine religiöse Ueberspannung erzeugt wor= den ift, welche insbesondere bei den in der Einzelhaft angehaltenen Sträf= lingen, deren Geisteskräfte, wenn fie einmal diese Richtung erhalten hat= ten, durch keine Zerstreuung von diesem gefährlichen Gegenftande abge= lenkt wurden, die traurigften Folgen erzeugen mußte.

V. Bei einer genauen Betrachtung der von dem Gesundheitsrathe in Lausanne angestellten Untersuchung der in der Strafanstalt daselbst vorgekommenen Fälle von Geistesstörung überzeugt man sich, daß oft unbedeutende Sonderbarkeiten oder solche vorschriftwidrige Handlungen der Sträflinge, welche in jedem anderen Gefängnisse als vorübergehende Störungen oder als Widersetzlichkeit gegen die Hausordnung behandelt und bestraft worden wären, in Lausanne sogleich als Zeichen von Wahnsinn und Seelenstörung betrachtet wurden. Ich erwähne hier insbesondere die Fälle Nr. 7, 10, 11, 13, 15 und 17. Noch viel mehr gilt dies von einigen der in Dr. Verdeil's Schrift mitgetheilten neun Fälle, welche sich seit dem Schlusse jener Untersuchung ereignet haben sollen. Mehrere dieser Fälle sind nichts als Aeußerungen bizarrer Charaktere, welche durch ihre Einsperrung und Verurtheilung aufgeregt, beständig ihre Unschuld betheuern, und, da sie die Fruchtlosigkeit dieser Behauptung erkennen, sich gegen die Hausordnung auflehnen und derselben zu entziehen suchen. Insbesondere kann der Inspector Denis nicht ganz von dem Vorwurfe freigesprochen werden, daß er mit einer allzu großen Aengstlichkeit in Beziehung auf Geisteskrankheiten behaftet sei und bei bloßen vorübergehenden Aufregungen, bei einem excentrischen Benehmen oder bei anhaltender Widerspänstigkeit eines Sträflinges, zu leicht das Vorhandensein einer Seelenstörung annehme. Da nun solche Gefangene milder behandelt wurden, so ist es natürlich, daß sich dergleichen Fälle öfter wiederholten; in einigen Fällen wenigstens scheint offenbar eine Täuschung des Inspectors von Seite der Sträflinge vorzuliegen.

Wenn man daher alle hier angeführten Umstände berücksichtigt, wenn man erwägt, unter was für ungünstigen Verhältnissen die Einzelhaft in Lausanne angewendet wurde, wie dort Alles zur Verschlimmerung der körperlichen und geistigen Gesundheit der Gefangenen zusammenwirkte, und wenn man insbesondere auch bedenkt, daß nur eine höchst beschränkte Zahl von Gefangenen (103 vom 1. November 1834 bis 31. December 1841), welche der Einzelhaft unterworfen waren, den Gegenstand der Beobachtung bildet, und daß eine so kleine Zahl durchaus nicht zu allgemeinen Schlüssen berechtigt, so wird man zwar anerkennen müssen, daß die Einzelhaft in Lausanne sehr nachtheilige Wirkungen erzeugt hat. Man wird aber zugleich zu dem Schlusse gebracht, daß bei der kleinen Zahl von Sträflingen und bei den vielen Ursachen, welche daselbst zur Erzeugung von Krankheiten des Körpers und des Geistes zusammenwirkten, aus den in dieser Strafanstalt gemachten Erfahrungen durchaus keine gegründete Einwendung gegen das Vereinzelungssystem überhaupt abgeleitet werden könne. Dies ist auch die Ansicht des Gefängnißgeistlichen und Arztes in Lausanne. Beide versicherten mich, daß sie troß der dort vorgekommenen Geistesstörungen das Vereinzelungssystem nicht nur für das beste in moralischer und juridischer Hinsicht halten, sondern auch überzeugt seien, daß es bei gehöriger Anwendung der körperlichen und geistigen Gesundheit der Gefangenen keinen Schaden bringe*).

Die Gesammtsumme der Ausgaben für diese Anstalt belief sich im Jahre 1842 auf 37,123 Schweizerfranken, wovon 5255 durch den Arbeitsgewinn gedeckt wurden, so daß dem Cantone nur 31,868 Schweizerfranken (d. i. 17,700 fl. C. M.) zur Last fielen. Der jährliche Kostenbetrag für Einen Sträfling belief sich daher auf 287 Schweizerfranken (d. i. 160 fl. C. M.). Der Antheil der Gefangenen am Arbeitsertrage machte im Ganzen 3507 Schweizerfranken aus, wovon im Durchschnitte auf Einen Sträfling männlichen Geschlechtes in der criminellen Abtheilung täglich 11 Rappen (d. i. 3.6 kr. C. M.), in der correctionellen Abtheilung 13 Rappen (d. i. 4.3 kr. C. M.), und auf einen weiblichen Sträfling 8 Rappen (d. i. 2.6 kr.) entfielen.

---

*) In Lausanne ist ein Sträfling volle fünf Jahre in der Einzelhaft gewesen und seine Gesundheit hat nicht nur nicht gelitten, sondern er hat die Anstalt sogar in besserer Gesundheit verlassen, als er bei seinem Eintritte hatte. Sehr bemerkenswerth ist auch der in der obigen Tabelle aufgeführte Fall Nr. 17. Dieser Sträfling verfiel bei seiner ersten Anhaltung unter dem Systeme der Gemeinschaft in Wahnsinn und mußte in das Irrenhaus gebracht werden. Seine zweite Strafe von 2½ Jahren vollstreckte er in der Einzelhaft, in der er sich sehr ruhig benahm, und worin sich sein Zustand nicht im geringsten verschlimmerte. Auch seine Aufführung nach seiner Entlassung aus dieser Strafe war ziemlich gut. — Was das Laster der Selbstbefleckung betrifft, so versichert Denis, daß es vor der Einführung der Einzelhaft seltener beobachtet worden sei; er glaubt, daß der Hauptgrund des häufigeren Vorkommens desselben unter den in der Einzelhaft angehaltenen Sträflingen in dem Mangel einer zweckmäßigen Arbeit für dieselben liegt.

Zweites Buch.

———

Erfahrungsmäßige Kritik

der verschiedenen

Gefängnißsysteme.

Erster Abschnitt.

Grundbedingung
eines guten Gefängnißsystemes.

Das System der unbeschränkten Gemeinschaft der Sträflinge und seine Folgen.

Noch vor zwanzig Jahren waren fast alle Strafanstalten Europa's auf einen im Ganzen ziemlich gleichförmigen Fuß eingerichtet. Die Sträflinge befanden sich in den Gefängnissen bei der Nacht in gemeinschaftlichen Schlafsälen, bei Tage aber mußten sie in gemeinschaftlichen Arbeitssälen die ihnen auferlegte Arbeit verrichten. Bei den Mahlzeiten und in den Mußestunden, welche zum Spazierengehen der Sträflinge verwendet wurden, in der Regel auch in den Schlafsälen und nicht selten sogar während der Arbeit herrschte unter ihnen eine ziemlich ungebundene Freiheit mit einander zu sprechen. Die Verhinderung des Entfliehens der Sträflinge, die Aufrechthaltung der äußeren Ordnung und einer oft strengen Disciplin, die Anhaltung der Gefangenen zur Leistung einer gewissen Arbeit, um die durch sie verursachten Kosten wenigstens zu einem Theile hereinzubringen, dies waren fast die einzigen Zwecke, welche man sich bei der Verwaltung der Strafanstalten vorsetzte. Für die Besserung der Gefangenen glaubte man durch Anstellung eines Hausgeistlichen und durch Anhaltung der Sträflinge, dem Gottesdienste regelmäßig beizuwohnen, genug gethan zu haben. Die Erfahrung lehrte, daß man sich hierin bitter täuschte. Die Zahl der Verbrecher, besonders der Rückfälligen, nahm von

Jahr zu Jahr zu und es wurde zu einer stehenden Redensart, daß die Sträflinge schlechter aus den Strafanstalten austreten, als sie bei ihrem Eintritte in dieselben gewesen waren. Das steigende Verderbniß unter denjenigen, welche einmal das Unglück hatten, den öffentlichen Strafanstalten anheimzufallen, war aber nur eine nothwendige Folge des in den Gefängnissen beobachteten Systemes.

Dadurch, daß eine große Anzahl von Verbrechern zusammenzuleben gezwungen war, bildeten sich unter diesen durch die Aehnlichkeit ihrer Neigungen und Leidenschaften innigere Verhältnisse aus. Die Scham wurde durch die Menge der demselben Schicksale Verfallenen ausgetilgt; ja, es kam im natürlichen Laufe der Dinge dahin, daß die Verbrecher, wie eine eigene, von der übrigen menschlichen Gesellschaft abgesonderte Kaste, sich auch ihre eigenen Grundsätze, ich möchte fast sagen, ihre eigenthümliche Moral bildeten. Der Kühnste, der Grausamste, der Trozigste gaben unter den anderen minder verwegenen Sträflingen den Ton an. Die Gespräche, welche unter einer solchen Gesellschaft geführt wurden, drehten sich natürlich nur um die Erinnerungen aus ihrem vergangenen Leben, dessen Strafe sie sich durch eine phantasiereiche Ausschmückung desselben zu erleichtern suchten, oder um Entwürfe und Pläne für die Zukunft, welche der Vergangenheit nichts nachgeben, wohl aber an Klugheit und vorbedachter Thätigkeit sie übertreffen sollte. Daß die Lehren der Religion unter ihnen nur höchst selten einen fruchtbaren Boden fanden, versteht sich von selbst. In der Regel begegneten sie jenem Spotte, jener Frechheit, womit der Bösewicht sich über die reine, aber strenge Moral des Christenthumes hinauszuhelfen sucht, um damit seine Nichtbeobachtung derselben vor sich selbst zu entschuldigen. Selbst der noch nicht ganz Verdorbene, welcher auf eine längere Zeit in eine Strafanstalt zu kommen das Unglück hatte, konnte sich dem verderblichen Einflusse einer so durch und durch schlechten Umgebung nicht entziehen. Lieh er auch im Anfange seiner Strafzeit den rohen Scherzen, den unanständigen Reden, den verbrecherischen Gesprächen nur deshalb sein Ohr, um von den verderbten Genossen seines Elendes nicht angefeindet zu werden, so wurde doch nach und nach sein Abscheu dagegen durch die Gewohnheit abgestumpft und das beständige Leben unter den

Bösen erzeugte auch in ihm zuletzt lasterhafte Gesinnungen, die sich immer stärker entwickelten.

Allein diese gegenseitige Verschlimmerung der Sträflinge war noch nicht das größte Uebel, welches aus dem Zusammenleben der Gefangenen entsprang; die eigentlich in den Gefängnissen vorherrschenden unnatürlichen Laster waren noch nicht das Schlimmste. Die für die bürgerliche Gesellschaft gefährlichste Wirkung ihres Strafsystemes war die Vergesellschaftung der Verbrecher. In den Strafanstalten lernten sich die Gefangenen gegenseitig kennen und theils wurden schon im Gefängnisse selbst Anschläge zu gemeinschaftlicher Unternehmung von Verbrechen nach Wiedererlangung der Freiheit geschmiedet, theils bot die durch das Strafsystem herbeigeführte persönliche Bekanntschaft der Sträflinge vielfache Gelegenheit dar, daß dieselben nach ihrer Entlassung, wenn sie wieder die Bahn des Lasters betreten wollten, sich leicht zusammenfanden und im Vereine, Einer den Anderen unterstützend, neue und meistens verwegenere Verbrechen begingen. Ja, das in den Strafanstalten beobachtete System der Gemeinschaft hat sogar nicht selten Sträflinge, welche nach ihrer Entlassung einen redlichen Erwerb suchen wollten, zur Wiederergreifung ihrer früheren verbrecherischen Laufbahn gezwungen; denn wie unendlich schwer mußte es nicht einem entlassenen Züchtlinge fallen, sich dem Andringen, ja, selbst den Drohungen eines ehemaligen Strafgenossen zu entziehen?

Dies waren die Wirkungen der unbeschränkten Gemeinschaft der Sträflinge; dies sind sie noch immer, wo dieses verwerfliche System befolgt wird. Die Strafe hat dadurch ihren eigentlichen Charakter verloren, indem sie von den verderbten Verbrechern kaum mehr gefürchtet wird, und die Strafanstalt ist dadurch in eine hohe Schule des Lasters umgewandelt, so daß die bürgerliche Gesellschaft mehr Grund hat, mit Angst und Schauder auf solch' ein Gefängniß zu blicken, als der Sträfling, welcher zur Anhaltung darin verurtheilt ist. Dieser Zustand findet sich noch heutzutage in dem Gefängnisse Newgate in London, in mehreren Graffschaftsgefängnissen Englands und auf dessen Strafschiffen (hulks), in den französischen Bagnos, in dem Gefängnisse la Force in Paris, in sehr vielen Departementsgefängnissen und in den meisten deutschen Strafanstalten.

Grundbedingung einer Gefängnißreform und Ver=
suche der Durchführung derselben. Die fürchterlichen Folgen
dieser Gemeinschaft der Sträflinge in den Gefängnissen haben sich durch
die Erfahrung aller Länder so bestätigt gefunden, daß man es als einen
vollkommen bewiesenen Satz aufstellen kann: Die erste Bedingung
eines guten Gefängnißsystemes ist eine vollständige Ver=
hinderung aller Communicationen der Sträflinge unter
einander. Ohne diese ist die gegenseitige Verschlimme=
rung der Gefangenen unvermeidlich. Die Wahrheit und Wich=
tigkeit dieses Grundsatzes ist von allen Gefängnißkundigen anerkannt und
ergibt sich aus der einfachsten Betrachtung der menschlichen Natur. Allein
zur Ausführung dieses Grundsatzes sind verschiedene Mittel in Vorschlag
gebracht worden und es haben sich nach der Verschiedenheit der Ansichten
hauptsächlich zwei Systeme gebildet: das System des Stillschwei=
gens, welches von der nordamerikanischen Anstalt, in der es zuerst voll=
kommen ausgebildet wurde, auch das Auburn'sche genannt wird, und
das System der Vereinzelung, welches auch das pennsylvani=
sche oder philadelphische genannt wird, weil es zu Philadelphia in
Pennsylvanien zuerst seinem ganzen Umfange nach angewendet wurde.
Außer diesen ist noch das Classifications= oder Genfer=System
zu erwähnen, welches jedoch, wie sich später ergeben wird, nur als eine
Verbesserung des Auburn'schen Systemes anzusehen ist.

Das Auburn'sche System oder das System des Still=
schweigens geht von der Ansicht aus, daß es zur Erzielung einer voll=
ständigen Verhinderung aller Communicationen der Sträflinge unter ein=
ander nicht nothwendig sei, dieselben physisch von einander zu trennen,
sondern daß das Verbot und die Bestrafung jeder Mittheilung unter den
Sträflingen genüge. Es werden also die Sträflinge den Tag hindurch in
größeren oder kleineren Abtheilungen in gemeinschaftlichen Arbeitssälen
vereinigt, zugleich aber wird denselben das Sprechen, so wie jede Mit=
theilung durch Mienen oder Geberden verboten, welches Verbot durch
ununterbrochene Aufsicht und durch strenge Bestrafung aller Uebertreter
desselben aufrecht erhalten werden soll. Nur zur Nachtzeit und an Sonn=

und Feiertagen, so wie überhaupt, wenn nicht gearbeitet wird, wird jedem Sträflinge eine abgesonderte Zelle angewiesen und somit auch die physische Trennung der Sträflinge von einander bewirkt.

Im Wesentlichen findet dieselbe Behandlungsweise auch bei dem Classifications- oder Genfer-Systeme Statt, nur mit dem Unterschiede, daß man die Sträflinge bei ihrem Eintritte in die Anstalt eine gewisse Zeit lang der Einzelhaft bei Tag und Nacht unterwirft, und daß man die Abtheilungen, in welche die Sträflinge sohin zum Behufe der gemeinschaftlichen Arbeit gebracht werden, nach sorgfältiger Erforschung der Individualitäten der Gefangenen dergestalt anzuordnen sucht, daß in Eine Abtheilung lauter Sträflinge kommen, welche ungefähr auf derselben moralischen Stufe stehen.

Das pennsylvanische oder Vereinzelungssystem hingegen beruht auf der Ansicht, daß zu einer vollständigen Verhinderung aller Mittheilungen der Gefangenen unter einander nur die körperliche Absonderung derselben führen könne. Es wird daher jedem einzelnen Sträflinge eine abgesonderte Zelle angewiesen, in welcher er mit Ausnahme der zum Gottesdienste, zum Schulunterrichte und zum Spaziergange bestimmten Zeit Tag und Nacht zubringt, in welcher er arbeitet und während seiner Strafzeit keinen Mitsträfling sieht, so wie auch er von keinem anderen Sträflinge gesehen wird. Der Gefangene verkehrt während seiner ganzen Strafzeit nur mit dem Director, dem Geistlichen, den Lehrern, Beamten und Aufsehern der Anstalt oder mit solchen ehrbaren Personen, welchen (z. B. als Mitgliedern eines Vereines zum Besten entlassener Sträflinge) der Besuch der Zellen erlaubt ist.

Dies sind die wesentlichsten Züge der Hauptsysteme, welche in neuerer Zeit zum Behufe der moralischen Reform der Gefängnisse erdacht und ausgeführt worden sind.

18

Zweiter Abschnitt.

Das

System des Stillschweigens

oder

das Auburn'sche System.

Anstalten, in welchen dieses System eingeführt ist. Das System des Stillschweigens besteht gegenwärtig: 1. In den zwanzig französischen Centralgefängnissen seit dem Ministerialbeschlusse vom 16. Mai 1839; 2. in mehreren englischen Strafanstalten, insbesondere in den großen Gefängnissen Coldbathfields und Westminster Bridewell in London und in dem Zuchthause zu Wakefield bei York; 3. in Belgien in der maison de force zu Gent und in dem Weiberstrafhause zu Namur; 4. in einigen deutschen Strafanstalten, insbesondere in dem Weiberzuchthause zu Bruchsal im Großherzogthume Baden und in dem neu erbauten Strafhause in Halle; 5. in den Gefängnissen zu Bern und St. Gallen und in einem Theile des Strafhauses zu Lausanne *). Doch ist die zur vollständigen Ausführung des Auburn'schen Systemes erforderliche Absonderung der Sträflinge zur Nachtzeit nur in den Strafanstalten zu Gent, Namur, Halle, St. Gallen und Lausanne durchgeführt. In allen übrigen eben genannten Gefängnissen besteht nur das Gebot des Stillschweigens der Sträflinge während ihrer gemeinschaftlichen Arbeit und in den Speise-

---

*) Ich selbst habe das große Centralgefängniß zu Fontevrault, die Gefängnisse Coldbathfields und Westminster Bridewell in London, das Zuchthaus zu Wakefield und die Strafhäuser zu Gent, Namur, Bruchsal, Halle, Bern, St. Gallen und Lausanne besucht.

und Ruhestunden, bei der Nacht aber schlafen alle oder doch viele Gefangene in gemeinschaftlichen Schlafsälen, in welchen jedoch ebenfalls jede Mittheilung unter ihnen streng verboten ist.

Erfahrungen über die praktische Unausführbarkeit der Vorschrift des Stillschweigens. Was das Wesentliche des Auburn'schen Systemes, das Stillschweigen betrifft, so habe ich in fast allen Anstalten, welche ich besuchte, die Gewißheit erlangt, daß es nicht beobachtet wird, daß trotz des bestehenden Verbotes Gespräche und Mittheilungen unter den Sträflingen Statt finden, daß also der Hauptzweck dieses Systemes, die Verhinderung der gegenseitigen Verschlimmerung der Gefangenen, nicht erreicht wird.

In Beziehung auf die französischen Gefängnisse kann ich mich auf die in dem darstellenden Theile dieser Schrift Seite 28 u. ff. angeführten zahlreichen Thatsachen berufen, welche beweisen, daß in diesen Anstalten das Stillschweigen keineswegs genau aufrecht erhalten werden kann, daß sogar in der Anstalt zu Fontevrault, in welcher nach dem Anerkenntnisse aller Männer vom Fache das Stillschweigen auf das kräftigste und mit einer nicht selten sogar in Härte ausartenden Strenge eingeschärft wird, der Erfolg den sorgfältigsten Bemühungen des Directors Hello nicht entspricht. Der Minister des Innern Graf Duchatel spricht es daher in den Motiven zu dem am 17. April 1843 der Deputirtenkammer vorgelegten Gesetzentwurfe über die Gefängnisse geradezu aus: „Die Erfahrung in unseren Centralgefängnissen hat trotz des Eifers der Directoren und Aufseher bewiesen, daß bei einer beträchtlichen Anzahl von Sträflingen das Stillschweigen nicht streng beobachtet werden kann."

Was die Londoner Gefängnisse Coldbathfields und Westminster Bridewell betrifft, so habe ich rücksichtlich des ersteren durch Vernehmung mehrerer gegenwärtig in dem Mustergefängnisse zu Pentonville angehaltenen Sträflinge*), welche früher in Coldbathfields gewesen waren, die vollste Versicherung erhalten, daß in dieser Strafanstalt das

---

*) S. Seite 129 u. ff., insbesondere die Aeußerungen der unter Nr. 4, 7 und 9 aufgeführten Sträflinge.

18*

Stillschweigen keineswegs vollständig beobachtet wird, daß vielmehr nicht selten Gespräche unter den Sträflingen Statt finden und selbst oft der für den Bruch des Stillschweigens angedrohten Disciplinarstrafe entgehen. Ueber die Befolgung der Vorschrift des Stillschweigens in dem Gefäng= nisse Westminster Bridewell spricht sich der ausgezeichnete Director August Tracey selbst offen dahin aus, daß es ihm unmöglich sei, alle Mitthei= lungen unter den Gefangenen zu verhindern. (Seite 143.) Die Gefäng= nißinspectoren Crawford und Russell bestätigen diese Thatsache in ihren neuesten Jahresberichten.

In Wakefield bei York versicherte mich der Director des dorti= gen großen Zuchthauses (auf 600 bis 700 Köpfe), daß daselbst von einer strengen Beobachtung des Stillschweigens keine Rede sei, und daß es auch bei der Beschaffenheit dieses Gefängnisses, welche die Vereinigung von 50 bis 60 Sträflingen in Einem Arbeitssaale unter der Aufsicht eines einzigen Aufsehers nothwendig mache, und bei der seiner Meinung nach zu geringen Anzahl von Aufsehern ganz unmöglich sei, eine vollständige Aufrechthaltung des Stillschweigens zu erzielen.

In Gent hat man in neuerer Zeit die Vorschrift des Stillschwei= gens wegen der großen Schwierigkeiten, womit die Ausführung derselben verbunden war, ganz aufgegeben. Die Sträflinge dürfen nicht nur in den Ruhestunden in den Gefängnißhöfen herumgehen und mit einander spre= chen, sondern es wird sogar das Sprechen während der Arbeit, wenn es nur mit leiser Stimme geschieht, nicht mehr bestraft.

In dem neuen Weibergefängnisse zu Namur (auf 450 Köpfe) ist zwar das „absolute" Stillschweigen unter den Sträflingen in dem Reglement ausdrücklich vorgeschrieben, allein der Director dieser Anstalt erklärte mir ganz offen, daß darin durchaus kein vollständiges Stillschwei= gen herrsche, und daß für kleine, unbedeutende Gespräche, selbst wenn sie entdeckt werden, gar keine Strafe verhängt werde. Er ist von der Unmöglichkeit, unter einer Vereinigung von Gefangenen ein vollständiges Stillschweigen zu erzielen, so überzeugt, daß er die Worte beisetzte: „Je „défie tout directeur d'une prison, où les détenus sont en réunion, „de faire observer un silence parfait!"

Eben diese Auskunft erhielt ich von dem einsichtsvollen Director der Weiberanstalt zu Bruchsal in Baden, Dr. Diez, welcher die praktische Ausführung des Systemes des Stillschweigens für eine Unmöglichkeit hält, und von den Vorstehern der Strafhäuser in Halle und Bern. In St. Gallen und Lausanne gaben die Strafhausvorsteher zu, daß das Stillschweigen nicht vollkommen erzielt werden könne, allein sie sind der Meinung, daß bei der geringen Anzahl der in den gemeinschaftlichen Arbeitssälen vereinigten Sträflinge (15 bis 20) doch alle moralisch verderblichen Gespräche unter denselben hintangehalten werden.

Es geht hieraus die unwidersprechliche Thatsache hervor, daß in Strafanstalten, in welchen eine beträchtliche Anzahl von Sträflingen angehalten werden soll, die Verhinderung von Mittheilungen unter denselben durch das Gebot des Stillschweigens ganz unausführbar ist, weil der Trieb der menschlichen Natur, sich anderen Wesen, mit denen man in so nahe Gemeinschaft kommt, durch Reden oder Geberden mitzutheilen, unüberwindlich ist und jeder menschlichen Satzung Trotz bietet. Einen schlagenden Beweis dafür liefert auch die Betrachtung der außerordentlich großen Anzahl von Disciplinarstrafen, durch welche allein das System des Stillschweigens auch nur einigermaßen aufrecht erhalten werden kann.

Nothwendigkeit sehr strenger und zahlreicher Disciplinarstrafen. Die beiden Londoner Gefängnisse Coldbathfields und Westminster Bridewell, in welchen doch das Stillschweigen keineswegs vollkommen erreicht werden kann, und das Zuchthaus zu Wakefield gehen in Rücksicht auf die wahrhaft erschreckende Anzahl von Strafen für Uebertretungen der vorgeschriebenen Hausordnung von Seite der Sträflinge allen anderen Gefängnissen vor. Ich verweise in dieser Hinsicht auf die bei der Schilderung dieser Anstalten in dem darstellenden Theile angeführten Thatsachen. Hier möge nur eine, die Resultate derselben zusammenfassende Tabelle ihre Stelle finden.

Jahre	Coldbathfields			Westminster Bridewell			Wakefield		
1836	—	—		—			124	11,013	7
1837	1030	13,812	3.7	350	1878	3.7	506	12,445	6.7
1838	1025	18,949	5	337	7080	6	478	6261	3.5
1839	1077	17,656	4.5	353	8996	7	493	2087	1.2
1840	1014	20,974	5.5	254	6740	7.5	607	1125	0.7
1841	1032	18,071	1.7	260	6585	7	677	2646	1

Aus dem bloßen Anblicke dieser Zahlen ergibt sich, was für eine Strenge nothwendig ist, um auch nur bis zu einem gewissen Grade die Beobachtung des Stillschweigens zu erzwingen. Wirklich hat diese Härte in England eine so entschiedene Erhebung der öffentlichen Meinung gegen die Anwendung so zahlreicher Disciplinarstrafen zur Folge gehabt, daß die Directoren der nach diesem Systeme geleiteten Anstalten in den letzten Jahren lieber die Disciplin in den ihnen anvertrauten Strafhäusern minder streng aufrecht hielten, als sich dem öffentlichen Tadel der Journale wegen allzu großer Strenge aussetzten.

Die Nothwendigkeit einer sehr großen Anzahl von Disciplinarstrafen, um die Beobachtung des Stillschweigens zu erzielen, hat sich auch in den französischen Centralgefängnissen herausgestellt. Um Wiederholungen zu vermeiden, berufe ich mich auf die Seite 28 u. ff. enthaltene Auseinandersetzung und erwähne nur, daß auch in Frankreich in mehreren Anstalten dieser Art 2 bis 5 % der Gesammtbevölkerung täglich einer Disciplinarstrafe verfielen. Es zeigte sich hiebei noch der große Uebelstand, daß in Betreff der Strenge der Disciplin unter den Centralgefängnissen sehr bedeutende Verschiedenheiten herrschen, wie sich dies aus der verschiedenen Gemüthsart der Gefängnißvorsteher, aus der größeren oder geringeren Wichtigkeit, welche sie der Beobachtung des Stillschweigens beilegen, und aus den größeren oder kleineren Schwierigkeiten, auf welche sie bei der Durchführung des Systemes stoßen, natürlich ergibt. Dadurch wird aber die Intensität der Strafe selbst, welche im Allgemeinen in allen Strafanstalten möglichst gleich

sein sollte, außerordentlich abgestuft und eine factische Ungleichheit der Straf-
vollziehung bewirkt, welche dem Willen des Gesetzes offenbar widerspricht.

Auch in dem Gefängnisse zu St. Gallen kamen im Jahre 1842
bei einer mittleren täglichen Bevölkerung von nur 77 Köpfen 1078
Disciplinarstrafen vor, so daß täglich 4"/₀ der Gesammtbevölkerung
eine solche Strafe erlitten.

Diese Thatsachen beweisen hinlänglich das Ungenügende aller Strafen, um die Beobachtung des Stillschweigens zu erzwingen. Dies spricht
auch der Director des Gefängnisses Coldbathfields in seiner Vernehmung vor den Gefängnißinspectoren geradezu aus. „Die Disciplinar-
„strafen," sagt er, „sind offenbar unzureichend, die Hausordnung aufrecht
„zu erhalten. Sie schrecken die Gefangenen nicht ab. Ich gehe so weit, als es
„das Gesetz nur erlaubt, und zuletzt gelingt es mir, die wiederholt Bestraf-
„ten zur Ordnung zu bringen; aber die neuen Ankömmlinge verursachen
„immer neue Schwierigkeiten." Ich kann auch nicht unterlassen, hier der
Aussage eines Sträflinges zu erwähnen, den ich in dem Mustergefängnisse
zu Pentonville besuchte, und der sich, da er schon zu wiederholten Malen
in der Anstalt zu Coldbathfields gewesen war, aus eigener Erfahrung über den Unterschied der in diesen beiden Strafhäusern befolgten
Systeme gegen mich aussprach. „Ich selbst," sagte er (Seite 129), „bin
„in Coldbathfields sehr oft wegen Schwätzens mit anderen Gefan-
„genen bestraft worden, ich habe es aber dessenungeachtet nicht unterlassen.
„Es ist nicht möglich zu schweigen, man muß reden, wenn
„man mit anderen Menschen beisammen ist*). Wir wußten

---

*) „Die Versuchung zu sprechen," sagt der Director eines französischen Central-
gefängnisses in einem Berichte an den ihm vorgesetzten Präfecten, „ist bei manchen Sträflingen so groß, daß weder Zureden, noch Strafen, wie streng sie auch
seien, etwas über sie vermögen. Es gibt Einige, welche, nachdem sie binnen Jah-
resfrist 25mal deshalb bestraft worden, kaum in ihre Werkstätte zurückkehren und
schon neuerlich wegen ihrer Geschwätzigkeit angezeigt werden. Die Mindestverdorbe-
nen bitten mich dann, wie um eine Gnade, um die Versetzung in eine Zelle, um
nur dem unwiderstehlichen Hange, der sie, sobald sie Gelegenheit haben, zum
Schwätzen hinreißt, entzogen zu werden. Diese Scenen erneuern sich alle Tage."
S. den von Tocqueville verfaßten Commissionsbericht der Deputirtenkammer
im Moniteur vom 6. Juli 1843 Nr. 187.

„recht gut, daß jedes Gespräch, wenn es bemerkt wurde, unerbittlich die
„Strafe nach sich zog, und doch benützten wir jede Gelegenheit, die sich
„uns irgend darbot, um mit einander zu reden." Diese Aeußerung
bestätiget die Unzulänglichkeit aller Strafen zur Aufrechthaltung des Still=
schweigens.

Es geht hierin, wie in allen Dingen. Es wird von den Sträflin=
gen etwas gefordert, das der Natur des Menschen, dem angeborenen
Triebe sich Anderen mitzutheilen widerspricht, und diese Forderung wird
an die Gefangenen unter solchen Umständen gestellt, welche gerade beson=
ders dazu geeignet sind, sie zu vorschriftswidrigen Mittheilungen
unter einander recht bringend anzulocken. Man bringt sie absichtlich
auf einen nicht selten ziemlich engen Raum zusammen; man begehrt, daß
sie täglich neben einander in einem Abstande von oft kaum Einem Fuße
arbeiten, speisen u. dergl. Man thut also alles Mögliche, um den Trieb,
sich Anderen mitzutheilen, zu beleben und den Sträflingen die Möglichkeit
solcher Mittheilungen zu erleichtern. Wenn sie aber dem natürlichen Zuge
folgen und der Vorschrift zuwider das Stillschweigen brechen, dann bestraft
man sie. Es ist dies nicht nur eine für die Sträflinge höchst peinliche
Anordnung, eine Grausamkeit, eine wahre Tantalusqual, welche man
ihnen auferlegt*), sondern ich halte ein solches Verfahren, ein solches
absichtliches und beständiges in Versuchung Führen der Gefangenen, um
sie, sobald sie der Versuchung nachgeben, zu bestrafen, für eine wahrhaft
unmoralische Behandlungsweise.

**Das System des Stillschweigens verhindert nicht die
gegenseitige moralische Verschlimmerung der Gefangenen.**
Manche Schriftsteller, z. B. Grellet-Wammy, gaben zwar zu, daß das
Stillschweigen nicht vollständig herzustellen sei, suchten aber wenigstens

---

*) Daß dieser Zustand und die Härte, welche zur Aufrechterhaltung des Stillschwei=
gens nothwendig ist, in Beziehung auf die Gesundheit der Sträflinge sehr schäd=
lich wirken, scheint die in den französischen Centralgefängnissen seit der Einfüh=
rung des Stillschweigens beobachtete außerordentliche Zunahme der Sterblichkeit
außer Zweifel zu setzen. Auch die Zahl der Geisteskrankheiten hat sich, besonders
unter den weiblichen Sträflingen, bedeutend vermehrt.

ju behaupten, daß durch das System des Stillschweigens alle längeren und somit alle gefährlichen oder sittenverderblichen Mittheilungen unter den Sträflingen unmöglich gemacht werden, die dabei möglichen kleinen, unschädlichen Mittheilungen unter den Gefangenen aber als kein großes Uebel zu betrachten seien. Diese Meinung beruht aber auf einer gänzlichen Verkennung der menschlichen Natur. Wie kann man in einer Vereinigung von Verbrechern, von welchen noch dazu gar Viele schon wiederholt dem strafenden Arme der Gerechtigkeit verfallen sind, hoffen, daß die Mitthei-lungen, welche sie sich den bestehenden Vorschriften zum Trotze heimlich machen, ganz unschuldig sein werden? Die Erfahrung, welche hierin die beste Lehrmeisterin genannt zu werden verdient, zeigt das Gegentheil*). „Es ist eine unrichtige Annahme," sagen die vielerfahrenen englischen Gefängnißinspectoren Crawford und Ruffell, „daß verderbliche Mit-theilungen nicht mit leiser Stimme Statt finden, und, daß sie, um schädlich zu sein, nicht kurz sein können. Die Gefangenen können sich fast Alles, was sie sich bekannt machen wollen, mittheilen. Wenn sie das gelispelte Wort oder das gegebene Zeichen wiederholen, wie es ihnen die häufigen Begegnungen möglich machen, so kann die Erzählung bald vollendet und die Communication hergestellt sein. Das System des Stillschweigens bie-tet dagegen nur eine sehr schwache Schranke dar, wie wir durch viele Bei-spiele und Erfahrungen beweisen können. Es sind Fälle zu unserer Kennt-niß gekommen, daß Gefangene in Anstalten, in welchen das System des Stillschweigens eingeführt war, durch den Verkehr, welcher dem Systeme zum Trotze darin Statt hatte, die Namen und Wohnungen von Ver-wandten ihrer Strafgenossen in Erfahrung brachten, nach ihrer Entlassung diese Verwandten ihrer ehemaligen Kameraden besuchten und von diesen unter dem Vorwande, sie seien von dem ihnen verwandten Gefangenen an sie geschickt, um ihm Geld oder werthvolle Dinge zu verschaffen, derglei-

---

*) Ein Hauptgrund der Irrthümer Grellet-Wammy's und mancher anderer Schriftsteller liegt darin, daß sie von den Erfolgen sehr kleiner Anstalten auf 60 bis 100 Köpfe, wie die zu Genf und Lausanne, welche natürlich sehr leicht genau zu überwachen sind, allgemeine Schlüsse ableiten, ohne zu bedenken, wie ungleich anders sich Alles in einer Anstalt auf 600 bis 800 Köpfe gestalten muß.

chen Gegenstände entlockten und sie darum betrogen. Kürzlich erst ist uns ein von einem Gefangenen selbst geschriebener Zettel vorgekommen, aus welchem hervorging, daß dieser Sträfling während seiner Anhaltung unter dem Systeme des Stillschweigens von einem Mitgefangenen nicht nur die besten Arten, in Häuser einzubrechen und die tauglichsten Werkzeuge dazu kennen gelernt, sondern auch die Namen und Adressen mehrerer Häuser, wo sich Einbruchsdiebe öfter versammeln, und die Zeichen und Parolen, welche ihm dort Eingang verschaffen sollten, so wie die Namen und Wohnungen von Hehlern gestohlener Güter erfahren hatte*)."

Eben so kam in dem Grafschaftszuchthause zu Abingdou, in welchem das Stillschweigen eingeführt ist, der Fall vor, daß zwei Männer, welche sich vor ihrer Anhaltung daselbst noch nicht gekannt hatten, während ihrer Gefangenschaft Bekanntschaft machten und die Verabredung trafen, nach ihrer Entlassung an einem bestimmten Orte zusammenzutreffen, und es wurde bewiesen, daß sie wirklich daselbst zusammenträfen und mit einander Abingdou verließen**). Der Kaplan des Correctionshauses zu Bedford, Maclare, in welcher Anstalt das Stillschweigen mit der größten Strenge aufrecht zu erhalten gesucht wird, erklärt: "Trotz der "strengsten Handhabung des Stillschweigens herrscht unter den Sträflin"gen große gegenseitige Verschlimmerung. Die Gefangenen finden oft "Gelegenheit mit einander zu sprechen, besonders, wenn sie in Reihen "marschiren, und in den Krankenabtheilungen. In letzteren wissen sie fast "Alles, was innerhalb des Gefängnisses, ja selbst, was außerhalb des"selben mit ihren Verwandten vorgeht. Ich habe sehr viel mit den Gefan"genen, oft selbst noch nach ihrer Entlassung verkehrt. Ich habe ihr Zu"trauen zu gewinnen gesucht und sie haben mir gestanden, daß ihre "Gespräche im Gefängnisse sehr demoralisirend waren, daß sie sich über "die besten Methoden, Räubereien zu begehen und Schlösser zu erbrechen,

---

*) Third report of the inspectors of prisons of Great-Britain. I. Home district. London 1838 pag. 93.

**) Third report of the inspectors of prisons. I. Home district. London 1838 pag. 181.

„über die besten Werkzeuge, die geschickteste Vertheidigungsart, die Erdich-
„tung einer guten Ausrede u. dergl. besprochen hatten *).“

Eben so spricht sich auch der Vorsteher des neuen Grafschafts-
gefängnisses in Bedford, James Banfield, welchem von Seite der
Gefängnißinspectoren in Betreff seiner Genauigkeit in Aufrechthaltung der
Disciplin das größte Lob ertheilt wird, über die Wirkungen des in seiner
Anstalt eingeführten Systemes des Stillschweigens aus. „Ich halte die
„Disciplin so streng aufrecht, als ich nur kann. Ich strafe jede Uebertretung
„der Hausordnung, selbst ein bloßes Umdrehen des Kopfes oder Weg-
„schauen von der Arbeit oder eine schweigende Geberde während des
„Spazierengehens. Ich strafe, so weit es das Gesetz erlaubt, und dennoch
„schwätzen die Gefangenen auf der Tretmühle, während der Spaziergänge
„und Ruhestunden, während sie sich im Hofe waschen, in der Kranken-
„abtheilung u. s. f. Sie erspähen jede Gelegenheit und theilen sich durch
„Blicke und Zeichen ihre Gedanken mit. Das Uebel der gegenseitigen Ver-
„schlechterung der Gefangenen herrscht in hohem Grade und alle meine
„Strenge vermag nicht, es zu hindern und das Stillschweigen vollständig
„zu erzwingen **).“ Dasselbe Geständniß findet man auch in den Aussagen des Kaplanes und des Vorstehers des Grafschaftsgefängnisses zu Reading, so wie des Vorstehers des Correctionshauses zu Abingdon***).
Ich selbst traf in der Anstalt für jugendliche Verbrecher zu Parkhurst
bei der Durchsicht der Protocolle über den früheren Lebenslauf der dortigen
Sträflinge auf einen vierzehnjährigen Knaben, welcher früher einmal in
dem nach dem Systeme des Stillschweigens geleiteten Gefängnisse Westminster Bridewell in London angehalten worden war, und welcher in
dem bei seinem Eintritte in die Anstalt zu Parkhurst mit ihm aufgenommenen
Protocolle ausdrücklich erklärte, daß er in jenem Gefängnisse mit mehreren
älteren Knaben vielfache Unterredungen gepflogen und von ihnen mehrere

---

*) Second report of the inspectors of prisons. 1. Home district. London 1837
pag. 320.

**) Ebenda Seite 387.

***) Ebenda Seite 259 und 273.

neue Arten, Diebstähle zu begehen, gelernt habe. Diese Thatsachen beweisen hinlänglich, daß das System des Stillschweigens keineswegs n u r unschäd: liche Mittheilungen unter den Gefangenen gestattet.

Ungünstige Einwirkung dieses Systemes auf das Gemüth der Gefangenen. Das System des Stillschweigens verfehlt nicht nur seinen wesentlichsten Zweck, die Verhinderung von Mittheilun= gen und daher von gegenseitiger Verschlimmerung der Sträflinge, sondern es übt auch auf das Gemüth der Gefangenen eine sehr nachtheilige Einwir= kung aus. Die Naturwidrigkeit des den Sträflingen trotz ihrer körperlichen Vereinigung auferlegten Stillschweigens, dessen Zweck sie nicht immer ein= sehen, und das sie daher als eine muthwillige, unnütze Qual betrachten; die Häufigkeit und Strenge der Disciplinarstrafen, welche den Gefangenen um so empörender erscheinen, je kleiner in ihren Augen der Fehltritt ist, für den sie verhängt werden; alles dies muß die Gemüther derselben erbit= tern und ihnen einen Haß, ein Rachegefühl gegen ihre Aufseher und gegen die Gesellschaft einflößen, welche sie, wie sie meinen, zwecklos auf eine raffinirte Weise foltert. Es ist hiebei noch die in den französischen Cen= tralgefängnissen gemachte Erfahrung[*] zu berücksichtigen, daß oft gerade die unverdorbensten Sträflinge, die fleißigsten und ordentlichsten Arbeiter sich dem Gebote des Stillschweigens am schwersten fügen und daher am häu= figsten in Disciplinarstrafen verfallen, während die ärgsten Verbrecher, besonders die rückfälligen Diebe, sich am leichtesten an die Hausordnung der Strafanstalten gewöhnen und sich somit verhältnißmäßig besser befinden/

---

[*] „Es geschieht oft," sagt ein französischer Generalinspector der Gefängnisse in sei= nem Berichte an den Minister des Innern, „daß Sträflinge von einer guten Ge= müthsart, fleißige Arbeiter, welche sich Entbehrungen auferlegen, um ihre Familie zu unterstützen, unglücklicherweise etwas leichtsinnig sind und der Versuchung, ein Paar Worte fallen zu lassen, nicht widerstehen können. Man straft sie; einige Tage darauf verfallen sie in denselben Fehler und ziehen sich eine neue Strafe zu. So folgt Strafe auf Strafe und sie werden nach Maß der Häufigkeit der Uebertretungen im= mer härter. Endlich bringen so viele Strafen und für einen so leichten Fehltritt das Gemüth des Sträflinges auf; sie machen ihn widerspänstig und verwandeln ihn oft in einen ungehorsamen Menschen, dessen Handlungen bald seine frühere gute Aufführung Lügen strafen." Sieh den von Tocqueville verfaßten Bericht der Commission der Deputirtenkammer im Moniteur vom 6. Juli 1843 Nr. 187.

als weit minder ſtrafbare Individuen. Damit geht aber für den gemeinen Mann ſehr leicht der richtige Maßſtab zur Würdigung der ihm auferlegten Strafe verloren. Er identificirt die Disciplinarſtrafe mit der Strafe ſeines Verbrechens und klagt über Ungerechtigkeit, die ihm widerfahre. So lange ein ſolcher Gemüthszuſtand bei einem Sträflinge vorhanden iſt, ſo lange er die Gerechtigkeit der wider ihn verhängten Strafe nicht anerkennt, kann von einem beſſernden Einfluſſe derſelben auf ihn keine Rede ſein. Ich habe dies beſonders gut in der Aeußerung eines von mir in dem Londoner Muſtergefängniſſe beſuchten Sträflinges (Seite 130) ausgeſprochen gefunden. „Wenn ich irgendwo beſſer werden kann," ſagte er, „ſo iſt es hier. „In Coldbathfields (unter dem Syſteme des Stillſchweigens) war „ich in beſtändiger Aufregung und Erbitterung gegen den Director und „alle Aufſeher. Ich hatte Unrecht, ich ſehe es jetzt wohl ein, aber ich „konnte nicht anders. Aller Strenge, welche dort ange- „wendet wurde, ſetzte ich Trotz entgegen." Eine ſolche Stimmung iſt gewiß dem moraliſchen Fortſchritte, der Einkehr des Sträflinges in ſich ſelbſt, der Reue über ſeine That und der Umkehr zum Guten nicht nur nicht förderlich, ſondern ſogar ſehr ſchädlich.

Die religiöſen Lehren des Gefängnißgeiſtlichen und die Ermahnungen des Directors und der Beamten können nur wenig fruchten, wo eine Anzahl von Verbrechern vereinigt iſt und nicht ſelten eben durch dieſe Vereinigung der Antrieb unter den Gefangenen entſteht, ſich durch Keckheit, Rohheit oder Bosheit vor Anderen hervorzuthun. In dieſer Beziehung habe ich in Frankreich von dem mit dem Gefängnißweſen durch langjährige Beſchäftigung damit vertrauten de Metz und von den Deputirten Beaumont und Tocqueville die Verſicherung erhalten, daß in den Centralgefängniſſen der Religionsunterricht und die gemeinſchaftliche Feier des Gottesdienſtes faſt gar keine günſtigen Ergebniſſe liefern, weil faſt in allen dieſen Anſtalten der Geiſtliche von vorn herein ein Gegenſtand des Spottes der Gefangenen iſt, die ihn mit dem Spitznamen: l'embôteur bezeichnen. Die engliſchen Gefängnißinſpectoren Crawford und Ruſſell und die Berichte vieler Gefängnißkapläne beſtätigen, daß dieſelbe Erfahrung auch in den engliſchen Strafanſtalten gemacht worden iſt.

Ich glaube, daß man noch eine Bemerkung hinzufügen könnte, die meines Wissens noch nirgends gemacht wurde. Mir scheint nämlich, als ob das System des Stillschweigens, weit entfernt, eine Besserung der Gefangenen zu bewirken, gerade jene Eigenschaften möglichst ausbilde und entwickle, welche den gefährlichen Dieb oder Betrüger charakterisiren. Unter dem Gebote des Stillschweigens werden alle Geisteskräfte des Sträflinges in beständiger Spannung und Uebung erhalten, um Gelegenheiten zu unbemerkten Mittheilungen auszuspähen und auf das Schnellste zu benutzen, um die Aufsicht der Gefangenwärter zu täuschen und durch List und Gewandtheit der bei Entdeckung der verbotenen Mittheilungen drohenden Strafe zu entgehen. Ist es nun nicht überaus wahrscheinlich, daß die Sträflinge nach ihrer Entlassung aus dem Gefängnisse die Gewandtheit, den Scharfsinn, den Vorrath an List und Spähkraft, womit sie eine langjährige Uebung in der Strafanstalt ausgestattet hat, zur Umgehung der polizeilichen Aufsicht und zum großen Nachtheile jener Personen, welche sie bestehlen oder betrügen wollen, anwenden werden? Deutet nicht der Umstand darauf hin, daß nach den Erfahrungen aller Strafhausvorsteher gerade die ältesten und gewandtesten Diebe sich am leichtesten in die Hausordnung der Strafanstalten fügen?

Das System des Stillschweigens verhindert nicht die Associationen entlassener Sträflinge. Dadurch, daß die Gefangenen täglich zusammenkommen, bewirkt dieses System selbst unter der Voraussetzung, daß es vollständig durchgeführt, das Stillschweigen also vollkommen aufrecht erhalten sei, den Uebelstand, daß die Sträflinge nach ihrer Entlassung sich wieder erkennen. Dadurch ist nicht nur die größte Leichtigkeit für die der öffentlichen Sicherheit so gefährlichen Vergesellschaftungen der entlassenen Sträflinge gegeben, sondern dieser Umstand wirkt auch durch die Entmuthigung jener Gefangenen, welche den Wunsch sich zu bessern hegen, ihrem Entschlusse, eine ehrliche Laufbahn zu ergreifen, entgegen. Bei allem Eifer, bei aller Bemühung eines Sträflinges, einen ordentlichen Lebenswandel zu beginnen, bleibt ja immer die Gefahr für ihn vorhanden, daß all' sein Streben durch ein Zusammentreffen mit ehemaligen Strafgenossen vereitelt werden könne, wenn ihn diese öffentlich als einen entlassenen Sträfling bezeichnen. Die Erfahrung hat in dieser Beziehung schon oft die traurigsten Beispiele gezeigt.

Dieses System fordert ferner ein sehr zahlreiches und geschicktes Personale. Aus dem Vorhergehenden erhellt, daß bisher die Erfahrung in allen größeren Gefängnissen die Unmöglichkeit bewiesen hat, das Stillschweigen unter den in gemeinschaftlichen Arbeitssälen vereinigten Gefangenen zu erzielen. Und doch macht selbst diese nur höchst unvollkommene Aufrechthaltung des Stillschweigens außerordentliche Schwierigkeiten. Dieses System fordert von Seite des Gefängnißvorstehers und aller Beamten eine ausgezeichnete Thätigkeit und Energie, von allen Aufsehern eine nie ermüdende Wachsamkeit und eine seltene Redlichkeit. Fehlen diese Eigenschaften bei dem Leitungs- und Aufsichtspersonale der Anstalt, so wird das Stillschweigen gar nicht beobachtet und alle Uebelstände, welche das alte System der unbeschränkten Gemeinschaft der Sträflinge zur Folge hatte, leben wieder auf. In dieser Beziehung ist unter den Directoren aller Gefängnisse, in welchen das System des Stillschweigens eingeführt ist, nur Eine Stimme, und in den Berichten der englischen Gefängnißinspectoren liest man Klagen über Klagen von Seite der Strafhausvorsteher über die ungeheure Schwierigkeit, geeignete Aufseher zu finden. Es ist dies leicht zu begreifen, wenn man bedenkt, daß in der Anstalt Coldbathfields in London für eine Bevölkerung von 1000 bis 1100 Sträflingen nicht weniger als 15 Beamte und 127 Aufseher nothwendig sind. In Westminster Bridewell sind für 3 bis 400 Gefangene 50 und in Wakefield für 6 bis 700 Gefangene 64 Beamte und Aufseher angestellt, wobei zu bemerken ist, daß der Vorsteher dieser letzteren Anstalt die Anzahl seiner Aufseher für viel zu klein erklärte, um das System mit Erfolg durchführen zu können. „Wo sollen wir," sagen die englischen Gefängnißinspectoren Crawford und Russell[*), „eine hinreichende Anzahl von Aufsehern finden, welche alle zu einer wirksamen Durchführung des Systemes des Stillschweigens

---

[*) Third report of the inspectors of prisons. I. Home district. London 1838 pag. 95.

erforderlichen Eigenschaften besitzen? Redlichkeit und Wachsamkeit genügen nicht; es gehört dazu auch eine Kenntniß aller jener Behelfe und Aus= kunftmittel, aller jener mannigfaltigen Listen und bedeutungsvollen Zei= chen, die den Gefangenen, nicht aber auch den Uneingeweihten bekannt und verständlich sind. Soll man diesen vorbeugen oder sie entdecken, so muß man sie kennen. Aber diese Ränke und Zeichen kennen gewöhnlich nur die Gefangenen, welche sich ihrer bedienen, um jenes geheime Ver= ständniß zu hegen, das sie gegenseitig verschlechtert und oft für Alle, die nicht dabei aufgewachsen sind, unbemerklich oder doch unverständlich bleibt. Aeußere Ordnung ist kein Beweis einer erfolgreichen Hemmung jeglichen Verkehres unter den Gefangenen, denn Lärm und Unruhe sind keines= wegs nothwendige Mittel zu ihren wechselseitigen Mittheilungen. Auch haben die untergeordneten Aufseher eines Gefängnisses verhältnißmäßig nur ein geringes Interesse am Erfolge des Systemes. Wenn sie den äußerlichen Anstand bewahren und alle hörbaren Gespräche unterdrücken können, so glauben die Meisten ihre Schuldigkeit erfüllt zu haben. Ihnen ist es hauptsächlich um ihren Lohn zu thun, und, wird trotz ihrer Be= mühungen entdeckt, daß schädliche Communicationen Statt finden, so entschuldigen sie sich damit, daß man von ihnen nicht das Unmögliche fordern könne, daß die Verhinderung aller Mittheilungen unter den Sträflingen ganz unausführbar sei." — Diese Schilderung der Schwie= rigkeiten bei dem Systeme des Stillschweigens ist aus dem Leben ge= griffen*) und man muß ein System, welches so wenig Erfolge verspricht,

---

*) Auch der Director des Gefängnisses zu Wakefield, Sheperd, welcher dieser Anstalt schon seit 17 Jahren vorsteht und selbst das System des Stillschweigens darin eingeführt hat, äußerte sich gegen mich auf folgende Art: „Ich glaube „allerdings, daß das System des Stillschweigens praktisch durchführbar ist, doch „muß ich nach meiner langjährigen Erfahrung bestätigen, daß es von dem Di= „rector und einer großen Anzahl von Aufsehern eine Geschicklichkeit und Thätig= „keit fordert, welche wohl nur höchst selten gefunden wird, und auf die man „somit nicht immer rechnen kann. Insbesondere wird man dies in einem Lande nicht „thun können, in welchem die Stellen eines Gefängnißvorstehers und des ihm „untergeordneten Personales nicht so gut besoldet sind, daß auch Leute von vor= „züglicheren Fähigkeiten einen Antrieb erhalten, sich einem solchen Amte zu wid= „men. Wegen der großen Schwierigkeiten, womit die Leitung von Gefängnissen

um so mehr für unanwendbar erklären, wenn man die ungeheuren Kosten bedenkt, welche es verursacht. In Coldbathfields betragen die Besoldungen der Gefängnißbeamten und Aufseher allein jährlich bei 11,600 Pfd. Sterling, folglich über 10 Pfund (d. i. 100 fl. C. M.) auf den Kopf jedes Sträflinges. In Westminster Bridewell belaufen sich diese Besoldungen jährlich auf 4400 Pfund Sterling, so daß 14 Pfund (d. i. 140 fl. C. M.) auf einen Gefangenen entfallen.

In Frankreich wollte man keine so ungeheuren Summen auf die Beaufsichtigung der Sträflinge verwenden und behalf sich daher bei einer bedeutend geringeren Anzahl besoldeter Gefangenwärter, als in England, mit Aufsehern aus der Zahl der Sträflinge selbst. Allein diese Beaufsichtigung der Gefangenen durch Leute aus ihrer Mitte ist außerordentlich großen Bedenken unterworfen. Schon die Auswahl der aus der Zahl der Sträflinge zu nehmenden Aufseher ist sehr schwierig. Man kann sie nicht aus den nur auf kurze Zeit Verurtheilten wählen, weil man sie sonst immer wieder verliert, wenn sie eben erst anfangen, recht geschickt und tauglich zu werden. Man muß sie also schon aus diesem Grunde unter den auf längere Zeit Verurtheilten, somit in der Regel gerade aus der schlechteren Classe der Sträflinge wählen. Es kommt hiezu noch ein anderer Grund. Die Erfahrung hat gelehrt, daß die Gefangenen, welche gewandter und listiger, mit allen gewöhnlichen Ränken und Auskunftsmitteln vertrauter sind, die Eigenschaften, welche das Geschäft eines Aufsehers fordert, am besten in sich vereinigen und daher gewöhnlich auch zu solchen Diensten verwendet werden. Der Director des Gefängnisses Westminster Bridewell sprach es geradezu aus, daß „die ältesten Diebe die besten Aufseher sind*)." Ist es aber den Grundsätzen der Gerechtigkeit entsprechend, gerade den scharfsichtigsten Verbrecher, den

---

„nach dem Systeme des Stillschweigens verbunden ist, würde daher ich selbst „jedem großen Staate, der ein allgemeines System einführen will, besonders „aber jedem Lande, welches nicht auf die Bildung und Erhaltung eines ausge- „zeichneten Personales sehr bedeutende Summen verwenden will, von der Ein- „führung dieses Systemes abrathen und die Einführung des pennsylvanischen „Systemes empfehlen."

*) Second report of the inspectors of prisons. I. Home district. London 1837 pag. 109.

vollendetsten Heuchler, den moralisch Verwerflichsten über seine gar oft
viel weniger strafbaren Genossen zu erheben, ihm einen Platz des Vertrauens einzuräumen, ihm eine Milderung der wohlverdienten Strenge
seiner Strafe angedeihen zu lassen, ja sogar in seine Hände die Macht
zu legen, das Schicksal der übrigen Sträflinge durch eine mehr oder
minder strenge Ausübung der mit seinem Posten verbundenen Aufsicht
zu erleichtern oder zu erschweren? Was für einen Einfluß muß eien
solche Wahl auf das Urtheil der Gefangenen ausüben, welche für die
Classification ihrer Moralitäten in der Regel einen sehr richtigen Tact
besitzen! — Allein, selbst davon abgesehen, dürfte es nicht möglich sein,
bei Sträflingen noch jene anderen Eigenschaften anzutreffen, welche zu
dem Amte eines Aufsehers so nothwendig sind, als Gewandtheit und
Wachsamkeit, ich meine die Redlichkeit und Unparteilichkeit, den Mangel jeder Begünstigung und jeder Bosheit. Es ist daher immer sehr unsicher, sich auf die Berichte solcher Individuen über das Benehmen ihrer
Mitsträflinge zu verlassen. Hiezu kommen noch alle die Feindseligkeiten,
welche durch eine solche Stellung einzelner Sträflinge unausweichlich
zwischen diesen und den übrigen Gefangenen entstehen müssen, die Nothwendigkeit einer unausgesetzten Beobachtung dieser Aufseher selbst, die häufigen,
oft ungegründeten Beschwerden der untergeordneten Sträflinge gegen diese
Aufseher aus ihrer Mitte; lauter Schwierigkeiten, welche nur sehr schwer
zu überwinden sind und besonders einem bessernden Einflusse der Strafanstalt hemmend entgegentreten. In England ist diese Einrichtung aus
den vorerwähnten Gründen durch die Parlamentsacte von 1839 (2 et
3 Vict. c. 56) in allen Strafanstalten aufgehoben worden und man
trägt dort lieber die großen Kosten der Beaufsichtigung der Sträflinge
durch lauter besoldete Personen, als daß man sich der Ungerechtigkeit,
welche bei der Wahl von Aufsehern aus der Mitte der Gefangenen unvermeidlich ist, schuldig macht. In Frankreich selbst herrscht über die Bestellung von Aufsehern aus der Mitte der Sträflinge unter allen Gefängnißkundigen nur Eine Stimme der Mißbilligung; nur aus finanziellen Rücksichten wird diese anerkannt schlechte Einrichtung noch beibehalten.

Wenn man das Gesagte zusammenfaßt, so ergibt sich, daß nach der in Frankreich, England, Belgien und der Schweiz gemachten Erfahrung das System des Stillschweigens seinen Hauptzweck, die Verhinderung von Mittheilungen unter den Gefangenen und somit von gegenseitiger Verschlimmerung derselben, verfehlt; daß es nur durch sehr häufige und strenge Disciplinarstrafen aufrecht erhalten werden kann und sich daher, wo es genau gehandhabt werden soll, als ein ungemein hartes, ja grausames System erweiset; daß es auch auf die Gefangenen selbst einen sehr üblen, der Besserung entgegenwirkenden Einfluß äußert; daß es das Wiedererkennen der Sträflinge nach ihrer Entlassung aus dem Gefängnisse nicht verhindert, und daß es wegen der außerordentlichen Schwierigkeiten seiner Disciplin nur durch besonders ausgezeichnete und sehr zahlreiche Beamten und Aufseher mit einigem Erfolge durchgeführt werden kann. Wenn man also auch zugeben muß, daß dieses System im Vergleiche zu dem gegenwärtigen Zustande jener Strafanstalten, in welchen noch das unbeschränkte Zusammenleben der Gefangenen besteht, ein bedeutender Fortschritt ist, so ist es doch eine zu geringe Modification des alten Systemes der Gemeinschaft und zugleich mit so wichtigen Nachtheilen unzertrennlich verbunden, daß sich die Einführung desselben, wo es sich um den Neubau eines Gefängnisses handelt, nicht rechtfertigen ließe.

Dritter Abschnitt.

Das

System der Vereinzelung

oder

das pennsylvanische System.

Dieses System beruht auf der beständigen Absonderung der Gefangenen unter einander bei Tag und Nacht. Die nach diesem Systeme eingerichteten Anstalten, welche ich persönlich besuchte, sind: die correctionelle Erziehungsanstalt la Roquette für jugendliche Uebertreter in Paris; das Mustergefängniß zu Pentonville bei London; das seit August 1842 eröffnete Gefängniß zu Bath in England auf 120 Köpfe; die seit dem Anfange des Jahres 1840 nach diesem Systeme geleiteten Gefängnisse zu Bristol auf 180 Köpfe und zu Shrewsbury mit 72 Einzelzellen; das Centralgefängniß zu Perth und das Zuchthaus zu Glasgow. Auch ist dieses System zum Theile in der Strafanstalt zu Lausanne in Anwendung.

Eine kurze Schilderung der Behandlungsweise der Gefangenen nach diesem Systeme, wie es in dem Londoner Mustergefängnisse besteht, möge der Darstellung der über die Wirksamkeit desselben gemachten Erfahrungen vorausgehen. Jeder Gefangene hat seine eigene Zelle, welche wenigstens 800 Kubikfuß enthält, durch ein Fenster wohl erleuchtet, im Winter gut geheizt und durch eine zweckmäßige Ventilation mit guter Luft versehen ist. In dieser Zelle, deren Einrichtung in einem Bette (oder einer Hängmatte), in einem Tische und Sessel, in einem geruchlosen Abtritte und einem Wasserbecken besteht, wird der Gefangene Tag und Nacht angehalten und er verläßt sie nur, um dem Gottesdienste oder Schulunterrichte beizuwohnen, oder, was täglich mindestens auf eine Stunde zu geschehen hat, in einem Einzelspazierhofe Bewegung in freier Luft zu machen. Den Tag über wird er in seiner Zelle zur Arbeit in einem Handwerke angehalten; für die Ruhestunden wird er mit zweckmäßiger Lectüre versehen. Er erhält Unterricht in der Religion, im Lesen, Schreiben und Rechnen. Mit den übrigen Gefangenen kommt er in gar keine Berührung; dagegen erhält er im Laufe des Tages Besuche von dem Gefängnißvorsteher oder dessen Stellvertreter, von dem Geistlichen, Arzte, Schullehrer, Werkmeister, den Aufsehern und solchen Personen, welchen der Gefängnißbesuch gestattet ist, denn es ist der Hauptzweck dieses Systemes, die Gefangenen unter einander auf das vollständigste abzusondern, ihre Berührungen mit ehrbaren Leuten aber möglichst zu vervielfältigen. In den Abendstunden und im Winter selbst in den Frühstunden erhält jeder Gefangene Licht in seine Zelle, um dabei arbeiten zu können. Auch befindet sich in jeder Zelle ein Glockenzug, um im Falle eines unvorhergesehenen Bedürfnisses einen Aufseher herbeirufen zu können.

Aus diesen wesentlichsten Grundzügen der Behandlungsweise der Gefangenen nach dem Vereinzelungssysteme erhellt, wie wenig diese Einzelhaft mit einer absoluten Isolirung, mit beständiger Einsamkeit zu verwechseln ist. Nach dem pennsylvanischen Systeme besteht das Strafübel nur in der Entziehung der Freiheit und in der zum Besten der Gefangenen selbst geschehenden Entfernung jedes Einzelnen von der Gesellschaft anderer Gefangenen.

Vorzüge des pennsylvanischen Systemes.

Der Hauptvorzug dieses Systemes besteht darin, daß es, so viel dies irgend möglich ist, die gegenseitige moralische Verschlimmerung der Gefangenen verhindert, daß es also die erste Bedingung eines guten Gefängnißsystemes, ohne welche an eine moralische Reform der Sträflinge gar nicht zu denken ist, erfüllt. Die

294

Thatsachen, welche ich bei Betrachtung der Wirksamkeit des Auburn'schen Systemes aufgeführt habe, beweisen, daß, so lange man die Gefangenen nicht körperlich von einander absondert, alle Gebote des Stillschweigens, alle Aufsicht und alle Strenge in Bestrafung der Uebertretungen dieses Gebotes nichts nützen, daß dadurch die Communicationen zwischen den Sträflingen wohl ein wenig vermindert, aber durchaus nicht verhindert werden können. Bei dem pennsylvanischen Systeme hingegen werden Mittheilungen der Gefangenen unter einander bei einer nur etwas aufmerksamen Ueberwachung fast unmöglich gemacht*). Die Mauern, welche die Zellen von einander trennen und jede leise Mittheilung verhindern, sind ohne Vergleich bessere Wächter zur Hintanhaltung solcher Communicationen zwischen je zwei Sträflingen, als die beste Aufsicht in gemeinschaftlichen Arbeitssälen. Die Verhinderung von Mittheilungen der Sträflinge unter einander ist um so vollständiger, weil für die Gefangenen selbst nicht jene beständige Versuchung besteht, welche bei dem Auburn'schen Systeme der Beobachtung der Vorschrift des Stillschweigens unaufhörlich entgegenwirkt. Durch die in England so sehr vervollkommnete Bauart der Gefängnisse, insbesondere durch die bewunderungswürdigen Ventilationsvorrichtungen, wodurch es möglich geworden ist, die Fenster der Zellen gänzlich verschlossen zu halten, sind die Mittheilungen von Zelle zu Zelle so sehr erschwert worden, daß man die aus denselben der Aufrechthaltung des Absonderungsprincipes drohende Gefahr als beinahe gänzlich beseitigt betrachten kann. Damit aber, daß die nach diesem Systeme gebauten Strafhäuser die moralische Ver-

*) Ich sage: „fast unmöglich gemacht," denn eine absolute Verhinderung aller Mittheilungen zu erreichen, liegt wohl außer dem Bereiche menschlicher Macht. Es kommt aber auch nur darauf an, die Möglichkeit solcher Mittheilungen auf ein Minimum zu beschränken, so daß dieselben nur höchst unbedeutende Gegenstände umfassen und der Sittlichkeit der Gefangenen nicht verderblich werden können. Die Einzelspazierhöfe und die Einrichtung der Kapelle des Londoner Mustergefängnisses könnten allerdings zu einzelnen Versuchen längerer Unterredungen Veranlassung geben, doch scheint eine genaue Aufsicht denselben vorbeugen zu können, und der Nutzen, welchen sie in anderer Hinsicht gewähren, überwiegt gewiß die hieraus zu besorgenden Nachtheile.

schlimmerung der Gefangenen hindern, ist die erste Pflicht des Staates bei der Anlage von Gefängnissen erfüllt, die erste und wesentlichste Aufgabe desselben gelöset. Man kann es fürwahr dem Staate nicht zum Vorwurfe machen, wenn es ihm nicht gelingt, die Sträflinge moralisch zu bessern, weil dies eine sehr schwierige, seine Mittel oft übersteigende, vorzüglich der inneren Welt des Gemüthes anheimfallende Aufgabe ist. Allerbings aber ist es eine heilige Pflicht des Staates, dafür zu sorgen, daß die Sträflinge aus seinem Gefängnisse nicht schlechter austreten, als sie in dasselbe eingetreten sind. Die Nichterfüllung dieser Pflicht ladet dem Staate eine schwere Verantwortung auf und er muß daher seine Strafanstalten nach dem Systeme einrichten, bei welchem die Verhinderung einer gegenseitigen Verschlechterung der Gefangenen am wenigsten zu besorgen ist. Diese Rücksicht muß die erste, die entscheidendste sein. Uebrigens ist damit nicht gesagt, daß der Staat für die Besserung der Sträflinge nichts thun solle; vielmehr liegt ihm allerdings ob, nicht nur durch Anstellung geeigneter Seelsorger und Lehrer den Unterricht in der Religion und den Elementarkenntnissen, so wie durch einen zweckmäßigen technischen Unterricht die handwerksmäßige Bildung der Gefangenen nach Kräften zu befördern, sondern auch bei der Wahl eines Systemes für seine Strafanstalten auf dessen moralisch-reformirende Kraft besondere Rücksicht zu nehmen. Auch in dieser Beziehung gibt die Erfahrung dem Systeme der Einzelhaft das glänzendste Zeugniß. Alle Berichte über die amerikanischen und englischen Strafanstalten, in welchen es eingeführt ist, stimmen darin überein, daß nichts so sehr darauf hinwirkt, den Gefangenen zur Betrachtung seiner selbst, seines bisherigen Lebenslaufes, so wie der Folgen seiner schlechten Handlungsweise, und somit zur Reue und zu einem aufrichtigen Wunsche und Vorsatze der Besserung hinzuleiten, als die Entfernung von jeder Gesellschaft von seines Gleichen. In diesem Zustande des Alleinseins mit sich selbst wird dem Gefangenen die Stimme seines Gewissens vernehmbar, weil ihm jede Gelegenheit, jedes Mittel, sie zu übertäuben, fehlt. „In der Stille und Einsamkeit seiner Zelle," sagen die englischen Gefängnißinspectoren Crawforb und **Ruffell*)**, „steigen die lang vergeffenen Vorfchriften der Religion, die Erinnerungen an die Belehrung und das Beifpiel feines väterlichen Haufes, die letzte feierliche Warnung fterbender Aeltern, alle Eindrücke der Jugend vor dem fchuldigen Gewiffen mit einer Lebendigkeit und Kraft empor, welcher die Umftände des Sträflinges einen furchtbaren Nachdruck verleihen. Jede künftliche Stütze ift ihm entzogen, und der Schuldige wird zum Bewußtfein feiner wahren Lage gebracht. Das Schreckensbild feiner Zukunft führt ihn auf den Gedanken an die ewige Gerechtigkeit und das Gericht, das über ihn kommen wird. Er hat Gelegenheit und Muße, diefen Gedanken nachzuhängen. Wenn je Rath und Belehrung mit Nutzen ertheilt werden kann, wenn es irgend Umftände gibt, welche die Warnungen und Aufmunterungen der Religion dem Geifte einzuprägen vermögen, fo muß dies in der einfamen Zelle des Sträflinges der Fall fein, wo er ungefehen und ungehört ift und ihn nichts erreichen kann, als die Stimme, welche ihm wie ein Zuruf aus einer anderen Welt erfcheinen muß, und die feinem erwachenden Gewiffen Wahrheiten zuruft, denen es lang entfremdet war und ohne die jetzige heilfame Behandlung vielleicht für immer fremd geblieben wäre. Diefer Eindruck wird unter dem Vereinzelungsfyfteme während der ganzen Dauer der Strafe des Gefangenen nicht leicht aus feinem Gemüthe verwifcht. Die feierlichen Gedanken, welche ihn befchäftigen, werden durch keine Scenen von gefelliger Thätigkeit oder geräufchvoller Arbeitfamkeit unterbrochen. Die ruhige Einförmigkeit des Gefängnißlebens ift nur geeignet, folchem Nachdenken Dauer und Wirkfamkeit zu ertheilen und die Bemühungen feiner Lehrer, die feinen Gedanken eine ernfte und nützliche Richtung geben und ihn zu fleißiger Erfüllung feiner täglichen Pflichten aufrufen, zu unterftützen. Wenn einmal ein Gefangener dahin gebracht ift, zu denken, wenn er durch feine Umftände gezwungen ift, fich felbft zum Gegenftande feines Nachdenkens zu machen, dann ift fchon das halbe Werk der Befferung vollendet. Diefe Einkehr des Gefangenen in fich felbft wird, wenn fie einmal begonnen hat, nicht leicht zur Seite gelegt, ja

---

*) Third report of the inspectors of prisons. I. Home district. pag. 16.

nicht einmal auf lange Zeit unterbrochen. Selbst die Arbeit des Tages hebt
sie nicht immer auf. Unerwartete Besucher haben den Gefangenen oft
in Gedanken versunken, aber doch so eifrig, wie der fleißigste Handwerker,
arbeitend gefunden, nachdenkend über sein Haus und die Seinen, über
die Aeltern, welche sein Benehmen vor Gram getödtet oder entehrt hat,
oder über Weib und Kinder, die er ihres natürlichen Schützers und Er-
halters beraubt hat. Doch mitten unter den schmerzlichsten Seelenleiden
halten ihn Entschlüsse der Besserung und eines künftigen redlichen Lebenswandels aufrecht, Entschlüsse, welche keine Gefängnißgenossen schwächen
können, und bei denen zu verharren, dasselbe System, welches ihn auf
den rechten Weg brachte, ihm auch Muth und Ausdauer verleiht. Zahlreiche Beispiele dieser Art liegen erwiesen vor und wir können mit Zuversicht sagen, daß dies Vortheile sind, wie sie kein anderes System
als das der Vereinzelung aufzuweisen vermag." Was die Gefängnißinspectoren in ihrem Berichte im Jahre 1838 aussprachen, wurde mir
von dem ehrwürdigen Russell, der selbst mehrere Jahre hindurch
Kaplan in dem großen Pönitentiarhause zu Milbank gewesen war, auch
mündlich bestätiget.

Besonders wichtig ist es, daß die Einzelhaft die Gemüther der
Gefangenen für religiöse Gefühle und Belehrung sehr empfänglich macht. Während bei dem Zusammenleben der Sträflinge nur
zu oft der Priester zum Gegenstande des Spottes wird, sind seine Besuche
dem Gefangenen in der Einzelhaft jederzeit willkommen; der Seelsorger erscheint ihm als ein wohlthätiger Erleichterer seiner Einsamkeit, als ein theil-
nehmender Freund und Rathgeber. Bei der Gemeinschaft der Sträflinge
wird jeder gute Eindruck durch die Gesellschaft der Anderen sogleich verwischt;
bei dem Vereinzelungssysteme kann der Gefangene, wenn die Predigt irgend
einen guten Eindruck auf ihn gemacht hat, ohne Unterbrechung darüber
nachdenken. Während bei dem gemeinschaftlichen Leben der Gefangene
sich schämen würde, sich vor einem Strafgenossen einer weichen Gemüths-
bewegung, einem Reuegefühle hinzugeben, nimmt er in der Einzelhaft
in Gegenwart derjenigen, bei welchen er auf Mitleid hoffen darf, keinen
Anstand zu zeigen, daß die heiligsten Gefühle noch in einem Winkel

feines Herzens leben. Die Berichte der Gefängnißgeistlichen von Milbant
in London, von Lewes, Petworth, Bath und Shrewsbury in England,
von Perth in Schottland, so wie von der Anstalt la Roquette in Paris
stimmen hierin vollkommen überein, und mehrere unter ihnen haben mir
persönlich bestätiget, daß sie in der Einzelhaft die kräftigste Unterstützung
für eine erfolgreiche Einwirkung auf die Gefangenen finden.

Nicht ohne Bedeutung ist die Erleichterung, welche die Einzelhaft
den Bemühungen für die moralische Besserung der Gefangenen dadurch
gewährt, daß es bei diesem Systeme möglich wird, jeden Gefangenen n a ch
seiner Individualität zu behandeln. Sobald die Sträflinge in Gemeinschaft sind, darf für keinen eine Ausnahme oder Erleichterung eintreten,
weil dies nur zu Mißmuth und Gehässigkeit unter ihnen Anlaß geben
könnte. In Anstalten nach dem Vereinzelungssysteme kann dagegen kein
Anstand obwalten, einen Sträfling von sanfter Gemüthsart oder von mehr
Bildung milder zu behandeln, als einen Menschen von rohem Charakter,
der ohne alle Erziehung aufgewachsen ist und oft nur durch Strenge, durch
unerschütterlichen Ernst zur Unterwürfigkeit gebracht werden kann. Wie die
Behandlung im Allgemeinen, so kann sich auch die Unterrichtsart, ja selbst
die Diät und die längere oder kürzere Dauer der den Gefangenen erlaub-
ten Spaziergänge leicht nach den besonderen Bedürfnissen jedes Einzelnen
richten, ohne daß ein Anderer darum wüßte und deshalb Klage führen
könnte.

Wie wohlthätig in moralischer Beziehung das Zellensystem wirke,
sehen die Gefangenen selbst ein und es ließen sich aus den Berichten der
englischen und schottischen Gefängnißinspectoren zahlreiche Aeußerungen von
Gefangenen, die selbst das Heilsame der Einzelhaft erkannten, anführen.
Ich selbst habe in dem Gefängnisse la Roquette in Paris, in dem Mustergefängnisse zu Pentonville und in dem Strafhause zu Perth aus dem
Munde vieler Sträflinge, welche ich in ihren Zellen besuchte, die Versicherung vernommen, daß sie die bessernde Wirkung des Vereinzelungssystemes dankbar anerkennen und es als eine glückliche Schickung betrachten, daß sie in solche Anstalten versetzt wurden. Noch auffallender beweisen
die moralische Wirkung der Einzelhaft die nicht seltenen Fälle von Gefan-

genen, welche freiwillig um ihre Versetzung in Einzelzellen anfuchten, ja sogar, nachdem man fie aus der Zellenhaft in die Gemeinschaft mit anderen Gefangenen versetzt hatte, freiwillig um ihre Zurückversetzung in die Einsamkeit der Zelle baten, weil fie einsahen, daß die Gemeinschaft ihnen in moralischer Hinsicht nur schädlich werden könne. Solche Fälle haben fich in dem Gefängnisse la Roquette in Paris, in dem General Penitentiary zu Milbank, in dem Zuchthause zu Glasgow und selbst in einigen französischen Centralgefängnissen ereignet.und fie scheinen sprechende Zeugnisse von der bessernden Kraft der Einzelhaft zu fein.

Ein anderer, durch die Erfahrung vielfach bestätigter Vorzug der Einzelhaft besteht darin, daß fie in den Gefangenen eine wahre R e i g u n g zur Arbeit und zum Unterrichte erweckt. Während in den Anftalten, in welchen die Sträflinge in Gemeinschaft leben, die Arbeit immer nur als eine unangenehme Laft betrachtet wird, der fich jeder gern zu entziehen sucht, wird fie in den Gefängnissen nach dem Vereinzelungssysteme von den Gefangenen als eine Wohlthat, als eine außerordentliche Erleichterung der Einsamkeit, als ein angenehmer Zeitvertreib betrachtet. Dies ist aber gerade die Stimmung, welche für das künftige Wohl der Gefangenen von der höchsten Wichtigkeit ist; denn dadurch allein gewöhnt fich der Gefangene, gern zu arbeiten, und nur darin liegt eine Garantie dafür, daß er auch nach feiner Strafentlassung, wenn der Zwang zur Arbeit hinwegfällt, ein arbeitsames Leben führen werde. Daß die Einzelhaft wirklich eine große Neigung zur Arbeit erzeugt, beweiset nicht nur die allgemeine Erfahrung in a l l e n Anftalten nach diesem Systeme, daß die Sträflinge das Handwerk oder Gewerbe, zu welchem fie verwendet werden, sehr schnell erlernen und bald eine große Vollkommenheit darin erlangen, eine Erfahrung, welche ich in dem Gefängnisse la Roquette, in dem Londoner Mustergefängnisse und in Perth vollkommen bestätigt fand; sondern es geht auch aus den Berichten aller Gefängnißvorsteher und aus vielen Aeußerungen der Gefangenen felbst unwidersprechlich hervor. So berichtet der schottische Gefängnißinspector Friedrich H i l l *) über das Gefängniß

*) Fourth report of the inspectors of prisons. IV. Scotland, Northumberland and Durham. London 1839 pag. 19. In dem fünften Jahresberichte desselben

zu Ayr, baß er bort nicht einen einzigen Gefangenen gefunden, ber nicht bie Beschäftigung ber Arbeitslosigkeit vorzöge, unb baß baselbst bie Wegnahme ber Arbeit von ben Gefangenen als bie härteste Disciplinarstrafe betrachtet werbe. Nach ben Berichten bes bortigen Gefängnißvorstehers wurbe oft, als um eine Gunst, um bie Erlaubniß gebeten, bie Arbeit eine Stunbe über bie gewöhnliche Zeit zum Schlafengehen fortsetzen zu bürfen. Der Kaplan bes neuen Gefängnisses zu Perth, Maclean, schreibt bie unter ben Sträflingen sich zeigenbe Sehnsucht nach Arbeit vorzüglich bem Einflusse ber Vereinzelung berselben zu, indem er sagt: „Daburch haben „sie ben Werth bessen, was sie vielleicht früher verachteten, ben Werth „einer nützlichen Arbeit fühlen unb anerkennen gelernt*)."

Ganz basselbe Bewanbtniß hat es auch mit ber Lust ber Gefangenen zur Benützung bes Elementarunterrichtes. Die Berichte aller Gefängniß-

---

*) Gefängnißinspectors (Lonbon 1840 Seite 12 unb 13) finb Vernehmungen einiger Gefangenen enthalten, welche bas Gesagte vollkommen bestätigen. Die Aeußerung eines Sträflinges, ber schon seit 19 Monaten in bem Gefängnisse zu Ayr in ber Einzelhaft angehalten war, lautet: „Ich hoffe, baß ich bas Gefängniß in einem besseren Zustanbe verlassen unb weniger in Gefahr sein werbe, ein neues Verbrechen zu begehen. Ich betrachte es als ein Glück, baß ich in bieses Gefängniß gekommen bin, unb es erscheint mir als eine sehr gute Regel, baß bie Gefangenen abgesonbert angehalten werben; benn, wenn Zwei ober Drei beisammen finb, so ist gewiß Einer schlechter als bie Anbern unb unterrichtet biese im Bösen. Es war mir eine Wohlthat, baß ich viel zu thun hatte. Ich arbeite sehr gern unb hatte nie eine solche Liebe zur Arbeit, als seit meinem Eintritte in bieses Gefängniß. Ohne Arbeit, glaube ich, hätte ich meine Strafzeit nicht überlebt." — Ein anberer, schon seit 12 Monaten in Ayr angehaltener Sträfling sprach sich in folgenber Weise aus: „Ich glaube, baß in biesem Gefängnisse wahrhaft für bas Beste ber Gefangenen gesorgt wirb. Es ist eine gute Idee, bie Gefangenen abgesonbert zu halten, benn Manche finb größere Spitzbuben als Anbere. Ich möchte recht gern einen Gesellschafter von gutem Charakter bei mir haben, aber ich bin lieber allein, als baß ich Gefahr laufen wollte, einen schlechten Gefangenen in meine Zelle zu bekommen. Ich wußte nie vor meiner Anhaltung, was für ein angenehmes Ding bie Arbeit ist. Sie hilft bem Geiste sehr auf. Ich habe auch große Freube an unserer Gefängnißbibliothek. Ich habe hier Lust zum Lesen bekommen unb biese wirb, glaube ich, nach meiner Entlassung aus bem Gefängnisse fortbauern."

*) Fourth report of the general board of directors of prisons in Scotland. Lonbon 1843 pag. 54.

kundigen stimmen darin überein, daß die Gefangenen in der Einzelhaft im Lesen, Schreiben, Rechnen und dergl. ungemein schnelle, ja wahrhaft erstaunliche Fortschritte machen, was sich auch aus dem Mangel jeder Zerstreuung sehr gut erklärt. In dem Gefängnisse la Roquette in Paris, in dem Londoner Mustergefängnisse und in dem Strafhause zu Perth habe ich mich selbst überzeugt, was für bewundernswerthe Fortschritte die Gefangenen in ihren Zellen in einer verhältnißmäßig kurzen Zeit machen, und was für eine Freude sie selbst an denselben haben. Ich kann mich in dieser Hinsicht auf die bei der Schilderung dieser Anstalten ange= führten Thatsachen berufen und es genügt, hier auf die hohe Wichtig= keit des Elementar= und technischen Unterrichtes für die Erleichterung eines redlichen Lebenswandels der Sträflinge nach ihrer Entlassung hin= zudeuten.

Ein anderer sehr wichtiger Vorzug dieses Systemes besteht in der großen Leichtigkeit, die Disciplin in einem darnach eingerichteten Gefäng= nisse zu handhaben. Sobald die Hausordnung einmal im Gange ist, geht sie, beinahe wie eine Maschine, von selbst fort. Da man es immer nur mit einzelnen Sträflingen zu thun hat, so fallen alle Schwierigkeiten, welche sich oft in zahlreich bevölkerten, nach dem Systeme der Gemeinschaft ein= gerichteten Anstalten aus der Bosheit und Widerspänstigkeit Einzelner, die bei ihren Genossen auf Theilnahme, wenn nicht gar auf Mitwirkung rechnen können, ergeben, von selbst hinweg. Es ist keine so unausge= setzte und ermüdende Wachsamkeit, wie in den nach dem Systeme des Stillschweigens eingerichteten Strafhäusern, erforderlich und es kann daher · viele Zeit, welche in solchen Anstalten auf das Mechanische der äuße= ren Disciplin verwendet werden muß, auf die moralische und intellec= tuelle Bildung, auf eine individuelle Behandlung der Gefangenen verwen= det werden.

Während das System des Stillschweigens ohne eine sehr große Anzahl von Disciplinarstrafen nicht aufrecht erhalten werden kann, ist natürlich bei der Vereinzelung der Gefangenen die Zahl der Disciplinar= vergehen sehr gering. In dem Gefängnisse Milbank kamen im Jahre 1838 bei einer mittleren täglichen Bevölkerung von 585 Köpfen nur 1515 und

im Jahre 1839 bei einer Bevölkerung von 518 Köpfen nur 904 Disciplinarstrafen vor. In Glasgow werden bei einer Bevölkerung von 400
bis 450 Köpfen im Durchschnitte täglich nur 3 Disciplinarstrafen verhängt. Unter dem Systeme der Einzelhaft fällt die Nothwendigkeit zahlreicher Disciplinarstrafen hinweg und es zeigt sich in allen Anstalten dieser Art, daß ein mildes, aber ernstes Benehmen des Gefängnißvorstehers
kräftiger als alle Strafen auf die Gefangenen wirkt. Man kann daher
das System der Vereinzelung der Gefangenen mit Recht das mildeste
und humanste aller Straffysteme nennen. Es beraubt den Gefangenen nur seiner Freiheit und zu seinem eigenen Besten der Gesellschaft anderer Sträflinge; allein es legt ihm weder die Qual des gebotenen Stillschweigens bei körperlicher Vereinigung mit Anderen auf, noch braucht es zu
seiner Handhabung jene Unzahl von Disciplinarstrafen, welche bei dem
Auburn'schen Systeme unentbehrlich ist.

Dessenungeachtet ist die Einzelhaft eine sehr gefürchtete Strafe.
In unserer Zeit thut es wahrlich Noth, an die Stelle der bisherigen
Gefängnisse, welche durch die darin eingeführte Sorgfalt für die physischen
Bedürfnisse der Gefangenen, verbunden mit der Gestattung einer nur wenig
beschränkten Gemeinschaft derselben, fast alles Abschreckende, besonders
für die verderbteste Verbrecherclasse, für die Gewohnheitsdiebe, verloren
haben, eine wirksame, von den verbrecherisch Gesinnten selbst gefürchtete
Strafe zu setzen. Diesen Zweck erreicht man durch die Einzelhaft. Alle Vernehmungen von Gefangenen selbst, alle Zeugnisse der Gefängnißvorsteher
stimmen darin überein, daß die Anhaltung in der Einzelzelle von den
Sträflingen sowohl, als auch vom Volke überhaupt als eine sehr harte
Strafe betrachtet wird. In England versichern die Vorsteher vieler Strafanstalten, daß die einsame Haft als die härteste Strafe empfunden werde,
daß die Gefangenen derselben sogar öfters das System des Stillschweigens
vorziehen und lieber auf der Tretmühle arbeiten, als in den Zellen bleiben.
Zu Bath in England und zu Dumfries in Schottland machte man
die Erfahrung, daß seit der Einführung des pennsylvanischen Systemes
in den Gefängnissen dieser Städte die Zahl der in dem Gerichtsbezirke
derselben begangenen Vergehen bedeutend abnahm, weil diese Strafart im

Publicum sehr gefürchtet wurde. Es ist aber mit der einschüchternden Gewalt der Einzelhaft noch der große Vortheil verbunden, daß sie jenen Verbrechern am schwersten fällt, welche eine strenge Strafe am meisten verdienen. „Es ist eine eben so wahre und allgemeine, als bemerkenswerthe Thatsache," sagt Wood, der bekannte Vorsteher des Eastern Penitentiary in Philadelphia, „daß in jedem Falle, wo der Gefangene dahin gebracht wurde, die Irrthümer seines verflossenen Lebens einzusehen und Reue darüber zu fühlen, seine Zelle alle ihre Schrecken zu verlieren schien, und schon oft haben Gefangene anerkannt, daß ihre Versetzung in diese Anstalt zu ihrem Besten gereicht hatte, und ihr Dankgefühl dafür ausgesprochen. Die Meisten erschienen ergeben, Manche sogar glücklich. Nur der schlechte, entschiedene und eingealterte Bösewicht fühlt unser System in seiner vollen Strenge. Diese Thatsache dient zur Erwiederung auf den Einwurf, daß die Einzelhaft nicht gleichmäßig auf alle Gemüther wirke. Es ist dies allerdings wahr, aber sie wirkt am kraftvollsten und mit der größten Strenge gerade auf diejenigen, bei denen eine besonders scharfe Strafe unentbehrlich ist."

Das Vereinzelungssystem verhindert nicht nur die gegenseitige Verschlechterung der Gefangenen auf die wirksamste Weise; es geht sogar weiter. Da die Gefangenen während der ganzen Dauer ihrer Strafzeit nie zusammenkommen und sich nicht einmal sehen, so können sie sich auch nach ihrem Austritte aus dem Gefängnisse nicht wieder erkennen. Dadurch wird aber schon sehr viel gethan, um jenen Vergesellschaftungen von Verbrechern vorzubeugen, welche für die Sicherheit aller Staatsangehörigen so gefährlich sind. Diese gänzliche Unbekanntschaft jedes Sträflinges mit seinen Strafgenossen gibt zugleich jedem, der sich wahrhaft bessern will, die Beruhigung, daß er nach seiner Entlassung aus der Strafe von Niemand als Sträfling werde erkannt werden. Er kann die gegründete Hoffnung fassen, daß er einen ehrlichen Nahrungszweig werde ergreifen können, ohne befürchten zu müssen, daß ein Zusammentreffen mit ehemaligen Strafgenossen ihn in den Augen seiner Mitbürger als einen entlassenen Sträfling bezeichnen und alle seine Aussichten auf einen redlichen Erwerb zerstören könne. Wie ungemein wichtig aber eine solche Ermuthigung für jeden

Sträfling ist, um ihn zu dem Entschlusse, seiner bisherigen verbrecherischen Laufbahn zu entsagen, kräftig zu unterstützen, leuchtet schon bei der oberflächlichsten Betrachtung von selbst ein und wird durch die Geschichte vieler Verbrecher auf das Vollständigste bestätiget.

Einwürfe gegen das pennsylvanische System.

Die wichtigste, gegen das System der Vereinzelung der Gefangenen erhobene Einwendung besteht darin, daß es bei längerer Dauer der Strafe der körperlichen und geistigen Gesundheit der Sträflinge gefährlich sei.

Was zuerst die körperliche Gesundheit der Gefangenen betrifft, so ist gar nicht einzusehen, wie die Einzelhaft, wenn sie so, wie in dem Mustergefängnisse zu Pentonville gehandhabt wird, wenn also Arbeit in der Zelle, zweckmäßige Heizung und Lüftung aller Gefängnißräume und ein täglicher Spaziergang in freier Luft damit verbunden werden, nachtheilig darauf einwirken könne. Die Erfahrung widerlegt auch alle Befürchtungen in dieser Hinsicht. Die wichtigste Anstalt ist das Staatsgefängniß (Eastern Penitentiary) zu Philadelphia, die einzige Anstalt nach dem Vereinzelungssysteme, welche schon seit einer Reihe von Jahren für auf längere Zeit verurtheilte Sträflinge besteht, deren Erfahrungen somit von der größten Bedeutung sind*). Ueber den Gesundheitszustand der Sträflinge dieser Anstalt bei ihrer Aufnahme in dieselbe und bei ihrer Entlassung hat Professor Tellkampf aus den Jahresberichten des Arztes folgende Tabelle zusammengestellt.

---

*) Ich habe nicht nur die jährlichen Berichte der Inspectoren dieses Gefängnisses und die von Beaumont und Tocqueville, von Crawford, Julius, Demetz und Blouet in ihren Schilderungen des Gefängnißwesens in den vereinigten Staaten mitgetheilten Thatsachen und Ausweise, sondern auch das neueste Werk: „Ueber die Besserungsgefängnisse in Nordamerika und England" von J. L. Tellkampf (Berlin 1844) benützt. Lehrreich ist auch der Brief des Dr. Coates in den Jahrbüchern der Gefängnißkunde und Besserungsanstalten IV. Band Seite 1 u. ff.

Jahre.	Aufgenommen und entlassen in guter Gesundheit.	Aufgenommen und entlassen in ungefähr demselben schlechten Gesundheitszustande.	Entlassen in besserer Gesundheit, als sie bei ihrer Aufnahme zeigten.	Entlassen in verschlimmertem Gesundheitszustande.	Gesammtzahl.
		Weiße Sträflinge.			
1837	58	8	17	9	92
1838	47	16	16	5	84
1839	35	15	40	8	98
1840	51	16	41	7	115
1841	33	19	33	8	93
1842	40	15	30	2	87
Zusammen	264	89	177	39	669
		Farbige Sträflinge.			
1837	33	6	4	6	49
1838	22	7	6	2	37
1839	27	2	20	4	53
1840	23	8	25	3	61
1841	27	7	18	5	57
1842	25	8	14	8	55
Zusammen	157	38	87	30	312

Aus dieser Uebersicht geht hervor, daß unter 881 Sträflingen, welche in dem sechsjährigen Zeitraume von 1837 bis 1842 aus dieser Anstalt entlassen wurden, 548 sich ungefähr in demselben Gesundheitszustande, wie bei ihrer Aufnahme, 264 in besserem und nur 69 in schlechterem Gesundheitszustande befanden.

In den Jahresberichten des Gefängnißarztes findet sich auch eine Vergleichung des Gesundheitszustandes der aus der Strafanstalt Entlassenen mit dem Zustande der im Laufe desselben Jahres darin Aufgenommenen, wornach sich für eine Reihe von Jahren ergibt, daß, während unter den in das Gefängniß neu Aufgenommenen nur beiläufig 50% bei guter Gesundheit waren, unter den Entlassenen nahe an 80% sich einer guten Gesundheit erfreuten. Aus diesen Zusammenstellungen leiten die Berichte die Folgerung ab, daß der Aufenthalt in dem Staatsgefängnisse zu Philadelphia, weit entfernt, der Gesundheit der Sträflinge zu schaden, eher eine Verbesserung derselben zur Folge habe. Wenn man nun auch

20

diesen, wie es scheint, übertrieben günstig lautenden Berichten nur mit einiger Mäßigung Glauben schenken kann, so geht doch so viel daraus hervor, daß der Gesundheitszustand der Gefangenen im Allgemeinen nicht schlechter, als der einer gleichen Anzahl freier Personen gleichen Alters und Standes gewesen sein muß.

Diese Folgerung findet ihre volle Bestätigung durch die Betrachtung der Anzahl der in der Anstalt zu Philadelphia vorgekommenen Todesfälle. Hiebei ist jedoch vor Allem der wichtige Umstand zu berücksichtigen, daß das Staatsgefängniß zu Philadelphia eine sehr beträchtliche Anzahl von Negern (40% der Gesammtbevölkerung) enthält, ein Umstand, der auf die Beurtheilung der Sterblichkeitsverhältnisse von dem wesentlichsten Einflusse ist, wie dies aus der folgenden Tabelle erhellt.

Jahre	Mittlere tägliche Bevölkerung in Köpfen	Todesfälle	Auf 100 Gefangene kamen Todesfälle	Tägliche Durchschnittszahl der weißen Gefangenen	Todesfälle unter den Weißen	Auf 100 Weiße kamen Todesfälle	Tägliche Durchschnittszahl der farbigen Gefangenen	Todesfälle unter den Schwarzen	Auf 100 Farbige kamen Todesfälle
1830	31	1	3.0	23	1	4.19	9	—	—
1831	67	4	6.0	48	2	4.18	19	2	10.03
1832	91	4	4.4	69	1	1.44	22	5	18.52
1833	123	1	0.8	89	1	1.11	34	—	
1834	183	5	2.7	124	1	0.80	59	4	6.68
1835	266	7	2.6	158	2	1.26	108	5	4.61
1836	360	12	3.3	202	2	0.99	148	10	6.74
1837	387	17	4.3	233	7	3.00	154	10	6.49
1838	401	26	6.25	240	7	2.90	161	19	11.80
1839	418	11	2.68	245	2	0.81	173	9	5.35
1840	406	22	5.41	239	9	3.76	167	13	7.78
1841	335	17	5.07	201	4	1.99	184	18	9.70
1842	332	9	2.70	212	3	1.41	130	6	4.61
Durchschnitt von 1833 bis 1837	264	8.4	3.18	162	2.6	1.61	101	5.8	5.74
Durchschnitt von 1838 bis 1842	378	17	4.50	225	5	2.22	153	13	8.00
Zehnjähriger Durchschnitt von 1833 bis 1842	321	12.7	3.96	194	3.8	1.96	127	8.9	7.00

Wenn man daher mit Hinweglassung der drei ersten Jahre nach der Eröffnung der Anstalt, welche wegen der geringen Anzahl der damaligen

Bevölkerung nur zufällige Resultate liefern könnten, ben zehnjährigen Zeitraum von 1833 bis 1842 in das Auge faßt, so ergibt sich bei einer mittleren täglichen Bevölkerung von 321 Köpfen ein jährliches Sterblichkeitsverhältniß von 3.96%, b. i. beinahe Ein Sterbefall auf 11 Köpfe. Daß dieses Verhältniß so groß ist, rührt nur von der Negerbevölkerung der Anstalt her. Während die Neger nur 40% der Gesammtbevölkerung bilden, machen die Todesfälle unter ihnen 70% aller Todesfälle aus. Unter den weißen Gefangenen ist das Sterblichkeitsverhältniß nur 1.96%, b. i. Ein Todesfall auf 50 Köpfe, unter den farbigen hingegen beträgt dieses Verhältniß 7%, b. i. Einen Todesfall auf 14 Köpfe. Auf 100 Todesfälle unter den Weißen kommen daher bei einer gleichen Anzahl von Farbigen 360 Todesfälle. Die Sterblichkeit unter den Negern ist also 3.6 mal so groß, als unter den Weißen.

Diese außerordentlich große Sterblichkeit unter den Negern rührt theils davon her, daß die Neger überhaupt das Klima von Pennsylvanien nur schwer ertragen*), was daraus hervorgeht, daß auch die Sterblichkeit unter den freien Negern zu Philadelphia doppelt so groß als unter den freien Weißen daselbst ist, theils davon, daß die Neger, welche in das Gefängniß kommen, den Auswurf dieser ohnehin demüthigen und zerrütteten, einer Menge gesundheitswidriger Lebensgewohnheiten ergebenen Volksclasse bilden und daher meistens schon in sehr schlechtem Gesundheitszustande in die Anstalt eintreten**). Unter den in den Jahren 1837

---

*) Die Neger leiden vermöge ihrer für ein heißes Klima geschaffenen Constitution durch das feuchte und kalte Klima von Pennsylvanien vorzüglich an Lungensucht und Skropheln. Dazu kommt noch, daß dem Neger in Folge seiner körperlichen Beschaffenheit und der besonders in den Bewegungsorganen desselben erhöhten Lebensenergie der Mangel an Bewegung in dem Gefängnisse, so wie auch die Entziehung des Genusses der freien Luft und der Sonnenwärme weit schädlicher ist, als den weißen Gefangenen. Nach Dr. Emerson's medicinischer Statistik betrug das Sterblichkeitsverhältniß unter der freien Bevölkerung von Philadelphia in den zehn Jahren 1821 bis 1830 2.423% für die Weißen und 4.758% für die Neger. Die Sterblichkeit der Weißen verhielt sich also zu der der Neger wie 100 : 196, b. i. nahe wie 1 : 2.

**) „Pennsylvanien, von 8 Sclavenstaaten umgeben," sagt der 12. Bericht der Inspectoren des Staatsgefängnisses, „dient zur Aufnahme der unzufriedenen

20*

bis 1842 in das Staatsgefängniß zu Philadelphia aufgenommenen 336 Farbigen waren 150 (b. i. 44%) schon bei ihrem Eintritte krank und unter den 64 in den Jahren 1837 bis 1841 darin verstorbenen Negern waren 43, b. i. über zwei Drittheile (67%), schon bei ihrer Aufnahme krank gewesen.

Wenn man diese wichtigen Umstände berücksichtiget, so wird man auf die Nothwendigkeit hingewiesen, die Sterblichkeitsverhältnisse der weißen und farbigen Gefangenen abgesondert zu betrachten. Vergleicht man die Sterblichkeit, welche während der zehn Jahre 1838 bis 1842 unter den weißen Gefangenen zu Philadelphia Statt gefunden hat, mit der Sterblichkeit unter der freien weißen Bevölkerung dieser Stadt (nach Dr. Emerson's Berechnung), so zeigt sich, daß erstere nur 1. 96%, letztere aber 2. 42% betrug, woraus klar hervorgeht, daß die Einzelhaft des Gefängnisses zu Philadelphia durchaus keinen nachtheiligen Einfluß auf die Gesundheit der weißen Sträflinge geäußert hat. Diese Thatsache ist aber für die Frage der Einführung des Vereinzelungssystemes in europäischen Gefängnissen, in welchen sich nur eine den Weißen zu Philadelphia vergleichbare Bevölkerung befindet, von der größten Bedeutung. Die Sterblichkeit unter den Negern in dem Gefängnisse zu Philadelphia (7%) ist allerdings größer als unter den freien Negern daselbst (4. 75%), doch erklärt sich dies vollkommen aus den oben erwähnten Verhältnissen dieser Unglücklichen, auf welche jede Gefangenschaft nur schädlich einwirken kann.

---

freien Neger, der von ihren Herren wegen Werthlosigkeit freigelassenen und der ihren Herren entlaufenen Negersclaven. Wer diese vernachlässigte Classe kennt, weiß, wie hülflos und unwissend und wie geneigt zum Entwenden und Verderben sie ist. Es ist schwer, ihnen eine einträgliche Arbeit zuzuweisen, und Viele kommen in einem so kranken Zustande in die Anstalt, daß sie eine Zeit lang gar nicht zur Arbeit verwendet werden können." Die Negerbevölkerung in Philadelphia lebt meistens in dem größten Schmutze und Elende, ohne alle Erziehung und Bildung, im Schlamme des thierischen Genusses versunken. Sie haben keine Achtung vor dem Bande der Ehe, so daß Bigamie unter ihnen nicht selten ist. Sie sind den geschlechtlichen Ausschweifungen in hohem Maße ergeben und kommen deshalb sehr oft mit syphilitischen Leiden behaftet, oder doch mit einem in Folge früherer Krankheiten dieser Art und eines unmäßigen Gebrauches von Calomel und anderen Quecksilberpräparaten geschwächten und zerrütteten Körper in das Gefängniß.

Daß die Behandlungsweise der Gefangenen in dem neuen Gefängnisse zu Philadelphia der Gesundheit derselben nicht nachtheilig war, ergibt sich auch aus einer Vergleichung der Sterblichkeitsverhältnisse dieser Anstalt mit der Mortalität in dem alten Gefängnisse in Walnutstreet, in welchem die Gefangenen unter dem Systeme der unbeschränkten Gemeinschaft lebten. In diesem Strafhause hatte die Sterblichkeit nach der in dem Berichte des französischen Regierungsabgeordneten Demetz über die amerikanischen Gefängnisse mitgetheilten schriftlichen Aeußerung des Dr. Franklin Bache im Durchschnitte von zehn Jahren 6% betragen; in dem neuen Staatsgefängnisse betrug sie nur 3.96%*), sie hat sich also sehr bedeutend vermindert.

Die Gegner des pennsylvanischen Systemes stellen dem Gefängnisse zu Philadelphia nicht selten die nach dem Systeme des Stillschweigens geleitete Anstalt zu Auburn im Staate New-York entgegen, deren Sterblichkeitsverhältniß nach den Ergebnissen der Jahre 1828 bis 1841 nur 1.90% beträgt. Eine solche Vergleichung ohne näheres Eingehen in die der Verschiedenheit der Ergebnisse zum Grunde liegenden Ursachen muß aber für verwerflich erklärt werden. In dem Gefängnisse zu Auburn sind die Strafzeiten der Gefangenen im Durchschnitte viel kürzer, als in Philadelphia und es enthält nur eine sehr geringe Anzahl von Negern (4% der Gesammtbevölkerung), während unter den Gefangenen zu Philadelphia 40% Farbige sind. Vergleicht man also, um wenigstens einige Gleichheit der Verhältnisse herzustellen, die Sterblichkeit in dem Gefängnisse zu Auburn mit der der Weißen in dem Eastern Penitentiary zu Philadelphia, so zeigt sich eine beinahe völlige Gleichheit beider Anstalten in dieser Hinsicht, ein

---

*) Dasselbe Resultat liefern auch die in Mc'Elvee's concise history of the eastern penitentiary of Pennsylvania, 1834 II. Band S. 115 und ff. mitgetheilten Angaben über das Gefängniß in Walnutstreet. Hiernach betrug die Sterblichkeit daselbst in den Jahren 1829 bis 1834 unter den weißen Gefangenen 4.36%, unter den Farbigen 6.88%, im Ganzen unter allen Gefangenen 5.43%. In dem neuen Gefängnisse beliefen sich diese Verhältnisse in den zehn Jahren 1833 bis 1812 auf 1.96, 7.0 und 3.96%. Die Sterblichkeit unter den Weißen hat also in der neuen Anstalt im Verhältnisse zu der alten um mehr als die Hälfte abgenommen, während die Mortalität unter den Negern in beiden Gefängnissen sehr nahe gleich ist.

Umſtand, welcher die kräftigſte Widerlegung aller auf dieſer Vergleichung beruhenden Angriffe gegen das Vereinzelungsſyſtem enthält.

Wirklich braucht das Gefängniß zu Philadelphia in Beziehung auf die Sterblichkeitsverhältniſſe den Vergleich mit keiner für langzeitige Strafen beſtimmten Anſtalt zu ſcheuen. Will man es mit europäiſchen Gefängniſſen zuſammenhalten, ſo ſollte man eigentlich nur die Sterblichkeit unter den weißen Gefangenen in Philadelphia zum Maßſtabe der Vergleichung wählen. Thut man dies aber, ſo kann mit Zuverſicht behauptet werden, daß das Gefängniß zu Philadelphia in Beziehung auf die Geſundheitsfolgen der Anhaltung in demſelben beinahe allen europäiſchen Anſtalten voranſteht*). Ja, ſelbſt wenn man die beſonderen Verhältniſſe der Negerbevölkerung dieſes Gefängniſſes unberückſichtigt läßt und die Sterblichkeit unter allen Sträflingen ohne Unterſchied der Farbe in das Auge faßt, ergibt ſich, daß dieſelbe ohne Vergleich geringer iſt, als in den franzöſiſchen Centralgefängniſſen, in welchen ſie von 1817 bis 1835 6 bis 7%, von 1836 bis 1889 5.4%, ſeit 1889 aber 8% betrug, und in den franzöſiſchen Bagnos, in welchen ſie ſich auf 5% beläuft.

Wenn man daher alle dieſe Thatſachen zuſammenfaßt und dabei erwägt, daß die Anſtalt zu Philadelphia noch in vielen Beziehungen mangelhaft gebaut iſt, daß darin die Lüftung der Zellen auf eine noch ziemlich unvollkommene Weiſe bewerkſtelligt wird, daß manche Zellen des Erdgeſchoſſes ſehr feucht ſind, und daß insbeſondere wegen des gänzlichen Mangels an Spazierhöfen bei einer großen Anzahl von Zellen viele Gefangene während ihrer Anhaltung gar keine Bewegung in freier Luft machen können, ſo wird man nothwendig zu dem Schluſſe hingeführt, daß die Ergebniſſe dieſes Gefängnisſes die Meinung, als ſei die Einzelhaft der körperlichen Geſundheit der Sträflinge ſchädlich, vollſtändig widerlegen.

_____

*) Die Sterblichkeit unter den weißen Gefangenen zu Philadelphia betrug in den Jahren 1829 bis 1837 1.64%, in den Jahren 1838 bis 1843 2.22%, in dem ganzen zehnjährigen Zeitraume von 1833 bis 1842 1.96%. In Genf belief ſich die Sterblichkeit in den Jahren 1826 bis 1834 auf 2.30%, in den Jahren 1835 bis 1841 auf 3.08%, in dem ganzen Zeitraume von ſechzehn Jahren auf 2.60%. In Lauſanne betrug ſie in den Jahren 1827 bis 1834 4.28%, in den Jahren 1835 bis 1841 3.59%, in dem ganzen fünfzehnjährigen Zeitraume 3.93%.

Unter den europäischen Gefängnissen nach dem Vereinzelungssysteme können nur zwei, die Anstalt la Roquette in Paris und das Gefängniß zu Glasgow, als entscheidend in Hinsicht auf die Frage über die Gesundheitsfolgen der Einzelhaft betrachtet werden, weil nur in diesen das Vereinzelungssystem seit einigen Jahren auf eine beträchtliche Anzahl von Gefangenen angewendet wurde. Rücksichtlich beider Anstalten berufe ich mich auf die bei der Schilderung derselben gegebenen näheren Ausführungen (Seite 58 und 186) und beschränke mich hier darauf, zu erwähnen, daß in der ersteren der Gesundheitszustand der Gefangenen seit der Einführung der beständigen Einzelhaft im Verhältnisse zu dem Zustande während der gemeinschaftlichen Anhaltung derselben sich entschieden verbessert hat, und daß er in dem Gefängnisse zu Glasgow, in welchem jedoch die mittlere Dauer der Anhaltung der Gefangenen sechs Monate nicht übersteigt, ausgezeichnet gut ist.

Man kann es daher als eine feststehende Thatsache betrachten, daß die Einzelhaft bei zweckmäßiger Einrichtung der körperlichen Gesundheit der Gefangenen nicht nachtheilig ist.

Mehr Grund hat die Befürchtung, daß die Einzelhaft bei längerer Dauer Geistes- und Gemüthskrankheiten erzeugen könne.

In dieser Beziehung ist eine genaue Prüfung der Thatsachen, welche zur Unterstützung dieser Besorgnisse angeführt werden, unerläßlich. Vor Allem aber muß die Bemerkung vorausgeschickt werden, daß Störungen der Seelenkräfte bei Verbrechern nicht zu den Seltenheiten gehören. Die Verbrecher sind gewöhnlich entweder von Jugend auf gewohnt, ohne eigentlich herrschende Leidenschaft nur ihren thierischen Trieben zu gehorchen, nur ihrer augenblicklichen Lust zu fröhnen, oder sie sind heftige, leidenschaftliche Gemüther, leicht entzündlich für Gutes wie für Böses und von der Hitze ihres Blutes im Zustande der Aufregung schnell hingerissen. Bei der ersten Classe von Verbrechern findet man die eigentlich menschlichen Anlagen in der Regel nur wenig entwickelt und nicht selten herrscht bei ihnen eine große Indolenz und Trägheit vor. Dahin gehören insbesondere die Diebe. In die zweite Classe sind sehr häufig Räuber, Mörder, Todtschläger, Brandstifter und Kindesmörderinnen zu rechnen. Bei den Ersteren wirkt die Gefangenschaft nur selten unmittelbar auf die Geisteskräfte störend ein, ihre Seelenthätigkeit ist dazu nicht genügend entwickelt. Aber der plötzliche Wechsel einer vielbewegten Lebensweise gegen die eintönige, sehr häufig sitzende und nur wenig Genuß von freier Luft und Sonnenschein gestattende Lebensart des Gefängnisses erzeugt bei ihnen häufig eine Störung des ganzen physischen Organismus, aus der sich nach und nach bei längerer Dauer der Gefangenschaft örtliche Leiden, Leber-, Nieren- und Lungenkrankheiten, entwickeln, und welche nicht selten auch eine Störung der geistigen Kräfte, eine Herabstimmung und Schwächung derselben bis zum Blödsinne zur Folge hat. Anders wirkt die Gefangenschaft auf die leidenschaftlichen Verbrecher. Die Seelenthätigkeit ist bei dieser Classe so sehr entwickelt, daß das Schicksal, welches sie getroffen, sehr häufig unmittelbar störend auf ihre Geisteskräfte einwirkt. Sie fügen sich nur selten mit jener Apathie in ihr trauriges Los, welche bei Dieben oft gefunden wird. Einige beharren in beständiger geistiger Empörung gegen das Gericht, das über sie gekommen, und reiben sich in dem unsinnigen Ankämpfen gegen die Uebermacht des Gesetzes und der bürgerlichen Ordnung auf. Der exaltirte Zustand, in welchem sie sich befinden, artet nach und nach in Wahnsinn und Tollheit aus. Andere hingegen erwachen wie aus einem schweren Traume, worin ihre Leidenschaft sie befangen. Das Bild ihres Elendes tritt vor ihre Seele, sie fühlen das ganze Gewicht des Geschickes, das sie selbst sich zugezogen, und dieses Gefühl erdrückt sie. Die Reue über ihre That, der Gram über ihr Unglück, die Erinnerung an ihre Familie und das Schicksal, das sie verscherzt und zerstört haben, erzeugen Trübsinn und Schwermuth, welche nicht selten in Melancholie ausarten.

Der innige, tiefe Zusammenhang zwischen Verbrechen und Seelenstörung ist eine so anerkannte Thatsache der Seelenkunde, daß es sogar Philosophen gegeben hat, welche das Verbrechen nur als eine krankhafte Störung der Geisteskräfte, und andere, welche die Geisteskrankheit nur als eine Aeußerung des bösen Principes in dem Menschen betrachteten. Es darf daher nicht befremden, wenn in Strafanstalten Geisteskrankheiten beobachtet werden. In Anstalten, in welchen die Gefangenen in mehr

ober minder beschränkter Gemeinschaft leben, wird hierauf gewöhnlich
wenig Rücksicht genommen; die Gefangenen sind fast beständig nur unter
der Aufsicht von Aufsehern, welchen die zu solchen Beobachtungen erforderlichen Kenntnisse und Fähigkeiten mangeln ; eine individuelle Behandlung der Gefangenen ist nicht möglich und es geschieht daher in solchen
Gefängnissen oft, daß Sträflinge, welche in der That geschwächten oder
zerrütteten Geistes sind, ohne Ausnahme wie alle Anderen behandelt und
ihre Sonderbarkeiten, die eigentlichen Manifestationen ihrer Krankheit, als
Widerspänstigkeit und Ungehorsam betrachtet und selbst bestraft werden.
Anders ist es in Gefängnissen nach dem Vereinzelungssysteme. In diesen
ist die Beobachtung der Individualität eines jeden Sträflinges eine Haupt-
aufgabe des Gefängnißvorstehers und des Geistlichen, weil es hier eben
darauf ankommt, Jeden nach seiner Eigenthümlichkeit zu behandeln und
so zur Besserung hinzuleiten. Die Spuren von Geisteskrankheiten werden
also in einer solchen Anstalt viel leichter erkannt, um so mehr, da der
Gefangene selbst in der Einzelzelle, in welcher er nicht dem Gespötte muth-
williger Strafgenossen ausgesetzt ist, sich weniger Zwang anthut, sich
mehr gibt, wie er ist. Es darf daher nicht auffallen, wenn in solchen
Anstalten weit mehr Fälle von Geistesstörung entdeckt werden, als dies
in anderen Gefängnissen der Fall ist.

Dies vorausgeschickt, gehe ich zur Prüfung der über die Geisteskrankheiten in dem Staatsgefängnisse zu Philadelphia gemachten Erfahrungen über. Von der Eröffnung desselben am 25. October 1829
bis zum Schlusse des Jahres 1836 wurden 697 Sträflinge darin aufgenommen und es ereigneten sich während dieses siebenjährigen Zeitraumes
nach den in dem Berichte von Demetz mitgetheilten ausführlichen Tabellen des Gefängnißarztes Dr. Franklin Bache nur 16 Fälle von Geistesstörung. In zehn dieser Fälle wurde es ämtlich erwiesen, daß die Sträflinge schon vor ihrem Eintritte in die Anstalt deutliche Spuren des Bestehens ihrer Geisteskrankheit gezeigt hatten. In vier anderen Fällen konnte
dies wohl nicht ämtlich dargethan werden, allein man hatte triftige
Gründe es zu vermuthen; einer von diesen vier Sträflingen wurde vollständig geheilt und die drei anderen hatten nur seltene Hallucinationen

(Sinnestäuschungen). Bei den zwei Letzten endlich ist die Ursache ihrer Geistesstörung unbekannt gewesen; sie sind jedoch geheilt worden und hatten nur sehr leichte Anfälle.

Vom 1. Jänner 1837 an trat Dr. Darrach als Gefängnißarzt an die Stelle des Dr. Bache und von diesem Zeitpuncte beginnen die Nachrichten über zahlreichere Fälle von Geistesstörungen in diesem Gefängnisse. In dem neunten Jahresberichte der Inspectoren dieser Anstalt berichtet Dr. Darrach, daß im Jahre 1837 bei einer mittleren Bevölkerung von 387 Köpfen 14 Fälle von Geistesstörung ("dementia") vorgekommen seien, welche nach einigen Monaten der Anhaltung sich

Sträflinge.	Alter.	Geburtsland.	Gesundheitszustand bei der Aufnahme in das Gefängnis.	Krankheiten.
			I. Weiße Gefangene.	
Nr. 661.	20 Jahre.	Pennsylvanien.	Gut.	Monomanie.
Nr. 843.	23 „	Irland.	Skropheln.	Ebenso.
Nr. 776.	27 „	Irland.	Verwirrung des Geistes.	Dementia acuta.
Nr. 835.	22 „	New-York.	Gut.	Ebenso.
Nr. 675.	60 „	Irland.	Schwache Gesundheit, nervös.	Ebenso.
Nr. 546.	31 „	Pennsylvanien.	Ebenso.	Bildet sich ein, eine Pistole sei auf ihn gerichtet.
Nr. 859.	55 „	Pennsylvanien.	Gut.	Hallucinationen.
Nr. 842.	27 „	Holland.	Gesundheit gut, Geistesverwirrung.	Manie.
			II. Farbige Gefangene.	
Nr. 556.	23 „	Afrika.	Gesundheit gut, verwirrten Geistes.	Dementia acuta.
Nr. 823.	22 „	Pennsylvanien.	Gesundheit gut, Trübsinn.	Ebenso.

zeigten, nach der Meinung des Arztes in Onanie der Gefangenen ihren Grund hatten und in der Regel einer kurzen ärztlichen Behandlung wichen, so daß am Schluße des Jahres 12 vollkommen geheilt waren, Einer sich auf dem Wege der Befferung befand und Einer noch krank war.

In dem Jahre 1838 ereigneten sich bei einer mittleren Bevölkerung von 401 Köpfen, worunter 240 Weiße und 161 Farbige waren, 18 Fälle von Geistesstörung und zwar 8 (d. i. 3.3%) unter den weißen und 10 (d. i. 6.2%) unter den farbigen Sträflingen. Der zehnte Jahresbericht enthält hierüber folgende Tabelle.

Ursachen derselben.	Erfolg der ärztlichen Behandlung.	Dauer der Geistes-krankheit.	Die Krankheit brach aus nach einer Gefangenschaft von	Gesundheitszustand jedes Sträflinges am 1. Jänner 1839.
		Jahre Mon. Tage	Jahre Mon. Tage	
I. Weiße Gefangene.				
Onanie.	—	— 6 10	— 10 3	Fast geheilt, starb jedoch an der Schwindsucht.
Stro- pheln.	Gut.	— — —	— 2 —	Geheilt.
Unbe- kannt.	—	— 2 6	— 8 5	Geheilt, zuweilen irre.
Onanie.	—	— 1 1	— 3 9	Geheilt.
Verwirr- ten Gei- stes.	—	— 4 18	2 3 7	Ebenso.
Unbe- kannt.	—	— — 14	2 5 4	Geheilt, doch bleibt er bei seinem Wahne.
Ebenso.	—	— — 9	— 6 1	Geheilt.
Ebenso.	—	— 5 20	— 7 12	Dauert fort.
II. Farbige Gefangene.				
Onanie.	Gut.	— — 16	2 3 5	Geheilt.
Ebenso.	Ebenso.	— — 7	3 2 10	Ebenso.

Sträf- linge.	Alter.	Geburtsland.	Gesundheitszustand bei der Aufnahme in das Ge- fängniß.	Krankheiten.
Nr. 818.	21 Jahre.	Delaware.	Schwache Gesundheit.	Dementia acuta.
Nr. 800.	18 „	Pennsyl- vanien.	Ebenso.	Ebenso.
Nr. 741.	72 „	Pennsyl- vanien.	Gute Gesundheit.	Ebenso.
Nr. 888.	32 „	Baltimore.	Chronische Krankheit und Gonorrhöe.	Ebenso.
Nr. 924.	17 „	Maryland.	Schwach von Gonorrhöe und Onanie.	Ebenso.
Nr. 931.	23 „	Delaware.	Syphilis und Asthma.	Ebenso.
Nr. 632.	24 „	Pennsyl- vanien.	Gesundheit gut, schwach an Geist.	Ebenso.
Nr. 721.	24 „	Delaware.	Abgezehrt und kränklich.	Ebenso.

Unter den 18 in dieser Tabelle aufgeführten Fällen wurden also nach der Angabe des Dr. Darrach 10 Fälle binnen 4 und 32 Tagen, 4 vor Ablauf von 3 Monaten und 1 vor Ablauf von 6 Monaten ge- heilt. Nur Ein Fall forderte eine etwas längere Behandlung, in Einem Falle dauerte die Krankheit am Schlusse des Jahres noch fort, und bei Einem Falle ist die Dauer des geistigen Leidens nicht angegeben. 13 Fälle ereigneten sich vor Ablauf des ersten Jahres der Strafzeit, und zwar 6 davon sogar vor dem Ende der ersten drei Monate. Ein Fall trat im zweiten Jahre und 4 Fälle traten erst nach Ablauf von zwei Jahren der Gefangenschaft ein. 13 Fälle betrafen Sträflinge, welche weniger als 30 Jahre alt waren, 2 Fälle Sträflinge in einem Alter zwischen 30 und 40 Jahren und 3 Fälle Gefangene in einem Alter von mehr als 50 Jahren.

Ursachen derselben.	Erfolg der ärztlichen Behand-lung.	Dauer der Geistes-krankheit.	Die Krankheit brach aus nach einer Gefangen-schaft von	Gesundheitszustand jedes Sträflinges am 1. Jänner 1839.
		Jahre Mon. Tage	Jahre Mon. Tage	
Onanie.	Gut.	— — 11	— 5 17	Geheilt.
»	»	— 2 8	— 7 20	Ebenso.
»	»	— — 7	1 — 19	Geheilt, doch blieben Hallucinationen zurück.
»	»	— 1 5	— 8 21	Geheilt.
»	»	— — 4	— 1 8	Ebenso.
»	»	— — 19	— 2 27	Ebenso.
»	»	— 1 —	— 1 6	Ebenso.
»	»	— 2 6	1 — 6	Ebenso.

Das Uebel selbst wird mit Ausnahme einiger Fälle von Manie und Hallucinationen bei den weißen Sträflingen dementia acuta genannt, und der Arzt erklärt, daß er in den meisten Fällen, besonders in Betreff aller Geistesstörungen der farbigen Gefangenen, Onanie als die erzeu-gende Ursache derselben betrachte, indem dadurch die Energie des Ge-hirnes geschwächt, die des kleinen Gehirnes aber abnorm erhöht werde, was unzusammenhängende Gedanken, irrthümliche Wahrnehmungen und eine starke Aufregung des Geschlechtstriebes zur Folge habe.

Im Jahre 1839 werden auf eine mittlere Bevölkerung von 418 Sträflingen, worunter 245 Weiße und 173 Neger, 26 Fälle von Geistesstörung angeführt, wovon 13 (d. i. 5.3%) unter den weißen und 13 (d. i. 7.5%) unter den Negern vorkamen. Der eilfte Jahres-bericht enthält hierüber folgende Tabelle,

Sträf-linge.	Alter.	Geburtsland.	Gesundheitszustand bei der Aufnahme in das Ge-fängniß.	Krankheiten.
I. Weiße Gefangene.				
Nr. 947.	46 Jahre.	Pennsyl-vanien.	Asthma und Seitenstechen (plouritic pain).	Hypochondrie.
Nr. 867.	30 »	New-York.	Ruhr und Tripper.	Ebenso.
Nr. 784.	21 »	England.	Gesund an Geist und Körper.	Ebenso.
Nr. 926.	39 »	Deutschland.	Vollblütigkeit u. Schmer-zen in Brust und Unterleib.	Ebenso.
Nr. 988.	40 »	Irland.	Hallucinationen in Folge von Säuferwahnsinn.	Hallucinationen.
Nr. 975.	46 »	Pennsyl-vanien.	Unvollkommene Gesund-heit und gestörter Geist.	Ebenso.
Nr. 1128.	55 »	Delaware.	Gesundheit gut, aber ein starker Trinker und trübsin-nig (distressed).	Ebenso.
Nr. 1069.	40 »	Pennsyl-vanien.	Monomanie.	Monomanie.
Nr. 1039.	26 »	Deutschland.	Excentrischen Geistes (ec-centricity of mind).	Excentricität des Geistes.
Nr. 1055.	21 »	—	Kröpheln.	Dementia acuta.
Nr. 1062.	29 »	—	Gut.	Ebenso.
Nr. 678.	59 »	Pennsyl-vanien.	Schwache Gesundheit und beunruhigten Geistes (troubled mind).	Ebenso.
Nr. 842.	27 »	Holland.	Gesund am Körper, ge-störter Geist.	Manie.

Ursachen derselben.	Erfolg der ärztlichen Behandlung.	Dauer der Geistes-Krankheit.			Die Krankheit brach aus nach einer Gefangenschaft von			Gesundheitszustand jedes Gefangenen am 1. Jänner 1840.
		Jahre	Mon.	Tage	Jahre	Mon.	Tage	
I. Weiße Gefangene.								
Unbekannt.	Geheilt (cured).	—	—	4	—	5	9	Gesund an Geist und Körper entlassen am 17. September 1839.
Ebenso.	Gebessert. (relieved.)	—	—	22	1	—	21	Ebenso am 13. April 1839.
Onanie.	Geheilt.	—	—	10	1	7	5	Ebenso am 3. Juli 1839.
Unbekannt.	Gebessert.	—	—	24	1	1	6	Gesund am Geiste, jedoch mit schwachem Körper entlassen am 3. Mai 1839.
Trunkenheit.	Die Krankheit dauert noch fort.	—	—	—	—	—	1	Ein nichtswürdiger, heftigen Ausbrüchen des Zornes unterworfener Sträfling.
Unbekannt.	Geheilt.	—	—	18	—	10	24	Am 8. September 1839 gesund an Geist und Körper entlassen.
Trunkenheit.	Gebessert.	—	—	16	—	7	19	Mit Stricken beschäftigt, verbleibt aber trübsinnig.
Ebenso.	Begnadigt.	—	—	—	—	—	1	Begnadigt und in das Armenhaus geschickt.
Ebenso.	Gebessert.	—	—	16	—	1	16	Im 3. Flügel mit Wollzupfen beschäftigt, gesund an Geist und Körper.
Onanie.	Geheilt.	—	—	11	1	3	—	Im 7. Flügel mit Weben beschäftigt, gesund an Geist und Körper.
Ebenso.	Ebenso.	—	—	5	1	3	—	Im 4. Flügel, als Schuhmacher verwendet, gesund an Geist und Körper.
Unbekannt.	Ebenso.	—	—	11	—	7	12	Im 3. Flügel mit Besenbinden beschäftigt, gesund an Geist und Körper.
Ebenso.	Begnadigt im Juli 1839.	1	—	23	—	7	12	In das Armenhaus geschickt.

Sträflinge.	Alter.	Geburtsland.	Gesundheitszustand bei der Aufnahme in das Gefängniß.	Krankheiten.
		II. Farbige Gefangene.		
Nr. 492.	48 Jahre.	Pennsylvanien.	Gut; unzufriedenen Geistes.	Hypochondrie.
Nr. 531.	21 "	Maryland.	Gut	Ebenso.
Nr. 1107.	19 "	Delaware.	Gut.	Hallucinationen.
Nr. 924.	19 "	Maryland.	Gonorrhöe.	Ebenso.
Nr. 1096.	18 "	Pennsylvanien.	Gut.	Ebenso.
Nr. 746.	23 "	Ebenso.	Dem Schwindel (vertigo) unterworfen.	Ebenso.
Nr. 845.	21 "	Nord-Carolina.	Gut.	Dementia acuta.
Nr. 588.	29 "	New-Jersey.	Typhus und Lungenentzündung.	Ebenso
Nr. 1021.	26 "	Virginia (ein entlaufener Sclave).	Rheumatismus; Zerstörungssucht.	Dämonomanie (deviltry.)
Nr. 569.	29 "	Pennsylvanien.	Gut.	Dementia acuta.
Nr. 921.	23 "	Delaware.	Syphilis.	Ebenso.
Nr. 682.	26 "	Pennsylvanien.	Gesund; rachsüchtig.	Ebenso.
Nr. 984.	18 "	Philadelphia.	Gut.	Ebenso.

Ursachen derselben.	Erfolg der ärztlichen Behandlung.	Dauer der Geistes-krankheit.			Die Krankheit brach aus nach einer Gefangenschaft von			Gesundheitszustand jedes Sträflinges am 1. Jänner 1840.
		Jahre	Mon.	Tage	Jahre	Mon.	Tage	

II. Farbige Gefangene.

Ursachen derselben.	Erfolg	Jahre	Mon.	Tage	Jahre	Mon.	Tage	Gesundheitszustand
Onanie.	Gebessert.	—	—	7	3	3	10	Im 4. Flügel, gesund, eigensinnig und boshaft.
Ebenso.	Geheilt.	—	1	9	3	3	22	Im 5. Flügel als Schuhmacher verwendet, gesund an Geist und Körper.
Ebenso.	Ebenso.	—	—	13	—	—	25	In der Krankenabtheilung; er wünscht Arbeit zu bekommen.
Ebenso.	Ebenso.	—	—	7	—	6	10	In der Krankenabtheilung; wurde mit Spulen beschäftigt, ist aber zu ungeschickt, als daß man ihn fortarbeiten lassen könnte.
Ebenso.	Gebessert.	—	—	17	—	6	17	Ist neuerlich wegen Hallucinationen in der Krankenabtheilung.
Ebenso.	Geheilt.	—	—	9	1	4	2	Im 4. Flügel mit Weben beschäftigt, gesund an Geist und Körper.
Ebenso.	Ebenso.	—	2	20	1	4	3	Am 30. August 1839 gesund an Geist und Körper entlassen.
Ebenso.	Ebenso.	—	—	2	2	8	28	Am 19. April 1839 gesund am Geiste und mit gebesserter körperlicher Gesundheit entlassen.
Unbekannt.	Die Krankheit dauert fort.	—	—	—	—	1	17	Fährt fort, an Anfällen der Zerstörungssucht zu leiden; übrigens vernünftig.
Onanie.	Ebenso.	—	—	—	2	10	5	In guter Gesundheit, in geistiger Hinsicht sehr gebessert; er ist bereit aus eigenem Antriebe zu arbeiten; sehr sanft und mild.
Ebenso.	Geheilt.	—	1	9	—	9	6	Er starb am 24. August 1889 an chronischer Rippenfellentzündung und Skropheln.
Ebenso.	Ebenso.	—	1	6	2	6	14	Am 19. August 1839 entlassen und in das Mohamensing-Gefängniß geschickt.
Ebenso.	Ebenso.	—	—	27	—	8	22	Im 4. Flügel mit Wollzupfen beschäftigt, gesund an Geist und Körper.

21

Aus dieser Uebersicht erhellt, daß im Jahre 1839 unter den wei=
ßen Gefangenen nur 12 neue Fälle vorkamen, indem der unter Nr. 842
aufgeführte Holländer schon in der Tabelle der im Jahre 1838 vor=
gekommenen Geistesstörungen enthalten ist. Unter den 13 weißen Ge=
fangenen, welche in dieser Tabelle aufgeführt sind, wurden 10 ge=
heilt, und zwar sämmtlich binnen 4 und 24 Tagen, 2 begnadigt und
in das Armenhaus geschickt und bei Einem dauerte die Krankheit am
Schlusse des Jahres noch fort. Bei 7 Weißen wird eine Störung der
Geisteskräfte schon bei ihrem Eintritte in die Anstalt erwähnt, darunter
bei 4 in Folge von Trunkenheit. Nur bei 3 weißen Sträflingen wird
Onanie als Ursache der Geistesstörung bezeichnet. Der Ausbruch der
Krankheit erfolgte bei zwei Gefangenen unmittelbar nach ihrer Aufnahme
in das Gefängniß, bei 5 vor Ablauf von 8 Monaten, bei 5 vor Ab=
lauf von 15 Monaten und nur bei Einem erst nach 19 Monaten. Was
das Alter dieser Gefangenen betrifft, so waren 6 in einem Alter von
20 bis 30, 5 von 30 bis 50 und 2 von 50 bis 60 Jahren.

Unter den 13 farbigen Sträflingen, welche in dieser Tabelle ent=
halten sind, wurden 10 geheilt, und zwar 6 nach einer Krankheitsdauer
von 2 bis 27 Tagen, 3 binnen 40 und 1 binnen 80 Tagen. In Einem
Falle (Nr. 1021) dauerte die Krankheit noch am Schlusse des Jahres fort;
ein zweiter (Nr. 569) befand sich schon sehr auf dem Wege zur Besserung
und bei dem britten (Nr. 1096) kehrten die Hallucinationen einige Zeit,
nachdem er für gebessert gehalten worden, wieder zurück. Nur bei einem
Sträflinge (Nr. 1021) wird schon bei seiner Aufnahme in die Anstalt
die Geistesstörung als vorhanden erwähnt; bei allen Uebrigen wird von
dem Arzte Onanie als die veranlassende Ursache der Geistesstörung an=
geführt. Der Ausbruch der Krankheit erfolgte in 6 Fällen vor Ablauf
des ersten Jahres der Anhaltung, in 2 Fällen nach 16 Monaten und
in 5 Fällen erst nach Ablauf von 2½ Jahren. Alle Kranken standen in
dem Alter von 18 bis 30 Jahren.

Im Jahre 1840 kamen auf eine mittlere Bevölkerung von 406
Sträflingen 21 Fälle von Geisteskrankheiten vor, worunter höchst wahr=
scheinlich die in der Tabelle für 1839 als noch am 1. Jänner 1840

krank aufgeführten 4 Sträflinge (Nr. 988, 1021, 569 und 1096) mitgezählt sind. Der zwölfte Jahresbericht der Inspectoren enthält leider keine solche Ueberschtstabelle, wie die Berichte über die Jahre 1838 und 1839, welche bei aller Unvollkommenheit doch viele Aufschlüsse gewähren. Der Arzt Dr. Darrach spricht sich nur kurz auf folgende Weise aus: „Die Fälle von Geistesstörungen sind ungefähr nur halb (?) so zahlreich gewesen, als im vorigen Jahre, und haben sich, wie gewöhnlich, meistens unter den farbigen Sträflingen ereignet. Mit wenigen Ausnahmen waren es durch Onanie veranlaßte Fälle von Hallucinationen, welche durch eine ärztliche Behandlung von 2 bis 32 Tagen beseitiget wurden. Die Ausnahmen sind zwei weiße Sträflinge, deren einer, ein auffallendes Beispiel der größten Verworfenheit, aus dem house of refuge kam, der andere aber schon als Blödsinniger aufgenommen wurde, und zwei Farbige, deren einer in Folge von Onanie geisteskrank ist, der andere aber schon früher Anfälle von „Verkehrtheit" (strangeness) hatte. Die Verminderung der Anzahl der Geistesstörungen ist wahrscheinlich dem moralischen Einflusse, welcher jetzt (seit der Anstellung eines Kaplanes) größer ist, und dem Umstande zuzuschreiben, daß die durch Selbstbefleckung verursachte, der Geistesstörung vorangehende Schwäche des Magens und des Nervensystemes zeitig entdeckt und entsprechend behandelt wird."

Im Jahre 1841 werden bei einer mittleren Bevölkerung von 335 Köpfen 11 Fälle von Geistesstörung aufgeführt, welche jedoch ebenfalls nicht genauer verzeichnet sind. Die meisten ereigneten sich wieder unter den farbigen Sträflingen. Der Grund der Abnahme der Zahl der Geisteskrankheiten liegt nach der Angabe des Dr. Darrach darin, daß man in neuerer Zeit der Ursache derselben, nämlich der durch Onanie herbeigeführten Schwäche, der sogenannten erotic enervation, früher, als es sonst geschehen, auf die Spur kommt und während der Entwicklungsperiode der Krankheit zweckmäßige Mittel dagegen anwendet.

Der vierzehnte Jahresbericht endlich, welcher die Ergebnisse des Gefängnisses im Jahre 1842 zum Gegenstande hat, erwähnt gar keines Falles einer im Laufe dieses Jahres vorgekommenen Geistesstörung.

Dies sind die Thatsachen, welche aus den officiellen Berichten über das Staatsgefängniß zu Philadelphia hervorgehen. Eine genaue Prüfung derselben führt zu den folgenden Ergebnissen.

1. Wenn man die Berichte des Dr. Darrach über die in dem Strafhause zu Philadelphia vorgekommenen Fälle von Geistesstörung betrachtet, so drängt sich vor Allem die Frage auf, was dieser Arzt wohl unter einer Geisteskrankheit verstehe? Entweder seine Angaben über die Dauer der Anfälle und die Erfolge der ärztlichen Behandlung sind gänzlich unwahr und somit lügenhaft, — eine Vermuthung, wozu man bei Berichten, welche ein Staatsbeamter an die höchste Behörde seines Staates erstattet, nicht wohl berechtiget ist, — oder viele von ihm als Geisteskrankheiten aufgeführte Fälle sind keine eigentlichen Seelenstörungen in dem Sinne, welchen die gerichtliche Psychologie in Europa damit zu verbinden pflegt. Kann man wohl die zahlreichen Fälle von Hallucinationen und dementia acuta, wie sie in den Berichten genannt werden, und welche nach den Angaben des Arztes großentheils in einem Zeitraume von wenigen Tagen geheilt wurben, für wahre Geisteskrankheiten halten? Es ist offenbar, daß in den amerikanischen Berichten Zustände als Seelenstörungen bezeichnet werden welche in Europa nirgends so benannt worden wären. Leider fehlen zu einer vollständigen und sicheren Feststellung der Begriffe, welche Dr. Darrach mit den von ihm gebrauchten Bezeichnungen der Geisteskrankheiten verbindet, alle Anhaltspuncte. Noch ist kein Reisebericht*) erschienen, welcher über diesen so überaus wesentlichen Gegenstand einiges Licht, verbreitet hätte. So viel nur steht fest, daß man, wenn man den Berichten des Arztes nicht jeden Glauben versagen will, gezwungen ist, die von ihm als in einem Zeitraume von höchstens einem Monate ge

---

*) Ich sage: keiner, denn selbst die neueste Schrift des Professors Tellkampf und seines Bruders gibt hierüber gar keine Aufschlüsse und enthält überhaupt in Beziehung auf die in dem Gefängnisse zu Philadelphia vorgekommenen Geisteskrankheiten beinahe nur eine Zusammenstellung der in den officiellen Berichten enthaltenen Thatsachen. Allein factische Mittheilungen, Schilderungen des Zustandes der von dem Arzte als geisteskrank bezeichneten Sträflinge sind es eben, deren wir zu einem vollkommenen Verständnisse jener Berichte bedürfen, welche man daher in dem Werke des Dr. Tellkampf ungern vermißt.

heilt bezeichneten Fälle aus der Reihe der eigentlichen Geistesstörungen auszuscheiden, wodurch sich die Zahl der Letzteren außerordentlich verringert. Es scheint vielmehr, daß die ersteren Fälle theils nur in einer vorübergehenden, momentanen Ueberreizung des Nervensystemes, wie sie die Einzelhaft bei lebhaften Gemüthern in der ersten Zeit der Anhaltung leicht hervorbringen kann, theils in einer ebenfalls nur kurze Zeit anbauernden Herabstimmung desselben, wie diese durch den plötzlichen Wechsel der Lebensweise und durch die Vereinzelung bei Leuten von schwächeren Geisteskräften erzeugt werden kann, bestanden. Beide Zustände sind natürliche Folgen der Einzelhaft, wenn dieselbe nicht mit Vorsicht und Behutsamkeit angewendet wird; sie können aber bei einer zweckmäßigen Behandlung, bei häufigerer Unterbrechung der Einsamkeit besonders in der ersten Zeit der Anhaltung, bei passender Beschäftigung der Gefangenen und bei hinlänglicher moralischer Einwirkung auf dieselben gänzlich beseitigt werden. Die Richtigkeit dieser Vermuthung wird vorzüglich dadurch bestätiget, daß die Mehrzahl der von Dr. Darrach verzeichneten angeblichen Geisteskrankheiten innerhalb des ersten Jahres der Anhaltung zum Ausbruche kam, und die von Professor Tellkampf gelieferte Schilderung der Disciplin dieser Anstalt beweiset, daß gerade in der ersten Zeit der Gefangenschaft nicht jene Vorsicht und Sorgfalt angewendet wurde, welche allein die Einzelhaft gefahrlos zu machen vermag. Dies führt zu einer näheren Betrachtung der Verhältnisse dieser Anstalt.

11. Man muß sich hiebei sehr hüten, die Folgen einer unzweckmäßigen Ausführung des Vereinzelungssystemes dem Systeme selbst zur Last zu legen. Die Art und Weise, wie dasselbe zu Philadelphia in Ausübung gebracht wurde, ist aber, wie dies bei einem ersten Versuche sehr erklärbar ist, mit großen Mängeln behaftet. Was zuerst die Bauart der Anstalt betrifft, so sind derselben vorzüglich zwei Gebrechen vorzuwerfen: erstlich eine sehr unvollkommene Ventilation der Zellen und zweitens der Mangel von Spazierhöfen bei einer großen Anzahl von Zellen, so wie die Unzweckmäßigkeit der bestehenden Spazierhöfe*). Beide Fehler der Con-

---

*) Nur die Zellen des Erdgeschosses haben anliegende, jedoch nur 18 Fuß lange und 8 Fuß breite und mit einer 12 Fuß hohen Mauer umschlossene, daher

struction find der körperlichen Gesundheit der Sträflinge, und daher mittelbar auch ihrem geistigen Gesundheitszustande schädlich; in besonders hohem Grade aber ist der Mangel eines Spazierhofes für viele Gefangene nachtheilig, indem dadurch die Möglichkeit der Bewegung in der freien Luft, welche eine der wichtigsten Bedingungen der Erhaltung der Gesundheit ist, und die damit verbundene Abwechslung und Zerstreuung hinwegfallen.

Noch bedeutender sind die Mißgriffe, welche man sich in Beziehung auf die Behandlungsweise der Sträflinge zu Schulden kommen ließ.

a) Man ließ die Sträflinge in den ersten Jahren nach der Eröffnung dieser Anstalt während der vier bis sechs ersten Wochen ihrer Gefangenschaft ohne alle Beschäftigung, in der Meinung, daß der Gefangene in der Einsamkeit, seinen Gedanken überlassen, die Fehler seines vergangenen Lebens bereuen und ernstliche Vorsätze der Besserung fassen werde. Man hielt überhaupt die wahrhaft e i n s a m e Haft für besonders geeignet, die Sträflinge zur Besserung hinzuführen. Erst eine langjährige Erfahrung lehrte, daß man sich in seinen Erwartungen täuschte, und daß eine so lange Einzelhaft ohne Beschäftigung das Gemüth des Gefangenen nicht besserte, sondern zerrüttete. Man hat daher diese Maßregel vor einigen Jahren ganz aufgegeben.

b) Anfangs glaubte man die Sträflinge in dieser Anstalt wie in anderen Strafhäusern durch strenge Strafen zur Arbeit und Ordnung anhalten zu müssen; man ließ die Gefangenen fasten, man wendete eine Art Zwangsstuhl an, man sperrte sie häufig und auf längere Zeit in die Dunkelzellen. Eine solche Behandlung konnte nur nachtheilige Folgen für die körperliche und geistige Gesundheit der Gefangenen haben und die Erfahrung lehrte, daß sie nicht nur nicht nothwendig, sondern auch unwirksam sei. Es zeigte sich, daß eine milde, menschenfreundliche, dabei aber ernste und feste Behandlungsweise der Sträflinge mehr als strenge Strafen vermöge, und die Vorsteher dieses Gefängnisses wurden zuletzt

nothwendig kalte und feuchte Spazierhöfe. Die im ersten Stockwerke angehaltenen Gefangenen haben gar keine Spazierhöfe.

dahin geführt, nur in sehr seltenen Fällen Strafen gegen die Gefangenen zu verhängen. Der Erfolg hat diesen Grundsatz auf das Vollkommenste bewährt und die Wirkungen dieser milderen Behandlung waren eben so günstig in Beziehung auf den psychischen Gesundheitszustand der Sträflinge, als in moralischer Hinsicht.

c) Ein großer Mangel liegt ferner in der ungenügenden Anzahl von Besuchen, welche die Einsamkeit der Zelle zu unterbrechen vermöchten. Man ging in Philadelphia immer zu viel von der Ansicht aus, daß die Einsamkeit an sich bessernd wirken müsse. Die Einsamkeit allein vermag wohl den Sträfling unverschlimmert zu erhalten, allein sie ist bei Menschen von lebhaftem Geiste, so wie bei apathischen, schwachen Gemüthern nicht ohne Gefahr und sie enthält keineswegs genügende Antriebe und Mittel der Besserung. Der Religions- und Elementarunterricht, der Verkehr mit würdigen Männern, welche den Sträfling über das, was ihm frommt, belehren, die guten Keime in ihm wecken und seine Hoffnungen auf die Zukunft beleben, die Angewöhnung an eine nützliche Arbeit, dies sind die eigentlichen Mittel der Besserung. In dieser Hinsicht war die Einrichtung des Staatsgefängnisses zu Philadelphia immer sehr mangelhaft und ist es zum Theile noch. Der Vorsteher der Anstalt kann bei einer Anzahl von 350 bis 400 Gefangenen jeden Einzelnen täglich nur sehr flüchtig sehen und er hat keinen Stellvertreter, der ihn in Erfüllung dieser Pflicht unterstützen könnte. Bis zum Jahre 1839 war gar kein Geistlicher bei diesem Gefängnisse angestellt; es fehlte also an dem so unendlich wichtigen Verkehre der Gefangenen mit einem Seelsorger, der ihre Zweifel hätte lösen, ihre Besorgnisse beruhigen und ihre Entschlüsse leiten und kräftigen können. Im Jahre 1839 wurde zwar ein sogenannter „Morallehrer" bestellt, allein Ein solcher Lehrer, der noch dazu die Pflicht auf sich hat, den Elementarunterricht der Sträflinge zu besorgen, ist für eine so große Anzahl von Gefangenen offenbar unzureichend. Auch für den Elementarunterricht war bis 1839 gar nicht gesorgt und selbst seither ist die Fürsorge für einen solchen Unterricht sehr ungenügend und thut dem eigentlichen Geschäfte des Morallehrers zu viel Eintrag. Auch die Besuche des Arztes sind zu spärlich. Es besteht kein Gefängnißarzt, welcher ausschließend für diese Anstalt bestimmt wäre und in derselben seine Wohnung hätte, sondern diese Stelle ist einem Ärzte übertragen, welcher die Gefängnißpraxis nur neben seiner Privatpraxis betreibt, nur zu gewissen Stunden in die Anstalt kommt und daher nur die Kranken besucht.

Diese Mängel werden noch fühlbarer durch die ungenügende Einrichtung der Gefängnißbibliothek, welche nur Bücher religiösen Inhaltes und Tractätchen verschiedener protestantischer Secten enthält, die keineswegs geeignet sind, auf Gefangene, welche sich zu religiöser Schwärmerei hinneigen, günstig einzuwirken.

d) Der Mangel einer Kapelle für den gemeinschaftlichen Gottesdienst und eines Hausgeistlichen mußte sich sehr fühlbar machen. Es fehlte dadurch an Sonn= und Feiertagen an einem regelmäßigen Gottesdienste und, da man nach den strengen Ansichten der Quäker den Sträflingen an diesen Tagen durchaus keine Arbeit gestattete, so wurden dieselben nothwendig zu Tagen der qualenbsten Langweile für die Gefangenen. Es geschah allerdings oft, daß Prediger verschiedener Secten in dieser Anstalt Gottesdienst hielten, allein dies war nur zufällig und immer nur in der Art möglich, daß der Prediger in einem Flügel predigte, während die Gefangenen bei halb geöffneten Zellenthüren, ohne den Geistlichen zu sehen, zuhörten. Dazu kam noch, daß diese Prediger in ihren Reden häufig nicht genügende Rücksicht auf den Bildungszustand der Sträflinge nahmen und durch den religiösen Fanatismus, der nicht selten in ihren Predigten sich aussprach, auf die Gemüther der Gefangenen nachtheilig einwirkten. Ueberhaupt scheint die Frömmelei der Quäker gerade in einem auf das Princip der beständigen Vereinzelung der Gefangenen gegründeten Gefängnisse am wenigsten am Platze zu sein, indem sie nur zu leicht das Gemüth der Gefangenen zu beunruhigen und aufzuregen, überspannte religiöse Ideen zu erzeugen und so zuletzt selbst zu einer Störung des Seelenlebens hinzuführen geeignet ist.

e) Die Beschäftigungsart der Sträflinge wurde lange Zeit hindurch zu wenig nach individuellen Rücksichten gewählt. Man wies den Gefangenen vorzüglich solche Arbeiten an, woran sie entweder gewöhnt waren, oder wofür sie besonders geschickt schienen. Die Erfahrung lehrte aber, wie wichtig die Wahl einer zweckmäßigen Arbeit in Beziehung auf den Gesundheitszustand der Sträflinge sei. Gefangene verfielen bei der Weberei, dem Wollzupfen u. dergl. viel leichter in einen Zustand von Niedergeschlagenheit und Apathie, als bei Arbeiten, welche mehr Mannigfaltigkeit darboten. Schwere Arbeiten, wie die Tischler= und Schmiedearbeit, zeigten sich dagegen als sehr förderlich für die Gesundheit und geistige Frische der Gefangenen. In neuerer Zeit hat man auch hierauf größere Rücksicht verwendet und der Erfolg war sehr lohnend.

Die hier angeführten Mängel konnten eine nachtheilige Einwirkung auf den geistigen Gesundheitszustand der Sträflinge dieser Anstalt nicht verfehlen. Der Umstand, daß in den letzten Jahren eine beständige Verbesserung in den Gesundheitsverhältnissen bemerkbar ist, und daß die Anzahl der in dem Gefängnisse zum Ausbruche gekommenen Geistesstörungen gleichzeitig mit einer größeren Sorgfalt für die Gesundheit der Sträflinge, mit einer zweckmäßigeren, milderen Behandlungsweise, mit der Anstellung eines Morallehrers, mit genauerer Wahl der Beschäftigungsarten der Sträflinge unter Berücksichtigung ihrer Individualität im Vergleiche mit der in früheren Jahren vorgekommenen Anzahl von Geisteskrankheiten sehr bedeutend abgenommen hat, ist ein deutlicher Beweis davon, daß die Mängel der Ausführung des pennsylvanischen Systemes als eine wesentliche Ursache der in dieser Anstalt vorgekommenen Geisteskrankheiten betrachtet werden müssen, und daß es somit irrig wäre, diese Seelenstörungen dem Systeme selbst zur Last zu legen[*]).

III. Bei der Beurtheilung der Folgerungen, welche sich aus den Erfahrungen des Staatsgefängnisses zu Philadelphia für oder wider das in demselben befolgte Gefängnißsystem ergeben, müssen die besonderen Verhältnisse dieser Anstalt und der Bevölkerung derselben, welche auf die Vermehrung der Anzahl der Geisteskrankheiten Einfluß gehabt haben, berücksichtiget werden.

---

[*]) Auch Dr. Theodor Tellkampf spricht sich in dem schon erwähnten Werke seines Bruders (Seite 323) in dieser Weise aus.

a) Vor Allem muß hier die Thatsache erwähnt werden, daß häufig Irrsinnige in dieses Gefängniß geschickt werden, theils deßhalb, weil Pennsylvanien kein Staatsirrenhaus besitzt und daher, wenn Irrsinnige Handlungen begehen, welche als Verbrechen zu betrachten sind, den Richtern nichts Anderes erübriget, als solche Unglückliche, um sie wenigstens unschädlich zu machen, in das Staatsgefängniß zu senden, ein Umstand, über welchen die Inspectoren und der Vorsteher desselben beinahe jährlich Klage führen, — theils auch, wie Dr. Theodor Tellkampf*) bemerkt, weil in Folge der ganz unzweckmäßigen gerichtsärztlichen Einrichtung Pennsylvaniens häufig unzurechnungsfähige Personen für eines Verbrechens schuldig erklärt und zur Gefängnißstrafe verurtheilt werden.

b) Eine ganz besondere Berücksichtigung verdient ferner der Umstand, daß die Neger einen so großen Theil der Bevölkerung dieses Gefängnisses bilden. Im Durchschnitte der zehn Jahre 1833 bis 1842 betrugen die Farbigen 40% der mittleren täglichen Bevölkerung dieser Anstalt. Unter ihnen aber ereignete sich die Mehrzahl der vorgekommenen Fälle von Geistesstörung. Die farbigen Sträflinge befinden sich in ganz eigenthümlichen Verhältnissen, welche die Entwicklung von Geisteskrankheiten unter ihnen bedeutend befördern. Die Neger sind vor Allem, wie schon bei der Betrachtung der Sterblichkeitsverhältnisse erwähnt wurde, nicht nur im Allgemeinen auch unter den freien Bewohnern von Pennsylvanien Krankheiten weit mehr unterworfen, als die Weißen, sondern haben insbesondere im Gefängnisse von Krankheiten so sehr zu leiden, daß die Sterblichkeit unter ihnen mehr als dreimal so groß, denn unter den weißen Sträflingen ist. Der Mangel an Bewegung in freier Luft und die Entziehung des Genusses des Sonnenlichtes wirken auf sie besonders schädlich ein und haben selbst auf Herabstimmung ihrer durch die physische Krankheit dazu disponirten Geisteskräfte einen höchst nachtheiligen Einfluß. Sie sind ferner geschlechtlichen Ausschweifungen in hohem Maße ergeben und lassen sich daher im Gefängnisse sehr häufig Selbstbefleckung zu Schulden kommen. Die Folge davon ist nicht selten eine solche Schwächung des Ner-

---

*) In dem vorerwähnten Werke des Professors L. Tellkampf, Seite 222.

venſyſtemes, daß ſie zuletzt in Blödſinn oder bei lebhafteren Geiſtern in Halluzinationen ausartet. Dazu kommt noch, daß die farbigen Sträflinge in der Regel ohne alle Bildung, ohne die erſten Elementarkenntniſſe in die Anſtalt kommen, daß ſie meiſtens ſogar zu einer nützlichen, auch den Geiſt beſchäftigenden Arbeit unfähig ſind, und daß daher bei ihnen jene weſentlichen Erleichterungsmittel der Einſamkeit, Lectüre und eine zerſtreuende Arbeit, unanwendbar ſind. Der Sonntag, an welchem ſie nicht arbeiten dürfen, muß für ſie ein höchſt peinlicher Tag ſein. Wenn man alle dieſe Umſtände zuſammenfaßt und genau erwägt, ſo wird man wohl faſt nothwendig zu dem Schluſſe hingeführt, daß bei den farbigen Sträflingen die Bedingungen einer erfolgreichen und unſchädlichen Anwendung der Einzelhaft nicht vorhanden ſind, daß alſo die vereinzelte Anhaltung derſelben, beſonders in der Strenge, wie ſie zu Philadelphia beſteht, ein arger Mißgriff iſt. Zugleich geht aber auch aus dieſen Umſtänden deutlich hervor, daß die üblen Folgen der Anwendung der Einzelhaft auf die Neger zu Philadelphia durchaus nicht zu dem Schluſſe berechtigen, daß dieſes Gefängnißſyſtem dieſelben Folgen auch bei einer europäiſchen Bevölkerung, unter ganz verſchiedenen Verhältniſſen, und insbeſondere bei einem Volke von ziemlich allgemein verbreiteter Bildung nach ſich ziehen werde.

c) Auch der Umſtand darf nicht unbeachtet bleiben, daß ein nicht unbeträchtlicher Theil der Bevölkerung des Gefängniſſes zu Philadelphia aus eingewanderten Irländern*) beſteht, welche vor ihrer Anhaltung meiſtens in dem größten Schmutze und Elende gelebt haben und, ſo wie überhaupt die unterſten Volksclaſſen in den vereinigten Staaten, dem Branntweintrinken ſehr ergeben ſind, wodurch ſie ſtärker, als Andere, zu Geiſteskrankheiten disponirt werden.

IV. Wenn man die vorſtehenden Umſtände in ihrem Zuſammenhange erwägt, ſo darf es nicht Wunder nehmen, wenn beinahe alle Europäer, welche das Gefängniß zu Philadelphia ſelbſt beſucht und die Verhältniſſe deſſelben an Ort und Stelle kennen gelernt haben, durch die

*) Unter den ſeit 25. October 1829 bis 1. Jänner 1843 in dieſe Anſtalt aufgenommenen 1081 weißen Sträflingen befanden ſich 127 Irländer d. i. 12,8%.

dort vorgekommenen Fälle von Seelenstörung in ihrem Vertrauen auf die Güte des Vereinzelungssystemes nicht wankend geworden sind, sondern die Befürchtungen in Betreff der schädlichen Einwirkung der Einzelhaft auf die Geisteskräfte der Gefangenen für sehr übertrieben erklären. Dies ist insbesondere bei Beaumont und Tocqueville*), Demetz, Crawford und Dr. Julius der Fall, welche sämmtlich die Anwendbarkeit des Vereinzelungssystemes auch für langzeitige Strafen (Dr. Julius bis 7 Jahre, Beaumont und Tocqueville bis 12 Jahre) für vollkommen gerechtfertigt halten. Wirklich sind auch bis in die neueste Zeit in Philadelphia wiederholt Fälle von Sträflingen vorgekommen, welche noch einer acht- bis zehnjährigen Einzelhaft an Körper und Geist vollkommen gesund waren**). Dr. Theodor Tellkampf erklärt insbesondere ***), daß er die Behauptung, daß sich bei vielen Gefangenen in Folge mehrjähriger getrennter Gefangenschaft kindische Einfalt zeige, in dem Gefängnisse zu Philadelphia nicht bestätiget gefunden habe. Eben so berichten er und sein Bruder ****), daß die Gefangenen durch eine fortgesetzte Einzelhaft scharfhöriger werden, daß also die von Boz aufgestellte Behauptung, daß die Sinnesorgane durch die vereinzelte Gefangenschaft abgestumpft würden, unrichtig sei. Von großer Wichtigkeit ist ferner die von Professor Tellkampf (in den Jahrbüchern der Gefängnißkunde II. Band S. 21 und in seiner neuesten Schrift S. 191) gemachte Mittheilung, daß auch in

---

*) Tocqueville macht iu dem von ihm verfaßten Commissionsberichte die beachtenswerthe Bemerkung, daß das Bekanntwerden des Umstandes, daß ein Paar Gefangene wegen der bei ihnen hervorgetretenen Merkmale von Seelenstörung begnadigt worden, vielleicht Veranlassung gegeben habe, daß mancher Sträfling sich geisteskrank stellte, um entweder auch die Begnadigung zu erlangen oder doch für eine Zeit der Strenge der Disciplin enthoben zu werden.

**) Dies bestätigt Prof. Tellkampf in den Jahrbüchern für Gefängnißkunde II. Band Seite 15, und Samuel R. Wood, der rühmlich bekannte Vorsteher des Gefängnisses zu Philadelphia, beruft sich hierauf in seinem Berichte vom Jänner 1840.

***) In Prof. L. Tellkampf's neuester Schrift: „Ueber die Besserungsgefängnisse in Nordamerika und England," Seite 219.

****) Ebenda Seite 38 und 237. Einen Schriftsteller, wie Boz (Carl Dickens), dem es offenbar nur um Effect, nicht um die Wahrheit zu thun ist, sollten Männer der Wissenschaft nicht als Autorität in einer so streitigen Sache, bei der es vor Allem auf strenge Wahrheitsliebe der Beobachter ankommt, citiren.

ben amerikanischen Anstalten nach dem Systeme des Stillschweigens nicht selten Geisteskrankheiten vorkommen, daß sie jedoch daselbst weniger beachtet und, was sehr schlimm ist, weniger aufrichtig als in Philadelphia in den Berichten angegeben werden. Das Laster der Onanie soll in jenen Gefängnissen auch, jedoch weniger als in den ohne Spazierhöfe erbauten Anstalten nach dem Vereinzelungssysteme herrschen. Ueberhaupt, sagt Tellkampf, scheint der Gesundheitszustand in den Gefängnissen nach dem Auburn'schen Systeme keineswegs besser zu sein, als in dem Strafhause zu Philadelphia. Der Prediger an dem Staatsgefängnisse des Staates Connecticut zu Wethersfield (Auburn'sches System) erklärte offen, daß sich in dieser Anstalt, deren Bevölkerung sich in der Regel auf 180 Köpfe beläuft, außer mehreren Wahnsinnigen und bedenklich Kranken, welche begnadigt worden, zehn Geisteskranke in geringeren Graden befänden, welche man mit den übrigen Gefangenen zusammen arbeiten lasse.

Aus allen diesen Thatsachen scheint wenigstens der Schluß gezogen werden zu können, daß die in dem Staatsgefängnisse zu Philadelphia vorgekommenen Fälle von Geistesstörung wegen der unzuverlässigen Angaben über deren eigentliche Beschaffenheit und wegen der vielen äußeren, von dem Vereinzelungssysteme unabhängigen Umstände und Verhältnisse, wodurch die Existenz derselben genügend erklärt werden kann, keineswegs als nothwendige Folgen dieses Systemes angesehen, und somit nicht als Beweise gegen dasselbe gebraucht werden können.

Was hier von der Anstalt zu Philadelphia gesagt wurde, gilt großen Theiles, ja, selbst in erhöhtem Maße auch von den in den Gefängnissen der Staaten New-Jersey und Rhode-Island zu Trenton und Providence vorgekommenen Geistesstörungen. In beiden Staaten fehlen Irrenanstalten, so daß wiederholt Irrsinnige in die Gefängnisse geschickt wurden. Beide Anstalten sind auch für die Vollstreckung vieljähriger Gefängnißstrafen bestimmt und in beiden ist nicht nur die Ventilation der Zellen sehr unvollkommen, sondern man hat sogar den unverzeihlichen Mißgriff begangen, bei dem Baue dieser Gefängnisse gar keine Spazierhöfe anzulegen. Es fehlen somit beiden Anstalten wesentliche Bedin-

gungen einer gefahrlosen Anwendung des Vereinzelungssystemes und die
traurigen Folgen einer solchen unzweckmäßigen Ausführung dieses Syste=
mes unter Umständen, unter welchen es nie hätte versucht werden sollen,
mußten um so mehr hervortreten, da auch für Gottesdienst und Religions=
unterricht in beiden Anstalten fast keine Fürsorge getroffen war. Bei sol=
chen Verhältnissen wäre es die höchste Ungerechtigkeit, wenn man das
Vereinzelungssystem an sich für die üblen Wirkungen einer gänzlich verfehl=
ten Anwendung desselben verantwortlich machen wollte *).

Was die europäischen Gefängnisse anbelangt, so berufe ich mich
hinsichtlich der in dem Strafhause zu Lausanne und in dem Gefängnisse
Milbank in London vorgekommenen Fälle von Geistesstörung auf die
bei der Schilderung dieser Anstalten in dem ersten Theile enthaltenen
näheren Angaben, aus welchen deutlich hervorgeht, daß dieselben nur der
unzweckmäßigen Anwendung des Vereinzelungssystemes zur Last fallen.

Man hat übrigens in Europa bereits positive Erfahrungen gemacht,
welche für die Unschädlichkeit der Einzelhaft, sobald sie zweckmäßig ange=
wendet wird, Zeugniß geben. In dem Gefängnisse la Roquette in
Paris für jugendliche Sträflinge ist das Vereinzelungssystem bereits seit
mehr als vier Jahren eingeführt, und zwar für Gefangene, welche in der
Regel wenigstens zwei bis drei Jahre in der Anstalt selbst angehalten
werden, und doch hat dasselbe durchaus keinen nachtheiligen Einfluß auf
den Gemüthszustand der Gefangenen geäußert. Um Wiederholungen zu
vermeiden, berufe ich mich auf die bei der Schilderung dieser Anstalt mit=
getheilten Thatsachen und erwähne hier nur, daß ich selbst Knaben,
welche bereits drei bis vier Jahre in der Einzelhaft zugebracht hatten, in
ihren Zellen besuchte und mich überzeugte, daß sie so gesund und frisch
waren, als man es nur wünschen konnte. Die gänzliche Unschädlichkeit
des in dieser Anstalt eingeführten Systemes für die Geisteskräfte der Gefan=
genen wurde noch im Februar 1844 nach den bis zu dieser Zeit gesam=
melten Erfahrungen vor der Akademie der moralischen und politischen Wis=

---

*) Die neuesten Berichte über beide Anstalten sind in den Jahrbüchern der Gefäng=
nißkunde Band II. Seite 34 und ff. und Band IV. Seite 200 ff. ausführlich mit=
getheilt.

senschaften in Paris von Tocqueville sowohl, als auch von dem ehrwürdigen Bérenger, welcher Präsident des Pariser Schutzvereines für
die entlassenen jugendlichen Sträflinge und Mitglied der Ueberwachungs-
Commission der Anstalt la Roquette ist, auf das Bestimmteste bestätigt.

In dem Londoner Mustergefängnisse und dem neuen Strafhause zu Perth habe ich viele Gefangene in ihren Zellen besucht und
mich überzeugt, daß die Einzelhaft, wenn sie mit all' der Sorgfalt und
Vorsicht wie in diesen Anstalten angewendet wird, bei weitem nicht so hart
ist, als sie so oft geschildert wird; daß die meisten Gefangenen ein gutes,
frisches, offenes und heiteres Aussehen haben und mit der Behandlungsweise, welche sie erfahren, zufrieden sind. Nach den Aeußerungen der
Gefangenen selbst, so wie nach den von den Gefängnißinspectoren Crawford und Russell mir gemachten Mittheilungen glaube ich mit Bestimmtheit versichern zu können, daß den Meisten die Absonderung von den
übrigen Gefangenen nur in den ersten vier bis acht Wochen ihrer Anhaltung schwer fällt, daß sie sich aber nach Ablauf dieser Zeit daran gewöhnen,
und daß ihnen ihre Arbeit, die zehn- bis fünfzehnmaligen Besuche, welche
sie im Laufe jedes Tages erhalten, und die Lectüre alle Langweile vertreiben. Mehrere Gefangene, welche ich besuchte, waren so heiter, wie
nur ein Handwerker in seinem Hause sein kann, und doch befanden sich
unter denen, welche ich in Perth besuchte, Viele, welche schon seit 12 bis
15 Monaten in der Einzelhaft waren. Die Vorsteher dieser beiden Anstalten versicherten mich, daß die Einzelhaft, wie sie dort angewendet werde,
durchaus keine nachtheiligen Folgen erzeugt habe. Eben so sprach sich auch
der Director des Edinburger Gefängnisses, welcher die Einzelhaft oft
bis zu einer Dauer von 18 Monaten zu beobachten Gelegenheit hatte,
gegen mich aus.

Besonders wichtig aber ist das Zeugniß von Wilhelm Brebner,
dem ausgezeichneten Vorsteher des Gefängnisses zu Glasgow, welcher
diese Anstalt schon seit beinahe dreißig Jahren leitet und seit 20 Jahren
das Vereinzelungssystem in seiner Anwendung bis auf eine Dauer von
zwei Jahren zu beobachten Gelegenheit hatte. Obschon wegen des Alters
dieser Anstalt darin keineswegs alle jene Erleichterungen der Einzelhaft

eingeführt sind, welche bei jedem neugebauten Gefängnisse, wie in London, Perth, Bath u. s. w. angewendet werden, so ist doch dort nie ein Fall vorgekommen, daß ein Gefangener durch die Einzelhaft in eine Geisteskrankheit verfallen wäre. Brebner versicherte mich, daß bei denjenigen, welche sich unterrichten wollen und fleißig arbeiten, von der Einzelhaft gar keine Gefahr zu besorgen sei, und daß selbst bei geistig Schwachen und zur Unthätigkeit Geneigten die im Beginne ihrer Strafzeit allerdings vorhandene Gefahr einer bedeutenden geistigen Herabstimmung derselben durch zweckmäßige Einwirkung des Gefängnißvorstehers und des Seelsorgers, durch häufigere Besuche und durch Zwang zur Thätigkeit und Körperbewegung vollkommen beseitigt werden könne.

Sehr bemerkenswerth ist es auch, daß medicinische Autoritäten von der höchsten Bedeutung sich für die Gefahrlosigkeit der Einzelhaft in Beziehung auf die geistige Gesundheit der Gefangenen erklärten. Hieher gehört nicht nur der im Jahre 1839 erfolgte Ausspruch der kön. Akabemie der Medicin zu Paris über das von ihrer Commission, bestehend aus den berühmten Irrenärzten Parifet, Billermé, Marc, Louis und Esquirol, erstattete Gutachten*), sondern es müssen auch die deutschen Aerzte, Professor Kiefer in Jena, der durch seine Werke über das Gefängnißwesen berühmte Dr. Julius in Berlin, Dr. Barrentrapp zu Frankfurt am Main und Dr. Diez, Vorsteher der Strafanstalt zu Bruchsal in Baden, erwähnt werden.

Aus allen diesen Thatsachen geht meiner Meinung nach so viel hervor, daß die bisherigen Erfahrungen zur vollständigen Entscheidung der Frage, ob die Einzelhaft in der Art, wie sie gegenwärtig in dem Londoner Mustergefängnisse angewendet wird, bei längerer Dauer die geistige Gesundheit der Gefangenen gefährde, nicht zureichen. Alle Berichte über die amerikanischen Anstalten dieser Art sind so ungenügend und die Einrichtung der Gefängnisse in den vereinigten Staaten ist so unvollkommen,

---

*) Die Akademie sprach sich den Anträgen ihrer Commission gemäß dahin aus: „daß „das System von Philadelphia, d. i. die Einzelhaft, jedoch mit Arbeit und mit „Unterredungen mit den Gefängnißbeamten verbunden, das Leben der Gefan„genen nicht abkürze und ihre Vernunft keiner Gefahr aussetze."

daß man die Erfahrungen dieser Anstalten durchaus nicht zur Grundlage eines zuverlässigen Ausspruches wählen kann. Was aber die europäischen Gefängnisse nach dem Vereinzelungssysteme betrifft, so ist durch die in denselben gemachten Erfahrungen zwar schon vollständig entschieden, daß die Einzelhaft bei zweckmäßiger Einrichtung auf kurzdauernde Strafen (bis zu einem Jahre) ohne alle Gefahr für die Geisteskräfte der Gefangenen angewendet werden könne, und es herrscht darüber auch unter allen Schriftstellern eine völlige Uebereinstimmung. Allein in Beziehung auf Strafen von längerer Dauer sind diese Erfahrungen unzureichend, wenn gleich der Umstand, daß in Europa, wie in Amerika, nur die ersten Monate der Gefangenschaft eine Gefahr für die geistige Gesundheit der Sträflinge mit sich zu führen scheinen, sehr für die Zulässigkeit einer Ausdehnung der Einzelhaft auf längere Strafzeiten spricht. Die Frage über den Einfluß einer mehrjährigen Einzelhaft auf den Gemüthszustand der Gefangenen muß also noch immer als in dem Stadium des Versuches befindlich angesehen werden. Die endliche Entscheidung derselben bleibt einer späteren Zeit vorbehalten. Allein dies darf durchaus nicht von der Errichtung neuer Anstalten nach dem Vereinzelungssysteme zurückschrecken; denn bei den überwiegenden Vorzügen, welche es in moralischer Hinsicht vor jedem anderen Gefängnißsysteme besitzt, bei der erwiesenen Unzulänglichkeit aller bisherigen Erfahrungen, die Einzelhaft als wirklich nachtheilig für die Gesundheit des Geistes der Gefangenen darzustellen, und bei der Dringlichkeit, eine bessernde Behandlungsweise der Sträflinge an die Stelle der bisherigen zu setzen, muß man sich für das Vereinzelungssystem entscheiden und es wenigstens versuchsweise auch auf mehrjährige Strafen anwenden. Die Ausführung eines solchen Versuches im Großen in mehreren europäischen Gefängnissen kann nur wünschenswerth genannt werden und alle Umstände scheinen dahin zu deuten, daß die probeweise Anwendung der Einzelhaft bis auf eine Dauer von fünf Jahren vollkommen gerechtfertigt wäre *).

---

*) Mit Recht sagt der von Tocqueville verfaßte Commissionsbericht der Deputirtenkammer über den Gesetzentwurf vom Jahre 1843 (im Moniteur vom 6. Juli

22

Man wendet ferner gegen das Vereinzelungssystem ein, daß es
den Gefangenen nicht bessern könne, denn in der Einzelhaft
sei der Gefangene seines freien Willens gänzlich beraubt; er könne allerdings keinen schlechten Gebrauch davon machen, aber er lerne auch nicht,
einen guten Gebrauch davon zu machen; er lerne nicht, sich zu bezwingen,
da es ihm an jeder Versuchung zum Bösen fehle. Dazu komme noch der
Mangel eines Wetteifers mit Anderen, wodurch ihm ein wichtiges Motiv
des Fortschrittes entzogen sei. — Dieser Einwendung läßt sich mit Recht
die Frage entgegenstellen, ob die Bezwingung der Neigungen eines Sträf-

---

1843 Nr. 187): „Wären auch wirklich die Geisteskrankheiten in den neuen Gefängnissen etwas minder selten, als in den alten, so würde die Commission dessenungeachtet keinen Anstand nehmen, zu sagen, daß dieser Grund, wie wichtig er
auch ist, doch nicht hinreiche, um die Aufgebung der Einzelhaft mit allen socialen
Vortheilen, welche man davon erwarten darf, zu rechtfertigen. Die alten Gefängnisse verursachten ein physisches Leiden und waren hauptsächlich in dieser Hinsicht
abschreckend. Die Verbesserungen, welche allmälig in denselben eingeführt wurden,
haben bewirkt, daß sich die Sträflinge darin oft recht wohl und behaglich fühlen.
Wenn also die Gefängnißstrafe den Körper schont, so ist es nur gerecht und wünschenswerth, daß sie wenigstens im Gemüthe der Sträflinge heilsame Spuren
zurücklasse, indem sie das Uebel an seiner Wurzel angreift. Es ist aber unmöglich, daß eine Behandlungsweise, welche vorzüglich den Zweck verfolgt, auf
eine große Zahl von Gemüthern einen lebhaften Eindruck zu machen, nicht einige
darunter zum Wahnsinn bringe. Wenn aber dieses Uebel, wie die Commission
glaubt, höchst selten wird, so wäre es doch, so traurig es ist, den tausendfältigen
Uebeln vorzuziehen, welche das jetzige Strafsystem erzeugt." — Wenn man
nur zwischen zwei Systemen die Wahl hat, von welchen das eine vielleicht
wirklich in manchen Fällen Seelenstörungen erzeugt, das andere aber beinahe
unausweichlich eine allgemeine moralische Verschlimmerung der Gefangenen zur
Folge hat, — und dies scheint gegenwärtig der Fall zu sein — so dürfte die
Wahl für den Staatsmann, welcher so oft unter zwei Uebeln das kleinere wählen
muß, kaum zweifelhaft sein. Die nächsten zehn Jahre werden wohl eine endliche
Entscheidung dieser Frage herbeiführen, indem in Frankreich, Preußen und Baden
bereits Anstalten nach dem Vereinzelungssysteme, und zwar in den beiden letzteren Staaten auch für auf mehrere Jahre verurtheilte Sträflinge im Baue begriffen
sind. Zur Unterstützung meiner im Texte ausgesprochenen Ansicht von der Gefahrlosigkeit eines Versuches der Anwendung des Vereinzelungssystemes bis auf eine
Strafdauer von fünf Jahren berufe ich mich auf die im Anhange mitgetheilten
Briefe von Beaumont, Tocqueville, Demetz, Crawford, Russell,
Ducpétiaux und Professor Kieser.

linges, welche bei dem Zusammenleben der Gefangenen nur aus der materiellen Furcht vor der Strafe entspringt, für die Besserung desselben einen großen Werth habe. Die in allen Strafanstalten gemachte Beobachtung, daß gerade die verderbtesten Sträflinge, die wiederholt Rückfälligen sich der Gefängnißordnung am leichtesten fügen, weil ihr Verstand ihnen diesen Gehorsam anräth und die Niederträchtigkeit ihres Gemüthes ihnen die Fügsamkeit erleichtert, läßt daran mit vollem Grunde zweifeln. Die Entfernung des Gefangenen von anderen Sträflingen, verbunden mit dem Einflusse des Religionsunterrichtes, der Ermahnungen des Seelsorgers und der Gefängnißbeamten und einer Angewöhnung an Fleiß und Ordnung, ist gewiß das sicherste Mittel der Besserung. Allerdings fehlt der Antrieb der Nacheiferung; aber wird dieser bei dem Zusammenleben der Verbrecher zum Guten hinleiten? „In den kleinen Ausnahmsgesellschaften, welche die Gefängnisse einschließen," sagt Tocqueville in dem Commissionsberichte von 1843, „ist das Böse populär; die öffentliche Meinung in denselben treibt zum Laster, nicht zur Tugend hin, und die Nacheiferung wird fast nie zu einer guten That hinleiten." Sollte aber auch der Verlust dieses Motives einige Bedeutung haben, so wird er doch durch die Vortheile, welche die Vereinzelung gewährt, durch die ernste Richtung, welche sie den Gedanken des Gefangenen gibt, durch die Entfernung jeder Störung der bessernden Einwirkung des Seelsorgers und der Gefängnißbeamten und durch die selbst nach der Entlassung des Sträflinges noch fortwirkende Losreißung desselben von der verbrecherischen Gesellschaft, in welcher er früher lebte, reichlich aufgewogen.

Man hat der Einzelhaft auch den Vorwurf gemacht, daß sie die Beschäftigung der Gefangenen mit einer gewinnbringenden Arbeit sehr erschwere. Die Erfahrung hat diese Einwendung vollkommen widerlegt. Die Zahl der Handwerke, welche in den Einzelzellen betrieben werden können, ist sehr beträchtlich*) und der Fleiß und die Schnelligkeit im Erlernen solcher Arbeiten sind in der Einzelhaft viel

---

*) Der geschickte Mechaniker Prabier in Paris zählt in dem Berichte von Demetz über die amerikanischen Gefängnisse 78 solche Handwerke auf.

22*

größer, als bei dem Zusammenleben der Gefangenen. Jeder Besucher des Mustergefängnisses zu Pentonville, der Anstalten zu Perth und Glasgow, des Gefängnisses la Roquette in Paris, kann sich davon überzeugen. Die Herren Prabier und Guillot, welche durch eine Reihe von Jahren die Arbeitskräfte der in den französischen Centralgefängnissen angehaltenen Sträflinge gepachtet hatten, sprachen sich in Folge officieller Anfragen mit der größten Zuversicht dahin aus, daß die Arbeit der Sträflinge viel einträglicher sein würde, wenn sie in der Einzelhaft angehalten würden. Sie erklärten sich sogar schriftlich bereit, für den Fall der Einführung des Vereinzelungssystemes die Versorgung aller Sträflinge mit hinlänglicher Beschäftigung zu übernehmen. In Glasgow war der Arbeitsertrag des Gefängnisses in den Jahren 1833 bis 1836 so bedeutend, daß er, was sonst in keiner brittischen Anstalt dieser Art vorgekommen war, über 80% aller Erhaltungskosten der Gefangenen bedeckte, und nur die große Handelskrisis von 1837 bewirkte eine Verminderung dieses Ertrages. In dem Gefängnisse zu Aberdeen in Schottland betrug der Arbeitsertrag der Gefangenen in den Jahren vom 1. Juli 1840 bis 30. Juni 1841 und von da an bis 30. Juni 1842 mehr, als in irgend einem anderen schottischen oder englischen Gefängnisse; er belief sich in dem ersten Jahre auf 4 Pfund 5 Schillinge, in dem zweiten auf 5 Pfund 10 Schillinge für den Kopf, so daß dadurch in beiden Jahren 25% der Gesammtausgaben dieser Anstalt gedeckt wurden. Auch in dem gleichfalls nach dem Vereinzelungssysteme eingerichteten Gefängnisse zu Ayr in Schottland betrug der Arbeitsertrag in dem mit 30. Juni 1841 abgelaufenen Jahre für einen Gefangenen 5 Pfund 6 Schillinge, wodurch 30% aller Ausgaben dieser Anstalt gedeckt wurden. Auch der Rath der französischen Generalinspectoren hat nach einer langen Berathung sein Gutachten dahin abgegeben, daß es möglich sei, dem Gefangenen in der Einzelhaft ein wirkliches Handwerk, welches beständige Beschäftigung gibt und ihm nach seiner Entlassung dienlich sein kann, zu verschaffen, und daß ein solches Handwerk in der Einzelhaft erlernt werden könne.

Diese Thatsachen dienen zum Theile auch zur Widerlegung der ferneren Einwendung, daß die Anwendung des Vereinzelungssyſtemes zu koſtſpielig ſei. Es iſt allerdings richtig, daß die Erbauung eines Gefängniſſes nach dem Vereinzelungsſyſteme größere Baukoſten ver= urſacht, als die Errichtung einer gleich großen Anſtalt nach dem Syſteme des Stillſchweigens; allein dieſe Koſten ſind doch nicht ſo außerordentlich groß, als man oft behauptet hat. Der Bau des Muſtergefängniſſes zu Pentonville bei London auf 500 Köpfe hat 80,000 Pfund Sterling (d. i. 800,000 fl. C. M.) gekoſtet, ſo daß auf eine Zelle 1600 fl. C. M. zu rechnen ſind. Dieſe Koſten haben ſich durch den hohen Taglohn und den bedeutenden Preis der Baumaterialien in der Nähe von London ſo hoch belaufen und die engliſchen Architekten haben berechnet, daß ein gleiches Gefängniß im Inneren Englands (in der Nähe von Mancheſter) höchſtens auf 60,000 Pfund zu ſtehen käme. Hiernach läßt ſich einiger= maßen ſchließen, daß ein ſolcher Bau auf dem Continente auch nur etwa 600,000 fl. C. M. koſten könnte. — Was die Erhaltungskoſten einer ſolchen Anſtalt betrifft, ſo lehrt die Erfahrung, daß ſie ſich nicht höher (oder doch nicht viel höher), als bei dem Zuſammenleben der Gefan= genen belaufen. Die Erhaltungskoſten des Centralgefängniſſes zu Perth in Schottland beliefen ſich im Jahre 1842 auf 18 Pfund 3 Schillinge für den Kopf, in dem Gefängniſſe zu Aberdeen auf 14 1/2 Pfund und zu Glasgow auf 11 3/4 Pfund, während der durchſchnittliche Koſtenbetrag aller ſchottiſchen Gefängniſſe zuſammengenommen ſich auf 16 Pfund für den Kopf belief. Eben ſo betrugen die Erhaltungskoſten eines Gefangenen in der Anſtalt la Roquette zu Paris im Jahre 1840 449 Franken 42 Centimen und im Jahre 1842 401 Franken, während ſie bei dem gemeinſchaftlichen Leben der Gefangenen 420 Franken betragen hatten. Der Unterſchied in den Koſten iſt alſo nicht ſo bedeutend, daß er mit Grund gegen die Einführung des Vereinzelungsſyſtemes geltend gemacht werden könnte, abgeſehen davon, daß das wohlfeilſte Gefängnißſyſtem nicht das= jenige iſt, welches am wenigſten koſtet, ſondern dasjenige, welches das wirkſamſte iſt.

Ich habe bisher nur von Strafanſtalten geſprochen und meine Meinung dahin geäußert, daß das Vereinzelungsſyſtem für Gefängniſſe, worin kurz dauernde Strafen vollſtreckt werden ſollen, unbedingt, für Gefäng=

niffe aber, in benen mehrjährige Strafen zu vollftrecken find, wenigftens verfuchsweife eingeführt zu werben verbiene. Von ben **Gefängniffen für Angeflagte unb Befchulbigte** (Unterfuchungsgefängniffen) habe ich bisher feine Erwähnung gemacht, weil in Beziehung auf biefe Claffe von Gefangenen unter allen Gefängnißfunbigen bereits bie vollfte Uebereinftimmung barüber herrfcht, baß·nur bie Einzelhaft auf fie Anwenbung finben folle. Man fann in Wahrheit fagen, baß bie Einführung bes Vereinzelungsfyftemes für fie nicht nur von ber Humanität auf bas Dringenbfte geforbert wirb, fonbern fogar, baß fie bas volle Recht haben, von bem Staate zu forbern, baß er bie Unterfuchungsgefängniffe bergeftalt einrichte, baß ihre Sittlichfeit burch ben Verfehr mit anberen Gefangenen nicht gefährbet werbe unb ihrer bürgerlichen Ehre, welche gegenwärtig zum Theile eben biefes Verfehres halber felbft bei einem Losfprechungsurtheile nothwenbig leibet, fo wenig Abbruch als möglich gefchehe.

Bei ber Ausführung bes Vereinzelungsfyftemes bürfen jeboch zwei **Vorausfetzungen** nicht unberückfichtigt bleiben. Die erfte berfelben befteht in einer **Abfürzung ber Strafzeiten** in bem Verhältniffe, als bie vereinzelnbe Anhaltung ber Sträflinge viel intenfiver wirft unb eben burch bie in ihr liegenbe beffernbe Kraft ben Zweck ber Strafe fchneller erfüllt, als es ein auf bas Zufammenleben ber Sträflinge gegründetes Gefängnißfyftem zu erreichen vermag. In Amerifa wurben bie nach ben früheren Gefetzen verhängten Strafen, wenn fie in ber Einzelhaft zu vollftrecken waren, um ein Drittheil abgefürzt. Der neue franzöfifche Gefetzentwurf vom Jahre 1843 fchlägt vor, bie Strafzeiten um ein Fünftheil zu verringern. Zweckmäßiger unb gerechter fcheint es zu fein, bie Abfürzung ber Strafzeiten in ber Art vorzunehmen, baß ber Maßftab ber Verfürzung mit ber Länge ber Strafzeit wüchfe, baß alfo z. B. breijährige Strafen um ein Viertheil, fünfjährige hingegen um ein Drittheil abgefürzt würben. Die Einzelhaft wirft nämlich um fo intenfiver, je länger fie bauert; es foll baher bei längerer Strafbauer auch ber Maßftab, ber Rebuction zunehmen. Kurze Strafzeiten (bis zu Einem Jahre) follte man gar nicht abfürzen, weil nichts fchäblicher wirft, als ber Mangel an Intenfität ber erften Strafen. Die zweite Vorausfetzung einer erfolgreichen

Wirksamkeit des Vereinzelungssystemes ist eine erhöhte Sorgfalt für die entlassenen Sträflinge durch Errichtung und Begünstigung von Gesellschaften und Anstalten zum Schutze und zur Unterstützung derselben. Die Wichtigkeit dieser Maßregel, um dem entlassenen Sträflinge, der nicht sogleich eine Arbeit finden kann, Gelegenheit zu einer nützlichen Beschäftigung und zu einem redlichen Erwerbe zu verschaffen und ihn so vor einem Rückfalle zu bewahren, leuchtet von selbst ein und man kann sie geradezu für eine unentbehrliche Ergänzung jedes guten Gefängnißsystemes erklären. Solche Gesellschaften können aber auch schon während der Strafzeit wohlthätig und die Wirksamkeit des Vereinzelungssystemes fördernd wirken, wenn einigen vertrauenswürdigen Mitgliedern derselben der regelmäßige Besuch der Gefangenen in ihren Zellen gestattet wird, wie dies bei der société de patronage pour les jeunes détenus in Paris der Fall ist.

Es erübrigt nur noch, der Fortschritte zu erwähnen, welche das Vereinzelungssystem bereits praktisch in Europa gemacht hat. In Frankreich hat sich das Ministerium in dem am 17. April 1843 der Deputirtenkammer vorgelegten Gesetzentwurfe entschieden für die Einführung der Einzelhaft in allen Gefängnissen und zwar für eine Ausdehnung derselben bis auf zwölf Jahre erklärt. Ueberdies wird schon seit vier Jahren kein Plan eines Departementsgefängnisses mehr von der Regierung approbirt, wenn er nicht nach diesem Systeme eingerichtet ist. Zwei solche Gefängnisse zu Tours auf 120 und zu Bordeaux auf 180 Köpfe sind bereits eröffnet, eine nicht unbeträchtliche Anzahl ist im Baue begriffen. In England und Schottland hat die Regierung für alle im Mutterlande zu vollstreckenden Gefängnißstrafen das Vereinzelungssystem als das beste erkannt und schon seit fünf Jahren erhält kein Plan zum Baue eines neuen oder zur Aenderung eines schon bestehenden Gefängnisses in Großbritannien und Irland die zur Ausführung desselben erforderliche Regierungsgenehmigung, wenn er nicht für dieses System berechnet ist. Gegenwärtig bestehen schon mehrere neu nach diesem Systeme erbaute Gefängnisse, namentlich die zu Pentonville, Bath und Perth, zu Usk in Wales mit 250 und zu Belfast in Irland mit 300 Zellen; viele andere sind bereits im Baue begriffen, wie die Gefängniffe zu Wakefield, Reading, Stafford, Northampton und Hereford. Für Liverpool, Leeds und Leicefter find Gefängniffe nach diefem Syfteme bereits projectirt und ihr Bau foll im Jahre 1844 beginnen. In Schottland find die Gefängniffe zu Glasgow, Ayr und Aberdeen ganz, die zu Edinburg, Paisley und Dundee zum Theile wenigftens, für die Einzelhaft eingerichtet und mehrere Graffchaftsgefängniffe find eben im Baue begriffen. Außerdem wurden in England in den letzten vier bis fünf Jahren mehrere ältere Gefängniffe (zu Briftol, Shrewsbury, Durham, Falmouth, Morpeth, Worcefter u. f. f.) ganz oder zum Theile diefem Syfteme angepaßt.

Im Großherzogthume Baden wird eben jetzt zu Bruchfal eine Strafanftalt auf 400 Köpfe nach dem pennfylvanifchen Plane gebaut und der König von Preußen hat durch die Cabinetsordre vom 26. März 1843 den Bau zweier ganz nach dem Mufter des Pentonville-Gefängniffes zu errichtender Gefängniffe zu Berlin auf 500 und zu Königsberg auf 400 Zellen, fo wie den Bau zweier Strafhäufer in Münfter und Ratibor auf 350 und 520 Köpfe angeordnet; jedoch follen von den beiden letzteren nur drei Viertheile nach dem pennfylvanifchen und ein Viertheil nach dem Auburn'fchen Syfteme gebaut werden, um dadurch vergleichbare Erfahrungen zu fammeln. Auch foll in dem Strafhaufe zu Köln ein neuer Flügel auf 180 Zellen nach dem Vereinzelungsfyfteme erbaut werden. In Genf ift das neue, für die Anwendung der Einzelhaft erbaute Detentionshaus fchon vollendet und es foll im Frühjahre 1844 eröffnet werden.

Vierter Abschnitt.

Das

Classificationssystem.

Das Classificationssystem beruht erstlich darauf, daß jeder Gefangene bei seinem Eintritte in das Gefängniß während einer nach bestimmten Grundsätzen von der Direction der Anstalt festzusetzenden Zeit der Einzel= haft unterworfen und erst nach Ablauf derselben in die Gemeinschaft mit anderen Gefangenen zugelassen wird, und zweitens auf einer solchen Anordnung der größeren oder kleineren Abtheilungen, in welche die Gefan= genen gebracht werden, daß so viel als möglich in Eine Abtheilung lauter Individuen kommen, die ungefähr auf Einer Stufe der Moralität stehen *). Dieses System wurde bisher in einigen Gefängnissen von Eng= land und Schottland, am vollkommensten und längsten aber in dem Pöniten= tiarhause in Genf durchgeführt. In allen Gefängnissen, in welchen man es mit einiger Hoffnung auf moralische Erfolge anwenden wollte, hat man es für nöthig befunden, in den einzelnen Classen, in welche man die Gefangenen eintheilte, das gänzliche Stillschweigen unter ihnen vor= zuschreiben. In Genf hat man zwar in der Hausordnung vom 16. Mai 1833 für die sogenannte Classe der Gebesserten eine Ausnahme gemacht und diesen Sträflingen gestattet, in den Mußestunden mit einander zu sprechen; allein eine zehnjährige Erfahrung hat bewiesen, daß diese Ausnahme für

---

*) Die nächtliche Absonderung der Gefangenen ist auch bei dem Classificationssysteme unentbehrlich.

die Sittlichkeit dieser Gefangenen nachtheilig sei, und das neue, am 1. Juli 1843 in Wirksamkeit getretene Reglement hat daher auch ihnen alle Mittheilungen unter einander verboten. Die Verhinderung aller Mittheilungen zwischen den Gefangenen hat sich überall als eine unabweisliche Nothwendigkeit dargestellt. Es kann daher das Classificationssystem nur als eine **Mobification des Systemes des Stillschweigens** angesehen werden, wobei man die Absicht hatte, die Sträflinge so einzutheilen, daß so ziemlich moralisch Gleiche in Einen Raum gebracht würden, damit selbst Uebertretungen des Gebotes des Stillschweigens wenigstens keine Verschlimmerung der Gefangenen durch Genossen viel verdorbenerer Art zur Folge haben könnten. Obgleich man anerkennen muß, daß dieses System als eine wesentliche Verbesserung des Systemes des Stillschweigens zu betrachten ist, indem dadurch zu der in dem Gebote des Stillschweigens liegenden Garantie gegen wechselseitige Verschlimmerung der Sträflinge noch die weitere Schutzmaßregel einer sorgfältigen Auswahl jener Gefangenen, unter welchen ein Verkehr möglich sein soll, hinzutritt, so ist es doch klar, daß alle Gründe, welche das System des Stillschweigens als verwerflich darstellen, mit ganz gleichem Rechte auch gegen das Classificationssystem geltend gemacht werden können. Ohne daher in eine Wiederholung dieser Gründe einzugehen, mag hier nur der Ausspruch der Erfahrung über die Classification, durch welche eben das System des Stillschweigens verbessert werden soll, erwähnt werden.

In dieser Beziehung glaube ich nichts Besseres thun zu können, als mich auf das Zeugniß der englischen Gefängnißinspectoren **Crawford** und **Russell** zu berufen, welche sich in ihrem dritten Jahresberichte (Seite 33) auf folgende Weise aussprechen: „Um den Uebeln des Systemes des Stillschweigens abzuhelfen, hat man zur Classification der Gefangenen seine Zuflucht genommen. Man trennte die Jugendlichen von den Erwachsenen, man wollte den Neuling von dem geübten Verbrecher absondern. Bald fand man weitere Unterabtheilungen nöthig in dem Maße, als man entdeckte, daß in jeder Classe Individuen von sehr verschiedenen Graden der Verderbtheit waren. So wurden die Abtheilungen vervielfältigt, bis in manchen Gefängnissen Englands fünfzehn und selbst mehr

Claſſen gemacht wurden. Allein bei dieſer Einrichtung ſcheint man folgende einleuchtende Wahrheiten unbeachtet gelaſſen zu haben, erſtlich daß die moraliſchen Zuſtände eines Menſchen kein unmittelbarer Gegenſtand menſchlicher Beobachtung ſind, daß man nie im Stande ſein wird, die Schuldbarkeit eines Menſchen ſo genau zu würdigen, um jedem Individuum ſeinen verhältnißmäßigen Platz auf der Scala der Moralitäten richtig anzuweiſen, und daß überdies gewiß nie zwei Individuen von ganz gleicher moraliſcher Beſchaffenheit gefunden werden. Zweitens aber hat man überſehen, daß, wenn man auch alle dieſe Schwierigkeiten überwinden und eine Claſſe von lauter Individuen, welche auf Einer Stufe der moraliſchen Verderbtheit ſtehen, zu Stande bringen könnte, ihr Zuſammenſein gewiß nur Fortſchritte derſelben in ihrer Verderbtheit zur Folge haben würde. Jede Vereinigung von Verbrechern wird dieſelben nie beſſern, ſondern immer verſchlechtern, und es gibt ſelbſt zu Fortſchritten im Böſen keinen größeren Reiz, als die durch die Gemeinſchaft der Sträflinge unter ihnen hervorgerufene Aemulation." Eben ſo ſagen ſie in ihrem erſten Berichte (Seite 77): „Die Meinung, daß man durch eine gute Claſſification das Uebel der gegenſeitigen Verſchlechterung der Gefangenen beſeitigen könne, beruht auf Gründen, welche Vernunft und Erfahrung als trügeriſch darſtellen. Die Claſſification muß nämlich entweder nach der Verſchiedenheit der Verbrechen oder der Charaktere gemacht werden. Der Verſuch, die Gefangenen nach ihrer erwieſenen Strafbarkeit in Abtheilungen zu bringen, iſt aber ganz verwerflich, denn der Maßſtab iſt dann rein techniſch, da das Geſetz Verbrechen, welche in Hinſicht auf die moraliſche Schlechtigkeit unendlich weit von einander entfernt ſind, oft in Eine Kategorie bringt. Allein ſelbſt zugegeben, daß die geſetzliche Eintheilung der Verbrechen immer Vergehen von gleicher moraliſcher Schlechtigkeit in Eine Claſſe bringe, ſo wird die erwieſene Strafbarkeit den Verbrecher doch nicht immer mit Solchen zuſammenbringen, welche in moraliſcher Hinſicht ſeines Gleichen ſind. Es kann ja ein höchſt entarteter Menſch wegen eines geringen Vergehens in die Strafanſtalt kommen. Iſt es wohl recht, wenn er mit anderen Uebertretern, welche ſich nur geringere Vergehen zu Schulden kommen ließen, in Eine Abtheilung verſetzt wird? Doch die

Vertheidiger dieses Systemes haben in Anerkennung der Mißlichkeit einer solchen Anordnung zu dem anderen Principe der Classification ihre Zuflucht genommen. Sie wollen die Abtheilung, in welche der Sträfling gebracht werden soll, nach den moralischen Gewohnheiten und der Gemüthsbeschaffenheit desselben bestimmen. Allein sie berufen sich hiebei auf Prämissen, welche sie nicht zu erkennen vermögen, sie verlassen sich auf die Erforschung von Thatsachen, welche jedem menschlichen Auge durch einen undurchdringlichen Schleier entzogen sind, auf die Erkenntniß der innersten Falten des Herzens. Diese Ansicht ist daher offenbar irrig."

Diese Aeußerungen der erfahrenen Gefängnißinspectoren sind so einleuchtend, daß es unnütz wäre, denselben noch Etwas hinzuzufügen. Die unendliche Schwierigkeit einer richtigen Classification der Gefangenen zeigt sich bei der einfachsten Betrachtung der menschlichen Natur. Man müßte darauf rechnen können, Gefängnißvorsteher zu haben, welche tiefe philosophische Bildung besitzen, erfahrene Menschenkenner und Muster der Unparteilichkeit sind. Wie traurig es aber um einen Staat stehen würde, der bei seinen Einrichtungen auf solche mehr als gewöhnliche Kräfte rechnen wollte, ist leicht einzusehen. Man kann daher das Classificationssystem mit vollem Rechte für praktisch unausführbar erklären, um so mehr, wenn es sich um dessen Anwendung in größeren Anstalten auf 500 bis 600 Köpfe handelt. Ich glaube mich in dieser Beziehung auf die Ansicht des ehrwürdigen Aubanel, welcher die Genfer Strafanstalt durch achtzehn Jahre leitete und das Classificationssystem darin einführte, berufen zu können. Auch dieser erfahrene Mann erklärt die Durchführung des Classificationssystemes in größeren Gefängnissen für ganz unmöglich*). Dasselbe Urtheil fällen der französische Minister des Innern Graf Duchatel in den Motiven zu dem Gesetzentwurfe von 1843, die Commission der Deputirtenkammer in ihrem von Tocqueville verfaßten Berichte, der französische Generalinspector der Gefängnisse Moreau-Christophe, der hamburgische Senator und Polizeidirector Hubtwalker u. A. Unter Allen herrscht darüber nur Eine Stimme, daß das Classificationssystem,

---

*) Sieh dessen Aeußerung in dem I. Theile dieser Schrift Seite 227.

da es nothwendig mit Verſetzungen derjenigen, welche ſich gut betragen, in eine höhere, der Sträflinge von ſchlechter Aufführung aber in eine nie- drigere Claſſe und mit gewiſſen Milderungen der Disciplin für die höhe- ren und mit Verſchärfungen derſelben für die niederen Claſſen verbunden iſt, nur die Heuchelei unter den Sträflingen befördern, keineswegs aber eine Beſſerung derſelben zur Folge haben werde. Die Erfahrung, daß die verderbteſten Verbrecher ſich am leichteſten in die Hausordnung fügen, läßt erwarten, daß gerade dieſe bei dem Claſſificationsſyſteme am häu- figſten in die höheren Claſſen vorrücken werden, weil ſie Alles anwenden werden, um die damit verbundenen Erleichterungen genießen zu können.

Dazu kommt noch, daß die Willkürlichkeit, welche bei der Hand- habung dieſes Syſtemes beinahe unvermeidlich iſt, zu Reibungen unter den Sträflingen und zur Unzufriedenheit derſelben mit der Direction, von der ſie ſich ungerecht behandelt glauben, Veranlaſſung geben und dadurch neue Schwierigkeiten bereiten müßte. Auch iſt nicht zu läugnen, daß dadurch in die Hände der Direction der Strafanſtalt eine beinahe zu große Macht gelegt würde, welche dem Anſehen des Geſetzes und der Gerichte leicht nachtheilig werden könnte.

Wo alſo das Vereinzelungsſyſtem irgend angewendet werden kann, verdient daſſelbe vor dem Claſſificationsſyſteme ſicher den Vorzug. Für die- jenigen Sträflinge aber, auf welche wegen zu großer Dauer ihrer Strafe die Einzelhaft nicht mehr ohne Gefahr für ihre körperliche oder geiſtige Geſundheit anwendbar iſt, ſcheint das Claſſificationsſyſtem in der Art, wie es nach dem neuen Reglement vom 1. Juli 1843 zu Genf gehand- habt wird, räthlicher als jede andere Behandlungsweiſe zu ſein, indem es wenigſtens zur Verhinderung der gegenſeitigen moraliſchen Verſchlech- terung der Sträflinge, ſo weit dieſe überhaupt ohne die körperliche Abſon- derung möglich iſt, am meiſten beiträgt.

Fünfter Abschnitt.

Anstalten

für

jugendliche Sträflinge.

Ich habe im dritten Abschnitte die Vorzüge des pennsylvanischen Systemes vor allen übrigen Gefängnißsystemen aus den bisherigen Erfahrungen darüber darzustellen gesucht und dabei insbesondere auch die entschieden günstigen Erfolge berücksichtigt, welche dasselbe in dem correctionellen Erziehungshause la Roquette in Paris gehabt hat. Es ist auch kein Zweifel, daß das Vereinzelungssystem bei zweckmäßiger Leitung auf jugendliche Sträflinge ohne Vergleich besser, als das System des Stillschweigens einwirkt. Allein es gibt dennoch mehrere wichtige Gründe, welche für eine ganz eigenthümliche Behandlung dieser Classe von Gefangenen sprechen.

Die jugendlichen Sträflinge (bis zu einem Alter von 18 oder höchstens 20 Jahren) sind meistens weniger durch Bosheit und verdorbene Gemüthsart, als durch Vernachläßigung ihrer Erziehung von Seite ihrer Aeltern dem Verbrechen verfallen. Bei ihnen kann mehr von Unglück als von Schuld die Rede sein. Es kommt also nicht so sehr darauf an, sie zu strafen, als vielmehr, sie zu erziehen, das, was ihre Aeltern an ihnen versäumt haben, nachzuholen und ihnen dadurch die Möglichkeit eines ehrlichen Erwerbes zu verschaffen. Es gibt gewiß nur sehr wenige jugendliche Sträflinge, welche als ganz unverbesserlich zu betrachten sind; bei den meisten kann man auf die Weichheit des jugendlichen Gemüthes, auf die Fähigkeit desselben, gute Eindrücke aufzunehmen, rechnen und auf eine

Umkehr zum Guten hoffen. Es ist daher auch die Pflicht des Staates, in dieser Beziehung einen Versuch zu machen und die Strafanstalten für solche Gefangene ihren besonderen Verhältnissen und Bedürfnissen gemäß einzurichten.

Damit aber die Anhaltung solcher Sträflinge zugleich den Zweck der Erziehung erreiche, muß sie nicht blos vorzüglich negativ, einer gegenseitigen Verschlimmerung derselben vorbeugend wirken, wie dies bei dem Vereinzelungssysteme der Fall ist und bei erwachsenen Sträflingen nicht wohl anders sein kann, sondern sie muß auch positiv dahin wirken, die in den Gefangenen schlummernden Keime des Guten zu wecken und zu entwickeln, die jungen Uebelthäter zu einem ordentlichen Lebenswandel zu befähigen und zum Verkehre mit der Welt heranzubilden. Daß dies in der Einzelzelle nicht genügend geschehen kann, ist von selbst einleuchtend; denn die Erreichung dieser Zwecke fordert eine Angewöhnung des jungen Menschen an das Leben mit und unter Anderen und an eine Fügsamkeit in mannigfaltige Lagen und Charaktere. Der jugendliche Sträfling muß durch eine mehrjährige Uebung die Gewohnheiten des Fleißes und der Ordnung, der Verträglichkeit und Friedliebe, der Achtung fremder Rechte erlangen; es muß in ihm der Sinn für wahre Ehre, die Scheu vor jeder That, welche ihn in den Augen seiner Mitbürger herabsetzen könnte, geweckt werden. Alles dies ist nur bei einem gemeinschaftlichen Leben solcher Sträflinge möglich. Allein diese Gemeinschaft darf nicht durch das Gebot des Stillschweigens wieder aufgehoben werden, sondern sie muß eine vollständige, wahre Gemeinschaft sein. Der Gefahr, daß dadurch die gegenseitige moralische Verschlechterung der jugendlichen Gefangenen so sehr überhandnehmen könnte, daß alle Bemühungen sie zu bessern im Vorhinein vereitelt würden, muß dadurch vorgebeugt werden, daß man die Sträflinge zur Gemeinschaft gehörig vorbereitet. Als das beste Mittel dazu stellt sich die Einzelhaft derselben im Beginne ihrer Strafzeit dar. Dadurch wird selbst ein wildes, störrisches Gemüth gebändigt und zum Gehorsame gebracht, der Trotz des jugendlichen Uebelthäters gebeugt. Durch eine solche abgesonderte Einsperrung, deren längere oder kürzere Dauer nach der Individualität der einzelnen Gefangenen zu bestimmen, der

Direction der Anstalt überlassen werden müßte, von der Macht der Gesetze überzeugt und mit einer heilsamen Scheu vor der Strenge ihrer Strafen erfüllt, würde der jugendliche Sträfling die Gemeinschaft mit Anderen als eine Wohlthat empfinden und sich nicht durch ein schlechtes Benehmen der abermaligen Entziehung derselben aussetzen wollen.

Auf diese Art scheint für die Erziehung und Besserung dieser Classe von Gefangenen am besten gesorgt zu werden. Allein diese Behandlungsweise setzt Eine unerläßliche Bedingung voraus, einen geschickten und wohlwollenden Vorsteher der für solche Sträflinge bestimmten Anstalt. Hier handelt es sich um eine mit Milde gepaarte Festigkeit, um ein Zutrauen erweckendes, ja sogar Neigung einflößendes Benehmen von Seite des Vorstandes der Anstalt und des ihm untergeordneten Personales, um Eigenschaften, welche mehr den Erzieher als den Gefängnißvorsteher ausmachen und daher bei eigentlichen Gefängnißbeamten sehr selten gefunden werden. Die Stellung einer solchen Anstalt unter eine eigene, von dem Gefängnisse für Erwachsene ganz unabhängige Direction scheint also ein bringendes Erforderniß zu sein. Sehr nützlich wäre es gewiß, eine solche Anstalt nicht in der Hauptstadt, sondern auf dem Laude zu begründen und vorzüglich landwirthschaftliche Arbeit oder solche Handwerke, welche überall auf dem Lande betrieben werden können, darin einzuführen, theils weil das Leben auf dem Lande und die Beschäftigung mit Feld- und Gartenarbeit für die Gesundheit und die Entwicklung der körperlichen Kräfte ungemein vortheilhaft ist, theils deshalb, damit diese jugendlichen Sträflinge nach ihrer Entlassung aus der Anstalt nicht wieder durch ihre nur industrielle Ausbildung gezwungen werden, ihren Lebensunterhalt in großen Städten, diesen Mittelpuncten aller Verderbtheit, zu suchen.

Dies sind die Grundzüge der für jugendliche Sträflinge räthlichsten Behandlungsweise, wie sie mir von den Gefängnißinspectoren Crawford und Russell als die leitenden Principien geschildert wurden, welche ihnen bei der Einrichtung des eben jetzt in der Erweiterung bis auf 700 Köpfe begriffenen Knabengefängnisses zu Parkhurst vorgeschwebt haben. Ganz damit übereinstimmend waren die Rathschläge, welche mir

von Demetz und dem Bicomte von Bretignères, den ausgezeichneten Gründern und Leitern der landwirthschaftlichen Colonie zu Mettray,
nach ihrer mehrjährigen, in dieser Anstalt gemachten Erfahrung ertheilt
wurden. Der Besuch beider Anstalten hat mir die volle Ueberzeugung verschafft, wie wohlthätig und wahrhaft bessernd dieses System bei einer
ausgezeichneten Leitung auf die jugendlichen Gemüther einzuwirken
vermag, zugleich aber auch, was für eine schwierige Aufgabe die Leitung
einer solchen Anstalt ist, und was für persönliche Aufopferung sie zu einer
erfolgreichen Wirksamkeit fordert.

Uebrigens habe ich zu Mettray, wie in Parkhurst, die Versicherung erhalten, daß eine solche correctionelle Erziehung nur dann mit
einiger Sicherheit auf glückliche Erfolge rechnen kann, wenn die jugendlichen Sträflinge eine hinlänglich lange Zeit hindurch (mindestens drei
bis vier Jahre) in einer solchen Anstalt angehalten werden, weil nur bei
einer so lang fortgesetzten Einwirkung eine Hoffnung vorhanden ist, die
gänzliche Ablegung der oft seit frühester Jugend angenommenen üblen
Gewohnheiten, die Annahme fester Grundsätze und die Fassung dauernder
Entschlüsse zu einem redlichen Lebenswandel zu erzielen. Es ist daher
bedauerlich, wenn die Gesetzgebung eines Staates für Vergehen, wie Bettelei, arbeitsloses Herumvagiren u. s. w., nur kurze Arreststrafen verhängt,
ohne für jugendliche Uebertreter der diesfälligen Vorschriften eine Ausnahme zu machen, indem gerade für diese Individuen zu ihrem eigenen
Besten, damit sie nicht auf der Bahn des Lasters fortschreiten, eine Anhaltung in einer Correctionsanstalt auf längere Zeit nothwendig wäre. Sehr
nachahmungswerth erscheint der Art. 66 des Code pénal, nach welchem
Personen unter 16 Jahren, bei welchen entschieden ist, daß sie ohne
gehörige Ueberlegung gehandelt haben, zwar von den ihnen zur Last gelegten Verbrechen oder Vergehen losgesprochen, aber nach Umständen entweder ihren Aeltern überlassen, oder in eine Besserungsanstalt abgegeben
werden sollen, um darin erzogen und während einer im Urtheile zu
bestimmenden Anzahl von Jahren angehalten zu werden; doch darf diese
Anhaltung den Zeitpunct des von dem Sträflinge vollendeten zwanzigsten
Lebensjahres nicht übersteigen.

Sechster Abschnitt.

Vorschläge in Beziehung

auf die

Gefängnißreform in Deutschland.

Aus einer sorgfältigen Prüfung der bisherigen Erfahrungen über das Gefängnißwesen ergeben sich in Beziehung auf die Reform der Gefängnisse in Deutschland folgende Hauptgrundsätze:

I. Was die Wahl eines Systemes betrifft, so sollen 1. Untersuchungsgefängnisse und Strafanstalten für auf kurze Zeit (bis zu Einem Jahre) Verurtheilte unbedingt dem Vereinzelungssysteme unterworfen werden. 2. Rücksichtlich der Strafanstalten für auf längere Zeit Verurtheilte sollte der Versuch gemacht werden, das Vereinzelungssystem mit aller in dem Mustergefängnisse zu Pentonville bestehenden Sorgfalt bis auf eine Dauer von fünf Jahren anzuwenden, wobei eine zweckmäßige Reduction der Strafzeiten unerläßlich wäre *). 3. Die Anstalten für alle Sträflinge, welche nicht dem Vereinzelungssysteme unterworfen würden, (nach meiner Ansicht also für die auf länger als 8 Jahre Verurtheilten),

---

*) Ich würde folgende Reductionsscala in Vorschlag bringen:

Strafdauer nach dem bisherigen Systeme.	Entsprechende Strafdauer in der Einzelhaft.		Reduction.
1 Jahr.	1 Jahr.		Keine.
2 Jahre.	1 » 8 Monate.		Um 1/6.
3 »	2 » 5 »		Um 1/5.
4 »	3 » — »		} Um 1/4.
5 »	3 » 9 »		
6 »	4 » — »		} Um 1/3.
7 »	4 » 8 »		
8 »	5 » — »		Um 3/8.

follten nach dem Claffificationsfysteme dergestalt eingerichtet werden, daß alle Sträflinge zur Nachtzeit in Einzelzellen schliefen, daß jeder unmittelbar nach seiner Aufnahme in die Anstalt auf eine von der Direction zu bestimmende Zeit, welche jedoch nicht kürzer als 3 Monate sein dürfte, in der Einzelhaft angehalten würde, und daß eine hinlängliche Anzahl von Zellen vorhanden wäre, um die Einzelhaft als Disciplinarstrafe häufig und auf längere Zeit anwenden zu können. Die Abtheilungen, in welche die Sträflinge gebracht würden, sollten nie mehr als höchstens 20 bis 30 Köpfe enthalten. 4. Für jugendliche Sträflinge (bis zu einem Alter von 18 bis 20 Jahren) sollen ganz eigene Anstalten gegründet werden, worin sie (nach einer vorläufigen, von der Direction der Dauer nach näher zu bestimmenden Einzelhaft auf 3 bis 6 Monate) gemeinschaftlich, jedoch ohne Auferlegung des Stillschweigens, zu landwirthschaftlicher oder industrieller Arbeit angehalten und höchstens zur Nachtzeit in abgesonderte Zellen eingesperrt würden.

II. In Beziehung auf die Leitung und Ueberwachung der Gefängnisse ist 1. die Anstellung eigener Gefängnißinspectoren, welche unmittelbar unter der höchsten Centralbehörde der politischen Administration (dem Ministerium des Innern) stehen, demselben über die von ihnen untersuchten Gefängnisse Bericht erstatten und in allen Fragen über Gefängnißverbesserung als oberstes Gefängnißcollegium zu Rathe gezogen werden, höchst empfehlenswerth. 2. Die Gefängnisse für Weiber sollten von den Männergefängnissen gänzlich getrennt oder wenigstens die weiblichen Gefangenen gänzlich unter die Aufsicht von Personen ihres Geschlechtes, unter der Oberleitung eines Directors, gestellt werden. 3. Eine besondere Sorgfalt soll darauf gerichtet werden, für die Strafanstalten ausgezeichnete Vorsteher und Seelsorger zu gewinnen. Sie sollen daher auch äußerlich so gestellt werden, daß selbst vorzügliche Talente darin eine Aufmunterung finden, sich diesem schweren Berufe zu widmen. So weit es möglich ist, (und in katholischen Ländern dürfte dies leicht ausführbar sein), sollte man die unmittelbare Beaufsichtigung der Sträflinge religiösen Corporationen überlassen, wie dies in Frankreich und Belgien mit dem größten Erfolge in einer beträchtlichen Anzahl von Strafhäusern bereits geschehen ist.

23 *

4. Das System der Arbeitsverpachtung sollte in der gegenwärtigen Ausdehnung, in welcher es dem Arbeitspächter zu viel Einfluß gestattet und nicht
selten die Wirksamkeit der Direction der Strafanstalt hemmt, aufgegeben und
die Leitung der Arbeit der Sträflinge ausschließend der Direction jeder Anstalt überlassen werden. Nur die Lieferung der Arbeitsmaterialien und der
Verkauf der Gefängnißerzeugnisse sollten durch Verträge mit Unternehmern
im Großen besorgt werden. 5. Für den Transport der Gefangenen von
einer Anstalt zur anderen sollen Zellenwagen, welche bei der Einführung
des Vereinzelungssystemes ohnehin ganz unentbehrlich sind, eingerichtet werden. Diese Transportweise besteht bereits mit dem größten Erfolge in ganz
Frankreich, in Belgien und in London. 6. Sehr empfehlenswerth ist die
Bestellung unbesoldeter Aufsichtscommissionen aus ehrenwerthen, von dem
Gefängnißpersonale unabhängigen Männern (z. B. Gerichtspersonen,
Aerzten, Geistlichen) zur Unterstützung und Ueberwachung der Gefängnißdirection in Allem, was die moralische Einwirkung auf die Gefangenen
betrifft, (insbesondere bei Anstalten nach dem Vereinzelungssysteme durch
häufige Besuche der Gefangenen). Solche Commissionen (commissions de
surveillance) bestehen bei dem Gefängnisse la Roquette in Paris, bei den
französischen Departementsgefängnissen, bei dem Londoner Mustergefängnisse und in den meisten englischen Strafanstalten, in Genf und Lausanne.

III. Unentbehrlich ist endlich die Errichtung von Gesellschaften oder
Vereinen, welche sich die Sorge für das Schicksal der entlassenen Sträflinge
zur Aufgabe machen, denjenigen, welche nicht sogleich eine einträgliche
Beschäftigung finden können, Arbeit und Gelegenheit zu einem redlichen
Erwerbe verschaffen, die Dürftigen oder Kranken unterstützen und durch
eine möglichst genaue Aufsicht über das Benehmen der in ihren Schutz
übernommenen Entlassenen dieselben vor einem Rückfalle in das Laster
zu bewahren suchen.

Nachtrag.

Während des Druckes dieser Schrift erhielt ich durch die Güte des Herrn Majors J. Jebb den neuesten Bericht über die Verwaltung des Mustergefängnisses zu Pentonville. Ich glaubte, den Lesern dieser Schrift die Ergebnisse dieses wichtigen Berichtes nicht vorenthalten zu dürfen, und habe sie daher nebst dem Resultate der Berathungen des Gesetzentwurfes über das Gefängnißwesen in der französischen Deputirtenkammer als Nachtrag zu dem Seite 101 bis 135 über das Pentonville-Gefängniß und Seite 72 u. ff. über den französischen Gesetzentwurf Gesagten hier mitgetheilt.

I.

Ergebnisse des zweiten Jahresberichtes des Verwaltungsrathes des Pentonville-Gefängnisses *) vom 10. März 1844.

Dieser Bericht verbreitet sich über die Verwaltungsergebnisse des Jahres 1843, und zwar in den folgenden Abtheilungen.

I. Zustand des Gebäudes. Der Verwaltungsrath spricht seine volle Anerkennung der Zweckmäßigkeit des Baues aller Theile dieser Anstalt aus. Er bestätigt insbesondere, daß die vollständige Ventilation der Zellen und die Erhaltung einer gleichmäßigen Temperatur, unabhängig von jedem plötzlichen Wechsel in der äußeren Luft, auf das Vollkommenste erreicht wurde. Das System hat sich als so wirksam bewährt und läßt sich mit einer so geringen Ausgabe in beständiger Thätigkeit erhalten, daß der Verwaltungsrath die allgemeine Annahme desselben dringend empfiehlt. Während des kältesten Wetters in dem letztverflossenen Winter

---

*) Second report of the commissioners for the government of the Pentonville prison, made in pursuance of the Act 5 et 6 Vict., Sess. 2., c. 29 sec. 18., presented to both houses of parliament by command of Her Majesty. London 1844.

von $18^{48}/_{44}$ wurde die erforderliche Wärme und der Luftwechsel durch
den Verbrauch von 2 Zentnern Kohlen für eine Abtheilung von 130
Zellen binnen 24 Stunden erhalten, so daß bei dem gegenwärtigen
Preise der Kohlen (1 Tonne $=$ 20 Zentner zu 25 Schillingen, d. i. zu
12 fl. 30 kr. C. M.) die Heizung und Ventilation Einer Zelle für einen
Tag weniger als $^1/_4$ Pfennig (d. i. etwas über $^1/_2$ Kreuzer Conv.Münze)
kostete. Auch der Gefängnißarzt Dr. G. Owen Rees spricht sich in sei=
nem Berichte vom 12. Jänner 1844 über die bisherige Erfahrung in
Betreff der Wirksamkeit des Heizungs- und Ventilations-Apparates sehr
günstig aus. Der Luftwechsel erfolgt auf eine höchst vollkommene Weise;
jede Gefängnißzelle enthält bei 800 Kubikfuß Luft und die Luftmasse,
welche durch jede Zelle hindurchgeht, beträgt nach den im Anfange des
Sommers 1843 gemachten Versuchen 30 Kubikfuß für die Minute,
wobei durch die Größe und Vergitterung, so wie durch die Lage der Luft-
Zuführungs- und Abzugsöffnungen für die vollkommenste Verbreitung
dieser Luft und für die Vermeidung eines schädlichen Luftzuges gesorgt
ist. Was die Heizung betrifft, so beklagten sich die Gefangenen im Winter eher über zu viel, als über zu wenig Wärme. Es ergab sich anfangs
eine Schwierigkeit in Betreff der Regulirung der Temperatur, indem jeder einmal vorhandene Wärmegrad erst zehn bis vierzehn Tage nach
Auslöschung des Feuers bedeutend erniedrigt werden konnte. Dies rührt
von der nicht leitenden Beschaffenheit der Baumaterialien und der großen
Oberfläche der Luftzuführungskanäle für die Wärmeausstrahlung her, und
eben diese Bedingungen bewirkten, daß selbst jetzt, da doch das Gebäude
bereits trocken ist, noch beinahe 14 Tage nöthig waren, um die Temperatur der Zellen durch die Winterfeuer bedeutend zu erhöhen. Ungeachtet dieser Schwierigkeit ist aber mit Sicherheit zu erwarten, daß, wenn
man einmal den Apparat hinsichtlich seiner Wirkungen auf das Gebäude
gehörig kennen wird, die Menge des Brennstoffes für 24 Stunden so
genau bestimmt werden könne, daß man ohne allen Uebelstand von zu
großer Hitze oder Kälte jeden erforderlichen Wärmegrad zu erzeugen im
Stande sein wird. Ein sehr großer Vorzug des Apparates liegt in der
Verhütung aller plötzlichen Temperaturwechsel in den Zellen, welche auf

der Selbstregulirung des Apparates in Folge der Gesetze der Wärmeausstrahlung erhitzter Oberflächen beruht. Wenn die äußere Luft eine
Temperatur von 3 bis 5 Graden Réaumur unter Null hat, so ist in den
Zellen eine Temperaturerhöhung von 10 bis 12 Graden über die Temperatur der äußeren Luft leicht zu erreichen. Wenn dagegen die äußere Luft
plötzlich auf 7 bis 8 Wärmegrade steigt, so erhöht sich die Temperatur
der Luft in den Zellen durch die Wirksamkeit des Apparates nicht, wie
früher, um 10 bis 12 Grade, was bei der gegebenen Wärme der äußeren Luft ein Uebelstand wäre, sondern nur um 4 bis 5 Grade, obschon der Verbrauch von Kohlen im Apparate derselbe bleibt. Im Februar 1844 wechselte die Temperatur der äußeren Luft zwischen 3 Graden
Réaumur unter und 7 Graden über Null; die Schwankungen der Temperatur in den Zellen blieben aber beständig zwischen $7\frac{1}{2}$ und 12 Graden
über Null. Bei der durch die Heizung während der zwei Winter $18^{42}/_{43}$
und $18^{43}/_{44}$ erzielten vollständigen Austrocknung des Gebäudes hofft
man in Zukunft selbst im Winter nur einen Zentner Kohlen für 130
Zellen und 24 Stunden zu verbrauchen.

Als eine wichtige Neuerung muß die Errichtung eines zweiten
Pumpwerkes ebenfalls mit 16 abgesonderten Abtheilungen erwähnt werden, wodurch die Möglichkeit, in Fällen, in denen es für die Gesundheit
der Gefangenen oder zur Strafe wünschenswerth ist, den Sträflingen
eine schwere Arbeit zuzuweisen, erleichtert ist.

II. Die Gefängnißbeamten. Der Verwaltungsrath spricht
seine Zufriedenheit mit dem Eifer, dem Fleiße und der Gewissenhaftigkeit
aller bei dieser Anstalt angestellten Personen aus. Das Personale der
Anstalt besteht gegenwärtig aus dem Director (mit einem Gehalte von
600 Pfund Sterling), dem Secretär des Verwaltungsrathes, der zugleich Rechnungsführer ist und einen Gehalt von 300 Pfund bezieht,
dem Vice-Director, zwei Schreibern, 4 Oberaufsehern (mit 72 Pfund
Gehalt), 14 Aufsehern (mit 60 Pfund Gehalt) und 8 Aufsehersgehül-
fen (mit 55 Pfund Gehalt); aus zwei Kaplänen (mit Gehalten von
400 und 200 Pfund), einem Schulmeister und drei Gehülfen, einem
Arzte (mit 300 Pfund Gehalt), einem Haus-Wundarzte und einem

Krankenwärter, einem Oekonomie- und Manufacturleiter mit 8 Schreibern, einem Koche und 5 Gehülfen, 18 Arbeitslehrern und einem La-
bendiener, einem Bauaufseher, einem Maschinisten und einem Schmiede,
4 Thorwärtern, 2 Ausläufern, einem Gärtner und 8 Hausknechten,
zusammen aus 77 Personen, deren Gehalte sich auf 7210 Pfund Sterling.(d. i. 72,100 Gulden Conv. Münze) belaufen.

III. Zustand der Sträflinge. Der Verwaltungsrath erklärt,
daß die Erfahrung dem in dieser Anstalt eingeführten Systeme, wornach
jeder Sträfling nach achtzehnmonatlicher Anhaltung deportirt und die Classe,
in welche er einzureihen ist, nach seinem Betragen in dem Pentonville-
Gefängnisse bestimmt werden soll, das beste Zeugniß gebe. »Die Gefangenen,« heißt es in dem Berichte, »zeigen den lebhaften Wunsch, in die
erste Classe versetzt zu werden, und es stellte sich als räthlich dar, denjenigen, welche sich gut aufführten, in bestimmten Zeitabschnitten eine
Versicherung zu geben, daß sie wahrscheinlich in diese Classe versetzt werden würden. Zu diesem Ende wird nach sechsmonatlicher guter Aufführung ein rother Streifen auf den Aermel der Jacke des Gefangenen gesetzt und, wenn seine Aufführung fortwährend befriedigend war, nach
zwölf Monaten ein zweiter Streifen hinzugefügt. Es ist ein erfreulicher
Beweis des Fortschrittes der Sträflinge, daß von 425 schon sechs Monate oder darüber in der Anstalt befindlichen Gefangenen nur sieben diese
Auszeichnung nicht erhalten haben. Die Wirkungen, welche das System
der Einzelhaft auf den Geist und das Benehmen der Gefangenen hervorbrachte, waren sehr zufriedenstellend. Der Gefangene erhielt bei seinem
Eintritte in die Zelle einen starken Eindruck und das lebendige Gefühl
seiner Lage als Sträfling, welches insbesondere während der ersten Monate seiner Anhaltung fortdauerte; allein diese einschüchternde Wirkung
wurde durch die anderen Theile des Systemes, insbesondere durch die beständige Arbeit, die häufigen Besuche der Gefängnißbeamten und Arbeits-
lehrer, durch das Bewußtsein, jeden Augenblick einen Aufseher herbeirufen zu können, durch den Besuch der Kapelle und Schule und durch
die jedem Gefangenen dargebotenen Mittel der Belehrung und Erheiterung
gemäßigt und erleichtert. Durch diese Einrichtungen ist die Haft von jenen

üblen Folgen frei, welche die einsame Anhaltung nicht selten begleiten, während die zur Verhinderung von Mittheilungen unter den Sträflingen getroffenen Vorsichtsmaßregeln sich mit wenig Ausnahmen als erfolgreich bewährt und die nothwendige Absonderung der Gefangenen aufrecht erhalten haben. Die äußerste Wachsamkeit wurde angewendet, um das wichtige Princip der Vereinzelung, welches den Sträflingen ihre Wiedererkennung bei ihrem Austritte aus der Anstalt unmöglich macht, unverletzt zu erhalten. Zu diesem Ende trägt jeder Gefangene, wenn er zu was immer für einem Zwecke außer seiner Zelle ist, seine Kappe mit herabgeschlagenem Schirme, der sein Gesicht bis zum Munde bedeckt und wirksam verhindert, daß die Gefangenen gegenseitig ihre Gesichtszüge kennen lernen. Diese Einrichtung hat ihrem Zwecke so vollkommen entsprochen, daß wir keinen Grund haben zu glauben, daß seit der Eröffnung der Anstalt, d. i. seit 15 Monaten, ein einziger Fall vorgekommen sei, in welchem ein Gefangener das Antlitz eines anderen Sträflinges gesehen hätte."

„Die Einzelhaft treibt den Sträfling Tag für Tag zum Nachdenken über die Entbehrungen, welche er als Strafe seines Verbrechens leidet. Während aber die Anhaltung als Strafe wirksam ist, hat sie sich auch in hohem Maße als förderlich für die Erlangung nützlicher Kenntnisse, für die Aufnahme der Wahrheiten der Religion, für die Erzeugung oder Wiederbelebung besserer Gefühle in dem Gefangenen und für die Angewöhnung an Arbeit und heiteren Fleiß erwiesen. Höchst erfreuliche Beweise dieser wohlthätigen Einwirkung zeigten sich in der großen Besserung, welche in dem moralischen Zustande und der Aufführung der Sträflinge in kurzen Zeiträumen nach ihrer Aufnahme eintrat. Bei unseren Besuchen in den Zellen haben wir das Vergnügen gehabt, uns in großem Umfange von ihrer richtigen Würdigung des religiösen und moralischen Unterrichtes und ihrer lebhaften Theilnahme an demselben, von der Verminderung der erniedrigenden Einwirkung, welche ihre frühere verbrecherische Lebensweise auf ihren Geist ausgeübt hatte, von ihren Fortschritten in der Besserung, von ihrem willigen Gehorsam gegen die Gefängnißordnung, von ihrem Eifer und ihren Fortschritten in den ihnen zugewiesenen Gewerbszweigen, und von ihrer Dankbarkeit für die Behandlung, welche sie unter einem Besserung und Belehrung bezweckenden Gefängnißsysteme erhalten, zu überzeugen."

IV. **Religionsunterricht.** An jedem Sonn- und Feiertage finden drei vollständige Gottesdienste mit Predigten Statt. Da die Kapelle nur die Hälfte der Sträflinge faßen kann, so wohnt jeder Gefangene an einem Sonntage einmal und an dem darauf folgenden zweimal der Feier des Gottesdienstes bei. Der Kaplan, welcher den Gottesdienst nicht abhält, besucht indeßen die nicht in der Kapelle befindlichen Sträflinge in ihren Zellen. Außerdem wird täglich zweimal, Morgens und Nachmittags, in der Kapelle ein Gottesdienst gehalten, der in einer Auswahl von Gebeten aus der Liturgie, in der Vorlesung von Stellen der heil. Schrift und in einer kurzen Erklärung derselben besteht. Jeder Sträfling wohnt daher täglich dem Gottesdienste bei. Die Kapläne verwenden ferner täglich einen Theil ihrer Zeit auf den Besuch und den Unterricht der Gefangenen in ihren Zellen.

V. **Elementarunterricht.** Dieser wird unter der Oberleitung der Kapläne von dem Schulmeister und deßen drei Gehülfen ertheilt. Die Gefangenen werden nach dem Grade ihrer Kenntniße in drei Claßen eingetheilt, deren jede wieder aus zwei Abtheilungen besteht. Für den Unterricht jeder Claße sind zwei Tage der Woche bestimmt, an welchen jede der zwei Abtheilungen dieser Claße zwei Stunden lang gemeinschaftlichen Unterricht in der Kapelle erhält. Die Sträflinge sitzen in den abgesonderten Stühlen, so daß zur Vermeidung von Mittheilungen zwischen je zwei Gefangenen ein Stuhl leer bleibt. Die Gefangenen sehen den Lehrer und werden von ihm gesehen; sie hören einander lesen, sie vernehmen alle Fragen und Antworten, kurz, sie genießen alle Vortheile des gemeinschaftlichen Unterrichtes, ohne einander Mittheilungen machen oder Bekanntschaften anknüpfen zu können. Der Unterricht erstreckt sich auf die Religionslehre, auf das Lesen, Schreiben und Rechnen, auf die Lehre von den Maßen und Gewichten, die Geographie und für die erste Claße selbst auf die Elemente der Geschichte und Naturlehre. Den ganzen, dem Unterrichte jeder Claße gewidmeten Tag hindurch beschäftigen sich die drei Schul-

lehrersgehülfen damit, die Gefangenen dieser Claſſe in den Zellen zu
unterrichten, wobei ſie den unwiſſendſten Sträflingen die meiſte Zeit zu
widmen haben. Den gemeinſchaftlichen Unterricht in der Kapelle ertheilt
der Schulmeiſter ſelbſt. Jeder Gefangene erhält eine Bibel, ein Gebet-
und ein Geſangbuch. Außerdem beſteht eine Gefängnißbibliothek, worin
ſich Bücher religiöſen, moraliſchen oder ſonſt belehrenden Inhaltes befinden, welche den Sträflingen nach ihren Fähigkeiten und ihrem Geſchmacke
wöchentlich ausgetheilt werden. Die Gefangenen leſen die ihnen geſtatteten
Bücher mit dem größten Intereſſe. — „Der Fortſchritt," heißt es in dem
Berichte, „welchen die Gefangenen im Religions- und Elementarunterrichte machten, war höchſt erfreulich, und nach der Angabe des Ober-
ſchulmeiſters, der viele Erfahrung im Schulfache hat, überſteigt er bei
weitem den Fortſchritt, welchen gewöhnliche Schüler unter was immer
für Verhältniſſen machen. Der Kaplan beſtätigt, daß von den 525
Sträflingen, welche bis zu Ende des Jahres 1843 in die Anſtalt aufgenommen wurden, 109 nicht einmal das Alphabet kannten und 98
kaum buchſtabiren konnten. Gegenwärtig iſt kein einziger Sträfling in der
Anſtalt, der nicht die heilige Schrift leſen könnte; nur 13 ſind noch
nicht im Stande, ſie in allen ihren Theilen zu leſen, allein ſelbſt dieſe
leſen und verſtehen wenigſtens einige Capitel der heil. Schrift." Wie groß
dieſe Fortſchritte der Sträflinge waren, zeigt ſich daraus, daß unter den
525 bis zu Ende des Jahres 1843 in dieſes Gefängniß aufgenommme-
nen Sträflingen bei ihrem Eintritte in daſſelbe nur 169, am Schluſſe
des Jahres aber 343 gut laſen. Beſonders auffallend waren aber die
Fortſchritte, welche die Gefangenen im Schreiben und Rechnen machten.
Bei ihrer Aufnahme konnten von 525 Sträflingen nur 63 gut, 31 mittelmäßig, 136 ſchlecht, 295 aber gar nicht oder faſt gar nicht ſchreiben.
Obgleich der Schreibunterricht erſt am 1. Juli 1843 begann, ſchrieben
am Schluſſe des Jahres 1843 bereits 204 Sträflinge gut, 101 mittelmäßig, nur 114 ſchlecht und nur 84 gar nicht oder beinahe gar nicht.
Unter 525 Sträflingen konnten bei ihrer Aufnahme 363 gar nicht oder
faſt gar nicht rechnen, 74 kannten nur die Addition und 37 nur die Rechnungsarten bis zur Multiplication; nur 51 kannten alle Rechnungsarten

oder auch die Proportionenlehre. Am Schluſſe des Jahres kannten 191 Sträflinge die vier Rechnungsarten und 252 ſogar die Proportionenlehre. Einen weiteren Beweis von dieſen Fortſchritten liefert die Betrachtung der Zahl der Sträflinge, welche zu jeder Claſſe bei ihrer Aufnahme und am Schluſſe des Jahres 1843 gehörten:

	Anzahl der Schüler	
	bei der Aufnahme:	am Schluſſe des Jahres:
Erſte Claſſe . . .	71	 178
Zweite Claſſe	204	 167
Dritte Claſſe	250	 160

Was die Fortſchritte der Gefangenen in der Religion betrifft, ſo beſtätiget der Kaplan, daß von den 525 Sträflingen bei der Aufnahme nur 66 beträchtliche, 132 einige, 140 wenige und 187 keine oder doch faſt gar keine Kenntniſſe in der heil. Schrift beſaßen. Am Schluſſe des Jahres 1843 hingegen hatten 341 Gefangene bedeutende, 98 einige und nur 64 wenige Kenntniſſe in der heil. Schrift. „Während der größere Theil der Unwiſſendſten bei ihrer Aufnahme weder von dem Erlöſer, noch von den einfachſten Wahrheiten des Chriſtenthumes Kenntniß hatte, befinden ſich gegenwärtig unter allen Gefangenen höchſtens zwei oder drei, welche nicht ziemlich richtige Anſichten von den Hauptlehren der Religion haben und nicht ziemlich genügend über ihre Pflichten gegen Gott und die Menſchheit Rechenſchaft zu geben wiſſen." Der Verwaltungsrath hält ſich für berechtigt zu glauben, daß dem Einfluſſe dieſer religiöſen Grundſätze die entſchiedene Richtung der Gemüther der Sträflinge zur moraliſchen Beſſerung zuzuſchreiben ſei.

VI. **Arbeit der Sträflinge.** Die Gewerbe, welche in dieſer Anſtalt eingeführt wurden, ſind: das Schneider-, Schuſter-, Korbmacher-, Schreiner- und Drechsler-Handwerk, die Leinen- und Baumwollweberei, die Zimmermanns- und Schmiedearbeit, die Nagelfabrikation, die Verfertigung von Ackerbau- und anderen Werkzeugen, von Matten und Kotzen. Zu Anfange des Jahres 1844 wurde noch die Zinngießerei hinzugefügt. In der letzten Woche des Jahres 1843 wurden von 503 Sträflingen 131 als Schuhmacher, 142 als Schneider, 79 als Matten- und Kotzenmacher,

30 als Weber, 69 als Werkzeugverfertiger, Zimmerleute, Schreiner und Drechsler, 5 als Schmiede und Nägelmacher und 28 als Korbmacher verwendet; 3 waren krank und 15 in keinem Handwerk verwendet.

Jeder Gefangene wird in seiner Zelle in seinem Handwerke unterrichtet. Zu diesem Ende sind gegenwärtig 13 Gewerbslehrer (und zwar 3 Schneider, 2 Schuster, 2 Mattenmacher, 3 Zimmerleute und Schreiner, 1 Weber, 1 Korbmacher und 1 Zinngießer) angestellt, deren jedem eine gewisse Anzahl von Sträflingen zum Unterrichte zugewiesen ist. Bei der Wahl der Beschäftigung für jeden Sträfling wird auf dessen Neigung, auf seine früher erworbenen Kenntnisse und Gewohnheiten und auf sein Interesse in der Strafcolonie so viel als möglich Rücksicht genommen. Die Mehrzahl der Gefangenen kennt bei ihrem Eintritte in die Anstalt gar kein Handwerk und nur sehr Wenige haben vor ihrer Aufnahme schon das Handwerk, in dem sie nun verwendet werden, betrieben. Die Zahl der Arbeitstage beträgt vier in der Woche, indem am Sonntage gar kein Handwerk betrieben werden darf und zwei Wochentage gänzlich dem Elementarunterrichte gewidmet sind. Der reine Ertrag der Arbeit der Sträflinge (nach Abzug der Kosten der verwendeten Materialen) betrug im Jahre 1843 1062 Pfund 14 Schillinge (d. i. 10,627 fl. Conv. Münze). Da nun im Durchschnitte 289 Sträflinge das ganze Jahr hindurch arbeiteten, so belief sich der reine Arbeitsertrag eines Sträflinges für das Jahr auf 3 Pfund $13^1/_2$ Schillinge (d. i. nahe an 37 fl. Conv. Münze). Dieser Arbeitsertrag war aber bei den verschiedenen Handwerken sehr verschieben; am höchsten belief er sich für die Matten- und Kotzenmacher (auf 7 Pfund 10 Schillinge), für die Schmiede (auf 7 Pfund) und die Schreiner und Zimmerleute (auf 6 Pfund 8 Schillinge). Dagegen betrug er für die Weber nur 4 Pfund $4^1/_2$ Schillinge, für die Schuhmacher 2 Pfund $5^1/_2$ Schillinge und für die Schneider nur 1 Pfund $19^1/_2$ Schillinge. Uebrigens darf nicht außer Acht gelassen werden, daß das Jahr 1843 das erste Betriebsjahr war und daher noch die Uebung und Geschicklichkeit mehrerer Gewerbslehrer fehlte, die Aufstellung mehrerer Maschinen in den Zellen viele Zeit in Anspruch nahm, und, daß die Sträflinge nur vier Arbeitstage in der Woche hatten. Unter diesen Umständen erscheint der erwähnte Ertrag der Arbeit der Sträflinge als ein erfreulicher Beweis ihres Fleißes.

Der Verkauf der Erzeugnisse der Anstalt wird auf folgende Weise bewerkstelligt. In dem Kellergeschoße befindet sich ein Zimmer, in welchem Muster der von den Gefangenen verfertigten Gegenstände zur Ansicht bereit liegen, und in welches die Kauflustigen gelangen können, ohne den von den Sträflingen bewohnten Theil des Gebäudes zu betreten. Der Manufacturleiter setzt sich auch mit mehreren großen Häusern, welche mit Fabrikaten, wie sie im Gefängnisse erzeugt werden, Handel treiben, in Verbindung und erhält von ihnen Aufträge. Er sucht, so viel es thunlich ist, von den Parteien, welche bei ihm die Bestellungen machen, auch die erforderlichen Materialien geliefert zu erhalten, so daß er ihnen nur eine gewisse Summe für die Arbeit der Gefangenen aufzurechnen hat. Der Verwaltungsrath hat es sich übrigens zur Pflicht gemacht, nicht wohlfeiler als die gewöhnlichen Gewerbsleute zu verkaufen; es werden daher die Preise der Gefängnißerzeugnisse so viel als möglich nach dem regelmäßigen Marktpreise ähnlicher Artikel bestimmt und es sind bedeutende Verkäufe zu Preisen, welche einen schönen Gewinn abgeworfen hätten, deshalb zurückgewiesen worden, weil die angebotenen Preise unter dem regelmäßigen Marktpreise waren.

Die Fortschritte, welche die Gefangenen in ihren Gewerbszweigen machten, sind sehr erfreulich; fast Alle kennen den gewöhnlichen Betrieb ihres Handwerkes und Einige sind, selbst in den schwereren Beschäftigungsarten, ausgezeichnete Arbeiter geworden. Der Verwaltungsrath ließ zur Ersichtlichmachung dieser Fortschritte im Beginne dieses Jahres durch den Manufacturleiter und mehrere andere Beamten eine Art Prüfung mit jedem einzelnen Gefangenen anstellen, in Folge welcher die Sträflinge jedes Gewerbszweiges in vier Classen gebracht wurden. Die erste Classe umfaßt diejenigen, welche sich durch ihr Handwerk ihren vollen Lebensunterhalt zu erwerben im Stande wären; die zweite Classe diejenigen, welche nur deshalb nicht in die erste Classe versetzt wurden, weil sie noch nicht lang genug unterrichtet wurden, bei denen aber, da sie jetzt schon sich ihren Lebensunterhalt erwerben könnten, ihre Versetzung in die erste Classe noch vor ihrem Austritte aus der Anstalt zu erwarten ist. In die dritte Classe gehören jene Sträflinge, welche zweifelhaft, aber nicht hoffnungslos sind; sie sind plump und begreifen schwer, sind aber doch meistens willig und allmälig fortschreitend. Die vierte Classe endlich bilden diejenigen, welche wenig Hoffnung geben; Einige sind sehr unwissend und sorglos, Andere haben die Absicht, das Handwerk, worin sie unter= richtet werden, nicht fortzusetzen; doch ist die Zahl dieser Letzteren gering. Das Ergebniß dieser Untersuchung zeigt folgende Tabelle.

Gewerbszweig.	Erste	Zweite	Dritte	Vierte
	Classe.			
Schneider	62	83	27	18
Schuster	24	52	33	11
Zimmerleute, Schreiner	18	27	20	—
Matten= und Kotzenmacher	14	31	11	4
Weber	15	8	—	—
Korbmacher	7	21	3	1
Zusammen:	140	172	94	34

Der Verwaltungsrath nimmt keinen Anstand, diesen auffallend gro= ßen Fortschritt dem Systeme der Einzelhaft zuzuschreiben. „Der Geist des Gefangenen sowohl, als sein Körper wird in Thätigkeit versetzt, seine Aufmerksamkeit ist ungetheilt; er hat ein Interesse an seiner Beschäfti= gung; er fühlt den gegenwärtigen und künftigen Werth des Handwerkes, worin er unterrichtet wird; er treibt es mit Eifer, denn es ist ihm Pflicht und Trost und Erleichterung zugleich. Anzeigen und Strafen wegen Träg= heit sind fast unbekannt und es ist kein einziger Fall vorgekommen, daß ein Sträfling die ihm anvertraute Arbeit absichtlich zerstört hätte. So werden Gewohnheiten eines nützlichen Fleißes gebildet und die Arbeit ist zugleich freiwillig und erheiternd."

VII. Disciplinarstrafen. Die Zahl der Disciplinarstrafen belief sich im Jahre 1843 auf 188. Sie trafen 139 Sträflinge, von

welchen 107 einmal, 21 zweimal, 5 drei- und 6 viermal bestraft wurden. Die Vergehen, wofür diese Strafen verhängt wurden, waren: Mittheilungen und Versuche zu Mittheilungen (117 Fälle), Ungehorsam
oder unehrerbietiges Benehmen, Beschädigung oder Verheimlichung von
Gefängnißeigenthum, Diebstahl (2 Fälle), Versuche, Briefe oder Nachrichten außer die Anstalt zu senden (2 Fälle) u. dgl. Es war nie nöthig,
Eisen oder die körperliche Züchtigung anzuwenden, sondern die Strafen
bestanden nur in Entziehung der Arbeit, Beschränkung der Kost oder Einsperrung in die Dunkelzelle. Letztere Strafe wurde in 16 Fällen auf einen
Tag, in 64 Fällen auf zwei, in 46 Fällen auf drei und nur in Einem
Falle auf 4 Tage angewendet. „Uebrigens," bemerkt der Bericht, „wurden
die meisten Vergehen in der ersten Zeit der Anwendung der gegenwärtigen
Disciplin, als die Mittel zur Verhinderung von Mittheilungsversuchen
unvollkommener waren, als sie es jetzt sind, und vor Einführung der
oben erwähnten Einrichtung zur Aufmunterung einer guten Aufführung
begangen. Gegenwärtig sind die Versuche zu Mittheilungen selten; seit
dem 1. Jänner 1844 bis zum 10. März d. J. kamen nur 6 Vergehen
vor, welche eine leichte Disciplinarstrafe erforderten. Wenn man bedenkt,
daß während dieser Zeit der durchschnittliche tägliche Stand der Gefangenen 500 Köpfe überstieg, so glauben wir mit Zuversicht sagen zu können, daß eine so geringe Zahl von Strafen in einem so großen Gefängnisse ohne Beispiel ist."

VIII. Gesundheitszustand der Sträflinge*). Im Allge-
meinen war der Gesundheitszustand der Gefangenen sehr zufriedenstellend.

---

*) Zu einer richtigen Würdigung der hierüber in dem Berichte enthaltenen Angaben
sind folgende Notizen über die Bevölkerung dieser Anstalt von Wichtigkeit:

Die Anzahl der Sträflinge belief sich am 1. Jänner 1843 auf ·	28
Vom 1. Jänner bis 31. December 1843 wurden neu aufgenommen ·	497
	525
Während des Jahres 1843 traten aus:	
Auf die Straffchiffe (hulks) oder in das Milbank-Gefängniß wurden	
versetzt · · · · · · · · · ·	15
Begnadigt wurden aus Rücksicht auf ihre Gesundheit · · ·	3
Als unverbesserlich wurden aus der Anstalt entfernt · · ·	1
Fürtrag:	19

Nur 12 Fälle von bedenklichen Krankheiten ereigneten sich im Jahre 1843, und zwar eine kropfartige Krankheit der Gekrösbrüsen, eine Rippenfell-entzündung mit Schwindsucht, 2 Fälle von Schwindsucht, ein organischer Fehler am Herzen, eine Krankheit des Gehirnes und der Nieren, ein erschwerter Fall von Störung der Verdauung, ein Fall von Bronchitis, eine syphilitische Augenkrankheit und ein Fall von Diarrhöe. Alle übrigen Fälle waren nur leichte Unpäßlichkeiten, deren Zahl nur in Folge der genauen Aufmerksamkeit und häufigen Besuche des Arztes etwas groß ist, indem jede noch so unbedeutende Unpäßlichkeit sogleich beobachtet und in das Tagebuch des Arztes eingetragen wurde. Es kamen 1070 Fälle von Verstopfung, 295 Fälle von Diarrhöe (und zwar von einer durchschnitt-lichen Dauer von 2. 33 Tagen), 189 Fälle von gestörter Verdauung, 25 Augenkrankheiten, 16 Fälle von Affectionen der Harnwege, 15 vene-rische, 62 rheumatische, 148 katarrhalische Affectionen und 117 andere unbedeutende Fälle vor. Alle diese Unpäßlichkeiten zusammengerechnet, kamen im Durchschnitte täglich auf 100 Sträflinge 4.45 Patienten. Was

	Uebertrag	19
In die Irrenanstalt wurden gebracht		2
Wegen des Besitzes einer höheren Erziehung und der Unwahrschein-lichkeit eines Nutzens bei Erlernung eines Handwerkes wurden aus der Anstalt entfernt		1
Es starben		2
		24
Die Zahl der Sträflinge betrug somit am 1. Jänner 1844 . .		501

Die mittlere tägliche Bevölkerung der Anstalt betrug im Jahre 1843 330 Köpfe.

Zu den am 1. Jänner 1844 in der Anstalt befindlichen . .		501
Sträflingen wurden vom 1. Jänner bis 10. März 1844 neu auf-genommen		12
		513

Während eben dieser Zeit wurden entlassen:

In das Milbank-Gefängniß versetzt		4
Aus Gesundheitsrücksichten begnabigt		3
Als unverbesserlich entfernt		2
In die Irrenanstalt versetzt		1
Aus anderen als ärztlichen Gründen begnabigt . .		1
		11
Zahl der Sträflinge am 10. März 1844		502

den gegenwärtigen Gesundheitsstand betrifft, so berichtete der Gefängniß=
arzt Dr. Rees über den Monat Februar 1844, daß der Gesundheits=
zustand der Gefangenen im Allgemeinen auffallend gut sei. Nur wenige
wurden von schwereren Krankheiten befallen, ungeachtet die Influenza
und Lungenkrankheiten in und um London vorherrschten.

Es ereigneten sich im Laufe des Jahres 1843 nur 2 Todesfälle;
der eine, nur 7 Tage nach der Aufnahme des Sträflinges in die Anstalt,
war die Folge einer alten Krankheit des Gehirnes und der Nieren; der
zweite war Folge einer acuten Schwindsucht und ereignete sich 6 Monate
nach der Aufnahme des Sträflinges. Beide Gefangene waren 24 Jahre
alt. Es wurde in der Anstalt die Leichenschau von dem Coroner vorge=
nommen und in beiden Fällen das Verdict: „Natürlicher Tod" gegeben.

Außerdem wurden im Jahre 1843 drei Gefangene aus Gesundheits=
rücksichten begnadigt, und zwar ein Sträfling von 18 Jahren nach vier=
monatlicher Haft wegen einer Krankheit des Gekröses, ein Sträfling
von 18 Jahren nach zehnmonatlicher Anhaltung wegen Schwindsucht und
ein Sträfling von 25 Jahren nach einjähriger Gefangenschaft wegen einer
complicirten Lungenkrankheit. Dagegen waren die zwei Sträflinge, deren
einer nach sechsmonatlicher Haft als unverbesserlich, der andere aber nach
zweimonatlicher Anhaltung aus dem Grunde, weil er eine höhere Erzie=
hung erhalten hatte und es daher nicht wahrscheinlich war, daß er aus
der Erlernung eines Handwerkes einen Nutzen ziehen würde, aus der
Anstalt entfernt wurde, sowohl bei ihrer Entfernung aus der Anstalt, als
auch nach derselben vollkommen gesund.

Fünfzehn Gefangene wurden im Jahre 1843 aus dem Pentonville=
Gefängnisse auf Straffchiffe oder in das Milbank = Gefängniß versetzt, weil
sie nach der Ansicht des Gefängnißarztes aus physischen Gründen, welche
schon zur Zeit ihrer Aufnahme bestanden, unfähig schienen, nach Ablauf
der für ihre Anhaltung in der Anstalt bestimmten Zeit nützliche Colonisten
zu werden. Vierzehn darunter wären von dem Gefängnißarzte, wie der=
selbe in einem Berichte vom 10. April 1843 an den Verwaltungsrath
bestätigt, schon bei Gelegenheit ihrer Aufnahme in die Anstalt zurückge=
wiesen worden, wenn derselbe schon damals den Umfang des ihm ein=

geräumten Befugnisses zur Zurückweisung ungeeigneter Sträflinge, wie ihm derselbe später bekannt gegeben wurde, gekannt hätte. Der fünfzehnte Gefangene hingegen wurde nur deshalb in die Anstalt aufgenommen, weil er bei seinem Eintritte in dieselbe dem Gefängnißarzte seine früheren Leiden und Krankheitszufälle verheimlichte. Die folgende Tabelle gibt eine genaue Ueberficht des Zustandes dieser 15 Sträflinge.

Register Nr.	Alter des Gefangenen.	Tag der Aufnahme.	Tag der Entfernung.	Krankheit, welche die Entfernung veranlaßte.	Gegenwärtiger Gesundheitszustand, so weit man ihn in Erfahrung bringen konnte.
7.	24 Jahre.	21. Dec. 1842.	28. April 1843.	Verrenktes Rückgrath und Anlage zur Schwindsucht.	Gesund; er war eine Zeit lang bei der Arbeit.
21.	50 »	26. Dec. 1842.	»	Organischer Fehler des Herzens.	In mittelmäßigem Gesundheitszustande; er ist gegenwärtig als Diener bei dem Aufseher des Strafschiffes beschäftigt.
25.	20 »	31. Dec. 1842.	»	Er hatte 3 Jahre vorher eine Kopfwunde erhalten, an der er bei seiner Aufnahme noch litt; auch war bei ihm eine beginnende Schwindsucht zu besorgen.	Seit seiner Entfernung von Pentonville zeigte sich fein entschiedenes Zeichen von Schwindsucht; der Gesundheitszustand ist im Allgemeinen empfindlich; er war beständig mit leichter Arbeit beschäftigt.
30.	32 »	8. Jan. 1843.	»	Ein zart gebauter Mensch aus einer kränklichen Familie; er litt an allgemeiner Schwäche.	Gesund; arbeitet seit einiger Zeit.
32.	50 »	9. Jan. 1843.	»	Er hatte ein Auge verloren und besaß eine zerstörte Gesundheit ohne irgend ein entschiedenes örtliches Leiden.	Gesund; er war immer zur Arbeit angehalten worden.
44.	28 »	17. Jan. 1843.	»	Chronisches Brustleiden und beginnende Schwindsucht.	Der Fortschritt der Krankheit ist aufgehalten worden; er ist jetzt bei der Arbeit.
78.	23 »	31. Jan. 1843.	»	Er hatte als Knabe einen Arm verloren und konnte in seinem Handwerk unterrichtet werden.	Gesund; er wird seit einigen Monaten zur Arbeit angehalten.
85.	37 »	8. Febr. 1843.	»	Strophelsucht.	Seine Krankheit währt fort; er war beständig bei der Arbeit.

24 *

Register Nr.	Alter des Gefangenen.	Tag der Aufnahme.	Tag der Entfernung.	Krankheit, welche die Entfernung veranlaßte.	Gegenwärtiger Gesundheitszustand, so weit man ihn in Erfahrung bringen konnte.
98.	24 Jahre.	13. Febr. 1843.	28. April 1843.	Hüftweh mit anhaltender Lähmung; er hat fast den ganzen Zeigefinger der rechten Hand verloren.	Gesund; er wurde immer zur Arbeit angehalten.
102.	24 "	16. Febr. 1843.	"	Krankheit des Herzens.	Gesund; er war eine Zeit lang bei der Arbeit.
138.	19 "	24. Febr. 1843.	"	Organischer Fehler des Herzens.	Seine Krankheit ist ziemlich in demselben Zustande wie bei seiner Entfernung aus Pentonville; er wurde eine Zeit lang als Schuhmacher verwendet.
140.	31 "	25. Febr. 1843.	"	Skropheln; er hatte zahlreiche Narben von alten strophulösen Geschwüren auf Hals und Brust.	Seine Krankheit dauerte fort; es bildeten sich frische Geschwüre, welche gegenwärtig offen sind.
144.	30 "	1. März 1843	"	Epileptische Anfälle.	Gesund; seit seiner Entfernung aus der Anstalt hatte er keinen Anfall; er war immer bei der Arbeit.
179.	33 "	24. März 1843.	"	Durch syphilitische Krankheiten zerstörte Gesundheit; ein alter Schädelbruch.	Gesund und war einige Monate lang bei der Arbeit.
225.	24 "	18. April 1843.	14. Aug. 1843.	Er hatte vor mehreren Jahren einen heftigen Schlag auf den Kopf bekommen und litt seitdem an schwachem Gedächtnisse und auch Kopfschmerz. Bei seiner Aufnahme verheimlichte er dem Gefängnißarzte diese Umstände.	Er befand sich bis zu seiner Deportation nach Van Diemen's Land, welche erst am 8. Nov. 1843 Statt fand, wohl.

Seit der Eröffnung der Anstalt (21. December 1842) bis zum 10. März 1844 kamen nur drei Wahnsinnsfälle vor, über welche der Bericht folgende nähere Angaben enthält:

1. "Der Sträfling Nr. 84, in die Anstalt aufgenommen am 8. Februar 1843. Am 22. März 1843, 6 Wochen nach der Auf-

nahme, zeigte er Symptome von Melancholie, welche bald in eine heftige religiöse Manie übergingen. Er besserte sich in Folge der ärztlichen Behandlung und es trat ein gesunder Zwischenraum von beinahe vier Wochen ein; allein ungeachtet aller Vorsicht und einer vollständigen Aufhebung der Disciplin trat ein Rückfall ein und der Sträfling wurde am 24. Juni 1843 in das Bethlehem-Spital versetzt. Dieser Gefangene wurde von seiner Aufnahme an fast beständig mit Reinigung der ebenerdigen Abtheilungen der Gefängnißflügel und mit Herrichtung derselben für die Aufnahme von Sträflingen beschäftigt. Erst ungefähr eine Woche vor seinem Anfalle begann er das Schuhmacherhandwerk zu lernen. Seine Arbeit beschäftigte ihn vorzüglich außerhalb seiner Zelle, in der Umgebung von Gefängnißbeamten und nicht selten von Arbeitern und von Besuchern des Gefängnisses. Er ging täglich auf eine und oft auf zwei Stunden zur Pumpe und in die Spazierhöfe, drei Viertelstunden täglich in die Kapelle und vier Stunden an zwei Tagen jeder Woche zum Schulunterrichte. Er wurde täglich von dem Director und Vicedirector der Anstalt, häufig von dem Kaplane und Schullehrer, beinahe täglich von dem Arzte und dreimal täglich von den Oberaufsehern und den anderen Aufsehern besucht, ohne die Berührungen desselben mit den Aufsehern bei den Mahlzeiten, bei dem Aufsperren am Morgen und dem Zusperren am Abende und bei dem Herumführen zu und von der Pumpe und den Spazierhöfen in Anschlag zu bringen. Seit er in einem Handwerke beschäftigt war, besuchte ihn auch der Handwerkslehrer. Er wurde in seiner Einzelzelle nie länger als drei Stunden täglich beschäftigt. Seine Aufführung war gut, er wurde nie wegen einer Uebertretung angezeigt oder bestraft. Er war ruhig, Niemanden beleidigend, schweigsam, gehorsam und willig, scheinbar nicht kleinmüthig oder niedergeschlagen. Er war sehr unwissend, kannte nicht einmal das Alphabet und hatte fast gar keinen Religionsunterricht erhalten. Es wurde erwiesen, daß er vor seiner Anhaltung dem Trunke und der Liederlichkeit ergeben war. Es ist bemerkenswerth, daß er während der kurzen Zeit, die er im Gefängnisse zubrachte, bevor er irrsinnig wurde, fast beständig außerhalb seiner Zelle und in Gesellschaft beschäftigt war."

2. „Der Sträfling Nr. 83, aufgenommen am 8. Februar 1843. Ein außerordentlich unwissender und abergläubischer Mensch von sehr schwachen Verstandeskräften. Er wurde schon frühzeitig als eine Person von sonderbaren Manieren bezeichnet und zeigte in der zehnten Woche seiner Anhaltung Symptome von Hallucinationen. Er wurde am 17. August 1843 in das Bethlehem-Spital versetzt.

Aus den Nachforschungen, welche in Folge dieses Anfalles von Manie theils durch Briefe, theils durch persönliche Erkundigungen in der Pfarre, zu welcher dieser Sträfling gehörte, angestellt wurden, ergab sich, daß seine Familie früher schon von Irrsinn heimgesucht, und daß er selbst zu Zeiten für närrisch gehalten worden war. Dieser Gefangene wurde gleich nach seiner Aufnahme so ziemlich auf gleiche Weise, wie der Sträfling Nr. 84, hauptsächlich außerhalb seiner Zelle beschäftigt. Am 14. Februar wurde er für das Mattenmacher-Handwerk bestimmt und von dieser Zeit an auch von dem Lehrer dieses Gewerbszweiges besucht. Er erhielt, wie es in dem vorigen Falle angeführt ist, Besuche von dem Director und anderen Beamten der Anstalt. Seine Aufführung war gut, so daß er nie angezeigt oder bestraft wurde. Im Allgemeinen war er ruhig und harmlos. Er war sehr unwissend, kannte nicht einmal das Alphabet und hatte seit vielen Jahren keine Kirche besucht."

3. „Der Sträfling Nr. 385 wurde am 30. Juni 1843 in die Anstalt aufgenommen und bekam am 4. December 1843 einen Anfall von religiöser Manie. Da sich sein Zustand trotz der ärztlichen Behandlung gar nicht besserte, so wurde er am 9. Jänner 1844 in das Bethlehem-Spital versetzt. Er wurde sogleich nach seiner Aufnahme, und zwar zuerst mit Zupfen von Thierhaaren beschäftigt und begann am 11. September das Schneiderhandwerk zu erlernen. Er wurde häufig aus seiner Zelle herausgenommen, um die Abtheilungen zu reinigen. Er besuchte täglich die Kapelle, wurde täglich eine Stunde an der Pumpe beschäftigt und genoß jeden Tag eine Stunde körperlicher Bewegung in den Einzelspazierhöfen. Er besuchte den gemeinschaftlichen Schulunterricht an zwei Tagen jeder Woche, und zwar jeden Tag vier Stunden. Er wurde von den Gefängnißbeamten in seiner Zelle so, wie es bei den vorstehenden

Fällen erwähnt wurde, besucht. Seine Aufführung war gut und er wurde nie angezeigt oder bestraft. Er war ruhig und verschlossen, scheinbar boshaft und listig, vielleicht reizbar. Er hatte bei seiner Aufnahme einige Religionskenntnisse, hatte aber kaum jemals regelmäßig eine Kirche besucht. Er konnte ziemlich gut lesen und besaß den gewöhnlichen Schulunterricht, aber der Kaplan gibt an, daß ihm alle anderen Lehrzweige als der Religionsunterricht unlieb zu sein schienen. Er wurde regelmäßig mit allgemein belehrenden Büchern aus der Gefängnißbibliothek versehen."

Nach diesen ausführlichen Mittheilungen kann wenigstens bei den zwei ersten Sträflingen kein Zweifel obwalten, daß ihre Geistesstörung durchaus nicht als Folge des Gefängnißsystemes, dem sie unterworfen waren, betrachtet werden kann. Bei dem dritten Sträflinge scheint nach der Charakterschilderung, welche der Bericht von ihm entwirft, jedenfalls schon eine bedeutende Anlage zur Geisteskrankheit vorhanden gewesen zu sein.

Außerdem kamen im Jahre 1843 in der Anstalt fünf Fälle von Hallucinationen oder Sinnestäuschungen vor, doch genasen alle fünf Sträflinge in Folge der ärztlichen Behandlung im Gefängnisse. "Da aber drei von ihnen schwach am Geiste und zugleich Leute von einem listigen und betrügerischen Charakter waren, so wurde es unter allen Umständen für zweckmäßig erachtet, auf ihre Entfernung aus der Anstalt anzutragen, und sie wurden daher am 20. Jänner 1844 in das Milbank-Gefängniß versetzt. Der Arzt dieser Anstalt berichtete, daß sie weder bei ihrer Aufnahme, noch nachher Symptome von Hallucination oder Blödsinn (dementia) gezeigt haben, und daß sie in jeder Hinsicht zur Deportation nach Van Diemen's Land geeignet seien. Sie wurden sohin nach dieser Colonie transportirt. Die zwei anderen Sträflinge sind noch in Pentonville und waren während der letzten sechs Monate an Geist und Körper vollkommen gesund. Gegenwärtig (10. März 1844) befindet sich kein einziger Geisteskranker oder an Hallucination Leidender in der Anstalt und es ist schon seit geraumer Zeit kein solcher Fall vorgekommen."

So weit die Ergebnisse des Jahres 1843. Der Bericht verbreitet sich aber auch über die Gesundheitsverhältnisse während des Zeitraumes vom 1. Jänner bis 10. März 1844. Innerhalb dieser zehn Wochen hat sich kein Todesfall ereignet; allein drei Gefangene wurden aus Rücksicht auf ihren Gesundheitszustand begnadigt, und zwar zwei wegen Schwind-sucht, der eine nach einjähriger, der andere nach eilfmonatlicher Haft, und ein Sträfling wegen Strophelsucht nach dreizehnmonatlicher Anhaltung. Ein Sträfling wurde wegen physischer Ursachen, die schon bei seiner Auf-nahme bestanden, in das Milbank-Gefängniß versetzt. Er war nämlich wiederholten Anfällen von Brustentzündung und Blutspeien, so wie asthma-tischen Anfällen unterworfen und hatte dies dem Gefängnißarzte bei seiner Aufnahme verheimlicht. Der Arzt glaubte, daß ein wärmeres Klima für ihn wohlthätig sein dürfte, und er wurde nach viermonatlicher Haft aus dem Pentonville-Gefängnisse entfernt. In der Anstalt Milbank befand er sich wohl bis zu seiner am 27. Februar 1844 Statt gefundenen Deportation.

Zwei Gefangene, beide gesund, wurden als unverbesserlich aus der Anstalt entfernt und ein Dritter wurde, jedoch nicht aus ärztlichen Gründen, begnadigt.

„Außer der genauen Erforschung in Beziehung auf diese einzelnen Fälle," heißt es in dem Berichte, „haben wir eine sehr genaue und sorg-fältige Untersuchung mit Rücksicht auf die Disciplin, die Kost und Be-handlung der Sträflinge angestellt, um uns zu überzeugen, ob das System im Allgemeinen eine ungünstige Einwirkung auf den körperlichen oder gei-stigen Zustand der Gefangenen äußere. Das Ergebniß war sehr befriedi-gend, indem es bewies, daß die große Mehrzahl der Gefangenen fort-schreitend an Heiterkeit des Geistes und Ergebung in ihre Strafe, so wie auch seit der Vermehrung ihrer Kost an körperlicher Gesundheit zugenom-men hat."

Die Festsetzung der Kost der Gefangenen war einer der schwierigsten Gegenstände und nur die Erfahrung konnte darüber sichere Anhaltspuncte liefern. Nach mehreren Versuchen fand man zuletzt Folgendes als die zweckmäßigste Kost. Während einer Woche erhält ein Sträfling 28 Unzen Fleisch, 140 Unzen Brod, $3^1/_2$ Seitel Suppe, 7 Pfund Erdäpfel, 7 Seitel Hafergrütze, $5^1/_4$ Seitel Cacao, 14 Unzen Milch und $1^1/_2$ Unzen

Syrup. Die Suppe wird aus dem Safte des Fleisches des nämlichen Tages, zu dessen Stärkung drei Ochsenköpfe hineingegeben werden, mit Gerste und Rüben bereitet und mit Pfeffer und Zwiebeln gewürzt. Die Grütze besteht aus 1½ Unzen Hafermehl auf das Seitel und 6 Drachmen Syrup. Der Cacao wird aus ¾ Unzen Cacao auf ¾ Seitel mit 2 Unzen Milch und 6 Drachmen Syrup bereitet.

IX. Ausgaben. Der Bericht gibt einen genauen Ausweis über die Auslagen des Gefängnisses im Jahre 1843. Hiernach betrugen die Gehalte der Gefängnißbeamten 6167½ Pfund Sterling, andere Emolumente derselben 435 Pfund; die Auslagen für die Kost der Sträflinge 2850¾ Pfund, für die Kleidung derselben 880¾ Pfund, für die Bettung 815¼ Pfund, für die Heizung 510 Pfund, für die Beleuchtung 758⅖ Pfund, im Ganzen für die Verwaltung der Anstalt und die Erhaltung der Sträflinge 13,849 Pfund 11 Schillinge. Die Ausgaben für die Kost eines Gefangenen beliefen sich für eine Woche auf 2 Schillinge 8½ Pfennige, somit für ein Jahr auf 7 Pfund 2 Schillinge (d. i. 71 fl. Conv. Münze). Außerdem wurden im Jahre 1843 noch 5301 Pfd. 14 Schillinge für Vollendung des Gebäudes und Vervollständigung der Einrichtung desselben, für Bücher, Maschinen, Werkzeuge, die zum Beginne der Manufactur erforderlichen Materialen u. dgl. verwendet. Es ist klar, daß die Ausgaben dieses ersten Jahres keine sichere Grundlage zu einer richtigen Abschätzung der beständigen laufenden Ausgaben dieser Anstalt bilden können. Auch spricht der Verwaltungsrath in dem Berichte die Zuversicht aus, daß sich die laufenden Kosten der Anstalt mit der Zeit beträchlich vermindern werden.

II.

Ergebnisse der Berathung des französischen Gesetzentwurfes über das Gefängnißwesen in der Deputirtenkammer.

Am 22. April 1844 begann die Berathung über den im Jahre 1843 der Deputirtenkammer vorgelegten Gesetzentwurf über das Gefängnißwesen und nach langen, vierwöchentlichen Erörterungen wurde dieser Entwurf mit einigen Modificationen mit 231 gegen 128 Stimmen von der Kammer angenommen. Die wesentlichsten Aenderungen, welche der Gesetzentwurf durch die Deputirtenkammer, und zwar durchgängig mit Zustimmung des Ministers des Innern erlitt, sind folgende:

Die Art der Zusammensetzung der Aufsichtscommissionen, welche der §. 2 des Regierungsentwurfes unbestimmt ließ, und deren Festsetzung er einer königl. Verordnung vorbehielt, wurde den Anträgen der Commission der Deputirtenkammer gemäß in dem Gesetze selbst bestimmt. Es sollen darnach in jedem Bezirke eine oder mehrere solche Commissionen bestehen. Der Präsident und der Generalprocurator des königl. Gerichtshofes sollen kraft ihres Amtes Mitglieder aller in ihrem Gerichtssprengel befindlichen Aufsichtscommissionen sein. Der Präsident des Civilgerichtes und der königl. Procurator sind von Amtswegen Mitglieder der für ihren Bezirk bestellten Commissionen. Außerdem sollen zwei Mitglieder des Generalconseils des Departements und zwei Mitglieder des Bezirksrathes (conseil d'arrondissement) jeder solchen Commission angehören.

In Betreff der Anwendung der Einzelhaft auf die Angeklagten und Beschuldigten herrschte in der Kammer beinahe nur Eine Stimme des Beifalles. Nur wurde die ausdrückliche Bestimmung, daß jedem Gefangenen täglich wenigstens eine Stunde Bewegung in freier Luft gestattet werden solle, in den Gesetzentwurf aufgenommen.

Die Bestimmungen des Regierungsentwurfes über die dem Code pénal anzupassende Eintheilung und Benennung der verschiedenen Strafanstalten, über die gänzliche Trennung der Männer- und Weibergefängnisse und über die jugendlichen Sträflinge wurden ohne viel Widerspruch angenommen und nur in Betreff der Letzteren festgesetzt, daß dieselben von der Administration, jedoch nach vorläufiger Einholung der Zustimmung des Staatsanwaltes, in die Lehre gegeben und bei schlechter Aufführung wieder in das Gefängniß zurückversetzt werden sollen.

Die Anwendung der Einzelhaft auf alle Sträflinge (Art. 22 des Regierungsentwurfes) war der bestrittenste Punct des ganzen Entwurfes, doch wurde auch diese Bestimmung mit großer Stimmenmehrheit angenommen. Die Kammer nahm zugleich einige Zusätze an, wodurch die Art der Vollstreckung der Einzelhaft näher bestimmt werden sollte. Es wurde ausdrücklich bestimmt, daß bei jedem Gefängnisse ein oder mehrere Seelsorger angestellt werden sollen. Für diejenigen Strafanstalten, in welchen sich nichtkatholische Sträflinge befinden, soll ein Priester ihres Religionsbekenntnisses bestellt werden. Der Besuch der Sträflinge soll ihren Verwandten, den Mitgliedern autorisirter frommer Gesellschaften oder von Schutzvereinen für entlassene Sträflinge und den Werkführern gestattet werden können. Andere Personen bedürfen hiezu einer besonderen Erlaubniß des Präfecten des Departements. Den Gefangenen sollen wenigstens zwei Stunden täglich für den Schulunterricht, für Besuche und für die Lectüre freigelassen werden. Die Wahl der den Sträflingen zu gestattenden Bücher steht dem Präfecten nach eingeholtem Gutachten der Aufsichtscommission zu. Die Lectüre und Arbeit darf den Sträflingen nur im Wege der Disciplinarstrafe verweigert werden.

Was die Arbeit der Sträflinge betrifft, so bestimmte die Kammer ausdrücklich, daß die zur Detention Verurtheilten zur Arbeit nicht verpflichtet seien. Auch wurde der Commissionsantrag, daß der den Sträflingen zu überlassende Arbeitsertrags-Antheil für die zur Zwangsarbeit Verurtheilten $^3/_{10}$, für die Reclusionäre $^4/_{10}$ und für die correctionellen Sträflinge $^5/_{10}$ des Arbeitsertrages nicht übersteigen dürfe, in den Entwurf aufgenommen.

Bedeutender waren die Aenderungen, welche in Beziehung auf die Bestimmung der Dauer der Einzelhaft und auf den Uebergang von dem gegenwärtigen Zustande des Gefängnißwesens zu dem neuen Systeme gemacht wurden. In dieser Hinsicht wurden von der Deputirtenkammer die folgenden, von dem Regierungsentwurfe abweichenden Grundsätze aufgestellt: Nur solche Sträflinge sollen der Einzelhaft unterworfen werden, deren Vergehen oder Verbrechen erst nach der Kundmachung dieses Gesetzes Statt gefunden hat. Bis alle französischen Strafanstalten nach dem Systeme der Einzelhaft erbaut sein werden, sollen königliche, in das Gesetzbulletin einzuschaltende Verordnungen nach Maß, als solche Gefängnisse errichtet sein werden, die Gerichtsbezirke bestimmen, deren Sträflinge der Einzelhaft unterworfen werden sollen. Die Gerichte werden fortfahren, die durch das beſtehende Strafgeſetz beſtimmten Strafen auszuſprechen; aber die Einzelhaft ſoll für die zur Recluſion oder zur correctionellen Einſperrung (ſomit nicht auch für die zur Zwangsarbeit) Verurtheilten um ein Viertheil länger als die wirklich ausgeſtandene Strafdauer gerechnet werden.

Die Sträflinge, welche bereits durch zehn Jahre der Einzelhaft unterworfen waren, ſollen nach Ablauf dieſer Zeit deportirt und in dem Deportationsorte nach einem hierüber zu erlaſſenden Geſetze bis zum Ausgange ihrer Strafzeit angehalten werden. Doch können die Gerichte in dem Urtheile die Zeit, während welcher der Sträfling vor ſeiner Transportation der Einzelhaft unterworfen werden ſoll, bis auf fünf Jahre herabſetzen. Correctionelle Sträflinge dürfen nicht transportirt werden. Sträflinge, deren Verbrechen vor der Kundmachung des über die Transportation zu erlaſſenden Geſetzes Statt fand, ſollen nach Ausſtehung einer zehnjährigen Einzelhaft bei Tage nicht mehr von einander abgeſondert werden. Die wegen politiſcher oder Preßvergehen Verurtheilten ſind den Beſtimmungen dieſes Geſetzes nicht unterworfen.

Dieſe Aenderungen des in Beziehung auf die Dauer der Einzelhaft wohl zu harten Regierungsentwurfes müſſen als nachahmungswürdige Verbeſſerungen deſſelben betrachtet werden.

Zum Schluſſe wurde noch beſtimmt, daß die Disciplinarſtrafen der Dunkelzelle und der Beſchränkung der Koſt auf Waſſer und Brod nie länger als auf fünf Tage angewendet werden ſollen.

Beilagen.

1. Brief des französischen Deputirten Alexis von Tocqueville.

Paris, am 19. April 1843.

Mein Herr!

Sie haben mich ersucht, Ihnen eine Zusammenfassung meiner Ansichten über das Pönitentiar- und Gefängnißwesen mitzutheilen. Ich will versuchen, Ihrem Wunsche in Kürze zu entsprechen.

Vor Allem ist es gut, das, was unbestritten ist, zu beseitigen:

1. Die Gefängnisse, welche für die Anhaltung der Angeklagten und Beschuldigten vor der Urtheilsfällung bestimmt sind. Ueberall, in Amerika, in England, in Frankreich und, ich glaube, in allen Ländern, wo man sich mit dem Gefängnißwesen beschäftiget, herrscht volle Uebereinstimmung darüber, daß die Einführung des Zellensystemes in solchen Gefängnissen nur Vortheile darbietet und gar keine Unzukömmlichkeiten zeigt.

2. Die Gefängnisse für Sträflinge, die blos auf kurze Zeit, z. B. auf ein bis zwei Jahre, zur Anhaltung in der Strafanstalt verurtheilt sind. Auch hierüber besteht vollständige Einigkeit unter allen Gefängnißkundigen, daß das Zellensystem in solchen Gefängnissen nur heilsame Folgen haben kann; denn die Erfahrung hat auf eine unwiderlegliche Weise bewiesen, daß die Einzelhaft, wenn sie sich nicht über ein oder zwei Jahre ausdehnt, keine üble Wirkung, weder auf die physische Gesundheit, noch auf das Geistesvermögen der, diesem Systeme unterworfenen Sträflinge äußern kann. Ich wiederhole, daß über diesen Punct die ganze Welt einig ist. Selbst jene Staaten Amerika's, welche das System der vereinzelten Anhaltung in Gefängnissen für mehrjährige Strafen zurückgewiesen haben, wendeten es doch auf Gefängnisse für Angeklagte und zu kurzen Strafen Verurtheilte an.

In Europa stimmen alle Theoretiker und Praktiker in dieser Beziehung überein.

Ich gehe daher sogleich auf die Gefängnisse über, welche für l a n g d a u e r n d e S t r a f e n bestimmt sind, und ich für meine Person zweifle nicht, daß das System der Einzeleinsperrung auch in diesen eingeführt werden solle. Meine Gründe sind in Kürze folgende:

1. Erstlich ist zu bemerken, daß Alle, welche nach und nach von den europäischen Regierungen, von Frankreich, England, Preußen u. s. f. nach Amerika geschickt wurden, um die Wirkungen des Zellensystemes zu untersuchen, als entschiedene Anhänger dieses Systemes zurückgekommen sind, nachdem sie es in Wirksamkeit gesehen hatten; eine Thatsache, welche nur so merkwürdiger ist, da mehrere dieser Commissäre, unter anderen Dr. J u l i u s in Berlin, mit sehr ausgesprochener Abneigung gegen die Einzelhaft dorthin reisten.

Dies war auch bei mir der Fall.

2. Ferner ist es bemerkenswerth, daß dieses System nach und nach die Stimmen fast aller Praktiker in England und Frankreich für sich gewonnen hat. Fast alle neuen Gefängnisse Englands sind nach diesem Systeme erbaut, insbesondere alle, welche der Staat errichtete. In Frankreich baut der Minister des Innern blos Gefängnisse nach dem Zellensysteme und verweigert sogar den Departements die Ermächtigung, nach einem anderen Plane zu bauen. Alle französischen Generalinspectoren der Gefängnisse, mit Ausnahme eines einzigen, sind Anhänger des Systemes der Einzeleinsperrung. Sie sehen also, daß in den Ländern, die sich mit dem Gefängnißwesen am meisten beschäftiget haben, fast alle Theoretiker und Praktiker diesem Systeme den Vorzug geben. Dies erzeugt gewiß eine mächtige Vermuthung zu Gunsten dieses Systemes.

Lassen Sie uns der Sache jetzt auf den Grund sehen und in wenig Worten die Vor- und Nachtheile des Systemes der Einzelhaft betrachten.

1. Unter allen Gefängnissen ist in einer Anstalt nach dem Zellensysteme eine gute Disciplin am leichtesten zu begründen und aufrecht zu erhalten. Wenn die Maschine einmal gut aufgezogen ist, so geht sie von

felbft. Dies ist ein sehr großer Vortheil, wenn es sich darum handelt, ein vollständiges Gefängnißsystem bei einem großen Volke einzuführen, dessen Regierung nicht jedem einzelnen Strafhause eine anausgesetzte Aufmerksamkeit widmen kann, und daher ein System wählen muß, das zu seiner Wirksamkeit nicht ein tägliches Einschreiten der Regierung bedarf.

2. Jedermann gibt zu, daß das Zellensystem unter allen Systemen das geeignetste ist, um einen tiefen Eindruck auf das Gemüth des Gefangenen hervorzubringen und diesen besser zu machen. Allein es hat in meinen Augen einen noch entschiedeneren Vorzug. Es ist das einzige System, welches verhindert, daß der Gefangene schlechter werde. Alle Gefängnisse machen die Sträflinge schlechter, als sie bei ihrem Eintritte in dieselben waren; nur die Zellengefängnisse geben die a b s o l u t e G a r a n t i e, daß derjenige, welcher darin angehalten wird, nicht verderbter austreten werde. Ich meines Theiles stelle diese G e w i ß h e i t weit höher, als die W a h r s c h e i n l i c h k e i t einer Besserung, auf welche die meisten Philantropen so hohes Gewicht legen. Das Zellensystem ist überdies das e i n z i g e, welches verhindert, daß sich die Gefangenen in der Strafanstalt kennen lernen und daselbst jene Vergesellschaftungen von Missethätern anknüpfen, wodurch die bürgerliche Gesellschaft so viel zu leiden hat. Auch über diesen Punct gewährt dieses System allein eine a b s o l u t e G a r a n t i e.

Diese Vortheile sind einleuchtend. Welches sind nun die Uebelstände, welche man von diesem Systeme zu besorgen hat?

1. „Die Kostspieligkeit der Zellengefängnisse." — Es ist wahr, daß der Bau eines solchen Gefängnisses mehr als der eines anderen kostet. Allein es ist dabei zu berücksichtigen, erstlich, daß die darin Angehaltenen nur selten rückfällig werden, und zweitens, daß die Strafe, welche man darin aussteht, streng genug ist, damit die Anhaltung kürzer sein könne. Die Commission der Deputirtenkammer, deren Berichterstatter ich im Jahre 1840 war, machte den Vorschlag, gleichzeitig mit der Einführung des Zellensystemes die Dauer aller Gefängnißstrafen nach einem sehr ansehnlichen Verhältnisse zu reduciren. Weniger Rückfälle und weniger Sträflinge, dies sind die zwei großen Ersparungsquellen bei diesem System. Es gibt aber noch eine andere Ersparungsursache, die hier besprochen zu werden

• verdient. Ein nach dem pennsylvanischen Systeme gebautes Gefängniß kann jedem anderen Gefängnißsysteme angepaßt werden; wogegen ein nicht für die beständige Einzelhaft erbautes Gefängniß nur mit außerordentlich großen Kosten dafür geeignet gemacht werden kann.

2. Man hat vorgegeben, daß die Beschäftigung der Gefangenen in der Einzelhaft Schwierigkeiten habe. Die Erfahrung hat das Gegentheil bewiesen; unter diesem Systeme lernen die Gefangenen schneller ein Handwerk, und üben es fleißiger aus.

3. Man hat ferner behauptet, daß es bei diesem Systeme unmöglich sei, die Gefangenen den Ceremonien des Gottesdienstes beiwohnen zu lassen, was besonders in katholischen Ländern ein großer Uebelstand wäre. Die Erfahrung hat auch davon das Gegentheil bewiesen. Die Zellengefängnisse, welche eben jetzt in Frankreich gebaut werden, sind so eingerichtet, daß alle Gefangene, ohne sich unter einander zu sehen, den Priester am Altare sehen und seine Stimme hören können.

4. Ich komme zu der großen Einwendung, die allein meiner Meinung nach von Gewicht ist. Man behauptet, daß das Zellensystem der körperlichen und geistigen Gesundheit der Sträflinge schädlich sei.

Was die körperliche Gesundheit betrifft, so ist das Gegentheil durch Thatsachen erwiesen. Die Zahl der Todesfälle in den Zellengefängnissen war bisher kleiner, als in den älteren Gefängnissen Amerika's und in den gegenwärtigen Strafanstalten von Frankreich; ja sie ist sogar geringer als die Sterblichkeit, welche in unserer Armee in Friedenszeiten herrscht. Was kann man von dem Staate noch mehr begehren?

In Betreff der geistigen Gesundheit der Gefangenen ist es gewiß, daß das Zellengefängniß zu Philadelphia einige Fälle von Geistesstörungen aufzuweisen hat; allein ein tieferes Studium der ämtlichen Ausweise lehrt, daß in den meisten Fällen die Geisteskrankheit schon vor der Anhaltung vorhanden war. Diese Thatsache erklärt sich leicht, wenn man bedenkt, daß es in Amerika fast keine Irrenanstalten gibt, und daß die Richter deshalb oft Personen, welche Vergehen begingen, selbst dann in die Strafanstalten schicken, wenn es auch nicht erwiesen ist, daß dieselben den vollständigen Gebrauch ihrer Vernunft gehabt haben.

Man darf auch den Umstand nicht aus den Augen verlieren, daß das System der Einzelhaft, wie es in Philadelphia gehandhabt wird, von dem hier empfohlenen und in Frankreich bereits in Wirksamkeit befindlichen Systeme in vielen bedeutenden Zügen abweicht. Die Gründer des Gefängnisses zu Philadelphia hatten nur die Einschüchterung zum Zwecke; ihre Absicht ging nicht blos dahin, die Gefangenen von der Gesellschaft von Verbrechern zu trennen, sondern sie in die tiefste Einsamkeit zu versenken, sie vollständig von der Welt abzusondern und gleichsam gänzlich von der menschlichen Gesellschaft zu entfernen.

Es ist begreiflich, daß bei einer solchen Behandlung die Einbildungskraft mancher (übrigens doch nur sehr weniger) Gefangenen überreizt wurde. In Frankreich geht man von einem ganz anderen Gesichtspuncte aus. Man hat bei der Anwendung des Zellensystemes nur die Absicht, den Sträfling von der verderblichen Gesellschaft anderer Verbrecher abzusondern. Weit entfernt, ihn auch von der Gesellschaft ehrbarer Leute zu trennen, sucht man die Berührungen desselben mit solchen Leuten auf alle Weise zu vervielfältigen. Alle Gefängnißvorschriften streben dahin, die Berührungen zwischen dem Gefangenen und seiner Familie, wenn sie ehrbar ist, dem Gefängnißdirector, den Aufsehern, dem Lehrer, dem Geistlichen, den Werkführern, den milden Gesellschaften und überhaupt mit allen Personen zu erleichtern, welche sich aus Menschenliebe oder Frömmigkeit mit den Gefangenen beschäftigen wollen.

Nach unserem Systeme wird der Gefangene sehr oft von sich selbst abgezogen, und obschon er von seinen Strafgenossen abgesondert ist, kann man doch nicht sagen, daß er in der Einsamkeit lebe. Auch hat man nicht bemerkt, daß in dem Zellengefängnisse la Roquette, dem einzigen, welches bei uns seit einiger Zeit nach einem größeren Maßstabe besteht, die Fälle von Geistesstörungen häufiger als in anderen Gefängnissen gewesen seien.

Uebrigens ist dieses System im Jahre 1839 der Prüfung der Pariser Akademie der Medicin unterzogen worden, welche erklärte, daß die Einzelhaft, wenn sie auf solche Art angewendet wird, weder das Leben der Gefangenen verkürzt, noch ihre Vernunft in Gefahr setzt.

25

Nach allem diesem bin ich fest überzeugt, daß das System der Einzelhaft, welches nach dem Geständnisse Aller das einfachste in seinen
Vorgängen und das wirksamste in Betreff der moralischen Einwirkung auf
die Gefangenen ist, nicht die nachtheiligen Folgen hat, von denen oft
gesprochen wurde, und ich glaube, daß es dem Auburn'schen Systeme
unendlich vorzuziehen sei. Dieses letztere System, welches in seiner Ausführung überdies sehr kostspielig ist, gewährt meiner Meinung nach der
Gesellschaft keine sichere Garantie, und verdankt selbst einen unvollstän-
digen Erfolg immer nur glücklichen Umständen.

Alexis v. Tocqueville,
Mitglied des Institut de France und
der Deputirtenkammer.

II. Brief des französischen Deputirten Gustav v. Beaumont.

Paris, am 7. April 1843.

Mein Herr!

Nach der interessanten Unterredung, welche ich mit Ihnen über
die Gefängnißreform gepflogen habe, fühle ich das Bedürfniß, Ihnen
in möglichster Kürze eine Zusammenfassung der Principien vorzulegen,
welche mir in dieser Angelegenheit als die wesentlichsten Grundsätze
erscheinen.

Aus einer genauen Prüfung der Systeme und der in Frankreich
sowohl, als in anderen Ländern gemachten Erfahrungen geht für mich
die tiefste Ueberzeugung hervor, daß das System der gänzlichen Absonderung der Gefangenen unter einander bei Tag und Nacht jedem anderen Systeme, und insbesondere dem der Absonderung bei Nacht mit
gemeinschaftlicher Arbeit bei Tage vorzuziehen sei. Je mehr man über
diesen Gegenstand nachdenkt, desto mehr erkennt man, daß jede Berührung der Gefangenen unter einander eine nothwendige Veranlassung gegenseitiger Verschlechterung ist, und die Erfahrung hat gelehrt, daß
unter Gefangenen, die nicht in gleichem Grade verderbt sind, immer der
Schlechtere auf den minder Verdorbenen einwirkt. Es gibt nur Ein

Mittel, diese Ansteckung zu verhindern, nämlich jede physische und moralische Communication unter den Gefangenen hintanzuhalten.

Die Nothwendigkeit dieser Absonderung ist noch größer für die Angeklagten, als für die schon Verurtheilten. Denn, wenn es schon schlecht ist, daß Uebelthäter, welche von der gerechten Strafe ereilt werden, durch ihre gegenseitigen Beziehungen im Gefängnisse noch mehr verdorben werden, als sie es schon waren, so ist es noch viel trauriger, wenn dieses Verderbniß solche Personen trifft, die noch nicht verurtheilt sind, die vielleicht nicht werden verurtheilt werden, und die, da sie erst Beschuldigte sind, die Vermuthung der Unschuld für sich haben. Es ist wahr, daß unter 100 in einem Untersuchungsgefängnisse befindlichen Angeschuldigten 90 Schuldige sind; allein wer kann im vorhinein bestimmen, welche diese 90 Schuldigen, und welche die 10 Schuldlosen sind? Wahrlich, derjenige, welcher das Unglück hat, in vorläufige Haft zu gerathen, hat wenigstens das Recht, nicht der Besteckung mit allen Verbrechen und Lastern ausgesetzt zu werden, welche in jedem Gefängnisse, wo die Gefangenen in Gemeinschaft angehalten werden, sich vorfinden. Die Einzelhaft der Angeschuldigten ist daher der erste Schritt, welchen man bei einer Reform der Gefängnisse zu machen hat. Es ist selbst bemerkenswerth, daß, da die provisorische Anhaltung der Angeschuldigten im Allgemeinen von keiner sehr langen Dauer ist, selbst die Gegner der gänzlichen Absonderung bei Tag und Nacht sie in ihrer Anwendung auf diese Gefangenen nicht angegriffen haben.

In Betreff der gegen dieses System in seiner Anwendung auf langzeitige Gefängnißstrafen erhobenen Einwendungen bitte ich Sie, nicht zu vergessen, daß diese Einwürfe, welche zu einer gewissen Zeit einigermaßen gegründet waren, heutzutage vor den bedeutenden Aenderungen gefallen sind, durch welche man das, was in dem Systeme allzu streng und absolut war, modificirt hat. Es ist gewiß, daß die gänzliche Absonderung, wie sie in Philadelphia zur Zeit, als ich das dortige Pönitentiarhaus besuchte, gehandhabt ward, der physischen Gesundheit der Gefangenen schaden und ihrer Vernunft gefährlich werden konnte, ja, daß es diese üblen Folgen wirklich gehabt hat. In der That bestand das

25 *

System in Philadelphia nicht blos in der Abſonderung der Gefangenen unter einander, ſondern in der vollſtändigſten Entfernung von jeder Geſellſchaft, guter und ſchlechter; es war die gänzliche Abweſenheit aller Berührungen mit einem menſchlichen Weſen und daher eher einem Grabe vergleichbar, als eine Zellenhaft. Das Syſtem hingegen, welches z. B. in dem Gefängniſſe la Roquette in Paris angenommen und durchgeführt iſt, ſucht bei einer vollſtändigen Abſonderung der Gefangenen unter einander ihnen ſo viele Berührungen als möglich mit ehrbaren Leuten, mit dem Gefängnißdirector, dem Geiſtlichen, dem Schullehrer, den Werkführern und Arbeitsaufſehern u. ſ. w. zu verſchaffen, ſo daß der Gefangene gar keine Gelegenheit hat, ſich zu verſchlechtern, während man ſo viel als möglich alle Gelegenheiten zu ſolchen Beziehungen, die ſie beſſer machen können, vervielfältigt. Damit endlich ſein Körper nicht durch Unthätigkeit und Mangel an Bewegung leide, trägt man Sorge, daß er außer der Arbeit, welche er in der Zelle betreibt, täglich freie Luft in einem Hofe, worin er nahe eine Stunde lang herumgeht, ſchöpfen könne. Da es zur ſtrengen Durchführung dieſes Syſtemes nothwendig iſt, daß der Gefangene dieſen Spaziergang allein mache, ohne Jemand zu ſehen, oder geſehen zu werden, ſo haben ſich in dieſer Beziehung einige praktiſche Schwierigkeiten gezeigt, welche jedoch auf die befriedigendſte Weiſe gelöſet worden ſind, ſo daß dies heutzutage keine Verlegenheit mehr iſt.

Kurz, man ſieht täglich die Einwendungen verſchwinden, welche man anfänglich einem Syſteme gemacht hatte, das, um recht gewürdiget zu werden, nur gut gekannt zu ſein braucht. Es iſt in der That das einzige Syſtem, welches ſichere Vortheile darbietet. Jede Bemühung, das Stillſchweigen und die Abweſenheit moraliſcher Beziehungen unter vereinigten Gefangenen aufrecht zu erhalten, iſt eine wahre Chimäre.

Noch muß ich zwei Puncte bemerken, welche für die Gefangenen ſelbſt vom größten Nutzen und für die Regierungen von der höchſten Wichtigkeit ſind. In einem Gefängniſſe, in welchem die Gefangenen von einander abgeſondert ſind und kein Complott mit einander verabreden

können, ist jedes Entkommen eines Sträflinges unmöglich. Der so
isolirte Gefangene ist der Gesellschaft gegenüber in den Zustand der
größten Schwäche versetzt. Endlich die in meinen Augen entscheidende
Betrachtung, daß die Gefangenen, da sie sich nicht sehen und nicht kennen, unter sich keine Gefängnißbekanntschaften anknüpfen und daher bei
ihrem Wiedereintritte in die Gesellschaft nicht durch gegenseitige Verspre-
chungen an das Verbrechen gefesselt sind.

Erlauben Sie mir, mein Herr, Ihnen meinen lebhaften Wunsch
auszusprechen, daß Ihre Regierung den Weg einer so nützlichen Reform
betreten möge, und Ihnen zugleich zu bemerken, wie wichtig es wäre,
daß Ihre Regierung, bevor sie etwas Definitives unternimmt, einen Architekten mit der Untersuchung der neueren Strafanstalten in England,
Frankreich und Belgien beauftragte, um die Pläne aller bei dem Baue
solcher Anstalten überaus wichtigen Details, insbesondere in Bezug auf
Heizung und Ventilation aufzunehmen, weil davon hauptsächlich die gute
und selbst wohlfeile Ausführung solcher Bauten abhängt.

Genehmigen Sie, mein Herr, die Versicherung der Hochachtung
      Ihres ganz ergebenen

                       Gustav v. Beaumont,
                            Mitgliedes des Institut de France.

III. Brief von De Metz, ehemaligem Rathe an dem königlichen
Gerichtshofe zu Paris und Director der landwirthschaftlichen Colonie für jugendliche Uebertreter zu Mettray.

                           Mettray, am 13. April 1843.

Mein Herr!

Ich habe den Brief erhalten, mit welchem Sie mich beehrt haben,
und worin Sie mich um meine Meinung über die Vor- und Nachtheile
des Systemes der Einzelhaft befragten. Ich will versuchen, mich hierüber
so kurz als möglich zu fassen, um Ihnen zu beweisen, wie sehr ich einem
Vertrauen, das mich ehrt, zu entsprechen wünsche.

Vor Allem nehme ich keinen Anstand, zu erklären, daß Niemand für die einsame Haft ist. Es ist dies eine durchaus nicht nothwendige Härte. Ich für meinen Theil habe nichts dawider, daß die Zelle eine Art öffentlicher Ort sei, wenn man es so wünscht, vorausgesetzt jedoch, daß man nur ehrbaren Leuten den Zutritt gestatte. Aber ich kann nicht glauben, daß die Absicht des Gesetzgebers, welcher allerdings nicht erklärt, was er unter Einsperrung verstehe, dahin gegangen sei, daß die Strafe die Folge habe, denjenigen, der einmal einen Fehltritt begangen hat, bis zur äußersten Gränze der Schlechtigkeit hinzuführen und, sagen wir es, ohne mit den Worten zu spielen, ein Correctionshaus in einen Ort der Verderbniß umzuwandeln. Man weiß leider bei der Geneigtheit des Menschen zum Bösen, daß immer der Schlechte auf den Guten einwirkt. Es ist damit im Moralischen, wie im Physischen. Man werfe ein Gold= und ein Bleistück in einen Sack und schüttle sie eine Zeit lang durcheinander, so wird die Oberfläche des Gold= stückes mit Blei überzogen erscheinen. Wenn man, um einen von der Pest nur leicht Ergriffenen zu heilen, ihn mit einem durch und durch von der Pest Angesteckten in Berührung brächte, würde es Jedermann für eine Barbarei erklären, und mit Recht. Und doch findet ohne Uebertreibung dasselbe unvermeidlich bei dem gemeinschaftlichen Leben der Sträflinge Statt. So viel in Betreff des Einzelnen. Wenn wir aber das Interesse der Gesell= schaft betrachten, so ist dieses noch weit mehr gefährdet. Die einfachste Erklärung wird Sie davon zu überzeugen vermögen. Wenn die Gesellschaft ein Individuum aus ihrer Mitte ausscheidet, handelt sie keineswegs aus einem Antrieb von Rache, sondern einzig und allein aus einem Bestreben für die Erhaltung der Masse, weil sie besorgt, daß dieses Individuum die Sicherheit derselben gefährde. Sie will den Einzelnen gleichsam ver= nichten, um seine Bemühungen unkräftig zu machen. Statt dessen aber verdoppelt, ja verdreifacht sie seine Mittel zu schaden durch die Kraft der Verbindung mit Anderen, die sie ihm verschafft; sie vollendet seine Erzie= hung im Bösen, sie setzt ihn in den Stand, seine Theorie zu vervollkomm= nen; mit Einem Worte, sie weiht ihn ganz für das Verbrechen ein. Ich weiß, daß man dagegen die beständige Aufsicht, die Vorschrift des Still= schweigens u. s. f. geltend machen wird. Man kann das Stillschweigen in der Theorie zugeben; was aber seine Anwendung betrifft, so gibt es keinen redlichen Praktiker, der an die Möglichkeit der Aufrechthaltung desselben glaubt, und zwar selbst mit Hülfe der körperlichen Züchtigung, welche für denjenigen, der sie anwendet, eben so herabwürdigend, wie für den Gezüchtigten selbst ist. Wer weiß nicht, wie unwiderstehlich bei dem Menschen der Trieb ist, seine Gedanken anderen Menschen mitzutheilen, ein Bedürfniß, das keine Strafe unterdrücken kann, und welches die Hindernisse nur noch mehr anregen. Keine Drohungen, keine Furcht, keine Aufsichtsmaßregeln sind vermögend zu verhindern, daß Leute, welche täglich beisammen sind und neben einander und oft in demselben Handwerke arbeiten, sich gegenseitig mittheilen, sich verstehen, ein leises Wort, ein Zeichen, eine Geberde, einen Blick austauschen. Die Erfahrung hat bewiesen, mit welcher Leichtigkeit sich die geringste Neuigkeit im Inneren von Strafanstalten fortpflanzt. Ich habe durch einen Sträfling in dem nach dem Auburn'schen Systeme eingerichteten Gefängnisse Sing-Sing erfahren, daß er den Zweck meines Besuches von einem seiner Strafgenossen, den ich etwas früher befragt, vernommen hatte. Im Gegentheile wußte man in dem Gefängnisse Cherry-Hill unter dem pennsylvanischen Systeme gar nichts von dem Dasein der Cholera, während die Stadt Philadelphia von dieser Geißel verheert wurde. Wenn es aber erwiesen ist, daß die Aufrechthaltung des Stillschweigens unmöglich und der Bruch desselben unvermeidlich ist, ist es nicht eine Grausamkeit, Leute in die Nothwendigkeit, der Versuchung zu unterliegen, zu versetzen, um sie dann ohne Nachsicht bestrafen zu können?

Gehen wir aber weiter; geben wir selbst zu, daß mittelst der Pfeiffe, oder auf was immer für eine andere Weise das Stillschweigen in den Arbeitssälen erreicht werden könne, so muß man doch anerkennen, daß diese so strenge Behandlungsweise in der Krankenabtheilung nicht eingeführt werden kann. Sollte man den Unglücklichen sogar auf dem Bette des Schmerzes strafen und seine Leiden dadurch vermehren? Nein, ohne Zweifel wird man dort die Gespräche dulden müssen, weil es unmöglich ist, sie zu verhindern. In einer gewissen Zeit werden fast alle Sträflinge nach und nach in die Krankenabtheilung kommen; sie wissen ja, wie sie dahin gelangen können, wenn sie wollen; und dort werden nothwendig jene Verbindungen angeknüpft werden, die man eben zerstören will. Es ist dies ein gewichtiger Einwurf gegen das Auburn'sche Syftem, eine Einwendung, die unseres Wissens von den Vertheidigern desselben noch nicht widerlegt werden konnte.

Das Auburn'sche Syftem ist in der That nur eine leichte Modifi= cation unseres gegenwärtigen Gefängnißfyftemes. Die Mittheilungen der Sträflinge unter einander find dabei allerdings weniger häufig, aber das Stillschweigen wird nicht beobachtet. Die Gefangenen können wohl keine lang dauernden Gespräche führen, aber fie können fich fagen, was fie einander mitzutheilen das größte Interesse haben, d. i. fie können fich fagen, was für die Gesellschaft das Gefährlichfte ift. Es würde daher zwischen dem heutigen Zuftande und dem neuen Syfteme, welches man einführen wollte, nur ein geringer Unterschied fein. Der ganze Vortheil würde in Verringerung der Leichtigkeit der Mittheilungen der Sträflinge unter einander beftehen, denn die Unmöglichkeit des absoluten Still= schweigens ift außer Frage; fie ift eine Thatsache, welche felbst von den wärmften Anhängern des Auburn'schen Syftemes anerkannt wird. Wenn aber die Gefangenen fich ihre Gedanken mittheilen können, von welcher Beschaffenheit glaubt man wohl, daß diese Mittheilungen, diese Vertrau= lichkeiten fein werden? Gewiß nur Parolen der Vereinigung, Signale der Empörung, Zoten, Hohn, Läfterungen, Drohungen gegen die Auf= feher und Vorfteher der Anftalt werden über die Lippen der Sträflinge kommen.

Laffen Sie uns nun zu der großen Einwendung übergehen: „Die einfame Einsperrung erzeugt Wahnfinn." Vor Allem ift zu bemerken, daß wir nicht die einfame Einsperrung einführen wollen. Man geftatte vielmehr Brüderschaften der chriftlichen Religion den Zutritt in das Gefängniß; man gründe Schutz= und Befferungs = Vereine, deren Mitglieder die Sträflinge befuchen; man ftelle Werkführer und Lehrer an, welche die Arbeiten der Gefangenen leiten; ja, ich fehe kein Hinderniß, felbst die Familie des Sträflinges, wenn fie hinlängliche Sicherheit dar= bietet und ihm gute Rathschläge ertheilen kann, zu demselben zuzulaffen. Ich kann aber beftätigen, daß in Philadelphia, wo das Syftem eine meiner Meinung nach unnütze Strenge hat, keine üble Folge vorgekom=

men ist, welche man dem Aufenthalte im Gefängnisse als eine von demselben erzeugte Wirkung zuschreiben könnte. Ich kann zur Rechtfertigung
dieser Aeußerung nichts Besseres thun, als Sie auf die Protokolle ver-
weisen, welche Dr. Bache, der Neffe des berühmten Franklin, über den
Gesundheitszustand der Sträflinge bei ihrem Eintritte in das Strafhaus,
während ihres Aufenthaltes daselbst und bei ihrem Austritte aus demselben
errichtet hat, und welche Sie im Auszuge in meinem Berichte an den
Minister mitgetheilt finden. Ich hätte Ihnen die mir durch die Güte des
Dr. Bache mitgetheilten Originalien derselben zeigen können. Es geht
aus diesen Protokollen hervor, daß in dem Gefängnisse Cherry-Hill
zu Philadelphia die Sterblichkeit nicht nur kleiner, als in der Stadt selbst
und unter der freien Bevölkerung von Philadelphia war, sondern auch, daß
unter den aus demselben ausgetretenen Sträflingen kaum 13 sich minder gut, als bei ihrem Eintritte in die Anstalt befanden, 166 in demselben Gesundheitszustande und 78 sogar gesunder und stärker als zur
Zeit ihrer Verhaftung waren.

Man hat behauptet, daß die Einsamkeit eine Empfänglichkeit zu
Geisteskrankheiten zur Folge habe. Diese Meinung ist durch alte und
neue Erfahrungen und durch Autoritäten von großem Gewichte*) wi=
derlegt.

Ohne von Amerika zu sprechen, kann ich, wenn ich Beispiele aus
Frankreich herholen soll, dasjenige anführen, was ich selbst in Beaulieu bei dem letzten Besuche, den ich daselbst mit Herrn Blouet machte,
gesehen habe. Dort sind mehrere Individuen, die man auf keine andere Weise
zu bändigen vermochte, seit beinahe drei Jahren isolirt, ohne daß diese
Behandlungsweise auf ihre Gesundheit eine nachtheilige Einwirkung geäußert hätte. Eine andere nicht minder beruhigende Erfahrung hat man
in Paris gemacht. Alle jugendlichen Sträflinge sind der Einzelhaft bei
Tag und Nacht unterworfen, und dieser Versuch, mit welchem man im

---

*) Die berühmten Irrenärzte Pariset und Esquirol nehmen keinen Anstand, die
Besorgnisse, welche man über die Folgen der Vereinzelung haben könnte, zu
bekämpfen.

Interesse der Kinder sehr zufrieden sein kann, hat auf ihren physischen und geistigen Zustand keinen schädlichen Einfluß gehabt, und man weiß doch, wie viel nothwendiger Luft und Bewegung für Kinder, als für Erwachsene sind.

Ich weiß Alles, was über die in Gefängnissen vorgekommenen Fälle von Geistesstörung geschrieben worden ist; ich behaupte nicht, daß die Einzelhaft diejenigen, welche dazu prädisponirt sind, vor Geisteskrankheiten bewahre, aber meine innerste Ueberzeugung geht dahin, daß die Anhaltung keinen Einfluß darauf hat. Es steht in dieser wichtigen Frage ein großes Hinderniß der Enthüllung der Wahrheit entgegen. Dadurch nämlich, daß diese Frage, wenn ich mich dieses Ausdruckes bedienen darf, zu lang auf der Tagesordnung geblieben ist, haben sich manche Publicisten mit Leidenschaftlichkeit für ihre Ansicht ausgesprochen, und eine Frage von allgemeinem Interesse ist fast zu einer persönlichen Frage geworden. Jeder hat die Thatsachen nach seiner Meinung zu erklären gesucht und der redliche Forscher, der sich durch die Erfahrung Anderer belehren und eine Ansicht fassen möchte, ist in großer Verlegenheit. Das Beste, was man meiner Meinung nach thun könnte, wäre die Anstellung von Versuchen im Kleinen. So hat man es in Frankreich gemacht. Das Gefängniß la Roquette ist gegenwärtig das einzige, welches bisher dem Systeme der Einzelhaft unterworfen wurde, und ich kann sagen, daß während der fünf Jahre, während welcher ich Mitglied der Ueberwachungs-Commission dieser Anstalt war, nicht Ein Fall von Geistesstörung darin vorgekommen ist. Ein Kind hat sich erhängt; (dies ist wahr, und ich habe kein Interesse, die Wahrheit zu verhehlen); ich war beauftragt hierüber eine Untersuchung vorzunehmen, und ich muß sagen, daß Alles zu der Ansicht berechtigt, daß dieser unglückliche Gedanke plötzlich gefaßt und sogleich ausgeführt wurde, ohne daß der Knabe früher irgend ein Anzeichen von Geisteskrankheit gegeben hätte.

Wenn man übrigens in einer so bestrittenen Frage die Zeugnisse abwägen will, so, glaube ich, wird man nicht mehr ungewiß bleiben, welcher Meinung man sich anschließen soll. Alle diejenigen, welche in die Vereinigten Staaten gegangen sind, um sich selbst durch Anschauung der Thatsachen von den Vor- und Nachtheilen der Einzelhaft zu überzeugen,

sind für dieselbe, und die geringe Zahl der Gegner dieses Systemes besteht nur aus solchen, die es nicht in Wirksamkeit gesehen haben. Man
darf nicht glauben, daß die Ersteren die Thatsachen nach einer voraus-
gefaßten Ansicht beurtheilt haben, daß sie diese Ansicht durch die Thatsachen nur bestätigen wollten. Im Gegentheile sind Alle als entschiedene
Gegner dieses Systemes nach Amerika gereiset; so die Herren Dr. Julius,
als Abgeordneter von Preußen; Crawford, als Commissär der englischen Regierung, und Beaumont und Tocqueville im Auftrage der
französischen Regierung. Wenn ich auch meiner dabei erwähnen darf,
so kann ich sagen, daß ich selbst gegen die Einzelhaft so eingenommen
war, daß der Minister, als er mir den Auftrag, nach Amerika zu gehen,
ertheilte, mir bemerkte, wenn ich mit einer so vorgefaßten Meinung reisen
würde, so sei zu besorgen, daß ich die Thatsachen gleichsam nur durch
die Gläser meiner Ansicht sehe und sie nicht mit der wünschenswerthen
Unparteilichkeit prüfe.

Nach dem eben Gesagten kann ich besser, als irgend Jemand, begreifen, daß man einer anderen Ansicht als derjenigen sein könne, welche
ich jetzt, ich kann sagen, mit voller Ueberzeugung ausspreche. Man
urtheilt im Allgemeinen über den Eindruck, welchen etwas auf Andere
machen muß, nach demjenigen, welchen man an sich selbst erfahren hat.
Es gibt wohl keinen Menschen, dessen Einbildungskraft durch die Erziehung entwickelt worden, der nicht bei dem Gedanken, zwischen vier Mauern
eingesperrt zu werden, erschreckt wäre, und man muß es anerkennen, daß
das Leben in der Welt das Nervensystem entwickelt und sehr reizbar macht,
und daß unter solchen Verhältnissen jede Beschränkung der Freiheit eine
sehr große Qual ist. Nicht ganz so verhält es sich aber mit dem Menschen aus dem Volke, dessen Leben ganz materiell ist, und welchen seine
sitzende Lebensweise gewöhnlich in einen der Gefangenschaft ähnlichen
Zustand versetzt. So ist der Schneider fast beständig in sein Zimmer eingesperrt. Ich habe in den Bergwerken zu New-Castle mit Arbeitern gesprochen, die seit mehr als einem Jahre die Sonne nicht gesehen hatten
und nicht einmal daran dachten.

Der rohe Mensch, und dieser Classe gehört im Allgemeinen die Bevölkerung unserer Gefängnisse an, würde, wenn er seiner Neigung folgen könnte, essen, trinken und schlafen, wie es das Thier thun kann, ohne an etwas Anderes zu denken.

Ich glaube, mich über die vorzüglichsten Einwendungen gegen das System der Einzelhaft überhaupt hinlänglich ausgesprochen zu haben; es erübrigt mir nur noch, einige Nebendinge zu betrachten.

Man wendet ein, daß der Unterricht in einem Handwerke in der Einzelhaft größere Schwierigkeiten als bei der gemeinschaftlichen Anhaltung der Sträflinge darbiete, daß sogar nur eine kleine Zahl von Handwerken in der Einzelzelle betrieben werden könne. Herr Prabier, welcher 30 Jahre hindurch Arbeitspächter in Gefängnissen war, zählt 77 Handwerke auf, welche in der Einzelzelle betrieben werden können*). Herr Poullet, Deputirter und Director des Conservatoriums für Künste und Gewerbe, wurde von dem Minister des Innern hierüber zu Rathe gezogen und nahm keinen Anstand zu erklären, daß die Absonderung der Arbeiter nur zur Vollkommenheit der Arbeit beitragen könne, indem der Genius des Bösen seinen schädlichen Einfluß überall, wo die Sträflinge in Gemeinschaft sind, fühlbar macht; der fleißige und sorgfältige Arbeiter wird von seinen Kameraden verspottet und bald ahmt er sie nach.

Die Einzelhaft ist nicht minder günstig für den Erfolg des Handwerkes, welches der Sträfling darin erlernt, als für die Beförderung der sittlichen Besserung und des Religionsunterrichtes. Unter dem Einflusse der Nothwendigkeit und Ueberlegung wird der Unterricht der Werkführer sowohl, als des Geistlichen viel mehr Früchte tragen, als die noch so oft wiederholten Unterweisungen in den gemeinschaftlichen Werkstätten, wo der Geist der Sträflinge beständig von ernsten Gedanken abgezogen wird. In Philadelphia übersteigt die Leichtigkeit der Sträflinge im Lernen und die Schnelligkeit ihrer Fortschritte jede Vorstellung.

Die Zahl der verschiedenen Handwerke kann für diejenigen, welche die Kenntniß einer sitzenden Beschäftigung in das Gefängniß mitbringen,

---

*) S. Seite 141 meines Berichtes an den Minister des Innern.

so groß, wie die der Zellen sein. Die übrigen Sträflinge haben unter
den Handwerken, die im Gefängnisse gelehrt werden, die Wahl, und die
Zahl dieser Beschäftigungsarten kann sehr groß sein, weil die Zellen geräumig
genug sind, um die Unterbringung von Webestühlen in denselben zu
gestatten. In den vereinigten Staaten verfertigt man in den Einzelzellen
die zur Kleidung der Gefangenen erforderlichen Stoffe, Leinwand u. dgl.
Wer sieht nicht ein, zu wie viel anderen Fabrikationszweigen die Sträflinge verwendet werden können? Von dem gröbsten Stoffe bis zu unseren
feinsten Seidenwaaren kann Alles mit Hülfe der Werkstühle in den Zellen
erzeugt werden, und die Vereinzelung leistet dem Arbeits-Unternehmer
sichere Gewähr für die Sorgfalt, welche die Gefangenen auf ihre Arbeit
verwenden werden. Der Sträfling hat dabei den Vortheil, daß er sich in
seiner Zelle an Fleiß und an solche Arbeiten gewöhnt, welche nicht das
Zusammenwirken mehrerer Individuen erfordern, daß er daher nach seiner
Entlassung nicht gezwungen sein wird, in Werkstätten, aus welchen ihn
das Vorurtheil zurückweisen könnte, Beschäftigung zu suchen. Im Besitze
einer Industrie, welche er allein betreiben kann, wird er sich leichter die
Mittel zu einer nützlichen Anwendung derselben verschaffen.

Uebrigens wird die Ueberzeugung, daß der Gefangene sich durch
die Strafe bessern konnte und mußte, daß er sich dadurch keine größere
moralische Verderbtheit zugezogen, die öffentliche Meinung nachsichtiger
machen und den Fabrikherren gestatten, ihre Werkstäten solchen Uebertretern, welche die Probe eines pennsylvanischen Gefängnisses bestanden
haben, zu öffnen. Glücklich das System, welches im Interesse der Gesellschaft selbst die Wirkung der Strafe zugleich mit der Strafe selbst aufhebt!
Die Wohlthätigkeitsgesellschaften zur Unterstützung entlassener Sträflinge,
welche sich allenthalben vermehren und die unentbehrliche Ergänzung
jedes Pönitentiarsystemes bilden, werden gewiß denjenigen vorzüglich ihre
Hülfe angedeihen lassen, welche eine solche Behandlung für die Wohl-
thaten des Schutzvereines vorbereitet haben wird. Ich bin hocherfreut, bei
dieser Gelegenheit die Worte citiren zu können, welche ein ehrenwerther
Deputirter am Schlusse der Sitzung von 1837 aussprach: „Wenn die
Strafe aufhört, soll die Barmherzigkeit anfangen!"

In Pennsylvanien ist die Dauer der Gefängnißstrafen seit der Einführung der Einzelhaft um ein Drittheil verkürzt worden. Ich würde,. wenn man es zweckmäßig fände, sogar in die Abkürzung derselben um die Hälfte einwilligen und doch selbst die so gemilderte Strafe noch für viel wirksamer halten, als sie unter der gegenwärtigen Gesetzgebung ist. Wer sieht nicht die mannigfaltigen Vortheile ein, welche sich aus dieser einzigen Thatsache ergeben? Mit Einem Federzuge wäre die Bevölkerung der Gefängnisse auf die Hälfte herabgesetzt. Welch' eine außerordentliche Ersparniß für den Staatsschatz! Zugleich aber auch eine Ersparniß am Leben des Sträflinges, welche eine größere Gleichheit der Strafe zwischen dem jungen Manne, der ohne großen Nachtheil einige Jahre seines Lebens opfern kann, und dem Greise bewirkt, welchen dieselbe Strafdauer factisch oft auf Lebenszeit verurtheilt. Uebrigens werden die kürzeren Strafen sich nicht nur gegen den Verbrecher als eine Wohlthat erweisen, sondern auch gegen seine Familie, deren einzige Stütze er nicht selten ist. Die Fehltritte des Schuldigen sind etwas rein Persönliches; suchen wir daher zu bewirken, daß auch die Strafe nur eine persönliche sei. Man wird vielleicht sagen, daß es oft ein Glück für die Kinder ist, wenn sie von ihrem strafbaren Vater getrennt werden. Diese Meinung ist aber in sehr vielen Fällen unrichtig. Nicht alle Sträflinge sind Wesen von einer ganz verderbten Natur, von einer empörenden Schlechtigkeit, welche blos von Diebstahl, Raub und Mord leben. Wenn man die Ausweise über die Strafrechtspflege zu Rathe zieht, so kann man sich überzeugen, daß die Verurtheilungen wegen körperlicher Verwundungen einen nicht unbeträchtlichen Theil aller Verbrechen ausmachen, und wer weiß nicht, unter was für Umständen diese Verbrechen begangen werden? Ein Arbeiter geht Sonntags in das Wirthshaus, geräth mit einem Kameraden in Streit und schleudert ihm eine Flasche an den Kopf. Die Folge dieser, fast möchte ich sagen, unwillkürlichen That ist eine Arbeitsunfähigkeit des Verletzten auf mehr als 20 Tage, ein Umstand, der eine Verurtheilung bis auf 10 Jahre nach sich ziehen kann; und doch ist derjenige, der sich von der Hitze des Weines hingerissen, ein solches Benehmen zu Schulden kommen ließ, vielleicht ein fleißiger und verständiger Arbeiter und ein guter Familienvater. Wird er nun mit allen anderen Sträflingen zusammengebracht, so wird ihn nach seiner Entlassung Niemand mehr in Arbeit nehmen wollen. Man wird ihm nicht die That, welche seine Verurtheilung nach sich gezogen, vorwerfen, sondern die Folgen dieser Verurtheilung, welche ihn mit dem Auswurfe der Gesellschaft in Berührung gebracht und ihm die gefährlichsten Bekanntschaften verschafft haben. Er wird ein Opfer nicht seines Fehltrittes, sondern der unbegreiflichen Inconsequenz der Gesellschaft, welche den Menschen, den sie bessern wollte und sollte, verderbt und in den Augen seiner Mitbürger gebrandmarkt hat. Man spricht von der Grausamkeit des Systemes der Einzelhaft; ich lasse Sie urtheilen, welches System das grausamere ist.

Da jede Zelle gleichsam ein vollständiges und abgesondertes Gefängniß bildet, worin der Sträfling einer beständigen Aufsicht unterworfen ist, so wird es möglich sein, den Charakter und die Gemüthsbeschaffenheit jedes Sträflinges kennen zu lernen, ihm die Rathschläge und Ermunterungen zu ertheilen, welche nach seiner früheren Lebensweise, nach seiner Erziehung und seinen Gewohnheiten auf sein Herz Eindruck zu machen als besonders geeignet erscheinen. Mag sich der Sträfling bessern oder nicht, sich auflehnen oder unterwerfen, Reue fühlen oder trotzig in seiner Bosheit verharren, so ist es immer eine isolirte Thatsache, welche die Schwelle der Zelle nicht überschreitet, und welche keinen Einfluß auf die allgemeine Ordnung und Disciplin der Strafanstalt ausübt, weder Aergerniß erregt, noch ein böses Beispiel gibt. In Verbindung mit einigen Disciplinaranordnungen kann die Strafe unter diesem Systeme den höchsten Grad der Strenge erreichen oder bis zur größten Milde ermäßiget werden, und kann sich daher nach dem Grade der Schlechtigkeit und nach der physischen und moralischen Individualität des Gefangenen richten. Ueberdies ist diese Strafe in ihrer allgemeinen Anwendung der wahren Schuldbarkeit des Sträflinges proportionirt, denn die Einsamkeit ist um so härter, je schuldiger und verderbter der Gefangene ist. Während sie für den nur auf kurze Zeit Verurtheilten, welcher den Trost hat, bald wieder in ein ehrbares Leben zurückzukehren, leicht erträglich ist, erscheint sie demjenigen, der lange Jahre der Reue vor sich hat, imponirend und schrecklich. Sie trägt daher in sich selbst und durch das bloße Maß ihrer Dauer eine Strafe, welche mit der Schwere der Uebertretung, die zu ahnden sie bestimmt ist, in geradem Verhältnisse steht.

Wenn die Religion nie zu dem Herzen des Sträflinges gesprochen hat, so gibt es keine günstigere Lage, um denselben für ihre heiligen Eingebungen empfänglich zu machen. Allein mit seinem Gewissen, welches man mit Recht die Stimme Gottes genannt hat, wird er von den guten Vorsätzen, die er faßen will, nicht durch den Spott seiner Kameraden abgewendet. Schon die bloße Gegenwart des Priesters ist für ihn eine Wohlthat, er sieht in ihm einen Freund und Tröster und wird um seine Besuche als um eine Gnade bitten. In dieser Lage vereinigt sich Alles zu seiner Besserung; ohne daß man sie ihm befiehlt, oder ihn darum bittet. Er wird in seinen Mußestunden von selbst durch den Mangel einer Beschäftigung dahin gebracht werden, die heiligen Bücher, die man ihm in seine Zelle gegeben, zu lesen und zu überdenken, und so wird Alles dahin abzielen, ihn über seine Pflichten aufzuklären und zum Guten hinzuleiten.

Bei solchen Vorzügen schäme ich mich beinahe, die Geldfrage berühren zu müssen. Wird man denn immer markten, wenn es sich um die öffentliche Moral und Sicherheit handelt? Was bedeutet das Wort: Ausgabe, wenn es sich um eine Grundfrage des öffentlichen Wohles, um die Ausrottung eines Uebels handelt, das am Herzen des Landes nagt? Ich weiß nur zu gut, man will das Gute, aber nur, wenn man es auf die wohlfeilste Art erlangen kann. Erlauben Sie mir, hier ein sehr wahres Sprichwort anzuführen: „Es gibt wohlfeile Käufe, welche den Käufer zu Grunde richten." Da aber die Geldfrage in den Geschäften der Welt eine so hohe Stelle einnimmt, so laßen Sie uns ehrlich daran gehen! Ich bin sehr froh, Ihnen sagen zu können, daß die Frage der Gefängniß-reform selbst auf diesem Boden noch eine genügende Lösung darbietet, wenn man nicht blos auf den nächsten Tag rechnet, sondern auch die Zukunft abwarten will. Wenn man die zahlreichen Uebelstände und Mängel, welche das System der Gemeinschaft der Sträflinge unfruchtbar machen, abwägt, so kommt man unausweichlich auf die Berechnung der Folgen

einer solchen verlornen Ausgabe, wenn man nach einiger Zeit der Erfahrung gezwungen wäre, ein mit großen Kosten eingeführtes System aufzugeben, um ein anderes anzunehmen. Und wenn es erwiesen ist, daß die
Ersparung, welche sich aus der Anwendung des Systemes durch dessen
abschreckende und bessernde Kraft und durch die hieraus folgende Verminderung der Zahl der Verurtheilungen und der Häufigkeit der Rückfälle
von selbst ergibt, in mehreren Beziehungen die Kosten der Einführung
desselben aufwiegen muß, so fällt die Einwendung von selbst hinweg.
Hiezu kommt noch, daß bei dem Zellensysteme keine gemeinschaftlichen
Speisesäle, keine Werkstätten und Krankensäle nothwendig sind, was
also einen bedeutenden Ersatz für den höheren Preis, welchen der Bau der
Zellen kosten kann, ausmacht. Es werden gegenwärtig in Frankreich mehrere Gefängnisse nach dem Systeme der Einzelhaft erbaut, welche binnen
kurzem vollendet sein werden, und welche erstaunlich wenig gekostet haben.
Die Gegner dieses Systemes haben die Ausgaben bedeutend übertrieben,
um daraus einen Grund mehr gegen die Meinung, welche sie bekämpfen
wollten, zu bilden.

Einfach in seiner Organisation und regelmäßig in seinem Gange
hat das System der Einzelhaft noch überdies den Vorzug, daß es seine
heilsamen Wirkungen über die Dauer der Strafe hinaus erstreckt, daß es
den entlassenen Sträflingen das Geheimniß ihrer Schande sichert, und es
ihnen möglich macht, in das bürgerliche Leben wieder einzutreten, ohne
zurückgestoßen zu werden, und ohne Störung das Gewerbe, womit sie
oft erst das Gefängniß ausgestattet hat, zu betreiben. Endlich macht es
auch die Wahl der Aufseher, welche keine Empörung zu befürchten haben,
viel leichter, indem es ihre Aufgabe auf eine sehr einfache Ueberwachung
beschränkt.

Ich glaube bewiesen zu haben: daß die Arbeit in den Zellen be-
trächtlicher und sorgfältiger, der Absatz daher leichter und vortheilhafter ist;

daß in Folge der wahrscheinlichen Besserung der Sträflinge und
der Gewißheit ihrer Nichtverschlimmerung allmälig die Zahl der Verbrechen, und somit der Sträflinge, und vorzüglich der rückfälligen abnehmen, und daher nothwendig eine fortschreitende Verminderung der den

26

Staatsschatz so sehr beschwerenden Kosten der Strafrechtspflege, und durch die Abnahme der Bevölkerung der Gefängnisse auch eine Verminderung in den Kosten ihrer Erhaltung eintreten wird; so wie andererseits durch die Verminderung der Anzahl der Angriffe auf das Vermögen ein großer Gewinn für das Vermögen aller Staatsbürger erzielt werden wird, denn, wie Livingston sagt, „einen Verbrecher, ohne ihn gebessert zu haben, wieder in die Gesellschaft zurücklassen, heißt, von dieser eine Contribution, deren Betrag nicht bestimmt ist, erheben;"

daß das System vermöge seiner Wirksamkeit eine bedeutende Abkürzung der Dauer der Strafen gestattet, wie man dies aus dem Beispiele der vereinigten Staaten ersieht, woraus sich ein neues Ersparniß ergibt;

daß endlich, da die Gefangenen nach diesem Systeme abgesondert sind und gar keinen Verkehr mit einander haben, ein und dasselbe Gefängniß Sträflinge aller Art, Galeerensträflinge, zur Reclusion oder zu correctionellen Strafen Verurtheilte, Beschuldigte, Weiber, Kinder und s. f. ohne Uebelstand enthalten kann, so daß nicht für jede Classe von Gefangenen eine eigene Anstalt nothwendig wird.

Bisher habe ich nur von den Sträflingen gesprochen. Was die Angeklagten und Beschuldigten betrifft, so bilden diese eine ganz exceptionelle Classe. Für sie fordern Vernunft und Billigkeit schon seit lange eine Verbesserung des bestehenden Systemes; für sie ist die strengste Absonderung von allen anderen Gefangenen eine dringende Maßregel, ein wahres Bedürfniß und ein heiliges Recht. Sollte auch in Frankreich das System der Vereinzelung für die Sträflinge verworfen werden, so müßte man es doch für die Beschuldigten annehmen. Diese werden von dem Gesetze bis zu ihrer Verurtheilung für unschuldig gehalten und nur durch eine Maßregel der Vorsorge für die öffentliche Sicherheit verhaftet; sie können zuletzt für schuldlos erklärt werden. Es wäre daher jede Strenge gegen solche Gefangene, welche mit dem unvermeidlichen Uebel der Beraubung ihrer Freiheit nicht unzertrennlich zusammenhängt, eine Ungerechtigkeit; man muß sie vielmehr mit aller Schonung behandeln und ihnen alle mit ihrer Lage und der Hausordnung irgend vereinbaren Erleichterungen gestatten. Für diese Classe der

Gefangenen wird die Abfonderung eben so sehr in ihrem Intereffe, als in jenem der Gerechtigkeit gefordert. Der Beschuldigte kann ein ehrlicher Mensch sein und es ist etwas Schreckliches für ihn, sich mit Verbrechern beisammen zu sehen. Ueberdies kann das Stillschweigen nur mittelst der Arbeit erreicht werden und es herrscht darüber nur Eine Stimme, daß man die Beschuldigten nicht zur Arbeit zwingen dürfe. Wenn aber die Gefangenen während ihrer Untersuchungshaft Bekanntschaften mit einander und Vertraulichkeiten anknüpfen können, so kann die Vorschrift des Stillschweigens für die Sträflinge nichts mehr frommen. In den vereinigten Staaten, in welchen die Ansichten in Beziehung auf Sträflinge zwischen den zwei Systemen getheilt sind, herrscht doch eine allgemeine Uebereinstimmung in Hinsicht auf die Nothwendigkeit, für die Beschuldigten das philadelphische System einzuführen. Wenn der Beschuldigte durch die Vereinzelung vor der Berührung mit Uebelthätern sichergestellt ist, so wird seine Sittlichkeit durch die ihm auferlegte Haft keine Befleckung erlitten haben, und er wird keine Schwierigkeit finden, seine gesellschaftlichen Verbindungen wieder anzuknüpfen und sich Arbeit zu verschaffen.

Einige Gegner des Systemes der Vereinzelung für die Sträflinge waren der Meinung, daß es ungerecht wäre, die Beschuldigten einer solchen Strenge zu unterwerfen, und sie schlagen deshalb eine Maßregel vor, wodurch sie Alles vereinigen zu können glauben, und welche darin bestünde, den Beschuldigten die Wahl zu lassen, in Gemeinschaft mit Anderen oder abgesondert zu leben. Dieser Vorschlag scheint auf den ersten Anblick den Rücksichten, welche man den noch nicht Verurtheilten schuldig ist, zu entsprechen; wenn man aber die Schwierigkeiten der Anwendung desselben bedenkt, so muß man seine Unausführbarkeit anerkennen. Man bedürfte für diejenigen, welche ihre Zellen nicht verlassen wollten, hinlänglich große Zellen, damit sie darin ohne Gefahr Tag und Nacht verbleiben könnten, und doch könnte man für diejenigen, welche das gemeinschaftliche Leben vorzögen, Spazierhöfe, Werkstätten und Speisesäle nicht entbehren. Es würde daraus eine doppelte Ausgabe entspringen, wenn man in demselben Gefängnisse das Auburn'sche und pennsylvanische

26 *

Syftem einführen wollte, abgefehen von den zahllofen Schwierigkeiten, welche diefe Concurrenz zwei fo verfchiebener Syfteme in dem inneren
Gefängnißdienfte hervorbringen müßte, und von den Verlegenheiten, welche unaufhörlich durch Willensänderungen eines Gefangenen, der, nachdem er fich zuerft für Eine Art der Anhaltung erklärt hatte, vielleicht
nach einer erften Probe derfelben das andere Syftem verfuchen wollte,
bereitet werden könnten. Ich würde bei der Unzuläffigkeit einer fo wenig
ausführbaren Idee nicht fo lange verweilt haben, wenn fie nicht felbft
unter beachtenswerthen Männern Vertheidiger gefunden hätte.

Ich hoffe, mein Herr, daß Sie mir erlauben werden, eine Verbindung, welche Sie mir fo angenehm zu machen wußten, fortzufetzen, und
ich bin hoch erfreut, Gelegenheit zu haben, Sie neuerlich meiner Hochachtung zu verfichern.

De Metz.

IV. Brief des englifchen Gefängnißinfpectors Wilhelm Crawford.

Gray's Inn, am 27. Juni 1843.

Mein werther Herr!

Es macht mir großes Vergnügen, Ihnen Ihrem Wunfche gemäß
mitzutheilen, daß die Meinung, die ich fchon lange in Beziehung auf
das Syftem der Vereinzelung der Sträflinge hatte, durch die Erfahrungen, welche man in mehreren nach diefem Syfteme eingerichteten Gefängniffen in England gemacht hat, auf das Vollkommenfte beftätigt worden
ift. Je mehr ich diefen Gegenftand betrachte, defto tiefer werde ich überzeugt, daß das Syftem der Einzelhaft das einzige ift, welches die großen
Zwecke der Strafe, nämlich im Allgemeinen von der Begehung von Verbrechen abzufchrecken, zugleich aber auch den Uebertreter zu beffern und
auf den rechten Weg zurückzuführen, zu erreichen vermag.

Ich würde fehr gern, wenn es nöthig wäre, in Details zur Begründung der hohen Achtung eingehen, womit ich diefes heilfame Gefängnißfyftem betrachte. Allein Sie waren fo unermüdlich in Sammlung von
Belehrung über alle darauf bezüglichen Gegenftände, daß ich es fchwer

finde, auf einen wichtigen Umstand in Betreff der neueren Fortschritte
des Gefängnißwesens in England zu treffen, mit dem Sie nicht schon
bekannt wären. Ich will daher nur meinen ernstlichen Wunsch ausdrü-
cken, daß Sie bei Ihrer Rückkehr nach Oesterreich Gelegenheit finden
mögen, Ihre erleuchteten Ansichten über die Einrichtung von Gefängnissen
in Wirksamkeit zu versetzen, und daß Ihre Bemühungen für die Sache
der Menschheit die wohlthätigsten Folgen haben mögen.

Ganz der Ihrige

Wm. Crawford.

V. Brief des englischen Gefängnißinspectors Whitworth Russell.

26 Cumberlandstraße, London, am 28. Juni 1843.

Mein werther Herr!

Ich erfülle mit Vergnügen Ihren Wunsch, daß ich Ihnen den wesentlichen Inhalt meiner mehrfachen Unterredungen mit Ihnen in Betreff
des Gefängnißwesens schriftlich mittheilen und Ihnen das Ergebniß meiner Erfahrung während der Zeit, die ich als Beamter im Gefängniß-
fache zugebracht habe, aussprechen möchte. Der Gegenstand ist sehr wichtig und würde einen sehr langen Brief fordern, wäre er nicht schon
weitläufig in den Documenten behandelt, die ich von Zeit zu Zeit für
die Gesetzgebung dieses Landes abfassen mußte, und welche jährlich von
Seite unserer Regierung veröffentlicht worden sind. Diese Schriften,
glaube ich, besitzen Sie schon; ich will mich daher in dem Folgenden
so kurz als möglich fassen.

Vor Allem erlauben Sie mir, Ihnen zu sagen, daß die Meinungen, die ich schon seit mehreren Jahren über das Gefängnißwesen habe,
nicht das Ergebniß der Speculation, sondern der Erfahrung sind, welche
ich in Betreff des Charakters und der Wirkungen verschiedener Gefängnißsysteme bei ihrer Anwendung im Großen gemacht habe. Ich hatte nämlich
durch sechs Jahre als Director des großen Gefängnisses Milbank in London und seitdem durch acht Jahre als Inspector der brittischen Gefäng-

niffe Gelegenheit, die Syſteme der Gemeinſchaft, des Stillſchweigens und der Vereinzelung fortwährend zu beobachten.

In dem Gefängniſſe Milbank waren die Sträflinge während der erſten Hälfte ihrer Strafzeit dem Syſteme der Einzelhaft unterworfen, während der übrigen Strafzeit aber in Gemeinſchaft, weil man glaubte, daß die in der Abſonderung erworbenen guten Angewöhnungen von Ordnung, Fleiß, Selbſtbeherrſchung und Gehorſam ſie für das minder ſtrenge Syſtem der Gemeinſchaft geeignet machen, ſie von einem Mißbrauche der ihnen durch die Geſellſchaft ihrer Strafgenoſſen dargebotenen Erleichterung abhalten und ſie für den Verkehr mit anderen Menſchen und für die Verſuchungen, denen ſie bei Wiedererlangung ihrer Freiheit ausgeſetzt wären, vorbereiten würden. Alle dieſe Erwartungen zeigten ſich gänzlich getäuſcht; denn, während einerſeits der bösgeſinnte Gefangene mit ungebeſſertem Sinne in die Geſellſchaft von ſeines Gleichen eintrat und abermals widerſpänſtig und boshaft wurde, ſah anderſeits der gutgeſinnte Sträfling in den neuen Umſtänden, in die er gebracht ward, eine beſtändige Verſuchung, ſeine guten Vorſätze aufzugeben, aber gewiß keine Ermuthigung, ſie zu behalten. Die Gefangenen ſelbſt fühlten ſo tief die Ueberzeugung von den Uebeln der Gefängnißgeſellſchaft, daß ſehr viele unter ihnen freiwillig um die Erlaubniß anſuchten, aus der Gemeinſchaft in das ſtrengere Syſtem der Einzelhaft zurückzukehren, weil ſie ſelbſt mit ihrem ſtumpferen moraliſchen Sinne einſahen, daß eine ſolche Geſellſchaft ihnen wahrhaft ſchädlich war und jede Hoffnung der Beſſerung zerſtörte. Denn, wie ſtreng auch unſere Vorſchriften waren, um Geſpräche zwiſchen den Gefangenen zu verhindern, fanden wir doch bald, daß dieſe Vorſchriften der beharrlichen Anſtrengung, womit die Sträflinge dagegen ankämpften, nicht gewachſen waren. Es war auch nicht zu wundern; denn es iſt nicht wahrſcheinlich, daß ein Charakter, wie der der großen Maſſe unſerer Gefängnißbewohner, ſich dasjenige ruhig nehmen laſſen wird, was er als ſeinen größten Troſt betrachtet, den Verkehr mit Leuten von gleichen Neigungen und Gewohnheiten wie die ſeinigen. Dieſe Bemerkungen erſtrecken ſich eben ſo gut auf die brittiſchen Gefängniſſe überhaupt, als auf das von Milbank.

Die Uebel, welche aus der Gemeinschaft der Gefangenen nothwendig entspringen, wurden allgemein gefühlt und anerkannt; man begehrte laut nach Abhülfe. Aber wie sollte diese erfolgen? „Durch erzwungenes Stillschweigen," antwortete eine große Anzahl von Gefängnißverbesserern. Ich habe nie eine Gelegenheit vorbeigehen lassen, den Motiven, welche die Vertheidiger des Systemes des Stillschweigens leiteten, volle Gerechtigkeit widerfahren zu lassen. Die Uebelstände, welchen dieses System abhelfen sollte, waren groß und anerkannt, und die Art, auf welche jene Männer denselben abzuhelfen gedachten, schien human, ökonomisch, einfach und wirksam zu sein. Aber die Erfahrung hat gezeigt, daß sie grausam, kostspielig, verwickelt und unwirksam ist.

Das System des Stillschweigens erwies sich in mehrfacher Beziehung als grausam; ich will hier blos zwei Ursachen erwähnen; erstlich, weil es die Mittheilungen zwischen menschlichen Geschöpfen, die man zwingt in Gesellschaft zu sein, verbietet und somit einem großen Naturgesetze zuwider handelt; und zweitens, weil es die mit der Aufrechthaltung dieses Systemes Beauftragten mit einer Gewalt bewaffnen muß, die nothwendig der Stärke des Naturtriebes, den es vergeblich zu beschränken versucht, proportionirt ist. Die ganze Geschichte des Systemes des Stillschweigens ist betrübend, und es ist schwer zu sagen, ob es mehr wegen der von ihm bewirkten Erbitterung aller Gefühle der Sträflinge oder wegen seiner Tendenz, die Herzen der Beamten, die es vollstrecken, zu verhärten, ihren Charakter zu verschlechtern und ihren Geist zu verwirren, verdammt zu werden verdient.

Das System des Stillschweigens ist auch kostspielig. Die Besoldungen der Beamten machen eine große Post in den Gefängnißausgaben aus und dieses System kann ohne ein sehr zahlreiches Beamtenpersonale nicht durchgeführt werden. Dies ist aber nicht Alles. Die Strafen, welche, um das System wirksam zu machen, häufig und streng sein müssen, unterwerfen den Uebertreter entweder einer verminderten Kost, wodurch seine Gesundheit, Stärke und Constitution leiden, wodurch also das Menschen werthvollste physische Güter verringert werden, oder sie verdammen ihn zu der vollständigen Arbeitslosigkeit in der Dunkelzelle, woburch fie feinen moralifchen unb gewerblichen Gewohnheiten zuwiber handeln.

Es ift aber auch ein verwickeltes, complicirtes Syftem, — eine Einwenbung, bie fchon aus bem Vorhergehenben fich ergibt. Die ganze Mafchinerie bes Syftemes bes Stillfchweigens ift nur erbaut unb in Bewegung gefetzt, um einer Schwierigfeit zu begegnen, bie taufenb verfchiebene Geftalten annimmt. Sie muß fich in bie enblofen Ränfe, Liften unb Austunftsmittel fchicken, welche ber burch ben Drang ber Rothwenbigfeit gefchärfte menfchliche Witz anwenbet, um bas Syftem eines erzwungenen Verftummens zu vereiteln.

Das Syftem bes Stillfchweigens ift enblich auch unwirffam. Denn worin befteht wohl bie Wirffamfeit eines Straffyftemes, abgefehen von feinem abfchreckenben Einfluffe? Darin, baß es, fo weit bies menfchliche Beftrebungen vermögen, eine beffere Moral, bie Gewohnheit bes Fleißes unb eine Gemüthsftimmung erzeugt, bie fich bem Gefetze unterwirft unb von jener Bitterfeit unb von jenen Rachegefühlen frei ift, welche aus bem Benehmen von Einzelnen fowohl, als aus ungerechter Strenge bes Syftemes entfpringen. Ich fage: „aus bem Benehmen von Einzelnen," benn bie Strenge, welche ber Sträfling blos bem Syfteme zufchreibt, hat nicht biefelbe Tenbenz, jene böswillige Gemüthsftimmung hervorzurufen, bie nothwenbig in ihm entfpringt, wenn er fieht, baß feine Leiben burch bas Benehmen ber Beamten, beren Aufficht er anvertraut ift, entftehen. Wie fann nun irgenb ein bauernb Gutes burch ein Syftem bewirft werben, bas ben Gefangenen unabläffig plagt unb quält, bas jebe Bewegung feines Körpers, jebe Bewegung feiner Lippen, ja jeben Blick feines Auges bewacht, blos um ihn burch Strafe zu verhinbern, feine Gebanfen mit einem Mitgefchöpfe auszuwechfeln? — Es ift unmöglich. Die häufigen Streitigfeiten unb Befchwerben, welche bas Syftem bes Stillfchweigens erzeugt, welche zu fchlichten ober zu befeitigen täglich ein gutes Stück Zeit forbert, unb bie in ber That felten gefchlichtet unb befeitigt werben, ohne ein Gefühl erlittenen Unrechtes zurückzulaffen, beweifen flar, baß biefes Syftem als ein Mittel zur Bewirfung einer heilfamen Aenberung in ber Gemüthsbefchaffenheit unb

dem Benehmen der Gefangenen ganz kraftlos ist. Was andererseits den
Zweck, Unterredungen zu unterdrücken, betrifft, so sind die Strafen, welche
dieses System anwendet, und welche eben so viele Beweise von seiner
Erfolglosigkeit sind, so streng, und die Macht, welche es für seine Voll-
zieher in Anspruch nimmt, ist so unverantwortlich, daß die öffentliche
Meinung es nicht erträgt. Um sich also der Forderung eines aufgeklärten
und wohlwollenden Zeitalters zu fügen, ist es gezwungen, die nothwendige Strenge seiner Disciplin aufzugeben. Das System ist daher auf das
Dilemma reducirt: Entweder läßt es in der Strenge seiner Vorschriften
nach und dann verliert es seine Wirksamkeit, oder es handhabt seine Vorschriften und dann streitet es gegen die Gefühle der verletzten Menschheit.

Dies ist der ungenügende Zustand unserer Strafanstalten, so weit
sie dem Systeme des Stillschweigens angehören.

Es gab aber Mehrere, welche das Vereinzelungssystem als ein
Abhülfsmittel gegen die aus der Gefängnißgemeinschaft entspringenden
Uebel vorschlugen und keinen Anstand nahmen, es als einen Ersatz für
jedes andere in den Vordergrund zu stellen. Bevor ich aber in Kürze einige
seiner Vortheile darstelle, erlauben Sie mir drei Bemerkungen zu machen,
um Mißverständnissen vorzubeugen.

1. Unter der Einzelhaft (separate confinement) verstehe ich die
Entfernung der Gefangenen von der Gesellschaft von ihres Gleichen,
nicht ihre Absperrung von allem Verkehre mit Menschen.

2. Die Einsperrung begreift in sich die beständige und thätige
Sorgfalt für die Gesundheit, für die Angewöhnung des Fleißes und für
die moralische und intellectuelle Bildung des Gefangenen.

3. Dieses System ist nicht mehr eine bloße Theorie. Es ist bereits
in Ausführung gekommen, und zwar in jedem einzelnen Falle mit einem
Erfolge, welcher sich nach der Uebereinstimmung der praktischen Handhabung desselben mit den Entwürfen richtete, die eine lange Erfahrung und
genaue Aufmerksamkeit auf alle hier und anderwärts gemachten früheren
Versuche uns eingegeben hatte.

Wo immer in der Wirksamkeit des Vereinzelungssystemes sich ein
Mangel an Erfolg zeigte, konnten wir nachweisen, daß er von der Ver-

nachläffigung oder unzweckmäßigen Veranstaltung mancher Einzelheiten her-
rührte, die nach unserer Ueberzeugung und wiederholten Erklärung für eine
erfolgreiche Annahme dieses Systemes wesentlich sind. Wir sind in der Entwer-
fung unserer Pläne von wenigen einfachen und unzweifelhaften Grundsätzen
ausgegangen, welche entweder übersehen oder nur theilweise beobachtet wurden.

Bei Beförderung der Gewöhnung der Gefangenen an Fleiß und
Arbeitsamkeit hatten wir immer vor Augen, daß der Gesundheitszustand
der Gefangenen gut sein müsse, und daß sie eine Neigung zur Arbeit fühlen sollen. Wir empfahlen daher eine gute, nahrhafte Kost, guten Unterricht in Handwerken und eine thätige Körperübung in freier Luft. Zur
Beförderung der intellectuellen Cultur haben wir die Annahme eines richtigen Lehrsystemes und die Anstellung von tüchtigen Lehrern empfohlen.
Zur Beförderung der moralischen und religiösen Erziehung der Gefangenen haben wir vor Allem darauf als auf etwas Rothwendiges gedrungen,
daß die Gelegenheiten zur Einkehr des Gefangenen in sich selbst zahlreich
genug und ununterbrochen seien, daß sein Geist ruhig, daß die moralische
Stellung der Beamten gegen ihn mild und sein Gefühl gegen sie unter-
würfig und dankbar sein solle.

Dies sind die Grundzüge unseres Systemes und es freut mich bestätigen zu können, daß der Erfolg, den es hatte, (wo nur diese Grundzüge
genau beobachtet wurden,) unseren Erwartungen auf das Vollständigste
entsprochen hat. Die öffentliche Meinung, welche, so lange der Plan
unversucht war, sich dagegen aussprach oder ganz gleichgültig blieb, wird
ihm täglich günstiger, so daß in den letzten vier bis fünf Jahren kein neues
Gefängniß gebaut und keine Aenderung selbst in schon bestehenden Gefängnissen anders als nach dem Vereinzelungssysteme vorgenommen wurde. So
groß ist der praktische Fortschritt, welchen das System während dieser Zeit bei
uns gemacht hat, daß nahe 6000 Zellen theils schon gebaut, theils im Baue
begriffen, theils bereits zu bauen befohlen sind, alle von gleicher Größe
und nach Einem Princip, nämlich dem der Einzelhaft, wie es in dem
Pentonville-Gefängnisse durchgeführt ist.

Zunächst unserem freudigen Bewußtsein, zu einer so wichtigen Verbesserung des Gefängnißwesens in unserem Vaterlande mitgewirkt zu haben,

würde das Vergnügen kommen, welches wir empfinden würden, wenn wir unsere Ansichten über diesen Gegenstand auch in anderen Ländern triumphiren sähen.

Da Sie, mein Herr, nach England gekommen sind, um unsere Strafsysteme zu untersuchen und die Bauart, Leitung und Disciplin unserer Gefängnisse kennen zu lernen, so gestatten Sie mir, Sie meiner aufrichtigen Achtung zu versichern und Ihnen mein Vergnügen über die fleißigen und gründlichen Untersuchungen, welche Sie angestellt haben, und über die Geduld und den ausdauernden Eifer, womit Sie Ihre Forschungen verfolgt haben, auszusprechen. Verzeihen Sie es meinem lebhaften Wunsche für einen glücklichen Erfolg Ihrer Bestrebungen und für die Hintanhaltung jener Versehen, die so oft große Nationalunternehmungen in ihrem Fortschritte aufhalten, wenn ich es wage, einen Punct hervorzuheben, der die größte Beachtung von Seite Ihrer Staatsmänner verdient. Unter diesen Versehen kenne ich keines, das der erfolgreichen Einführung eines guten Gefängnißsystemes schädlicher wäre, als die Unterlassung der Absendung erfahrener Architekten zu einer genauen Untersuchung der Bauart solcher Gefängnisse, die in neuerer Zeit hier und in anderen Ländern nach dem verbesserten Gefängnißsysteme erbaut worden sind. Die allgemeine Anordnung der Gebäude, die Trockenlegung, die Dimensionen und die Einrichtung der Zellen, die Ventilation, Heizung und Beleuchtung derselben, die nothwendigen Bequemlichkeiten und Aemter, die Mittel, die Disciplin mit Schnelligkeit und Geldersparniß handzuhaben und die Communicationen der Beamten mit den Sträflingen zu erleichtern, die der Gefangenen untereinander aber zu erschweren, die Materialien, welche für die verschiedenen Zwecke die geeignetsten sind, — alle diese Einzelheiten, auf deren sorgfältiger Berücksichtigung die Wirksamkeit des Systemes großentheils beruhet, können aus Plänen, Zeichnungen und Beschreibungen nie vollständig begriffen werden; sie begehren persönliche Forschung und Erfahrung. Ohne diese läuft der Architekt Gefahr, in dem Baue von Gefängnissen schädliche Mißgriffe zu begehen; er compromittirt dadurch das ganze System und ladet seinem Lande eine fruchtlose Ausgabe auf. In dem vorliegenden Falle besteht die wahre Oekonomie darin, daß man das, was man bauen soll, mit eigenen Augen gesehen hat. In unserem Lande bieten sich gegenwärtig die größten Vortheile für eine solche Inspection eines Architekten, wie ich sie empfehle, dar; denn hier sind neue Gefängnisse gerade im Beginne, im Fortschritte und schon vollendet und bezogen, so daß ein Architekt die Construction in jedem Stadium ihres Fortschrittes sehen und an Ort und Stelle alle Belehrung, die er braucht, und eine Menge werthvoller Winke erhalten kann, von denen nur Praktiker im Baufache wissen, wie sie darum fragen sollen.

Es dürfte gut sein hinzuzufügen, daß die Handwerke, welche in den Einzelzellen von den Gefangenen getrieben werden, fast jeden nützlichen und gewinnbringenden Gewerbszweig umfassen, der dem Sträflinge nach seinem Austritte aus dem Gefängnisse Beschäftigung und den Lebensunterhalt zu sichern vermag. Wir haben in dem Pentonville-Gefängnisse Schmiede und Schlosser, Nagelmacher, Zimmerleute, Drechsler, Verfertiger von Ackerbauwerkzeugen, Schuhmacher, Schneider, Matten- und Teppichmacher, Weber u. s. w. Und es ist bemerkenswerth, daß die Geschicklichkeit, welche die Gefangenen schnell erlangen, so groß ist, daß es denen, welche nicht selbst Arbeiten gesehen haben, fast unglaublich erscheint. Ein Hauptgrund davon ist gewiß der Wunsch, die Langweile des Alleinseins durch eine tüchtige Uebung der erfindenden und ausführenden Kräfte zu mildern. Dies ist aber ein neuer Vorzug des Systemes, daß es jene nützlichen Fähigkeiten und Gewohnheiten anregt und entwickelt, welche den Gefangenen die Zeit verkürzen und die Arbeit nützlich und angenehm erscheinen lassen.

Ich habe somit versucht, Ihrem Wunsche, mein werther Herr, zu entsprechen. Meine vielfachen Amtsgeschäfte haben meinen Brief unvollständig gemacht, aber ich hoffe, Sie werden ihn mit meinen herzlichen Wünschen für den Fortschritt des Vereinzelungssystemes hinnehmen, das mein Verstand, mein Gefühl und meine Erfahrung gleichmäßig billigen und bestätigen. So lang dieser Brief ist, wäre es mir leichter, ihn noch länger zu machen, als ihn abzukürzen; denn die Gründe zu Gunsten der Einzelhaft, die meinem Geiste vorschweben, sind so zahlreich, daß es mir schwer ist, sie alle aufzuzählen. Ich begnüge mich daher damit, zu·

fagen, daß ich durch Anempfehlung des Vereinzelungsfyftemes eine Natio-
nalwohlthat zu befördern fuche. Von diefem Syfteme kann ich wahrlich
fagen:

Esto felix, praevalens et perpetua!

Ich bin u. f. w.

Whitworth Ruffell,
großbritannifcher Gefängnißinfpector und Mitglied
des Verwaltungsrathes des Penionville=Gefängniffes.

VI. Brief von Herrn Eduard Ducpétiaux, Generalinfpector
der Gefängniffe und Wohlthätigkeitsanftalten Belgiens.

Brüffel, am 4. Juli 1843.

Mein Herr!

Ich bedauere, daß Ihr Aufenthalt in Belgien von fo kurzer Dauer
war. Ich hätte mit Vergnügen in größerem Umfange die intereffanten
Nachweifungen benützt, welche Sie fich in den Ländern, die Sie
befuchten, verfchafft haben, und hätte Ihnen dagegen gern vollftändigere
Angaben über die Gefängniffe meines Vaterlandes mitgetheilt. Diefe
Anftalten, find, wie Sie fich durch eigene Anfchauung überzeugt haben
werden, weit entfernt, den Ruf zu verdienen, deffen fie noch im Auslande
genießen. Sie find dem Syfteme der Gemeinfchaft der Sträflinge bei
Tage, jedoch unter der Herrfchaft des Stillfchweigens, und der Abfonderung
derfelben zur Nachtzeit unterworfen, und ich nehme keinen Anftand zu
fagen, daß fie ihren Zweck, von Verbrechen abzufchrecken und die Gefan=
genen zu beffern, nur fehr unvollkommen erfüllen. Trotz unferer anhaltenden und angeftrengten Bemühungen, trotz der Verftärkung der Aufficht
zieht die tägliche Berührung der Sträflinge nothwendig ihr Verderbniß
nach fich; die Rückfälle vermehren fich ftatt abzunehmen und die meiften
großen Verbrechen, welche vor unfere Affifenhöfe gelangen, find von ent=
laffenen Sträflingen verübt, welche fich in den Strafanftalten kennen
gelernt und darin zu gemeinfchaftlichen Verbrechen verbunden haben.

Befragen Sie alle unsere Beamten, unsere Gefängnißvorsteher, und Alle werden Ihnen sagen, daß das System der gemeinschaftlichen Anhaltung der Sträflinge ihrem Eifer und ihren Bemühungen trotzt, und daß sie von demselben nichts für die Zukunft hoffen; Alle werden Ihnen bestätigen, daß nur in dem Systeme der Einzelhaft das Heil zu suchen ist. Bemerken Sie wohl, daß ich nicht sage: in dem Systeme der Isolirung. Dieser Unterschied ist wesentlich, und nur, weil man ihn nicht macht, haben die Gegner der vereinzelten Anhaltung so leichtes Spiel. Sie haben dieses Gefängnißsystem in dem neuen Strafhause zu Pentonville in Wirksamkeit gesehen und haben sich überzeugen können, daß es der Gesundheit der demselben unterworfenen Sträflinge keinen Nachtheil bringt. Dieser Versuch wird ohne Zweifel andere Länder dahin bringen, ebenfalls einen Versuch mit diesem Systeme zu machen, das sich unter so günstigen Anzeichen darstellt, besonders wenn man es mit dem alten Strafsysteme vergleicht.

Unsere ganze Gefängnißverwaltung ist dem pennsylvanischen Systeme zugethan; leider ist es nicht eben so der Fall mit unseren Gesetzgebern, welche manchmal ohne Kenntniß der Thatsachen urtheilen. Dessenungeachtet haben wir so eben eine Abtheilung nach diesem Systeme in dem Strafhause zu Aloft erbaut, und im nächsten Jahre werden wir wahrscheinlich die bereits zu bauen begonnene Zellenabtheilung in dem Zuchthause zu Gent fortsetzen. Zwei kleine Gefängnisse zu Tongern und Ostende sind in der neuesten Zeit nach dem Systeme der Einzelhaft gebaut worden und die Gefängnisse zu Lüttich und Verviers, deren Pläne bereits genehmigt sind, werden nach eben demselben errichtet werden.

Ich werde mir ein Vergnügen daraus machen, Sie, mein Herr, in beständiger Kenntniß unserer Fortschritte auf dieser Bahn zu erhalten, und es wird mir sehr erwünscht sein zu vernehmen, daß Ihre gewissenhaften und eifrigen Studien in Ihrer Heimat den Erfolg, welchen sie verdienen, gehabt haben.

Genehmigen Sie, mein Herr, die Versicherung meiner gänzlichen Ergebenheit.

Eduard Ducpétiaux.

VII. Brief von Herrn **Dr. D. G. Kiefer**, großherzoglich sächsisch-weimar'schem geh. Hof- und Medicinalrathe, Professor der Medicin und Director der Klinik zu Jena.

Hochgeehrtester Herr!

Ehe ich zur Beantwortung der mir von Ihnen am 5. August d. J. gefälligst vorgelegten Fragen komme, erlaube ich mir vorzubemerken, daß der gewichtigste Einwurf gegen das pennsylvanische System der Besserungs-anstalten: daß es mehr als ein anderes Geistes- und körperliche Krankheiten befördere, bei genauerer Untersuchung auf Vorurtheilen beruht. Diese sind entstanden:

1. Aus der Verwechslung der einsamen Haft mit der isolirten Haft, indem bei dem verbesserten pennsylvanischen Systeme durchaus nicht die Absicht ist, die Sträflinge völlig von allen Menschen zu trennen, auf sich zu isoliren und ohne Arbeit zur Einsamkeit zu verdammen; — eine Verwechslung der Grundbegriffe, die selbst in manchen der neuesten Schriften noch vorkommt und noch neulichst in der sächsischen Ständeversammlung Statt gefunden hat.

2. Aus dem kritiklosen Glauben, welchen man einzelnen Berichten aus Amerika von in pennsylvanischen Strafanstalten vorgekommenen Fällen von Wahnsinn geschenkt hat. Eine vernünftige Kritik dieser Berichte weiset nach, theils daß diese einzelnen Fälle der schlechten Einrichtung dieser Anstalten zur Last fallen, theils, daß angenommen werden kann, daß in denselben der Wahnsinn auf andere Weise entstanden und oft schon vor der Aufnahme des Sträflinges in die Anstalt vorhanden war. Das Letztere gilt gleichfalls von den gleichen Berichten aus anderen Strafanstalten.

3. Aus einem übertriebenen Humanitätsstreben und krankhafter Sentimentalität, die sich in ihrer Culmination in der Boz'schen Reise nach Amerika ausspricht, wo der Reisende, nachdem er auf der ganzen See-fahrt bis zum Wahnsinn seekrank gewesen, sich ein Phantasiebild von dem Zustande des einsam Eingesperrten ausmalt, wie er nirgends vorhanden ist. Solche weiche Seelen, deren es auch unter den heutigen Criminalisten gibt, schaudern vor einem Phantasiebilde zurück, während sie im wirklichen praktischen Leben kein Bedenken tragen, den einzelnen Staats-

verbrecher zu wahrhaft einsamer jahrelanger Haft zu verurtheilen. Beraubung der Freiheit, als Strafe des Verbrechers, nebst humaner Behandlung des Sträflinges als Menschen, also auch Bewahrung desselben vor größerer Verderbniß und moralische Besserung ist das heutige Princip des Criminalrechtes. Soll alles Gefühl der Strafe wegfallen, wie es im Auburn'schen Systeme dadurch der Fall ist, daß man den Verbrecher mit Seinesgleichen frei verkehren läßt, (wenn auch nur durch Finger- und Augensprache,) und ihn mit Speise und Trank besser hält, als den armen Taglöhner oder den täglich 10 bis 12 Stunden beschäftigten Fabriksarbeiter, so fällt aller Zweck und alle Bedeutung der Strafe weg, und manche Taglöhner und Fabriksarbeiter, die in ihrer täglichen Noth die Freiheit nicht achten, möchten wünschen, sammt ihrer Familie in ein Auburn'sches Gefängniß versetzt zu werden.

Nach diesen Vorbemerkungen gehe ich zur Beantwortung Ihrer Fragen selbst über, wobei ich voraussetze, daß hier nur die Rede ist von einem Besserungshause nach dem sogenannten pennsylvanischen Systeme der neueren Art, wie es in dem englischen Mustergefängnisse Pentonville prison bei London besteht, in welchem mit strenger Consequenz der Ausführung der Sträfling, während er absolut von den Mitgefangenen getrennt ist, täglich 10 bis 12 Male Besuch erhält von den Gefängnißinspectoren, Aufsehern, Geistlichen, dem Arzte, also nicht einsam, sondern nur von anderen Sträflingen isolirt ist, und in welchem derselbe durch Arbeit stätig körperlich und geistig beschäftigt und zur moralischen Besserung angehalten wird, also auch nicht physisch sich selbst überlassen bleibt, sodann täglich in den Gefängnißhöfen der freien Luft genießt, die ihm außerdem reichlich durch die Ventilatoren in seiner Zelle zugeführt wird; bei welcher Frage also die Gefangenschaft mit völliger Einsamkeit, wie sie der Staatsgefangene in der Festungszelle erleidet, eben so die Gefangenschaft ohne Arbeit in ungesunder Zelle der alten Gefängnisse, und gleicherweise die Auburn'sche Haft mit beständigem, den Sträfling zu steter Opposition aufforderndem und nur durch rohe, das Gefühl empörende Körperstrafe scheinbar zu erreichendem Stillschweigen ganz unberücksichtigt bleibt.

Ihre Fragen sind:

1. „Ist vom ärztlichen Standpuncte aus zu besorgen, daß das System der Einzeleinsperrung, wenn es mit allen, in der neueren Zeit in England eingeführten Modificationen in Anwendung gebracht wird, auf die Gesundheit der Sträflinge nachtheilig einwirke? Ist insbesondere eine nachtheilige Einwirkung dieses Systemes auf die Geisteskräfte der Gefangenen zu befürchten?"

Ich antworte: Da in den Einflüssen, welchen der Sträfling in diesen verbesserten pennsylvanischen Anstalten ausgesetzt ist, — hinlängliche gute Nahrung, stätig erneuerte Luft, täglicher 10 bis 12maliger Besuch der Beamten, Aerzte, Geistlichen; stete Beschäftigung mit selbstgewählter Arbeit, tägliche Bewegung in freier Luft, — kein Moment enthalten ist, welches die Gesundheit in körperlicher und psychischer Hinsicht stört, im Gegentheile die auf den Körper wirkenden Einflüsse von der Art sind, daß eine wankende Gesundheit durch Beseitigung vieler im früheren Leben des Sträflinges einwirkenden Schädlichkeiten befestigt wird, und die psychischen Einflüsse des Zuspruches der Beamten und die Belehrung und Tröstung der Geistlichen nur bezwecken, eine einseitige Richtung des psychischen Lebens, die stätig anhaltend oder wiederkehrend zum Verbrechen oder zu Wahnsinn und Blödsinn führt, zu verbessern: so liegt vom ärztlichen und psychiatrischen Standpuncte aus kein Grund vor, diese Frage zu bejahen. Im Gegentheile muß behauptet werden, daß durch consequente Anwendung der Einflüsse dieser Haft körperliche und geistige Schwäche und Anlage zu Krankheiten des Körpers und Geistes nur beseitigt werden können.

2. „Kann dieses System ohne Gefahr für die Gesundheit und vorzüglich für den Geisteszustand der Sträflinge auch auf eine längere Dauer (auf mindestens fünf bis sechs Jahre) angewendet werden? Sind die Erfahrungen, welche von den Gegnern dieses Systemes für ihre Behauptung einer großen Gefährlichkeit desselben, besonders in Beziehung auf die Geisteskräfte der Sträflinge, angeführt werden, als zuverlässig und concludent zu betrachten?"

Meine Antwort ist: a) Wenn in dem Ganzen des pennsylvanischen Systemes nichts für Körper und Geist nachtheilig Wirkendes liegt, so ist nicht einzusehen, wie auch selbst auf fünf bis sechs Jahre ausgedehnte

27

Einzelhaft nachtheilig wirken könne. Im Gegentheile, wird der Sträfling von früheren schlechten Gewohnheiten, Sitten u. f. w. durch eintretende moralische Besserung abgebracht, wirken Leidenschaften und Affecte bei beginnender Besserung weniger ein, wird sein moralisches Gefühl gebessert, gesteigert, sein religiöser Glaube gestärkt: so muß nothwendig hiedurch ein wohlthätiger Einfluß zur Verhütung von Geisteskrankheiten entstehen, und die gewonnene größere moralische Festigkeit, die stete Beschäftigung mit seiner Arbeit muß auch seine Geisteskräfte stärken und erhöhen.

b) Die von den Gegnern angeführten Erfahrungen des Gegentheiles beruhen offenbar theils auf mangelnder Unterscheidung der schon vor dem Eintritte der Haft vorhandenen und nicht erkannten, und der in derselben entstandenen Geisteskrankheiten. Sie sind ferner größtentheils entlehnt aus den amerikanischen Berichten, deren Glaubwürdigkeit manchem Zweifel unterliegt, oder sie stammen aus Anstalten, die zwar den Namen eines pennsylvanischen Systemes tragen, aber nichts weniger als Mustergefängnisse genannt werden können. Sie werden endlich gründlichst widerlegt durch die neueren zahlreichen Berichte der Directoren der verbesserten pennsylvanischen Gefängnisse. Seitdem man, außer in Nordamerika, schon in den meisten europäischen Staaten die Vorzüge des pennsylvanischen Systemes anerkannt, und namentlich in England, Frankreich, Preußen, so wie zu Warschau den Muth gehabt hat, alles Widerspruches ungeachtet consequent ausgeführte Anstalten des pennsylvanischen Systemes zu errichten, werden nach einigen Jahren des consequenten Bestehens derselben sich Resultate ergeben, die alle ferneren Fragen dieser Art unnöthig machen werden.

3. „Ist von der Vereinzelung der Sträflinge zu besorgen, daß sie, wenn nicht eigentliche Krankheiten, doch eine solche allgemeine Herabstimmung der körperlichen und geistigen Kräfte der Gefangenen zur Folge habe, welche diese nach ihrem Austritte aus dem Gefängnisse zur Erwerbung ihres Lebensunterhaltes unfähig macht?"

Diese Frage dürfte am schwierigsten im Allgemeinen und mit kurzen Worten zu beantworten sein. Nach Verschiedenheit der Individualität des Sträflinges in geistiger und körperlicher Hinsicht werden die Folgen einer der mannigfaltigen Abwechslungen des freien Lebens mit allen seinen Freuden und Leiden entbehrenden Beraubung der persönlichen Freiheit, als der einzigen Strafe, sehr verschieden sein können. Indessen entsteht diese in Frage stehende Folge, daß der Sträfling durch einförmige, seit Jahren geführte Lebensart unfähig gemacht wird, sich sogleich nach seiner Entlassung in alle Wechselfälle des freien Lebens zu finden, und nicht sofort die nöthige Kraft besitzt, ihnen zu begegnen, möglicher Weise bei jeder Art der Haft, sei sie nach dem Auburn'schen oder pennsylvanischen oder Genfer Systeme. Ein Remedium dagegen liegt indessen darin, daß der Sträfling Zeit und Gelegenheit hat, sich in einem Gewerbe oder Handwerke zu befestigen und dadurch seinen künftigen Lebensunterhalt zu sichern, so wie, daß eine wahre Besserung ihn der früher vagabundirenden und aller Arbeit entwöhnenden Lebensweise entzieht. Ein anderes wichtiges Remedium ist aber nur in dem nothwendigen Corollarium der Besserungshaft, in den Hülfsvereinen zur Beaufsichtigung und Unterstützung entlassener Sträflinge zu suchen, die den moralisch Neugebornen in ihre Obhut und ihren Schutz nehmen müssen, um ihn in das bürgerliche Leben, aus welchem er während seiner Haft ausgeschieden war, wieder einzuführen. Im pennsylvanischen Systeme wird dies erleichtert, da der Sträfling außer alle Verbindung mit früheren Genossen gekommen ist; während das Auburn'sche System, da es Verbindung der Sträflinge unter sich und mit Meisterverbrechern nicht nur nicht verhütet, sondern sie sogar herbeiführt, diese Erhaltung des Entlassenen auf dem Wege der Tugend und des Rechtes fast unmöglich macht.

Im Allgemeinen kann der Satz gelten, daß, wenn der Sträfling körperlich und geistig gesund und wirklich gebessert, also auch moralisch gesunder entlassen wird, wenn er als ein körperlich, geistig und moralisch Genesener wieder in die bürgerliche Gesellschaft eintritt, dann dieselben Maßregeln, welche einen von Nervenfieber oder Geisteskrankheit Genesenen vor Rückfällen oder Nachkrankheiten bewahren, auch hier durchaus nöthig sind. Dann aber ist so wenig bei Letzterem, wie bei entlassenen Sträflingen ein Nachtheil der Strafe zu fürchten, jedenfalls weniger, als bei einem aus den bisherigen Strafhäusern, den

27 *

wechselseitigen Unterrichtsanstalten des Verbrechens, oder aus den in dieser Beziehung nicht besseren Auburn'schen Anstalten Entlassenen.

So weit Ihre Fragen und meine Antworten. Ich füge noch Folgendes hinzu. Was nämlich die heimlichen Sünden betrifft, die in jeder Gefängnißart zu fürchten sind, so werden sie in den pennsylvanischen Anstalten sicherer als in jeder anderen verhütet und beseitigt, da hier die tägliche Beschäftigung des Sträflinges und vor Allem der freundliche Zuspruch und die Belehrung des Geistlichen nebst der aufmerksamen Beobachtung des Arztes und der humanen Behandlung des Aufsehers das kräftigste Gegengewicht darbieten, welches in der harten Behandlung und bei der stets möglichen neuen Verführung in den Auburn'schen Anstalten alle Kraft verliert. Ueberhaupt ist es hier, wie in privatärztlicher Praris, daß Sünden dieser Art durch kein Mittel verhütet oder gehoben werden können, wenn der Kranke nicht den festen moralischen Willen gewinnt, diese Sünde zu unterlassen, welcher feste Wille aber nur in der pennsylvanischen Zucht geboren werden kann.

Indem ich bedaure, durch die Kürze der brieflichen Mittheilung an einer ausführlicheren Begründung meiner Ansichten behindert zu sein, zu jeglichem Gebrauche dieser Zeilen Sie ermächtige und, mich Ihrer schätzbaren Bekanntschaft erfreuend, zu jeder ferneren Aufklärung bereit bin, habe ich die Ehre ꝛc.

Jena, 9. August 1848.

Dr. D. G. Kieser,
großherzoglich sächsisch-weimar'scher geheimer Hof- und Medicinalrath.

VIII. Circulare des Lord John Russell, Staatssecretärs für das Departement des Innern, an die bei den Vierteljahrssitzungen versammelten Magistratspersonen und an die Richter der Flecken.

Whitehall, am 15. August 1837.

Meine Herren!

Ich habe die Ehre, Ihnen ein Exemplar der Auszüge aus dem zweiten Berichte der Gefängnißinspectoren für Mittelengland zu übersenden.

Sie werden in diesem Bande Pläne von Gefängnissen und Strafanstalten für 400 bis 500 Gefangene finden. Sie werden bemerken, daß alle diese Pläne auf die vereinzelte Anhaltung der Gefangenen in abgesonderten Zellen berechnet sind.

Ich will Ihnen nun die Gründe vorlegen, aus welchen ich mit den erwähnten Gefängnißinspectoren in der Ansicht übereinstimme, daß alle neu zu errichtenden Gefängnisse nach dem Systeme der Einzelhaft (separate confinement) gebaut werden sollen.

Der Plan, welcher in den letzten Jahren am häufigsten angenommen wurde, um den Uebeln der moralischen Ansteckung in den Gefängnissen vorzubeugen, geht von dem Grundsatze der Absonderung der Gefangenen zur Nachtzeit und des strengen Stillschweigens während der Arbeitsstunden aus. Dieser Plan unterliegt aber folgenden Einwendungen:

1. Er fordert zahlreiche Disciplinarstrafen im Gefängnisse. Sie werden aus dem Berichte über das Gefängniß Coldbathfields und aus der in dem Berichte des Gefängnißinspectors für den nördlichen Bezirk enthaltenen Schilderung des Zuchthauses in Wakefield entnehmen, daß diese Strafen sehr zahlreich und außerordentlich lästig und peinigend (vexatious) sind. Die Praxis selbst ist eine starke Einwendung gegen das System, denn sie wechselt mit den Strafen ungleichförmig in verschiedenen Fällen, und die Strafe, welche der richterliche Spruch verhängen wollte, wird durch Zufügung neuer Strafen verschärft.

2. Ein Gefühl beständiger Aufregung wird sowohl durch die Beobachtung der Vorschrift des Stillschweigens, als auch durch die Strafe für deren Uebertretung aufrecht erhalten. Leute, die in einem Gefängnisse angehalten werden, sollten wo möglich zu einem ruhigen und unterwürfigen Gemüthszustande gebracht werden, in welchem sie mit Muße über die Schlechtigkeit ihres früheren Lebenswandels nachdenken könnten, und wodurch einige Hoffnung ihrer Besserung gegeben wäre. Statt dessen sperrt man sie in Gesellschaft ein und fordert sie, da nicht jede Möglichkeit einer Mittheilung unter ihnen ausgeschlossen ist, gleichsam heraus zu einem beständigen Kampfe mit der Staatsgewalt. Sie verlassen daher die Strafanstalt mehr aufgereizt, als gedemüthigt durch die erlittene Strafe.

3. Das Fasten, welches eine von den oft verhängten Strafen ist, hat häufig einen nachtheiligen Einfluß auf die Gesundheit, während es doch die Wiederholung der Uebertretung nicht verhindert.

4. Dieses System kann ohne eine beständige Wachsamkeit von Seite eines sehr zahlreichen Aufseherpersonales nicht aufrecht erhalten werden. Es ist daher fast nothwendig mit der sehr schädlichen Uebung verknüpft, Gefangene als Aufseher zu verwenden, wodurch eine wegen eines Verbrechens verurtheilte und durch den richterlichen Spruch entehrte Person in eine Stellung der Macht und Autorität versetzt und als des Vertrauens und der Nachsicht würdig betrachtet wird. Außer dieser, jedem gesunden Begriffe einer guten Gefängnißdisciplin zuwiderlaufenden Anomalie gibt diese Uebung Stoff zu vielen Intriguen und Parteilichkeiten, weil jeder Gefangene nach einer solchen Aufseherstelle geizt und, wenn er sie erlangt hat, jenen Sträflingen, mit welchen er in der innigsten Verbindung steht, Begünstigungen austheilt.

Aus diesen und noch anderen Gründen glaube ich, daß das System des Stillschweigens, wenn es vollständig ausgeführt werden sollte, von vielen üblen Folgen begleitet wäre. Es gibt aber in der Wirklichkeit sehr wenige Gefängnisse, in denen die Wachsamkeit und Thätigkeit des Directors groß genug war, um das System vollkommen durchzuführen und wirksam zu machen, und selbst in allen diesen Fällen hat man zwar Lärm und Widerspänstigkeit unterdrückt, die gegenseitige moralische Verschlimmerung der Gefangenen aber besteht in einer höchst verderblichen Ausdehnung.

Ich würde daher innigst wünschen, das Vereinzelungssystem in allen neuen und, so weit es ausführbar ist, auch in den schon bestehenden Gefängnissen angenommen zu sehen. Allein bei der Ausführung dieses Systemes muß man große Sorge tragen, die Einzelhaft (separate confinement) nicht mit der einsamen Haft (solitary confinement) zu verwechseln.

Man versteht allgemein unter der einsamen Haft die Einsperrung in einer dunklen und engen Zelle, ohne Arbeit und mit einer auf Wasser und Brod beschränkten Kost. Unter der Einzelhaft dagegen, wie sie von den Gefängnißinspectoren für Mittelengland empfohlen wird, versteht man die Anhaltung in großen, luftigen, lichten, wohl erwärmten und

ventilirten Zellen mit Unterricht in der Religion und Moral, mit regel-
mäßiger Beschäftigung und mit täglichen Besuchen sowohl von Seite des
Kaplans und der Beamten der Anstalt, als auch der zum Unterrichte der
Gefangenen bestellten Personen.

Es ist klar, daß es sehr unzweckmäßig wäre, dieses Gefängnißsystem an Orten zu versuchen, wo keine Zellen von genügender Größe und
für die Gesundheit hinreichender Lüftung bestehen, oder, wo die Gefangenen
in den Zellen ohne Arbeit oder Unterricht gelassen würden und daher dem
Brüten über ihre traurige Lage anheimfallen müßten.

Wo aber diese Vorsichten beobachtet werden können und gehörig darauf gesehen wird, kann nicht bezweifelt werden, daß, was auch immer
der Erfolg hinsichtlich der verhärteten Verbrecher sein möge, dadurch doch
die Gelegenheit gegeben ist, jene jungen und zufälligen Uebertreter, deren
frühere gute Aufführung beweiset, daß ihre Verbrechen nicht das Ergebniß
fester Gewohnheiten sind, vor einem verbrecherischen und Schande brin-
genden Lebenswandel zu retten. Unter dem gegenwärtig nur zu allgemeinen Systeme werden solche Sträflinge durch ihre Anhaltung im Gefängnisse in der That nur in eine Schule geschickt, worin ihnen förmlicher
Unterricht in der Uebertretung der Gesetze ertheilt wird, und worin das
Gefühl der Scham durch die Menge und Vertraulichkeit der Strafgenossen
verloren geht. Nach den Vorschriften des Vereinzelungssystemes würden
solche Personen von allen anderen Sträflingen streng abgesondert; sie
würden in die Möglichkeit versetzt, ihre Vergehen zu bereuen, und sie wären
nach ihrer Entlassung nicht der Gefahr ausgesetzt, von Sträflingen, welche
mit ihnen in Einem Gefängnisse gewesen, erkannt und vom Pfade der
Redlichkeit wieder abgelenkt zu werden.

Ich erlaube mir noch, die besondere Aufmerksamkeit der Magistratspersonen auf jene Theile der beiliegenden Schrift zu lenken, welche die Nützlichkeit der Anwendung der Einzelhaft auf die im Untersuchungsgefängnisse
Befindlichen behandeln und die allgemeinen Grundsätze darlegen, die man
bei dem Baue von Gefängnissen nach diesem Systeme vor Augen haben muß.

Ich habe die Ehre u. s. w.

J. Russell.

Druckfehler.

Seite 79, Zeile 2 von unten lies: government statt gouvernement.

„ 814, „ 4 „ „ „ Dementia „ Demenita.

Google

by Google

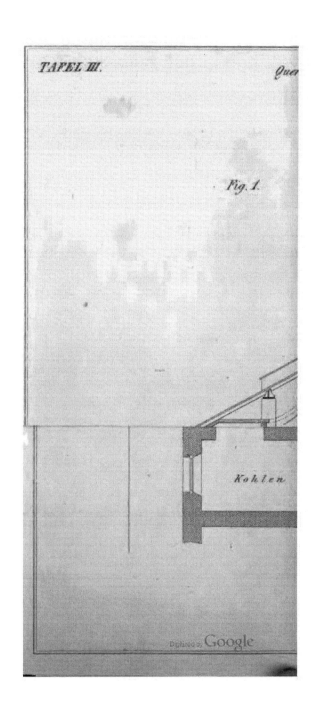

r Ansicht

uft.

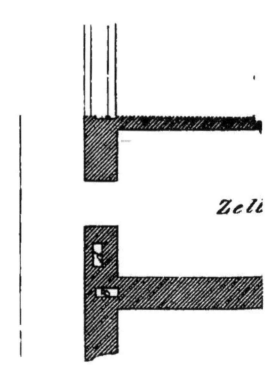

Zell

MIX

Papier aus ver-
antwortungsvollen
Quellen
Paper from
responsible sources

FSC® C141904

Druck:
Customized Business Services GmbH
im Auftrag der KNV-Gruppe
Ferdinand-Jühlke-Str. 7
99095 Erfurt